乔丹传

MICHAEL JORDAN
THE LIFE

[美]罗兰·拉赞比 著　虎扑翻译团 译

Michael Jordan: The Life By Roland Lazenby

Copyright © 2020 by Full Court Press, Inc.

This edition published by arrangement with Little, Brown and Company, New York, New York, USA.

All rights reserved.

北京版权保护中心引进书版权合同登记：图字01-2020-2787

图书在版编目（CIP）数据

乔丹传 /（美）罗兰·拉赞比著；虎扑翻译团译 . -- 北京：新世界出版社，2021.12（2025.10重印）
书名原文：Michael Jordan: The Life
ISBN 978-7-5104-7329-6

Ⅰ.①乔… Ⅱ.①罗…②虎… Ⅲ.①乔丹（Jordan, Michael 1963- ）—传记 Ⅳ.① K837.125.47

中国版本图书馆CIP数据核字（2021）第179195号

乔丹传

作　　者：	[美] 罗兰·拉赞比
译　　者：	虎扑翻译团
责任编辑：	丁　鼎
装帧设计：	主语设计
责任校对：	宣　慧
责任印制：	王宝根　高　金
出　　版：	新世界出版社
网　　址：	http://www.nwp.com.cn
社　　址：	北京西城区百万庄大街24号（100037）
发 行 部：	(010)6899 5968（电话）　(010)6899 0635（电话）
总 编 室：	(010)6899 5424（电话）　(010)6832 6679（传真）
版 权 部：	+8610 6899 6306（电话）　nwpcd@sina.com（电邮）
印　　刷：	三河市嘉科万达彩色印刷有限公司
经　　销：	新华书店
开　　本：	710mm×1000mm　1/16　尺寸：170mm×240mm
字　　数：	700千字　　印张：45.75
版　　次：	2021年12月第1版　2025年10月第4次印刷
书　　号：	ISBN 978-7-5104-7329-6
定　　价：	168.00元

版权所有，侵权必究
凡购本社图书，如有缺页、倒页、脱页等装订错误，可随时退换。
客服电话：(010)6899 8638

赛场上,眼神坚毅的迈克尔·乔丹

"最后一投"

2003年NBA全明星赛上的乔丹与科比

2020年科比悼念仪式上的乔丹

1982年4月13日,乔丹在NCAA决赛中投入制胜球

1984年,乔丹在新闻发布会上宣布自己即将迈入职业篮球生涯,他满脸微笑地坐在恩师迪恩·史密斯身边

1985—1986赛季，乔丹客场挑战凯尔特人队

1988年全明星灌篮大赛上的"飞人"乔丹

1989年5月7日,NBA季后赛第5场,公牛队对阵克里夫兰骑士队,迈克尔·乔丹投进决定胜负的"那一球"后挥拳庆祝

1991年6月12日,NBA总决赛获胜后,乔丹抱着第一座冠军奖杯痛哭

1992年11月23日,在公牛队对阵掘金队的比赛中,乔丹在穆托姆博的挑衅下尝试闭眼罚球。命中罚球后,乔丹对穆托姆博说:"欢迎来到NBA。"

1992年巴塞罗那奥运会上的乔丹、拉里·伯德及"魔术师"约翰逊

1994年2月18日,从公牛队退役加盟美国职棒大联盟球队芝加哥白袜队后,乔丹在第一次公开室外训练中练习击球

1994年11月1日,公牛队为乔丹23号球衣举行退役仪式

1994年11月1日,迈克尔·乔丹球衣退役的同时,联合中心球馆外的乔丹铜像也正式揭幕

1994—1995赛季,乔丹身穿45号球衣复出

1996—1997赛季的公牛队"三巨头"

1997年6月11日，NBA总决赛第5场（"流感之战"），乔丹在赛前因食物中毒而身体虚弱。比赛结束后，乔丹倒在皮蓬怀里

1997年NBA总决赛上,乔丹突破布莱恩·拉塞尔的防守

皮蓬拉起倒地的乔丹

1997—1998赛季,芝加哥公牛队拍摄全家福

乔丹与前NBA总裁大卫·斯特恩（左）、公牛队老板杰里·莱因斯多夫合影

1997年12月17日，公牛队对阵湖人队的比赛中，乔丹与科比在场上交流

1998年5月19日,乔丹获得个人第5座MVP(最有价值球员)奖杯

1998年6月14日,NBA总决赛第6场,公牛队战胜爵士队,赢得第6座总冠军奖杯。赛后乔丹以怒吼方式庆祝胜利

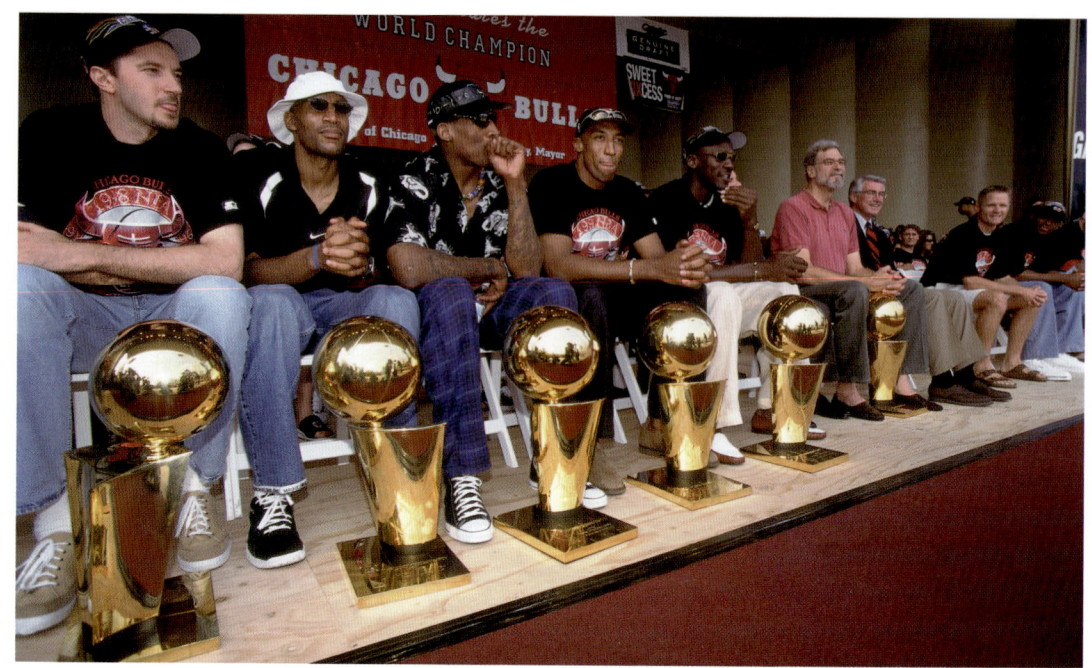

1998年6月16日，公牛队在芝加哥格兰特公园庆祝获得第6个总冠军奖杯

1999年1月13日，乔丹宣布第二次退役

奇才队时期的乔丹与教练道格·柯林斯

2003年NBA全明星赛,乔丹和姚明一起拍摄宣传照

2003年4月16日,在奇才队完成职业生涯最后一场比赛后,乔丹向全场观众挥手告别

2004年5月19日,"飞人"乔丹登上长城,做了一回好汉

2005年12月9日，乔丹与"禅师"菲尔·杰克逊一起现场观看公牛队的比赛

2007年5月7日，北卡罗来纳大学队在主场对阵维克森林大学队的中场时间举行仪式，纪念1957年及1982年获得的冠军，乔丹亲吻恩师迪恩·史密斯

2007年2月17日，NBA全明星周末扣篮大赛，卡特、朱利叶斯·欧文、乔丹、科比、威尔金斯新老五代扣篮冠军共同出任裁判，五人拍摄官方宣传照

2009年9月11日，乔丹入选奈史密斯篮球名人堂

2013年4月27日,乔丹在美国佛罗里达举行婚礼,新娘普列托和乔丹的母亲手持花束

2013年5月21日，乔丹召开发布会，宣布夏洛特山猫队将改名为黄蜂队

2015年6月，乔丹在法国巴黎为Air Jordan品牌做宣传

2015年10月14日，夏洛特黄蜂队赴上海参加对阵洛杉矶快船队的NBA国际系列赛。作为黄蜂队老板的乔丹与姚明以及时任黄蜂队助教帕特里克·尤因合影

2018年1月12日，乔丹现场观看黄蜂队比赛时，在场边与德怀特·霍华德交流

谨以此书纪念我故去的朋友们，托尼·特拉维斯、罗伊·斯坦利·米勒、莱西·班克斯、L.J.碧提和埃德·麦克弗森。

序　言

　　防守球员瞪大了眼睛，没错，他也本该如此。他即将见证的是最为精妙绝伦的动作，正是它首次激发了人类发明慢动作技术的灵感——这样人们就能够通过细致的回放搞清楚这动作是如何欺骗大脑的。

　　这痛苦的一幕是如此的令人熟悉。进攻端突然的崩溃点燃了快攻之火，攻守之势，瞬间变换。防守者正要加速回撤，转身时却看见一道虚影闪过。篮球在那个身穿红色球衣的人手上，他快速运球前进，风驰电掣一般。从右向左一个交叉步之后，他大步迈出，并用双手将左胯附近的球拾起。

　　也就在这一刻，他吐出了舌头。有时候，舌头只是微微露出齿缝而已，但这一次，整个舌头都"掉"了出来，就像喜剧木偶在无声地嘲讽着防守者，仿佛即将上演的暴扣带来的羞辱还不够。在古代，勇士们想要震慑对手的时候会本能地做出这个表情。他之所以会这样可能也有这个原因在里面，或者可能就是如他所说——这是从他父亲那里继承来的、对于全神贯注的一种特殊表达。

　　不管如何，此时20岁的迈克尔·乔丹（Michael Jordan）眼前一马平川。他一面耀武扬威地向防守者吐着舌头，仿佛他是代表着死亡和毁灭的远古之神湿婆一般，一面杀入罚球区。转瞬之间，舌头缩了回去。在又迈出一大步的同时，乔丹把球举至左肩。然后，他在紧挨着罚球线的位置离开地面，并用双手将球转到面前。防守者已然败退到了罚球区，此时只能目送这个纤细的红衣人起飞，眼睁睁地看着他从身边划过。在逐渐接近篮筐的过程中，乔丹把球换到他硕大的右手上。某一刻，他的胳膊呈90度，小臂竖直向上，就像眼镜蛇一般，向篮筐滑翔的过程中随时准备给出致命一击。时间仿佛静止了，他独自停滞在空中，正冷静地计算着何时该终结一切。对于观众来说，篮球被砸下时那振聋发聩的"铛"的一声，实在是令人激动不已。它会诱发出一种巴甫洛夫效应（即条件反射），甚至是人类对于肉食的欲望，就像在自然频道中观看一头雄狮狼吞虎咽地享用一只羚羊。

他的攻击轨迹构成了一条完美的抛物线，迟早有一天，物理学家甚至美国空军都会认真研究这一现象，尝试解答那个让全球观众思索已久的问题："迈克尔·乔丹这算是在飞吗？"他们会测量乔丹的"滞空时间"，并且宣布，他的飞行只是一种假象，而这种假象是由他起跳瞬间的超高速度所带来的巨大动能导致的。然而，他们越是谈论超凡的大小腿肌肉和快肌纤维，探讨乔丹的"重心"控制，听起来越像是：人是可以抓住天空的。

他们还会说，从罚球线到篮筐，乔丹的"旅途"持续了将近一秒。

诚然，埃尔金·贝勒（Elgin Baylor）[1]和朱利叶斯·欧文（Julius Erving）[2]

---

[1] 埃尔金·贝勒，1958年状元秀，NBA历史50大巨星之一，洛杉矶湖人队名宿，篮球名人堂成员。贝勒是湖人队早期的球星之一，拥有全面的技术和华丽的球风，职业生涯平均每场可得27.5分和13.5个篮板，曾创下多项湖人队史纪录。遗憾的是，贝勒的全盛时期正好与波士顿"绿色王朝"重叠，因此他虽然曾带领湖人队8次打进总冠军赛，却每次都铩羽而归；由于张伯伦的存在，贝勒不仅从未得过一次总冠军，亦从未登上"得分王"的宝座。更讽刺的是，1972年，贝勒因膝伤退役，湖人队刚好于该季夺得球队迁至洛杉矶后的第一个总冠军。贝勒也因此被认为是NBA的"无冕之王"。——译者注（如无特殊说明，本书中的脚注均为译者注）

[2] 朱利叶斯·欧文，绰号"J博士"（Dr. J），NBA历史50大巨星之一，费城76人队名宿，篮球名人堂成员。早在NBA与ABA合并之前，欧文即为ABA联盟当家巨星。纵观其职业生涯，欧文曾3次夺得总冠军，4次当选最有价值球员，16次入选全明星阵容，3次加冕得分王。他也是唯一一位在ABA和NBA中都获得过MVP的球员。欧文开创了现代篮球在篮筐之上表演的先河，其个人能力和比赛风格对现代篮球的发展有着深远的影响。

也拥有着非凡的滞空时间。但他们打球的时候，视频技术还没有那么发达，观众们不可能彻底领略他们的高超技艺。飞人乔丹则完完全全不同，无论是在他所处的时代里，还是在历史的长河中，他都是现象级的人物，不仅超脱于过去，也绝对不会被未来的时间所淹没。

在无数打过篮球的人当中，他才是那个可以飞翔的人。

在职业生涯的早期，每次看完自己的录像带后，乔丹也会有同样的疑问。"我是在飞吗？"他说，"看上去的确是的，至少在那一小段时间里。"

如此罕见的天赋就像划过天空的流星，你只能抓得住它的尾巴。在迈克尔·乔丹那令人着迷的篮球生涯中，球迷、媒体、教练、队友甚至他自己常常都会难以理解到底发生了什么。哪怕距离他最后一次上场打球已数年之遥，情况依然如此。

"有时候我会想，倘若回顾一切，会是怎样一种感觉，"乔丹曾说，"它是否会显得真实。"

真不真实？至少可能会有这样一种矛盾。未来某一天，一脸疲惫、老态龙钟的乔丹变成了各种嘲讽和网络抨击的对象，但即使这样，也无法掩盖他作为球员时的光辉。那个时候，他是超凡脱俗的。

一开始，他只是迈克·乔丹而已。一位来自北卡罗来纳州的非洲裔美国少年，前路茫茫，高中毕业后正考虑加入美国空军。20 世纪 80 年代早期的这段历史见证了乔丹从迈克到迈克尔的惊人转变，他成了篮筐上的天使。在这个过程中，他的形象推动了耐克商业帝国的崛起，而耐克也把他塑造成了他们年轻的国王，这个角色既解放了乔丹同时也束缚了他。他很快就成了实力的代名词。看起来任何人在任何领域的水准都不可能与乔丹在篮球上的技艺相提并论。"唯一能超越乔丹实力的东西，便是他的自信了。"在芝加哥担任了多年体育写手的莱西·班克斯（Lacy Banks）说道。

美国职业篮球一直因为其浑浊的形象而显得很挣扎：一群大老爷们穿着像内衣一样的球服跑来跑去。但是乔丹用自己的"飞行"升华了这种形象。起初，一切还很微妙，他只是为这项运动注入了"酷"的元素。但很快，随着美国电视节目的影响力达到巅峰，他让全世界的观众陷入了痴狂。对于那一代人来说，乔丹在1991年为佳得乐（Gatorade）拍摄的那段广告令人如痴如醉，很快便成为传唱甚广的颂歌："有时候我会做白日梦/把我想象成他/你会看到，这就是我的梦想/……/如果我能像迈克一样……"

文化融合与科技进步助他成为一个前无古人的角色——一个全球性运动中的飞翔之神以及让几乎所有人为之疯狂的商业品牌。乔丹还在北卡罗来纳大学①打球时，阿特·琼斯基（Art Chansky）曾像追美剧一样对他进行持续关注、跟踪报道。据琼斯基回忆，他后来去芝加哥看乔丹比赛时同样惊讶万分。"在老芝加哥体育馆（Chicago Stadium）里，我真的是被吓到了，当时他正从篮架后面靠近底线座位中间的通道走向球场。他走过人群的时候，那影响力太可怕了，两旁的男女老幼都站了起来。你知道要想买到这样的位置得花多少钱吗？就只是为了能在距离乔丹几英尺（1英尺≈0.3米）的地方看他一眼。我观察了他们脸上那些夸张的表情，简直跟见到了救世主一样。赛后，在更衣室中，媒体也会里三层外三层地把乔丹身边围个水泄不通。"

救世主，的确没错。几个赛季以来，这份尊崇正以可怕的速度增长着，长期在公牛队担任公关经理的蒂姆·哈勒姆（Tim Hallam）甚至开始用耶稣来指代乔丹。哈勒姆会这样问他的宣传助理："你今天看见耶稣了吗？"

这样的故事发展方向是由一份看起来坚不可摧的好运气推动的。拉夫尔·桑普森（Ralph Sampson）与乔丹在大学时代的竞争让人印象深刻，当时他们都在为年度最佳大学球员而奋斗。在接下来的数十年，桑普森又亲眼见证了这位对手的崛起。的确，乔丹拥有极高的身体天赋以及无与伦比的工作热情，这一点桑普森绝对承认，但是乔丹好到爆的时运也不容忽视。他是受上天眷顾的，让他遇到了最好的教练，并且能和伟大的队友并肩作战。

---

① 乔丹所上的大学是北卡罗来纳大学教堂山分校，是美国历史上创建最早的三所公立大学之一。如今的北卡罗来纳大学是一个州立大学系统，拥有16个分校。如无特殊说明，本书出现的北卡罗来纳大学均指北卡罗来纳大学教堂山分校。

"我的意思是他一直都在打磨自己的球技，如果有哪个方面做得不够好，他就会有动力把它提升到最好。"桑普森在2012年被选入名人堂的夜晚接受采访时说，"但是他也的确在正确的时间加入了正确的球队，被正确的教练发现了他的天赋与才能，然后他们围绕着他构建了球队，并且取得了成效。所以我认为，上述的一切组合在一起，才成就了今天的乔丹。"

没有人比乔丹更清楚这一连串非凡的事件是如何驱动他的人生的。"时机就是一切。"乔丹在年近五十回顾往事时给出了这样的结论。

现在，时机与运气已经为成就传奇打下了坚实的基础。运动心理学家乔治·穆福德（George Mumford）在第一次观察32岁的乔丹时，就被他充满活力的训练方式震惊了。虽然对于乔丹极好的胃口早有耳闻，也听说了他睡得有多么少，但这位刚刚开始为公牛队工作的心理学家还是立马怀疑这位巨星要么患有躁郁症，要么就是双极情感障碍，甚至可能二者兼具。"他的表现堪称狂热，时时处处都带着这种巨大的能量。"

不会错的，某些情况下，乔丹的行为确实达到了狂躁的级别，穆福德想。躁郁症的典型症状就是，一段时间的情绪高潮过去后，紧接着会是一段低谷。在接下来的几周中，这位心理学家密切关注着紧接着乔丹情绪高峰后随时可能出现的抑郁信号。但研究了他一段时间之后，穆福德渐渐开始意识到，源源不断的活力与超凡的竞争心不过是乔丹的正常状态。本身就在马萨诸塞大学打过球并且和朱利叶斯·欧文做过室友的穆福德有着丰富的与精英天才相处的经验，他很快便得出了结论：乔丹明显与众不同。其他运动员拼尽全力想要达到的高水准"区域"对于乔丹来说不过是一个日常基础而已。"迈克尔确实需要一些东西来激发他停留在那种状态之中，"穆福德解释说，"你进入那个'区域'的次数越多，你越想要待在那里。大多数人不能持续，而他却能够找到那种状态，将注意力集中在那里。他把自己锁定在那个'区域'的能力简直是非人类。老兄，他绝对来自外星。"

而在比赛中呢？"他就是风暴的中心，"穆福德说，"战局越是白热化，他越是冷静。"

职业生涯早期的大部分时间，乔丹都在学习如何开发和利用自己的天赋，以及如何将它们应用在团队作战中，因为他极度渴望胜利，胜利是高于一切的。当他的"飞翔"第一次吸引观众目光的时候，是无与伦比的竞争意识让他得以保持。没过多久，大众的注意力就转移到了乔丹永无止境的追逐上面，这种追逐所产生的压迫感贯穿了他的整个职业生涯，为他身边的每个人每件事都带来了考验。他考验了朋友和爱人的忠诚，也考验了教练与队友的内心和精神是否足够强大，是否足以和他在场上并肩作战。他越是提高自我，带来的考验也就越多，而这种考验的严厉程度绝对是创纪录的。詹姆斯·沃西（James Worthy），乔丹的好友也是北卡罗来纳大学时期的队友，用"盛气凌人"来形容乔丹。

这一点乔丹也会承认。"我确实会很严厉。"他在1998年时说。

不过，大部分的考验，他都留给了自己。

在争强好胜的人生中，他似乎很早就发现了这个秘密：他越是鞭策自己，给自己压力，越能在球技上有惊人的进步。

所有的一切构成了一个错综复杂的人物。

泰克斯·温特（Tex Winter）在芝加哥公牛担任过多年助教，他和乔丹合作的时间超过其他任何人。温特说，在他六十载打球和执教的岁月里，从没有遇到过比乔丹更复杂的人。"从人物性格角度来说，可以给他立个课题。他绝对值得研究。"在1998年谈论乔丹时，温特如是说，那也是他和乔丹共事的最后一段时光，"要提炼出是哪些因素造就了今天的乔丹，我估计我是没有那种智慧的。不过我认为我对他的分析已经够好了，他就是一个谜一样的人，在很多方面都是，我也认为他会一直这样。可能对他自己来说，他都是个谜。"

很多球迷在2009年乔丹进入名人堂那尖锐的演讲之后对此有了更深刻的认识。当时他给了很多他职业生涯里的重要人物非常残酷的评价，甚至包括他在北卡罗来纳的恩师迪恩·史密斯（Dean Smith）教练。乔丹尖锐的演说让旧同事、媒体评论员、球迷都感到无比震惊。他表现得和他们心目中乔丹早年完美的形象一点都不相符。

他们自以为了解乔丹，但事实却相反。

目录
CONTENTS

　　　　　　　　　　| 序言

001　| **第一部分　开普菲尔**

003　| 第一章　冬青庇护所

013　| 第二章　血色威尔明顿

023　| **第二部分　青春年少**

025　| 第三章　影响

039　| 第四章　竞争者

053　| 第五章　棒球场

071　| **第三部分　横空出世**

073　| 第六章　落选

084　| 第七章　23号

102	第八章　转变
112	第九章　五星篮球训练营
126	第十章　迈克尔

147	**第四部分　北卡蓝魂**
149	第十一章　大一新生
184	第十二章　新的东西
209	第十三章　体系崩溃

225	**第五部分　新秀赛季**
227	第十四章　淘金热
240	第十五章　黑色力量
254	第十六章　初见

275	**第六部分　飞行学校**
277	第十七章　被困的少年
289	第十八章　脚
310	第十九章　进攻！

第七部分　我行我素

- 325
- 327　第二十章　娱乐至上
- 344　第二十一章　支配乔丹
- 363　第二十二章　孤独高飞
- 381　第二十三章　突如其来的婚礼
- 399　第二十四章　转　变
- 416　第二十五章　篮球之神

第八部分　终有所获

- 429
- 431　第二十六章　三角战术
- 448　第二十七章　赌局
- 465　第二十八章　耀眼花火

第九部分　初次退隐

- 487
- 489　第二十九章　雷克萨斯
- 498　第三十章　棒球梦
- 510　第三十一章　归来
- 530　第三十二章　训练营

547	**第十部分　神之狂怒**
549	第三十三章　狂欢
567	第三十四章　算账
591	第三十五章　大巴事件
623	**第十一部分　传奇落幕**
625	第三十六章　动荡
643	第三十七章　奇才队
671	第三十八章　卡罗来纳
693	**说明和来源**
715	**致谢**

第一部分　开普菲尔

第一章　冬青庇护所

　　1963年2月，一个寒冷的周日，十层高的坎伯兰医院外的人行道上，蒸汽从下水道徐徐升起。就在这里，若干年后被全世界球迷称为"篮球之神"的男人带着个流血的鼻子降临人世。篮球大师霍华德·加芬克尔（Howard Garfinkel）①会在未来某一天兴奋地指出：伯纳德·金（Bernard King）和他的兄弟阿尔伯特（Albert King）也出生在那家医院。这让布鲁克林②这样一个将体育明星视若珍宝的城市，更添了一抹传奇色彩。

　　虽然出生就笼罩在布鲁克林的光环之下，但是在多年前的某个地方，促成乔丹非凡一生的神秘力量就已经开始摩拳擦掌了。那是在即将进入20世纪的时候，他的曾祖父在北卡罗来纳的沿海平原降生。

　　在那个时代，死亡似乎无处不在。每天早上，你都能嗅到举步维艰的味道，生活笼罩在可怕的阴云之下。在那些棚户区，河鸥的尖叫声有如女鬼哀鸣，能不能活下去，都没有人敢保证。这就是迈克尔·乔丹神奇人生的真正开端。那间独自立于松树林和沼泽地之间的黑水河畔的简陋棚屋，在月光下静默着，弥漫的神秘感就像依附在树上的灰色苔藓一样，久久不散。

　　那一年是1891年，距离南北战争的暴力与混乱，仅仅过去了26个春秋。彭德郡（Pender County）的这个河边村落名叫冬青庇护所（Holly

---

　　① 霍华德·加芬克尔，2014年入选美国大学篮球名人堂。著有《五星篮球训练》（Five-star Basketball Drills）。

　　② 布鲁克林，美国的篮球圣地。

Shelter），在威尔明顿西北30英里（1英里≈1.6千米），如果你像乔丹的祖先一样沿着曲折的东北开普菲尔河（Northeast Cape Fear River）乘坐竹筏顺流而下，那就是40英里。据说，该村名来源于独立战争，在寒冷的冬夜，士兵们曾在这里用冬青遮蔽自己。这片热带草原以沼泽地为界，在奴隶时代，它也曾为逃跑的奴隶提供庇护。有传闻称，那时这块区域最大的农场的拥有者，是一位来自佐治亚的白人牧师，而他的名字也叫乔丹。后来重获自由的奴隶们被吸引到冬青庇护所。"他们在沼泽地定居，"乔丹的远房亲戚沃尔特·班纳曼（Walter Bannerman）解释道，"那个时候，冬青庇护所除了沼泽什么都没有。"

没过多久，艰难的时代来临，这个地名背后为人们提供庇护的意味也随之消失。

那个男婴第一次引起世人注意是因为什么呢？

他出生在1891年6月底炎热的天气里，那时沿海地区恐怖的暴风雨刚刚席卷而过。当时的法医记录了棚屋中那些死胎和婴儿令人瞠目结舌的死亡数量，数目多到让很多家庭要等待几天甚至几周才敢为新生儿取名。不过，这个婴儿却充满活力，他哇哇的哭声都能惊醒睡梦中的母亲。多年以后，他深沉浑厚的低音歌唱能让总是坐立不安地手舞足蹈的6岁曾孙迈克尔安静地聆听。

吉姆·克劳（Jim Crow）时代①拉开帷幕，白人至上的政治浪潮席卷了整个北卡罗来纳，等那些法案进入历史多年之后，大家才逐渐意识到它们的恶劣影响。在那么一个残忍的世界，迈克尔·乔丹的曾祖父需要在无情的种族主义下痛苦地活着。更糟糕的是，残酷的死亡会带走他的挚爱、

---

① 吉姆·克劳是美国剧作家T.D.赖斯于1828年创作的剧目中的一个黑人角色的名字，后来逐渐变成了贬抑黑人的称号和黑人遭受种族隔离的代名词。吉姆·克劳时代，即19世纪下半叶至20世纪上半叶。在此期间，美国特别是南部诸州通过了在公共交通工具、学校、公园、墓地、剧院、餐馆等场所对黑人和其他有色人种实行种族隔离的一系列法律。这些法律以"吉姆·克劳法"著称于世。

他的朋友、他的亲人，每个人都有故去的可能。在那些非洲裔美国人的社区里，婴儿、小女孩儿、魁梧的小伙子，当他们的生命正在绽放的时候，死亡随时可能降临。

然而，这一切的一切都摆在这个男婴面前。1891年6月出生的那天，他21岁的母亲夏洛特·汉德（Charlotte Hand）其实是带着一丝忧伤的，这一点儿都不令人奇怪。在这个小社区里，她没有结婚就怀上了爱人迪克·乔丹（Dick Jordan）的孩子。"婚姻"在这片棚户区完全是一个陌生的概念，因为在很长一段时间里，奴隶的大部分权利都被剥夺，其中就包括北卡罗来纳的法律禁止他们结婚。那时的法律非常野蛮，比如说，奴隶主曾被允许以阉割的方式惩罚不服管教的年轻男奴。

在极其动荡的19世纪90年代，这个男婴唯一能够依靠的就是母亲的爱。他会是她唯一的孩子，多年来，他们共享一份持久稳固的情感。在生命前20年的大部分时间里，他在官方文档里的名字是道森·汉德。生产之后，夏洛特逃离了自己的家庭，在汉德家将男孩儿抚养长大，他们先是住在她的一个哥哥家，之后又住进了另一个哥哥家。这对母子在母亲的兄妹当中如此受欢迎，所以没过多久，道森就长大到足以让人发现那扎眼的差异了。

汉德家都是浅肤色，浅到家族中的很多人都能得到白人或印第安人的"通行证"，而乔丹家呢，则是极深的黑巧克力肤色。根据家族成员多年后的回忆，那一代汉德家的兄弟姐妹中，只有一个肤色偏深。彭德郡其实还有一个白人汉德家庭，曾是远近闻名的奴隶主，他们的黑人后代常常会谈起一件事，一个白汉德终于承认了那未被捅破的真相——黑汉德家中的一员是他的亲兄弟。可能这也就解释了为什么这个男孩儿到了青少年时期要继承自己父亲的姓氏。在官方记录中，他的名字是道森·乔丹（Dawson Jordan）。

道森·乔丹长成个小伙子的时候，给人的第一感觉也和他神像般的曾孙毫无关联。道森·乔丹非常矮——据记载只有5尺5寸①，属于矮壮型。

---

① 本书中的尺、寸均指英尺、英寸。

此外,他还有些残疾,在漫长的一生中,无论走到哪儿,他都要拖着一条瘸腿。

不过,和他的曾孙一样,道森·乔丹的力气极大。他会证明,他同样无所畏惧,也拥有非凡的毅力,年纪轻轻就颇有成就,并在数十年内一直是社区中最有话语权的人。更重要的是,在对抗敌人的战斗中——后几代人可能无法理解,道森·乔丹从不屈服并且战无不胜。

在如此光芒四射的人生的掩盖下,人们很容易忽视那个也许最能决定迈克尔·乔丹性格的因素。长大成人的大部分时间里,他身边有四代乔丹家的男丁陪伴,考虑到当时社会中很多因素都长期威胁着非洲裔美国男性的生命,这绝对是个了不起的成就。

在迈克尔·乔丹小时候,他的曾祖父"加森"(人们偶尔也会这么叫他)就是一个象征着权威的神秘人物。几家人在北卡罗来纳的蒂奇的一个务农社区一起生活了将近十年。尽管当时早已进入家用汽车和四车道高速公路的时代,但是道森·乔丹还是坚持他传统的交通方式——骄傲地用骡子拉车。虽然年事已高,但他还是会亲自给他的骡子裹上布,也会保持车厢的轮轴极度润滑,这样他就能在深夜驾车时安静地前行。白天,他的曾孙们都特别爱跳上那辆小车,然后驶向小镇,就像迈克尔和他的哥哥们有时候喜欢通过戏弄老人家养的猪来取乐一样。这样的生活持续到1977年,曾祖父去世。那时迈克尔刚满14岁。

乔丹家的男孩儿几乎没有意识到,那些简单有时甚至滑稽的事物——骡子和家猪——是他们曾祖父杰出一生的奖杯。多年之后,迈克尔·乔丹曾解释说,道森·乔丹不是那种会把过去挂在嘴边的人,他不会向自己的曾孙们灌输当年这些家畜有多么重要。不过,哪怕只是对于道森·乔丹如此不经意的一提,都会让眼泪在他那世闻名的曾孙眼中打转。

"他非常坚强,"乔丹会这样评价那位老人家,"他就是那样一个人。绝对没错。"

河　流

如果你在冬青庇护所的东北开普菲尔河沿岸的清晨薄雾中漫步，你就能对道森·乔丹的世界有一些初步的细微体会。这块土地现在已经中产阶级化了，到处都是现代式住宅、餐馆和商店，不过，这里的阳光还是一样，大部分日子都是刺眼夺目的。阳光映在湖水上产生的反射非常晃眼，只有那一片片晨雾才能缓解。为了不受强光之苦，你不得不远离河岸行走，穿越沼泽林和小溪流，进入那片曾经笼罩在宏伟长针松林阴影下的荒野。

道森·乔丹的少年时期就是在那里度过的，他在到处都是焦油坑的深林中劳作，砍倒最后一片高大的树木，然后把木材绑在巨大的木筏之上，沿着东北开普菲尔河顺流而下，把它们送到威尔明顿的造船厂。

那时候，懦夫是找不到工作的。

进入20世纪不久，道森·乔丹刚好成年，随着最后一片长针松林被砍伐以及卡车运输业的兴起，河流沿岸传统的谋生手段也逐渐成为历史。那条古老的河流、那片他曾赖以生存的森林以及那些木材是他少年时期最具代表性的元素。他知道如何打猎，也知道如何正确地宰割、清洗、烹饪。多年之后，当他老了，他还被当地的狩猎小屋聘请去烹饪野味，供大家享用。

9岁的时候，道森就发育得足够强壮，能让人口普查员相信他已满11岁，可以参加工作了。那时他已经学会了读书写字，也进入了当地只有一间教室的"有色人种公立小学"。那里一个学年只有四个月的学期，还经常被打断，所以孩子们可以在附近的工地或锯木厂工作。"我的父母曾跟我描述过在工厂里把树木变成木板有多困难。"一位在彭德郡务农为生的名叫莫里斯·尤金·乔丹（Maurice Eugene Jordan）的远房亲戚回忆说。在小小的校舍里，学生们都是自己砍柴自己生火，哪怕是在更好的白人指定学校，这也是最基本的技能。

20世纪的最初几十年间，那里没有通电，自来水和管道工程贫乏，只

有几条公路，中学也是几乎没有的。这意味着不论白人男性或黑人男性，都只能以佃农或者劳工的身份谋生，深陷令人绝望的毫无盈余的农业生产，为极个别的土地拥有者服务。

1922年北卡罗来纳的农业委员会对1000个务农家庭进行了深入调查，结果显示，尽管工作时间很长，但是该州佃农一天的收入不到30美分，有时甚至只有10美分；调研报告还指出，大多数佃农难以自给自足，他们常常需要通过借钱来购买食物以及填补其他开销。45000个没有土地资产的家庭都生活在只有一两个房间的狭小窝棚里，没有室内下水管道，只有墙上和天花板上被薄薄的报纸掩盖住的裂痕与窟窿。所有佃农家庭中，只有三分之一拥有室内或者室外的厕所。

不卫生的生活环境也就解释了为什么在那些没有土地资产的务农家庭中，疾病和新生儿死亡会如此多发。报告还显示，那时黑人的死亡率是白人的两倍。

某种程度上来说，道森·乔丹和他的母亲夏洛特能在如此恶劣的条件下生存下来，多亏了汉德家的帮助。汉德家通过沿河的伐木运输业谋生，道森划木筏的本事很有可能就是他们教的；家族或者社区的领袖一般都有一个特点，就是他们在很年轻的时候就非常擅长自己的工作。制造那些巨大的木筏，并且在湍急而变幻莫测的河流上控制它们，同时还要面对水蛇、鳄鱼、暴风、潮汐的威胁，这可不是一件容易的事。要想在多弯多转的河流上操纵那些木筏，必须要有巨大的力量。尽管如此危险，但很明显道森非常欣赏这条河流，因为它是那个时代最主要的贸易之路。

年轻的道森和同样有腿疾的表兄加洛韦·乔丹（Galloway Jordan）一起工作。莫里斯·尤金·乔丹还记得当时听自己的父亲德尔玛·乔丹（Delmar Jordan）讲述道森·乔丹故事的场景。"他们说他非常擅长划那些木筏，"莫里斯·尤金·乔丹回忆说，"加洛韦·乔丹，他和道森一样有腿疾。他们非常亲近。"

东北开普菲尔河是一条受潮汐作用影响的河流，这便带来了额外的挑战,莫里斯·尤金·乔丹解释说:"他们格外注意那些潮汐。他们选择合适的时间下水、出水、下水、出水……和月亮的周期保持一致。如果涨潮到一定的高度,他们就可以出发了。但当潮落的时候,他们就不得不把木筏绑在棵大树上,等待水面重新涨回来。"等待一般需要持续数小时,他补充道:"他们会一早准备好罐子和食物,当潮水退下,他们就会绑好木筏,前往附近的小山上,烹饪一些'接近能吃的东西'。"

这项冰冷而又危险的工作自殖民地时期以来一直由获得自由的奴隶、筏夫以及面临同样生活困境的粗人承担。这群靠河流谋生的人处于社会的最底层并且收入微薄,他们一天常常只能收入几美分,和最贫贱的佃农差不多。尽管如此,道森·乔丹还是十分享受在河流上打拼的独立性。人口普查的记录中把他列为"为自己打工"那一类,而非受雇于他人。此外,干这行还能常常获得前往充满魅力的威尔明顿的机会,那里繁忙的港口满是来自世界各地的船只和水手,还有很多酒吧和妓院。

你可以想象一下这样的场景:一个世纪以前,在寒冷的晴夜下的河流中,道森·乔丹平静地坐在自己的木筏上,望着天空中明亮的星星。那些河面之上苍穹之下的夜晚看起来给了道森·乔丹真正逃离那个充满沉重负担的世界的机会。也许,这就是对于迈克尔·乔丹曾祖父最恰到好处的描述了。

几十年后,他的曾孙会说,在球场上的时光是他唯一的港湾,是他真正获得平静的时候,也是他远离无数追随者无法想象的充满深深困扰与沮丧的世界的唯一途径。尽管方式不同,在所处时代的身份地位也天差地别,但是横跨一百年的两位乔丹确有相似之处。在那段残忍而又艰难的日子里,道森·乔丹应该也会想要一品他曾孙独特生活方式的美妙滋味吧。

克莱门特

道森·乔丹和他的曾孙不一样,他没有在世界上最精致、最有魅力的女士中万里挑一的资本,又矮又有腿疾的他只能和母亲住在偏僻的小社区中,在森林中与河流上做着时间又长又危险的工作。道森初次体味到何为浪漫,是在他母亲最终与冬青庇护所的一位佃农坠入爱河的时候。伊萨克·科龙(Isac Keilon)比她大20岁,他们在1913年5月结婚的时候,他已经60多岁了。他们的幸福给了道森很大的启示与激励,让他开始考虑自己的未来。

说来也巧,也就是在那段时间,尽管找到伴侣的概率微乎其微,但道森还是开始获得社区一位名叫克莱门特·伯恩斯(Clementine Burns)的女孩儿的欢心。那首从1884年开始广为传唱的歌曲《哦,我亲爱的克莱门特》(Oh My Darling, Clementine)也许正是她出生时被这样命名的原因之一。她比他大一岁,在冬青庇护所与父母和七个弟弟妹妹一同生活。他们的恋爱和当时其他人没什么不同,起初充满羞涩的对话,随着时间的推移而变得越来越大胆。道森很快坠入爱河,这对于易于动情的乔丹家来说也不是什么偶然的事。

1914年1月下旬,他们交换了誓言,并且开始住在一起。大约八个月之后,克莱门特意识到自己怀孕了。1915年4月,她在冬青庇护所那小小的棚屋中生下一名健康又壮实的男婴。他们给他取名为威廉·爱德华·乔丹(William Edward Jordan)。种种迹象都表明,这件事给初为人父的道森带来了巨大的喜悦。

要是这份喜悦可以持续得久一点就好了。

孩子出生以后,麻烦事就接踵而至,克莱门特出现了夜里盗汗和排尿不适的症状,后来开始咳血。其实,最能说明问题的症状还是结核的扩散,那些依附在骨头和筋腱上的圆块越来越明显。

"肺结核是典型的黑人疾病,"莫里斯·尤金·乔丹回忆说,"那个时候,他们对于这种病束手无策。"

这种通过空气传播的疾病有很强的传染性,而北卡罗来纳是最早为黑人开设疗养院的几个南方州之一——1899年,这家由私人资助的机构只有区区12张病床，要想把病人送去那里，花销非常巨大。对于这些家庭，此外唯一的方法就是在自家院里搭设个白帐篷或者临时小房，这样他们就可以让病人在深爱的家人身旁度过自己最后的时光了，不过他们也要祈祷肺结核不会传染扩散。失去挚爱会让人数月甚至数年都无法从悲痛中解脱。克莱门特·乔丹在患病早期就看了医生，不过一年之后，1916年4月的一个早晨，她还是去世了。这时她的儿子才刚刚过1岁生日。

在那个时代，一个年轻的鳏夫抛弃自己的孩子并非什么稀奇的事。把抚养男婴长大成人的责任甩给克莱门特的家人，对于道森来说易如反掌。很明显，道森·乔丹那时的选择也非常多。作为一个港口城市，威尔明顿到处都是来来往往的船只，工作机会很多。他再不济也可以去一艘航海船只上当厨子，见一见外面的世界。但档案中对于他一生的描写反映了一个简单的事实：他非常爱自己的母亲，也非常爱自己年幼的儿子。他通过自己的行动表达了这一切。正是他建立家庭的巨大决心，为这个最终关乎迈克尔·乔丹的故事注入了最初的坚实力量。

几个月之后，道森遭遇了新一轮的巨大风暴，他还不到50岁的母亲正被肾病吞噬着生命。在沿海平原，死亡的信号总是来得太早太频繁，而1917年到1918年的西班牙流感更是让死亡率翻了两倍、三倍甚至四倍。道森眼睁睁地看着汉德家的人、他的工友以及他挚爱的人一个一个走入那冰冷的死亡记录中。从1917年9月到12月的90天之内，这流感总共导致13000个北卡罗来纳人死亡。

道森母亲恶化的病情让她不得不从伊萨克·科龙家中搬出，去和她的儿子住在一起。由于她时日无多，已经无力再帮忙照顾年幼的孙子，于是他们雇用了一位邻居，一位带着个小女儿的名为埃塞尔·莱茵（Ethel Lane）的年轻女子，她能够照看好两个孩子以及他的母亲。就在他们照料夏洛特的时候，她的丈夫伊萨克·科龙突然间出乎意料地去世了。他们把他安葬3个月之后，道森的母亲再也抵抗不住肾病，在春天的某个清晨离开了人世。

  道森把夏洛特·汉德·科龙埋在了冬青镇旗手桥路的河流旁。一个一直渴望拥有美满家庭的男孩儿现在形单影只，只有紧跟在脚边的年幼儿子和自己相依为命。这对父子将一起度过余生，他们奔走于沿岸的那些小规模社区之间，在一间间小棚屋中生活、工作，竭尽全力地聚集资源，在贫穷中步步前进。

  公共档案中的记录最终会显示，父子俩一生并没有什么大的成就。不过，时间的推移会揭示一切，他们为下一代乔丹的更进一步铺好了道路，并且留下了在开普菲尔阴霾下谋生所带来的精神财富。那些潜移默化的东西，现在回过头来看，甚至感觉有些超现实。

第二章　血色威尔明顿

在过去一年中，这条路也是迈克尔·乔丹自己经常会走的，顺着那些乡间小路，寻找开普菲尔河沿岸的简单记忆。如果你沿着40号州际公路一路向东，出了教堂山，绕过皮埃特蒙高原，沿海平原将会映入眼帘，这片肥沃开阔的土地以毫无生气的矮松林与烟草园为界。过不了多久，你就能看到蒂奇的路标，之后是华莱士、柏加，接下来就是冬青镇了，那些农业社区就是乔丹这块招牌多年前生根发芽的地方。

近几年，州际高速路系统掩盖了开普菲尔昏暗的过往——几百英里平整的路面，大量的加油站和连锁快餐店，只有那些偶尔出现的烤肉架还和卡罗来纳的历史文化有些微弱的联系。现在，从任何地方你似乎都感受不到民主党曾经的白人至上运动，但是在道森·乔丹的童年，就连空气中也弥漫着那样的气息。而那些在旧时的威尔明顿曾掀起轩然大波的古老疾病到了迈克尔·乔丹的年代简直就成了小儿科。

19世纪90年代之前，南部民主党派得以重建白人政治，掌控了北卡罗来纳的大部分地区，只除了拥有12万黑人男性选民力量的威尔明顿和海岸平原。当时，这地方正向着先驱者亚特兰大①发展，从而催生出新兴的黑人上流社会，包括两家黑人报社、一位黑人市长、多人种组成的警察机关以及很多由黑人经营的生意。作为对这些的回应，民主党曾在1898

---

① 亚特兰大是美国黑人民权运动领袖马丁·路德·金的故乡，也是20世纪60年代美国黑人民权运动的中心之一。

年11月11日在威尔明顿挑起了一场种族暴动。被民主党天花乱坠的政治说辞所迷惑的白人走上街头,烧掉了一家胆敢挑战民主党的黑人报社。

没过多久,一支名为红衫军的白人武装走上街道并且开火。根据第二天当地停尸房的报道,共有14具尸体,其中13具是黑人,不过也有人声称死亡人数其实高达90。暴力迅速扩散,备受惊吓的黑人们举家逃往附近的沼泽地,红衫军则步步紧追,不过据说其中很多人最终尸骨无存。

事件发生的第二天,这场精心策划的暴动就进入了第二个阶段,白人开始押送那些德高望重的黑人——牧师、商业领袖、政治家——到当地的火车站,并把他们永久地赶出了这座城市。

白人至上主义这次彻底的胜利为未来几十年的法制奠定了基调。1900年被选为州长的查尔斯·艾科克(Charles Aycock)提出了一项法案,将那场暴动所传达的暴力信息贯彻到底。"除非黑人永久地远离政治进程,否则南方不可能取得任何进步。"查尔斯·艾科克发表声明说。法案的核心是用文化测试来为选民注册设置门槛,北卡罗来纳州黑人男性选民很快就从暴动前的12万人直线下落到不足6000人。

在背后支撑这些不公和暴力的,是州级和当地的执法部门,以及其他一些颇具威慑力的武装力量。根据拉斐尔·卡尔顿(Raphael Carlton)的回忆,20世纪40年代到50年代,乔丹家居住的都柏林郡总共仅有两名黑人选民成功注册,而卡尔顿便是其中之一。

拉斐尔·卡尔顿是一位佃农的儿子,乔丹家住在都柏林郡的时候,他还很年轻,那时他爸爸坚持让他抽时间去学校学习。卡尔顿最终进入了附近的萧尔大学,还在20世纪40年代拿到了教师资格证,之后他作为那一代勇于奉献的黑人教育家中的一员,回到了自己的家乡。他还记得在种族隔离最鼎盛的那几年,他曾参加过一个黑人教职工会议,当时当地教育系统的白人主管对着自己的黑人教师说:"你们这帮黑鬼要好好提高自己的教学水平。"

"生活在现代的人可能根本无法理解当时我们是多么害怕。"卡尔顿说,

"但是那种恐惧感是非常真实的。你不敢去挑战他们。"

改变思维模式

1937年，年轻的约翰·麦克伦敦（John McLendon）（之后以教练身份入选名人堂）受雇成为达勒姆市（Durham）北卡罗来纳州立黑人大学（后来成为北卡罗来纳中央大学）的教练。他当时被手底下年轻球员深深的自卑感所震惊。"我作为教练的最大挑战，"麦克伦敦说道，"就是让球员们相信自己不比别人差。黑人是不知道这点的，更别说相信这点了。他们的自信都被扼杀在了片面的宣传中。"

这位教练现身北卡罗来纳州可以引出另一件对迈克尔·乔丹一生产生重大影响的事，一件同样开端于1891年的事。在乔丹的曾祖父出生五个月之后，詹姆斯·奈史密斯（James Naismith）在马萨诸塞州的斯普林菲尔德市体育馆里钉上了一个桃篮，篮球的时代就此拉开帷幕。几十年后，奈史密斯以教员的身份去了堪萨斯大学，他先是执教了一段时间的大学篮球队，然后把教鞭转交给了之后被认为是"篮球执教之父"的福格·阿伦（Phog Allen）。

约翰·麦克伦敦在20世纪30年代早期作为第一批黑人学生进入堪萨斯大学，但是阿伦禁止他到篮球队一展身手，也不让他进学校的游泳池。要是奈史密斯没有觉察到麦克伦敦的才能，或是没有在他拿到堪萨斯大学的学士学位之后给他安排当地一所高中球队的教练工作，黑人学生的境遇可能更加糟糕。麦克伦敦1936年从堪萨斯毕业以后，又在奈史密斯的帮助下拿到了艾奥瓦大学的硕士文凭。他在一年之内完成了硕士学业，然后接受了卡罗来纳州立黑人大学的教练工作。在那里，麦克伦敦成立了自己的第一个体育项目，开始为北卡罗来纳州输送一代又一代黑人体育教师与教练，而这个项目恰恰就培养出了乔丹高中时期的恩师——波普·赫林（Pop Herring）。

在危机四伏的种族隔离之下，早期的黑人大学球队经济拮据。尽管出

行几乎不可能,也没有公共更衣室、自动饮水机或是等着为他们服务的餐厅、旅馆,但他们最终还是取得了成功。"每次从一所学校到另一所学校的简单旅行都像是设计穿越雷区的路线一样。"麦克伦敦说。

在接下来的几年中,麦克伦敦组建的球队让人印象极为深刻,以至于附近的杜克大学的官员们甚至想出了这样的点子:邀请这位年轻的教练下一场比赛坐在蓝魔①的板凳席上。他们说,唯一的要求便是麦克伦敦必须身着一件白色夹克,这样大众就会误以为他是白人的代表。

麦克伦敦礼貌地拒绝了这份邀请。

麦克伦敦解释说,他从不会让自己或是自己的球员陷入不被尊重或是受到羞辱的境地。"你绝对不想在自己的球队面前丧失自尊。"保有来自球员的尊重对于让他们相信自己是男子汉并且和白人一样出色起着至关重要的作用。

二战期间,当杜克大学医学院正为军队培养战地医生——其中不乏一些顶尖的白人篮球运动员——的时候,一件扭转乾坤的事发生了。当时杜克医学院的篮球队连战连捷,他们的胜利被达勒姆当地的报纸大肆报道。与此同时,同样未尝败绩的麦克伦敦的球队却无人问津。麦克伦敦的球队经理里维拉对这种悬殊的待遇愤愤不平,于是便安排两支球队进行了一场比赛。杜克的教练说他只愿意在周日早上打一场"秘密比赛",不允许球迷或媒体观战。中场休息的时候,麦克伦敦的球队通过全场紧逼,得分超过原本姿态颇高的对手一倍。也就是在那时,白人球员走向麦克伦敦的板凳席,建议下半场把黑人球员平均分配在两支队伍中,然后进行比赛。

这是麦克伦敦对抗种族歧视的初次大捷,它打开了球员们的眼界。在他过世后多年,北卡罗来纳州中依然能感觉到麦克伦敦所带来的影响,一开始还只是在全州黑人社区的篮球圈起到了突出作用,随后则给大学层面的篮球带来了重大改变。作为一个极富革新精神的教练,麦克伦敦曾被邀

---

① 蓝魔即杜克大学篮球队。

请去匡威公司的"执教诊所"授课。正是在"诊所"里麦克伦敦若干次演讲中的一次，一位在空军学院工作的年轻助理教练第一次勾勒出了之后闻名全美的北卡罗来纳大学四角进攻①的蓝图，他便是迪恩·史密斯。

麦克伦敦和他在温斯顿塞勒姆州立大学（Winston-Salem State University）执教的朋友"大房子"盖恩斯（Big House Gaines）最终会被视作教练界的雄狮，但是在当时，两位教头都没有意识到他们所从事的运动会对打破该州的种族障碍起到帮助。他们在世的时候，肯定无法想象有黑有白的北卡罗来纳人簇拥着一位黑人球员，就像人们后来簇拥着迈克尔·乔丹一样。

此外，两位教头也不会想到，有一天自己会成为以詹姆斯·奈史密斯命名的篮球名人堂中的一员。

务 农 者

在道森·乔丹漫长的一生中，他从来没有遇到过好时景，这也影响了曾孙乔丹的经历。1919 年，在道森·乔丹即将迈入 28 岁的时候，他不仅要承受至亲离世的痛苦，还因沿河伐木运输业的衰败而被迫另谋生计。那时候，道森·乔丹一面继续在当地的伐木场工作，同时又成了一个佃农。和南部地区的大部分人一样，他没有自己的土地，是那个年代社会底层人士的典型。

要在租来的土地上存活下去，最关键的因素就是骡子。这种动物是一种象征，威廉·亨利·乔丹（William Henry Jordan）解释说："在我小的时候，一头骡子比一辆车还贵，因为只有拥有骡子，你才能赚钱养家糊口。"

就像几代之后的农夫会购买农业生产设备一样，当时的佃农会向波

---

① 四角进攻又称四角拖延战术，北卡罗来纳大学领先时，迪恩·史密斯常常会用这种战术保持优势，也正是因为这种战术的存在，迫使原本没有进攻时限的全国大学体育协会（NCAA）联盟引入了进攻时限规则。

特·牛顿这样的商人购买或租赁骡子。莫里斯·尤金·乔丹回忆说："你可以从他那儿得到一头骡子，但是如果你哪一年收成不好，他就会上门把骡子收回。找商人借种子或肥料的话，也是一样的。要是遇上荒年，你就会深陷困境，可能要一两年才能摆脱。"

"你没得选择。"威廉·亨利·乔丹解释道，"因为你什么都没有。"

像道森·乔丹父子这样的人，面对如此残酷的现实，应该说是无路可逃，但是不知道为什么乔丹一家人就是能一直把自己喂饱。有时候他们会一大早去附近的乳牛场挤牛奶，之后去放牛。在最不景气的时候，很多农夫会选择脱离承包制佃农——他需要租赁土地，然后一切靠自己解决——回归分成制佃农。"分成制佃农提供劳动，"威廉·亨利·乔丹解释道，"那些农场主提供骡子、种子和肥料。到了收获的季节，你可以分到剩下粮食的三分之一到一半。实际上大多数时候是一点粮食都不剩。"

这就是为什么如此多的农夫都在找寻其他经济来源，也是为什么私家酿酒对于他们中的大部分人越来越重要。不论是黑人还是白人，沿海平原的农夫从殖民地时期就开始自己用谷物酿酒了。他们中的大多数肯定是没有闲钱去买酒的，所以他们只能自己酿。"回到过去，谷物酿酒就是全部，"莫里斯·尤金·乔丹解释道，"所以那时候有很多私酒。在任何地方都可以见到，河流边、树林里、沼泽旁，只要那里的水质好就行。"

道森·乔丹未必真的刻意想要成为一位酿制私酒的人，但是他很快在彭德郡的非法贸易中成了一个显赫的人物，并赢得了很多声誉。道森·乔丹可能还在干沿河伐木运输的时候就已经开始做酿制私酒的活了。"那些木筏上可能装满了威士忌，"莫里斯·尤金·乔丹笑着说，"没人知道他们当时到底装了些什么。"

也许正是这些谷物酿制的私酒稍微减轻了那段艰难时光的痛苦。漫漫长夜，它们必定能缓和一下紧张的气氛，让原本保守的农夫们敢于玩点赌博。彭德郡辛劳的人们从来都是小赌怡情，不像数十年之后迈克尔·乔丹那样一掷千金。

"大家都没什么可赌的，"莫里斯·尤金·乔丹说，"但也不是没有赌博，只是玩得很小。"

这就是乔丹一家的特点。努力工作，找机会娱乐。就这方面而言，道森·乔丹也是乔丹家的第一人。他知道如何把赌博这项"恶魔的游戏"变成调节生活、获取乐趣的手段。他也爱喝点小酒、抽点小烟或是在卡罗来纳漫长的夜晚中来点风花雪月之事。

新 一 代

20世纪30年代，道森·乔丹的儿子威廉·爱德华·乔丹步入成年，在一家园林绿化公司找到了一份开卡车的工作。他依旧帮助自己的父亲务农，不过哪怕是他薪水微薄，也意味着他们再也不用单单依靠起起落落的佃农收入度日了。开小卡车到处送园林绿化的材料让爱德华一直处于接触新鲜事物的状态，他有很多机会和社区中各种各样的人见面，相对于农夫的孤立生活，这绝对是个巨大的改变。根据家族成员的回忆，他也是一个十分有女人缘的人。

青少年时期进入尾声的时候，他爱上了一位名叫罗莎贝尔·汉德（Rosabell Hand）的美丽姑娘，她是他祖母家的远亲。1935年，在两人都20岁左右的时候，她成为他的妻子。而两年之后的7月，他们的儿子降生了——也就是迈克尔的父亲。他们给他取名为詹姆斯·雷蒙德·乔丹（James Raymond Jordan）。

这对夫妻一辈子都和道森·乔丹住在一起，从未挑战过他在这小小家庭里的权威地位，而这个家庭也正是迈克尔·乔丹和他的兄弟们长大的地方。罗莎贝尔声音甜美温柔的程度可以媲美道森·乔丹嗓音的深情圆润。道森年近五十的时候，行走越来越依靠手杖，但他的话语依然领导着整个乔丹一家。

和大多数务农家庭一样，经济困难一直缠绕着乔丹一家，但据家族成

员的回忆,他们似乎从未让这件事过多地影响他们的生活。也许这是因为道森在很小的时候就了解到,比手头上缺点钱糟糕得多的事是存在的。当经济收入上的麻烦严重到无法忍受的时候,道森·乔丹最终会像其他穷苦的佃农一样,把车收拾好,套上骡子,然后举家迁徙。

他并没有选择一个过远的地方重新开始生活。道森、他的儿子、他正怀孕的儿媳妇、他的小孙子最终定居在了蒂奇的一个务农社区,离冬青避难所仅有25英里左右。他们搬过去后不久,罗莎贝尔就产下了自己的第二个儿子——吉恩·乔丹(Gene Jordan)。

罗莎贝尔·汉德·乔丹总共为爱德华生下四个孩子,而这四个孩子总共繁衍了12个子女,一个中等规模的家庭终于成型了。没过多久,依靠着爱德华薪水的日积月累,乔丹家在蒂奇附近的棉布湾路买下了一栋便宜的小房子。这栋房子只有三个小卧室和一个卫生间,但这却是道森·乔丹和他家人的城堡,这也是迈克尔·乔丹小时候的"世界中心"。

不久之后,靠着爱德华的工作和道森的私酒酿制,乔丹家一步步发家,并在棉布湾路附近购置了很多地产,而这块区域也逐渐发展成了一个小型的住宅区。这些资产对于这个家庭的情感价值可以通过一个简单的事实体现:几十年后,尽管迈克尔腰缠万贯,乔丹家仍然留下了那些小房子,只是将它们租了出去。

除了经济方面蒸蒸日上之外,道森父子生活中另一个最重大的改变就是罗莎贝尔·乔丹的出现。她给予了她的儿辈孙辈中每一个孩子充足的关心和爱护,哪怕是爱德华在社区内拈花惹草生下来的小孩,也是一样。"罗莎贝尔女士",人们经常这么称呼她。她似乎尤其为自己的大儿子感到骄傲。詹姆斯·雷蒙德·乔丹确实有些与众不同的地方,他拥有特殊的智慧和能量。一开始,他就显得非常聪明。10岁的时候,他就可以开着拖拉机在地里帮父亲干活了,并且能在机器坏掉的时候把它修好。到了他成长为一个年轻男人的时候,他因为娴熟的机械技术而被整个社区所熟知。表面上,爱德华对詹姆斯的评价总是很消极,不过私底下,他和道森都很看好他。有一个事实是，当他全神贯注于某件事的时候，会通过吐出舌头来展现自己注意力的集中。家族里的人说，专注的时候吐出舌头，是詹姆斯对祖父道森习惯的继承。

从小孩儿长成青少年的过程中，詹姆斯一直都在父亲和祖父身边工作，他常常会奔走于自己的出生地（冬青庇护所）与自己长大的地方（蒂奇）之间。"他是个比较安静的人，如果他不认识你，他基本会毫无举动。"莫里斯·尤金·乔丹回忆说。他曾和詹姆斯一同在玫瑰山的慈善高中读书。不过，如果詹姆斯认识你，他就会变得非常有魅力，特别是面对姑娘们的时候，这一点他和他的父亲爱德华很像。和很多青少年一样，他喜欢发动机，喜欢棒球，喜欢汽车，而且他还非常擅长这些东西。这意味着他手头总有能跑的交通工具，对于19世纪50年代还是青少年的詹姆斯·乔丹来说，这可非比寻常。詹姆斯在找乐子方面也有独特的品位，他知道在朗月高悬、月光洒满整个海岸平原的时候去哪里玩耍。当该地区的很多黑人都在寻求尽可能地避开白人的时候，道森和他的孙子詹姆斯可不是这样生活的。

20世纪50年代对于黑人来说依然是艰辛的。非裔美国人在二战期间为国家做出了巨大的贡献，这也使得在全国范围内蔓延的黑暗的种族思想有所缓和。不过老派的观点和态度依然扎根于北卡罗来纳的社会之中，接踵而至的人权斗争马上就证明了这一点。一位来自印第安纳的名叫迪克·内尔（Dick Neher）的白人海军士兵娶了一位威尔明顿当地的姑娘，并在1954年定居了下来。内尔热爱棒球，华莱士这个小镇也是一样。有时候，内尔会找几个熟悉的黑人伙计前往华莱士打棒球。内尔在20世纪50年代很有可能跟詹姆斯·乔丹打过棒球，只不过那时候他没有意识到罢了。然而，内尔并没能在那里打太长时间棒球。有一天晚上他回家，发现一辆车停在自己的院子里。三K党①成员在那里等着他，警告他不要和黑

---

① 三K党（Ku Klux Klan，缩写为K.K.K.），是美国历史上和现在的一个奉行白人至上主义运动和基督教恐怖主义的民间仇恨团体，也是美国种族主义的代表性组织。

人一起兜风、一起打棒球比赛。内尔对警告置若罔闻,但是三K党成员又跑到了他的家里。这一次,他们告诉他下一次就不仅仅是警告了。内尔只好作罢,不再去华莱士打棒球。此后,他就一直住在威尔明顿,再后来,他成了迈克尔·乔丹小时候的棒球教练。

在这样的氛围当中,道森·乔丹和他的家人每天仍然在为维持生计奋斗,真正充满希望和信心的未来还遥遥无期。尽管如此,家庭成员和邻居们仍然能看到,以詹姆斯·乔丹为代表的下一代可能会跨越老旧的世界,过上更新更好的生活。

在20世纪50年代早期,不会有人想到,革新会是怎样一番景象,它是以怎样深不可测的方式将希望与伤痛搅拌在一起。做一个简单的假设,如果乔丹家能提前预知未来那些难以想象的事情,他们会飞奔着跑过去。当然,也有这样的可能,有些家庭成员会在之后说,他们也许会选择逃走。

第二部分　青春年少

第三章　影　响

如果说曾祖父道森·乔丹为迈克尔的传奇一生点燃了第一把火,那么为之添薪加柴的则是迈克尔的母亲德洛里斯·皮普尔斯(Deloris Peoples)。1941年9月,她出生在罗基波因特的一个经济相对宽松的家庭。她的父亲爱德华·皮普尔斯是一个会给人距离感的人,或者像有些人说的——缺乏幽默感。此外,雄心壮志和工作狂也是他为人熟知的标签。众多沮丧且贫穷的黑人,他们一生都穿着工装,长时间被基本上宣告他们失败的经济系统击垮,但是爱德华·皮普尔斯找到了罕见的成功之路。

"我认识她父亲,"莫里斯·尤金·乔丹回忆说,"'老家伙'爱德华·皮普尔斯,他不和地主分收成。因为他有自己的农场。"

那个时代,在任何从政的渠道都被封死的情况下,爱德华·皮普尔斯和北卡罗来纳的一些杰出黑人一样,把注意力集中在了发展经济上。达勒姆附近曾有一条名为"黑人墙"的繁华街道,其领导者是约翰·梅里克,他开办了一家黑人拥有的保险公司。爱德华·皮普尔斯微薄的成就远达不到梅里克的级别,但官方记录显示他在赚钱方面不知疲倦。除了务农,德洛里斯的父亲还为罗基波因特的凯西木材公司工作,而他的妻子伊内兹则是一位女佣。虽然说不上富有,但是皮普尔斯一家也和贫穷沾不上边。在20世纪前几十年,他们跨越了早早宣告农夫(不论黑人还是白人)命运的雷区,坚毅地走出了自己的路。像乔丹家一样,皮普尔斯家在充满疾病和死亡的年代也备感头疼。但是他们依然拥有了自己的土地,可以完全享用自己的收成。虽然在乔丹的故事中,皮普尔斯一家的事很少被人们知晓,也鲜有人提起，但毫无疑问，这家人强大的前进动力和饱满的工作热情潜移默化地影响了一位母亲的生活作风与态度，而她又把这些特质传递给了自己闻名世界的儿子。

乔丹家的故事已经被人说烂了，但其中很多关键的地方其实都被错误地描述了。一旦一家人在聚光灯下得到了巨大的名誉和财富，他们就会迅速虚构出一些故事。这种做法往往是出于自我防卫，以免家族成员被媒体带动的费时伤神的爆米花文化所困扰。

20世纪80年代，随着自己的儿子日渐成名，德洛里斯·乔丹在很多情况下都选择保护家人。所以当她开始编撰故事，省略或者美化一些客观事实时，也没什么好奇怪的。她最初这样做是在接受一些采访的时候，之后同样的行为也出现在了她的畅销书《家庭至上》(*Family First*)中，在那部书里她含蓄地为家长们把孩子培养成"像迈克一样"提供了建议。这部畅销书让乔丹女士得以周游世界，也让她为了支持自己的家庭而四处抛头露面。

发生在德洛里斯·乔丹身上的真人真事远比那些编造出来的故事要震撼，因为它可以彰显出人物特质以及后来她带着家人穿越残酷环境的能力。毫无疑问，正是德洛里斯·乔丹面对的那些困难与障碍激发了她在照顾家庭方面的能力，也正是它们，为 Air Jordan 这个品牌的腾飞提供了燃料。

罗基波因特

促成迈克尔·乔丹基因库的几家人的第一次碰撞，是在一个狭小体育馆的木地板上，那里挤满了正欢呼喝彩着的学生。根据社区居民和家族成员的模糊记忆，詹姆斯和他的弟弟吉恩·乔丹都为慈善高中打球。而德洛里斯的兄弟爱德华和尤金·皮普尔斯则效力于彭德郡的罗基波因特师范学院。在那个时候，两所学校沉浸在与彼此的对抗之中。而且，据社区居民的回忆，皮普尔斯家的男孩儿都是非常出色的球员。

他们还记得当时的学生和教员对罗基波因特爱得多么深沉。这所学校开办于1917年,是罗森瓦德基金会[由西尔斯、罗巴克和公司总裁朱利叶斯·罗森瓦德(Julius Rosenwald)创办]当时在全国范围内为非裔美国人修建的5000所学校、商店、教工宿舍中的一所。学校的硬件条件并非顶尖,家具与设备是老旧的,图书则常常缺页,这些都是从同郡的白人学校继承过来的。"我们只能拿到他们用烂了的东西。"威廉·爱德华·乔丹回忆说。在那年代,当地教育局把黑人教育纳入考虑范围已经是最好的情况了,当时学校里的老师全身心投入,为学生准备各种各样的挑战。因此,20世纪60年代末各大学校开始混合招生之前,罗基波因特对于彭德郡的非裔美国人显得格外重要。

学生们在放学后经常会打篮球,一直打到夜幕降临。一旦举行比赛,学校的礼堂就会被腾空,而那场让詹姆斯和德洛里斯走到一起的比赛则发生在1954年12月。德洛里斯曾对记者说那场比赛发生在1956年,她15岁的时候。然而,她之后在《家庭至上》中更正了这一说法,说她是在1954年的一场比赛中第一次见到自己的丈夫的。

那个时候她差不多13岁,对于成为罗基波因特校魂中的一部分显得格外激动。她穿着时尚,阳光灿烂,是个好姑娘。她经常祈祷,会定期和家人一同前往教堂。

"当时我教她,她是个好学生。"玛丽·费森(Mary Faison)回忆说,她以前在罗基波因特学校任教。

詹姆斯那天晚上有没有为慈善高中上场其实并不清楚。他当时17岁,正在上高四。那时候他就有辆车了,这不仅表明了乔丹家经济状况的改善,也显示出詹姆斯在机械方面的爱好。

和很多青少年时期的恋爱故事一样,在詹姆斯留意到德洛里斯之前,她就注意到他了。他拥有鹿一般炯炯有神的眼睛和高高的颧骨,但这并不是捕获她芳心的东西。"真正吸引我的是他的性格,"她解释说,"至于外貌,相较其他人他也并没有那么突出。但是他很外向,有很强的幽默感,是一个非常热心非常友善的人。"

那天比赛结束后，德洛里斯和她的几个表兄跳上詹姆斯的后座，搭顺风车回家。当快到她家的时候，她喊了一声，让他停车。

"哦，我都没注意到这儿还有一位客人，"他说，"你真可爱。"

"你的搭讪可真稚嫩。"据说她回呛了一句。

"也许吧。不过有一天我一定会娶你。"据她回忆，他是这样回复的。

"我知道他当时还在和其他姑娘约会，"她说，"所以我选择和他保持距离。"

就像所有13岁小姑娘常做的那样，德洛里斯带着悸动跑回了家，重重地关上了身后的门。

在那么一个小社区里，詹姆斯·乔丹估计早就听说爱德华·皮普尔斯拥有自己的耕地，而他估计也很难不注意到这个女孩儿家的房子，要比当地大部分的房子都大。那是一栋远离马路的双层木屋。"庭院中有很多高大的遮阴树。"莫里斯·尤金·乔丹回忆道。

"当时很多有色人种都只是务农劳动而已。"他补充说。他还解释道，勤劳的爱德华·皮普尔斯一年四季都不会让自己的土地荒废，同时还一直在为凯西木材公司工作。除了耕种，他还和很多邻居们一样，把时间和金钱投入到了另一种商品上：爱德华·皮普尔斯也是一位私酒酿制者。事实上，据说皮普尔斯和大卫·乔丹（David Jordan）关系很近，后者是道森·乔丹众多酿制私酒的表兄中的一位。莫里斯·尤金·乔丹还解释说："他们准备了很多蒸馏器。检查人员有时会找到它们，然后把它们毁掉，但是很快私酒酿制者就会卷土重来。关键在于人不能被抓到。"

没过多久，詹姆斯就开始接触爱德华·皮普尔斯，询问能否与"洛伊丝"约会，他这样称呼她。作为一个努力工作而且并不愚蠢的人，爱德华当然不赞成詹姆斯的想法。她年龄还小，他回应说。然而，年轻时的恋爱——不会去谈什么长远的未来——总是有自己的想法。两个小家伙很快就开始约会，尽管这有违她父母的意愿。"我们很快就坠入爱河，然后一直约会了三年。"德洛里斯回忆说。

这段恋情基本没有降温过，即使1955年詹姆斯毕业以后令父亲和祖父非常骄傲地选择了加入美国空军。詹姆斯前往得克萨斯接受军事训练，而德洛里斯的家人则把她送到了亚拉巴马和她的叔叔一同生活，并且接受一个为期两年的美容学项目的培训。她曾说过，家人的这个做法是为了让她和那位年轻空军的关系发展慢下来，但是这段恋情早已走上了自己的高速路。1957年刚过，15岁的德洛里斯怀孕了——这件事她在自己的回忆录中并未承认——并且需要面对余波。在那个年代，立马在亚拉巴马注册入籍似乎是典型的解决办法，因为怀了孕的青少年如果把孩子生下来，往往会被遣送回乡。

那年4月，詹姆斯和"洛伊丝"双双回到了彭德郡，并且一起去看了场电影，看起来是时候该摊牌然后解决问题了。她原本就决定要让詹姆斯娶自己，而电影散场之后，他在车中求婚的时候，她更加坚定了这一决心。詹姆斯刚做完这个正确的决定，她就回到家中告诉自己的家长，她不会再回亚拉巴马了。很明显，她再次做了一个并不明智的决定。多年之后，她会感慨地说，当年她母亲本应该坚持让她回学校读书的。"我妈妈当时真应该马上把我送上火车。"德洛里斯·乔丹对一位记者说。

事实则是，她搬进了未婚夫在蒂奇拥挤的家中。而那时，63岁的道森·乔丹在家里依然拥有绝对的发言权。也就是在那里，这个怀有身孕的少女很快就和刚过40的罗莎贝尔·乔丹培养出了长久的友谊。作为一个待人真诚又通情达理的女人，詹姆斯的母亲非常爱孩子们，假期和周末的时候，她喜欢让亲朋好友聚集到这栋小房子里，共享快乐时光。德洛里斯习惯称罗莎贝尔为"贝尔女士"，在她和自己的父母关系如此紧张的时候，她找到了一个聪明睿智而又滋润万物的灵魂来依靠。两个女人之间的友谊最终会发展成为紧密的家族纽带，而这也在促进迈克尔·乔丹后来的成功中起到了作用。

詹姆斯和德洛里斯没过多久就庆祝了他们第一个孩子詹姆斯·罗纳

德·乔丹（James Ronald Jordan）的诞生，那是在 1957 年 9 月。这位刚刚过 16 岁的母亲，紧紧地抱住自己的孩子，不知道这个世界为他准备了些什么。若干年后，这个男婴会成长为和他外祖父一样勤劳的年轻小伙儿。被大家称为罗尼的他在读高中时就从事了两份工作——开校车以及在晚上经营一家当地的餐馆，同时他还在青少年预备役军官训练营中表现出色，这些让他的父母非常骄傲。这位大儿子似乎继承了道森·乔丹威风凛凛的特质。他后来会拥有一个卓越的生涯，在美国军队中成了一位军士长，常常需要执行数小时的战斗任务。

德洛里斯把这个新生儿带回了原本就拥挤的乔丹家。詹姆斯那时被派到了弗吉尼亚州泰德沃特的一个军事基地，每周末他都会经过近两个小时的旅程回到家中，看看自己年幼的儿子。德洛里斯后来承认，这段时间是她第一次开始对之前生活的一系列重大转折产生怀疑和后悔。她越来越想多见见自己的家人，但是要回罗基波因特，需要大概一个半小时的路程。她依然保持着信念，而她的婆婆也在某种程度上帮助她保持乐观。詹姆斯也有自己的打算，他认为服役经验会帮助他开启养家糊口的道路，可以给自己的孩子提供中等条件的成长环境。

从布鲁克林到蒂奇

詹姆斯·乔丹成立没多久的小家庭在 1959 年迎来了自己的第二个孩子德洛里斯。起初，德洛里斯还是这个女孩儿不怎么用的教名，多年之后她才真正使用这个名字。早年间，一家人为了区分，会称她为"西丝"（Sis）。也是在同一年，詹姆斯离开了空军，回到蒂奇，进入当地一家纺织厂工作。一时间，这个小家庭只能暂住在詹姆斯父母的小房子里，直到后来他们能够建造自己的小窝，地点就在棉布湾路，道森、爱德华、罗莎贝尔家的对面。

和祖父母居住相近是一件很棒的事。德洛里斯·乔丹在 23 岁的时候就已经生下了五个孩子，对于如此年轻的她来说，抚养孩子们会是一个巨大的挑战。最初几年，大部分担子会落在罗莎贝尔·乔丹身上，她别无所求，只想用自己无私的爱滋养每个来到这个世界的孙子、孙女。乔丹家如此团结紧密，以至于可以让德洛里斯回到亚拉巴马读书，让詹姆斯安心在空军服役，这打开了他们的眼界，让他们得以见识北卡罗来纳以外的世界。虽然他们最终在棉布湾路詹姆斯父母家的对面建造了房子，但在内心深处，他们仍然渴望那些蒂奇和华莱士的农业社区所不能提供的东西。

在这方面，他们和成千上万的同辈美国人没有任何差别，尤其是对当时的非裔美国人。窒息过后，他们终于呼吸到了一缕新鲜的空气。紧随着经济大萧条和第二次世界大战的步伐，奴隶般的佃农系统也逐渐退出历史舞台，这促使大量在乡下务农的黑人涌入城市寻找生计，而在北方地区这种趋势尤其明显。

1960年2月1日，争取自由与权益的运动加快了步伐。四个黑人大学生在格林斯博罗的一家沃尔沃斯商店买了一些东西，然后在速食餐厅找了个位子，点了几杯咖啡。就是这些简单的举动最后在整个北卡罗来纳州掀起了轩然大波。商店管理者那天直接忽略了这几个黑人学生，所以他们选择在位置上一直沉默地坐着，直到打烊。第二天早上，这几个来自北卡罗来纳农工州立大学的学生带着五个朋友再次来到这家店里，并且再次在速食餐厅寻求服务。但是他们再一次遭到了管理者的冷漠对待，于是这群学生采取了一种安静而非暴力的手段，开始了他们所说的"静坐抗议"。没过多久就有白人小伙儿出现了，他们嘲讽这帮黑人学生，并且向他们扔烟头，不过这种情况并没有阻碍类似的抗议在温斯顿塞勒姆、达勒姆、夏洛特、罗利、海波因特等地相继发生。不到两个星期，抗议就在全国范围内的15个城市的各家沃尔沃斯商店蔓延开来。全国连锁的沃尔沃斯马上就缓和了自己的态度，开始在速食餐厅招待非裔美国顾客。很明显，这家公司并不想在众目睽睽的电视镜头里延长这由来已久的种族问题。

这场崭露头角的人权运动只是撼动全国的文化剧变中的一部分。这次

改变为生活注入了新的希望,詹姆斯和德洛里斯也顺应潮流,对未来有了新的期待。这是激动人心的时刻,也是令人疑惑的时刻,同时仍是非常危险的时刻。

德洛里斯在1962年年初生下了第二个儿子拉里,而两个月之后,她又觉察到了下一个孩子即将降临。此后不久,21岁的德洛里斯和她的丈夫就带着还是婴儿的拉里一起前往了纽约布鲁克林,他们在那里住了大概两年。而导致这一改变的原因,是詹姆斯根据军人安置法案的安排进入了一所中等专业学校。他在那里学习建造、维修和水利设备保养,和他在空军所接受的训练也算是专业对口。此次迁徙使得詹姆斯和德洛里斯不得不离开自己最大的两个孩子,把他们留给父母照顾两年。两个孩子都还不到5岁,正是决定性格品质发展的年纪。后来,德洛里斯·乔丹回忆起这件事的时候,会说其实那时候她和詹姆斯拥有两个家庭:被留在后方的两个大孩子,以及在纽约由他们照顾的小儿子。不过,这并没有让整个家庭产生哪怕一点隔阂。

家庭新成员带来喜悦的同时,另一件令人心碎的事又给予他们打击。乔丹家到达纽约没几周,德洛里斯就收到了自己母亲在1962年6月11日过世的消息。失去亲人的阵痛和之后持续不断的悲伤缠绕着德洛里斯,甚至危及她还未出生的宝宝。因此,医生命令她要在床上静养一周。

"几近流产的感觉实在太糟糕了。"詹姆斯·乔丹多年后回忆说。

小小年纪就怀孕并且结婚的困难时光过去以后,虽然仍有一些问题未能解决,但是德洛里斯和她母亲之间的关系已经在逐步改善了,只可惜那个年代突然间早早失去挚爱的情况是如此多发。失去至亲、胎儿陷入危险、背井离乡在拥挤陌生的城市打拼,这些事情一同造就了德洛里斯的痛苦。1963年2月17日,迈克尔·乔丹的出生是这个周日里尤其让人手忙脚乱的事。德洛里斯那天过早地开始了工作,这也就是为什么她最后会进入布鲁克林的坎伯兰医院,虽然她是在曼哈顿看的医生。在医护人员把德洛里斯弄上急救病床之前,一个块头又大又结实的男婴就令人吃惊地降世了,因为黏液的阻塞，他难以呼吸。

"迈克尔出生的时候，我们都觉得这孩子可能会有点问题。"詹姆斯多年后在接受《芝加哥论坛报》(Chicago Tribune)采访时透露，"他出生的时候流着鼻血。医院一直把他留到了德洛里斯出院后三天。5岁之前，他总是会莫名其妙地流鼻血，而之后，这种情况不知所以就消失了。"

"迈克尔出生后医生确实多留了他几天，以确保他的肺中不再有黏液。"他妈妈回忆说。

在很多方面，新生儿的降临帮助德洛里斯为持续数月的悲伤画上了句号。"我总是说迈克尔的出生像一个信号，"她在之后解释说，"在我怀着迈克尔的时候，我意外地失去了自己的母亲，他是来自上帝的礼物。经历过人生中极其痛苦的一段时光之后，迈克尔就是神明赐予我的幸福与快乐。"

有关自己出生的一些细节，迈克尔也是多年之后从芝加哥报社记者那里才得知的，而记者则是通过迈克尔的家人搜集了这些故事。"我现在还是很容易流鼻血，"他对《芝加哥论坛报》的鲍勃·坂本(Bob Sakamoto)说，"流着鼻血出生这件事我妈妈从未跟我说过。她只跟我讲过，我还是婴儿的时候，有一次从床上掉下来，差点窒息而死。在我一生中，千钧一发、死里逃生的事情确实还是有几件。"

那次几近窒息，发生在一家人搬回北卡罗来纳后不久，它让德洛里斯对于这份"特别礼物"的忧虑又提高了一个级别。"多么活泼可爱的孩子，"她回忆说，"他从来不哭，只要把他喂饱，给他些东西，他就好了。"

迈克尔五个月大的时候，一家人从布鲁克林返回蒂奇，重新住进了位于棉布湾路的房子。此时此刻，德洛里斯怀上了自己的最后一个孩子（女儿罗丝琳即将出生），而回到家乡的詹姆斯终于能够让自己所接受的教育发挥作用，他进入威尔明顿附近的海恩堡的通用电气分公司，成了一名维修人员。

很快，这位年轻的母亲就会发现自己正和五个孩子住在一栋小房子里，而其中四个还不到四岁。她丈夫叫她洛伊丝，其他家庭成员也是一样，而她对丈夫的爱称则是雷。在这个小小的农业社区，詹姆斯凭借在空军的经历和在通用公司的出色表现很快就给人留下了深刻的印象。不过，尽管大部分时间还是保持一如既往的热心和友好，他也逐步开始展现出自己严厉的一面。不管是对自己的孩子还是别人的孩子，他都像是一个苛刻的监工。没过多久，流言就在左邻右舍的孩子们之间散播开来——雷从不和你闹着玩，他分分钟就会打你的屁股。

迈克尔·乔丹的成长阶段都是在僻静的棉布湾路度过的。人人都说，他那时候是个容易开怀大笑、渴望取悦他人、对娱乐保持饥渴的孩子，这也帮助他"赢得"了很多次被打屁股的机会。

"你不得不惩罚他，让他懂规矩，"德洛里斯·乔丹某次回忆说，"他会挑战你的极限。迈克尔总是会惹出麻烦事。"

某一天快傍晚的时候，两岁的迈克尔走出了房子，当时他老爸正拿着个灯泡在后院修理汽车。为灯泡输送电力的电缆穿过湿漉漉的地面一直延伸到厨房，而整条电缆是由两根电缆拼接而成的。他老爸还没来得及阻止他，走起路来跌跌撞撞的小迈克尔就抓住了两条电缆的连接处。随之而来的电击把他打出了 3 英尺远，并且把他击昏了，还好他并未受伤。

因为这次意外，已经对孩子们极其严格的乔丹家长进一步加强了控制。任何情况之下，任何人未经允许都不能离开房子。而且每天晚上 8 点，孩子们必须上床睡觉，无论住在附近的小孩们是否还在外面玩耍。但没过多久，当迈克尔进入孩提时期，事实就证明要控制住他"丰富多彩"的生活真是不大可能。

有一次，他试图往曾祖父道森马车下面的马蜂窝里浇灌汽油，于是便惹出了麻烦。又有一次，为了展现自己英勇无畏的飞翔，他把几把草坪椅堆得高高的，并且站了上去。那一次，他的胳膊上摔出了一条大伤口。

孩子还没大到能够手握球棒的时候，詹姆斯·乔丹似乎就等不及了。这位父亲特别喜欢把男孩们带到后院里，这样他就可以向他们扔棒球，然后教他们如何击球了。有一天，迈克尔挥动球棒的时候打到了一块木板，这块木板上有一颗松动的钉子，那颗钉子被"发射"出去后击中了他大姐的头部，并且刺了进去。

也许，最大的麻烦发生在他 4 岁的时候。有一天他偷偷溜出房子，穿过马路到了他祖父母家，并且看到一位表兄正在劈木头。小迈克挥了两下斧子之后，那位表兄就使坏，说如果迈克尔把自己的脚趾砍掉，就给他一美元。极具表现欲的迈克还真就手起斧落，斧头尖刚好落在脚趾尖上。剧烈的疼痛让他立马叫了起来，他边跳边叫边流血，穿过马路一路跑回了家，向自己的母亲飞奔而去。

"他是个淘气的孩子。"詹姆斯·乔丹后来带着微笑回忆道。

家里最大的女孩儿西丝，回忆说那时候父母对孩子其实是偏爱的。她和拉里是父亲的宠儿，而在母亲眼中，罗尼和小迈克①可能总是做错事。罗丝琳，家中的小宝宝，则沐浴着全家人不可分割的爱。这些意味着迈克尔·乔丹从小在这个拥挤的家庭中就面临着激烈的竞争。也许他维持一生的十足动力正是起源于此。他非常渴望取悦他人——首先是他的父母和家人，之后是他的教练以及对他充满爱慕的粉丝。

"他那时候就掌握了让人愉悦的艺术，每天都会花数小时逗我们开心。"回忆起那些年，西丝如是说，"跳舞、唱歌、逗乐，不管做什么，只要能博你一笑，他都会做。而且他永远不会满足于自娱自乐。他总是需要一个观众，不管费多少心思，他都不会让我们忽视他。"

再 次 搬 家

在 20 世纪 60 年代的美国，迈克尔童年早期在蒂奇的田园生活并非那么容易。棉布湾路上，有个白人家庭住在他们附近，相安无事的时候，乔丹家的孩子们特别享受身边有这群高加索玩伴。但在迈克尔上幼儿园之前，

---

① 迈克（Mike）为迈克尔（Michael）的昵称。

也就是1968年的秋天，周围的环境突然发生了剧变。这年1月，詹姆斯和德洛里斯·乔丹卖掉了他们在蒂奇的房子，举家迁往60英里外的港口城市威尔明顿。这时候詹姆斯·乔丹已经在海恩堡的通用电气分公司工作数年，每天需要花费40分钟上下班。德洛里斯·乔丹会以"全家人早就想要超出田园生活之外的东西"来解释这次迁徙。他们也希望为自己的孩子提供更多。不过他们依然和祖父母住得很近，总会时不时地回华莱士和蒂奇看看。特别是，他们计划每个月至少有一个周末回去，去洛克费什的非洲人的美以美会教堂做礼拜，这也是乔丹家人数十年来做礼拜的地方。

当马丁·路德·金（Martin Luther King）被刺杀的时候，整个国家都陷入了混乱，乔丹一家甚至没有时间整理在威尔明顿的东西。哪怕是在华莱士和蒂奇，在金被谋杀之后，黑人和白人也开始打架争吵。威尔明顿当然不会比这更好。其实20世纪50年代以来，当地领袖意识到要想吸引来商业投资就要做出一些改变以后，各个社区中的种族关系本来已经得到改善了。在1955年大西洋海岸铁路的中央枢纽搬至杰克逊维尔之前，威尔明顿一直是一个重要的铁路城市。这个改变使得威尔明顿不得不寻找新的工业来填补失去的就业机会。诸如通用电气这样的企业会要求威尔明顿保持就业平等，否则便不会在那里开办分公司。

尽管如此，威尔明顿的种族氛围依然非常紧张。乔丹家刚到那里的时候，当地学校正根据法庭指令开始废除种族隔离，这激起了大规模的辩论以及部分民众的怨恨。无论是刊物头条还是整个城市的情绪，都被让白人和黑人一同上学的发展计划所占据。由于小学是该计划中最后被整改的，迈克尔和其他同龄人那年秋天进入课堂的时候，依然是按照种族划分学校。

这种紧张的氛围一直嗞嗞作响，直到1971年2月终于爆发，在一块黑人占主导地位的区域附近，一家白人拥有的食品杂货店被人投掷了燃烧弹。最终，总共10人（9位黑人男性和1位白人女性）因为此次事件被逮捕，并且依据他们的罪行被判处极重的监禁。新闻媒体称他们为"威尔明顿十人组"，而他们的上诉在接下来的数年会反复出现在各大报刊的头条，直到联邦法院最终撤销了对他们的定罪。

冲突不断的生活环境增加了德洛里斯·乔丹对于孩子们适应社区中新学校的担心。

一家人先是找了个地方暂居,之后便搬入了戈登路附近的韦弗斯埃克斯。在一间公寓里又住了一段时间以后,詹姆斯·乔丹在附近12英亩(1英亩≈4046.86平方米)的松树林中建造了一栋很大的错层式砖板房,随后举家迁入。无论是到新汉诺威郡的城郊学校还是到市中心,那个地方都很方便。海洋就在几英里之外,詹姆斯和德洛里斯时不时地会"逃"到那里,享受宁静的夏日夜晚。而小迈克尔,则很快形成了对水的憎恶。7岁的时候,有一次他和一个小伙伴在海中游泳,陷入麻烦的小伙伴就像所有恐慌的落水者一样,紧紧地抓住了迈克尔。为了不被一步步拖入水中,迈克尔只好强行游开。最终,那孩子淹死了。几年之后,在一次棒球之旅中,迈克尔自己在游泳池里出了状况,还好最后被人及时拉出水面。又过了几年,上大学的时候,他的女朋友在回家度假期间不幸淹死。

"我不愿意和水搅在一起。"这是乔丹多年后众所周知的发言。

韦弗斯埃克斯是一个较新的社区,虽然大部分住户是黑人,但是社区中多个种族的家庭都保持着相对的和谐。詹姆斯和德洛里斯都教导孩子们,要对所有的种族保持尊敬,依据肤色把人模板化是不正确的行为。你必须把人当人看,而不应该只关注他们的肤色,这对父母解释说。他们的育人方向证明了这家人也曾有过相关的苦痛经历,而如此开放的思想也显示出,为了让孩子们做好迎接新世界的准备,乔丹一家承受了不少。

这种对待他人的态度最终成为乔丹在威尔明顿时期的一大特点。升入三年级的时候,迈克尔和高加索人大卫·布里杰斯(David Bridgers)成了死党,而布里杰斯既是他的同学也是他的邻居。他们一同打棒球,一同骑自行车,一同探索韦弗斯埃克斯周边的林区和溪流。布里杰斯是一位出租车司机的儿子,他们家是不久之前刚从北达科他州搬到威尔明顿的。父母的婚姻破裂之后,布里杰斯与乔丹的关系越来越密切。他们和迈克尔

的父亲一样酷爱棒球，詹姆斯非常欢迎布里杰斯来家中做客。那时候，布里杰斯和乔丹一同效力于一支强劲的少年棒球联合会球队，并且轮流担任投手。

"每次投掷之前，我都会望向中外野区的迈克，他会向我竖起大拇指，"布里杰斯回忆说，"而当他在投球区的时候，我也会做同样的事。"

迈克尔对水形成恐惧之前，在一个炙热的下午，他们趁着邻居不在偷偷地溜进人家的后院，想在游泳池里凉快凉快。很快就有人抓住了水中的男孩儿们，并且命令他们出来。此次事件中一些微妙的细节让两个孩子意识到，他们被赶出游泳池是由于种族歧视。

"他们一看到迈克，就把我们扔出了泳池。"布里杰斯说，"接下来，我们的骑行变得异常的安静。我问他知不知道我们被赶出来的真正原因，他说他知道。我又问他这有没有困扰到他，他则回答没有。接下来，他就是微微笑了笑。我永远不会忘记，他当时轻描淡写地说：'泡了泡以后可凉快多了。你呢，感觉如何？'"

第四章　竞争者

乔丹的怒火用不了几句话就能被点燃，有时候可能只是最微不足道的嬉笑。他还有个本事，就是把小事情聚集起来，无中生有地召唤出一次侮辱。这就是大家在之后都意识到的一件事。他会抓住明明毫无意义的动作或手势，将之深埋心底，直到它们聚集到一定程度，开始向外辐射能量，为他的炮火提供核燃料。

也是到了很久之后，大众才逐渐意识到，要让他忽视那些哪怕极其微小的细节，都是不可能的。很多观察者都错误地认为，那些乔丹所承受的"侮辱"都是他自己假想出来的，是他鞭策自己的手段，当他完成目标，再次取得一场大胜的时候，就可以轻而易举地抛弃它们。但其实，就像他难以卸掉自己的臂膀一样，他也难以释怀那些"侮辱"。如同他举世闻名的吐舌头，那已经化作了他这个人的一部分。很多深深地冒犯了迈克尔·乔丹的事情其实都没什么大不了的，除了最初的那件，那件事最终也被证明是最重要的那件。

"回家和女人们一起待着去吧。"

詹姆斯·乔丹对他最小的儿子说过的无数话语中，这几个字在数十年中一直散发着刺眼的光芒。

"我父亲是个靠机械技艺吃饭的人。"乔丹在之后回忆说，"他常常试图通过为尽可能多的人修车来存钱。我的哥哥们会跟他一同出门干活。他会让他们递给他一把9/16号的扳手，他们随后会很好地完成任务。而当我跟出去帮忙的时候，他让我递给他一把9/16号的扳手，我当时真的不知

道他说的是什么鬼东西。于是向来讨厌我的他说：'你都不明白自己到底在干什么。回家和女人们一起待着去吧。'"

父亲的话其实是对于他青少年时期的男子气概的一种质疑。哪怕是在第一次雄性激素大量分泌开始加重他的性征之后，他依然保持着天真可爱的形象，他的兄弟姐妹对他爱不释手，他母亲也特别喜欢把他拥入怀抱。但这一切都是假象。

父亲简短的几个词激活了深埋在他体内的被抑制的DNA，好斗的天性经过突变强如钢铁。贯穿迈克尔整个青少年时期，乔丹一家日常的言行和态度中都流露出对他的轻视，他父亲的那几个词就是最好的代表。

"多年之后，"他姐姐西丝回忆说，"在他刚开始NBA生涯的时候，他公开承认，正是父亲对待他的方式以及认为他毫无价值的态度为他提供了动力，激励他前进……他达成的每一项成就，都是为了打败父亲对他的消极评价所发出的怒吼。"

乔丹在后来也透露，孩童时期的他对于父亲偏爱哥哥拉里这件事非常敏感。

其实，詹姆斯·乔丹在自己的父亲那里也忍受过类似的对待。爱德华对他的轻视在整个家族里都不是秘密。詹姆斯也承认，正是这种轻视驱使他离开蒂奇，去美国空军证明自己。不过，其他家族成员也说，很明显爱德华是以詹姆斯为傲的，他只是从未找到正面表达自己情感的方式而已。

最终，詹姆斯通过一次又一次实现他父亲可望而不可即的事情作为"报复"。

面对一个总是摆臭脸、不满意的父亲，这也是孩子们经常会做的事。可能他们自己都不会意识到，他们早已被锁入一种回应模式，一次又一次地给出答案，以证实他们并不需要回到家中、依赖家人。哪怕是父亲归于尘土，他们仍然继续证明这一点，仿佛在下意识地跨越时空咆哮，与多年前的那位老人进行争辩。

大约在詹姆斯·乔丹让迈克尔去和女人们一起待着去的时候，他在家中后院为自己的儿子们挂了一个篮球筐。也许那个时候他还没能意识到这将改变一切。在那之前，全家人的运动重心都聚焦于詹姆斯在后院朝小男孩儿们投掷棒球，教他们如何去击打和热爱这项运动。乔丹家的男孩儿们5到6岁就开始打软式垒球了。7到8岁的时候，他们开始对着发球机练习。等到了9到10岁，他们第一次参加真正的棒球比赛，也就是在这时，孩子们出现了两极分化，拉里一般会选择安打，而迈克尔则会尽力追求本垒打。

身为二哥的拉里是家里第一个爱上篮球的孩子。篮球场出现之前，迈克尔已经在低级别的棒球联赛中取得了成功。但突然之间，事情开始朝着另外一个方向发展。

也许是本能指引了詹姆斯，告诉他既然迈克尔已经在棒球方面得以闪耀，他也是时候修建一个球筐了，因为那才是拉里的兴趣所在。然而，兄弟中年龄最小的迈克尔其实很早就对篮球颇感兴趣了。9岁的时候，迈克尔全神贯注地在电视上观看了1972年美国队对苏联队的奥运会篮球决赛。当时的美国队由一个叫道格·柯林斯（Doug Collins）的年轻后卫带领，他在最后时刻贡献出了关键抢断，可球队还是遗憾落败。当美国队的失利引起广泛争论的时候，迈克尔跑到厨房对他妈妈说，总有一天他要代表美国队打奥运会。"他说：'总有一天我要出现在奥运会赛场上，我要确保祖国的胜利。'"他的母亲之后回忆道，"我对自己笑笑，然后说：'亲爱的，要想夺得金牌，可要付出很多哦。'"

不管怎样，一幅伟大的蓝图已经开始构建了。从那一天开始，事情就关乎观看每一场电视直播的篮球比赛，虽然能看到的并不多。在那个年代，有线电视还未普及，职业篮球也不像如今一样会在电视上持续曝光，所以后来成为永恒篮球之王的乔丹那时几乎是看不到NBA比赛的。不过，当地机构当时购买了大西洋海岸联盟（ACC）的比赛，这使得他能够看到大卫·汤普森（David Thompson）的高飞神技，以及北卡罗来纳州立狼群队与北卡罗来纳大学队之间的对抗。那时候，他还能通过美国全国广播公司（NBC）观看国内其他地方的比赛，从而让他喜欢上了另一支自己最爱的队伍——加州大学洛杉矶分校（UCLA）布鲁因斯队。多年之后，UCLA传奇马奎斯·约翰逊（Marques Johnson）会惊奇地发现，乔丹在北卡罗来纳时宿舍的墙上竟然张贴了他的海报。这是因为在乔丹成长阶段最易受影响的时期，他和那时的布鲁因斯队实在是太过耀眼。

11岁的时候，迈克尔的家长购买了家中第一个篮球，不久之后，詹姆斯·乔丹就完成了后院球场的修建。这块场地很快就吸引了附近的篮球爱好者，不过乔丹家给他们定了一些规矩。任何人来球场之前都要把作业写完，而晚上8点依然是严格的上床时间。尽管如此，迈克尔与拉里一对一斗牛依然是每天必不可少的戏码。

虽然迈克尔比拉里小11个月，但是他已经长得比哥哥高了，只不过拉里更壮一些。迈克尔相对来说话更多，但是两个人都会说垃圾话，以及任何能让对方感到不爽的话。兄弟之间的小比赛很快就变成了激烈的身体对抗，然后火药味进一步加重。当咆哮和争吵演变为相互推搡的时候，德洛里斯·乔丹就会站到后门，让他们消停。有时候她不得不命令两兄弟滚回家里。一天又一天，他们每天都在努力打败对方，而尽管身高吃亏，但拉里总是能够利用自己的力量碾压弟弟。

常常溃败于比自己矮的哥哥让乔丹幼小的心灵备受打击。这种失败者的状态一直持续了一年半有余。

"我觉得迈克尔能变得如此出色是因为有段时间拉里总能打败他，"詹姆斯·乔丹在后来解释说，"他当时很受打击。"

"整个成长过程中，我们都在一对一。"拉里回忆说。

"我总是打得很卖力，"乔丹说，"哥哥和我每天都会大战到妈妈催我们回屋……单挑的时候我们才不会管什么兄弟情谊呢，有时候甚至以打架收尾。"

慢慢地，迈克尔学会了如何利用自己的身高。但他实在是骨瘦如柴，缺乏力量。过了很长一段时间，他们开始势均力敌，仿佛在和镜子中的自己对抗。"当你看到我打球的时候，你就知道拉里怎么打球了。"乔丹后来如此说道。

"在他长得比我高很多之前,我能赢下大部分斗牛。"拉里说,"在那之后,这种情况也随之终结了。"

乔丹小时候的棒球教练迪克·内尔也去参观过他家的后院。那时候迈克尔已经是青少年了,而篮筐已经被打歪,向一边倾斜。貌似造成这伤害的罪魁祸首是拉里一次又一次的扣篮,也正是它们进一步摧残了迈克尔的内心,让他难以逃离哥哥的阴影。

那些"后院战斗"决定了他们成年之后的关系——由兄弟竞争维系的亲密无间。也正是那些单挑,建立了乔丹整个职业生涯对待队友的方式。詹姆斯·沃西(James Worthy)回忆乔丹作为新生刚进入北卡罗来纳大学篮球队的时候,乔丹纠缠着他,非要和他一对一:"他给自己的任务就是找到球队最佳球员,而当时大三的我就是那个人。他简直是咄咄逼人,我都有些被吓到了。"

哪怕在此之前,在威尔明顿的帝国公园(Empie Park)和马丁·路德·金中心(Martin Luther King Community Center),他也常常会这样做。"有时甚至会到我劝他不要来打球的地步。"中心的负责人威廉·墨菲(William Murphy)说。

"我其实是不想让他受伤,"墨菲说,"我真怕他把自己的脚给累坏了。他那时候会挑战每一个人。"正是乔丹的攻击性激发了旁人这种发自内心的回应。

根据乔丹成为职业球员后的心理医生乔治·穆福德描述,不管乔丹去哪儿,他都是那个样子。他会把每个对手都当作要去征服的拉里。很久之后,关于那些单挑的神奇传说使得拉里成了迈克尔的圈子里举足轻重的人物,一开始是在大学,后来是在芝加哥。

"很明显,迈克尔和拉里就像其他男孩子一样狂野对抗,拉里在他的生活中占有很重要的地位,"迈克尔在北卡罗来纳大学时的室友、球队经理大卫·哈特说道,"迈克尔真的很爱拉里,无时无刻不在谈论他——真的是很敬重他。即使是迈克尔作为运动员的成就已经远非拉里可以比拟的时候,他也从未让这种身份的差距影响他对哥哥的态度——他对他哥哥的感情连接和尊敬之情还是非常强大。只要他哥哥在身边,他就会卸掉身上所有的名誉与成就,做一个惹人喜爱、仰慕哥哥的弟弟。"

后来,拉里·乔丹在芝加哥加盟了一个职业篮球联盟,那个联盟是不允许身高超过6尺4寸的球员参加的。但是,他没过多久就伤到了肩膀,考虑到家里正处在上升期,他选择了退出。"我从未感到过自己黯然失色,因为我能近距离接触迈克尔,我知道他有多敬业。"拉里2012年接受梅丽莎·艾萨克森(Melissa Isaacson)的采访时说,"我一辈子都没停止过打篮球,但是我对篮球的热情确实不如迈克尔。我更是个手艺人,像我父亲一样喜欢摆弄机械。"

"他是个壮如牛的运动员,"在芝加哥执教过迈克尔的道格·柯林斯曾这样评价拉里,"我记得第一次看到他——这个有些矮但是拥有惊人肌肉和恐怖身体的年轻人,他身高5尺7寸,体型更像是橄榄球运动员而非篮球运动员。看到他的那一刻,我就开始明白迈克尔的动力来自于哪里了。"

波普·赫林在威尔明顿的兰尼高中担任过兄弟俩的教练,在那里,迈克尔成了明星,而拉里却上场时间有限。"拉里,"赫林曾说,"是一个如此充满斗志、如此有竞争心的运动员。如果他是6尺2寸而非5尺7寸,我敢担保,不会是拉里因为是迈克尔的哥哥而出名,而应该是迈克尔因为拉里而为人所知。"

也许因为温暖的家庭氛围和朋友们对于拉里·乔丹的好感,上面的称赞都有些夸大了。他们经常把拉里形容为一个坦率、低调而又充满绅士风度的人,只不过被命运所捉弄。少年时期,他和迈克尔的实力是如此接近,但最终却只能活在迈克尔的盛名之下。这种氛围困扰了德洛里斯·乔丹很多年,哪怕是成年后的兄弟们欢度美好时光之时,都会被它所影响。迈克尔成为NBA明星之后的某一天,兄弟俩重温了儿时的一对一斗牛,就是在那时候,迈克尔停了停,低头看着拉里的脚说:"你只需要记得当年你曾把谁踩在脚下。"

比尔·比灵斯列（Bill Billingsley）回忆了两兄弟最开始打正规篮球赛时的场景。那是在1975年，切斯纳特老街的学校是威尔明顿举办青少年篮球联赛的地方。当时24岁的比灵斯列是一位教练，带领球队与乔丹兄弟效力的球队对抗。"如果你看过那时候的他们，你就会觉得拉里是年龄更小的那个，"他说，"迈克尔身高要高很多，无论着眼当时还是放眼未来，拉里和迈克尔都已经不是同一个级别的球员了。"

据拉里回忆，正是他们青少年时期的棒球教练把他们带上了篮球的道路。迪克·内尔当时正在帮忙组建一支青少年篮球队，他当时给迈克尔在青少年棒球队的教练尼德·帕里什打电话求助。帕里什立马就给他推荐了乔丹兄弟。

在2012年的一次采访中，内尔回忆起迈克尔·乔丹最初在球队中的表现时，不禁笑了起来。"他是个一流的得分手，"这位教练回忆说，"他之前从未打过正式的球赛。他在少年棒球联合会时的教练把他带到了这支篮球队。他运球相当不错，可以很好地控制住球。同时，他还非常快。不过如果你把球传给他，球基本就回不来了，他会直接杀向篮筐。我们当时总拿这事儿说笑。"

比灵斯列的球队和初入正式篮球赛的乔丹兄弟对抗了三次，并且赢下了其中两场，其主要原因是比灵斯列的球队那时候打人盯人，而联赛里的其他球队都在打少年篮球中典型的死板而又懒散的区域联防。

比灵斯列当时安排了他的明星球员雷吉·威廉姆斯（Reggie Williams）——之后他也打过一阵子大学篮球——去防守乔丹。"迈克尔是他们的头牌。看他懂得通过背打雷吉挤进油漆区然后近距离跳投得分，你就知道他在那个年龄已经颇具篮球智商了，"比灵斯列教练回忆说，"哪怕只有12岁，他已经拥有真正的篮球技巧和篮球智商。"比灵斯列深信，乔丹的那次背打绝对是出于本能，没有少年篮球教练会有时间和兴趣去教孩子们那样的动作。

"12岁的时候，我哥哥拉里和我在皮威联赛里是一对首发后场组合，"乔丹回忆那时候的经历时说，"拉里主要负责防守，而我专注于得分。有一

天我投中了制胜球,当我们开车回家的时候,我父亲说:'拉里,你的防守真是不错。'我就不爽了:'哼,明明是我关键抢断然后上篮得分,球队才取得胜利的。'在我的认知里,我很明显地觉得父亲看不见我所做到的一切,我必须要给他展示我的实力。如何看待那样的境遇以及它们怎样一步步促使你形成竞争的态度,这是件有趣的事情。"

据乔丹回忆,在棒球场上,情况也是一样。他会追求一次本垒打,而拉里的目标则是安打,而他的父亲总是会说:"拉里,你这样的态度是极好的,要努力保证安打。"

在AAU篮球开始引进更年轻的球员之前,只有这种娱乐性质的篮球联赛。比灵斯列解释说,与此同时,当时几乎由白人统治的棒球在威尔明顿有着更丰厚的资金支持。相比之下,少年篮球所占有的资源只能说是匮乏。

赛季结束后,迈克尔进入了全明星队,尽管他是联盟中最年幼的球员之一。而由于球队夺冠,比灵斯列也获得了全明星教练的荣誉。于是,他开始筹备一支参加州级锦标赛的球队,也就是在那时,他第一次见到了詹姆斯和德洛里斯。

"他的父母观看了他的所有比赛。"比灵斯列教练回忆说,"他们就是大家所说的无私奉献的父母,对于他们来说,孩子们就是一切。乔丹先生是一个安静的人,而乔丹太太则在他们的爱情中占主导地位。任何在他们周围待过的人都会对德洛里斯·乔丹强大的精神力量印象深刻。她就是孩子们的保护伞。有些家长会放任小孩不管,但他们不会。当时他们就在我面前,但是他们并没有试图干预或影响我的决定。"事实上,有关于比灵斯列该如何执教球队,乔丹夫妇父亲没有指手画脚过。

1975年春天,威尔明顿全明星队驱车前往北卡罗来纳州的夏洛特附近谢尔比参加那一年的州级娱乐锦标赛。詹姆斯·乔丹则是小部分跟随球队完成那次旅途的父母之一。据比灵斯列回忆,球队当时在两天内打了四场比赛,一路杀进了半决赛,最终无奈输给了一支来自教堂山的球队,因为那支队伍拥有无论在体型还是技术上都碾压他们的前场球员。

"锦标赛的最后一个晚上我们待在了旅馆里,"教练回忆说,"孩子们在自己的房间里玩耍。几位父亲和教练们打起了牌。当时的气氛一点都不低沉,而是非常欢乐。就在那时,有人说了一句:'咱们弄点啤酒吧。'"

詹姆斯·乔丹立马道破了在如此干燥的地方竟然没有酒精滋润,这一点让比灵斯列印象深刻。

"乔丹先生知道哪儿能弄到啤酒。他沿着州界线驱车前往,然后带回来了两三包六罐装的啤酒。"比灵斯列回忆说,"那一天我们熬到很晚,我们并没有真的赌博,只是享受了快乐时光。乔丹先生真是个好人。"

这是接下来几年中无数次父子同行的篮球之旅的开端。不管是谁遇上詹姆斯·乔丹,对他都会有相似的印象。多么好的一个人啊,人们总是会这么评价,他很友善,而且会付诸行动去帮助他人,他会带着微笑在你的背上拍一拍,慷慨地付出自己的感情,哪怕是与迈克尔屡次起冲突的公牛队总经理杰里·克劳斯(Jerry Krause)都能感受到他的温暖。

"他就是一个人如此友善的。"比灵斯列说。

最重要的是,人们能看到一些更深层的事情。来自父亲完整的爱其实一直都被迈克尔·乔丹握在手心里。很明显,从某些层面上,迈克尔自己也知道这一点。不过在另一个至关重要的层面,这一点从未进入过那个竞争者的内心。迈克尔·乔丹那不可更改的人生行程已经被设定好了,任何微小的事情都有可能让他内心中令人目瞪口呆的篮球热潮减退。

毫无疑问,没有人会比迈克尔·乔丹自己更为这些回忆所震惊。多年来,这些回忆一次又一次地冲击着他,每一次都会带给他同样的惊喜之情,并且让他产生了同样的疑问——接下来我该怎样做?

黑 暗 面

尽管表面上其乐融融,但在20世纪70年代中期,詹姆斯和德洛里斯构建的家庭正在自我毁灭的边缘徘徊。虽然创造出了幸福美满的假象,这段婚姻其实屡遭不和谐因素的困扰，他们会时不时地陷入激烈的争吵。从棉布湾路的最糟糕的几次冲突开始，詹姆斯和德洛里斯甚至会在孩子们面前相互攻击，孩子们只得跑到马路对面的祖父母家中去搬救兵，让他们停止一场混战。举家前往威尔明顿并没能改善这种情况。他们并不是每天打架，不过一旦他们打起来，事情就一发不可收拾。据大女儿西丝回忆，在一个寒冷的冬夜，母亲死追着父亲不放，作为回应，父亲直接把母亲关在了屋外。孩子们特别担心母亲会被冻死，不过第二天早上，她是从卧室里走出来的，并且准备好迎接新的一天。还有一次则是他们在家附近的公路上吓人地飙车追逐，当时孩子们还在其中一辆车上。整个家庭依然在不断前进，类似的事情只是断断续续地打扰一下还算和谐的氛围，只不过它们总是会带给人恐惧。

詹姆斯在通用公司的工作使得这个家庭能够过上舒适的生活，也可以给孩子们提供很好的机会。所有的孩子都有条件去参加课外活动，而大一些的子女则会去做一些兼职。但是哪怕有詹姆斯的薪水作为支撑，他们还是要面临经济压力。最小的孩子罗丝琳一上学，德洛里斯就在当地康宁分公司的装配线上找了份工作。不过，这份工作是轮班制的，它导致整个家庭的节奏陷入了混乱。直到有一天，德洛里斯终于无法忍受，突然辞掉了工作。这件事情她并没有事先和詹姆斯商量，而詹姆斯也处之泰然。几个月后，她又在北卡罗来纳州立银行的分行找到了一份出纳的工作。

就好像打理这一大摊子事还不够，这对夫妻决定开一家自己的夜店，取名为"优雅"，当时这看起来像是个好主意。他们都处在35岁左右，部分青少年时期的美好时光以及成年后的所有岁月，他们都把精力放在了抚养孩子上面。在之后接受有关如何培养出迈克尔的采访中，他们都没有提到过那家夜店。然而，"优雅"在他们的婚姻中着实写下了浓墨重彩的一笔。如此冒险的一件事情常常会耗干他们的时间和金钱，而那时他们已经因为孩子们的事情忙得团团转了。

女儿西丝暗示，不快乐的家庭环境也是促使罗尼在1975年高中毕业后两天就前去参加陆军基本训练的原因之一，尽管多年来他确实也一直有着从军梦，并且在高中时期加入了预备役军官训练营。不论这是真是假，罗尼的离开都使得整个家庭的情绪更加紧绷。德洛里斯在汽车站送别他时，忍不住放声痛哭。

"我当时的表现就跟家里死了人一样，"德洛里斯谈论罗尼的离开时所说，"之后很多很多年我都不敢进入他的房间。他是第一个离家的孩子。"

和很多在当母亲时面对着极重压力和巨大挑战的女性一样，她的体重在不断增加。尽管后来减了肥，那段时期仍能让你看到一位有着五个孩子的母亲是多么的情绪化。自己在青少年时期遇到的种种麻烦为德洛里斯敲响了警钟，当发现西丝开始有性行为表现的时候，她变得忧心忡忡。那段时间，这对母女从未有过亲密的交流，并且很快发展到了近乎每天都会激烈争吵的地步。1975 年的一个夏日清晨，乔丹夫人开车送女儿去上班的时候，两人再次吵了起来。当他们到达西丝上班的吉布森廉价商店时，矛盾已经激化到不可收拾。据说当时德洛里斯骂自己的女儿是荡妇。"如果我真是个荡妇，为什么你不让你丈夫滚下我的床？"西丝回击说，后来在她独立出版的自传《活在家庭阴影之下》（*In My Family's Shadow*）里，详细描述了这件事。

乔丹夫人被女儿突如其来的话语震惊到了，而在她回过神来之前，女儿早已跳下车，躲进了上班的地方。乔丹夫人于是以疯狂地鸣笛作为回应，试图让女儿出来。商店里面，西丝想要忽视那刺耳的喇叭声，但是最终商店经理还是让她回到外面，看看她母亲想要干什么。

西丝回到车上以后，德洛里斯便让女儿解释刚才她的话到底是什么意思。当西丝讲述父亲对她长达八年的虐待之时，这位母亲默然无语。西丝说詹姆斯·乔丹会在深夜爬上她和罗丝琳的床"拜访"她，这种长期虐待开始的时候，罗丝琳甚至还没到上学的年龄。她详细描述了父亲是如何以"教导她像成年人一样接吻"作为解释的，而她又是多么的困扰，以及虐待的尺度是怎样逐步升级的。

据西丝回忆，接下来发生的事情绝对是一种折磨。母女二人立即开车前往"优雅"，当时詹姆斯正在做一些维修工作。他的妻子命令他上车，然后驶往一条荒无人烟的公路，并且靠边停了下来。随后，乔丹夫人让她的女儿把先前说过的话重复一遍。西丝完成叙述之后，德洛里斯·乔丹对她丈夫说，这样的事情绝对是会影响婚姻的。詹姆斯立马狂怒，并且掐住了女儿的喉咙，一边还对妻子喊叫："你宁愿相信这个妓女也不愿意相信我？"西丝回忆说，当父亲称她为妓女的时候，她真的吓傻了。虽然她和母亲频频发生摩擦，但她和父亲在情感上一直很亲密，几乎没有冲突过。眼看西丝就要喘不过气了，乔丹夫人从汽车仪表盘的小柜子里拿出了一把手枪，并且警告詹姆斯，如果他不放手，她就会杀了他。

最终，愤怒的时刻过去了。他们都冷静了下来，乔丹夫人也把枪放了回去，之后三人驱车回家。一到家，西丝就立马躲进了自己的房间。一个小时之后，她的母亲走进房间，告诉她在现在这种情况下，他们三个很难再住在一起了。乔丹夫人说，由于西丝还有两年的高中要读，所以她只能离开家前往当地的女孩之家居住。

她告诉女儿，詹姆斯也解释了，他"只是试图在帮助她"，只不过她极其错误地理解了他的父爱。

这位母亲还说，不论什么时候，不管在家里还是家外，女儿都不许把她对父亲的控诉向他人提起。不过，这位女儿没有告诉母亲的是，一切都已经太晚了：12岁的时候，她就向一位同龄的表亲吐露了父亲的恶行。接下来，据说那位表亲又把这件事告诉了她的哥哥。但是，哪怕是有关那件事的传闻已经在偌大乔丹家族中蔓延开来，那也只是会在窃窃私语之中。似乎没有人打算和詹姆斯·乔丹当面对质。在这个家族里，所有人都对他心存敬畏。

乔丹夫妻并没有真正实施对女儿的威胁，把她送往当地的女孩之家。这对父母不知使用了什么手段，成功地让这件事石沉大海。他们带领家人继续前进的同时，依然让整个家庭保持一种积极向上的外在形象。尤其是詹姆斯·乔丹，多年之后，作为那位独一无二的运动员的慈父，他赢得了无数的称赞与爱戴。

站在几十年后的2001年，也就是那些事因为那部书被公之于众的时候，想要评估女儿西丝对于父亲的指控，几乎是不可能的。因为这么多年来既没有权威机构报道过相关事件，社会服务组织或者警察局在当时也没有进行过调查。很明显，德洛里斯·乔丹仔细权衡了女儿的陈述并且得出了自己的结论，把这件事捅出去只会毁掉这个家庭，其他孩子也会被牵连其中。不过，詹姆斯似乎没能逃脱命运的审判，他后来丢掉了工作，整个家庭失去了主要的经济支撑。

在母亲面前揭露父亲的罪行十年之后，西丝联系了一位夏洛特的律师，询问把她父母告上法庭的可能性。她在自己的书中回忆说，律师当时给她引荐了威尔明顿的犯罪学权威，而那些专家给她的答复则是，诉讼时效已经过了。

那件事发生的时候，迈克尔只有12岁，还搞不清楚状况。多年之后，他才了解到大姐对于父亲的指控。迈克尔和西丝在小时候非常亲密。1977年的时候，西丝离开了乔丹家，结了婚，开始组建自己的家庭。后来，她的生活因为萎靡不振和问题重重被打上负面的标签，这些也被乔丹家的部分人拿来攻击她对詹姆斯的指控。然而，性虐待受害者的辩护律师们则声称，类似的行为是受害者受到创伤后常见的症状。

女儿对于父亲性虐待的指控为这个家庭的分崩离析埋下了种子，随着时间的推移，事情渐渐朝着很多困难的方向发展，不管他们做了多少努力，都无法把这些黑暗的回忆抹去。迈克尔·乔丹的竞争精神也是一样，来源于他对父母给他的爱与忠诚的复杂情感，而这种复杂情感远非大众所能理解。很多年来，德洛里斯坚持在公众面前塑造他们普通中产阶级家庭的形象，这使得迈克尔的成长一直被认为是一个完美的故事。

至于自己在青少年时期的早早怀孕这件远非普通的事德洛里斯则一直在试图掩盖。她的支持者会说，1975年时，她针对那项指控所做的决定只

是为了更好地保护自己的家庭。

然而，真实的故事也许会帮助你理解，为什么70多岁的德洛里斯还会在世界各地到处奔波，到几十个国家讲述家庭问题。她从来没有提过那些真正威胁过她家庭的最强烈的冲突。现在，她倒是常常讲一些她最了解的事：生存。

第五章　棒球场

1975年家里正陷入混乱的时候，12岁的迈克尔·乔丹则在少年棒球联合会度过了非凡的一年。他在决赛中扔出了两次无安打，帮助球队拿下了州冠军，自己也当选了全州最有价值球员。后来，在佐治亚进行的区域比赛中，迈克尔又在关键时刻打出本垒打，展现出了高超的击球技艺，在之后的多年里，这项技艺总能让他父亲会心一笑。

"他那时候常说，我们这支少年棒球联合会球队能打入世界职业棒球大赛（World Series）。"乔丹回忆说，"我们在佐治亚比赛的时候，有一个奖励机制，如果谁打出一次本垒打，就能免费获得一块牛排。我好长一段时间都没有获得过牛排了，于是我父亲说：'如果你打出一次本垒打，我会额外给你买一块牛排。'那次的比赛场地特别大，在第四节的时候，我两次把球击出了中场围栏，让球队得以3∶3扳平比分。虽然我们最终还是以3∶4落败，但是在运动方面，没有什么能比打出本垒打感觉更好了。"

也就是从那时开始，詹姆斯·乔丹越来越觉得他的儿子正在朝着顶级棒球联赛前进。詹姆斯的表兄威廉·亨利·乔丹那时也有同样的看法。"迈克尔12岁的时候在一场全明星赛中担任投手，对抗我儿子所在的球队。"他回忆说，"在那个年代的规则下，一场球你顶多可以投四局球。如果我没记错的话，迈克尔让面对他的12个击球手全部出局。他的投球力道十足。他为新汉诺威队投球，我儿子则效力于彭德郡队。那一天看M.J.打棒球的时候，我们都确信他未来会成为一位职业球员。"

然而，乔丹并不只是一个投手。"12岁的时候，他在少年棒球联合会

中是一位出类拔萃的球员，"后来在贝比鲁斯联盟执教乔丹的迪克·内尔回忆说，"他那时候又瘦又高，也可以打游击手。他会跳过三垒去抓一个地滚球，然后反手扔球。你一定看过德里克·基特（Derek Jeter）① 做过类似的动作。他在空中高高跃起，把球一下掷回一垒。他获得了那一年北卡罗来纳州棒球先生的称号。"

凭借这个奖项，乔丹获得了那年夏天在密苏里举行的为期两周的米奇·欧文斯棒球训练营的奖学金。这绝对是一个巨大的荣誉。在家里，迈克尔在少年棒球联合会中取得的奖杯被骄傲地陈列了多年。"迈克尔在佐治亚的淘汰赛中打出了一记 265 英尺的本垒打。"詹姆斯会对客人们介绍，"自打进入少年棒球联合会起，他就热爱棒球，并且球技出色。"

不过，小迈克尔的陨落几乎就和他的升起一样迅速。那年春天，内尔带着乔丹和其他四个 13 岁的孩子参加了贝比鲁斯联盟的选秀。贝比鲁斯联盟是专门针对 13 岁到 15 岁青少年的联盟。"他的确是少年棒球联合会走出的超级明星，但我也常常会对我麾下 13 岁球员的家长说：'你们的儿子今年可能得不到太多出场机会。'"

小迈克尔 13 岁的时候没能打上球其实还有一个原因。在更高年龄组别的联赛里，球场要更大，跑垒道要更长，投球区到本垒板的距离也更远。乔丹那长长的手臂不再具有统治级别的优势。"我刚得到他的时候，还不能用他打游击手，"内尔回忆 1976 年也就是乔丹在贝比鲁斯联盟的第一年时说，"他没有办法把球扔得足够远。迈克 13 岁的时候并没能在球队夺得一席之地，仅仅出场 4 次，我记得他整个赛季击中棒球的次数也不超过 4 次。"

哪怕乔丹家为迈克尔的境遇感到愤怒，他们也不会让内尔觉察出来。詹姆斯·乔丹作为队员家长，还帮助教练修建了一块棒球场。"迈克的父母并没有表示不满，"内尔教练在 2012 年的采访中回忆说，"他们都是非常和善的人……三年时间里，詹姆斯从来不是一个会来干涉我决定的父亲。

---

① 纽约扬基队的传奇棒球运动员。

他只是一个乐于助人的人而已。"

13岁的乔丹也是从不抱怨的，内尔说："就我执教迈克三年的体验，他绝对是每个教练都会喜欢的球员，总是很配合。自打我认得他起，他想的就只有上场打球。"

比尔·比灵斯列也会去看那支棒球队的比赛，13岁的乔丹常常穿着防风衣紧张地站在边线旁边期待上场，这样的场景让比灵斯列很受触动。很明显，乔丹能得到的机会非常有限。青少年体育就是如此的残酷，一位年幼的球员刚在前一个级别堆砌出属于自己的荣誉，进入下一个级别后一切就可能被夺走。

因为没有太多的上场时间，乔丹转而娱乐自己和他人。"他一直是个懂得放松的人，"内尔说，"他还会让所有人松弛下来。"一直喜欢开玩笑的乔丹开始展现自己的搞怪天赋，把刮胡刀放进队友的击球头盔里，从背后点点别人肩膀然后马上躲起来，他会玩一切他能想到的恶作剧。乔丹的老友大卫·布里杰斯也在那支球队中。"他是迈克的头号粉丝，"内尔回忆说，"他们甚至把他称为白迈克尔·乔丹。他和迈克是最好的朋友，但几乎每次训练他们都会打起来。他们都是争强好胜的人；他们会互相找茬挑衅。补充一下，布里杰斯那时候也是个出色的运动员。"

据内尔回忆，有一天击球训练的时候，他发现布里杰斯骑在乔丹身上，哭叫声传得很远。训练中负责接球的是乔丹，布里杰斯几次击球不中之后，乔丹就开始对他喷垃圾话了。他对布里杰斯说，如果他用他那对大耳朵击球，说不定能有打中球的机会。"迈克当时被摁在地上，棒球装备还穿在身上，而大卫则骑在他身上，捶打迈克的面具，"内尔回忆说，"他们就像冰球球员一样，总是会进入打斗状态。"

内尔最终得以把两人分开。他回忆说当时布里杰斯正在流泪。当这位教练得知引起这场混乱的原因时，他不禁哈哈大笑，并且问乔丹是不是最近都没有照过镜子。在那些"后院战斗"中，乔丹自己那对招风耳反而更加显眼。内尔向来有给球员起绰号的习惯。所以为了纪念乔丹脑袋两侧的

"壶柄"，内尔称他为"兔子"。很明显，先前的剑拔弩张很快就烟消云散了。

"孩子们就喜欢那样，"这位教练说，"有迈克在身边，总会有类似的闹剧。迈克的耳朵和头贴得很近，就像兔子一样。所以某一天我们在一起商量，'为什么不叫他兔子呢'？那对耳朵真的是离头太近了。每个人都因为这事大笑不止，而迈克也一点不反感。乔丹家搬去芝加哥以后，詹姆斯曾跟记者说迈克绰号'兔子'是因为跑得快。然而事实上，真正原因和那一点关系都没有。"

在第一年进入贝比鲁斯联盟的时候，乔丹确实上过场，在一场重要的比赛之前，他说服了内尔，让他担任捕手。当时内尔的常胜之师要面对另外一支由奥马哈互助基金会资助的不败之队，而队中的两位捕手却无法出战。于是乔丹便找到教练，让他承担捕手的工作，尽管他用尽全力也只能把球从本垒板后面扔到二垒。"迈克说：'教练，让我来接球。'他年龄太小，又如此瘦削，不过他有一双大手。"内尔回忆道，"我说：'别闹了，兔子！这根本不可能。你甚至不能把球扔向二垒，中间的距离有128英尺呢。'他说：'教练，我会做到的。'他就是那样一个孩子。"

内尔的一位助教建议他们可以教乔丹如何通过跳起扔球把球准确地掷向二垒。那位助教告诉乔丹要把球压低，让球恰好从击球手头上飞过即可。乔丹很快就掌握了这项技术。他在跳起的过程中以低平的方式送出棒球，使得球直奔二垒球员，从而截杀跑垒球员。

内尔回忆起那场重要比赛当天的热身训练："我们在内场热身，而互助基金会的球员则站在围栏外观看。当他们看到乔丹跳起扔球的时候，他们开始大笑。他们陷入了癫狂，开始贬低他：'天啊，看看那面条一样的手臂。今晚我们会在你头上跑垒得分，面条手臂先生。'迈克则掀开头盔上的面具，看向他们。他边笑边说：'你敢跑我就敢扔。'我们都笑了起来，那一幕太有意思了。第二局的时候，他们派出了一位球员，而迈克把他扔出了局。接下来的三到四个人也一样被迈克踢出了局，最后他们甚至放弃了跑垒，我们因此笑个不停。比赛之后，迈克对我说：'我跟你说过我能做到。'"

很多年后，在芝加哥，乔丹会向公牛队助教约翰尼·巴赫（Johnny Bach）坦言，那段时光真的很难熬，作为那支青少年棒球队仅有的两位黑人球员中的一个，他常常感到孤独和痛苦。在内尔 37 年的执教生涯中，他的球队中仅仅有过三个黑人球员，其中就包括乔丹。"这样的事实就会给人那样的错觉，"内尔教练说，"因为我的球队里没几个黑人，我甚至受到了全国有色人种协进会的调查。但当时的情况就是那样，总体来说，在一个十二人的出场阵容中，你可能只能看到一个黑人。我对全国有色人种协进会的人解释说，如果 250 个尝试进入联盟的球员中只有三个黑人孩子，选择黑人球员会非常困难。"

在贝比鲁斯联盟的前两年，特里·阿伦（Terry Allen）是乔丹唯一的黑人队友，而他在联盟的最后一年，依然只有一个黑人队友——后来效力于 NFL 费城老鹰队（Philadelphia Eagles）的一流防守端锋克莱德·西蒙斯（Clyde Simmons）。也许，这样的数字可以看出，乔丹家为了让自己的儿子参加一项由白人统治的运动承受了多么大的痛苦。当乔丹所在的球队往返于各个地区进行比赛的时候，如果有过夜的需求，乔丹会被安置在当地的黑人家庭。这使得他可以见更多人、交更多朋友，但这样的处境显然也非常尴尬。乔丹一家从来没有对球队的人种组成表露出过负面的情绪。"我从来没有从迈克身上看到过愤恨和不满。"内尔说。

这位教练回忆起有天傍晚他们在一块不大太平的区域的球场训练。训练当中，有两个人溜进了休息室，开始在球队冷藏箱里翻来翻去。内尔发现他们以后，叫他们住手，而他们却回以威胁和咒骂。球队中的某人随后打电话报了警，在他们等待的过程中，乔丹用了那个"N"打头的词[①]来指代那两个人。这一幕反映了当时的困难之处，青少年棒球的处境非常尴尬，一项大部分球员是白人的运动，在一个种族仇恨依然浓烈的年代，却在一块黑人占主导地位的区域训练。结合这样的背景，还未成年的乔丹在

---

① nigger（黑鬼），对于黑人的蔑称。

找寻自己身份定位方面出现问题也就说得通了。

那个冬天，1977年1月末的连续几天内，美国广播公司播放了由作家亚历克斯·哈里的长篇小说《根》（Roots）改编的电视剧，讲述了非裔美国人的经历以及奴隶制度的残忍。乔丹震惊于其中的故事，并被深深地触动了。"我们一路走到今天，是承受了数百年痛苦的。通过观看《根》，我第一次了解到了那段历史。"多年后他说，"最初我对那些东西没什么概念，但那部剧让我认识到了我的祖先以及他们要面对怎样的困境。"

乔丹在后来也解释过，关于种族歧视，他并没有太多切肤之痛的体会。但是了解到美国那段丑恶的过去之后，他非常生气，怒火充满了他的脑袋。之后，他每到一处都能发现一些他原来未曾注意过的事情，那些只会让种族歧视和不公平问题更加严重的事情，以及影响了他家庭的事情。

狩猎营地

几十年之后，去过那个狩猎营地的男孩们仍然能清晰地记得那张脸，不管他们是否知道它属于那位传奇球员的曾祖父。道森·乔丹就是这种能给人留下深刻印象的人。虽然是一位拄着拐杖的老人，但是他走路时总是惊人地敏捷，看起来摇摇晃晃，好似随时可能酿成悲剧，却从来没有出过事。而且，他总是能摆出一桌饕餮盛宴。谁又能忘记那美味的饼干呢？他穿着工装，系着围裙，充满皱纹的脸上往往留着灰色的胡楂。不过，最令人无法忘记的，还是他那双疲惫充血的眼中所流露出来的淡淡哀伤。从这副面容中，你能看到一段艰难的人生。

"那是一张粗放的脸。"迈克·泰勒回忆说。那时候，每周他都会像其他男孩一样，和自己的父亲一同前往华莱士的狩猎俱乐部。"道森·乔丹绝对是一个丰富多彩的人，因为强硬的性格和高超的厨艺，华莱士狩猎俱乐部的会员都非常喜欢他。"

在那里度过孩提时期的肯·罗伯茨（Ken Roberts）第一次被触动，

是因为道森·乔丹的和蔼。"他并非特别高高在上。"罗伯茨回忆说。他们最初几次见面，罗伯茨问怎样称呼这位老绅士才比较合适。"他跟我说叫他道森就好。"

那家俱乐部坐落在彭德郡的东北开普菲尔河旁，不过就是租来的土地上几间破败的棚屋。没过多久，那地方被推倒重建，之后又被再次弃用。"按现在的标准来说，当时的俱乐部会所简直就是又脏又乱的豆腐渣。"迈克·泰勒说道，"我记得那是一间特别长的单层木板房，修建得特别矮，根本没高过地面多少，空间小到只能画条走廊上去了。会所内部就是放满了金属单人床的休息区和有着一张长长桌子的餐厅。我记得当时道森是在一个柴炉上烹饪美味的。"

那是一个破到连纱门都需要修缮的地方。大家发现这件事还是因为在一个周六，一条一般会躺在院子里的猎犬穿过破裂的纱门，进入厨房偷走了一个大桶，而道森原本准备用这个大桶制作一道神秘美味。

罗伯特·卡尔是负责运营那家只收白人会员的狩猎俱乐部的重要人物，和他打交道的人一般会尊称他为"罗伯特先生"。他在彭德郡绝对是个人物，不仅拥有燃油分销权，还是北卡罗来纳狩猎与野生动物委员会的主席。卡尔可能会有些霸道，但是他对于道森·乔丹的欣赏绝对是真挚而又强烈的。在那个年代，他们俩的友谊就是那些看似不可能的事之一。

"道森先生对待罗伯特先生非常真诚，罗伯特先生对道森先生也是一样。"肯·罗伯茨解释道。他还补充说，卡尔对于乔丹的敬重为俱乐部里的其他成员的态度奠定了基调。"每个人都很尊敬道森先生。没有人会找道森先生的麻烦，因为谁要是这么做了，罗伯特·卡尔绝对会让他好看。"

"每周三，罗伯特先生会开车去接道森先生，然后把他一路带到狩猎俱乐部。"肯·罗伯茨回忆说。在他还是一个小男孩的时候，曾在那家俱乐部度过了不少欢乐的时光。"哪怕不是狩猎季节，他们还是会每周三前往俱乐部。他们就是享受远离城市的感觉。"

两位男士会沿着50号北卡罗来纳高速公路一路前往俱乐部，开始准

备日常聚会，吃美食，饮美酒，讲故事，然后时不时地打打猎、捕捕鱼。"

道森·乔丹烹饪的传奇级别的美味是整个聚会最精彩的部分之一。"早餐是传统的南方食物：乡村火腿、饼干、肉酱、鸡蛋、粗面以及其他充满盐、黄油和肥肉的菜肴，"泰勒回忆说，"我很确定，那些食物的美味和不健康是同等级别的。俱乐部有咖啡，但是男士们总是会带着自己的美酒，供大家免费享用。"

和他的家人一样，狩猎俱乐部里的男孩们都惊叹于道森蹒跚于俱乐部厨房和餐厅之时所做到的事情。"我记得我当时特别想知道他怎么可能弄出那么一桌好菜、怎么把盘子刷干净以及怎么做到那一切的。"泰勒回忆说，"我记得我还问过我爸，是不是有人给他帮忙。我爸的回答则是，其他人根本只顾着从餐桌上拿吃的。那是自助型的家庭聚餐模式，长长的桌子上摆满了大碗和大盘子。"

当时大约10岁的肯·罗伯茨也回忆说当时他特别想知道，一个跛腿老人为这样一个聚会准备食物到底要花费多少工夫，所以他会尽其所能帮助道森做一些杂事，比如每个早上把糖浆罐子摆上餐桌，比如帮忙洗盘子。

"我会特意早起，天气真是冷得要死，"罗伯茨回忆说，"道森先生会点燃炉子。他是个安静的人，但是他还是挺喜欢我的，因为我是那里年纪最小的人之一。"

罗伯茨回忆起，在某个令人难忘的日子里，他"听到了人生中第一句脏话"。罗伯特·卡尔当时正在俱乐部里招待来自北卡罗来纳狩猎与野生动物委员会的其他成员。这些家伙是整个州中最成功最有社会地位的人，他们都坐在长长的桌子边，等待乔丹端出他那道最著名的菜肴。

"每餐饭都会有饼干，"罗伯茨说，"不管他给大家做什么，其中总会有饼干。"

道森·乔丹端着一大盘刚从烤箱里拿出的新鲜饼干走出厨房，可是他迷迷糊糊地把这些饼干不小心撒在了俱乐部优质的硬木地板上。一刹那，大家都停止了交谈，气氛极为安静。"这时候罗伯特先生说道：'道森，把那些饼干捡起来放到桌子上。'参加这个聚会的都是有头有脸的城里人。"罗伯茨解释道,"罗伯特先生随后看了一眼,说:'这些是道森先生给大家做的饼干,谁不吃上一个谁就是婊子养的!'那些饼干一会儿就不见了。他们全吃掉了。"

不做饭的时候,道森·乔丹会到旁边的一个小房子里休息,那是他睡觉的地方,而原来那里是用来包装烟草的。偶尔会去那里拜访他的罗伯茨说:"我还记得那个小房间里有一张老式的羽绒床、一盏小油灯和一个小火炉。他总是坐在床上安静地读书,并不喜欢和狩猎俱乐部里的其他人有过多的接触。他真的是个好人,只不过对于和那些白人一起相处太多时间并不热衷。"

1977年的冬天,也就是在乔丹看完《根》那部电视连续剧短短三周之后,还有几个月就将年满86岁的曾祖父在蒂奇去世了。从婴儿时期在冬青庇护所躺在母亲甜蜜的臂弯中熟睡,到在那条伟大的河流上划木筏,接着到在加利福尼亚宁静的夜空下卖力耕种、悄然行车,然后到酿制私酒,最后到喂饱华莱士狩猎俱乐部那些中饥肠辘辘的人们,道森·乔丹经历了太多太多。在这个过程中,他成功创建了一个经得起大风大浪的家庭,并且能与人性的黑暗面做抗争,哪怕这黑暗面是和巨大的财富及名誉相关。他的孙辈和曾孙辈长久以来都很珍视家中有他统领大局的日子,道森·乔丹也博得了华莱士狩猎俱乐部里每一个人的爱戴。肯·罗伯茨回忆,1977年得知道森过世的时候,他一家人都颇为震动。"我记得当时是我祖父告诉我道森去世了,"他说,"对他来说这绝对是件大事。"

那一天,乔丹家泪如雨下。迈克尔的曾祖父对他精湛的棒球技巧已经颇为了解,但他在篮球上取得的名誉那时却一点都未展露。其实所有狩猎俱乐部以及彭德郡的人都惊叹于这一点。"我记得当 M. J. 出名以后,"肯·罗伯茨笑道,"我岳父说:'道森会很愿意看到这一幕的。'"

道森的离去让全家人承受了巨大的悲伤,也许正是它加强了迈克尔刚刚被激发的种族主义怒火。他并不知道曾祖父生平的每一个细节,但是从那位老人的眼中，你就能看到他所承受过的深深痛苦，了解到他那令人深深叹惋的人生旅途是有多么荆棘密布，体会到他不得不跨越多少本不应该存在的障碍。

同年晚些时候，一个女孩在学校称迈克尔为"黑鬼"。

"我朝她扔了一瓶苏打，"他回忆说，"那一年真的很艰辛，我一直处在反抗的情绪之中。我觉得那时候的我就是个十足的种族主义者。基本可以说，当时我抵触所有白人。"

因为扔苏打事件，乔丹被停学了。但是母亲并没有让他待在家里，而是要求他和她一起去她上班的银行，坐在停车场的车里，这样她就可以透过出纳员的窗口盯着他了。通过这样的手段，她得以确保他正在做功课，并且远离麻烦。数年之后，乔丹会和母亲开玩笑说，当时的情况完全可以称得上是虐待儿童，不过那时候他也确实是过于愤怒了。没过多久，德洛里斯就让自己的理念得以传达。在接下来的数月中，她一次又一次地强调，沉溺于苦痛艰辛和种族怒火中完全是浪费时间与精力，以及它们对于一个小男孩是多么具有毁灭性。并非要忘记，只是该宽容，她说。

让这个理念深入脑海并且让愤怒的情绪消散花了超过一年的时间。"这样的教育来自我的父母，"乔丹回忆说，"你必须要忍痛对过去发生的事情说OK，着眼于当下，看看未来如何。你很容易就会带着对他人的憎恨度过余生，有些人也的确如此。你必须要集中精力处理好正在发生的事，并努力让一切变得更好。"

在塑造儿子人生态度的同时，德洛里斯·乔丹自己也体会到了海岸平原上一个时代的到来，但事情远不止于此。她是如此专注于未来，专注于积极的事情，专注于取得成就，她不会让令人愤怒的社会不公或者女儿令人心碎的虐待指控阻挡她前进的步伐。对于她不会在无法改善生活的事情上花任何时间，不管事态多么严重。为任何事停下脚步对德洛里斯·乔丹来说都是一种挫败。她在年轻的时候品尝过那样的失望，她不愿意再次被打败。

篮球时代到来

1977年3月,乔丹通过电视观看了北卡罗来纳大学曲折的NCAA锦标赛之旅,但是他不允许自己被震撼。在后来,他会承认,作为曾经北卡罗来纳州立大学的粉丝,他极其讨厌焦油踵队。

不管怎样,对于大学篮球的粉丝来说,那是一个让人着迷的年代,电视广播网发现了后来举世闻名的"疯狂三月"的强大魔力。路易斯·阿尔辛多(Lew Alcindor)①带领UCLA的时代过去九年以后,大学篮球能重新引起公众的注意,扣篮的回归功不可没。小迈克尔不喜欢焦油踵队可能还有一个出于本能的原因,扣篮再次激起球迷热情的时候,迪恩·史密斯和他的北卡罗来纳大学却让四角延迟进攻声名鹊起,或者说是臭名昭著。

那届锦标赛具有浓郁的北卡罗来纳味,比烤肉酱汁的味道还要重。"玉米面包"麦克斯维尔(Cedric "Cornbread" Maxwell)和异军突起的北卡罗来纳夏洛特分校让密歇根大学在中东区饮恨,这使得两支北卡罗来纳州的球队进入了最终四强。北卡罗来纳大学最终和马奎特大学在决赛中为冠军而战。焦油踵队由控球后卫菲尔·福特(Phil Ford)②率领,手肘受伤的他尽管坚持带伤作战,但是伤势使他无法投篮,无法帮助球队破掉马奎特的区域联防。迪恩·史密斯再一次和冠军无缘。乔丹和家人一起,在电视机前愉快地观看了这场比赛。"我母亲很喜欢菲尔·福特,但是我不会支持他和任何一位北卡罗来纳大学的球员,"他回忆说,"1977年的NCAA决

---

① 路易斯·阿尔辛多,卡里姆·阿卜杜勒-贾巴尔的原名,贾巴尔绰号"天勾"(Sky Hook),1968年状元秀,NBA历史50大巨星之一,洛杉矶湖人队名宿,篮球名人堂成员。作为NBA历史上最伟大的中锋之一,贾巴尔曾6次夺得NBA总冠军,6次当选NBA最有价值球员,2次当选NBA总决赛最有价值球员,2次加冕联盟得分王,并有19次入选NBA全明星阵容。至今为止,贾巴尔仍保持着NBA总得分纪录。

② 菲尔·福特,北卡名宿,1978年第1轮第4顺位被堪萨斯城国王队选中,在NBA征战7年,场均可贡献11.6分和6.4次助攻。1980—1981赛季是他的职业生涯巅峰,场均砍下17.5分外加8.8次助攻。

赛中，我是力挺马奎特的，我妈妈对此非常愤怒。"

那一年的春夏之交，14岁的乔丹在贝比鲁斯联盟为迪克·内尔的球队场场首发，但是他12岁时在棒球场上的魔力再也没有回来。"我无法把他安排在游击手的位置上，"内尔回忆说，"他扔球难以到位。偶尔我会把他放在三垒上，大部分时间他会在一垒和左外野。他还能投球。14岁的时候，他是投手位置上的常规轮换，每隔两三场比赛，他就会投球一次。"

然而，他的投球已经不再具有统治力了。而且在本垒板上，他的击球水准也一去不返。"那一年他的击球率只有0.270到0.275，"内尔说，"而这是三年中他给我的最高数字。一般在青少年联盟中，你常常能看到孩子们打出0.380、0.400之类的数据。迈克其实是可以击球的，他非常可靠，是你手下击球率能够高于0.230的球员之一。他是我们所取得成就中不可或缺的一环。但在贝比鲁斯联盟，他不再像在少年棒球联合会时那样闪耀。他为我打了三年球，但从未入选过全明星。"

1977年的秋天，乔丹进入了弗戈区的一所学校，那是威尔明顿九年级学生的聚集地，在那里，他很快成为体育馆每天清晨的常客。负责开放设施的管理人员戴夫·阿伦（Dave Allen）很快就发现了乔丹的弹跳能力，以及他飞向篮筐时伸舌头的习惯。"我记得我很严肃地对他说过：'孩子，我真怕你不小心把舌头咬掉了。'"阿伦回忆说。果不其然，大概一周之后，满嘴是血的乔丹出现在了管理人员的办公室，阿伦问他是不是咬到舌头了，乔丹只能点头。

哈维斯特·勒罗伊·史密斯（Harvest Leroy Smith）是乔丹在赛季前训练课的伙伴之一，他身高6尺7寸。他们一对一单挑的主题便是史密斯的身高对抗乔丹的敏捷。"他和我每天都会一起训练，他就是非要赢才行。如果你在HORSE投篮游戏中打败了他，那你就不得不继续比下去，直到他获胜为止，"史密斯回忆说，"他赢不了，你就别想回家。"

那个时候刚刚超过5尺7寸的乔丹找到了很多杀入篮下的方法。"你经常会看到他创造出出手空间，并且惊讶于他是如何做到的，因为他并不高大，"史密斯说，"但是他拥有极高的敏捷度。唯一的疑问就是他最终能长到多高——以及他的技术能打磨到多么精湛。"

九年级的篮球赛季，乔丹用令人瞠目结舌的表现回答了这个问题，当时他效力于弗雷德·林奇（Fred Lynch）执教的球队。乔丹很快引起了附近很多教练的兴趣。"在他完成首秀后没多久，我就去观看了他在弗戈的比赛。"迪克·内尔回忆说。他的儿子史蒂夫和乔丹效力于同一支篮球队。"当时他们的球队前往伯高和一支初中球队比赛，迈克拿下了44分，而当时的初中比赛一节才不过6分钟。"

据内尔回忆，那场比赛中，乔丹拿下了球队54分里的44分。"他找到了投篮手感以后，便一发不可收拾。"

吉姆·希伯伦（Jim Hebron），新汉诺威高中篮球校队的教练，开始密切关注乔丹。"我记得吉姆·希伯伦在乔丹九年级的时候就对我说过，他未来一定会不同凡响。"之后成为南韦恩高中教练的马绍尔·汉密尔顿（Marshall Hamilton）回忆说。

虽然声响还不是很大，但是毫无疑问，一切始于弗戈区的九年级生活。乔丹崭露头角的年代，篮球的流行度还没有迎来爆发。没过多久，美国业余篮球联盟（AAU）的比赛就为这项运动批量生产少年天才提供了详尽的流程。"现在12岁甚至更小的孩子打上了AAU的篮球比赛，就觉得自己不可一世了。"资深球探汤姆·康查尔斯基（Tom Konchalski）在2011年的一场采访中得到了这样的观察结果。

1977—1978赛季，公立学校的联赛还在发展时期，所以乔丹的篮球日程非常短。之后兴起的AAU比赛会给予青少年球员很长时间的比赛体验，但是这台培养天才的机器太过悉心，甚至有些娇惯，很有可能会夺走乔丹的本能，康查尔斯基补充说。"假如他那时候就有AAU比赛，我不认为他还会拥有现在这种全身心的竞争意识。让他与众不同的正是他无与伦比的竞争意识，就这方面而言，可以说他患上了XYY染色体综合征[①]。这

[①] 又称"超雄综合征"，患者分泌雄性激素的量会远高于正常男性。

种特质也许造成了他在生活其他方面上的失败，但是在篮球上，这才是真正定义他的东西，重要性甚至超越了他的运动能力。AAU联赛的环境之下，他不可能拥有那样的竞争意识，因为总会有下一场比赛等着他。有时候你一天甚至会打三场比赛，你可以耻辱地输掉一场，接着在两小时之后又投入到新的战斗，所以你不会过多地专注于获胜。在AAU联赛中，求胜并非最让人魂牵梦萦的东西，而这恰恰是把迈克尔·乔丹和其他球员区分开的品质，他就是一个极度争强好胜的球员。如果他是在AAU联赛的文化中成长起来的，他将会失去自己的求胜天性。这会使他失去他最宝贵的东西——那颗竞争心。"

也许是命运的安排，在12岁全明星篮球队中执教过乔丹的比尔·比灵斯列，1978年春天被弗戈区雇用，开始执教九年级棒球队。他非常清楚乔丹在棒球方面的挫败。

"他渐渐地失去了兴趣，"比灵斯列谈起乔丹和棒球的关系时说，"他的身形在改变，他正在长高，而且他已经在篮球方面小有成就。"

事实上，在弗戈中学，比灵斯列的九年级棒球队中很多最美好的回忆都和篮球有关。一个白人小孩巴德·布兰顿（Bud Blanton）和乔丹很明显是九年级球队中最出色的两个运动员。比灵斯列之后发现他们每个下午都会在学校的体育馆里进行极为激烈的一对一斗牛。"他们会走进球馆打球，那场面会让你误以为是第三次世界大战，"这位教练笑着说，"他们真是会认真到那种地步。"

有一天，乔丹甚至约战了当时20多岁的比灵斯列。"他跟我打的时候不像和布兰顿斗牛时那么用力，"比灵斯列教练说道，"他会站在弧顶处说：'嗨，教练，你不会就这么放我投篮吧？'"比灵斯列紧缩在禁区里是为了防止乔丹利用自己的速度攻击篮筐，结果却只能眼巴巴地看着他在外线连续命中三个投篮，那时候三分球还没有被引入篮球规则当中。他越投距离越远，这就是教练当时的感觉。

少年时期的乔丹就已经开始使用垃圾话为这样的时刻添油加醋了。比灵斯列说:"谦谦君子这个词绝对不能用来形容 14 岁的他,他就是个关不上的话匣子。他喜欢使用言语上的小把戏。"当然,有些人会不太接受他的话语。"有一次他确实和一个男孩起了冲突。迈克尔和他打了起来,并且下手有点重,"比灵斯列说,"我记得因为这事他惹上了麻烦,还被叫到了校长办公室。其实,迈克尔是个非常尊敬他人、表现良好的孩子,他只是在保卫自己的兴趣方面一点也不害羞。"

那个赛季,他也为弗戈高中投过几次球,不过大部分时间里他都在担任捕手。巴德·布兰顿那时候已经展现出了后来让他赢得奖学金、为肯塔基大学在东南赛区投球的天赋,而乔丹在本垒板后方的表现则更像是米克·贾格尔(Mick Jagger)和理查德·普赖尔(Richard Pryor)的合体。

"他接住球以后会大笑,然后在本垒板后面跳舞。整块球场一下子就充满了摇滚风。"比灵斯列回忆起弗戈高中的主场比赛时说。

布兰顿,已过世的地方代表的儿子,被上帝赐予了一些超凡的天赋,投出的球兼具极高的速度与蝴蝶球的优点,这让乔丹在当捕手的时候大有文章可做。特别是在与杰克逊维尔的一场比赛中,比灵斯列回忆说:"布兰顿能够做到先大力扔球,然后将球转为蝴蝶球。击球手会被这种球击垮,有时甚至会产生恐惧。但真正让他们崩溃的其实是本垒板后面的那个家伙。'你是击不中球的。'迈克尔会在击球手身后挑衅。布兰顿进行蓄力准备扔球的时候,迈克尔会不停地叨咕:'球要来了!球要来了!'"

比灵斯列当时坐在挡球网后面咯咯发笑。"我能看清听清那一幕,蝴蝶球投出的时候,对面的球员甚至无法挥棒了。击球手本来就非常困惑,而乔丹还在后面不停地奚落他们。他们甚至无法把注意力集中在投手身上,总是回头瞥乔丹。我当时笑得都快从椅子上摔下来了。每次巴德·布兰顿投球的时候,乔丹都会在身后'提醒'对方:'现在要小心啦!球要来啦!'"

那年夏天,乔丹在贝比鲁斯联盟打完了最后一个赛季。"他 15 岁的时候,我原本打算让他成为我主要的投手之一,"迪克·内尔说,"不过那没能成为现实。我只得把他放在外场,少部分时间会让他打一垒。"乔丹这一

年的击球水准也不如前一年,但他依然高效。"我们打的是小球战术,比赛中充满了短打、击球和跑动,"内尔解释说,"迈克喜欢那种打法。他很能跑,虽然速度不快,但他就是拥有很大的步幅。"

这一点足以帮助他的球队获得冠军了。最具说服力的一刻发生在一场打入加时的关键比赛,此前双方都未能得分。"迈克首先是通过隐蔽的走位盗上二垒,"内尔说,"然后我想要通过短打把他送上三垒,于是我安排了一个牺牲短打战术。我们拥有一个很会短打的13岁球员,我让他上场并且告诉他通过短打确保迈克上三垒。但是当对方捕手拿到球的时候,迈克已经跑过了三垒。"内尔的视线跨过本垒板投向球场,此时击球手已经离开击球区了。

他的球队看起来正朝着一场灾难前进,教练回忆说:"当时对方捕手抓住了球,蹲在那里,看到了还有40英尺远的迈克尔。于是他一跃而起。同时,三垒守垒员正双腿交叉站在垒包旁边,咬着自己的指甲。迈克立马转身,假装自己要跑回三垒,而捕手果然做出了反应,将球扔向左外野。于是迈克再次转身,沿着跑垒道狂奔,此时捕手正位于本垒板前方3英尺。迈克跨过了他落在了本垒板上,完完全全地从他身上跃了过去。每个人当时的反应都是:'我的天,你看到那一幕了吗?'最终,我们靠着迈克的这次精彩表演1:0取胜。"

内尔强调说,关键问题不只在于他能完成那样的动作,更在于他了解规则,懂得如何利用自己的运动能力。"棒球里有一条规则,如果捕手手中没有球,你是不能和他有身体接触的,否则你会被罚出场。所以迈克避免了身体接触,他干干净净地跳过了对方捕手。"

下一个秋天,乔丹加入了兰尼高中的橄榄球二队。那时候他差不多5尺9寸,已经是家里最高的人了。但是他母亲指着他瘦削的胳膊和腿,试图劝他退出。乔丹数次恳求之后,德洛里斯终于心软答应了,之后他在后卫线上找到了一席之地,并且很快就成为球队的拦截王。赛季末期的时候,兰尼高中对阵拥有一位强壮又暴力的跑锋的不伦瑞克郡队,比赛一开始,那位跑锋就横冲直撞，突破了防线。瘦弱的迈克·乔丹勇敢地上前补位，碰撞发生完的一瞬间，他倒在地上痛苦地翻滚，并不停地抱怨他的肩膀。

　　"它断了，教练。它断了。"他朝着教练弗雷德·林奇大喊，而林奇也走上前去看看到底哪里出了问题。早已习惯乔丹时不时恶作剧的林奇当时对他说："快起来，你这是延误比赛。"后来他才发现，乔丹并没有开玩笑。

　　德洛里斯·乔丹当天到场较晚，比赛暂停的时候，她正在寻找座位。一位朋友告诉她迈克尔受伤了，而且很明显他们正在叫救护车把他送往医院。德洛里斯回忆说，当时她的本能就是冲下场去看看迈克尔有没有事，但是她记得她曾许下承诺，不会使他难堪。于是她回到车里，开车前往医院，在那里等着他。

　　迈克尔的肩膀脱臼了，但是几周后的球队宴会上，他就复原如初。在那场宴会前，迈克尔和巴德·布兰顿先是一起扔了会儿橄榄球，之后前往家中后院的篮球筐开始一对一单挑。单挑结束之后，乔丹开始助跑起跳，尝试扣篮。他虽然没能扣进，但是也就差那么一点，足以鼓励他再试一次。之后，他一次一次又一次地尝试，汗水浸透了他的衣服，他眉头紧锁，接下来的时间中，他大部分时间都在吐着舌头，把球砸向篮筐。功夫不负有心人，在30次努力之后，他完成了扣篮，然后兴奋无比。他咧嘴大笑，开始说些有的没的。

　　"他当时特别激动，"布兰顿多年后回忆说，"他对自己完成灌篮感到无比高兴，但我觉得那其实就是迟早的事儿。"

第三部分　横空出世

第六章　落　选

1978年秋天，那个把希望寄托于为兰尼高中篮球校一队试训的15岁男孩，和后来为世人所熟知的极度自信的迈克尔·乔丹根本就判若两人。那个少年受困于自我怀疑，并且缺乏自信。他并不是一个差生，大多数成绩为B和C，但是也没有迹象表明他能在学习上取得什么成就。而且他讨厌干活，经常花零用钱雇兄弟姐妹替自己做家务。他从不会花工夫去做帮人剪草之类的事情来赚些外快。哥哥罗尼在高中时打两份工，这么好的榜样早就被迈克尔抛至脑后了。他的父亲也明白，迈克尔会想尽一切办法去逃避那些需要付出的事。

他是自己见过最懒惰的男孩，詹姆斯·乔丹后来会反复提起这一点。"如果他是在一个打卡上下班的工厂工作，他绝对会饿死。他会把最后一点零用钱都付给自己的兄弟姐妹甚至邻居家的小孩儿，来给他做家务。他总是处于破产的状态。"

然而，一旦到了运动场上，这种懒惰就神奇地消失了。如果是要在空中争夺一个球，或者是进行剧烈的身体对抗，勤奋的开关就会打开。在他青少年时期的想法中，他认为自己是有可能成为职业球员的。这是唯一真正让他感兴趣的事，这一点上，他和无数做着白日梦的同龄男孩没有任何差别。他只是不知道怎样才能让梦想成真。不过说实话，要想进入职业体育生涯，也确实没有什么明确的道路可走。

随着时间的推移，他的选择越来越少。他眼睁睁地看着自己在棒球上的优势消失殆尽，而他母亲也决定让他完完全全地放弃橄榄球。他的运动

前途是如此的昏暗以至于德洛里斯甚至建议他去学习家政课程，这样他至少可以给自己缝衣做饭。一面打击着迈克尔的自尊心，德洛里斯一面暗示接受家政课程培训也许是个明智的选择，因为他似乎不是一个能轻松吸引异性的人。也许这就是她对于"回家和女人们一起待着去吧"的独特表达。

乔丹并没有气到把所有东西都摔变了形，恰恰相反，他接受了母亲的建议，报名了家政课程，并且在其中找到了兴趣。"我记得他在学校烘焙了一个蛋糕带回家，好吃到我们不敢相信是他做的，"他母亲说，"我们甚至打电话给他的老师去确认这件事。"

尽管少年时期小有成就，但15岁的乔丹已经开始有泯然众人的趋势了。而且，他也没有几个真正的朋友。此时他生活中唯一的一盏明灯，就是篮球了。

在弗戈上完九年级以后，乔丹和他瘦高的朋友勒罗伊·史密斯一同参加了由兰尼高中校队教练波普·赫林举办的篮球训练营。兰尼高中仅仅创办三年，拥有崭新的体育馆，它是威尔明顿在种族融合方面来之不易的胜利的一个象征，其中四成的学生是黑人。不过，这座城市依然体味着种族问题的阵痛，很多方面仍能反映出1898年那场暴动的深远影响，当时黑人们被遣送到火车站，并被强制要求离开威尔明顿。"对于很多非裔美国人来说，想要继续生活的唯一出路还是选择离开。"比尔·比灵斯列说，他后来获得了历史学博士学位，并且开始写有关这座城市种族历史的文章。

尽管如此，在乔丹上学时期，兰尼高中享受着相对的平静，部分原因就是黑人和白人在运动场上并肩作战。除了混合课堂对于种族关系产生了重要的正面作用，以相互尊重为立足点的体育比赛，也成为各个人种学会和睦相处的主要场所。不过，也只有在回顾过去的时候，上面说的这些事才显得如此重要。对于1978年的迈克尔·乔丹来说，努力进入校一队才是他所关心的。

乔丹很明显是九年级队中最出色的球员，那年夏天在赫林的训练营中也表现得令人印象深刻。训练营结束后，他就开始幻想冬天的时候如何在球场上为兰尼海盗队建功立业了。他对于在接下来一个赛季进入校一队颇为自信。毕竟，勒罗伊·史密斯和九年级队中其他的成员都非常认同乔丹就是当时球队中最好的球员。

当然，也正是这个时候，乔丹的传奇与波普·赫林教练的人生悲剧交织在了一起，误解会在未来的数十年中被反复地传播与放大。杂志段子、报纸故事、电视节目、视频短片、广播专题以及一切能让某些人津津乐道超级明星迈克尔·乔丹是如何落选高中篮球校一队的平台上，那个故事被说了无数次。

掩埋在造神运动的雪崩之下的正是乔丹的教练波普·赫林。他曾是威尔明顿的骄傲，进入过新汉诺威高中，为曾经带领八支不同球队夺得州冠军的传奇教练里昂·布罗戈登（Leon Brogden）打球。赫林是布罗戈登执教的最后一支冠军球队中的成员，之后他进入北卡罗来纳中央大学担任四分卫，也正是在那里，约翰·麦克伦敦在 20 世纪 30 年代开始了他的教练培训项目。赫林本来有可能去打篮球，不过为了拿到大学文凭，他最终选择了橄榄球。大学毕业之后，他回到威尔明顿，在布罗戈登手下当了一段时间的助理教练。当兰尼高中在 70 年代中期建立起来的时候，赫林纯正的血统让他绝对有资格担任学校的篮球队教练。还有一点非常关键，他是一位非裔美国人教练，这在当时很罕见。迈克尔·乔丹 1978 年进入兰尼高中的时候，赫林正处于前程似锦的阶段，他是一位聪明而又风度翩翩的年轻教师。事实上，赫林那时候住得离乔丹家很近，并且很快就养成了在早上顺路接乔丹去学校体育馆训练的习惯。他常常会为了自己的队员跑东跑西，指导他们给大学写信以询问高中以后继续打球的可能性。依据后来他对乔丹的处理来看，胜利并非波普·赫林的世界中最重要的事情，他的球员们才是。

常常喜欢近距离观察其他教练的迪克·内尔的儿子就在赫林的球队中。"他是个很棒的家伙，"内尔回忆说，"他最终精神崩溃了。不过他是个有趣的人，他对孩子们都很好，同时也是个出色的教练，并且很有风度。但他

真是被命运狠狠地摔在了地上。"

不幸的是，乔丹从兰尼高中毕业三年之后，赫林在精神分裂症上的挣扎终结了他的职业生涯。当这项精神疾病开始显现的时候，他的性格立马就崩塌了。曾经那个有思想、有活力的年轻教练常常被看到在街上彻夜游荡，好似正在追寻无形恶魔的邂逅僵尸，常常会和自己或者不知道什么人说话。这使得他的老友们极其痛苦。"为什么会这样？"他们一遍又一遍地问，"如此阳光出众的人为何会落得这般田地？"药物确实能在某种程度上缓解他的症状，但是他的人生转而进入了一种喜怒无常、行为摇摆的状态，期间还伴随着社会地位的一落千丈。

后来，教练圈的伙伴们会竭尽全力去保护赫林，不过他的生活还是走向了破碎，而恰恰在此时，乔丹落选的故事却获得了它的生机。没过多久，它就引领了一场风暴，让大众对于这个乔丹背景故事中最奇怪的谜题兴趣盎然。他落选了高中校队？接下来的问题也就自然而然了：这是哪个蠢货做的？

很多年来，威尔明顿的这所学校对于有关赫林境遇的残酷现实都绝口不提，哪怕是媒体一次又一次地在讲述乔丹的时候提及那个落选的故事，也没有人站出来做出解释。第一个在挖掘此事真相方面取得突破性进展的是达拉斯人凯文·谢林顿（Kevin Sherrington）。在过了很多年之后，《体育画报》（Sports Illustrated）才用一篇文笔精良的文章深入挖掘了赫林的故事。这篇文章和类似的一些报道都暗示了乔丹对此事的描述本身是有一定叙事误区的，之所以会这样，也许是出于这位超级明星强烈到不正常的竞争天性。

不过，那还不是确切的真相，《体育画报》的故事所传达的观点最终落脚点在乔丹捏造事实上。然而，无论是那些误解还是那些出于好意的澄清，都和这件事最根本的东西毫无关联。其实，那就是公立学校的竞技体育中长久以来的实际情况而已。青少年运动员为校队试训，总会有人成功入队，也总会有人遗憾落选。

回答了多年有关乔丹落选的问题之后，教练们开始暗示，那个秋天兰尼高中校队其实根本没有什么真正严肃的试训。很明显，这样的修正本身也是站不住脚的。如果没有试训，他们肯定不会贴一张名单出来，公示谁进入了一队。然而，那年深秋，赫林的确张贴了那么一份按字母顺序排列的名单，上面写着被选中球员的名字。那段时间里，乔丹每一天每一分每一秒都在期待名单公布的消息，而当名单公布以后，他几乎是第一时间赶过去看，一遍又一遍地看。一定是什么地方弄错了，这是他的第一反应。即使是15岁的乔丹，也知道自己是九年级队中最出色的球员，而且和其他人的差距还不止一星半点。但是，入选名单中唯一的高二学生，却是他又高又长的朋友勒罗伊·史密斯。

那一天，意识到自己的挫败就像一颗巨石狠狠地砸在了他的身上。他独自走回家，一路上避开了所有人。"我径直走进房间，关上门就开始哭，"后来乔丹回忆说，"很长一段时间我都不能停止哭泣。尽管家里没有其他人在，我还是把门关得死死的。对于我来说，没人听见或者看见我这副样子非常重要。"

让赫林的选择看起来情有可原的客观情况是1978年秋天球队中"老兵"的组成。11名高四学生以及3名高三学生回到了校一队，其中8人是后卫。尽管球技有限，但勒罗伊·史密斯给了球队当时最需要的身高。花了一段时间去接受那个决定之后，乔丹不可避免地得出了一个结论——都是身高惹的祸。"我那时很恼火，"他1990年时对写手约翰·埃德加·怀德曼（John Edgar Wideman）说，"因为我最好的朋友身高6尺6，所以他进了一队。他球技并不出色，但是他就是有6尺6，在高中生中鹤立鸡群。他入选了校一队——可是我觉得我更出色。"多年之后，史密斯自己也会强调，他对于被选入校队也非常震惊："因为很明显我不是靠着天赋入选的。"

"一切的争论，"赫林的助教罗恩·科利（Ron Coley）说，"来源于我们对于勒罗伊·史密斯的处理。"后来在彭德郡成了一名主教练的科利声称他甚至不记得乔丹参加了试训,但他也把青少年时期的乔丹描述成了一个"害羞的球手"。

教练组在后来也会承认当时的情况其实能处理得更好。赫林也许和那位高二学生(乔丹)很深入地交流过他的未来,不过哪怕这是真实情况,估计乔丹也没能领会赫林的用心。而且也没有其他人记得这件事。当时的情况更可能是,当时两人根本没谈过话,因为那样的情况实在太常见了,其中包含了公立学校竞技体育里的一条铁律:教练执自己的教,做自己的决定。一切过程中并不会有过多的讨论。真正让人难以接受的其实是那份名单,那份张贴了大半个赛季的名单。"它在那里存在了特别特别久,上面却没有我的名字。"乔丹回忆说。

多年之后,记者们会不远千里会集到威尔明顿,来解开乔丹落选的谜团。先前的教练和队友的说辞大概都是:那个决定是出于好意,乔丹还没有准备好,他太过矮小,也太过瘦弱,他可能无法在一对一中战胜校一队里比他年龄更大更强壮的球员。"我觉得他永远都是那么自信,"威尔明顿体育作家查克·卡利(Chuck Carree)回忆道,"他只是太矮了,以至于不能做他快速长高之后能做的事。"

也许这在当时是真实情况,尽管几年后的结果让它显得苍白无力。从那些回答中可以看出,几乎所有1978年落选事件的见证者都对事情的背后原因一清二楚,除了其中最重要的一个人。

乔丹那时候心都碎了,他甚至一度想要退出这项运动,之所以后来能够从巨大的失落中挺过来,他把一切归功于母亲对他的鞭策。幸运的是,他那令人恐惧的好胜天性在那年冬天完好无损。

"我们觉得他在二队磨炼下会更好,"执教更年少球队并且担任一队助教的弗雷德·林奇说,"他并没有一怒而去,而是努力训练。我们都知道迈克尔很出色,但是我们希望他能得到更多出场时间。"

林奇解释说,早早进入一队意味着要接受替补的角色,出场时间和成长幅度都会非常有限。在二队,乔丹有统治比赛的空间。只不过,二队球员的身份总是会让你受到那种青少年时期常见的蔑视。兰尼高中的球员们注意到他脑袋的形状以后，便开始称他为"花生"或者"睾丸"。打棒球的时候，已经有足够多的人给他取外号了。

"不过他从不回应那些称呼，"兰尼高中一队的迈克尔·布拉格（Michael Bragg）指出，"迈克尔依据与高年级球员对抗时的表现来评判自己的球技，但是直到他高二快结束的时候，他都无法在一对一中战胜任何人。"

没过多久，每一个有二队比赛的夜晚，乔丹都用球场上的表现有力地回应着当时的处境。很快，一队成员就开始聚到一起欣赏乔丹精彩的表现，他们不愿意错过每一个细节，直到不得不去准备自己的比赛。他总能给出充满爆发力的得分，甚至有两次超过了 40 分，在 6 分钟一节的比赛中打出这样的数据简直让人难以置信。那个赛季，他作为球队的控球后卫，场均能拿下 28 分。

乔丹那个时候只有 5 尺 10 寸高，但是有一天，一队的高四替补后卫凯文·爱德华兹（Kevin Edwards）注意到了乔丹的那双大手，并且把自己的手放在旁边比较。"他的手是我的两倍大。"他回忆说。一双大手能让球员在持球的时候更好地控制住球，从而允许他们做出更惊人的动作，朱利叶斯·欧文就是那时候职业篮球里这方面的典范。小迈克尔之后会承认他当时有边在电视上看职业球赛边做笔记的习惯。若干年后，随着 ESPN 的崛起，NBA 的电视转播无处不在，乔丹自己的比赛也引起了一代青少年球员的争相模仿。他解释说他小时候也做过同样的事，透过电视机，寻找罕见而又特殊的指导者。一开始是"天行者"大卫·汤普森，之后是杂技演员般的"J博士"朱利叶斯·欧文。

"我们高二时的最后一场比赛，做客戈尔兹伯勒（Goldsboro）。迈克抢断之后一骑绝尘，冲向篮筐完成了一记扣篮——我的意思是他把球砸进了篮筐，"队友托德·帕克（Todd Parker）说，"我相信那是他人生中第一次在比赛中扣篮。我们当时的反应就是：'我的天，一切都是怎么发生的？'"

而据乔丹自己回忆，他第一次扣篮事实上发生在弗戈区。"那就是一次婴儿扣篮，最基础的那种，"他回忆说，"甚至直到一切成为事实之后，我才反应过来自己真做到了。我当时自己都震惊了。确实也有其他孩子能完成扣篮，但是对于一个初中生来说，做到这个仍旧令人惊叹。我对于我能完成它感到非常骄傲。"不管在高二赛季末尾的那个扣篮是不是乔丹的第一次，它都是一记实打实的扣篮，而也正是在那个时候，这种充满观赏性、令人血脉贲张的打法再一次在大学篮球中变得合法。

当棒球逐渐在迈克尔·乔丹的生命中褪色的时候，他也同时找到了一个极其适合他惊人运动技巧的体育项目。在他前进路上的每一个阶段，身边人都会惊叹于他无比认真的竞技态度。不管是什么级别的比赛，他都会被一股特别的力量所驱使，仿佛在追逐他人无法看见的东西一般。在篮球场上，他似乎要把所有自己曾受过的伤害转化为愤怒。再结合上他超凡的身体天赋，这种愤怒演变成了一幅壮观的景象，令所有乔丹人生旅途中的见证者过目难忘。

"我第一次见到他的时候，并不知道迈克尔·乔丹是谁。我当时的工作是为执教兰尼高中一队出谋划策。"罗恩·科利在1999年接受报纸采访时说，"那天我们前往戈尔兹伯勒，面对我们最强劲的对手，当我进入体育馆的时候，二队的比赛即将结束。场上有9名球员像是在散步一样，却有一个孩子拼得心脏都快蹦出来了。他打球的样子给我一种他的球队在最后两分钟只落后1分的感觉。于是我看了看表又看了看记分牌，事实上他的球队在只剩1分钟的时候还落后20分。这就是迈克尔，没过多久我就了解到了，他始终如此。"

装盐的鞋

和很多其他青少年一样，迈克尔也很容易因为喜悦、困惑及悲伤等情绪的影响，做出一些奇怪的行为。尽管他的父母当时有着自己难以解决的麻烦，不过最为重要的是他们懂得着眼未来。他们也许不愿意面对虐待儿童这种家庭丑闻，但是詹姆斯和德洛里斯总能成功地每天都给他们的孩子们一些关注。尤其是德洛里斯，她保持了自己的警觉，保证孩子们不会陷入任何可能的陷阱之中。至于詹姆斯，尽管日常工作和经营夜店的压力非常大，他还是能把事情一个个解决，哪怕是他和妻子之间已经出现了不可填补的鸿沟。

从最直观的层面来说，詹姆斯和德洛里斯对于孩子的抚养可谓是尽心尽力，物质上他们从未亏欠过孩子们。最小的三个孩子开始上学以后，乔丹夫妇给他们每人买了匹小马。他们一进入青春期，詹姆斯就送给迈克尔和拉里一人一辆摩托车，这次尝试最终以兄弟二人试图像死亡飞车一样越过一个小土坡而告终，当时他们的车都摔毁了。之后，乔丹夫妇又全力支持拉里和乔丹在少年棒球联合会的球员生涯，作为父母他们总是往返于训练和比赛之间，同时还要兼顾自己的工作。

除了物质支持和无私陪伴，他们抚养孩子过程中产生最大的影响就是不断地塑造孩子们的人生态度。他们一遍又一遍地教导：努力工作，有所成就，设定目标，向前思考，不要过于抗拒，要体谅他人，不要深陷于种族矛盾。

"要想成长，你就必须努力，"德洛里斯·乔丹对孩子们说，"约束自我，设立目标。"

也许正是在1978年迈克尔未能进入一队大名单的那个秋天，她的话的重要性达到了顶峰。当他谈及自己的生涯与取得的进步之时，他会说"时机非常重要"。这样的评述很可能是他最接近承认1978年秋天在他身上发生的事其实是有助于他成长的一步。如果没有接下来的事，也许落选本身并不会对他造成那么大的伤害。一般来说，每年赛季末，高中教练会把二队最好的球员带入一队参加分区季后赛。当时乔丹就等着类似的事发生在他身上。从各方反馈来看，他知道人们已经注意到了他在二队的表现。但是赫林和他的教练组不可思议地什么都没和这个高二的学生说。很明显

没有一个教练有把他带入一队的想法。

"我们甚至从未讨论过这件事。"赫林的助教科利回忆说。

乔丹也给出了自己重重的回击。也许是命运的安排,球队经理在季后赛即将开始的时候生了病,这使得乔丹想出了一个计划,作为临时经理和数据统计员与球队同行。他回忆说,当时他不得不帮其他球员背装备进入球场,以免除自己的入场费。他是如此的愤怒,以至于他恨不得对兰尼海盗队吐口水,而不是为他们加油。

"他们正在打季后赛,而我却坐在板凳的尽头,我完全没办法为他们加油,因为我觉得我本应该在球队之中。"他回忆说。

在二队的那个赛季,他都发现自己很难为一队加油,但他最终还是改变了。直到季后赛之前,为一队加油都是不可能的事。"那是唯一一段我不愿意为他们加油的时光,"他解释道,"相反,我希望他们输球,这非常讽刺,我希望他们输球以证明其实我能进入球队帮助他们。我当时的想法就是:没有把我选进球队是你们的错误,你们会意识到这一点因为你们将会输球。"1979年春天,海盗队最终以15胜7负结束了那个赛季。输掉最后四场球中的三场以后,他们未能进入州级季后赛。

这段经历让乔丹第一次和自己的自私面对面,它会成为他职业生涯的主旋律之一,他要学习如何将自己竞争天性中巨大的压迫感和自我意识融入一项团队运动中去。

高二年级的挫败带来的另一个最直接的影响就是他对于长高的痴迷。如果面对一个更高的球员和一个更有天赋的球员,教练们更倾向于选择前者,那么好吧,他就不得不变得更高。他总会花数小时挂在后院的横梁上,不管在哪儿,只要有能承受得起重量的东西,他都会去挂一挂,试图让自己变得更高。

他的母亲见证了所发生的一切,并和他交谈过她的不安。他们会一同祈祷,而每天结束,乔丹还会独自祈祷。早上醒来、一日之中,他还会再祈祷。"求求你,上帝,让我变得更高,让我长高吧。"

然而希望看起来非常渺茫。5尺10寸的乔丹已经是家中最高的人了。他的父母建议他更多地把注意力放在内心和思想的成长上。"但是我就是想变得更高。"他坚持说。同样的争论总会夜复一夜地进行。最终，他的妈妈只能对他说："放些盐在你的鞋子里，然后祈祷。"

"他会说我是不是傻了，但是我必须要用些什么安抚他，这样我才能好好把饭吃完。"乔丹夫人回忆说，"之后他的父亲走进来，他又对他父亲说他想长高。我们只好说：'只要你心中有这样的执念，那么身高就与你同在。你可以变得和想象中一样高。'"

所以，除了吊横梁，乔丹每天睡觉前还会把盐放在鞋里，然后再次祈祷。很多个夜晚，他的母亲都会在睡前把盐带进他的房间。她不忍心告诉他一切都是她编造出来的，虽然盐倒是真的盐。

之后发生了一件很神奇的事，一位表兄搬过来和乔丹家一起住，而他有6尺7寸高。6尺7寸啊！希望一瞬间被点燃了。唯一的问题就是迈克尔的膝盖总是隐隐作痛，有时候甚至疼到他在夜间无法入睡。他母亲带他去看医生，并且告知医生疼痛的症状以及他想要长高的愿望。随后医生给他照了X射线检查了下生长板，他告诉这对母子完全不用担心，小迈克尔还有很大的生长空间。

确实，那年夏天之前他一下子蹿到了6尺3寸，并且远没有停止生长。事实上，他在大学还在变高，甚至在NBA他仍然长了一些，直到他的身高定格在6尺6寸，比家中其他人都高了一英尺多。

"迈克在十年级末只有5尺10寸左右，绝对不会超过5尺11。他一直拥有天赋，"弗雷德·林奇回忆说，"他是我们最好的九年级球员，也是我们最好的十年级球员。高三之前他长到了6尺3寸近乎6尺4寸的样子。一下子不仅拥有天赋和干劲，还拥有了身高……绽放也就是自然而然的事了。"

第七章　23号

1979年春天，还是大二学生的"魔术师"埃尔文·约翰逊（Earvin "Magic" Johnson）① 带领他的密歇根州大斯巴达人队一路杀入 NCAA 决赛，面对由大四学生拉里·伯德（Larry Bird）② 领军的印第安纳州大无花果队。来自十大联盟崭露头角的黑人新星对阵来自印第安纳冉冉升起的白人球星，他们的对决引起了整个国家的好奇心，NCAA 决赛历史上最高的电视收视人数就是最好的证明。

来自北卡罗来纳威尔明顿的小迈克·乔丹便是这群疯狂球迷中的一员。而且到了接下来的赛季，他还在关注着两位职业篮球史上最具传奇色彩的

---

① "魔术师"埃尔文·约翰逊，1979年状元秀，NBA 历史 50 大巨星之一，洛杉矶湖人队名宿，篮球名人堂成员。作为 NBA 历史上最伟大的控球后卫，约翰逊曾 3 次当选 NBA 最有价值球员，5 次夺得 NBA 总冠军，3 次当选 NBA 总决赛最有价值球员，12 次入选 NBA 全明星阵容，2 次当选全明星赛 MVP，并曾于 1992 年随美国男篮夺得巴塞罗那奥运会金牌。约翰逊是以新秀身份夺得 NBA 总决赛最有价值球员的唯一一人，也是历史上同时获得 NCAA 和 NBA 冠军的四位球员之一。

② 拉里·伯德，"魔术师"约翰逊的球场宿敌，NBA 历史 50 大巨星之一，凯尔特人队名宿，篮球名人堂成员。作为 NBA 历史上最伟大的小前锋，"大鸟"伯德曾 3 次当选 NBA 最有价值球员，3 次夺得 NBA 总冠军，2 次当选 NBA 总决赛最有价值球员，12 次入选 NBA 全明星阵容，1 次当选全明星赛 MVP，并曾于 1992 年随美国男篮夺得巴塞罗那奥运会金牌。退役后，伯德曾于印第安纳步行者队担任教练，首个赛季即以出色的战绩当选当年度最佳教练，并一度率队杀入总决赛。辞去帅印三年后，伯德开始担任步行者队总裁，曾被选为联盟年度最佳行政人员。他也是联盟有史以来获得过年度 MVP、年度最佳教练、年度最佳行政人员的唯一一人。

球星——入驻波士顿凯尔特人队（Boston Celtics）的伯德和把天赋带到洛杉矶湖人队的约翰逊。第二年春天，约翰逊有如施展魔法般展现了自己的天赋，带领湖人队一举拿下总冠军，他的魅力彻彻底底地影响了小迈克。那个威尔明顿的少年深深地爱上了湖人队。湖人队就是他的主队，魔术师约翰逊就是他的偶像。

同年，家里给乔丹买了他第一辆汽车。乔丹的女朋友拉奎塔·罗宾逊（Laquetta Robinson）投其所好，送给了乔丹一个非常个性的车牌。他在第一次驾驶的时候骄傲地把它挂在了前保险杠上，牌子上写着："MAGIC MIKE"（魔术师迈克）。

当时乔丹身边篮球圈的人，其中还包括很多教练，都对于乔丹的这种行为露出了苦笑。伯德和约翰逊都是大个子，身高都有 6 尺 9 寸，能美妙地控制篮球，并且能在万众瞩目下充满激情地表演，让数百万新的 NBA 球迷神魂颠倒。他们都是才华横溢的传球手，尤其是约翰逊，他们都能以让观众心头为之一震的方式将球送到队友手上。在这项运动里，还没有谁能像约翰逊这样发动快攻。

1979 年的夏天和秋天，正当魔术师约翰逊沉浸在赢得 NCAA 决赛以及被湖人队选中的喜悦中时，还在威尔明顿的迈克尔·乔丹即将点燃属于自己的蠢蠢欲动的传奇。那年秋天，乔丹将开始为兰尼高中海盗队效力。虽然离完美的表现还相距甚远，但是他在一队比赛中展现出来的努力非常令人瞩目。他祈求长高的祷告也得到了回应。他一下长高了 4 英寸，达到了 6 尺 3 寸，甚至有长到 6 尺 4 寸的趋势。他的手掌更加巨大，他的臂膀更加修长，他的步伐更加舒展，这些得到强化的"工具"让他得以提升自己的球技。在二队的时候他担任控卫，整个高二年级，在进攻端保持侵略性的同时，他也非常注重把球分配给队友。当兰尼高中教练波普·赫林和他的助教们看到乔丹在一队展露出的天赋后，他们很快就发现，乔丹实在是太无私了。赫林得出了这样的结论：乔丹是如此充满天赋，他需要更多地去得分而非迁就他人，以帮助相对缺乏经验的球队。乔丹很认真地听取了教练的话，但是他的改变却很迟钝。他依旧相信篮球是一项团队运动，他还是会不断地去寻找队友。

最终，波普·赫林不得不找到詹姆斯·乔丹寻求帮助。詹姆斯一开始并不情愿，他解释说自己并不愿意做那种干扰教练执教的父亲，掺和进来会违反他的这一原则。不过最终，他不再执着于自己的原则，开始劝说儿子按照教练的要求去做。

父亲的劝说的确起到了效果，乔丹开始更多地个人进攻，这使得他的天赋得以进一步展现。没过多久，一种模式就建立起来了：他做得越多，教练和观众越希望他做得更多，发掘自己到底能做到什么程度也越来越成为他的乐趣。他的篮球技术和个人形象以自给自足的方式逐渐成长起来，虽然这些在他篮球生涯的早期并不明显。但是很快，他身边的一切都开始成倍增长。对于他周围的人来说，包括他的父母，这种增长起初并没有带来太多困扰。但是后来，他的成功总是伴随着相应的压力，这种感觉越来越明显。他取得的成就越大，随之而来的负担就越重，不管他们采取何种手段摆脱，它总是挥之不去。

一队生涯

1979年，31岁的阿巴拉契亚州立大学主教练鲍比·克莱明斯（Bobby Cremins）对于自己创办的夏季篮球训练营感到既高兴又疲倦。他曾在南卡罗来纳大学的弗兰克·麦克奎尔（Frank McGuire）教练手下担任控卫，克莱明斯付出了四年的艰辛时光，在阿巴拉契亚州建立了这个篮球项目，让它成了卡罗来纳山脉中的这所公立大学的瑰宝。这份努力在1979年也收到了回报，他的球队第一次杀入NCAA锦标赛，虽然名字起得恰到好处的登山者队早早地就输给了路易斯安那州大，惨遭淘汰。到了6月的时候，打入锦标赛的兴奋感开始渐渐退去，而克莱明斯也要开启他的高中篮球训练营。这个训练营让那些高中球队可以前往北卡罗来纳凉爽的高海拔地区，从而进行一些夏季篮球训练。与此同时，它还为克莱明斯这样的年轻教练提供了大量观察高中球员的机会，若非特意探访，他可能永远不会见到这些球员。

克莱明斯观看来自威尔明顿的兰尼高中校队时，把目光投向了一个双腿修长的球员，他十足的火力以及超强的运动能力为那次训练营的比赛和训练增添了不少色彩。最终，克莱明斯给负责编辑报道附近篮球天才的鲍勃·吉本斯（Bob Gremins）打了电话，并且用他浓厚的纽约口音激动地说："鲍勃，我这儿有个孩子，绝对让你难以置信。"

过不了几年，吉本斯就会成为发现高中篮球天才的教父级人物，不过在那个时候，他写的文章只有很少的读者。克莱明斯竟然会对一个甚至没有打过一场一队比赛的无名小卒如此沉醉，这激发了吉本斯的兴趣。于是他专门开车前往阿巴拉契亚州，想亲自看一看。

"我看到了一个拥有爆炸性运动能力的6尺3寸球员，"吉本斯回忆说，"但是最令我印象深刻的是当鲍比把迈克尔介绍给我时他所说的话——'吉本斯先生，要想成为更好的球员，我还有什么需要做得更好？'"

克莱明斯和吉本斯并非仅有的备受震惊的观察者。乔丹当时的队友后来也会回忆起那次惊人的转变。"高三回来，他完完全全变了一个人，不再是那个又瘦又小的迈克了，"乔丹在兰尼高中的队友托德·帕克回忆说，"他看起来都能跳出篮球馆了。而我则是一副'我的天，有没有搞错'的反应。"

"我能看到非常巨大的改变，"那时候兰尼高中一队的迈克尔·布拉格也表示认同，"他越来越充满决心，并且拥有更多的技能。"

吉本斯对于这次剧变背后的故事一无所知，但是他在自己的下一份报道里专门描写了乔丹的潜力，这位球探回忆说："当时我就写了他拥有大好前景，但是那时候我只有数百读者以及少量的当地听众。"

"我很确定，我当时并不是人们谈论最多的球员，"乔丹谈及在阿巴拉契亚州的那个暑假时说，"没有人对我有太多了解。"

不管怎样，波普·赫林注意到了他人对乔丹的兴趣并且非常高兴。他越来越确信自己即将执教一位特殊的球员。可惜,这名教练的精神疾病剥夺了他分享执教乔丹的经历的机会。赫林并不是一个喜欢自吹自擂的人,但是档案记录中他的执教行为确实获得了很多称赞,尽管乔丹一直对于"落选"耿耿于怀。并没有任何材料表明赫林认为这位天才是被自己如何一步步开发的,而这正是教练们最喜欢做的事。不过,档案记录中也确实显示了,赫林试图抓住每一个拓宽青少年乔丹选择的机会。事实上,他会有条不紊地管理好他的球员们被大学球队招募的过程,一开始看起来进展缓慢,但是某个夜晚突然就水到渠成了。

在乔丹风暴即将来临的 1979 年秋天,赫林开始坐下来给北卡罗来纳大学的教练组写信,询问他们对于乔丹的兴趣。并非所有高中教练都会对于手下球员的未来如此感兴趣,一个教练为一个连一场一队比赛都没打过的球员写这样一封信更是极为罕见。但是这就是赫林所做的事,而且每个工作日,他还会早早起床,在 6 点 30 开车去接乔丹,去打磨他的球技。

"当时他的左手比较薄弱,"赫林回忆起乔丹高二落选一队时给他的建议,"我告诉他要提升左手能力并且要练习运球后投篮。"

清晨训练课的内容往往会集中在这两方面,还有就是尽可能地投进更多球。这位年轻教练所做的非凡努力为乔丹后来取得如此耀眼的成就埋下了伏笔。从很多方面来看,赫林和乔丹都非常亲近,但是远没有亲近到让乔丹能够忘记他在高二时所遭受的拒绝。回想起在兰尼高中篮球馆的一个个早晨,乔丹回忆说:"不管什么时候,只要我觉得体力透支、累得不行、想要停止,我都会闭上眼睛,想想更衣室那份没有我名字的入选名单,它往往会给我带来继续前进的动力。"

那年秋天,赫林把乔丹叫进了办公室,问他想要在接下来的赛季穿几号球衣。他给了这位高三学生两个选择:詹姆斯·比蒂(James Beattie)的 23 号以及戴夫·麦基(Dave McGee)的 33 号,这两位球员都入选过区最佳阵容,都是刚刚毕业的高四学生。

也许是对数字有一定的迷信,乔丹决定穿比蒂的 23 号。几年后他会解释说，他选择这个号码是因为 23 接近 45 的一半，而 45 是他哥哥拉里曾穿过的号码。后来，篮球圈的教练们都把这个数字当成是一个信号。不管是在 AAU 比赛中还是在公立学校联盟抑或是一场 10 岁孩童的娱乐对抗，教练们开始明白，任何敢于穿 23 号球衣的人应该给予更多的防守注意力。

相应地，未来一代又一代最出色的青少年球员，也会为能够穿上 23 号球衣而竞争，去承载随之而来的压力与期望。对于乔丹来说，这个数字很快成了一个标志，小到他的周边商品，大到他用来飞越全球，在一个又一个高档场所中寻找完美高尔夫场地的天蓝色私人飞机，都会打上 23 号的标牌。

乔丹在一队的首个赛季的初次闪耀发生在一场客场比赛中，地点恰巧是在他所熟知的彭德郡。在那里，在全家人、朋友们、远房表亲的面前，他独得 35 分，带领兰尼高中在加时赛以 81∶79 拿下赛季的首场胜利。他的家人、队友、教练甚至乔丹自己——所有人都被这样的表现惊呆了。

自此开始，他被压抑的情绪以及先前的沮丧得以一场又一场地被发泄，他就像坐上了一架马力十足的飞机，飞越了所有他之前梦想过的事情。他凶猛的打球方式会冲击每一位见证者。一次又一次，当他攻击篮筐的时候，他的嘴巴会张得跟改装高速赛车的进气阀一样，一路吸入空气对抗地心引力，他用嘴唇紧紧压住嘴里的口香糖，牙齿像吸血鬼一样暴露出来，就仿佛他要狼吞虎咽地把篮筐吃掉一样。他的舌头突然一下弹了出来，没有任何缘由，这就是他试图摆脱一切的方式。他一次又一次地像这样肆虐篮筐，单单是他凶恶的表情就足以让防守者望而却步了。而当他争抢篮板时，他也是以同样凶猛的方式跳起，并把球牢牢抓住。他摆脱地面的速度会让所有队友和对手都目瞪口呆。他所表现出来的身体对抗能力与他身边的男孩们完全不是一个级别的。只有极少的球员敢于和飞在空中的他进行对抗，大部分人只能简单地采取垂直起跳的防守对策，把双臂伸得笔直，同时祈求最好的结果。

留意到这一切的人当中有一位名叫迈克·布朗（Mike Brown）的，他是新汉诺威郡学校的体育指导。乔丹以这样的方式拉开一队球员生涯的序幕，这让他颇感惊叹，以至于他立马联系了迪恩·史密斯在北卡罗来纳大学的首席助教比尔·古斯里奇（Bill Guthridge），告诉他威尔明顿有一位杰出的年轻后卫，北卡需要关注一下。就这样，一切埋好了伏笔。

兰尼高中那个赛季的阵容中还有内线球员勒罗伊·史密斯、高四后卫迈克·布拉格。值得一提的是另一位后卫／前锋，高四球员阿道夫·西弗（Adolph Shiver），乔丹几年前在威尔明顿的帝国公园打球时就认得他了。据乔丹回忆，西弗那时候特别活跃，小小年纪就喜欢叼着牙签到处喷垃圾话。虽然西弗的行为时不时地会惹怒他人，但是他的喋喋不休和垃圾话大部分时间都能让乔丹高兴，他甚至有点像莎士比亚戏剧中专门取悦国王的弄臣。乔丹有一次把西弗重重地扔到了墙上，因为他侮辱了大卫·布里杰斯的女朋友。在高中的时候，他的行为举止和生活态度给乔丹带去了一些街头信誉。不过说实话，不止西弗依赖于乔丹巨大的能量，兰尼高中一队的每一个人，甚至包括教练，都是如此。

两人自此开始了一段友谊，并且一路维持到了成年后的生活。西弗后来会成为乔丹的小圈子中的关键人物，虽然朋友们和围观群众都表示不能理解。他们俩之间如此紧密的友谊纽带起源于乔丹发现西弗是个值得信赖的队友。随着时间的流逝我们能看到，乔丹对陪伴他一路走来的死党们极其忠诚，而西弗是最初通过"面试"的家伙。乔丹能够接受自己的朋友有这样那样的问题，但是不能容忍他们不忠。对于乔丹来说，信任是最宝贵的东西，他和西弗正是在他的第一个一队赛季建立起了这种信任。乔丹在芝加哥的日子里，重大的比赛前西弗往往会出现在酒店的套房里，陪他的老朋友打打牌，帮他放松放松。

海盗队在第二场比赛中再次取得了胜利，这一次是在主场，乔丹爆发一举拿下29分。但是，接下来就是不可避免的美梦惊醒。南韦恩高中当时拥有两位乔丹未来的大学队友——大个子塞西尔·艾克萨姆（Cecil Exum）和控球后卫林伍德·罗宾逊（Lynwood Robinson）——他们都是公认的优秀球员。对阵兰尼高中，罗宾逊拿下27分而艾克萨姆砍下24

分。乔丹的28分确实吸引了更多眼球，但他惊人的表现并没能阻止球队失利。南韦恩以83∶58让海盗队耻辱性惨败。

赫林只能在赛后大声鼓励球员们。"和如此出色的球队对抗能帮助我们成长。"他说。他试图赋予这场彻头彻尾的失败一些积极的意义。"乔丹才高三，随着赛季的进行，我们会越来越出色。我们今晚被狠狠地教训了，但是我们必须马上重整旗鼓。"

兰尼高中在三天后的比赛中改头换面，乔丹和勒罗伊·史密斯不断抢下篮板发动快攻。迈克尔的24分让兰尼高中碾过邻城对手霍格特，而拉里也有所贡献，替补出场拿下6分。这位乔丹家的哥哥在赛季中也会有属于自己的时刻，但是大部分时间里他是坐在场下，看着自己的弟弟正成长为怎样的球员。"我高四他高三的时候，我们在校一队并肩作战过一年，就是在那个时候他的球技进入了另一个境界，"拉里在后来回忆说，"尽管场上是站着五个人，但是他更像是五个位置都在打。他的篮球水平就是比我们其他人都高出太多。人们时常会问我这样的差距是否会困扰我，但我能非常诚实地说出'不会'，因为我有机会看到他一步一步成长。我知道他有多努力。"

尽管兄弟俩在小时候打球时经常斗得面红耳赤，拉里还是代表了迈克尔伟大人生中另一个引人注目的要素。虽然未能在兰尼高中一队展现自己，但是拉里表现出了非凡的正直与耐心。并不是所有大哥都能忍受夜复一夜地坐在板凳上看着自己小时候的"死对头"弟弟获得万千瞩目的。

事实上，全家人都没有为迈克尔的突然提升做好准备，甚至是詹姆斯和德洛里斯。"我记得迈克尔高三的时候，某个周五晚上，我去兰尼高中看他比赛，那时候他已经长高了。"詹姆斯的弟弟吉恩·乔丹回忆说，"比赛开始前他对我说：'看着，我今晚会完成三次扣篮，你会看到的，我将扣三次。'而我的回应是：'孩子，你在开玩笑吗？你根本扣不了篮啊。'好吧，他的确没能扣三次篮，不过他肯定至少两次把球砸入了篮筐。那一晚我对我哥哥说：'嘿，这孩子真的太惊人了。'"

几个敏锐的观察者也同意这一点。"兰尼高中最顶尖的球员是迈克尔·乔丹。"查克·卡利12月18日在威尔明顿当地的报纸上写道。一天之后，乔丹就砍下 31 分，战胜金斯顿高中的同时赢得了自己的首个头条："乔丹带领海盗队跨过金斯顿。"开局顺利的兰尼高中战绩达到 4 胜 1 负，赫林也变得越来越乐观了。

"这是我在兰尼高中执教这么多年来防守最好的球队。"赫林声称。防守端的成功有一部分是靠着乔丹切断传球线路的能力和对于抢篮板无比的专注度。他在进攻时打侧翼，不过防守时更多是后卫和前锋的混合，这多亏了他的敏捷与补位速度。就像他的偶像魔术师约翰逊一样，他防守时会常常出现在篮筐附近，想要收下篮板，然后快速发动反击。

多年之后，回过头来看高中时期自己这种纯粹的身体素质方面的爆发会非常有意思。这种脱缰野马般的体验让他知道了什么是他靠着运动能力就可以完成的——那些哪怕是世界上最好的教练都捉摸不透、无法解释的动作。

这其实关乎篮球逐步进化中的一个重要主题：相比其他运动，篮球更加经历了一个白人对于运动的理解与黑人爆炸性的身体素质相融合的过程。这个过程在种族融合的初期就已经开始，比乔丹出现在大荧幕上要早很多。篮球上种族合作的最初几十年中，很多白人教练都无法理解一些黑人运动员带来的特殊天赋。教练们唯一了解它们的途径就是亲眼见证一切的发生。

20 世纪 50 年代的旧金山，先是在高中后来是在大学，教练们注意到了比尔·拉塞尔（Bill Russell）① 脚不离地就可以封盖对手的投篮。拉塞尔

---

① 比尔·拉塞尔，NBA 历史 50 大巨星之一，波士顿凯尔特人队名宿，篮球名人堂成员。拉塞尔于 1956 年选秀大会上被圣路易斯老鹰队选中，随即在奥尔巴赫的一系列转会运作下加盟凯尔特人队。作为 NBA 历史上最伟大的防守型中锋，拉塞尔率领绿衫军统治了整个 60 年代的 NBA，在 10 个赛季中夺得 9 次总冠军，其中包括一次空前绝后的 8 连冠，他本人则 5 次当选 NBA 最有价值球员，1 次当选 NBA 总决赛最有价值球员，5 次摘得篮板王桂冠，并有 12 次入选明星赛。1966 年，还未退役的拉塞尔兼任凯尔特人队主帅，成了 NBA 历史上第一位黑人教练，并以球员兼教练身份率队再夺两次总冠军。2009 年 2 月 14 日，时任 NBA 总裁大卫·斯特恩宣布，为了表彰比尔·拉塞尔的贡献，NBA 总决赛最有价值球员奖正式更名为"比尔·拉塞尔 NBA 总决赛最有价值球员奖"。

采用的动作极为简单，就是顺应直觉对他的指引——跳起来然后以前无古人的方式盖帽。

"我们的打球方式是天生的，"乔丹在后来某次与约翰·埃德加·怀德曼的谈话中说，"这东西教不了。"

在乔丹所有效力过的教练中，只有最初的两位是非裔美国人。在那些高中岁月里，弗雷德·林奇和赫林都得以见证乔丹逐步显露的非凡运动天赋。他们并没有因为这种运动天赋违反了所谓的篮球基本原则而拉响急促的警报。相反，林奇和赫林都专注于打磨乔丹的基本功，并且帮他将运动天赋转化成篮球技能。赫林会教他如何在启动的第一步最大化利用他的敏捷，而后来在北卡罗来纳的时光中，这个动作会被大学的裁判吹走步，直到迪恩·史密斯向乔丹示范如何才能不迈出那多余的一步。

档案记录中显示，赫林花了很多工夫要求乔丹和他的队友注意投篮选择以及把控比赛节奏，就像他注重球队的防守一样。乔丹让类似的对话变得很容易，助教罗恩·科利回忆说："哪怕是高中时期的乔丹，他所具备的压迫感，都没有人能与他相提并论。他以自己的防守为傲。如果有队友在训练中防守不投入，迈克就会陷入狂怒。"

相较于称赞自己的球队，赫林极少公开谈论乔丹篮球生涯的这些青葱岁月。这位教练也从未提起过他给大学写的那些信或者体育馆中陪伴那位小球员训练的一个个清晨。很多教练都会把他们的球队和球员写入自己职业生涯的成就簿上，但是赫林将自己的付出深埋于心。其中的一些故事，大部分都只能通过乔丹的回忆而为世人所知。当时的赫林也不会想到，传奇乔丹的故事中也有属于自己的一页。这位教练的所作所为并非完美，但是回头来看，它们至少称得上出色。赫林充满热情但是也懂得克制，那个赛季，他将自己所有的努力都献给了自己还不成熟的球队。

考虑到乔丹的身高和弹跳能力，大部分教练会让他待在内线，靠近篮筐，游走于底线。不过乔丹在场上能胜任任何角色，赫林大部分时间会让他打后卫。"波普给了他打他在大学和职业篮球中将打的位置的机会，"新汉诺威高中的教练吉姆·希伯伦评述说,"如果波普让他打内线或者待在底线,他当时也许能拿下州冠军。"

声名鹊起

圣诞节后两天,兰尼高中参加了由威尔明顿当地报社《星报》(Star-News)举办的新汉诺威邀请赛,赫林的球队在之前一个赛季曾拿下过这项赛事的冠军。该赛事让当地学校可以有机会对抗远至纽约的少年天才。兰尼高中首战面对来自北卡罗来纳中南部的沃兹伯勒·鲍曼高中。"我们之前就听说过他,"沃兹伯勒的主教练比尔·撒克(Bill Thacker)在2011年回忆说,"我们队中的一些孩子认为自己也能像迈克尔·乔丹一样打球,但是他们最终没能完成这项任务。"

特别是他的队中也有一个颇具运动天赋的球员蒂姆·斯特林(Tim Sterling),撒克回忆说:"他觉得他可以用扣篮回击迈克尔·乔丹的扣篮。那真是一场精彩的比赛,两队交替领先。"

球队在面对兰尼高中的紧逼围堵战术时往往会被令人窒息的节奏所击垮。还剩6分钟的时候,兰尼高中以46:44领先,赫林叫了一个暂停让球员们喘口气,并且提醒他们在关键时刻要注意做出好的投篮选择。他比较担心的一件事是赛季初的几场胜利让球员们有些忘乎所以。比赛越来越紧张,还有3分47秒的时候打成了48平。不过,此后球员们摆正了自己的姿态,乔丹和他的队友再一次激活了他们的防守能量,并且以一波18:2结束了比赛,最终比分定格在66:50。"孩子们整个晚上都在努力防守,在关键时刻他们的表现尤为出色,"赫林在赛后说道,"特别是乔丹。"

"他拥有巨大的能量,特别巨大的能量。"撒克回忆说。

在第二天对阵来自纽约法拉盛区、驱车15小时才抵达比赛地点的圣十字高中的半决赛中,把希望寄托于比赛最后关键时刻的状态让兰尼高中最终吞下苦果。他们在第四节过去一半时还领先6分,在还剩两分钟的时候仍然以 51∶47 力压对手。但是还有 45 秒的时候，乔丹先是两罚不中，这使得圣十字高中得以扳平比分。之后乔丹处于空位投出的压哨球再次投丢，从那一刻起，圣十字高中便掌控了加时赛，并最终以 65∶61 取胜。

赛后，赫林非常生气。"有些方面他们本应该做得更好，"他向一位记者抱怨，"我们赛前还专门开会强调过。"

他接下来的举动也许预示了在未来他精神方面的不稳定。或者也可能是他不愿意让死敌新汉诺威高中了解他的首发球员，抑或是他就是纯粹地生气了。赫林在第二天与新汉诺威争夺季军的比赛中让所有首发球员都坐了冷板凳。困惑而又恼火的乔丹只得在场下看着自己的队伍打出精彩的表现，但无奈以 50∶53 落败。

不管他的目的是什么，这一举动都回过头来给了赫林一次重重的打击。他的球队表现直线下滑，在接下来的三周里遭遇五连败，尽管在这次低谷期中也不乏一些精彩的表现。乔丹在对阵后来成为维克森林大学球星的安东尼·蒂奇（Anthony Teachey）和他的戈尔兹伯勒高中队的比赛中拿下了 40 分。而蒂奇则在当晚献出了 17 次盖帽，这样的表现让赫林在以 64∶72 失利之后只能直摇头。

"蒂奇的表现令人难以置信，"赫林说，"17 个盖帽太扯了。"

也许一些背景故事能帮助我们解释乔丹那天晚上 40 分的爆发。16 岁的时候，他正和来自戈尔兹伯勒的一个姑娘约会，去那里要朝着威尔明顿西北驱车两个小时，这意味着见她就要在那边过夜。乔丹这位名为拉奎塔·罗宾逊的女朋友恰巧是安东尼·蒂奇的邻居，所以戈尔兹伯勒的明星球员总能一次又一次地遇到乔丹。"他当时是过来看一位姑娘，我的一个同学，所以他认得很多戈尔兹伯勒的人，"蒂奇在 2012 年接受采访时说，"他常常会来戈尔兹伯勒。"

尽管这样，乔丹总会在身边设置一些屏障，蒂奇回忆说："他只在乎和他关系很紧密的人或事。他让这种氛围一直围绕着他，他甚至会把它带上球场。如果他不认识你，他是不会在场下和你闲逛的。如果他不认识你，他甚至不会和你对话太久。"

这并不意味着乔丹很没有礼貌,他其实足够友好,蒂奇回忆说:"他只是不会相信太多的人而已。"

很明显乔丹想要在对阵自己女朋友所在高中的比赛中大放异彩。这是为爱情擦出火花的最佳手段。这位明星球员拿下了 40 分而另一位明星盖帽 17 次。蒂奇已经记不得当晚那么多盖帽中有多少是给了乔丹的,但是他承认:"他当时在拼命地攻击篮筐。"

蒂奇笑着回忆说,乔丹的第一个一队赛季,戈尔兹伯勒的老教练诺维尔·李(Norvell Lee)就从自己的消息网中听到了很多有关他的事。"我的高中教练让我们从乔丹下车开始就盯紧他……在他们球队的进攻中,他扮演非常重要的角色。"

据蒂奇回忆,当晚乔丹说了很多垃圾话,但是并没有直接针对他。"他已经靠着自己的天赋展现出了优势,"蒂奇解释说,"我觉得他也知道这一点。但是比赛中的语言技巧,也是其中的一部分吗?面对它们你并没有太多办法,因为不管他说了什么,他都会做到。"

作为一个一队的新手,乔丹经历了令人吃惊的蜕变。"那个时候我很难找到他的任何弱点,"蒂奇回忆说,"也不知道他是怎么在这么小的年纪就将球技开发到如此地步。他并非常常扣篮,更多的是展露自己的中投水准,而且他还有不错的射程。他并非只是在这个或者那个点准,他的攻击火力覆盖全场。他可以干拔跳投也可以突破得分。球场就像是给他开了绿灯。"

在接下来的每场比赛中这一切更加明显。乔丹在球队第二次面对对手新汉诺威的时候拿下 26 分,虽然球队再次输了球。这场比赛,他又一次成为唯一得分上双的兰尼高中球员。而接着面对弱旅杰克逊维尔的比赛,他们在时间耗尽的情况下被对手罚球绝杀。乔丹拿下 17 分但罚球仅有 14 中 7,而全队那场的罚球命中率只有 36%。

在发现人才方面颇受迪恩·史密斯器重的比尔·古斯里奇,终于在 1980 年初前往威尔明顿一探究竟,看看那个让那么多人震惊的孩子到底如何。不过，他来探访乔丹的时候，兰尼海盗队已经滑入了连败的深渊，乔丹自己的状态也起伏不定。古斯里奇看到他多次远距离跳投打铁，于是回报史密斯说，这位特别新人有着充足的运动能力以及超强的敏捷度，他全场比赛都非常努力，但是花了太多精力在强行投篮上，这降低了他的效率。古斯里奇告诉史密斯，乔丹是"一头未被挤过奶的奶牛"。不管怎样，他的结论是乔丹很明显拥有在大西洋海岸联盟立足的天赋，需要对他进行进一步观察。史密斯从不喜欢自己的招募目标为公众所知晓，在乔丹身上也是一样，不过他们的最新发现也确实被泄露出去了。

在当地报社负责报道加利福尼亚新闻的阿特·琼斯基是北卡助教艾迪·福格勒（Eddie Fogler）的密友。"尽管我为报社工作，不过我还是为所有他告诉我的事保密，"琼斯基回忆说，"我知道乔丹被他们盯上了，而且他们认为他比他想象中的自己更加出色。迈克尔当时只是希望能在随便哪所大学拿到奖学金，他甚至想要加入空军。他属于那种大器晚成的球员，在兰尼高中他一直保持着低调的神秘。当球员被北卡罗来纳大学招募的时候，不仅每个人都会开始注意他，他的排名也会在招募榜上有所提升。有时候这反而会害了一个孩子，因为每个人都会认为他非常出色，而他最终没能达到那种水准。"

北卡刚毕业的助教罗伊·威廉姆斯（Roy Williams）第一次被分配到探查乔丹任务的时候，就因为一些冲突未能完成。很明显威廉姆斯向某个消息源透露了焦油踵队有意乔丹的消息。他给一个叫布里克·奥廷格（Brick Oettinger）的朋友打了电话，而这位朋友专门负责报道大西洋海岸联盟的招募事件。

"罗伊告诉我要守住这个秘密，因为史密斯教练不愿意让媒体开始讨论乔丹，"奥廷格多年后回忆说，"他告诉我，'兰尼高中有个名叫迈克·乔丹的家伙。古斯里奇教练已经来看过他三次了。他能若无其事地完成360度扣篮'。"

乔丹当时并不知道招募写手之间的这些逸事。事实上，直到古斯里奇探访之前,他甚至不知道北卡罗来纳大学正在关注他。赫林没有告诉乔丹这些事,很明显是因为他不想让自己的明星球员太过紧张。当乔丹了解到一切以后,他既吃惊又兴奋,并且自信心倍增,某种程度上这也帮助他缓解了赛季中期在投篮方面的挣扎。

"我从未想过自己能在一级联盟打球,"他谈到那段突飞猛进的岁月时说,"知道他们对我感兴趣,我非常高兴并且热血沸腾。有人对我感兴趣我就很开心了。"

此后,他在球场上的部分困难来自于对手教练为了限制他开始进行针对性部署。流言传开以后,乔丹所面对的防守注意力要比赛季初期高很多。当对手依据他的打法进行调整以后,乔丹发现自己正遭遇更大的挑战。于是乎,有关于他能力的另一个疑问就来了:在适应对手的调整方面,他能做得多好?1980年,1月末2月初的时候,乔丹展现出了自己出色的适应能力,面对更多的防守压力,他依然能非常高产。

他迈过了职业生涯的第一道坎。那个年头,使用录像带进行球探工作还没有在所有级别的篮球比赛中盛行,所以在乔丹的第一个一队赛季,沿海平原二级联盟的对手教练们只能通过记忆和数据统计表来做功课。不过就算这样,乔丹依然给了他们和北卡罗来纳大学的教练们很多可看的东西。当他进入大学篮球和职业篮球以后,他的表现会被越来越多地送进录像室,供对手研究他的打法,以寻找限制他的防守措施。

关于北卡教练组成员第一次观察乔丹后的感觉,迪恩·史密斯和罗伊·威廉姆斯对此的描述并不一样。"比尔·古斯里奇在评判少年天才方面非常出众,"迪恩·史密斯后来回忆说,"而他第一次见过迈克尔以后,他说他会是个大西洋海岸联盟级别的球员,不过并不确定我们该不该追求他。"不管怎样,不同的叙述中都有一个相同的地方——北卡的教练们希望让他参加那个夏天史密斯的训练营,来看看他到底能变得多出色。

乔丹在1980赛季最后几周的表现让他们不再有犹豫。当时7胜5负的兰尼高中在1月23日造访南韦恩,挑战罗宾逊和艾克萨姆。乔丹在旅途中生了病，只能安静地躺在巴士的后面，这一幕总能让助教罗恩·科利联想起17年后乔丹在NBA总决赛中对阵犹他爵士队的"流感之战"①。1980年，他就第一次感受到了自己超强的集中注意力的能力，以及诸如生病、受到忽视之类的挫折是如何让他越发专注的。

赫林在那天晚上放慢了球队的进攻节奏，这使得海盗队在最终36：34落败之前差点止住了颓势。乔丹仅仅拿下7分（其中还包括比赛末尾毫无意义的两分），而球队的大部分得分来自于内线球员西弗和史密斯。

那天之后，兰尼高中先是拿下霍格特增添一场胜利，再是赛季双杀金斯顿。比赛还有1分钟的时候比分来到51平，赫林叫了一个暂停，并让球队打四角进攻战术以拉开空间。然而这一次，一切有所不同。拉里·乔丹替补上场并且拿到了球，他发现自己有很大空间后便杀入到禁区中央，然后上篮得分。"乔丹兄弟击垮金斯顿"是第二天早上威尔明顿《星报》的头条。

"拉里·乔丹从板凳上站了出来并且表现出色，"赫林对体育写手查克·卡利说，"比赛经验是他唯一的问题。"

而拉里的弟弟在那场比赛中独得29分。

接下来，他们客场输给了新伯尔尼，之后再一次面对戈尔兹伯勒和安东尼·蒂奇，不过这次是在威尔明顿。这些其实都无关紧要。乔丹在面对女朋友家乡的球队时依然全力一搏。上半场他仅得到两分，不过在后两节他找到了状态，拿下15分，带领球队在落后15分的情况下奋起直追。海盗队咬住了比分但是没能终结比赛，这让赫林在赛后抱怨说他已经对于被戈尔兹伯勒击败感到厌倦了。这场比赛让兰尼高中的赛季战绩来到9胜9负，季后赛第一轮主场作战的希望岌岌可危。

紧接着是他们本赛季面对死敌新汉诺威的最后一场比赛——2月8日

---

① 1997年总决赛第五场之前，做客犹他的乔丹突发高烧，不过他带病坚持比赛，全场拿下38分的同时投入了制胜三分，帮助球队抢下天王山之战，总比分以3：2领先。

在威尔明顿。新汉诺威的主教练吉姆·希伯伦认真研究了乔丹并且做出了针对性防守。兰尼高中赛季末尾的四场比赛显示出了赫林球队的成长。这位教练平衡了球队的进攻。乔丹在新汉诺威的严防死守下只拿到21分，不过这一次他得到了更多支持，西弗贡献了17分，而迈克尔·布拉格也有16分进账。

"波普应该得到更多的称赞。"希伯伦在输给兰尼高中后说。

两天之后，西弗得到24分，乔丹拿下18分，兰尼高中在威尔明顿击败了杰克逊维尔。紧接着，是情人节那天面对东韦恩高中的胜利，这场比赛中乔丹发现了一个未来多年他会异常熟悉的节奏，他称之为关键比赛中的"数学问题"。第二节他拿下全队22分中的15分，第三节和第四节又分别在自己的数据上添了7分和11分，并最终砍下打破学校纪录的42分。他的精彩表现中几乎涵盖了所有东西：跳投、攻防转换进球，还有几个扣篮。最最给力的地方是，他的表现并没有让队友成为看客。已经学会在自己的"战马"身边寻找得分机会的西弗最终也贡献了14分。

作为对罗伊·威廉姆斯的小建议的回应，篮球写手布里克·奥廷格在1980年2月去看了兰尼高中大胜东韦恩的比赛。"乔丹太令人难以置信了，"奥廷格回忆说，"他堪称完美。当你看他打球的时候，你的感觉就是，'这家伙怎么可能去年连一队都没进'？"事实上，奥廷格当晚回去就和朋友们说："教练原先一定是傻了。"显然，奥廷格非常兴奋："我在自己的文章中写道：1980年2月——'你可能还没有听说过迈克尔·乔丹，但是在我见过的所有高中侧翼后卫中，他是运动能力、篮球技术以及神秘感最完美的结合。'"

这场胜利让兰尼高中锁定了二级联盟4A级赛事第三的位置，这代表着州级的最高水平。"戈尔兹伯勒和南韦恩是全州最好的球队，排在他们后面没什么丢人的。"赫林告诉他的明星球员。对于兰尼高中，这样的收尾意味着他们可以在主场开始自己的分区锦标赛之旅。乔丹一开始便颇具攻击性，于是早早地就陷入了犯规麻烦，所以他只能看着他的队友再次展现出球队的均衡。西弗那场比赛得到17分，乔丹20分，勒罗伊·史密斯13分，迈克尔·布拉格9分，他们击败了霍格特队。

兰尼高中之后前往达德利，在分区半决赛中与赛季21胜2负排名第一的南韦恩队一决生死。那一年南韦恩最终获得了州冠军，而林伍德·罗宾逊成了锦标赛最有价值球员。通过1-2-2区域联防的紧密防守，海盗队差点就把南韦恩从冠军之旅的轨道上拉下来了，两队一直鏖战到加时赛。为了阻止乔丹得分，南韦恩的教练马绍尔·汉密尔顿（Marshall Hamilton）采取了近乎疯狂的混合防守，3-2联防、一盯四联、人盯人甚至全场紧逼，任何能给乔丹压力的方式他都尝试了。然而，乔丹还是挣脱了一切，上半场便拿下12分。而在下半场和加时赛中，不断变化的防守方式开始发挥作用，乔丹只拿下6分。汉密尔顿的策略奏效了，他的球队也撑过了这场以40∶35结束的大战。13胜11负，兰尼高中的这个赛季就此画上句号。不管怎样，最后的这一场比赛，都证明了乔丹正在越来越成熟。

"对抗乔丹给我们带来了很多麻烦，不过大家都一样，"汉密尔顿后来说道，"让他变得如此出色的东西是他的耐心。如果这种水准的球员只是不断投篮，那我们就能限制住他，因为我们可以逼迫他做出糟糕的投篮选择。但乔丹从来不仓促出手。"

那个赛季他场均得到24.6分和11.9个篮板。"对于迈克尔我还能说什么呢？"赛季后赫林对《星报》说，"自从新汉诺威1968年拿下州冠军以来，他是我在这里见过的最出色的球员。我相信他会变得伟大。他已经是一位出色的投手和得分手了，他还没有意识到整个世界即将围绕迈克尔·乔丹而转。"

一切越来越好，这位教练也开始感觉到自己正在帮助乔丹构建一个光明的未来。"古斯里奇教练已经观察过他了，"赫林指出，"所以那些大学已经知道他的存在了。"

第八章 转 变

　　读高二的时候,迈克尔·乔丹备感孤独,他很担心自己在这所比原来大得多的学校中难以交到真正的朋友。表面上,他是一个外向而且喜欢开玩笑的孩子,但是内心深处,他和大多数15岁少年一样,对未来充满迷茫。原本就陷入深深自我怀疑的乔丹,在来到兰尼高中的第一年又未能入选校篮球一队。"你知道小孩总是会忧心忡忡并且胡思乱想。"身高突然的增长同时也大大改变了他的外在形象,在后来回忆起那段岁月的时候,他如是说。本来就特别瘦削的他在长高之后就跟个刀片一样。"我当时瘦得可怕,还非常高,这让我十分惹眼。当你还是个孩子的时候,这会带来种种问题。"

　　对他来说,哪怕是人们在对他微笑或者开玩笑,都会有一种莫名的嘲笑感。然而,其他人并不这么看。"那个时候的兰尼高中就像是一个大家庭,"勒罗伊·史密斯回忆说,"白人和黑人的比例大概是6:4,不过大家相处得非常融洽,没有任何紧张的气氛。那是一所全新的学校,没有真正的'立场问题'——这在当时非比寻常。而迈克就是迈克,他也是非比寻常。我们都还在找寻自己的身份定位,而迈克……似乎已经发现了自己的未来。"

　　虽然如此,乔丹似乎一直认为自己是个无可救药的家伙。"我总是觉得自己会孤独终老,"他回忆说,"我根本约不到姑娘……我总是到处开玩笑。我总是戏弄女孩子们,就像个小丑一样。我总是拿他人打趣,这是我面对那些非常严肃的人时的破冰方式。其实我在学校表现不错,课程方面基本上不是 A 就是 B，但行为举止上的得分就不怎么样了，因为我喜欢到处开玩笑，无时无刻不在讲话。"

在大姐的记忆中，高中时期的迈克尔非常可爱而且积极乐观。那时候她已经结婚了，终于和自己的家庭保持了距离。这种距离感并没有被捅破，但是青少年时期的乔丹明显觉察到了什么。那段时间，他总是那个会主动接触大姐的人。他非常尊敬她丈夫，并且很享受和她的家庭在一起的时光。她有两个孩子，都让迈克尔喜爱万分。他对待小孩有自己的一套方法。处在他这个年纪的男生基本上对这些脆弱的小生命毫无兴趣，而他却从一开始就对他们充满爱意，当他们蹒跚学步的时候，他会用自己的手臂带他们"飞翔"。"他喜欢小孩，"他父亲后来解释说，"我猜是因为小孩本质上都是活跃有生气的，而迈克尔自己也是这样。他完完全全地宠坏了我女儿的两个孩子。"据迈克尔的父亲说，哪怕是邻居的孩子都会被他所吸引，时不时地就会过来逛逛，因为他是一个很好的玩伴。

从某些方面来说，他不只是喜爱小孩。他非常渴望取悦他人，想要得到一切可能得到的注意力。高三赛季结束后，他很快就明白了篮球可以给他带来前所未有的关注度。成为一个迅速崛起的一队明星，意味着在兰尼高中的每一条过道都会有人对他报以微笑，也都会有人谈论他的比赛。这使得他的生活状态以一种大部分青少年梦想中的方式进行转变——从边缘角色摇身一变成了校园名人。他则把这一切归功于团队的力量。

"在我进入高中开始打篮球之前，我并没有太多朋友，"那年 4 月回顾自己令人激动的首个赛季时，乔丹说道，"是篮球帮助我了解其他人。我爱我的队友，他们帮助了我，我也回馈了他们。团队合作，正是它起到了作用。我发现当我的运动水准越来越出色的时候，我见过的人以及结交到的朋友也越来越出色。"没有他身边的那些人，他也不会变得更好，乔丹说："我愿意把功劳给予我的教练和队友。"

尽管只有 17 岁，他的这次即兴发言却说明了他对当时发生在自己身上的事情有着很深的感悟。30 年之后，很多听了他在进入名人堂时尖酸刻薄演讲的人，肯定都希望他能想起自己青少年时期那段充满智慧的言论。但是前路荆棘密布，想要跨过他们，他需要一次又一次地寻求自己的护身符，先前遭遇的那些钻石般坚硬的失望好像被他紧紧地挂在了脖子上一般。

他在学校里最喜欢的学科是数学，而据先教过他代数后来又教过他三角学的珍妮丝·哈迪（Janice Hardy）说，也正是在数学课堂上，乔丹青少年时期的变化最为明显。"我第一年教他的时候，他怕得要死。我很喜欢那时的他。第二年，他则兴奋地坐到了前排。他会嘲笑我讲的段子并且弄乱我的头发。"

他一直都渴望拥有人气，而当一切来临的时候，他似乎有些欲求不满，急于把自己未被体育占据的时间填满。"他自己在房里完全待不住，"他妈妈回忆说，"他总是想要出去，想和朋友们彻夜狂欢，出去野营什么的。"

德洛里斯·乔丹为迈克尔取得的成功默默地感到欣喜，虽然她的主导情绪是松了口气还是纯粹的高兴并非完全分明。不管立足点在哪儿，她都体味到了孩子终于长大成人的骄傲。她最小的孩子罗丝琳为了获得父母的认同把心思都用在了学习上。这位和母亲非常亲密的小女儿有着自己的秘密计划，她希望提前一年高中毕业，这样她就能和迈克尔一起去上大学了。不出意外，她的努力激起了迈克尔的竞争心，虽然他难以给出罗丝琳那么出色的表现，但是这样的环境还是帮他拿到了不错的分数，这使得他对于那些马上会来争相招募他的大学更有吸引力了。

显而易见，迈克尔和他妹妹最大的不同就是，当罗丝琳被选入优等生名单的时候是不会有报纸记者来采访的。在随后的几年，迈克尔逐渐增长的篮球技艺会激起媒体对于他成长环境的好奇心，而德洛里斯·乔丹早已为回答那些问题做好准备。她会骄傲地谈论自己的孩子们。"他们知道放学后必须马上回家，"她对一个威尔明顿的写手说，"在他们的家长回家前，家里不允许有任何的访客。他们下了公交，进了家，拿一个三明治，然后就开始乖乖写作业……学习一直都非常重要，但你也要参与到孩子们的生活中去。你不能把他们牢牢绑在一起然后送出去就完了。你要支持他们，要去家长教师联谊会尽可能地了解他们和他们正在做的事情。他们最想要的就是爱和关注。我们常常在一起，我们任何时候都知道他们在哪儿以及谁在他们身旁。"

很明显，她对于自己为养育孩子们所付出的努力感到非常骄傲。但是德洛里斯·乔丹也越来越感觉到她和丈夫一同构建的这个家庭存在着截然相反的两面。经常和大女儿争执不休的德洛里斯亲眼看着西丝的人生在不断升级的家庭矛盾中爆炸。而大儿子罗尼有着属于自己的父子冲突，这可能也是促使他早早参军的原因之一。长大的孩子们总是会试图逃脱家长警惕的双眼，但考虑到乔丹家四分五裂的历史，孩子们想要找寻其他去处也就不奇怪了。关于逃离，乔丹家给了他们的子孙后代充足的先例，现在也就很难避免使得逃离成为他们人生的主题。

如果说这其中还有什么未解之谜的话，那就是德洛里斯·乔丹和她父亲的关系。多年来接受的采访中或者她的书中，她几乎没有提过自己的成长经历，但其实她的孩子们都知道她和她的鳏夫父亲相处得非常尴尬。詹姆斯和德洛里斯在开车去彭德郡看望罗莎贝尔、爱德华和道森的时候常常会过她父亲的家门而不入。当他们好不容易停下来去看看爱德华·皮普尔斯的时候，据西丝回忆，房子里的气氛也是冰冷而又恐怖的。

道森·乔丹自己也有令人害怕的一面，但是完全比不上德洛里斯和爱德华·皮普尔斯之间明显的鸿沟。看起来，德洛里斯有着自己的父女矛盾史要处理。至少来说，皮普尔斯家的环境很难接受她的怀孕以及随后的离家出走。

然而，德洛里斯的那些人生准则和对于孩子们的高期望毫无疑问是来自于她的家庭背景。在残酷的务农时代，正是对于这些东西的坚持让他们取得了来之不易的成功。也许爱德华·皮普尔斯的成就和他外孙所积累的财富无法相提并论，但是考虑到困难程度，以及从佃农生活到拥有自己土地所需要经历的严酷挑战，他的确是创下了丰功伟绩。

这样的奋斗过程也导致了一种难以理解的疏远行为，而它不仅仅存在于德洛里斯和她的父亲之间。在接下来的数年之中，整个乔丹家沉醉于最小儿子所取得的成功，西丝表示家人与这片土地上的老一辈人相处得越来越尴尬，就连詹姆斯父母身上的那种质朴天性，在他们内心深处也变成了一种耻辱。看起来詹姆斯和德洛里斯正试图把蒂奇和罗基波因特的世界完完全全地抛出他们的生活。

同时，詹姆斯和德洛里斯也正被拉向另一个方向，与孩子们共享他们的体育梦。这是一个会四处奔波、付出一切为孩子们追寻体育机会的家庭。放到20世纪末期，类似的行为会成为家庭生活的突出特征之一，但是在那个年代，乔丹家绝对是走在浪潮之前的。那些比赛就像是强效的兴奋剂一般，赛前的期待、赛中的精彩、赛后的回味，这些吸引着整个家庭的注意力。他们随时期待着下一场比赛的来临，想要一切再来一遍。

他们可能是最早的直升机父母。

乔丹飞速提升的最初几个月真是让人快乐成瘾。詹姆斯和德洛里斯多年来着迷于跟随孩子们奔波在运动场之间，现在终于看到了丰收的曙光。他们经历过迈克尔从少年棒球联合会时的一飞冲天到贝比鲁斯赛事中的跌落现实。但这一次，迈克尔打篮球这事看起来已经很靠谱了。北卡罗来纳大学的教练们已经打过几次电话了。类似的反馈让他们可以畅想美好的未来。北卡的教练还邀请迈克尔去参加他们的夏季训练营。一切看起来都很棒，除了一个小问题。

作为父亲，詹姆斯·乔丹那个春天首先要完成的事就是让他最小的儿子有打工赚钱的意识。他已经和迈克尔念叨过这事儿无数次了，它已经成为整个家庭中的一个大难题。德洛里斯对此也感到焦躁和担忧，直到她想到向"怀迪"H.L.·普雷瓦特（H.L. "Whitey" Prevatte）寻求帮助。他是个很不错的人，是德洛里斯工作的那个银行的客户。他拥有一家旅馆和一家餐厅。于是她开始为自己的儿子请求一份工作。

"她妈妈所做的努力我说都说不完，"普雷瓦特回忆说，"她是个银行出纳员，我们有很多业务上的往来。她打电话给我，问我在我那儿有没有什么迈克尔可以做的。"

"我那时当了个旅馆维护员，"乔丹回忆说，"我的工作是清洁水池，给扶手围栏上漆，换空调的过滤网，还有清扫里屋。"乔丹通过这份工作只能拿到微薄的薪水，3.10美元一小时。谁会想到他整个打工生涯的唯一一张工资存根——证明怀迪支付过119.76美元工资的纸条——最后会作为与乔丹有关的收藏品之一陈列在威尔明顿的开普菲尔博物馆里。

"这件事给我带来了不少生意，"普雷瓦特在多年后向一位记者透露，"甚至有从德国远道而来的朋友跑来问有关乔丹的事，因为他们看见了博物馆的那张存根。"

据普雷瓦特回忆，乔丹是一个能照顾好自己的好孩子，但是出于某些原因，这份工作并没有起到作用，也许最关键的地方就在于工作内容中包括维护水池。乔丹对水有阴影，他永远不会忘记孩提时期小伙伴的溺亡。

"大浪打过来的时候我们拼了命地逃脱，"多年后他回忆说，"水流是如此的强劲，直接把他打落到水里，一瞬间，他紧紧抓住了我。人们称之为'濒死之锁'，当他们知道自己陷入麻烦甚至将要死去的时候会做出这样的行为。我都快要把他的手给弄断了，他差点就拉我过去陪他了……最后他被淹死了。"

"自此我再也不下水了……每个人都会对一些东西有恐惧感，而我就是不愿意沾水。"

还有部分原因就是扫地和清洁的工作。乔丹之后会承认他不愿意打这份工的浅薄理由，他害怕被朋友们看见，害怕被他们嘲笑。

这份工作里的所有活他都不想干，这让他的父母非常恼火，尤其是詹姆斯。然而乔丹对此根本无所谓。"他想要改变我，"乔丹回忆说，"但是他没能成功……一周之后我就辞去了工作……"

"我说，我不会再去打工了。就算我可能会先变成个酒鬼，也不会去做一份朝九晚五的工作。"

这是给你的,罗宾逊小姐

那个春天迈克尔迎来了青少年时期最期盼的活动——高三升入高四的舞会。拉奎塔·罗宾逊因为住在戈尔兹伯勒并没有选择兰尼高中。这对小情侣是如何见面的一直是乔丹传奇中被牢牢守住的秘密。他第一次与她的家人待在一起还是借着他众多棒球之旅中的一次,这看起来也合情合理。在那个短信还没被发明出来的年代,他们通过美国的邮政系统进行书信交流。乔丹给她写过很多信,每封信都是他在某节课上感到无聊时写在他的笔记本上的。和所有青少年时期的姑娘一样,她保留了所有的信,多年之后,其中的两封出现在了收藏品市场上,据说是被她的一个亲戚偷走的。两封信中的一封在2011年出现在了公众面前,并以5000美元的价格成交,而当拉奎塔开始抱怨这事的时候,拍卖行最终归还了信件,尽管在那之前信件的内容已经在互联网上迅速传播开了。

这封信揭示乔丹在试图表达自己的感情时和多数男孩一样,木讷甚至有些粗心大意。"你把我辛辛苦苦打赌赢来的钱给我,我非常高兴。"有一天,他在高等化学的课堂上写道,"我还想感谢你让我保存你的照片年历。我给学校里的每个人都展示过了,每个人都觉得你是一个非常漂亮的女生,我当然很认同啦,因为这就是大实话。但是你可千万别记在心里啊。(哈哈哈),我说着玩儿的,你可别当真。我很遗憾我生日那天没法跟你一起去看那场比赛了,因为我父亲要请整个篮球队一起吃饭。请不要生气,因为我会在2月14日前的一个星期来找你。如果我有机会过来的话,请为我们安排一些活动吧。"

小乔丹看起来和其他青少年时期的求爱者一样,似乎在表达自己的爱意方面显得非常强烈,竭尽全力避免自己的情感得不到回应。那封信刚在2011年面世,拉奎塔·罗宾逊就被一群电视媒体工作者采访了。她的话语谨慎而有所保留,很明显她对于自己的隐私被泄露感到恐惧。警方档案证实她并非那个想要通过出售信件获利的人。据她透露,小迈克常常会恭维她，然后来个大转弯，没几秒钟就收回自己的称赞，比如说"我就说说，别当真"之类的。而信中也揭露了他们的秘密赌局以及乔丹从她那儿得到"血汗钱"时的兴奋，这在某种程度上也显示了，他的好赌和他的竞争心一起，在很早的时候就形成了。

舞会上的合影是他们在一起的数月中的一个亮点。他们都是全身白装，她穿着一件合身的白色连衣裙，领口高而紧，包裹着她纤细的脖子，她戴着有四分之三手臂长的套袖，这让她可以骄傲地展示乔丹买给她的白色腕花。最吸引人的是她的头发。她就是简洁地把头发从中间分开，没有装饰，不堆积也不蓬松，露出她明亮的双眸以及特别漂亮的高颧骨，还有她那源自温柔灵魂的开放诚恳的微笑。她看起来是完完全全放松的，双手叠在腿上，安然地坐在那里。她给人一种完全不做作的感觉，而这个年纪的年轻人，包括乔丹，往往喜欢摆造型。他穿着白色燕尾服站在她旁边，一手搭在她的肩上，一手插入口袋中，这次充满朝气的尝试显得非常老练精明。他舞会上所打的领带，甚至翻领上的康乃馨，都是白色的，而晚礼服和T恤的领子，对他来说都太大了。他的微笑——如果真是这样的话——非常克制，好像在说现在一切很好，但是他还有个更加宏伟的计划。这段故事最终会像乔丹的其他记忆一样，并非回忆他们曾拥有多少快乐，而更多地像是一个过渡时期的标志，预示着他正准备朝着其他地方前行。他也不知道将要前往何处，但是他非常非常想要弄清楚。生活的很多琐事开始跃然纸上，很多方面他才刚刚开始拥有目标意识，除了在打篮球或者打棒球的时候。

迈克尔那年春天也为兰尼高中打棒球，并在波普·赫林执教的球队中以右外野手的身份获得了市级荣誉。他获得了力量和自信，但是一位了解他运动能力的教练在不同项目上对他做出了不同的评估。他还在为兰尼高中投球，尽管大卫·布里杰斯看起来才是球队王牌。某些下午，乔丹会在球场上非常挣扎，但是在一些失利的比赛中，他也能拿出好的表现，拥有自己的成功时刻。除了这些，他还拥有自己的专属球棒，他从一开始就在用它。

在球队的揭幕战上,他四击全中使得球队三次跑垒得分,而兰尼高中也以9:2狠狠打击了南韦恩。第二场比赛对阵霍格特,他则担任投手,可状态全无,控制不住棒球,并且多次保送对方上垒。在接下来面对新汉诺威的比赛中,他又经历了相似的糟糕表现。

"他投出的球速度不够,他完全可以投得更用力。"赫林在赛后评论说。第六局中,乔丹的投球让对方打出一个6分击球导致海盗队沦陷。兰尼高中之后又输给了杰克逊维尔,尽管第七节中乔丹打出了两分全垒打。

再次对阵南韦恩的比赛中,乔丹在第七节出局之前放弃了7次安打,兰尼高中再次输掉比赛。终于,兰尼高中在面对金斯顿的比赛中取得了胜利,而乔丹送出了一次一分打点的一垒安打。三天之后他们在主场再战金斯顿,乔丹取得制胜分并且只让对手安打三次的表现赢得了赫林的耐心。在接下来险胜新伯尔尼的比赛中,他被放到了中外野手的位置上,再次献出一次打点。之后对阵戈尔兹伯勒,他回到投球区,又一次只被安打三次的表现帮助球队取得胜利,这是四连败以来他第二次交出这样的成绩单。

三连胜之后,乔丹五节之中未让对手安打上垒,并且投出7次三振出局,兰尼高中也在面对杰克逊维尔的比赛中以6:1取胜。这场比赛一开始的时候,乔丹因为不同意裁判判罚而注意力涣散。赫林把他换下场,让他冷静了两节,然后让他重回投球区(这在高中的规则里是被允许的),之后便看着他锁定比赛的胜利。

赛季最后一场比赛,乔丹两次成功安打,其中还包括一次一分本垒打,不过球队还是因为他在关键时刻丢掉制胜分输了球。兰尼高中本赛季在二级联盟取得8胜8负的成绩,而总体的战绩是9胜11负。

乔丹在这个棒球赛季的表现更加确认了他同年在篮球一队所展露出来的东西。在未来数年承受"落选事件"唾弃的赫林此时已完完全全地将注意力集中在了他的这位青少年球星的发展上。

4月末,查克·卡利在《星报周日》的体育板块上写了一篇名为《兰尼乔丹：全面的杰出新星》的专栏文章。赫林在其中说了很多有关乔丹的事情："我觉得他就是个出众的运动员胚子。高二时期，他领跑橄榄球二队的拦截数。他最终选择了不再打橄榄球，不过这是一个严肃的家庭决定。迈克是一个伟大的篮球运动员，他将成为全州前五的存在。在我的心目中，乔丹能进入全美高中最佳阵容。篮球场上的他简直难以用语言来形容。我不认为有人能一对一防住他。他有时候也会打出低得分的比赛，但这只是因为比赛节奏较慢。"

乔丹那年春天在兰尼高中的田径队甚至尝试了一些跳跃项目。"我就是爱跳，"他对卡利说，"我在田径方面练的也是这个。我热爱棒球，它是我心中排名第一的运动，尽管我觉得进入大学以后篮球会是我的主项。如果我没能在两个项目上都拿到奖学金，我会先去打篮球，然后继续棒球生涯。我想要从父母和教练那里得到建议。"

17岁的时候，他已经很明白自己想要什么了，而且不怯于在公众面前将目标表达出来。"如果我有机会，我一定会在大学接受教育的同时努力走向职业化，"他说，"我的目标就是成为职业运动员，而另一个目标则是在大学里实现前一个目标。"

第九章　五星篮球训练营

迪恩·史密斯和他的教练组在他们1980年初夏举办的训练营中获得了更好的观察迈克尔·乔丹的机会。他们同时也更加了解了他的父母。詹姆斯和德洛里斯也被邀请到训练营中去和史密斯以及他的助教们见面，这也让双方早早就建立了相互尊重、互相满意的关系。尽管如此，这次招募迈克尔·乔丹的过程并没有使任何一方给对方承诺。

在迪恩·史密斯训练营时的房间分配显示出教练们对乔丹的兴趣越来越大了，尽管还有其他信号混杂在其中。来自沿海平原的黑人少年乔丹和勒罗伊·史密斯被安排和巴兹·皮特森（Buzz Peterson）还有兰迪·谢泼德（Randy Shepherd）住在一起，这是一对来自北卡罗来纳州西部山脉中的阿什维尔的白人队友。和林伍德·罗宾逊一样，已经在高四被评为北卡罗来纳州篮球先生的皮特森已经是焦油踵队招募的主要目标了。皮特森在前一年就已经参加过史密斯的训练营。他和乔丹在相识的第一周就建立了友谊，这份关系也在随后的几个月越来越紧密。但是和乔丹分在一组进行训练和对抗的其实是谢泼德。他一到晚上就会立马跑去和皮特森大说特说那位来自威尔明顿的后卫的惊人技艺。谢泼德对皮特森说，那种打球方式他从来没有见过。每一天他的惊讶程度都在加深，直到第四天他给出了这样的评述——乔丹绝对拥有可以进入NBA的天赋。

北卡的教练们也看到了同样的东西。布里克·奥廷格的所见所闻让他更加坚定了2月在兰尼高中的比赛中他对乔丹的印象。"林伍德·罗宾逊在同一个训练小组中，"奥廷格回忆说，"巴兹·皮特森也在，但是很明显迈克尔·乔丹才是最出色的球员。他实在是太出众了。"身为助教的罗伊·威廉姆斯对教练组说乔丹是他见过的最好的 6 尺 4 寸球员。"那个时候还没有多少人知道他，"威廉姆斯在后来回忆说，"迈克尔过来了，然后真就是摧毁了训练营中的每一个人。"

威廉姆斯在那次训练营中的工作是安排不同年龄组别的队伍的训练场地，面对那一周的残酷高温，每一组既会在室外场地训练，也会拥有在装了空调的焦油踵队主场卡迈克尔礼堂球场中打球的机会。

看完乔丹在训练中的表现以后，威廉姆斯邀请他参加了下一组更高年龄组别的训练。后来教练们也回忆说，那天晚上，乔丹一直偷偷跑回来和接下来的小组做更多练习。教练们认为这不仅说明了他喜欢竞争，也证明了他对空调有同等的爱。

每天的训练课结束以后，四位室友会一同出去享受休闲时光。尤其是乔丹和皮特森，当他们意识到他俩都正被焦油踵队招募的时候，他们建立起了友谊。而谢泼德和勒罗伊·史密斯来到训练营则仅仅是抱着一丝北卡可能对他们有兴趣的希望，一周的训练也确实证实了他们的球技可能更适合更小一些的学校。最终结果也的确如此，勒罗伊·史密斯在北卡罗来纳夏洛特分校打大学篮球，而谢泼德进入了北卡罗来纳阿什维尔分校。

尽管罗宾逊和皮特森都是迪恩·史密斯训练营中优先级最高的球员，但是到了训练营结束，乔丹似乎也离教练组手中名单的最顶部越来越近了。迪恩·史密斯在那次训练营中抽出时间和乔丹吃了两次饭，其中一次还约见了他的父母，这两次会面给了这位教练更多信心，那个来自威尔明顿的少年是能适应有专业体系的篮球系统的。

教练组的反馈让乔丹感到兴奋，但是他并没有完全被北卡罗来纳大学说服。尽管他最终会尊敬迪恩·史密斯教练，但是他毕竟讨厌了这支球队那么多年。而且史密斯教练封锁信息的方式也让乔丹和赫林不得不多加小心。

"他想要把我的消息隐藏起来。"乔丹回忆史密斯时说。

在这个招募过程的节骨眼上，赫林走出了非常狡猾的一步，拓宽了乔丹的选择。在北卡训练营的一个晚上，赫林有意向罗伊·威廉姆斯提起他想要让乔丹被更多地曝光并且正在考虑让他去霍华德·加芬克尔在匹兹堡的五星篮球训练营（Five Star Camp）或者比尔·克诺劳尔（Bill Cronauer）在佐治亚的BC训练营试一试。在全国的高中球员评估体系真正建立起来之前，这两个地方是那个年代顶级天才球员的主要去处。

威廉姆斯知道史密斯不想泄露有关乔丹的信息，但哪怕只是个年轻助教的他也知道和高中球员的家庭建立信任的必要性。威廉姆斯同意帮助赫林，很明显这并没有得到史密斯的同意，尽管其他人后来会就这一点产生怀疑。

"他来问了我的想法，"威廉姆斯谈起赫林时说，"我说：'我认为他应该去。我认为这对于他会是个很棒的考验。如果我当时有机会，我也会去五星篮球训练营。'我认为这样会对他更好，因为那个训练营的执教真的是太出色了。它不仅仅是有关打篮球，还会教篮球的基本理念。"

几天之后威廉姆斯向帮忙运营五星篮球训练营的汤姆·康查尔斯基提起了乔丹。康查尔斯基是一个博学多识的男人，喜欢用妙语连珠的方式来总结那些他见过的最具运动魅力的人或事，在高中篮球天才方面，他正在建立自己最能分析透彻而又慧眼识珠的评价者的名誉。多年之后他还是能记得那天和威廉姆斯在车中的谈话："罗伊说：'你知道吗？有个来自北卡罗来纳州的孩子可能会成为伟大的球员。我们现在还不是很确定。他这个暑假来过我们的球队训练营，但是我们营中出色的球员并不多，所以他没法展现自己在面对巨大竞争时的水准。'"

两人还讨论到，在五星篮球训练营的几周当中，名为匹兹堡一期训练营的五星篮球训练营第一课，拥有最具竞争力的少年天才球员。"罗伊说：'我不知道他是否出色到可以参加匹兹堡一期。'"康查尔斯基回忆道。康查尔斯基和加芬克尔都清楚地记得，当时北卡罗来纳的教练们并没有完全接受乔丹。看起来这个来自威尔明顿的孩子出色到让人感觉不真实，所以威廉姆斯和康查尔斯基决定让乔丹最好出现在匹兹堡二期甚至可能是匹兹堡三期中，他们分别是那个夏天五星篮球训练营的第二课和第三课。

"我给霍华德·加芬克尔打了电话，"威廉姆斯回忆说，"我告诉他迈克尔会过来，他会很高兴见到身为球员的迈克尔的。我对加芬克尔说：'他会是一位出色的服务员。'你看，如果你能够耐心地在桌旁服务，你就可能花一周的钱训练两周。我的确给加芬克尔打过电话询问乔丹是否有机会。"

加芬克尔对于当时的回忆则有些不同。他记得在训练营报名即将结束时，他接到了来自威廉姆斯的一通很不寻常的电话，让他为一个正在考虑的北卡球员腾出个位置。"他先是介绍了下自己，"加芬克尔谈起那次与威廉姆斯的通话时说，"我们聊了会儿后，他说：'我们有个我们认为很出色的球员。他刚参加过我们的训练营，拿下了最有价值球员，干掉了所有人，但是我们营里的竞争不够激烈。所以我们并不能完全确定，我们大概有九成五的把握，而我们想要百分之百。你能让他进入你的训练营吗？这样他就可以和全国最出色的球员对抗了。'"

加芬克尔经营训练营几十年来从未遇到过这么不同寻常的请求。毕竟，威廉姆斯还仅仅是北卡一个刚刚毕业的助教。最初，加芬克尔并不认为他能够在最后时刻给乔丹找到位置，但是威廉姆斯坚持让他完成这件事。这是来自迪恩·史密斯球队的请求，加芬克尔只好妥协，通过一番运作为乔丹在匹兹堡训练营的第二周弄到了个名额。更重要的是，加芬克尔让乔丹可以通过在训练营当服务人员减少参营费用。加芬克尔之后听说史密斯对于乔丹进入五星篮球训练营感到非常沮丧，但是这位训练营老板并不相信这一点。"我的意思是，如果迪恩·史密斯不想让他来，那为什么史密斯会给我打电话而且还逼得那么紧？"加芬克尔暗示史密斯其实是希望乔丹去五星篮球训练营的。不过这件事中没有任何错误或者违规的地方，为什么北卡的主教练不愿意承认自己就是促使事情发生的人呢？

如果有什么原因，当时的情况揭示了大学教练们面对招募球员时的纠结想法。多年来，迪恩·史密斯把数百名令人垂涎的球员带到过他的球队，他的招募行为一直无比诚实。众所周知，他从来不会许诺给年轻球员出场

时间,从而让他们与焦油踵队签约,而且史密斯拒绝使用招募球员中的背后手段。当时很多有钱的大学校友常常会给被招募球员及其家庭现金、豪车或者其他违规引诱品,其他教练和球队也许会在招募过程中依赖这样的手段,但是史密斯在其诚实很少有人质疑的情况下取得了成功。

然而,这并不意味着史密斯没有自己的怪癖,其中一个就是极度在乎自己球队的形象。多年之后,北卡有关乔丹的这些动作可能会引起NCAA的注意,但是很明显它们在当时是合乎规矩的。根据威廉姆斯的回忆,事实上史密斯那时候非常焦躁不安。威廉姆斯回忆说他曾做过一些解释:"我说:'教练,我觉得吧,他总是会去那个训练营的,我只是给了他一些建议,告诉他我认为什么对他来说最好。而且迈克尔的家人对此也非常感激。'"

结果就是那个来自威尔明顿,甚至对北卡的教练都仍然有些神秘的无名球员,最终前往了五星篮球的匹兹堡二期训练营,去看看他能否和来自全国各地的、在高一或高二就真正打进校一队并且让自己与众不同的球员掰掰手腕。从传统的观点来讲,是不是顶级的青少年球员其实一早就能看出来了。

乔丹进入北卡训练营之前非常紧张,不过这种紧张的程度远比不上他在五星篮球训练营中所感受到的,因为他即将和精英级别的天才对抗。匹兹堡一期的球员是公认的全国最佳,但是匹兹堡二期球员中仍然囊括了来自17所不同高中的全美级别的少年才俊。参训名单中就有来自堪萨斯威奇托的奥布里·谢罗德(Aubrey Sherrod),很多球探都认为他是即将升入高四的球员中最出色的侧翼后卫。

对于和顶级的球员对抗,乔丹感到非常焦虑,但是波普·赫林告诉他要放松,他会表现很好的。不过,当乔丹见过了7月末五星训练营开营时匹兹堡罗伯特·莫里斯大学中的繁忙景象以后,他发现自己很难放松下来。那地方聚集了大概150位教练和球探,每个人都拿着夹纸笔记板,记录着每位球员的缺陷和长处。五星篮球训练营的第一天晚上的8点到11点,球员会被分入临时组建的球队中打一系列非正式的比赛,以便训练营中12

支队伍的教练挑选球员。

训练营中的顶级联赛会被称为"NBA"。作为一个新来的，乔丹距离确保进入"NBA"组相去甚远。一切都取决于他在第一天晚上的表现，他将在室外场地打球，这是他最不喜欢的打球方式。

"我非常紧张，我的手在不停地出汗。"他回忆说，"我看到了那些全美级别的球员，我当时处在整根图腾柱的最底端。在那里，我只是一个来自威尔明顿的乡下男孩。"

在那时候的 NCAA 条例下，大学教练是被允许以教练或者顾问的身份参加类似的全明星篮球训练营的。雪城大学（Syracuse University）[①] 聪明而又坚韧的助教布伦丹·马龙（Brendan Malone）就已经在五星篮球训练营工作多年了。在前一年，他的球队拥有奥布里·谢罗德和高顺位中锋格雷格·德赖林（Greg Dreiling），他们最终拿下了冠军。

对于充满进取心的马龙来说，执教球队拿下训练营冠军是莫大的荣誉，作为一位助教，要想让自己的职业生涯突飞猛进，这非常重要。1980 年的训练营前，马龙依然计划选择德赖林和谢罗德，并且剑指另一个冠军。尤其是马龙还拥有第一顺位选择侧翼球员的权力，他知道谢罗德可以为他的球队提供赢得冠军所需要的得分能力。但是在训练营开营前一天，马龙突然需要返回家中处理急事。于是他请求好友汤姆·康查尔斯基观看开营当晚的训练赛并且帮他选择球员。马龙给康查尔斯基下了死命令，让他拿下德赖林和谢罗德。

康查尔斯基一开始也准备遵从马龙的指示——直到他见过了那个来自威尔明顿的无名少年。"我印象最深刻的就是他拥有很强的跳转急停能力，"康查尔斯基回忆说，"他可以在冲刺时立刻停住，而且真的很能跳，笔直冲天，他跳投时能离开地面很远。那个时候篮球比赛还没有完全引入三分球，所以他并没有扩展射程。不过他拥有极其出色的中距离投篮和急停跳投能

[①] 一所享誉世界的私立研究型大学，成立于 1870 年，坐落于美国纽约州雪城（Syracuse）。

力。他可以爆发式地跳起投篮，而防守者只能默默地防守他的肚脐。他的运动能力真的是太具有爆炸性了。"

在加芬克尔的五星篮球训练营创办的数十年间，它就象征着顶尖中的顶尖，只有极度罕见的天才才会在观察者眼中脱颖而出。"我们有个说法是'一回合球员'，"加芬克尔解释说，"一回合球员的意思就是仅用一个回合你就能看到他的厉害之处。"

加芬克尔第一次注意到乔丹，是在办公室里，他正隔着玻璃观看第一场试训赛。"他一跃而起想要跳投，有三名球员防守他。他跳起出手的时候，除了他没有人在空中，完完全全只有他一个人。他跃入天空的场面非常震撼。"我的天啊，这孩子就是那种一回合球员，加芬克尔立马产生了这样的想法。

乔丹自己也很快察觉到了他能做到一些其他人做不到的事情。"我打得越多，就越自信，"他回忆道，"我对自己说：'也许我是能和这帮家伙斗一斗的。'"

突然之间，康查尔斯基需要做一个决定。是按照马龙的意思选谢罗德呢，还是拿下一个和他所有见过的球员都不同的孩子呢？第二天早上，马龙一到就立马去找了正在训练营的自助餐厅吃饭的康查尔斯基。"他说：'让我看看我的阵容。'"康查尔斯基回忆说，"我说：'我选中了最出色的人。'他接着说：'你拿下了德赖林？'我说：'是的。'他又问：'奥布里·谢罗德也拿下了？'我则回答：'并没有。'于是他说：'你是什么意思？'奥布里·谢罗德那时候被认为是升入高四组别中的头号得分后卫。我说：'我选了一个来自北卡罗来纳州的少年。'"

加芬克尔回忆这段对话时笑了起来。"布伦丹说：'迈克尔·乔丹是谁？'他突然发飙了，要不然也不会这样说，他真是陷入了狂暴模式。'你这是对我做了什么啊？谁是迈克尔·乔丹？'汤姆只能对他说：'息怒，息怒，他是一个杰出的球员。'布伦丹依然气得七窍生烟，头也不回地走开了，他真的很生气。"

马龙自己并不记得这档子事，不过他确实记得他只看了乔丹一眼就冷静下来了。"我记得我第一次见迈克尔·乔丹的时候，"马龙回忆说，"我们正在进行下午的训练赛。迈克尔正在柏油的室外场地上移动，他跑起来的样子就像一匹纯种良马，他的步幅很大，跑动和切入特别赏心悦目。他一下子就脱颖而出了。你可以好好看看他，看看他是怎么跑、怎么移动的。哪怕是没有什么经验的人，也能轻而易举地发现他的独到之处。你立刻就能感觉到迈克尔超出训练营中或者当时其他在高中打球的球员一截。"

训练营开始几天之后，传奇就开始显现了，一场比赛中，乔丹半场打满20分钟就拿下了40分。

"真正引起我注意的是根本防不住他，"康查尔斯基回忆说，"因为他总能超越其他人，并且拥有出色的手感……我的意思是，他可以在他想要的任何时候把球投出去，并且一击中的。"

来自戈尔兹伯勒的安东尼·蒂奇也参加了那次训练营，他回忆说，是乔丹的竞争天性驱使他远远领先他人。"那种场合，你拥有全国最顶尖的72名球员，"蒂奇解释说，"所以每个人都会拥有属于自己的精彩时刻……但是他恰好就在那个夏天统治了数据统计表。"

加芬克尔意识到他必须要给戴夫·克里德（Dave Kreider）打个电话，他的这位朋友负责编辑《斯特里特与史密斯年鉴》（*Street & Smith Yearbook*），在那个时代的大学篮球中，这是赛季前最主要的刊物。这份杂志会罗列650位顶级的高四新秀。"戴夫，"加芬克尔问道，"你把迈克·乔丹排在第几位了？"

据说克里德反复查看了名单，回复说并没有看到迈克尔·乔丹，只有一个叫吉姆·乔丹的。于是，加芬克尔便建议克里德把乔丹添加到名单中比较高的位置上去。"我打电话给《斯特里特与史密斯年鉴》，让他们把乔丹放到全美高中季前第一或第二阵容中去。"加芬克尔说。

不过克里德回复说一切都太晚了，杂志已经在印刷的过程中了。加芬克尔告诉克里德他必须做些什么，因为如果榜单上没有像乔丹这样的青少

年球员会非常非常尴尬。

"在那个年代，他们会在发行前几周就开始印刷，"加芬克尔回忆说，"戴夫对我说：'本赛季前的《斯特里特与史密斯年鉴》的650位顶级球员中你是看不到迈克·乔丹了。'"克里德后来揭露，他在北卡罗来纳负责1980—1981年榜单的写手甚至没有把乔丹列进全州前20的高三球员中去。

在训练营的时候，乔丹去哪儿，罗伊·威廉姆斯也一定在那儿，跟随乔丹的过程让他既忧虑又高兴。"每次我们去看台的时候，都能看到罗伊·威廉姆斯在那里观战，"马龙回忆说，"很明显北卡罗来纳大学已经认定了他会是一位杰出的球员，尽管他只在北卡罗来纳州的威尔明顿打过一年的校一队。有关于迈克尔，我记得最真切的是那一周里每个人都对持球突破时的他充满敬畏，因为那是他那个时候最擅长的东西。"

在飞向篮筐的过程中他会像剪刀一样，在空中迈出加速过掉其他防守者的额外一步，马龙回忆说："他在冲击篮筐时非常强硬。尽管所有人都挤在罚球区内，试图阻止他。"

第一周的时候，乔丹带领马龙的球队拿下了"NBA"的冠军。"决赛的最后时刻，我叫了一个暂停告诉球员们成败在此一举。我说：'迈克尔，你必须终结这场比赛。'他在听从教练的指导方面做得非常好。下一个防守回合，他双手撑地，显示出了自己拦住对位球员的决心。"也就是那一刻，马龙意识到乔丹的竞争心远远超出他强大的运动能力。

"他和来自印第安纳的迈克·弗劳尔斯（Michael Flowers）共享了当期最佳球员，并获得了全明星赛的MVP，他还获得了其他几个奖项。"加芬克尔回忆说。

在匹兹堡的第二周的部分时间里，乔丹处于受伤状态，所以他不得不缺席一些比赛。但是他在第二周的训练课中仍然拿到了很多荣誉。"他当时伤到了脚踝，只能打一半的比赛。"汤姆·康查尔斯回忆说，"第二周他再次拿下了全明星赛的MVP，不过没能获得周最佳球员，获得那个奖项的是后来为西弗吉尼亚大学打球的布法罗男孩儿莱斯特·罗（Lester Rowe）。他是一位身高 6 尺 4 到 6 尺 5 的球员，能得奖不过是因为他那周保证了全勤。"

"我获得了九个奖杯。"乔丹在回家的时候骄傲地对《威尔明顿纪事报》（*Wilmington Journal*）说。

之后成为高中教练的杰里·温赖特（Jerry Wainwright）亲眼见证了乔丹爆炸性的表现。第二期训练营结束的时候，所有参营人员都快被清走了，而温赖特听到了体育馆中传来皮球弹起的声音，他发现乔丹在敦促自己进行全场投篮训练。后来在北卡罗来纳威尔明顿分校执教的温赖特当时便问乔丹他在干什么。温赖特记得他是这么回答的："教练，我只有 6 尺 4 寸，进入大学后很可能打后卫。我必须要拥有更好的跳投能力。"

五星篮球训练营很快就为乔丹传奇开启了新的篇章。"它是我人生的转折点。"乔丹说。

这次经历再次提醒了乔丹在竞技体育中命运的转变是有多么的快，这个真理他在贝比鲁斯棒球联赛中就已经明白了。早早取得成功并不能给你任何保障。"参加了匹兹堡一期训练营，"汤姆·康查尔斯基说，"林伍德·罗宾逊本来是北卡罗来纳大学在后卫位置上的主要目标，优先级更胜于乔丹。他们觉得他会是下一个菲尔·福特。但是后来他在高中受了伤。他接受了膝盖手术，然后便再也不是原来那个球员了。他的能力消失得无影无踪。"迪恩·史密斯仍然坚持给了罗宾逊奖学金，尽管他最终未能在更高级别的比赛中取得成功。再后来罗宾逊转学去了阿巴拉契亚州，并且打得不错，但他永远都达不到菲尔·福特的水准了。

乔丹在五星篮球训练营中获得的最高奖励其实是突然而至的名声。就连他的家人看待他的眼光都有所不同了。直到训练营之前，詹姆斯·乔丹仍然幻想他的儿子能成为一位棒球手。而训练营之后，那样的想法开始逐渐消失。乔丹向《威尔明顿纪事报》承认说："我父亲真是很想让我去打棒球，但是现在他想要我去追逐篮球梦想。"事实上，现在是篮球在追求他，这是他在棒球领域从来没有体验过的，不管他的父亲是多么痴迷于那个棒球梦。

之后加芬克尔开始大肆宣扬乔丹是1981届高中毕业生中全国排名前十的新秀，而那届球员由来自马萨诸塞的青少年中锋帕特里克·尤因（Patrick Ewing）①领衔。布里克·奥廷格把乔丹列在了升入高四球员中仅次于尤因的第二位。而篮球分析员鲍勃·吉本斯则更进一步，把乔丹直接排到了全美第一，超越了尤因。"他高三的时候我就看过他的一些比赛，五星篮球训练营的时候我也在场，"吉本斯回忆说，"把乔丹排到尤因前面，你很难相信当时我是怎么受千夫所指的——每个人都说我这么做是出于对家乡小孩的偏爱。"

排名如此引人注目地提升为乔丹吸引了许多学校的招募兴趣。北卡罗来纳大学突然发现，要获得天选之子的爱慕，他们要和一大批球队竞争。在随后的时光里，迪恩·史密斯学会了在招募球员方面的处理要谨慎再谨慎，但是当时他似乎即将要为自己的决定付出代价。

"对我来说，当你看到乔丹这样的天才，一定会眼前一亮，"布伦丹·马龙评述说，"我对于他们还要花时间思考要不要他感到非常惊异，难道他还不值一份奖学金吗？换作是我，第一次见他打球的时候就会扑向他，牢牢把他按住。"

马龙之后往威尔明顿打了个电话，想要试一试把乔丹招入雪城大学。尽管乔丹对马龙充满敬意，而且五星篮球训练营相处的时光也非常愉快，乔丹还是礼貌地拒绝了他，说他心属其他地方。和很多人一样，马龙认为乔丹的意思是他已经锁定了北卡。但其实乔丹早就不敢想北卡罗来纳大学了，部分原因是由怀疑所产生的犹豫。在威尔明顿，每到一处他都会遇上说他眼光高于天赋的人，尤其是谈起焦油踵队的时候。"背地里，他们认为

---

① 帕特里克·尤因，1985—1986赛季状元秀，NBA 50大巨星之一，20世纪90年代"四大中锋"之一，纽约尼克斯队名宿。大学期间，曾三度率领乔治城大学杀入NCAA决赛，并斩获一座冠军奖杯。在NBA中征战了17个赛季之久，但是从未获得NBA总冠军。曾随梦之队赢得两枚奥运会金牌。2008年入选奈史密斯篮球名人堂。

我最不可能成为的就是明星。人们说哪怕我进了北卡，也会把板凳坐穿，获得不了上场机会。我自己也有些相信他们的话。"

当时的情况让他必须好好思考自己的选择。如果北卡罗来纳大学对他的兴趣并不浓厚，为什么不看一看其他真正有意于他的学校呢？拉里·布朗（Larry Brown）刚刚带领 UCLA 拿下了全国冠军。乔丹非常爱那年春天他看到的布鲁因斯队。"我一直想进 UCLA，"他后来解释说，"它是我梦想中的学校。在我的成长中，他们一直是支伟大的球队——卡里姆·阿卜杜勒-贾巴尔（Kareem Abdul-Jabbar），比尔·沃顿（Bill Walton），约翰·伍登（John Wooden）①。但是 UCLA 从未招募过我。"

其实，以吉卜赛式的执教风格而闻名的布朗那时候已经开始寻找自己的下一份工作了，在 UCLA 待了两年之后，他就开始了新的旅程。在 1981 年赛季末，他离开了那所学校。此外，布朗曾为迪恩·史密斯打过球，也担任过他的助教。乔丹那时候并没有意识到，布朗是不太可能介入进来，从史密斯手中抢走一个非常有价值的当地新人的。

当时乔丹还有一个未曾公之于众的选择——弗吉尼亚大学，大一就引起轰动的拉尔夫·桑普森刚刚在纽约带领骑士队获得了国际邀请赛的冠军。乔丹认为自己能在那支队伍中如鱼得水，于是他联系了弗吉尼亚大学的教练。"我当时也想去弗吉尼亚大学，因为我想要和拉尔夫·桑普森搭档，打完他大学的最后两年……我给弗吉尼亚大学写了封信，但是他们只给我寄回了一封录取通知书。没有人过来看过我。"

在 2012 年的采访中，弗吉尼亚大学的教练特里·霍兰（Terry Holland）

---

① 约翰·伍登，美国传奇教练，有史以来以运动员和教练员双重身份入选奈史密斯篮球名人堂的唯一一人。这位老人在执教加州大学洛杉矶分校棕熊队的 27 年中拿到了 10 个 NCAA 冠军，包括空前绝后的 7 连冠（1967—1973），同时他所执教的球队还曾创下连胜 88 场的纪录，伍登本人也曾六次赢得大学最佳教练称号。他所获得的荣誉数不胜数，更培养出了贾巴尔以及比尔·沃顿等巨星。2010 年 6 月 4 日，99 岁的伍登因病去世。这位美国历史上最负盛名的教头，从未执教过 NBA 球队。

承认乔丹当时确实对他们感兴趣,而且他的执教伙伴戴夫·奥多姆(Dave Odom)也是加芬克尔篮球训练营中众多天才观察者中的一个。"我知道在迈克尔升入高四前的五星篮球训练营上,戴夫·奥多姆对他有着极其深刻的印象,"霍兰回忆说,"那个时候,迈克尔身上有很鲜明的大器晚成的色彩。同一位置上,我们当时已经向蒂姆·穆伦(Tim Mullen)和克里斯·穆林(Chris Mullin)① 承诺了奖学金,并且在和圣母大学、杜克大学和圣约翰大学进行激烈的竞争。看起来把两人同时拿下才是最好的,所以我们选择保持专注,以确保我们已经花在他们身上的投资不会白费。我们最终得到了蒂姆,不过在与克里斯家乡的大战中失去了他。迈克尔跟我说过他喜欢我们的球队,并且希望我们能够努力地追求他,但是他从未表示过他会优先选择弗吉尼亚大学而非北卡罗来纳大学。"这位弗吉尼亚大学的教练当时不会知道拒绝了那位威尔明顿球员是有多么不明智。很明显,他会牢牢记住这次拒绝,然后在未来和骑士队的比赛中释放出来。

弗吉尼亚大学不招募乔丹的决定未来几年一直会笼罩在北卡与弗吉尼亚争夺大西洋海岸联盟头名的对决中。1981年,弗吉尼亚击败了北卡两次,而两队在最终四强的半决赛中再次相遇,焦油踵队最终在费城取得了胜利。

多年之后,乔丹会向桑普森提起当年他是想和他并肩作战的。这位7尺4寸的大个子在大学里待了四年,试图为弗吉尼亚带来全国冠军的奖杯。"事情发生了就发生了,"桑普森被问到失去让乔丹穿上弗吉尼亚队服的机会时轻描淡写地说,"我非常感谢曾经拥有的队友。"

很多年以后,霍华德·加芬克尔会写一部有关经营五星篮球训练营记忆的书,其中最精彩的部分当属发现迈克尔·乔丹。1980年夏天的训练

---

① 克里斯·穆林,金州勇士队名宿,曾与米奇·里奇蒙德(Mitch Richmond)和蒂姆·哈达威(Tim Hardway)一起组成了著名的TMC组合。以精准的三分球和罚球著称,有"上帝的左手"之美誉。1984年洛杉矶奥运会随业余球员组成的美国篮球队夺得金牌,1992年又随"梦之队"在巴塞罗那奥运会上二度夺金。2011年进入奈史密斯篮球名人堂。

营中，加芬克尔并没有过多地去见乔丹，但是在后来的一个晚上，他拿着自己的书来到乔丹正在打球的球馆，想要在赛后送给这位 NBA 球星。加芬克尔在更衣室外拥挤的人群中等了半个小时，而且马上就要放弃了。他回忆说："突然之间，一个小孩顺着走廊跑过来，边跑边喊：'他来了！他来了！'很明显正在走过来的就是迈克尔·乔丹。于是我挤了出来，做了一个杰克·鲁比（Jack Ruby）式的脚步移动，来到了他的随行人员面前。乔丹被围在正中间，有两名警察在护送他。我刚上前一步，警察就把我赶走了，并且说：'请不要碰他。不会签名，不会签名。'于是我就站到了一旁，眼睁睁地看着乔丹走远。不过当我即将淡出他的视线的时候，他看见了我并且喊道：'停下！那是霍华德·加芬克尔！他就是我现在站在这儿的原因。'当然，他说的不是真的，我并不是那个原因。但是他确实那样说了。我向上帝发誓。"

第十章 迈克尔

在这片北美大陆上，很多高校校园里无外乎这几种东西：由陈年老旧的砖瓦堆砌而成的高楼，刻着一道道凹槽的笔直石柱，以及在树荫下向远方延伸的人行道。这些景物又在步履匆匆的莘莘学子的映衬下，显得格外庄重雅致。但如果你徜徉在教堂山分校的校园，你会找到更多难忘的画面——秋日阳光透过橡树叶投下斑驳光影，好学青年在图书馆阶梯上慵懒地伸展着身子，当然，还有当充满气的橡胶篮球在室外柏油场上跳动时，空气里传来动听的韵律。乔丹在朦胧美好的大学时光里漫无目的地骑着自行车，这些画面都是他所珍视的点点滴滴。

是啊，其他学校也拥有同样的资本去吸引迈克尔·乔丹，但要说将这些诱人的条件结合得最好的大学，还是当属北卡罗来纳大学教堂山分校。他在 1980 年秋天去那儿的时候，其实并未意识到这一点。但他最终选择了一个让他在成功和名誉敲门之前，能尽情享受最后的自由时光的大学。

北卡太适合他了。至少他当时是这么认为的。在下决定之前，乔丹以一个聒噪不堪的形象出现在了教堂山的校园里。事到如今，那些还记得瘦瘦的乔丹在运动员宿舍里蹦蹦跳跳的形象的人们，一想起那一幕就会会心一笑。牙买加人帕特里克·尤因是一名来自波士顿的 7 尺巨人，他也是那届高中生里最有潜力的年轻新星。他和乔丹同在当年 10 月的一个周末正式造访教堂山，那是尤因第一次与乔丹见面。多年之后，尤因想起这段往事时微微一笑。"乔丹当时满嘴跑火车，根本停不下来。"尤因回忆说，"他一直在夸夸其谈，说他将要如何在我头顶上扣篮。从那时候他就开始讲垃垃话了，一直都没有变。"

"我清楚地记得当年那次招募乔丹的行程，"北卡篮球队二年级学生詹姆斯·沃西也同意尤因的说法，"你去找他的时候，未见其人，先闻其声。"乔丹也不得不承认，他在年轻的时候，嘴确实是经常闲不下来。据威尔明顿的一些当地人透露，他并没有对教堂山分校心有所属。虽然他统治了五星篮球训练营，但当他走到那个地方时，恐惧依然会涌上心头。

当北卡展现出对乔丹的兴趣之后，他对于焦油踵队的疑虑开始逐渐消失。教练们所表示出的关心和在意让乔丹对北卡产生了好感，并且双方的关系也随着他的那次实地考察而逐渐升温。这里的空气都透露着精英的感觉，这里的每个地方都飘荡着淡蓝色的北卡标志。乔丹幸福地沉浸在校园蓝色的海洋中，大口地呼吸着属于北卡人的空气。这一切的一切都在推动着乔丹做出最终的那个决定，就像多年来其他顶级运动员所做的决定一样："我会适应这里的。"

在第一次去教堂山见过乔丹之后，帕特里克·尤因也有了同样的想法。多年之后，这位中锋透露，他当时正非常严肃地考虑为迪恩·史密斯打球的事情，直到那周末他回到旅馆，见到附近发生了一起三K党游行事件。正是这打消了他加盟北卡的一切想法。要不是那次三K党游行，尤因很可能就和乔丹一起，缔造一支至高无上、能够拿下多个全国冠军的焦油踵队了。

乔丹那个周末也许也见到了同样的游行，但这并没有对他产生影响。他父母的意见同样很有分量。"他全家人都爱北卡。"鲍勃·吉本斯说。十二年前，他们目送一年级的儿子走进威尔明顿一间拥挤的教室；十二年后，这个州里的显赫名校竟然向他们的儿子发出了诚挚的邀请函。教堂山给他们提供的资助款项也更加坚定了詹姆斯和德洛里斯的想法。

"我对德洛里斯说，如果他是我儿子，我一定把他送到北卡，"怀迪·普雷瓦特回忆道，"他们那里的迪恩·史密斯，在我印象里一直是个正派的人和优秀的教练。"

尽管对儿子穿上北卡球衣的期冀已经像梅西百货感恩节大游行①时的飞艇一样充盈着乔丹父母的内心,但他们似乎还需要一点儿下决心的动力。迪恩·史密斯一行人在当年秋天去乔丹家中拜访,当时的情景如汤姆·康查尔斯基形容的那样——"就好像宙斯从奥林匹斯山上下凡了似的"。史密斯有独特的和球员家人们相处的技巧,对于学业和优待上的问题,迪恩教练知无不言,言无不尽。乔丹一家人坐在客厅里听着教练的介绍,迈克尔则盘腿坐在地上,自顾自地转着一个篮球。当听到重要信息时,那颗旋转的篮球就会渐渐慢下来。据史密斯说,他们在那次行程中并未对乔丹一家许诺什么。乔丹需要靠自己去争取。"那时他们做的全都是有关教育的游说,"写手阿特·琼斯基回忆说,"迪恩知道詹姆斯和德洛里斯对这方面十分感兴趣。"

一开始,乔丹一家人就看出了迪恩·史密斯在执教时的独特风格:他不同寻常的地方在于,他会以平常人的身份和球员们心意相通,但同时又保持着一个教练应有的距离感和客观性。

"和史密斯教练交朋友可能是世界上最简单的事情了,"詹姆斯·沃西说,"因为他是那种特别诚恳的人,又能把所有事看得清清楚楚。他能真正理解每个人的出身。他之前会花很长时间去接触你的父母,然后了解每对父母对于儿子的不同期待。凭着这些信息,他就可以和球员们相熟相知⋯⋯诚实坦白是最重要的事情,很多球员正是被这一点吸引,而不是一两次招募游说或者实地考察所吸引。"沃西补充说,"有人能真正理解你,这是种很特殊的体验。"

尽管弗吉尼亚大学和 UCLA 对他并没有多大兴趣,乔丹还是造访了当地的其他几所高校。当他到达南加州大学时,他陪同教练比尔·福斯特(Bill Foster)会见了州长一家,乔丹还陪州长的儿子玩起了投篮。"他们并

---

① 由美国梅西百货公司主办的一年一度的感恩节大游行,这一传统始于 1927 年。游行在感恩节上午 9:00 开始,持续三个小时,数万人参加,声势浩大。

不担心，"阿特·琼斯基在提到北卡的教练组时说，"但是看见当时还在南加州的比尔·福斯特把乔丹带到州长的府邸参加晚宴时，他们倒是嘲弄地笑了起来。这就是招募乔丹时各所学校的竞争态势。我想，他们可能已经认定乔丹是不会去别处念书的。"

马里兰大学的主帅莱夫蒂·德莱赛尔（Lefty Driesell）也为了把乔丹从迪恩·史密斯手里抢过来而煞费苦心。他把新建成的切斯皮克海湾大桥当作游说乔丹的重点，因为在其落成之后，从威尔明顿开车到马里兰所用的时间就和去教堂山相仿了。但乔丹的父母对这所谓的"利好条件"嗤之以鼻。北卡罗来纳州立大学的新帅吉姆·瓦尔瓦诺（Jim Valvano）[①]同样向乔丹抛出了橄榄枝，他们甚至打出了大卫·汤普森这张王牌。瓦尔瓦诺让乔丹想一下，沿着童年偶像的轨迹前进，重温那些"天行者"飞翔的日子，该是一种怎样的体验。

在乔丹正式造访教堂山分校之前，他曾经自己先到校园里仔细地做了考察。"乔丹一家经常去北卡，但那都是非正式的访问。"阿特·琼斯基回忆说。他还告诉我们，虽然助理教练罗伊·威廉姆斯无法随迪恩去乔丹家里做客，但他却可以在校园里好好款待乔丹的家人。詹姆斯·乔丹和威廉姆斯的关系非常好，前者甚至后来还为威廉姆斯在教堂山的新家修了个柴炉。但是真正让迈克尔下定决心的，还是那次正式的会面。赫林一直劝乔丹赶快在赛季开始之前做好决定，这样他就能集中注意力，冲击新赛季的高中锦标赛冠军了。乔丹去向的捉摸不定还有可能使他的队友们分心，甚至影响到整个兰尼高中。"瓦尔瓦诺、莱夫蒂·德莱赛尔、罗伊·威廉姆斯……在招募乔丹上花了大把的时间。他当时还在为我们兰尼高中打球。"乔丹的队友托德·帕克如是说，"然后迪恩·史密斯出现了，穿着那身经典

[①] 吉姆·瓦尔瓦诺，NCAA 传奇教练，于 1980—1990 年执教北卡罗来纳州立大学。1993 年荣获 ESPY 大奖（年度体育卓越表现奖），并发表了一篇著名的演讲。两个月后因癌症病逝。

的淡蓝色西装，这下就没什么好争的了，当迪恩都亲自出马了，只能说明北卡真的看上了你。"

乔丹也同意赫林的观点。他想立马做完这个并不艰难的选择。"北卡罗来纳是我拜访的第四所大学，"他回忆说，"在那之后我脑子里就没有更多的疑问了。我在一周之内就答应了下来，并且取消了去克莱蒙森大学和杜克的行程。"

1980年11月1日，乔丹在家里的两个麦克风（由当地电视台提供）前做出了加盟北卡的官方声明。而林伍德·罗宾逊也选择在同一天宣布加盟教堂山分校，这吸引了不少人的目光。来自达勒姆的体育写手基斯·德拉姆（Keith Drum）当时说，在焦油踵的建队计划中，乔丹将比罗宾逊重要得多。但诸多媒体的新闻采编们显然没把德拉姆的说法当回事。

乔丹一家人坐在客厅的沙发上，面前的玻璃桌上摆着两个话筒，旁边放着一只玻璃乌龟和一盆花。母亲坐在右边，父亲坐在左边，中间的乔丹身体向前倾，把胳膊支在膝盖上。麦克风将他的最终决定一字不落地记录了下来——迈克尔·乔丹确定加盟北卡。

乔丹的母亲几周前刚刚过了39岁的生日。现在，她紧靠着沙发背，刚刚修过指甲的双手交叠在胸前，还穿着一件时髦的及膝深色短裙。她在最近的几年间瘦了好多，并且她现在的样子让人第一次感觉到，面对儿子今后将带来的关注，她已经成熟到能够自如面对。在他做出决定之后，德洛里斯露出了灿烂的微笑，这既是她欣慰心情的写照，又在诉说着她在将家里最懒的孩子培养成北卡高才生的过程中所经历的艰辛。与此同时，一旁17岁的迈克尔睡眼惺忪，淡定地望着电视摄制组的弧光灯，这样淡定的表情也将成为他之后成百上千个采访中的标志性面孔。在他后来思考问题、遣词造句的时候，我们会在他脸上捕捉到一丝仿佛藏了很久的愉悦笑容。

他父亲同样靠在沙发背上，就像生怕抢了儿子的镜头一样。父亲满满的骄傲那天没有表示出来，取而代之的是一脸的严肃。但很明显，在那层伪装之下，他内心的情感已经如波涛般汹涌。

赫林教练也来到了现场，虽然在乔丹宣布决定时他一直站在一旁，但他也难掩自己的喜悦和骄傲。乔丹和这位年轻的教练甚至在镜头前玩了起来，他们一前一后地倾着身子，互相比量着手掌的大小。随后，当乔丹抓起一个蓝白相间的北卡篮球时，赫林又做出一副要防守他的样子。他们之间的这种玩闹气氛，正是来自于他俩在兰尼高中体育馆里的一次次晨练。

"他就像我的父亲一样，"乔丹在后来接受《威尔明顿纪事报》采访时，这样评价赫林教练，"我们可以在任何时间去找他，与他谈论任何事情，那种你不便向父母透露的事可以和他讲，因为他是那么的善解人意。我相信他能带领我们拿到冠军。"

迈克·沙舍夫斯基（Mike Krzyzewski）①，这位杜克大学年轻有为的教练，把招纳乔丹的希望放在了德洛里斯·乔丹身上。因为他知道她一直很看好杜克的学术水平，并且她对杜克出品的球星吉恩·班克斯（Gene Banks）也是特别着迷。但当乔丹的意愿渐渐清晰之后，沙舍夫斯基便给乔丹写了一封信，信中他对乔丹无法加盟蓝魔表示惋惜，并祝他一切安好。几年之后，这封信出现在了威尔明顿开普菲尔博物馆的乔丹陈列馆之中。据说，这是北卡球迷们最喜欢的展品之一。

帝国公园

当高校招募的事情告一段落，乔丹终于可以将注意力放到下一座全州冠军的奖杯上了。在北卡州4A级赛事东南赛区的第一分区中，兰尼高中首先就要面对一个强大凶悍的对手——新汉诺威郡。"他所处的联盟——中

---

① 迈克·沙舍夫斯基，大名鼎鼎的"K教练"，功勋无数的杜克大学主帅，曾培养出多名NBA球星。K教练曾任美国梦之队的主教练，带队三夺奥运会金牌，两夺世锦赛（世界杯）冠军。

东赛区——满是天才。"威尔明顿的老体育写手查克·卡利回忆说。

新汉诺威一直以来都是威尔明顿地区的王牌白人高中之一。从这里走出过很多体育明星，其中名人堂教练莱昂·布罗戈登最为出名。特别是在橄榄球方面，他们给NFL贡献了四分卫索尼·加根森（Sonny Jurgensen）以及罗曼·加布里埃尔（Roman Gabriel）。在种族融合的大趋势下，威利斯顿这座威尔明顿市的老牌黑人初中，现在被整合成了一所高中。此举受到了黑人社区民众的抵制和反对，并且也可能是"威尔明顿十人组"事件的导火索之一。

兰尼高中在1976年正式成立开学，波普·赫林当上了全市的第一位黑人主帅。虽然当时种族之间的对立态势已经缓和，并且没人对赫林的新岗位发表公开评论，但是所有的眼睛都盯在赫林身上，大家都想看看他的进步和成长，特别是在他的兰尼和吉姆·希伯伦的新汉诺威高中即将会面之前。迈克尔·乔丹现在这个准北卡新生的身份更是吸引了公众的目光，赫林身上的压力又平添了几分。

这两位教练虽说年龄相仿，都是三十出头，但他们的执教风格却截然不同。新汉诺威在1980—1981赛季的阵容包括克莱德·西蒙斯（后来是NFL最佳防守阵容的一员）和大个子肯尼·盖蒂森（Kenny Gattison，后来是欧道明大学的主力球星，并在NBA打球和执教多年）。1980年秋天的盖蒂森已经是一名高三老生，他当时身高6尺8寸，体重240磅（1磅≈0.45千克）。6尺6寸的克莱德·西蒙斯也是一名肌肉发达、快速敏捷的篮球好手。新汉诺威的阵容中还有另外两个出色的运动员，虽说他们后来籍籍无名，但他们绝对有打出名堂的潜力。盖蒂森回忆说："隆德罗·邦尼（Rondro Boney）身高6尺3寸，重215磅，能在4.25秒内冲刺40码（1码≈0.91米）的距离。当后来转职成橄榄球的跑锋之后，他就消失了。他其实和赫谢尔·沃克（Herschel Walker）身形相仿。6尺4寸的罗纳德·琼斯（Ronald Jones）也是一个速度奇快的外接手，他和杰里·莱斯（Jerry Rice）很像。邦尼和琼斯这两名球员都有打进NBA或NFL的实力。"

新汉诺威凭借这支虎狼之师，在1980年的橄榄球赛场上叱咤风云，当季赢下了十场比赛。现在这几只猛兽要穿上篮球队服，这将成为一件更可怕的事。相比之下，希伯伦是个严谨保守的家伙，他会日复一日地要求球员们做跳格子的训练。他喜欢威尔明顿的海滩和冲浪美景，但他依然更偏爱在新汉诺威的那份教练工作。虽然希伯伦在学校里开的体育课以悠闲松散的特点著称，但对于他手下的这支校队，希伯伦教练可谓全权把握，一手掌管。

"他是那种外表看上去其貌不扬的人，"盖蒂森回忆说，"他会让你想起达斯汀·霍夫曼（Dustin Hoffman），他可能拥有世界上最平和的个性，从不怒吼，从不叫喊。但是你知道他永远站在你的后面，所以无论他要求什么，我们都会照做。"

尽管当地人对希伯伦已经很感兴趣了，但赫林这位非裔美国人却悄悄吸引了更多的目光。"就像别的很多事儿一样，这次交锋就像一次试炼，来测测他的执教水平是否合格。"盖蒂森回忆说。在高中大规模整合的前十年中，人们的心中很快建立起了新的对于不同族裔的刻板印象。例如，教练们从来不会选择黑人运动员出任橄榄球队的四分卫。这个观念直到1986—1987赛季才被打破，因为当年道格·威廉姆斯率领华盛顿红人队一举拿下了超级碗的奖杯。此外，在种族观念的影响下，运动队的主教练们也大多都是白人。但赫林是凭借实力赢得这次执教机会的，并且他身上的很多特质也预示着他能成为一名优秀的主帅。赫林在场边的执教风格可谓"生龙活虎"，用这个词语一点儿都不过。"如果吉姆·希伯伦是达斯汀·霍夫曼的话，那波普·赫林就是弗雷德·桑福德（Fred Sanford）。"盖蒂森笑着回忆说，"我可以和你这样说，波普比吉姆·希伯伦要更激情一些。这两个人在执教时有着截然不同的性格。他们俩会换上70年代那种老款休闲西装，然后去领队打比赛。哎，那真是一段美好的旧时光。"

尽管身形矫健、能力超群，但因为盖蒂森和克莱德·西蒙斯在那年秋天刚刚升入高三，所以他们还从未有过参加校一队对外征战的经验。"在新

汉诺威郡,你到十年级也还无法参加高中联赛,"盖蒂森解释道,"当你在校二队的赛季打完之后,如果你足够优秀,他们会让你坐到校队板凳席的末端去看他们打比赛。"

因此,这是这支来自新汉诺威的王牌阵容第一次与身披蓝金球衣的兰尼高中碰面。但事实上,新汉诺威那群家伙已经和兰尼高中的领袖迈克尔·乔丹很熟了,因为他们曾经在城里的很多球场上打过野球,特别是在威尔明顿的帝国公园。

"那是个很紧密的社区,每个人都互相认识,"盖蒂森解释说,"我们常常一起打球,无论是在男孩俱乐部还是在帝国公园。我们在帝国公园的柏油路面上还打过一些对抗赛。那个场地没什么人,他会带着他的兄弟来,我带着我的兄弟。"

乔丹带来的"兄弟"还是那群老伙计:哥哥拉里、阿道夫·西弗、勒罗伊·史密斯和迈克尔·布拉格。盖蒂森通常会和他的新汉诺威高中队友一道现身——邦尼、琼斯和西蒙斯——他们几个从小一起长大,全市大大小小的很多联赛都曾出现过他们的身影。

"我们是个很强的集体,"盖蒂森在谈到他的团队时说,"说到纯粹的运动能力,迈克尔的确比我们强,但这只是一个位置,而我们在其余四个位置上都有优势。我们会打得很激烈,每个周六我们都要在球场上度过一整天。每局比赛的规则是谁先得 11 分谁赢。很多时候,我们会先以'8∶3'这样的分数领先,然后不知怎么的,迈克尔就忽然盖掉我们随后的每一次出手,在进攻端每投必中,我的球队就以'8∶11'输掉了比赛。无论是在帝国公园的露天球场上还是在布罗戈登球馆的 5000 名观众面前打球,我们都想赢球。"

在高中联赛里,希伯伦教练一向不赞成说垃圾话。并且,即便希伯伦不表态,这套新汉诺威的球队阵容也强大到足以使对手闭嘴的程度了。但是在那些野球场上不计其数的对战之后,双方的正式交手可能就不会有多友好了。

"阿道夫比迈克尔说得要多，"盖蒂森回忆道，"无论是牙签还是吸管，他嘴里总要叼着点儿什么东西。阿道夫是那种喋喋不休但是打球不怎么样的球员。我们在学校打球那会儿，什么说垃圾话、干扰罚球的活儿都是他来干，但是当比赛真正打起来的时候，他就会把球甩给迈克尔然后退到一旁。"

在1980年的五星篮球训练营之后，乔丹回到了帝国公园，此时的他自信满满，样子与往日很是不同，他也给这里的球员们带来了一些新的消息。"我从来没听说过五星篮球训练营，"盖蒂森回忆说，"迈克参加了，然后拿走了所有能拿走的奖杯。在迈克回来之后，我们像往常一样在体育馆碰面，他对我们讲：'兄弟们，你一定得去五星篮球训练营看看。我们根本不知道我们这帮威尔明顿人打球有多棒。'他这么说，是因为我们常常对位较量，他很清楚我们这群人的实力。这是真的，我们当时真的不清楚本校校队的篮球水平有多高。如果我们把这两支高中队糅成一支球队，我相信很多大学球队都不一定打得过我们。"

当时，有十几所重点高校都在追求盖蒂森，他们想让他去大学的橄榄球队中打边锋。如果他和他的新汉诺威队友们不是在第二年夏天听取了乔丹的建议，盖蒂森也许真的就接受了奖学金，然后去大学打橄榄球。但盖蒂森在乔丹的力荐下参加了一次五星篮球训练营赛事，并吸引了众人的关注。欧道明大学给他提供了一份篮球奖学金，盖蒂森后来也如愿进入NBA，并拥有一段长久的职业生涯。

"这么说来，我的成功要归功于迈克。他是对的，"盖蒂森说，"我们当时不知道我们有多强。"

但有一件事他和乔丹都心知肚明，那就是他们俩的高中要在那年冬天进行一场火星四溅的正面对决。事实上，在五星篮球训练营结束之后，乔丹一直焦急地期盼着篮球比赛的新赛季。他会参加兰尼高中的橄榄球比赛，然后在周五晚上的路灯下看朋友们打球，但他真正想要的，是赶快开放篮球的训练场地，这样他就能开动马达，将夏天所学的一身新本领展示出来。

鲁比·萨顿（Ruby Sutton）是在兰尼高中任教的一名体育老师。他说，虽然乔丹在那年秋天名声大噪，但是他在回归学校之后看起来并未受到什么影响。在鲁比的印象里，乔丹还是从前那个无忧无虑的乐天派，脸上总挂着一抹和蔼的微笑。新赛季一天天临近，乔丹在一次与《威尔明顿纪事报》的访谈中承认，他期待着将"空中作业"的打球风格延续到下个赛季。他承认说，每一次扣篮后观众的欢呼都会让他激动不已，特别是在那种抢断后一马平川的快攻重扣之后，球迷们升高的分贝让他愈发兴奋。"那能让我认真起来。"乔丹说。他很早就意识到，观众们的激情能调动起他体内的激情。"我是那么享受观众们的喝彩，以至于我开始尝试一些其他人不能做到的事情，"多年之后，乔丹在与约翰·埃德加·怀德曼的一次谈话中回忆说，"这让我越发着迷……因为我从球迷、从人群那里看到了无与伦比的激情，我还有能力去完成一些其他人无法完成的动作，而他们只能把希望寄托在我身上……那股力量驱使着我前进，我可以去做那些别人做不到的事情。"

乔丹和北卡的签约让很多球迷在那个冬天从附近各地慕名而来，查克·卡利回忆道："当乔丹多么多么优秀的消息传开之后，兰尼高中不得不让一部分球迷离开，因为体育馆真的太小了，都来的话会违反消防法。"他们之中的很多人只是想有资格以后和别人吹嘘："我曾经在现场看过乔丹高中的球赛哟！" 1980 年 11 月 26 日，兰尼高中的新赛季正式开打，他们的体育馆外面也排起了长龙。那些有幸挤进场内的人见证了乔丹砍下 33 分和 14 个篮板，带领球队击败彭德郡高中的揭幕战。在这场开门红之后，兰尼海盗队以一波六连胜登顶全州头名。期间，迪恩·史密斯在 12 月初还亲自出现在场边给海盗队助威。据那些有座位的观众透露，当晚没座位的围观球迷数量可能创造了历史新高。这些景象让那些质疑乔丹是否适合北卡的批评家们闭上了嘴。当乔丹在同一周战胜金斯顿中学的比赛中拿下 26 分、12 个篮板、9 次助攻、3 记盖帽之后，更多的质疑者开始倒戈。金斯顿的主帅说："乔丹好像对我们施了催眠术。"他指出，他的球员们把太多注意力放在了乔丹身上，这让乔丹的队友们经常处于无人盯防的状态。

要说本赛季乔丹真正的精彩表现，还要数在 12 月末的圣诞锦标赛上，兰尼高中攻陷新汉诺威主场的那场比赛。事实证明，这是乔丹和他的野球对手的一次重聚，只不过场面凶悍了些，敌人也换上了新汉诺威黑橙相间的队服。乔丹当晚很快陷入了犯规麻烦，失去了乔丹的帮助，他的队友们始终未能追上比分的差距。在比赛还剩不到 5 分钟时，赫林再次把乔丹派上场，然后目睹了他以狂风扫落叶之势迅速拿下 15 分。"我只记得迈克投进了每一个球，"盖蒂森说，"我们抓他，抱他，拽他球衣，把他推倒……但他还是能命中所有的投篮。"比赛到了最后一个回合，皮球掌控在乔丹的手中，他摆出一副要攻击篮筐的架势，随后，他起飞了。

"我仍记得他在圣诞锦标赛里命中的那个绝杀我们的压哨球，"盖蒂森说，"为了把他拉下来，我拽着他的球裤，甚至拽住他的球衣。但一切都是徒劳无功，他依然跳了起来，把球送进了篮筐。"

在最后一个赛季，赫林也不再掩盖什么了。他大方地承认球队的主要战术就是让乔丹单打，并鼓励他增加袭篮的次数。大多数时间里，这种简单粗暴的方法的确行之有效，因为强大的乔丹在许多比赛中的表现足以单枪匹马帮助球队取胜。但到了 1 月中旬，本赛季已经输了两场比赛的海盗队在第二区的排名中掉到了第三。对于一支志在州冠军的球队来说，这样的成绩可提不起他们的自信。

《威尔明顿晨星报》的体育写手格雷格·斯托达（Greg Stoda）说："兰尼高中不像是一支球队，他们更像是乔丹加上一群等着乔丹表演的杂牌球员。"

在他之后的职业生涯中，这种话还会一次又一次地出现在乔丹的耳边。他的运动天赋是如此超凡绝伦，无论是队友还是对手都只有停在那里观赏的份儿。"我们正在逐渐改进这个问题。"赫林对斯托达说。他还提到，球队在乔丹下场之后有时可以打出更好的表现，"但是当然，如果能够把球给乔丹，我还是希望将球交到他的手里。他是个超级球员。"

而乔丹本人呢,在偶像的启发下,他开始向另一个方向转型了。他车后的车牌现在标上了"MAGIC"(魔术师)五个字母,而前面的车牌则写上了"MAGIC MIKE"(魔术师迈克)两个单词。现在,他打算要用魔术师的招牌动作不看人传球来完善自己的比赛。"这事儿要从一次训练赛说起,"他对查克·卡利说,"当时我开始像约翰逊那样做一些花式动作。我把头转向一旁,然后传出了一些好球。我的一个队友就开始叫我'魔术师迈克'。他给我买了那个后面的车牌,我的女朋友给我买了印有'MAGIC MIKE'的T恤和前车牌。"

他开始频繁地分享球权,他大四赛季场均的6次助攻就是最好的证明。但这让兰尼高中的篮球看起来像是一块烫手的山芋,因为每当乔丹把球传出,他的队友们又都迫不及待地把球再塞还给他。"如果他们处于空位,我就会把球传给他们,"乔丹对斯托达解释说,"教练让他们投篮,我也这么说。但我知道他们更多还是要依赖于我。"

新汉诺威高中的希伯伦教练非常理解那些球员们的反应:"孩子们都敬畏他,他们都被吓坏了。一些教练对我说,他是东岸地区的最强高中生。我曾经见他走进一座训练馆去打野球,然后旁边的家伙们都把球放下了。但还是有些孩子很高兴和他在一个场地打球的,这可能听着有些奇怪,而且很多人也不理解。乔丹可是要去北卡打球的人,也许以后还要将打球作为职业。这样一来,这群孩子以后就可以说他们曾经和乔丹并肩战斗过,或者曾经当过乔丹的对手。"

"他就在我们眼前一点点地进化着,"盖蒂森解释说,"我们根本无法研究他,因为他每场都能拿出些新的招数,展示点儿不同的东西。他每局比赛都能找到一种新的击败你的方式。就运动能力而言,他当时在完成一些我们从未见过的表演。他飞起来,我们随他一起腾到空中。但不同在于,我们会落回陆地,他不会。我们没用多长时间就发现,他和我们属于两种完全不同的境界。"

场均27.8分,12个篮板,乔丹当季的表现证明那些溢美之词所言非虚，兰尼高中在他的带领下也以 19 胜 4 负的成绩结束了常规赛。而不幸的新汉诺威队在本赛季对阵兰尼的常规赛中三战皆负，每一次输掉比赛之后，盖蒂森和他的队友们都会发誓再也不要输给迈克尔·乔丹了。在分区的半决赛中，他们迎来了本赛季第四次，也是最后一次击败乔丹的机会。本场比赛的胜者将有资格参加全州的锦标赛。这场关键的比赛在兰尼高中的主场进行，似乎乔丹和他的队友们已经稳操胜券了，况且在比赛还剩 1 分钟时他们还领先 6 分。

"我们在比赛还有 1 分 40 秒时大概落后 10 分或者 11 分，"盖蒂森回忆说，"当时没有每回合进攻时间的限制，他们只需要运球把时间耗光就可以了。但不知道怎么回事，我们竟然成功逆袭并赢下了那场比赛。直到今天，我都不知道在那两分钟里发生了什么。他们大可以耗到全场比赛结束的。我们神奇地制造了一次又一次的失误，期间，我们也用特别的方法给迈克制造麻烦。"

盖蒂森后来也没搞明白为什么当时他们那么施压和紧逼，竟然一次规也没有犯。

"这还是他们的主场？！"他问道。

比赛还剩 7 秒，场上比分是 52 平。乔丹做了个动作然后跳起投篮，但这球被裁判吹了进攻犯规——这是乔丹的第五次犯规，他只能悻悻离场。主场观众一个个都看傻了。盖蒂森回忆称，他自己当时也对这个判罚相当惊讶，这可是比赛的最后关头，而且这里还是乔丹的主场。

罚篮命中，新汉诺威取得了领先。比赛巨大的转折让观众们的怒火噌地蹿了上来。在北卡罗来纳州沿海平原上的高中联赛里，这并不是一件稀罕事儿。就在那个赛季，新汉诺威在戈尔兹伯勒赢了一场球，盖蒂森说："我记得我们在戈尔兹伯勒，也就是安东尼·蒂奇上高中的地方，打了一场球。我们在场上击败了那帮人，然后就必须要在更衣室里待着，直到警察来把我们护送出去。"

他们和兰尼高中的那群人要更熟络，所以场面应该不会变得和上次一

样恐怖。"大家彼此都认识。"盖蒂森解释说。但是希伯伦在走下球场时还是被兰尼高中的球迷们给撞了。"我们赢下那场球之后，回到了更衣室里。然后教练说：'别洗澡了，赶紧收拾东西，我们走。'"盖蒂森说，"事实上他们紧追不舍的是那几个裁判，但我们那天晚上的确没敢洗澡。"

对乔丹来说，他高中篮球生涯的戛然而止令他失望至极。一直以来，他都是那座州冠军奖杯最饥渴的追求者。"他的失落之情溢于言表。"盖蒂森说。当晚，赫林教练和乔丹一样低落，他整晚沉默寡言，但他说了这样一句话："我们志在登月，却意外落于星辰。"

尽管这件事已经过去了大概30年，盖蒂森在采访中回忆起这最后一战时，语气中依然带着遗憾与惋惜。

虽然他们俩在今后的职业生涯中还常常见面，但盖蒂森在2012年说，无论在多轻松的场合下，他从来没对乔丹提起过那威尔明顿的最后一场球，一次也没有。即便乔丹已经在职业联赛黄袍加身，数冠在手，并且当年的痛苦似乎已经被喜悦冲淡，但盖蒂森仍然觉得这是个相当敏感的话题，是个绝对不能打开的话匣子。同样，乔丹后来也再未提过此事。

从那天以后，这两个学校的球员们就再也没在帝国公园聚在一起互相角力了。就好像那黑暗的一幕，给这群孩子单纯无邪的较量涂上了腐坏的毒药。所有人都知道，乔丹将这件事看得有多么重。

"你得知道是什么赋予了那家伙力量，是什么让他如此伟大，"盖蒂森说，"他会接受那种失败的痛苦……对大多数人来说，那种失利的痛苦只是暂时的。他却将这种痛苦接受并长存在心间。这是成就他的一段经历，它也成就了我。他击败了我三次，其中两次是在我的主场。然后我们赢下了第四场比赛，直到今天，我依然会感到愧疚。"

在输给汉诺威几天之后，赫林便做出了一个大胆的预测，他说拥有乔丹的北卡将会赢下一座全国冠军的奖杯。随后没过几个月，病魔慢慢爬进了赫林教练的身体。

"波普染病的那几年，旁边的人们都在努力帮助他，"盖蒂森在谈到这次不幸时说，"每个人都想尽自己所能。只是他在那几年里一直没有得到正确的诊断，所以他也没有接受恰当的治疗。他的身体状况急转直下，精神上虚弱不堪。那个曾经在场边指点江山的富有激情的教头，现在成了个浮游的魂灵。几年之后，如果你在街上遇到他，你都不知道和你对话的是哪一个赫林教练。太悲惨了，精神疾病真是个痛苦的折磨。"

即便如此，盖蒂森也认为乔丹的职业生涯是赫林教练留给世界的最宝贵的礼物。这不是因为他将高二的乔丹拒在校一队之外，而是因为他站在乔丹的立场上做出了许多睿智的决定。"高中那时候，一切都是定好了的。如果你身高6尺4寸，你就会被当成个内线，"盖蒂森说，"你会被视作一个中锋或者大前锋，在油漆区里打球。但波普却清楚地看到了乔丹的天赋，并且有魄力将他摆在后卫的位置上。"

所以很多高中的大个子从来就不会得到打后卫的机会，他们之中的很多人会变成篮球术语中所谓的"中间人"。"很多这种中间人在17岁的时候差不多就长到6尺5或者6尺6，但他们不会再长高了，"他补充说，"然后进了大学，他们就要试着去打大前锋。有些人甚至可能继续享受一段美妙的大学生涯，场均拿个20分、8个篮板之类的数据。但当他们进入NBA训练营之后，教练往往派他们去盯防后卫。正因为他们之前从来没有打过这个位置，所以他们无法及时做出调整，那么这群人就完蛋了。"然而，赫林却让乔丹做好了应对更高水平联赛的准备。

"波普，他预见到了迈克在篮球世界里的未来，"盖蒂森解释说，"并且他为乔丹铺好了通向这个未来的道路。"

巨 无 霸

乔丹被《帕拉德》(*Parade*)杂志选为全美最强的高中毕业生之一，这也算是他在高四赛季一个不大不小的安慰了。但是在美联社评选北卡最强高中生时，乔丹却意外被巴兹·皮特森挤出了名单之列，这让他感到十分吃惊。

"我们就是打新汉诺威打了太多次了，"他在赛季结束三周后，被问到失落的心情时，这样告诉《星报》，"当你和一支强队交手这么多次，他们必定会在哪场比赛追上你。我们很难连续四次击败一支优秀的队伍，只是该他们赢一场了而已。"

乔丹日程表上的下一件事本该是他的棒球告别季。但是，当他收到一封来自麦当劳全美高中篮球明星赛的邀请函之后，事情就变得复杂了。北卡罗来纳州有一项新规定，那就是如果高中球员选择参加这样的邀请赛，他们必须要放弃参加校队的权利。这就给乔丹出了一道难题，是棒球还是麦当劳？两者只能选其一。他在赛季初和棒球队拍了合照，并出现在了揭幕战的比赛中。但乔丹的那场比赛纰漏百出，糟糕至极。这下子那道选择题就简单了许多。不顾父亲的怒火与反对，乔丹放弃了棒球。

"我知道我的心思根本不在这上面。"他对威尔明顿的一家报纸说。

1981年麦当劳全美明星赛的第一战，将在马里兰州的兰多弗市举办，这场比赛的主题是当地球星对抗"全美球星"。艾德·平克尼（Ed Pinckney）就是全美队中的一员，他是一名来自纽约的高四生，这次专门来到华盛顿参加这个邀请赛。他去年夏天错过了参加五星篮球训练营的机会，但纽约的其他很多球员都去了，并且回来的时候满口讲的都是一个来自北卡的超强球员。平克尼在那年3月的时候还想不起这个球员的名字，但只需要一场麦当劳明星赛，这个名字就会深深烙在他的脑子里了。

"他不会说很多话，"平克尼回忆起他在第一场训练赛上初见乔丹的印象，"他只是在打球。我当时的感觉就是：'我的天啊……'如果你是从纽约来的孩子，你就会自然而然地认为最好的篮球运动员就在大苹果城[①]中。可是，那两次训练彻底让我改变了这种想法，他才是最优秀的球员。"

乔丹可能没对平克尼喷过垃圾话，但他再一次对帕特里克·尤因说了。

[①] 美国纽约市的别称。

"他又说他将要在我头上扣篮，"这位中锋在多年之后笑着回忆说，"他在我头上扣篮？他不过是在说垃圾话罢了。我们你来我往，斗得不亦乐乎。"

令人意外的是，乔丹竟然没在第一场麦当劳明星赛中首发出阵。平克尼也记不起来当时谁是他们的教练（事实上是尤因在波士顿的高中教练迈克·贾维斯）。但所有人都看出来，到了下半场，那个教练开始想要赢球了。

"在上半场比赛里呢，比赛的主旨就是让所有人都有表现自己的机会。"他回忆说。但到了下半场，特别在比赛的最后几分钟，胜负的权杖又交到了北卡的那个瘦孩子手中。"他接到球，之后在每次的进攻回合里都能得分，我是说真的，"平克尼笑了一声，"所以这就不是我们是否能获胜、何时能获胜的问题，这已经变成了他将在哪里接球，以及他要拿多少分的问题了。"

乔丹在那场比赛里拿到了14分，巴兹·皮特森也有10分进账。麦当劳明星赛的第二站是在堪萨斯州的威奇托市，那对北卡双星的优秀表现让他们毫无疑问地成了这场比赛的首发后场。

这是乔丹和他母亲德洛里斯为篮球踏上的第一次远行。除了表演赛，这群人还要参加很多别的活动，其中就包括UCLA传奇教练约翰·伍登给这群孩子做的动人演说。大西洋赛区前最佳阵容球员，来自维克森林大学的后卫比利·帕克（Billy Packer）现在是CBS体育的一名主持人，他也随队参与了这次行程。第一场麦当劳明星赛的时候，帕克正在费城忙着报道NCAA的四强赛。现在疯狂三月结束了，他准备特地来威奇托看一看乔丹。

帕克也住在北卡，他还专门负责大西洋沿岸赛区的赛事转播。所以对所有来到这个赛区的新生，他都很感兴趣。这次明星赛的球员天赋之高令帕克咋舌，东部的阵容中有米尔特·瓦格纳（Milt Wagner）、比尔·温宁顿（Bill Wennington）、阿德里安·布兰奇（Adrian Branch）、克里斯·穆林和杰夫·阿德金斯（Jeff Adkins）几员猛将。被提名为第一场麦当劳明星赛MVP的奥布利·施罗德（Aubrey Schroeder），是威奇托当地的篮球英雄，他也是这第二战的主要看点之一。

"但风头全被迈克抢走了。"帕克说。乔丹本场比赛砍下了创明星赛纪录的 30 分的高分。全场最精彩的一幕，莫过于他在比赛还剩 11 秒时站上罚球线的那个瞬间。当时乔丹的球队以 94∶95 落后，而他手握两次罚球机会。这个冷静的年轻人并没有犯下错误，乔丹两罚两中，为球队奠定了胜局。他交出了一份完美的数据答卷：19 投 13 中，4 记罚球一罚未失，此外还有 6 个抢断和 4 次助攻。

然而，尽管乔丹书写了麦当劳明星赛的新纪录，在比赛结束后的 MVP 评选中，三位评审还是选择了布兰奇和奥布利·施罗德。这三名评审包括伍登教练、费城篮球的传奇人物索尼·希尔（Sonny Hill），以及来自马里兰州的金牌高中教头摩根·伍腾（Morgan Wooten）。一些报道称，伍腾没给乔丹投票的理由在于他是布兰奇的高中教练，而布兰奇的下一站已经定在了马里兰大学。

"我们转播了那场比赛，"比利·帕克回忆说，"毫无疑问，当他们宣布最有价值球员不是迈克尔时，我们都震惊了。MVP 竟然给了施罗德和阿德里安·布兰奇，这个在摩根·伍腾的学校里打球的高中生。我知道摩根和伍登都是正直的人，他们很明显在比赛中看到了我没发现的东西。我不认为这几位评审能自贬身价，做出那种'无论如何我都要选我自己的人'的龌龊事情。阿德里安打得是很好，但却比不上迈克尔。"

没人能比德洛里斯·乔丹更愤怒了。她已不再像平常那样冷静，她要告诉所有能听见她说话的人们，乔丹遭受了不公正的待遇。比尔·古斯里奇在宣布 MVP 结果之后抬头一看，怒火中烧的乔丹夫人正径直冲向球场，而巴兹·皮特森的母亲也紧随其后。这位北卡的助教赶紧去把两位女士拦了下来，避免让场面变得更糟。

"他妈妈愤怒至极。"汤姆·康查尔斯基回忆说。

"她很失望，"霍华德·加芬克尔说，"我是这么安慰她的，我说别把这当回事儿，真正算数的榜单只有一个，那就是你 NBA 选秀日那天的顺位排名。"

晚些时候，帕克在球馆外面又碰到了乔丹一家人。"他母亲还处在沮丧的情绪之中，"帕克说，"我跟她打趣说：'别为这小小的一场比赛生气，迈克尔将成为一个杰出的篮球手，他将要在北卡为一位伟大的教练效力。总有一天，你会忘了这个他没拿到MVP的夜晚的。'"

帕克很快意识到，尽管乔丹的母亲可能会忘掉这次失败，但乔丹可不打算忘记。"迈克尔也许整晚都没有认真对待过阿德里安·布兰奇，而阿德里安可能都没意识到，"帕克笑着说，"但迈克尔脑子里会始终保存着威奇托那场比赛的画面。ACC里的人都不知道诸如此类的事情会怎样鞭策乔丹前进。他就是这样，从不忘记任何事。"

迈克尔和妹妹罗丝琳在1981年春天从兰尼高中毕业，他俩开始准备去教堂山迎接新一轮的人生挑战。

兰尼的年刊《大三角帆》(*The Spinnaker*) 上赫然写着迈克尔·乔丹的个人履历："10年级担任班级代表，11年级加入西班牙语俱乐部，12年级进入新汉诺威听证委员会……10年级在活力俱乐部。"《大三角帆》上同时书写了对于乔丹和勒罗伊·史密斯的致谢："兰尼高中只期盼你们……在未来大展宏图，让其他进入兰尼高中的学生跟你们一样自豪。一定要记住，兰尼高中永远是你们的家。"

如你所知，在离开高中之后，乔丹的世界将会出现翻天覆地的变化。每一个人，特别是乔丹自己，都会对这变化之迅猛感到惊讶不已。

第四部分　北卡蓝魂

第十一章　大一新生

ACC 中对头学校的球迷们似乎总是抓着迪恩·史密斯的大鼻子和小圆眼睛不放。对于他们来说，他就是带着一身恶声恶气的性子傲慢的漫画人物。这样的公众形象与北卡内部对于他的看法简直有着天壤之别，在那里，他可是备受尊敬的。在他的球员眼中，有时候他放下身段去做些别人厌恶的事情，只是为了突显出他对于团队合作无休止的强调。

"我永远不会忘记的是他的诚实。"NBA 球星鲍比·琼斯（Bobby Jones）某次对《体育画报》说，"我们都知道他有这样那样的问题，就和其他人一样，但是大部分教练是不愿意承认错误的。同时，他也坦承，并非所有事他都会有答案。"

队员们常常会向史密斯表达敬爱之情，他的诚实为此打下了坚实的基础，尤其是在他们不再为他效力以后，当他不再是他们的教练，他会努力和球员们成为朋友。迈克尔·乔丹后来会把史密斯称为第二个父亲，几乎所有在他手下打过球的人都会有类似的情感。

有时候，史密斯会主动跟进一些重大事件，努力帮忙解决问题，比如说詹姆斯·沃西在洛杉矶湖人队时因涉嫌嫖娼被捕。"史密斯教练是当时第二个给我打电话的人，"沃西承认说，"他对我说：'人非圣贤，孰能无过，我知道你是个好人。像男人一样去处理、去面对就好。'"

史密斯也会参与到一些没有那么戏剧化的事情当中，比如说在他手下效力过的球员的家庭琐事或者生涯发展。他拥有惊人的记忆力，常常能记起队中球员的朋友或亲戚的名字，而这些人他可能只见过一两次。曾在北卡打过球的湖人队总经理米奇·库普切克（Mitchell Kupchak），有一次和史密斯通电话时被惊呆了，他竟然谈起了库普切克姐姐桑迪生过一个男孩。"他见我姐姐是1972年夏天，"库普切克说，"他怎么可能连她的名字都记得？"

另外一位史密斯的球员皮特·奇尔卡特（Peter Shawn Chilcutt）则表示，他常常能听到NBA球员谈起有关大学时期的教练和球队的那些苦涩不堪的回忆。但是北卡罗来纳走出的球员从不会这样，奇尔卡特解释说："焦油踵队成员的共同特点就是对于球队的骄傲。"夏季，在史密斯手下打过球的球员们常常会返回教堂山，打打野球或者参与每年一度的高尔夫之行。这种大家庭一样的良好氛围让史密斯在联系和招募球员时受益匪浅。在那个ACC被认为是全国最好的大学篮球赛区的时代，史密斯的球队为其他学校设立了一个标准。

然而，北卡以外的人对他却没有相同的尊敬。在那个竞争激烈的赛区，史密斯常常会被其他球队的球迷和队员痛斥。部分原因是他用来拉开空间拖延时间的四角进攻战术非常不受人待见，而这个战术恰恰是北卡罗来纳大学的招牌。曾经效力过弗吉尼亚一所高中的球员里克·摩尔（Ric Moore）回忆说，青少年时期在电视上看史密斯的球队比赛，简直令自己反胃。"我对于迪恩·史密斯的厌恶是没有尽头的，"摩尔说，"在球场上，你拥有全美国最棒的一批球员，却让他们在那里消耗时间。这完全是对这项运动的诅咒。"史密斯一般会以"四角进攻能给球队带来最大的获胜机会"为由进行回应，但是少数球迷似乎对此并不买账。ACC也是一样，他们是在大学篮球中引入进攻时限的先驱，其中大部分原因就是为了应对四角进攻战术。

对于史密斯的贬低者来说，他们讨厌史密斯的地方可不止球队战术。对手常常会抱怨他过于自以为是，而UCLA的约翰·伍登也面对过同样的指责。和伍登相仿，史密斯总被认为是行为过度了，竞技环境中的每一个角落他都不会放过。后来成为北卡罗来纳州立大学教练的吉姆·瓦尔瓦诺曾开玩笑说，如果迪恩对 ACC 的哪个裁判有一丝恭维，那么赛区中的其他教练很快就会把那位裁判拉入黑名单。杜克大学的教练比尔·福斯特就曾被他所理解的史密斯的行为激怒过："我认为奈史密斯发明了这项运动，但没想创造出迪恩·史密斯这样的教练。"

"他本人和他试图创造的形象是有一定差距的。"弗吉尼亚的特里·霍兰曾说。20 世纪 80 年代在夏洛茨维尔有个流传很广的段子——霍兰养了一条母狗，取名为迪恩。

史密斯认为自己是凌驾于规则之上的，有时候他确实给人一种这样的感觉。霍兰回忆起了一件事："1977 年 ACC 赛区的锦标赛中，他认为我的球员马克·艾瓦罗尼对于菲尔·福特的防守过于粗暴，于是他在中场休息两队走下场的时候选择和马克面对面交流——拍了拍他，并且说了些什么。我觉得这方面一直是迪恩的老问题，他认为自己有权利这么做，为了他所谓的保护自家球员，而去和其他人的队员对质。这种行为极其危险，远远越过了界限。"

"为了给球员们做后盾，我们都有可能去做一些不令我们骄傲的事情，"史密斯的对手、杜克大学的教练迈克·沙舍夫斯基说，"我印象中从未听过他责备或贬低自己的球员，这也就是为什么他手下的孩子们对他那么忠诚。这种忠诚并非突然而来，它是日复一日积累起来的。"

比利·帕克曾拿出下午的一部分时间观察过史密斯的训练，整个训练氛围安静得甚至有些恐怖，球员们紧锣密鼓地执行着非常有组织的训练计划。每个训练项目、每场队内热身赛都会被准确地计时、评估和观察，一切都是为了让个人的能力能够尽可能地升华为球队实力。

"哪怕在队内热身赛中，我们都会试图设定标准，"史密斯曾解释说，"如果一个球员投出了一个糟糕的后仰跳投，哪怕进了，我也会和球队经理说：'这球给 0 分。'如果他创造出一次上篮机会并且命中，我会给他加 3 分。只有经历过几次这样的计分方式，球员们才会意识到到底什么才是球队所需要的。"

每一天，详尽的训练计划都会被张贴出来。当球员们在训练项目间马不停蹄的时候，球队经理会在一旁竖起手指，显示每个项目还剩多少时间。菲尔·杰克逊（Phil Jackson）①在公牛队的长期助教泰克斯·温特认为，史密斯严格的球队组织为他们取得成功提供了可能性，乔丹之后在职业篮球中对此有了更深刻的体会。

"如果迈克尔未曾为迪恩·史密斯打过球，他不会成为那样伟大的团队球员。"温特2008年接受采访时说。

乔丹传奇中另一个被忽视的因素是，担任史密斯的首席助教数十年的比尔·古斯里奇，曾在堪萨斯州立大学为温特打过球，也当过温特的助教。正是温特丰富和发展了三角进攻体系，这种体系一开始只是被他的堪萨斯州大采用，后来在NBA被乔丹的公牛队发扬光大。虽然焦油踵队并没有使用温特的三角进攻体系，但是他们的确构建了温特喜欢说的"体系篮球"，这是一种基于篮球核心哲学和基本原则的带队方法。温特解释说，很多教练都没有这样的体系，而是选择采用混杂了不同战术和各种单打的随心所欲的打法，使得球队总是缺乏联系，缺少策略。

在史密斯的球队中，"体系"比个人天赋更加重要。"化学反应"常常会取代天分。"我认为人们总是过于低估球队的'化学反应'和球员间彼此信任的重要性，"史密斯曾向帕克解释说，"无私在我们的比赛中扮演着很重要的角色。当然了，他们还必须要拼尽全力。我们总是会强调，'打得努力，打得聪明，打得团结'。而打得聪明其实意味着你要在训练中万分努

---

① 菲尔·杰克逊，前NBA运动员，曾效力于纽约尼克斯队和新泽西网队（现布鲁克林篮网队）。退役后成为教练，于1989—1998赛季执教芝加哥公牛队，并6次率队夺得总冠军。后于2000—2011年执教洛杉矶湖人队，5次率队夺得总冠军。这11个总冠军也让他打破了前辈奥尔巴赫的9次夺冠纪录。再加上球员时期在纽约尼克斯队拿到的两枚总冠军戒指，一共13枚总冠军戒指让他成为NBA历史上夺冠次数最多的人。同时，他还保持NBA教练最高执教胜率纪录，也是史上仅有的三位曾带领两支不同球队获得总冠军的教练之一。由于他对东方哲学的浓厚兴趣，他常被媒体尊称为"禅师"（Zen Master）。

力，重复单调的训练项目，这样你才能在场面让你迷失、球迷冲你喊叫的时候保持清醒，做出正确的反应。"

"有了史密斯，场上场下没有越不过的坎儿，"帕克说，"尤其是当你考虑到他作为主教练全心全意地付出之后，不论你是低级别的球队经理，还是迈克尔·乔丹这样的明星级别球员，对他来说都是最宝贵的财富。"在场上，史密斯同样会把控好一切，他明令禁止他的球员使用可能会让对手感到羞辱的浮华打法。在一场大胜佐治亚理工的比赛的垃圾时间中，吉米·布莱克（Jimmy Black）曾给詹姆斯·沃西助攻了一次轰动全场的空中接力扣篮，史密斯立马就发火了，并且很快在接下来的一次训练中惩罚了这次违规。北卡球员就是不在乎那样的表演。

史密斯也常常会因为自己的执念冒犯他人。"某次我转播北卡罗来纳州立大学和北卡罗来纳大学的一场关键比赛，"帕克回忆说，"我正在谈论两支球队各自最顶尖的五位球员，并且已经准备好宣布首发阵容了。两队都在板凳席上坐得好好的，迪恩突然走过来对我说：'我不喜欢你的领带。'于是我向下看了看，意识到自己戴了一条红色的领带。我当时就想：'这家伙真是没完没了，球队马上就要上场比赛了，他还跑过来关心我的领带做什么？'"

史密斯会狡猾地透过赛后记者招待会给他的球员或裁判甚至对手的教练和球员传达信息，而不去坦诚地讨论和比赛相关的事情，帕克承认他常常对此感到愤怒。"记者招待会结束之后，我常常需要去判断他有关于比赛的评述，"帕克回忆说，"他时不时地会说出一些东西，令我拍腿大骂：'天啊，真是太愚蠢了，这根本不是比赛的关键所在。'我之所以会被惹怒，是因为哪怕在电台上，我都不会说这些东西。史密斯所说的话里总是含有潜在的意思。你最终会意识到，他是有多聪明，而你半天都没反应过来是有多迟钝。"

1981年秋天迈克尔·乔丹来到北卡罗来纳大学的时候，他发现自己即将面对一个完全不同的教练。如果说波普·赫林对于他的早期发展来说是上帝的馈赠，那么下一个阶段，乔丹的篮球之旅则沉浸在这项运动的纪律性当中。"当你从高中毕业，你拥有最原始、最纯粹的能力，"乔丹曾解释说，"没有人能教那些东西。我离开高中的时候，打球全靠本能，靠我的跳跃、我的敏捷。而当我进入北卡罗来纳大学，开始人生的另一个阶段以后，则全是奈史密斯的篮球理念，有关篮板、防守、罚球、技术……"

还在招募乔丹的时候，拥有沃西、后卫艾尔·伍德（Al Wood）[①]和中锋萨姆·帕金斯（Sam Perkins）的史密斯其实已经组建起属于自己的最强球队了。弗吉尼亚在赛季中击败了北卡罗来纳大学两次，而两支球队在全国半决赛中再次相遇。霍兰想要带领球队再次跨过北卡的体系，但是史密斯骗过了骑士队的教练组，他一反常态地把进攻重点转移到了充满运动能力的伍德身上，而正是他活力四射的表现帮助球队在那天取胜。

这是史密斯1962年到1981年的第六次最终四强之旅，他的球队在这段时间里总共拿到了460场胜利，并取得9次ACC的冠军。现在他唯一缺少的只有全国冠军了。1981年4月第一个周一的晚上，他的球队再次输掉了冠军争夺战，眼睁睁地看着印第安纳大学的鲍比·奈特（Bobby Knight）[②]教练和控球后卫伊赛亚·托马斯（Isiah Thomas）[③]把奖杯带回

[①] 马丁·艾尔·伍德，前北卡球员，1981年第1轮第4顺位被亚特兰大老鹰队选中，在NBA征战6年，辗转了4支球队。

[②] 鲍比·奈特，退役美国篮球名帅，印第安纳大学山地人队功勋教头，绰号"元帅"（The General），曾4次获得全美年度最佳教练奖，8次获得十大联盟年度最佳教练奖。整个职业生涯，奈特共赢得了902场NCAA第一级别男篮比赛，在其退役时还保持着历史最多胜场的纪录，如今其胜场数仍位列历史第二，仅次于其弟子迈克·沙舍夫斯基。在印第安纳大学执教期间，奈特曾3次率队问鼎NCAA锦标赛。1984年，奈特率领美国男篮夺得奥运会金牌。

[③] 伊赛亚·托马斯，NBA历史50大巨星之一，底特律活塞队名宿，篮球名人堂成员，司职控球后卫。在其13年的球员生涯中，托马斯是活塞队历史得分王、助攻王和抢断王，同时也是联盟史上第四位有着9000个助攻以上的球员。作为"坏孩子军团"的领军人物，托马斯曾两度率领活塞夺得NBA总冠军，并1次当选总决赛最有价值球员。退役后，曾先后加盟多伦多猛龙队、印第安纳步行者队和纽约尼克斯队三队管理层，并于2000年入选篮球名人堂。

了家，而北卡则继续沉沦在失望与沮丧之中。赛后，他的球员聚到一起，发誓下个赛季一定要终结他们的无冠之"旱"。迈克尔·乔丹在电视上看了那场比赛，这也是他人生中第一次对史密斯和焦油踵队感到如此忠诚。同时，他也为自己还不能上场帮助北卡击败印第安纳感到沮丧。

"我觉得我们就像宾夕法尼亚州立大学的橄榄球队一样，"史密斯在输给印第安纳后说，"万年老二。"

把自己的球队比作宾夕法尼亚州大传奇教头帕特诺（Joe Paterno）的球队，是史密斯请求北卡球迷耐心等待的独特方式。帕特诺和史密斯都以能够正确地处理事情而著称，他们都能在夺冠野心和球员的学习成绩之间找到令人敬仰的平衡。

"他希望你去好好上课，"沃西解释说，"如果你是大一新生，那你一定要去教堂做礼拜，除非你的父母允许你不去。他会向你承诺大学四年一定会让你顺利毕业。一切都很简单，他的家庭哲学非常出色。"

身处当时，北卡球迷带着苦痛的不满情绪很难被忽视，整个球队还常常被媒体包围。史密斯想要为急功近利的大学运动员带去平衡，并且坚持任何鸡毛蒜皮的小事都要被马上处理，人们认为这些阻碍了他赢得"更重要的东西"。史密斯和他的助教们从未谈论过那些针对北卡的嘲讽，但是在第六次最终四强征程折戟而归之后，他们感到了前所未有的压力。

事实上，史密斯打造了全国最好最稳定的篮球队。从那里走出的球员不仅球技上佳，而且在毕业以后有着更清晰的自我认识，更懂得为人处世。关于这一点，没有人能比那些北卡球员更有体会。

"史密斯教练常常教我们如何去与他人相处，"沃西解释说，"在有规矩的地方，当你必须和他人交流的时候，必须认同自己并不赞成的东西的时候，或者必须顺从权威而又不想失去正直的时候，这能帮助你更好地社交。是他教会了我们如何处理和他人有关的事情，以及如何去信赖、相信他人。"沃西说，史密斯组织严密的"体系"专注于让球员把所有小事都一件一件正确地完成，分享出手权、为队友掩护，怎么称赞史密斯对于球队经理和受训球员的"正面治疗"都不为过。

"所有在球场上经历的事情，都会作用于我们的人生。"沃西说。正是由于球员们对于史密斯的拥戴以及他人生导师般的形象，让赢得一次冠军对于他们来说如此重要，沃西解释说。

部分长期关注北卡的人在他们败走费城后其实看到了希望。史密斯展现了他愿意开放自己的体系，容纳像艾尔·伍德这样具有特殊天赋的球员。种种迹象表明，这位教练越来越愿意顺应大学比赛的潮流，做出改变。大量资金的涌入以及更高级别的大众关注度引领了这场剧变。过不了几年，像乔丹这样拥有超凡能力的球员再想找到迪恩·史密斯的北卡篮球队这样严密运转的体系就已经不可能了。

与此同时，乔丹非常欣赏最终四强时在电视中从北卡身上看到的那些东西。他喜欢那样的友情、那样的精神和那样的天赋。他发现，哪怕是作为大一新生，他也有办法从板凳上站出来，为球队做贡献。如果他能获得上场机会，乔丹坚信自己能对焦油踵队有所帮助。

乔丹的确能带来帮助。30年之后，拉尔夫·桑普森在自己被选入名人堂当晚的演讲中表示，他一切的完美计划以及雄心壮志都毁于迈克尔·乔丹之手。没有人预见到他的横空出世。桑普森指出，乔丹史无前例的一飞冲天始于一份非凡的馈赠：他能够直接进入已经为夺冠做足准备的北卡罗来纳大学，仿佛一切都是上帝为他预留好的一样。

"能在那个时候进入那么一支球队，他真的是非常非常幸运。"桑普森说。

作为迪恩·史密斯体系中的一位大一新生，乔丹几乎没有忍受过等待，就得到了机会。史密斯经营球队的那么多年里，除了乔丹，只有三位球员——菲尔·福特、詹姆斯·沃西和迈克·奥科伦——能够在大一就进入首发阵容。和当时大部分球队一样，史密斯的体系也偏重于高年级球员。他还让球员们把这样的规矩带到场下。他会在球员大四赛季的时候尽可能把比赛安排在离他们家乡近的地方。他会给予他们任何可以想到的荣誉和特权，因为正是他们四年来的努力与付出支撑了整个球队。

与此同时，新人的地位有时候甚至不如球队经理和训练助理。大一新生常常需要拎上大包小包，扛上球队的设备，以及做一些其他的琐碎杂事。每天训练中负责捡球的不是球队经理，而是新生。他们必须要通过自己的表现在球队赢得一席之地。比如说，乔丹第一年入队的任务之一，就是把球队沉重的录像放映设备从一个球场拽到另一个球场。不过哪怕这样，这其实也是他所受祝福的一部分：作为大一新生，他不会面对巨大的压力，不会承受过高的期望。

桑普森这个身高7尺4寸的安静的观察者见证了一切的发生，并且毫不诧异。1981年弗吉尼亚和北卡的战斗拉响了教堂山中乔丹时代的序曲。1979年，桑普森选择与家乡的弗吉尼亚大学签约，而这所身处ACC的学校并没有太深厚的篮球传统。不过，1980年，还是大一新生的桑普森就带领骑士队拿下了NIT锦标赛的冠军。他被预测为篮球项目中下一个伟大的巨人，常常会被拿来和卡里姆－阿卜杜勒－贾巴尔做比较，所以他一直承受着极大的媒体压力和球迷期望。1981年最终四强输给焦油踵队是一次巨大的挫折，但是国内很多家媒体都预测桑普森会在1982年带领骑士队拿下全国冠军。他所需面对的最大障碍就是北卡罗来纳大学，而他们刚刚送走了天赋异禀的大四球员艾尔·伍德。

那个秋天，对于迪恩·史密斯来说，谁能取代伍德在球队中的位置是个令人头疼的难题。很明显6尺9寸的沃西已经为担任球队头号得分手做好了准备，而同样6尺9寸的帕金斯也开发出了属于自己的武器。史密斯需要一个可以带来能量的侧翼球员，为防守端注入活力的同时，能够在对手的区域联防被沃西和帕金斯搅和得乱七八糟的时候投入空位跳投。

吉姆·布拉道克（Jim Braddock）似乎是个合理的选择。他已经大三了，投篮还不错，防守也挺稳固。另外两个候选人则是大一新生皮特森和乔丹。皮特森能跑能跳，并且速度很快，他的投篮也不差。史密斯其实并不需要在这个问题上纠结太多，因为他早已看过乔丹在高中时期的表现。但是球迷们回忆起那时的场景，都觉得史密斯让他们等了太久。北卡的教练怎么能忽视那么明显的事情，而在这上面浪费时间？乔丹就是那个答案。

然而，史密斯是一个非常讲究过程的人，那个秋天他需要考虑的问题很多。他曾接到过乔丹和新队友以及其他学校的球员打的非正式比赛的报告。乔丹在威尔明顿帝国公园的比赛经历对他起到了很大的作用，他童年时期和哥哥拉里的对抗也是一样。正如公牛队的心理医生乔治·穆福德所指出的，无论是语言上还是身体上，与拉里之间那些激烈的你来我往为乔丹设定了一种模式，他之后会把这种模式强加于近乎所有未来的队友身上。他的球技植根于兄弟之间的竞争。但是乔丹的新队友并不知道他和他哥哥的故事，尽管他们很快就能闻到战斗的火药味。沃西解释说，乔丹似乎特别喜欢"盛气凌人"地对待北卡的高年级球员，而他盛气凌人的方式之一就是说垃圾话。

"我见过他那个样子，"沃西说，"他拥有纯粹的天赋，而这就是他的全部。他自信满满地走进球队，找寻最出色的球员，然后试图把他们大卸八块。"

这位大一新生刚入队就开始对新队友说，他将要在他们头上扣篮。对于这一点最生气的，似乎是沃西。大多数其他人一般会对他的垃圾话一笑而过，不过这种行径倒是让球队里的老球员们产生了一丝担忧。他们发誓要在1982年重返最终四强并为教练拿下一座冠军奖杯。这对于他们来说极其重要。他们最不想看到的就是一个大嘴巴的大一新人毁掉球队最为宝贵的"化学反应"。乔丹并非不知道球队对于夺冠的渴望。他也觉得自己是北卡的一部分，而且没有忘记春天时在电视上看着焦油踵队输掉决赛的沮丧和失望。不过，1981年秋天他还只是个新人，对于他的这种攻击性，不同的人也有不同的看法。

"我记得当时人们认为他非常狂妄自大，或者觉得他只是话太多了，"阿特·琼斯基回忆说，"而且他想要'魔术师'这个昵称。威尔明顿人当时确实开始叫他魔术师了。迪恩对他说：'为什么你想被叫作魔术师？已经有人叫那个名字了。'如果你看一看1982年北卡的新生手册,他登记的名字是迈克·乔丹。'你想大家叫你什么?''他们一般叫我迈克尔。'迪恩于是说:'那好吧,我们从现在开始叫你迈克尔·乔丹。'让他成为迈克尔是他们做的最聪明的一个决定。叫他魔术师这个主意蠢透了。这件事迪恩处理得非常明智。"

不管他被叫作什么,没过多久,老球员们就开始意识到,乔丹的内心深处有一股沸腾的泉水,滋养着他想要统治球场的欲望。他们认为乔丹拥有复杂的性格,一方面,他的垃圾话大多数时候显得挺傻挺天真,无伤大雅;另一方面,它们十分恼人,因为他是真的下定决心要挑战他们。不过很快,他的队友们就开始明白,他是利用这些垃圾话来鞭策自己。他说得越多,他背后的动力就越足。乔丹并不是第一个开始说垃圾话的年轻球员,重点是他能够说到做到。正是因为这样,乔丹才迅速成为使北卡篮球天翻地覆的重要人物之一。至少,沃西是这么认为的。

这个新来的家伙以与沃西一对一比较的方式来训练自己。沃西很快就觉察到了这一点,并且拒绝被拖入这位新生的心理游戏当中。在很多方面,他们都是完全相反的两个人。相较于喋喋不休,沃西更倾向于把一切都埋藏心底。乔丹18岁就已经开始使用的那种直白的表达情感的方式,他用了很多年才学会。所以,乔丹对于老球员来说是一个全方位的挑战。

"身体上,他瘦得皮包骨,但是精神上他强大而自信,"沃西回忆说,"他已经超越了很多比他大的球员,他已经拥有了那种级别的自信。"

不只是这种个人之间的对抗影响了球队。所有篮球队都是等级分明的,史密斯的球队更是如此。乔丹幼稚的挑战很有可能在球队连一场正式比赛都还没打就把北卡好不容易建立起来的"化学反应"打乱。

"来吧,大家伙。"乔丹总会这样对沃西说,试图刺激沃西和他单挑。

乔丹用了很久,才得以让这位大三球员和他单挑。"当他开始变得更加出色以后,便开始招惹我和帕金斯,"沃西在三十年后的一次采访中带着微笑回忆说,"他会说:'我们打会儿一对一吧。'我最终答应了他。我们打

了三场，我记得我赢了其中两场。"这次胜利稳固了球队森严的等级制度，尽管这很明显引起了乔丹的不满，而这恰恰可能是件好事。沃西说，过了三十年，在 HBO 对杜克和北卡这对死对头进行的一次特殊采访中，乔丹似乎才终于承认了那场失败。

在那个时候，教堂山中也确实有些人觉得这位傲慢的新生有点出格了。"他的性格会让你觉得他不适合成为北卡的一员，因为北卡的球员都是说话沉稳、懂得聆听的，"沃西解释说，"而迈克尔入队的时候则恰恰相反，说话时快，聆听时却很消极。不过还好，他至少知道史密斯教练是谁。他知道有关菲尔·福特和沃尔特·戴维斯（Walter Davis）①的事情，所以他也清楚自己进入的是怎样一支球队。"

"他就是个令人讨厌的小弟弟，"阿特·琼斯基回忆起大一时期的乔丹时说，"那个时候，没有人觉得迈克尔·乔丹会成为什么伟大的人物……没有人真的能想到他最终会成为篮球世界的国王。看到作为新人的他，就如针芒在背，让人难受……但是他们也喜欢他的信心和胆量。他们喜欢这样的能量，同时也希望这股能量能被正确地转化。所以他们并不会打击乔丹。他当时确实总是唠叨个没完，但随着职业生涯的发展，他的话也逐渐变少，因为打在他身上的聚光灯越来越明亮了。"

篮球场下，乔丹似乎和所有茫然于人生道路的大一新生一样。据当时在北卡橄榄球队效力的 ESPN 写手斯图亚特·斯科特（Stuart Scott）回忆，乔丹那时候就是个骑着单车在教堂山里瞎转悠的普通家伙。有一件让乔丹保持脚踏实地的事就是他可爱的小妹妹也在同一所学校。高中时期好学却超重的她在进入教堂山以后成功瘦身，摇身一变成为了一位充满吸引力的年轻女性。矜持而又谨慎的罗丝琳为了让她哥哥的个人生活不那么乱

---

① 沃尔特·戴维斯，北卡名宿，1977 年第 1 轮第 5 顺位被菲尼克斯太阳队选中，并荣获当年最佳新秀奖。三入 NBA 最佳阵容，六入全明星赛。效力于太阳队的 11 个赛季中，场均可贡献 20.5 分和 4.4 次助攻。太阳队也因此退役了他的 6 号球衣。

七八糟可付出了不少努力。她总会在他的寝室达到释放有毒气体级别之前去帮他打扫。詹姆斯和德洛里斯也常常前往教堂山去看望他们的两个孩子。罗丝琳和她的母亲特别亲近，而乔丹也属于"妈妈的宝贝"那种男孩。赛季开始以后，除非他知道父母平安到达并且在看台上看着，否则他似乎难以安定下来。

温斯顿塞勒姆州立大学名人堂教练的儿子小克拉伦斯·盖恩斯（Clarence Gaines，后来成了芝加哥公牛队的球探）那一年在北卡罗来纳大学读研究生，并且住在学校里的格兰维尔塔，那也是很多学生运动员的住处。所以盖恩斯几乎认得所有北卡的球员。

"我记得很多老球员，特别是吉米·布莱克，都说这个傲慢的新人将会成为球队重要的组成部分，"盖恩斯回忆说，"在M.J.成为举世闻名的那个'M.J.'之前，我就已经认得他了。"

他记得乔丹常常会在格兰维尔塔旁的室外场地上打野球。"M.J.身上总是有一种光环，"盖恩斯说，"有些人就是特别有存在感，很明显他就是那一类人。"

不过，大家仍然想知道，当训练中这个争强好胜的大一新生和史密斯的体系发生碰撞的时候，会擦出怎样的火花。结果就是，一切进展得异常顺利。那个野球场上的放纵天才似乎一夜之间消失了。很多年过去了，当乔丹成长为职业球星以后，大众才开始意识到他是多么深入地融合进了北卡的球队之中，以及他球场上下的一些糟粕是如何在那里被深深掩埋的。而勒紧乔丹缰绳的不只是迪恩·史密斯的体系，其他为他掌舵的力量也在那时悄然涌入了他的生活。

早期的乔丹军团

在进入大学前的那两个暑假，乔丹都会在繁忙的日程安排中挤出时间前往北卡罗来纳州布伊斯溪的坎贝尔大学，参加那里的篮球训练营。当时，

那个训练营已经成为南方篮球圈非去不可的老古董了,各种顶级教练和球员都会出现在那里。乔丹不仅在坎贝尔大学打球,还会担任训练营的顾问,进入大学以后,他仍然做着这份兼职。也正是在那里,他遇见了对他未来产生重大影响的朋友弗雷德·惠特菲尔德(Fred Whitfield)。来自格林斯伯勒的惠特菲尔德曾在坎贝尔大学打过球,并且成了球队史上最顶尖的得分手之一。毕业以后,他一面在学校里担任助教的工作,一面攻读工商管理的硕士学位。

二十出头时还只是顾问的惠特菲尔德很快就对乔丹和巴兹·皮特森产生了兴趣,他们之间的友谊也越来越深厚。这位顾问阳光友好,是乔丹非常尊敬的人。他在大学打球时经历过各种各样的起起伏伏,能够为乔丹提供很多有用的观点和建议。

惠特菲尔德既是导师,也是朋友。"迈克尔在升入高四之前来到了我们的篮球训练营,"惠特菲尔德回忆说,"他恰巧被分到了我的组里。我们一拍即合,于是便成了朋友。我当时既在那里打球,也在那里执教,是训练营的工作人员。当他前往北卡罗来纳大学以后,我成了坎贝尔的助教。当我们周末没有比赛的时候,我会前往教堂山观看他的比赛,并且和他还有巴兹·皮特森到处闲逛。作为助教,我的部分工作就是让ACC的球员出现在我们的夏季训练营之中。北卡时期的迈克尔就是那种我会专门抽一天过去和他聊聊的球员。随着时间的推移,我们之间的关系越来越好。"

"我觉得不管我们在布伊斯溪时建立起联系是出于什么原因,"惠特菲尔德谈到他和乔丹初成朋友时说,"肯定不只是因为我们之间形成了友谊和信任,我认为更重要的是,我们能够鼓励彼此去做最成功的自己。"

那些周末之旅也标志着乔丹在球队之外的密友圈的初步形成,后来这个圈子成了他界限分明的军团。阿特·琼斯基指出:"正是在大学的时候乔丹发展了一批像弗雷德·惠特菲尔德这样围绕在他身边的人,惠特菲尔德是个非常不错的家伙。迈克尔只与他能够信任的人同行。"除了惠特菲尔德,阿道夫·西弗那时候也在教堂山。他与乔丹的友谊帮助他短暂地进入了由罗伊·威廉姆斯执教的焦油踵篮球二队。在 M.J. 的小圈子里，西弗一直是娱乐搞笑的代言人，而惠特菲尔德则更加稳重。

詹姆斯和德洛里斯非常喜欢惠特菲尔德。这个正能量满满的年轻人谨慎且机敏。很明显，正是在惠特菲尔德的影响下，西弗的愚蠢以及那位大一新生的一些不成熟行为所产生的负面影响才会被大大消除。西弗总是滔滔不绝，但是除了那些引诱出乔丹原始欲望的东西，他几乎什么有用的都说不出来。惠特菲尔德的垃圾话一点也不比别人少，但是他的精明老练帮助乔丹建立起了从青春年少进入更广阔世界的桥梁。

与惠特菲尔德的友谊是乔丹宝贵财富中另外一个作用突出但是很少被讨论的东西。父母、兄弟、北卡教练组、室友巴兹·皮特森、惠特菲尔德，甚至还有阿道夫·西弗，在他正要成为一流大学运动员的时候，一个令人印象深刻的强大后援团也渐渐形成了。对于雄性激素和原始欲望泛滥的18岁乔丹来说，来自这个后援团的巨大影响似乎是必不可少的，正是它推动着乔丹朝着正确的方向马力十足地前进。

聆 听 者

乔丹刚进入教堂山几个月就能取得成功，其中最主要的原因是他懂得聆听，这也是把控住他充满能量的人生的关键所在。这种能力来源于他和他母亲的关系。在他最初引起大众注意的时候，正是德洛里斯·乔丹指引着儿子远离了很多她所预见到的容易犯的错误，乔丹听她母亲话的方式也成了他取得成功的关键所在。这是一项由母子俩共同开发出来的天赋，其中大部分原因是，德洛里斯·乔丹在自己青少年的转折时期，未能听从父母的警告，随后便很快付出了昂贵的代价。尽管有时候听妈妈的话很困难，尽管自己的欲望和某些朋友总把他往相反的方向拖，乔丹多数时候还是能听进去的。要消化和接受母亲所说的往往要花上一段时间，尤其是那些他并不喜欢听的话。但是他很小的时候就非常明白，母亲是为他指明方向的星星。

"我的个性和笑声来自我的父亲，"他曾解释说，"而处理事情的方式和严肃的一面则来自我的母亲。"

德洛里斯是他最大的批评者，但是她能以一种他能够接受的方式传达那些尖锐刺耳的信息。尤其是长大成人以后，要放弃自己的本性去听从于母亲，这对乔丹来说并不容易。但正是他和母亲之间这样的关系让他善于接受教练的指示，这一点为他取得的很多伟大成就奠定了基础。多年之后，他会把母亲形容为他的"教练"。

这种懂得聆听的能力是他众多宝贵天赋中的一项，虽然詹姆斯·沃西对他有着完全相反的评述。对于教练来说，这种能力是最令他们印象深刻的东西，甚至超越了那位18岁少年的超凡身体天赋。迪恩·史密斯声称："我从未见过一个球员能如此认真地听教练的话，并且马上按照指示去做。"

尽管如此，乔丹的表现也并非完美。刚进入球队的时候，乔丹偶尔散发出来的随意性给他亮起了红灯。于是罗伊·威廉姆斯批评了他，乔丹则回复说他和其他人一样努力，这也导致威廉姆斯立马说，如果想要完成伟大的事情，他必须要比其他人付出更多的努力。只用一次谈话就能让乔丹做出巨大改变，威廉姆斯被他深深震惊了。后来，再也没有人能在努力程度上胜过乔丹。

这种聆听的能力也让史密斯意识到，尽管这个大一新生个性过强又喋喋不休，但他绝对是取代艾尔·伍德的头号人选。"我最厉害的技能就是愿意接受他人的教导，"乔丹说，"我就像一块海绵。哪怕我认为教练是错的，我也会试图去聆听，并且从中学到些什么。"

聆听的能力是他在篮球方面的大批模仿者常常会忽视的一点。他们认为超强的技术和身体天赋能让他们凌驾于这项运动之上。这绝对不是乔丹的观点。随意性的态度也很快让他在大一学年遭遇了第一个重大的考验。

封面事件

赛季即将开始，虽然伤病使得乔丹放慢了脚步，但是他明显还是进入首发阵容的头号候选人。在一项投票中，北卡罗来纳大学被选为进入赛季前的最强球队，于是《体育画报》想在他们的大学篮球季前专刊的封面上使用北卡先发五虎的照片。由于球场上超凡的技艺，有关乔丹的讨论越来越多。他在那年秋天的训练中做到了不少事情，尤其是有一次面对沃西和帕金斯的包夹防守把球打进，让教练和队友们都吓得差点坐到了地上。员工中有罗伊·威廉姆斯这样的大嘴巴，类似的事情当然总是会被泄露出去。听到了传闻以后，《体育画报》的图片编辑想要乔丹也出现在封面照片中，但是史密斯拒绝了。他是不可能允许一个连一分钟都还没有给北卡打过的人登上《体育画报》封面的。

"那个赛季的开始阶段，他没有出现在任何常规的推广宣传中，"比利·帕克回忆说，"也许这是经过迪恩授意的。现如今，大一新生在大学篮球中扮演着极其重要的角色，但当时的情况并非如此。"

出现在《体育画报》的封面上并且受媒体热捧会让任何一个年轻运动员激动不已。不能和其他人一起登上封面，这让乔丹感到自己被冒犯了。这也是他第一次真正和史密斯管理球队的方式起冲突。

面对这样的事情，乔丹再怎么愤怒都有可能，但是他从不允许自己闹哪怕十亿分之一秒的脾气。就仿佛所有遭受到的冷落与轻视都会被他灵魂深处的黑洞吸走，留下来的只有巨大的纯粹能量。对此，没有人会比他的室友巴兹·皮特森更加震惊。自从在夏季篮球训练营认识以后，他们的关系就非常之近。高四的时候，皮特森曾一度放弃了前往北卡的计划，他更倾向于和肯塔基大学签约。乔丹给他打了电话，并且似乎对皮特森忘记他们一同前往焦油踵队做室友的约定感到很受伤。最终，皮特森妥协了，和北卡签了约。

作为大学室友，他们之间的友谊持续升温，哪怕他们正在为北卡首发

的位置进行竞争。随着时间的推移，皮特森才逐渐意识到，尽管交情甚笃，乔丹燃烧的斗志有一部分是为了证明高四时选皮特森成为北卡罗来纳州篮球先生的决定是错误的。乔丹也没有忘记他家乡的人甚至兰尼高中老师的话——说他只能在北卡坐板凳。"我的很多朋友当时都在给我去北卡泼冷水，"乔丹回忆说，"他们告诉我大一新生在那里打不上球。甚至有两个老师也有类似的观点，尽管他们是北卡罗来纳州大的球迷。"

史密斯和乔丹在初次见面的时候还专门讨论过这个问题。"很多威尔明顿附近的人都预测，如果迈克尔去了教堂山，他不会得到出场机会。"这位教练回忆说，"他说：'史密斯教练，到了北卡我是希望上场打球的。'而我说：'迈克尔，这就是我们招募你的原因啊。我觉得你会得到出场机会的。'于是他继续说：'我会让他们看到，我有能力在北卡打上球。'"

那个秋天，乔丹一直都在用行动回应那些轻视与冷落，不管那是真实存在的还是臆想之中的。在他证明他属于北卡并且能有所作为的过程中，乔丹很快就击败了球队里的老兵。"加盟北卡，就意味着你要面对残酷的跑步训练，"詹姆斯·沃西解释说，"球员们会被分为A、B、C三个组。一般来说，A组全是速度奇快的后卫，B组则专门为迈克尔那种中投手准备，而C组则都是大个子们。每一组都要达到特定的时间要求。"那些较矮的后卫一开始还对乔丹能更轻松地完成训练冷嘲热讽，因为中投手在完成训练项目的时间上可以多三秒。"他让史密斯教练把他放入A组中，然后把那帮家伙给撕碎了，"沃西说，"这就是我当时所见。"

据当时大二的萨姆·史密斯（Sam Smith）回忆，乔丹不愿意自己被当作新人看待。"他很快就跟上了球队的节奏。他还是个新生，尽管那时候新生一般被认为打不上球，但是这个来自威尔明顿的家伙非得要上场。"

尽管那年秋天乔丹由于脚踝处的血管问题错过了两周的训练，他仍然希望能够成为首发球员。史密斯在做决定的时候非常痛苦，直到最后时刻他才将先发五虎公之于众。这位教练知道竞争能让球队成长，给球员带来参与感，所以为何要让这一切早早结束呢？焦油踵队赛季揭幕战是在夏洛特对阵堪萨斯大学，一家名为 ESPN 的刚刚起步的电视网络转播了这场比赛。由于被伤病纠缠了一段时间，乔丹都觉得自己不会首发。他指望着能担任第六人或者第七人的角色。

"当史密斯教练把我的名字写在黑板上，说让我在赛季揭幕战首发的时候，我真是震惊了。"他回忆说。

"比赛开始前 10 分钟，教练组的一位成员走过来跟我们说，迈克尔即将首发，"詹姆斯·乔丹在三年后的一次采访中说，"我们真的不敢相信。"

那天，乔丹投入了北卡那个赛季的第一球——这也是他大学生涯的第一球，那是一个左侧底线的近距离跳投。ESNP 的巴基·沃特斯说，大一新生成为焦油踵队先发让球迷们议论纷纷，他们甚至开始把乔丹和大卫·汤普森和沃尔特·戴维斯做比较。

乔丹在前六场比赛中得分都达到了两位数。他马上就展现出了稳定的跳投，以及当北卡面对各种区域联防时恰到好处地跑到空位的神秘技巧。史密斯的球队一向以传导球流畅而著称，而那位大一新生展示了他在这方面也能同样出色。如果说有什么需要立马敲响警钟的事情，那就是面对区域联防时，他常常会放弃投篮机会，试图把球塞进内线。这就是史密斯的球队的标志，不断追求更好的投篮机会，而非草草出手跳投。

作为全国排名第一的球队，焦油踵队赛季初可谓四处奔走。夏洛特揭幕战之后，他们又在格林斯伯勒打了一场比赛，对阵南加州大学。随后，他们回到主场卡迈克尔礼堂球场打了两场热身赛，紧接着又在圣诞节前一周去纽约"度假"，在麦迪逊广场花园球馆对阵罗格斯大学。那场比赛中，乔丹用两记突破扣篮回馈了观众。圣诞节后两天，焦油踵队在梅多兰兹对阵排名极高的肯塔基大学。在电视镜头下面对强劲对手，乔丹再次展现出了在压力巨大的关键比赛中的泰然自若，北卡也取得了一场为他们树立信心的胜利。之后他们飞往西海岸，参加在加利福尼亚州圣克拉拉举行的电缆车经典赛（Cable Car Classic），他们先是在加时赛击败了宾夕法尼亚州立大学，后来又给了东道主圣克拉拉大学当头一棒。

詹姆斯和德洛里斯下定决心去看迈克尔每一场比赛，他们紧紧跟随着这股由北卡刮起的令人眼花缭乱的篮球旋风。旅途费用给他们的家庭财政带来了极大的负担，但是他们早已被迈克尔那逐步展开的神话人生深深吸引住了。

他们总能确保自己和球队之间的距离适宜。"自从迪恩·史密斯经营球队以来，他也一直在把控家长，"阿特·琼斯基解释说，"如果有任何家长越界，迪恩就会出手控制。大家都知道詹姆斯·乔丹是个很不错的家伙，只是纯粹地支持着自己的儿子。赛后他常常会出现在更衣室当中。"

部分北卡内外的观察者也确实发现，詹姆斯和德洛里斯并非总能表现出一副正面的形象，但是没有人对那些事大书特书，因为他们不认为这是什么大不了的问题。"德洛里斯就是块坚硬的石头，"阿特·琼斯基解释说，"所有人第一次见到她都会有这样的印象。"就像所有人也会笑着说詹姆斯·乔丹并非圣贤一样，琼斯基总结道："迈克尔一直注视着他的父亲，并且继承了部分特征。他从詹姆斯身上得到了一些尖锐与锋利，而他把其中大部分转化为了一种能量，让他成为最具竞争心的球员。大家都知道，他在球场上就是个刺客。"

乔丹夫妇看了他那个赛季 34 场比赛中的 32 场，有时候还会带上女儿罗丝琳。主场比赛的时候，拉里会从格林斯伯勒的北卡罗来纳农工州立大学开车前去观战，他即将就读于这所学校。

尽管赛季初期的比赛中播音员念他的名字时越来越兴奋，但总的来说，介绍他入场时还是相对低调的。乔丹很明显是一位早熟的球员，但更重要的是，关于他可能产生负面作用的担心已经烟消云散了。他非常顺畅地融入了球队，而教练和队友也对他越来越信任。后来拉尔夫·桑普森说，在那种环境下，乔丹其实有很多事情要去做。"想要融入一支拥有詹姆斯·沃西、萨姆·帕金斯、马特·多尔蒂以及吉米·布莱克这种老手的球队？"这位弗吉尼亚大学的中锋说道，"这些家伙都是当时特别顶尖的球员，他们也都极其渴望变得非常非常出色。所以，当你以新人身份加盟，你要做些什么呢？你要和他们打成一片，并且从他们身上学习。我觉得乔丹从他们每个人身上都学到了一些东西。"

那支北卡确实非常成型，但是教练组成员最终使用的轮换阵容却出乎意料地"缺乏深度"。他们准备了一批好苗子，不过那个赛季他们并没有经历什么大的伤病。在过去的几年中，手下天才球员更多的时候，史密斯常常被指责比赛时换人过多，打断了球队的势头。而那个赛季，球队的深度依然足够，但他也有意避免了过度轮换的问题。先发五虎——乔丹、帕金斯、沃西、控球后卫吉米·布莱克以及6尺8寸的前锋马特·多尔蒂——场均会上场35到40分钟。帕金斯，另一个注定会成为NBA首轮秀的球员，性格平和，身材纤瘦。布莱克是一位高效的控球后卫，得分很低但却是防守牛皮糖。多尔蒂是一位角色球员，擅长防守，场均9分。他们所有人的投篮命中率都高于50%。

吉姆·布拉道克、巴兹·皮特森以及塞西尔·艾克萨姆是主要的替补，但是他们的场均得分甚至都不到两分。按传统来说，像布莱克、多尔蒂、帕金斯这样来自纽约的球员往往会引起极高的关注。沃西和乔丹都是球队中的北卡罗来纳州本地人，不过他们来自同一个州相对的两端，成长于不同的文化。

沃西是一个杰出的球队领袖，对于北卡的事务非常用心。他对于教练和权威的尊重起源于他虔诚的父母，他们来自北卡罗来纳州的加斯托尼亚，刚过夏洛特的地方。沃西很早的时候就开始参加史密斯的夏季训练营了，并且对于球队本赛季的目标异常坚定。6尺9寸的他拥有极其罕见的敏捷与速度。大学篮球中，他这个身高的人没有能跟住他的。他是那种在半场进攻中能让球队极具威胁性的前锋，在攻防转换中，他也能利用自己的速度和手感，成为一位完美的终结者。史密斯体系严明的战术安排为他的球队留有利用攻防转换进行快攻的空间，焦油踵队也恰恰拥有极高的回追速度，可以防守几乎所有快攻。

最最重要的是，喜欢原汁原味篮球的人，爱死了沃西在低位的表现。

他在那里攻击的时候,得分往往是几秒钟的事。"他的第一步太惊人了。"后来经常在职业篮球中防守他的莫里斯·卢卡斯(Maurice Lucas)说。

"他会先在防守者面前做两三个假动作,一步迈过去,然后转身跳投,"他打职业篮球时的教练帕特·莱利(Pat Riley)①曾解释说,"他的动作都不是计划好的。"

沃西和另一位前场选手帕金斯,在面对区域联防和包夹的时候都会吸引更多的防守注意力。帕金斯身高也是6尺9寸,并且拥有似乎能无限延长的手臂,这使得他可以在大学篮球中极其出色地担任中锋。他的球风质朴,总是一副昏昏欲睡的表情,这也让他在职业球场上得到了"瞌睡虫"的外号。哪怕在北卡的时候,他也是这么一副样子。

布莱克和多尔蒂都是角色球员。"要想打造一支优秀的球队,你必须得有不那么专注于得分的人,"史密斯解释说,"如果吉米和马特也满脑子是分数,我们永远不会成为一支伟大的球队。我们会很出色,但是不会成为冠军之师。他们很清楚自己的角色,并且做得很好。所有人都是一样。"

来自纽约希克斯维尔的多尔蒂在高中时期其实是个得分高手。而来自布朗克斯、曾为天主教会学校打球的布莱克在1979年原本都准备好前往艾奥纳为吉姆·瓦尔瓦诺打球了,不过他突然吸引了比尔·古斯里奇的眼球。北卡的教练们知道他的投篮不是那么好,但是他们喜欢他的控球和稳定的罚球,他聪慧,敏捷,能做出正确的决策并且能给持球队员以压迫。史密斯无法掩饰他对于布莱克的喜爱。北卡的教练们一次又一次地表达过这样的观点:没有他们的这位控卫,就没有1982年那个神奇的赛季。

"我并不知道我对球队来说有多重要,"布莱克后来会说,"我们在一起

---

① 帕特·莱利,现任迈阿密热火队总裁,前NBA名帅。莱利曾先后执教纽约尼克斯队、洛杉矶湖人队和迈阿密热火队,并曾5次率队夺得NBA总冠军。他率队的胜利场次仅次于兰尼·威尔肯斯、唐·尼尔森、格雷格·波波维奇以及杰里·斯隆。2008年,莱利以教练身份入选篮球名人堂。2012年,莱利获得NBA官方颁发的"扎克戴利终身成就奖",成为这一教练最高荣誉的第五位得主。

打得很出色，我们享受与彼此做伴的感觉，我们也能很好地沟通。我认为这是全队努力的结果。"

大二的时候，布莱克失去了至亲，他年仅39岁的母亲因为心脏问题去世。短短数月之后，他自己又经历了一场车祸，严重受伤的他几乎瘫痪。大三学年，他为了回归球场努力做着斗争，在秋天开始训练的时候，他甚至是带着颈部护具满场飞奔的。正是布莱克的决心给1982年球队即将取得的成功打下了一针强心剂。很难想象会有北卡球员比布莱克更享尊敬。

至于乔丹，他那年的表现并不是很有爆炸性，但是他展现出了相当大的潜力：场均13.5分，命中率53.4%。尽管如此，阿特·琼斯基还是指出，在那支成熟的球队里，乔丹"完全是一个看看站在身边的都是什么球员的角色球员"。

"大多数人不会记得，其实那时候的迈克尔表现并不稳定，大一的时候，他的状态有起有伏。"史密斯回忆说。教练们常常会督促乔丹提高他的传球和持球。他们也会在防守上给予他一些建议和要求，并且试图教他去打无球，而高中时期他并不需要经常担任这样的角色。

乔丹的第一个赛季，比利·帕克并没有看到期待中的火力。"大一学年，哪怕到了最终四强，你也很难看出来他到底有多出色，"帕克回忆说，"他在很多方面都做得非常出色，但控制比赛的并不是他。他在进攻端没有爆炸性的表现，他只是做了他在球队体系中该做的事。基本上说，他那个赛季就是个体系球员。我从未见过他给出让你惊呼'我的天啊'的表现。从现在往回看，我们很显然会知道他将成为一个伟大的球员。但如果你是在那时候谈论迈克尔·乔丹，你永远不会想到他会达到那种级别，也不会说'没错，他肯定会成为历史级别的球员'之类的话。而现在，一切都已成为历史，你也许会对我说：'什么？你是白痴吗？'但是当时他就是在体系中打球而已。当他们攻击区域联防的时候，他只是做了他该做的事，他们发动快攻的时候，他也只是跑到了他该跑到的位置。"

当然，他们那个赛季也有交学费的时候。焦油踵队在假期结束的时候

从西海岸归来，在主场稍事调整，然后迎战威廉玛丽学院，随后他们便前往马里兰开始了 ACC 的赛程。他们获得了一场非常体面的胜利，以 16 分的优势击败了"左撇子"德莱赛尔的球队。之后，在 1 月 9 日，他们回到主场"盛情款待"了桑普森和全国排名第二的弗吉尼亚。北卡那一天开局非常有侵略性，他们一上来就采用了全场紧逼，想要加快比赛节奏。但这样的战术安排让北卡自食其果，弗吉尼亚的年轻后卫奥瑟尔·威尔森（Othell Wilson）和里基·斯托克斯（Ricky Stokes）帮助球队取得了优势。第一次在场上对抗桑普森的乔丹被那个中锋的体型和表现深深震撼了。桑普森那天一共拿下了 30 分和 19 个篮板。乔丹上半场接连投丢了三球以后便开始有些缩手缩脚，当弗吉尼亚采取紧缩的区域联防时，他放弃处于空位的 15 英尺或 20 英尺跳投，选择传球。前 20 分钟的比赛中，他只贡献了 4 次罚球得分。中场休息的时候，沃西把他叫到了一旁，告诉他面对弗吉尼亚的区域联防时，有空位投篮机会不要传球。

"比赛开始的时候，我一直在寻找更好的机会，"他赛后对记者解释说，"我们想要把球打入内线，这样就有可能在拉尔夫·桑普森身上制造一些犯规。"

尽管忍受着肩膀的伤痛，他在下半场的时候还是听从了沃西的建议，并且拿下了自己全场 16 分中的 12 分。"我不想逼迫他做任何事，"沃西后来对记者说，"但是我发现他在上半场会把能投进的球传出去。我们需要他的进攻火力。"

不过，比赛还剩 7 分多钟的时候，吉米·布莱克犯满离场，而弗吉尼亚还是手握 8 分优势。布拉道克临危受命，从板凳上站出来，吹响了北卡以 65∶60 逆转取胜的号角。而类似的剧情在赛季的末期会再次隆重上演。与此同时，桑普森在赛后毫无隐藏地表达了自己的恼怒。"我仍旧认为我们是全国排名第一的球队，"他说，"他们只不过是靠着快攻打出了一波高潮。他们迟早要来我们的主场，你知道的。"

接下来一场比赛，北卡 20 分狂屠北卡罗来纳州立大学。之后在达勒姆，他们面对弱旅杜克，直到下半场打了 5 分钟以后，乔丹连续命中三记跳投并完成一次补篮，球队才找回状态。他在下半场拿到全场 19 分中的 13 分。但是，紧接着的一场比赛，他只拿下了 6 分，而北卡也遭受了赛季首败，而且还是在主场。击败他们的对手是维克森林大学。

"我们限制了他们的触球机会，"维克森林的安东尼·蒂奇在 2012 年回忆说，"我的任务就是去控制篮板。我们不得不在防守迈克尔时放松一些，因为他们拥有沃西、萨姆·帕金斯那样的家伙。鉴于他们的阵容实力，我们不能只把注意力集中在迈克尔身上。"蒂奇还说，很明显他们是一支非常非常伟大的球队。

北卡赢下了后面的三场比赛，然后便迎来了桑普森期盼中的碰撞，焦油踵队远征夏洛茨维尔造访骑士队。这一次，史密斯极力避免使用压迫防守。除非能造成对方失误，否则焦油踵队都会紧缩内线，区域联防，期盼对手投丢投篮。然而弗吉尼亚投丢的球并不多，骑士队投篮命中率高达 64%，并以 74∶58 重重地把北卡摔到了地上。如此大比分的失利着实让人不安。回教堂山的路上，吉米·布莱克组织了一次球队会议，提醒所有队员他们的夺冠雄心。

及时的调整让球队赢下了常规赛的最后 8 场比赛，带着连胜杀入在格林斯伯勒大体育场举行的 ACC 锦标赛。按照传统，这项锦标赛往往会是南方各路诸侯在紧张的三天时间内进行激烈厮杀的赛事。但是 1982 年，它只关乎骑士队和焦油踵队。北卡轻轻松松就跨过了佐治亚理工和北卡罗来纳州立大学，与弗吉尼亚会师决赛。

进入决赛的过程中，特里·霍兰的球队则面对了一场又一场的恶战，其中就包括锦标赛中在缺少首发控卫奥瑟尔·威尔森的情况下险胜克莱姆森和维克森林的比赛。两位教练都知道分区锦标赛的胜利者能够锁定 NCAA 锦标赛东区的头号种子。而负者则不得不前往另一个区域，往往会处于不利的局势之中。

他们都是最华丽的大学球队，而且旗鼓相当。他们都在 ACC 的常规赛中拿到了 12 胜 2 负的成绩。北卡面对桑普森出乎意料地赢得了开场跳球,这直接引发了沃西以一记扣篮先声夺人。从那一刻起,焦油踵队打出了一波 8:0,之后又把领先优势扩大到 24:12。在一次暂停中,史密斯告诫球员们,弗吉尼亚随时可能找回状态,触底反弹,他们要为对手的反扑做好准备。也就在这个时候,骑士队一步步缩小了比分,上半场还剩 2 分 42 秒,乔丹领到了个人第三次犯规,这使得骑士队获得了进一步的优势。北卡在中场休息的时候还能保住 3 分的领先,但是下半场一开始,弗吉尼亚就率先拿下 6 分。这使得史密斯只能早早就叫了暂停,他认为霍兰会让他的球员们在接下来的比赛中采取紧缩内线的区域联防。

骑士队取得了领先并且气势汹汹。正当压力越来越大的时候,乔丹挺身而出,连续命中四记跳投,为北卡夺回了势头。他先是在左侧底角投中一球,把分差缩小到 1 分。霍兰立马叫了暂停,但是他的球队还是投丢了下半场的第一球,这也给了乔丹从右侧命中另外一记 18 英尺跳投的机会。手握一分领先,史密斯指示球队,让他们在进攻时拉开,想要把弗吉尼亚拖出他们的区域联防。而霍兰拒绝被史密斯牵着鼻子走,相反,他让他的后卫放松外线防守,松到北卡足以避免十秒违例了。接下来,这场比赛在北卡无尽地拉开传球中缓慢爬过了 3 分钟,直到乔丹终于通过两次掩护在罚球区命中了自己的第三记跳投。

桑普森随后的得分使得北卡的领先优势回到 1 分,但随后史密斯安排了与上一回合相同的战术,乔丹借助掩护后外切接球,命中了自己连续第四记投篮,北卡 44:41 领先。"迈克尔在 ACC 锦标赛对阵弗吉尼亚的决赛中投中了几个匪夷所思的关键投篮,"阿特·琼斯基回忆说,"如果他没有命中那些投篮,那些肘区处胆识过人的投篮,那些桑普森扑不出来的投篮……那块区域是当时你能达到的最接近篮筐的位置了。如果他没能投中那几球,他们不会取得胜利。也就是从那场比赛中,你可以看到他开始变得坚决。"

"哪怕在大学时期,他就已经有投关键球的强烈欲望了。"篮球圈的老写手迪克·韦斯(Dick Weiss)说。

比赛大概还剩 9 分钟。北卡开始采用紧缩区域联防,弗吉尼亚的杰夫·兰普（Jeff Lamp）用一记 20 英尺跳投回应了北卡的防守策略并把分差拉回 1 分。

于是，史密斯毫不犹豫地伸出了四根手指，开始让他的球队打四角进攻，这一举动使得很多观众、媒体甚至联盟官员非常愤怒，但它也着实奏效了。焦油踵队接近把时间耗干之前，弗吉尼亚都没再出手投过篮。直到比赛还剩 28 秒，霍兰才开始在北卡队员身上犯规。随后，多尔蒂执行犯规罚球二中一，但是弗吉尼亚并没有抓住这次机会。接下来，吉米·布莱克被犯规并两罚全中。虽然桑普森完成了一次压哨扣篮，但是一切已经毫无意义。北卡以 45∶43 成了东区头号种子。

这场比赛是在美国国家广播（NBC）上全国直播的，它激起了媒体和球迷的广泛抗议。很多人认为，正是这场比赛促使 ACC 引入了进攻时限，他们同时还在下一个赛季试运行了三分球制度。

乔丹的这次加冕礼在争吵中显得异常黯淡。但是，詹姆斯·沃西觉察到了一切。"那一年，迈克尔·乔丹从 ACC 横空出世，"这位前锋回忆说，"看着他说出'这是我的篮球，这是我的球场'实在太惊艳了。"随着赛程接近尾声，乔丹的信心越来越足。他已经在这支满是高水平老兵的球队站稳脚跟，现在他可以去追求更大的梦想了。

焦油踵队以第一的排名进入了 NCAA 锦标赛。尽管经历过一两场死里逃生的比赛，但这并不影响他们在东区的每场比赛都在北卡罗来纳州进行。焦油踵队的第一场比赛是在夏洛特，对阵来自弗吉尼亚的詹姆斯·麦迪逊，他们打得非常挣扎，但最终还是以 52∶50 取得了胜利。接下来一轮，在罗利进行的分区半决赛中，亚拉巴马大学给史密斯的球队制造了数次麻烦，但最后还是放弃了抵抗，北卡以 74∶69 过关。分区决赛则是对阵罗利·马西米诺（Rollie Massimino）的维拉诺瓦大学，他们阵中拥有艾德·平克尼。北卡那时候早已证明了自己的超凡实力，但是垃圾时间中的一幕更能说明问题。焦油踵队逼迫出一次失误，然后立马把球甩给快速移动的乔丹。维拉诺瓦的大中锋约翰·皮诺尼（John Pinone）立即回防，

想要保护篮筐。

"我们的教练常常教导我们,如果你处于不利位置,那就一把拉住对手,别让他轻易上篮,"平克尼解释说,"我知道约翰即将对他犯规。他跳起来了,而外号是'大熊'的约翰——他真是个特别壮的家伙———把抓住了他。半空中,乔丹把手臂展开的同时,裁判也已经吹罚了犯规。看起来他根本不可能把这球打中,但是不管怎样,他还是把球上进了……我们彻底败给了他们。我们都摇着头,一副'开什么玩笑'的表情。因为皮诺尼用双臂缠住了他的腰,所以他这球并没能扣篮。也就是说,要想完成扣篮,他必须挂着一个240磅的家伙起飞。对我们来说,皮诺尼是史上最强壮的球员。但是他就是把手臂伸展开来了。乔丹本应该重重地摔到地上,他本不可能保持平衡并且完成投篮。这一球真是过于超乎想象了。"

在沿海平原与肯尼·盖迪森、克莱德·西蒙斯以及安东尼·蒂奇的对抗中,乔丹已经积攒了足够的经验,他在攻击篮筐时毫不迟疑、无所畏惧,不管是谁在防守他。

分区决赛以10分优势战胜维拉诺瓦以后,焦油踵队的队员们开始相信,他们即将为史密斯赢下他梦寐以求的奖杯。那一年在新奥尔良超圆顶体育场举行的终极四强,拥有令人痴迷的对阵。北卡、乔治城、路易斯维尔(保留了1980年夺冠阵容中的四位首发)还有休斯敦,他们都是那十年中最具统治力的球队,总计11次出现在了终极四强的舞台之上,他们的名单中拥有现代篮球中最出色的球员:乔丹、沃西、奥拉朱旺(Hakeem Abdul Olajuwon)①、

---

① 哈基姆·阿卜杜勒·奥拉朱旺,绰号"大梦"(The Dream),尼日利亚裔美国人,1984年状元秀,NBA历史50大巨星之一,休斯敦火箭队名宿,篮球名人堂成员。奥拉朱旺是NBA史上仅有的四位曾单场达成四双(得分、篮板、盖帽、助攻、抢断其中四项)的球员之一,也是NBA历史盖帽王。他曾两度率火箭队获得NBA总冠军并当选总决赛最有价值球员。在其职业生涯中,他曾当选1次常规赛最有价值球员,2次当选NBA最佳防守球员,6次入选NBA最佳阵容,12次入选NBA全明星阵容,并于1996年代表美国获得奥运会金牌。2008年4月7日,奥拉朱旺与昔日劲敌帕特里克·尤因一同入选篮球名人堂。至今为止,奥拉朱旺仍在NBA总盖帽榜上遥遥领先。

尤因、帕金斯还有德雷克斯勒（Clyde Drexler）。

蜂拥而至的媒体已经为史密斯准备好了问题。"六次进入终极四强却从未赢得冠军是怎样的感觉？"他们会这样问。"我处理得很好，"他回复说，"我不会觉得自己无能为力。"

半决赛的时候，北卡面对的是休斯敦大学。1983 年，美洲狮队会被人们称为"Phi Slama Jama"——飞扣兄弟连。然而在 1982 年，他们只能做灰姑娘。

在超圆顶体育场的声浪与人潮中，乔丹并没有怯场，对阵休斯敦，他率先为球队投入两球。从那时开始，帕金斯就接管了焦油踵队，并且最终拿下 25 分、10 个篮板。同时，北卡的防守让休斯敦的罗伯·威廉姆斯整场颗粒无收。北卡再也没有被追上，以 68：63 进入冠军争夺战。"我清楚地记得萨姆·帕金斯在半决赛中对抗哈基姆·奥拉朱旺时打出了多么伟大的一场比赛，"比尔·古斯里奇在那场比赛的 20 周年纪念日时回忆说，"如果萨姆对阵休斯敦时没有拿出那样的表现，我们不会有机会进入决赛。"

拥有新生中锋帕特里克·尤因和全美级别后卫"沉睡者"埃里克·弗洛伊德（Eric "Sleepy" Floyd）的乔治城大学惊叹队击败了排名第 20 的路易斯维尔。另一场半决赛，他们以 50：46 取胜，创造了体育写手们梦寐以求的决赛。迪恩·史密斯对阵约翰·汤普森（John Thompson）[①]，两位在 1976 年奥运会一同执教美国队的好朋友在渴望已久的冠军之前面对彼此。史密斯和汤普森都淡化了他们对于球队的作用。他们会说，打球的不是他们，而是他们的球队。不管怎样，1982 年北卡对阵乔治城的 NCAA 决赛都被认为是史上最具戏剧性的比赛之一。老播音员柯特·高迪（Curt

---

① 约翰·汤普森，乔治城大学惊叹队功勋教练，现为电视解说员。1984 年，在汤普森的率领下，由帕特里克·尤因领衔的乔治城大学战胜休斯敦大学，赢得 NCAA 冠军。除尤因外，汤普森教练还曾培养出阿隆佐·莫宁（Alonzo Mourning）、迪肯贝·穆托姆博（Dikembe Mutombo）和阿伦·艾弗森（Allen Iverson）等 NBA 巨星。汤普森退役后，其子约翰·汤普森三世（John Thompson III）接替其职务，成为乔治城大学惊叹队主教练。

Gowdy）认为，正是这场比赛让终极四强的娱乐性提升到了世界职业棒球大赛和超级碗的级别。路易斯安那超圆顶体育场也以61612人打破了大学篮球的上座纪录。此外，还有1700万人从电视里观看了这场比赛。

"与迪恩交手，我的情感是非常复杂的，因为我对他充满敬爱之情。"汤普森后来说。之后他承认："也正是因为对手是迪恩，让我更加火力全开。"作为密友，他们对于彼此的小伎俩都了如指掌。媒体也抓住这一点不放，想要深入挖掘，尽管当时还有其他值得关注的事情。比如说，沃西和乔治城的弗洛伊德都是全美最佳阵容里的球员，而且都来自北卡罗来纳州的小地方加斯托尼亚，也都是各自球队的死忠。尽管球场如此开阔，但赛前紧张的气氛依然浓厚。"哑火！迪恩，哑火！"乔治城的学生在他们的看台唱道。

19岁的尤因开场就扇飞了北卡的四次投篮，其中两个来自沃西。不过这四个球都被判为干扰球，上半场晚些时候尤因的第五次盖帽也是一样。焦油踵队没有把球送进篮筐就拿到了他们的前8分。

"帕特里克是一位出色的盖帽手，"汤普森在五年后的一次采访中对帕克说，"防守端，我们想要尽可能地立足于内线。我仍旧对那几个干扰球吹罚心存疑问。"

有些教练也许会担心那些盖帽会击垮沃西的信心，但是史密斯完全不会。"我知道那根本不会干扰到詹姆斯，"这位北卡教练说，"有些人特别讨厌自己的投篮被盖掉，但是詹姆斯就是如此超脱。"

那几个盖帽之后，比赛进入了教练之间的猫鼠游戏。惊叹队取得了领先，然后北卡把比分扳成18平。沃西上半场表现异常活跃，独取18分。双方交替领先，乔治城以32∶31的微弱优势进入了中场休息。

"乔治城十分顽强，"沃西回忆说，"他们想用他们的防守击垮我们，而且他们几乎做到了。有一段时间，他们领先分数达到了3分还是4分，在那场比赛中这可是比较大的分差了。之后吉米·布莱克错过了一次上篮，而迈克尔飞身补篮得手——越过尤因的一次'冰人'格文式的手指拨球。"

沃西指出，虽然决赛的最有价值球员是他，但是那场比赛向世人展示了乔丹的横空出世。最后 20 分钟里，比赛依然呈现拉锯战的状态。还剩 6 分钟时，北卡靠着沃西的两罚全中取得了 57∶56 的领先。之后，比赛的节奏让人忐忑不安。"

乔丹在那场比赛中最知名的当然是最后时刻的"致命一投"，但是对于北卡的教练们来说，还剩 3 分 26 秒时乔丹完成左手上篮时，关键时刻便已经来临了。"那场比赛中最佳进球之一，"比尔·古斯里奇回忆说，"是还剩几分钟时他的一次突破上篮，为了躲过尤因，他几乎把球挑到了篮板上沿。"

"我认为那是一次伟大的突破，"决赛 20 周年纪念日时史密斯说，"之后我看到帕特里克补防了上来，于是这球要被盖掉的想法瞬间在我脑海中闪过。那个上篮引起了全场的轰动。"

"我不知道为什么我会用左手上篮，"乔丹在 2002 年对《焦油踵月报》（Tar Heel Monthly）的记者说，"我讨厌用我的左手。我的左手是我最薄弱的环节。但我却在那么一个特定的时候使用了它。这简直难以置信。那个球扭转了局势。我投出了一个完全不可思议的球，球几乎打到了篮板的上端，越过尤因，落入球网。"

那个球让北卡以 61∶58 领先，但是惊叹队又紧紧咬住。比赛还剩 2 分 37 秒，尤因用一记 13 英尺投篮让乔治城把比分追到 60∶61。在接下来的回合中，北卡错失了一个关键罚球，那位年轻的乔治城中锋抢下了篮板。随后，"沉睡者"弗洛伊德命中了一个短距离跳投，惊叹队以 62∶61 领先，比赛时间还剩不到 1 分钟。

还剩 32 秒的时候，史密斯叫了一次暂停，以应对他预计之中的乔治城的防守改变——转换为区域联防。"一般来说，我不喜欢在那个时间叫暂停，"史密斯说，"我们应该知道我们该怎么做。但是我预测乔治城会回归区域联防，死守内线。我说：'多尔蒂，先试着找找詹姆斯或者萨姆，然后吉米，你可以用横传球把球送到迈克尔手中。'结果也如我所料，迈克尔那

一侧完完全全空了,因为他们一直紧跟着詹姆斯。如果迈克尔错失了投篮,萨姆会成为英雄,因为他处于一定能拿下篮板的位置。"

那次暂停中,史密斯把工作做到了极致,冷静到让助教罗伊·威廉姆斯惊诧。威廉姆斯记得自己当时甚至瞅了一眼比分牌,他觉得主教练一定是看错比分了。听史密斯说话的方式,你一定会觉得北卡正领先,威廉姆斯回忆说。暂停结束以后,史密斯拍了一下迈克尔,然后说:"把球投进,迈克尔。"

三十年以后,当时坐在场边为哥伦比亚广播公司(CBS)进行现场播报的帕克依旧对北卡对于当时情况的描述表达了质疑。"我一直觉得那个球不可能是迪恩·史密斯设计好的,尽管时至今日他还在说一切都是按照他的安排进行的,"这位广播员说,"你拥有沃西和帕金斯,并且让他们沉入了内线。接下来该怎么办?把球倒给迈克尔?现在,当时在场的每个人肯定都会说:'那是当然。'但是放在那个时候,你不会这样做。你会第一选择把球传给沃西,第二是帕金斯,接球人也许会突破渗透,然后在一个合适的位置出手。我并非想要质疑迪恩的篮球战术水平。但我很确定,当我正在直播那场比赛的时候,那个战术安排并非我想象中的第一、第二甚至第三选择。"

北卡创造出了一次绝佳的投篮机会,比赛还剩15秒,布莱克把球传给乔丹,后者在左侧边线附近投出了一记16英尺跳投。

"相对而言,那一球算是个空位投篮,"帕克说,"但是现在回过头来看,我真的不在乎计划中是安排谁来接球投篮,我只知道迈克尔想要投那一球,迈克尔知道他一定能命中。这是我们生命中见证过的那个伟大传奇的开端。有些人得到了空位投篮的机会,他们并不能把球投中,而还有些人,则压根不想投这种关键球。如你所见,迈克尔非常渴望这样的出手,没有迟疑,没有多余的假动作,仿佛在说'把球给我,我会把它送进篮筐'。他就是拥有这种级别的竞争天性。"

大部分球员面对这种时刻往往会选择逃跑,只有少数人会选择面对,帕克说："他并不是潜伏在底角。他是在那里期盼球的到来。"后来，乔丹透露，在前往决赛的巴士上他就已经在幻想那样的绝杀时刻了。

球场远端，乔治城板凳席上的人们痛苦地纠缠在一起。而距离乔丹跳起投篮处只有几英尺的北卡教练则镇定地坐着。史密斯只是撅起嘴唇，微微皱眉，一脸淡淡的忧伤。在过去的最终四强之旅中，类似的场景已经让他承受了太多痛苦。

乔丹跳起的过程中，他的舌头本能地吐了出来，品尝到了超圆顶体育场的空气。在最高点的时候，他撤离了左手，用右手指优雅地拨动了篮球，让它飞出。

唰的一下，焦油踵队的球迷区刮起了神圣的蓝色旋风，场馆里响起了雷鸣般的呼喊声。

"我们当时在超圆顶体育场中，迈克尔投中了那个投篮。"德洛里斯·乔丹回忆说。她环顾四周，想要找寻她的丈夫和女儿罗丝琳，但是他们已经冲向了球场。"我当时只有一个想法：'不，不可能交给一个新生投的。'"

老牌篮球写手迪克·韦斯在2011年的采访时回忆说，他当时被那一球给震惊了，迪恩·史密斯竟然会相信一个大一新生，让他投最后一投。"那是当时迪恩生涯中最重大的一场比赛。"韦斯惊叹道。

"一切都早已注定，"乔丹在2002年时说，"这就是命运。自从我命中那个投篮，所有事都开始步入正轨。如果那球没进，我不认为我会有今天的成就。"

事实上，还差最后一个令人难以忘怀的回合，才能为乔丹的传奇一生盖棺定论。虽然以62∶63落后，但是乔治城还有足够的时间，他们马上发起进攻，弗雷德·布朗（Fred Brown）在北卡防守区域的外侧控球寻找机会，他认为处于他视线边缘的是队友"沉睡者"弗洛伊德，但其实那个虚影是身穿白色球衣的北卡沃西。当布朗把球误传给他的时候，沃西自己也惊呆了。这位北卡前锋抓住了皮球，迅速运球到对方底线附近，并且迫

使对手进行战术犯规。

在最后的关键回合之前并没有叫暂停布置战术，汤普森马上受到了惩罚。不过史密斯也认同汤普森的策略。"约翰没有叫暂停是个明智的决定。"他说，同时还指出正是乔丹的防守迫使布朗选择将球回传。"迈克尔的防守极好地封住了弗洛伊德，与此同时，詹姆斯离开自己的防守区域试图抢断，并且没能及时回来。直到今天，我还是认为，如果乔治城那天还是穿着他们穿了整个锦标赛的白色队服而非他们的深色球衣的话，布朗是不会把球误传给詹姆斯的。詹姆斯其实选择了一个错误的时机上前抢断，并且失位了。他本不应该出现在那个位置，这反而欺骗了布朗。"

汤普森认为那个误传是布朗的条件反射。试图抢断的沃西已经与北卡的防守脱节了，并且失去了防守位置。"我们当时相当于5打4，"汤普森说，"沃西从一个进攻球员经常跑位的方向冲了过来，我认为弗雷迪是条件反射了。这就像野球场上老掉牙的把戏，防守球员跑到进攻球员的位置向对方要球。只不过沃西并没有要球，他就是从另外一边跑了过来，然后接住了弗雷迪的条件反射传球。"

比赛此时还剩两秒，沃西两罚全失，但已经无关大局了。63：62，焦油踵队终于完成了他们的蓝色涅槃。北卡能取胜远不仅仅是靠着乔丹的关键投篮，汤普森说："我们认为沃西对于我们造成的杀伤是最大的。总被人说到的是迈克尔·乔丹的投篮，它确实也在背后捅了我们一刀，但是我们在对付沃西方面遇到了更多的困难。他的速度给我们的大个子带来了极大的麻烦，他的强壮也足以碾压我们的小个子球员。"

总是一脸冷漠的沃西获得了锦标赛 MVP，他也放弃了自己的"面瘫"，转而陷入狂喜。史密斯和北卡终于达到了顶峰。

"我尤其为教练感到高兴，"吉米·布莱克赛后说，"现在我再也不用看你们这帮写手写的那些文章了，说他总是在关键比赛中哑火。"

"我不认为夺冠以后我就变成了一个更好的教练，"史密斯赛后对采访间里面围在他身边的记者说，"我还是那个我。"

赛后，乔丹脱下了鞋，安静地坐在自己的储衣柜前，回答来自 NBC 的一个电视记者的问题。穿着三件套装的詹姆斯坐在他的旁边，当他的儿子紧闭双唇聆听的时候，他的身体会微微前倾探入强弧光灯下，期待记者询问有关那个时刻的问题。

"我完全没有感到压力，"乔丹冷静地说，"那只不过是在区域联防弱侧的又一次跳投而已。"

第十二章　新的东西

威廉·比林斯利受一群朋友之邀开车去新奥尔良看四强赛。赛事结束后，欢欣鼓舞的人群涌上法国区的街头，比林斯利随着喧闹的人群走出场馆，就在这时，他碰见了迈克尔·乔丹，后者正和两名队友一道默默看着眼前的景象。

乔丹当即认出了他九年级时的棒球教练。"比林斯利！"他说，"你怎么在这儿？"他们相互寒暄，比林斯利愉快地向他致以祝贺，一行人继续前进。后来，这位教练颇感意外，乔丹竟然可以尽情享受这一时刻，而并没有立刻被庆祝胜利的球迷们包围。也许当时两个人都没有意识到，他们正在经历乔丹最后默默无闻的时光，甚至连这最后一段时光，也在之后的3月29日晚上受到了考验。镜头回到教堂山，北卡的电台播音员伍迪·达勒姆（Woody Durham）①宣布："焦油踵队将要赢得全国冠军。"话音刚落，3万名球迷便聚集在了富兰克林大街。

"比赛一结束，我就尖叫着跑到了富兰克林大街上，"当时在北卡读大三的大卫·曼恩（David Mann）回忆道，"当然，所有人都在做同样的事情。那儿聚集了几千人，大家都被狂喜冲昏了头。迪恩·史密斯还从来没有得过冠军，那真是一个不可思议的时刻。每个人都在高声呼喊，每个人都欣喜若狂。"

---

① 伍迪·达勒姆，北卡罗来纳大学焦油踵队的广播解说员，1971年从业，直至2011年退役，被誉为"焦油踵之声"。

"混乱、狂喜、烟花和啤酒，"第二天，《格林斯博罗每日新闻》（Greensboro Daily News）写道，"全国冠军就是这样炼成的。"庆祝一直持续到凌晨4点，两天之后，2万名球迷欢聚在一起迎接球队凯旋，人们又庆祝了一番。

欢庆的气氛要过上好几个月才会平息下来，而在这接下来的几个月里，乔丹也将看到他人生中的全新面貌——揭露开来。"我就像是一头车灯前的麋鹿般不知所措，"多年以后再回首，他这样说道，"我并没有意识到我做了一件多么了不起的事儿。"那个瞬间让数百万人欣喜若狂——其中许多人在此之前与北卡罗来纳大学毫无瓜葛——也让其中的许多人当即成为焦油踵队的终生球迷。新科全美冠军让整个州的黑人和白人都同样深感骄傲。他们共同分享的这场胜利消除了人们对迪恩·史密斯和其球队的疑虑，也象征着年轻的迈克尔加冕成为篮球王子。"我就像是个从保护壳里走出来的小孩，"乔丹评论道，"我的名字叫迈克。大家都叫我迈克·乔丹。那一投之后，人们开始叫我迈克尔·乔丹。"

在那一投之前，他本是个垃圾话大王；投进那一球之后，他愈发令人难以忍受了。由于两个人的共同经历，他和尤因后来成了一辈子的好朋友。"我还记得他投进那一球时的情景，"尤因在2010年说道，语气里满是遗憾，"我没有跟他聊过那一投。他唠叨得够多了，所以我从来不会主动提起那件事。"

当地人一直嘲讽他在北卡难有作为；忍受了短短几个月之后，回到家乡的乔丹却发现自己的"恶名"再次筑起了一座高墙，过不了多久，这样的名声就会将他逼进一个孤高绝尘的世界。他本计划去威尔明顿市的街头球场打一打野球，就像上大学前的那些日子一样。可当他赶到球场，却发现已有大批群众在那里守候。根据目睹了那起事件的当地警官描述，那一天他连车门都出不了。他以往的生活方式很快就要一去不复返，而这就是第一个明显的迹象。

两周之后，威尔明顿市为迈克尔·乔丹举行了一次答谢晚宴。他为几十名球迷签了名,其中还包括不少难抑激动的年轻篮球爱好者,他们穿着球衣就跑来赴宴了。当晚的宴席上,乔丹就坐在迪恩·史密斯的右手边。他的教练脸上挂着满足的微笑,和与会者轻松地交谈;而这位平日里热情奔放的年轻球星却安静地坐着,他显然还是个彻头彻尾的青少年,几乎可以说还是个孩子;面对如此密集的关注目光,他显得坐立不安。

他的父母也在场,虽然内心的骄傲与激动如泉水般汹涌,他们还是努力恪守着礼节。"不论他们去哪里,他们总是举止得体。"经常遇见乔丹一家人的比利·帕克说道。夺冠的那天晚上,帕克曾和他们一同谈笑风生;此时距离那场让乔丹夫人大感失望与愤怒的堪萨斯州麦当劳全明星赛正好整整一年。"你知道有的父母总是要站在聚光灯的中央或镜头的前面。乔丹的父母从来不会那样。他们总是彬彬有礼,极其端庄得体,总是让我印象深刻。"对于乔丹夫妇两人来说,这都是一个值得记忆的春天。德洛里斯回到家里,发现她上班的那家银行打出了北卡蓝底色的庆祝标语。一位同事跟她打招呼说:"你好呀,'迈克尔·乔丹的妈妈'夫人。"她试图告诉人们,哪怕他们的儿子只是个不会打篮球的普通北卡新生,他们也会同样为他感到骄傲。她确实曾向一名采访者承认,决赛最后一个回合,当焦油踵队的球员像扔烫手山芋一样把球传来传去,她的母性本能让她紧紧地捂住了肚子。等球最终传到了她儿子手里,她的第一个念头就是,希望他赶紧把球传给其他人。

至于詹姆斯,他回到家时,他上班的通用电气工厂举办了一次名为"迈克尔·乔丹,欢迎回家"的特别聚会。被那关键一投永远改变的,并不只是迈克尔的生活,他父母二人的生活也被这潮水一扫而过。

虽然稚气未脱的乔丹在那次晚宴上深感尴尬,但这并不妨碍他沉醉于自己的新地位。毕竟,大部分大一新生在学校经历了一年的独立生活,回到家却都会发现他们的父母仍然把他们当作青少年看待。但乔丹回家的时候,他已头一次得到了新的地位,而这就意味着他们一家人的关系将要面临巨大的调整。他的个人地位很快就会让他父母的地位黯然失色,从而改变其家庭生态的本质。虽然眼下还为时尚早,他的大一学年刚至尾声,可他们都已察觉到了这一点。他目前还不是职业球员,但他未来一定会是。

他们试着不再一心展望未来,尤其是乔丹夫人。如果有什么不一样的话,那就是:他的梦想越发因为夺冠而接近现实,她就越发变得警惕。"要谦逊,不要过度强调你自己,一定要多提一提你的队友们。"她和迪恩·史密斯好像在念着同一套台词。每次和记者交谈时,她总会强调她为她所有的孩子感到骄傲。迈克尔只不过恰巧是受到了所有公众关注的那一个,她这样解释道。

对乔丹而言,在1982年的那个春天,眼下的挑战在于寻找一个依然能够享受往日自由生活的地方。有一次,他找机会在彭德郡与一名当地球星玩起了一对一斗牛。他原以为这块场地足够偏僻了,却还是引来了几百名观众前来观战。根据当地民众回忆,乔丹赢了两局,输了一局,夺得了胜利。

最终,他还是在教堂山找到了他的避风港。迪恩·史密斯在球队中打造出了家庭般的氛围,因此,每到夏天他以前的队员们——包括沃尔特·戴维斯和菲尔·福特等NBA球星——都会回到学校打打斗牛赛。夺冠之后的那个夏天,老球员们都等不及想要和完成致命一投的那个家伙较量一番。校友们纷纷被乔丹的场上魅力所折服。不同于詹姆斯·沃西,在北卡的头几个月里艾尔·伍德就和乔丹交过手,他觉得乔丹有点儿胆怯。在最开始的几次交手中,伍德朝着乔丹开了一肘,不料即将升入二年级的时候,乔丹以伍德的方式回敬了一肘,从而让对方知道,他不会再被吓到了。事实上,在那个夏天的末梢,乔丹常和伍德一起在野球场上研究扣篮,两人的关系也有所改善。后来乔丹在对阵马里兰大学那场比赛中施展的那记单手大风车扣篮正是出自伍德的妙想。当然,队里也有些人——比如沃西——觉得还只是一名大一菜鸟的乔丹未免有些太过自信。但到了第二年,他们都渐渐开始明白,乔丹对自我的信念反映了他那无人理解的强烈情感。

又是格兰维尔大厦

乔丹和巴兹·皮特森现在住在格兰维尔大厦的一楼。为了保护住在此处的少数几名篮球运动员和普通学生,短短的走廊两端都被锁了起来。住在这一层的普通学生当中就有大卫·曼恩,如今他已经升入大四,主修广播、电视和电影。正当乔丹的地位飞升之际,身材矮小敦实、不爱出风头的曼恩有幸近距离目睹了乔丹19岁的生活。

"早在那个时候他就已经满身傲气了,"曼恩回忆道,"他就是自信先生,他总是很肯定自己。"

曼恩时常能看见有女孩在上锁的走廊门外逗留,希望有机会溜进去。和宿舍里绝大多数"普通"学生一样,不论看到乔丹做什么事情,曼恩都会默默记下。出乎他意料的是,在乔丹的身上几乎看不到派对动物的影子。

"他是一个相当严肃的人,"曼恩回忆道,"宿舍里有不少派对达人,这中间有球员也有学生,而他从来没有真的跟那些人混在一起过。"

例如,大家就经常看见巴兹·皮特森手里拿着酒,在走廊里跟他的女友共舞。显然,他还沉醉在焦油踵队数个月前刚刚赢得全国冠军的事实之中。

"巴兹肯定不如迈克尔那么专注于篮球,"曼恩评论道,"巴兹更像一个派对达人。他对待事情不够认真,远不如乔丹那么认真。说实话,他有点儿像一个傻瓜。"

那年秋天,《体育画报》发布了一张乔丹的照片。照片中的他头戴着耳机,举着一把雨伞,在他的房间里翩翩起舞。这张照片惹恼了曼恩,因为那明显是刻意布置的。皮特森说不定会到处起舞,但迈克尔绝对不会,尽管他完全有理由为自己的人生庆祝一番。

"那就是他与众不同的地方,"曼恩评论道,"他大可以变得彻底以自我为中心,迷上派对上那些好玩的事情、那些女人和其他的一切。但他给我的印象是,他太专注了,绝对不允许自己分心,即使当时的他还那么年轻。他知道他想要成为最好的,他也知道身边的陷阱,所以他绝不会落入其中。

他似乎很相信自己，很确定他想要做什么，没有什么可以阻止他。"

曼恩注意到，虽然当时的乔丹还只是个19岁的大二少年，他似乎仅靠自己的存在感就可以掌控一切，即使是和同一层楼里的其他篮球运动员在一起也一样。"他不是那种爱大声嚷嚷的人。他并不会用言辞来支配一切，但他说话的时候你一定会认真听。他不会对其他球员颐指气使，也不会耍大牌之类的，但我很确定其他球员都很尊重他，我想他们有点儿怕他。但他不会到处冲他们发号施令。"

乔丹很快发现曼恩学的是媒体，打算在未来进军好莱坞的电影产业。"迈克尔觉得我疯了，"曼恩回忆道，"从那以后，他就会跑来对我说：'你知道你该找迪恩·史密斯的老婆谈一谈。'迪恩·史密斯的太太是一位精神病医生。每次看见迈克尔的时候，他都会对我说：'你去见迪恩·史密斯的老婆了吗？'他觉得很好笑，像我这样的人竟然会想去洛杉矶，还自认为有机会在电影行当里工作。"

这样的嘲讽持续了一两个星期，每次见面乔丹都会嘲笑曼恩的好莱坞计划。就是在那个时候，曼恩学会了每个遭遇过乔丹的幸存者都必须学会的事情——你必须得勇敢地同他对抗。

"最后我对他说：'迈克尔，我想说这就是我的梦想。我一直想要在电影行业工作。难道你没有梦想吗？'然后他说：'有啊，我的梦想就是在NBA打球。'从那以后，他真的再也没有拿那件事情来取笑我了。"

乔丹很快就发现，媒体专业的曼恩在房间里放了一台录像机，那可是个稀罕玩意儿，因为在当时录像技术还相对比较新潮，而且设备十分昂贵。曼恩自己也是一个超级篮球迷，他把北卡的比赛都录了下来。乔丹开始造访曼恩的房间，观看自己打球的录像。

"那是好久以前的事儿了，那时候遥控器都是有线的，"曼恩回忆道，"你得翘起那个十二英尺长的有线遥控器。他会坐在那儿，看自己打球的录像，然后倒带再看一次。我想他从中学到了很多。我不知道那些教练会做多少这样的录像带工作，但他的确用我的录像机做了很多。"

这位将在未来做许多事情来定义录像时代的球员，此时第一次得到了研习自己的机会。

曼恩和乔丹最初一起观看的比赛之一就是对阵乔治城大学的冠军赛。播报比赛时，解说员比利·帕克称沃西是北卡阵中速度最快的球员。

"一派胡言，"乔丹嘀咕道，"我才是队里速度最快的人。"

当他们看到乔丹的最后一投，曼恩问起了他对这一球的看法："他说其实投中最后一球的时候他并不确定自己是不是在史密斯教练吩咐的位置上。他还以为自己搞砸了。他告诉我，在那次进攻当中，他有点儿搞不清自己应该跑到什么位置。他刚好找到了空档，于是趁机出手，球就进了。"

随着赛季深入，乔丹时常在曼恩的房间里逗留，研习他的比赛。"他一言不发，"曼恩回忆道，"他什么话都不多说。他完全沉浸在自己的想法和策略当中。我也就随他自己的便了。"

一天，乔丹看到曼恩在走廊上用推杆把高尔夫球打进一个杯子里。"他也想玩，他还想要赌一把，看谁能把球打进杯子里，"曼恩回忆道，"赌注只有25美分或是1角钱，不管怎么样，我们玩了大概30分钟，我一直在赢他。到我不得不去上课的时候，他还不让我走。他逼我留在那儿，但我也不想输啊，于是我就不断把球打进杯子里。"

终于，恼羞成怒的乔丹把推杆扔到地上，起身离开。"他最后赖了我75美分，"曼恩回忆道，"而且一直没还。"

升　级

经过了夏季的训练营、大小赛事、街头斗牛和自主训练，1982年秋天回到训练场上的，是一个升级版的乔丹。"那是他大二那年赛季开始之前，"后来史密斯回忆道，"我不敢相信自大一赛季结束之后他竟然成长了这么多。训练时，要是他分到蓝队，蓝队就会赢球；要是他分到白队，白队就会赢球。助教们都相互嘟囔着：'这是怎么了？'他没有参加任何季前全美全明星赛，但他又长高了两英寸，整个夏天他一直都在努力打磨他的运球和投篮，而且信心倍增。"

"迪恩总是说，球员们进步最快的时候就是大一到大二的这段时间，"阿特·琼斯基表示，"他总是会在球员打了一年之后告诉他们还有哪些地方需要加强。如果回家好好练了，他们就会进步神速，因为他们已经有了一年大学篮球的经验。如果他们下足了功夫，他们的体魄就会更加健壮，球技也会有质的飞跃。迈克尔回来时，大家都不住地惊呼：'哇噢，我的老天爷！'"

他更高大，更强壮，更迅捷了。他的四十码冲刺时间已经降到了 4.39 秒，几乎比大一的时候快了 0.2 秒。似乎所有的指标都在向上走。在他不那么警惕的时候，乔丹也曾脱口承认，他的目标是再赢得几个全国冠军，而这也意味着他并不知道，能赢得一个已是多么幸运。要是迪恩·斯密斯再自私那么一点儿，劝服大四的詹姆斯·沃西留在北卡再打一年，那么他们成功卫冕的机会或许就大得多了。

然而，这位教练坚持把球员的成功摆在自己的成功之上，甚至摆在球队的成功之上。换作另一位教练，很可能就会向沃西指出焦油踵队马上就可以实现两连冠了。如果沃西不走，北卡就可以保留四名去年的首发球员，大有可能创造历史。然而，史密斯非但没有向沃西施加任何压力以求他留校，还开始研究沃西在当年 NBA 选秀中的前景。

当他得知沃西极有可能当选状元秀，他便尽职地建议沃西对外声称"家境贫寒"，借此名义宣布参加选秀。要是留下来继续打业余联赛，伤病的风险与因而损失的大笔金钱对沃西而言都是太大的代价。史密斯展现出了卓越的人格魅力，也正因如此，他的弟子才对他如此尊崇。阿特·琼斯基记得，五个赛季之前，他也曾同样对待前北卡组织后卫菲尔·福特，坚持让他在打完大三赛季之后就进军职业篮坛。然而，福特最终拒绝离队，他向史密斯解释道："谁来跟我妈说这事儿？"他回到了北卡阵中，且在大学生涯的最后一个赛季荣膺年度最佳球员称号。

沃西的家人也很重视学业，但史密斯一再强调参加选秀才是最审慎的做法。最终，沃西被洛杉矶湖人队选中，成为状元郎。为了顶替他的空缺，史密斯招来了一批新的高中全明星，其中包括16岁的七尺长人布拉德·多赫蒂（Brad Daugherty）[1]以及身高6尺5寸的运动型后卫柯蒂斯·亨特（Curtis Hunter），由此大规模重组了球队阵容。纵然如此，赛季伊始焦油踵队仍被票选为最被看好的球队，可惜这样的地位没能维持多久，几乎当即就被颠覆了。

1982—1983赛季的北卡之所以不孚众望，其实还有其他的原因。赛季开始前六周，乔丹左手手腕骨折。然而，打着石膏的他坚持继续训练。赛季中段，巴兹·皮特森也遭受了膝伤；为了向他的室友致敬，乔丹开始把护腕戴到左前臂中间，而这也成为乔丹的一大标志性特征。然而，最重要的还是沃西的缺阵带来的影响。正如比利·帕克所说，他是一名非同凡响的球员，他的离开留下了巨大的空缺。

赛季开始之前，来自费城的资深篮球写手迪克·韦斯来到教堂山探访乔丹。乔丹骄傲地谈到他和他父亲都是全国运动汽车竞赛协会（NASCAR）[2]的车迷。韦斯记得他当时想到，这是一个丝毫不落窠臼的年轻人。韦斯在2011年回忆起当初，他觉得乔丹是个好孩子，可他也补充道，在乔丹身上或乔丹的比赛中，他完全没有看出来"这孩子是NBA的下一个救世主"。不过离开教堂山的时候，这位体育写手确实笃信乔治城和北卡将在来年春天再次会师总决赛。

"我的预料并未成真。"韦斯说。

尽管手上还打着石膏，乔丹仍然在赛季揭幕战中砍下了25分，帕金

---

[1] 布拉德·多赫蒂，1986年NBA状元秀，克里夫兰骑士队历史上最伟大的球员之一，曾五次入选全明星赛。在NBA征战八个赛季，因背伤而草草结束了职业生涯。现为篮球解说员。

[2] 全国运动汽车竞赛协会（National Association of Stock Car Auto Racing），简称纳斯卡（NASCAR），是在美国最大、最受认可的赛车竞速团体。

斯也有 22 分进账，可惜北卡撑到了加时赛，还是以 78∶74 憾负于拥有克里斯·穆林和极佳阵容深度的圣约翰大学。一周之后，北卡作客圣路易斯，迎来一场肢体碰撞激烈的硬仗。他们再次以 64∶60 落败，大家也已明了，这个赛季注定将会波折不断。不出所料，每一支与他们交锋的球队都聚精会神，严阵以待。三天之后，杜兰大学和他们实力不俗的中锋"极速马力"约翰·威廉姆斯（John "Hot Rod" Williams）造访教堂山。离比赛结束还早，球迷们就已经暗自认定，北卡即将遭遇不可思议的开季三连败。要知道，自 1928—1929 赛季以来，北卡还从未如此狼狈过。

真正的麻烦开始于终场前 4 分 33 秒，帕金斯五犯离场，这使得身高 6 尺 9 寸的约翰·威廉姆斯有了更多施展拳脚的空间。杜兰大学以 51∶49 取得领先。乔丹抓下一个进攻篮板，补篮得手，追平比分，比赛还剩 36 秒。终场前 8 秒，北卡把威廉姆斯送上了罚球线，后者两罚全中，帮助杜兰大学绿浪队（Green Wave）再次取得两分领先优势。再一次，乔丹在比赛临近尾声之际接到了球。他突破至篮下，不料却被裁判吹了进攻犯规。

乔丹的父亲詹姆斯·乔丹坐在两个女儿中间，看完了整个过程。"我当时心想：'这下我们输定了。'" 1984 年，他在一次采访中回忆道。罗丝琳看着他说："老爸，你认输得太早了吧。"计时器显示比赛还剩 4 秒钟，乔丹断下对手的界外球，在 35 英尺开外起身跳投，皮球压哨入网——比分追平。卡迈克尔大礼堂（Carmichael Auditorium）顿时沸腾了，但紧张的局势还远远没有结束。

直到第三个加时赛还剩不到两分钟之际，比赛终于尘埃落定。乔丹沿底线突破，命中一记打板跳投，同时还造成了对手犯规，一举将北卡的领先优势扩大到了 5 分，最终帮助焦油踵队以 70∶68 迎来了该学年的首场胜利。

"赛季开始时他的左手手腕上还打着石膏，可他仍然带领我们战胜了杜兰大学。"史密斯回忆道。

紧密的赛程之下，休息的时间寥寥无几。紧接着，他们远赴新泽西州的梅多兰兹体育场挑战路易斯安那州立大学，终以 4 分之差取胜。随后他们在格林斯伯勒击败圣克拉拉大学，收获了赛季第三胜。一周之后，在圣诞假期之初，他们来到了塔尔萨市①参加油城经典赛（Oil City Classic）。金色飓风队以10分的优势赢下了第一场。从前沃西为北卡带来的远不止是背身单打，还有大量的低位活动。而今，他们仍在适应没有沃西的状况。三天之后，他们作客田纳西大学查塔努加分校；终场前不到4分钟，北卡还落后一分。乔丹再次创造了所谓的"M.J.时刻"，一手包办了球队最后17分之中的11分，稳固了胜局。

圣诞长假期间，乔丹一家人随队远征檀香山，参加彩虹经典赛（Rainbow Classic）。在那里，他们不仅饱食了夏威夷烤野猪，更豪取三连胜，这其中还包括以73∶58痛宰密苏里大学，一雪前耻。由此开始，北卡一鼓作气拿下了18连胜。一回到家，焦油踵队就在格林斯伯勒对上了罗格斯大学。ACC赛程开始之前，他们又赶到夏洛特与雪城大学一较高下。雪城大学的助教布伦丹·马龙曾是乔丹在五星篮球训练营中的教练，他终于有机会一睹乔丹篮球水平的进步。雪城大学橘子人队觉得他们有必要用双人包夹来对付乔丹。"我们在后场设下陷阱，"马龙回忆道，"他在面临压力时展现出的从容姿态给我留下了深刻的印象。遭遇包夹时，他就会运球离开上前包夹的球员，放低重心，观察包夹者的举动，然后送出一记完美的妙传。他从来不会在那种情况下手足无措。"

为了限制史密斯在1982年ACC决赛上使出的拖延战术，新赛季联盟试验性地引进了进攻计时制度和三分球制度。史密斯再也不能像从前一样，为了保护微弱的领先优势，让球员们分散在场上玩猫捉老鼠的游戏了。懒散愚钝的区域联防也不再适用。现在，各队必须制订更加完善的战术来守卫外线。

客场对阵马里兰大学，乔丹上半场仅有两分入账，但在下半场寻回了手

---

① 塔尔萨市（Tulsa）是美国俄克拉何马州东北部的塔尔萨县首府，也是该州人口第二多城市，因昔日盛产石油，故有"世界石油之都"美誉。

感，独得 15 分。不仅如此，在比赛接近尾声时，他还送出一记大帽，扇掉了马里兰大学主教练"左撇子"德莱塞尔（Lefty Driesell）①之子查克·德莱塞尔（Chuck Driesell）的上篮，帮助球队以 72∶71 保住了这一场险胜。

接下来，焦油踵队还要面对拉尔夫·桑普森和他的弗吉尼亚大学。虽然上一场险胜了对手，但大家也都把接下来的恶战放在心上。队友瓦伦·马丁（Warren Martin）、柯蒂斯·亨特和布拉德·多赫蒂也都住在格兰维尔大厦的一楼。"比赛前一天，球员们站在走廊里讨论比赛，大家都怕得要死，"大卫·曼恩回忆道，"我的意思是，现在的人们不了解当时的拉夫尔·桑普森有多令人闻风丧胆。他就像是篮球场上的怪兽哥斯拉。布拉德·多赫蒂还是一个大一新生，他很不愿意跟桑普森对抗。所以大家都站在走廊里，讨论他们要怎么做，说他们有多紧张。迈克尔也站在那儿，但是他一句话也没说。过了几分钟，他突然跳起来，跳了大概有 40 英尺高，狠狠地用手捶了一下墙壁，骂了出来：'去他的桑普森！'"

队友们都目瞪口呆，谁也没有再说话。

"然后大家就都散去了。"曼恩笑着回忆道。

双方的第一次交战地点在弗吉尼亚大学体育馆，比赛由 NBC 进行现场直播。开赛之前，弗吉尼亚大学在票选榜单上高居第二，而焦油踵队则位列第十一名。不仅如此，弗吉尼亚大学骑士队正在捍卫桑普森时代以来的主场 42 连胜。这是弗吉尼亚大学近六周以来的第一场主场比赛，而焦油踵队近来的表现也足以煽动对方主场的热情：在赛前热身时，只要桑普森一接近篮下，9000 名球迷就会欢呼雷动。当史密斯站到球队替补席前，他的 NCAA 冠军戒指在镁光灯下熠熠生辉，球迷们便发出阵阵嘘声，齐声叫嚣："迪恩，给我坐好！迪恩，给我坐好！"

---

① "左撇子"德莱塞尔，NCAA 名帅，在其 41 年执教生涯中屡获殊荣，是历史上唯一一位曾在四所不同的大学取得 100 场胜利的教练。其子查克·德莱塞尔后来也成为 NCAA 教练。

焦油踵队一上来就通过区域联防对桑普森实施严密包夹，同时轰进了一连串三分球，取得了12分的领先优势。到半场结束时，球迷们难掩失望的情绪，小小的球馆已陷入了一片死寂。史密斯在桑普森的一侧安排了6尺11寸的布拉德·多赫蒂，另一侧则由6尺9寸的萨姆·帕金斯把守，两边还各埋伏着一位侧翼球员，随时准备插入协防。焦油踵队有效地阻绝了桑普森的接球线路，同时也让弗吉尼亚大学的其他球员没能打出任何进攻节奏。在比赛的头20分钟里，桑普森八次尝试出手，仅仅命中了两球。与此同时，帕金斯则在进攻端祭出了其职业生涯代表作，仅上半场就独揽25分，这其中还包括了三记三分远射。

中场休息过后，桑普森接连领到了第三次和第四次个人犯规，全场球迷噤若寒蝉；而北卡则将领先优势扩大到了23分——85∶62，比赛还剩9分41秒。两分钟后，终场前7分37秒之时，桑普森在左翼底角19英尺处甩进了他本赛季的第一粒三分球，弗吉尼亚大学也由此开启了绝地反击。弗吉尼亚大学的里基·斯托克斯、吉米·米勒（Jimmy Miller）、里克·卡莱尔（Rick Carlisle）①、蒂姆·穆伦和奥瑟尔·威尔森接连开火，桑普森也再次进攻得手。接着，卡莱尔又投进了一枚三分。短短5分钟内，"哇呼队"（Wahoos）②将23分的分差追赶到了6分。比赛还剩下两分钟，北卡仍以96∶90保持领先，桑普森从右路突破，近距离出手。电光火石之间，乔丹从罚球区另一侧飞身扑来，野蛮地扇飞了皮球。

媒体席上的记者们都倒吸了一口冷气。甚至连站在边线上的弗吉尼亚大学主帅特里·霍兰也情不自禁地鼓起掌来。"迈克尔和大卫·汤普森，"

---

① 里克·卡莱尔，NBA名帅，现任印第安纳步行者队主教练。球员时期曾辗转四支球队，并于1985—1986赛季随波士顿凯尔特人队获得NBA总冠军。退役后曾执教过底特律活塞队和印第安纳步行者队，于2001—2002赛季荣获年度最佳教练（活塞队）。2008年入主达拉斯独行侠队，2010—2011赛季率队夺冠，从而分别作为球员和教练赢得过NBA总冠军。2021年6月，与独行侠队解约，并出任步行者队主教练。

② 弗吉尼亚大学骑士队的非官方昵称。

霍兰回忆道,"只有这两人曾在对阵我的球队时让我因为纯粹的惊叹而鼓掌……鼓完了才反应过来,我这是在为我的对手而赞叹。"

"他赏给桑普森的那一记大帽……我一边痴痴地鼓掌,一边冲着裁判大喊:'那是个干扰球啊!'"霍兰说道,"我觉得裁判也和我一样看傻了眼,也根本搞不清楚他到底是怎么做到的。严格地说,那记封盖一定是干扰球,因为拉夫尔是在篮筐的上方出手的,所以球一定是往下落的。那一球看起来就像是一枚泰坦导弹。我都不晓得乔丹怎么会想要去封盖那个球。"

"那是我年少时的事儿了,"15年后,乔丹亲口承认他也没想到自己能扇掉那个球,"我自己都惊呆了。那就是我比赛风格的美妙之处;在我的职业生涯中,某种程度上也正是这样的瞬间驱使着我不断前行。没有人能坐在那儿告诉你我能做到什么事。我自己都没法告诉你我做不到什么,做得到什么。而这也就是最美妙的地方。"

在史密斯体系下打球的乔丹,还远远没有发掘他能力所及的全貌。

那记盖帽之后14秒,奥瑟尔·威尔森扔进一记三分球,弗吉尼亚大学借此将比分拉近至2分,比赛还剩最后50秒。骑士队被迫采取犯规战术,乔丹和吉姆·布拉道克先后命中罚篮,帮助球队以101:95获胜。那天,面对记者桑普森一言未发,兀自离开了球馆。

赢下这场比赛之后,北卡坐上了ACC的头号交椅。随后,焦油踵队又以大比分优势轻取北卡罗来纳州立大学和杜克大学。由于沃西离队进军NBA,乔丹开始深入篮下,也就是在这一时期,日后成为他职业生涯一大得分法宝的背身单打绝技初露锋芒。乔丹在场上的跑动如鱼得水,往往能在史密斯的二次快攻(Secondary Break)①战术中找到空档,轻松得分。

---

① 有别于一般的快攻战术(Primary Break/Fast-Break),二次快攻指在对方防守落位前快速地由守转攻。前者通常指的是由对手失误、己方断球或抢篮板而形成的前场二打一或一骑绝尘的场面;而严格意义上的二次快攻需要面对至少两名已回到前场的防守队员。二次快攻既可以通过场上球权转换来实现,也可以通过进球/死球后的快速发球、推进来执行。迪恩·史密斯对这一战术钟爱有加,颇具心得。

即使没有跑出空档,他也能利用迅捷的第一步和出色的弹速创造投篮机会。他偶尔还是会因为这个动作而被吹走步违例,但史密斯已经给 NCAA 寄了一张乔丹突破的慢动作录像带,以证实他的第一步并没有走步。北卡的进攻体系还制造了大量空切反跑(Back Cut)和走后门(Back-Door Play)的机会,能帮助乔丹这种运动能力出众的球员轻松填满数据单。

"乔丹的勤勉努力不亚于我见过的任何球员,考虑到他已经如此出类拔萃,这就尤其难能可贵了。" 1 月的那场比赛之后,杜克大学主教练迈克·沙舍夫斯基如是说,"他奠定了比赛的基调。他的心理素质和他的球技一样强大。他曾在场上说:'我要拿球,把球给我。我来搞定。'他确实无与伦比。我们想要防住他。我们在战术板上涂涂画画,告诉球员:'接下来他会这么干。'可他还是做到了。我很钦佩这一点。即便投丢了球,他也会拼了命去抢篮板。他绝不留给我们一丁点儿还击的机会。"

乔丹的火热状态一直延续到了第二周对阵佐治亚理工学院的比赛当中。当天他 16 投 11 中,砍下了大学职业生涯最高的 39 分。其中,他在三分线外出手 7 次,6 次刷网而入。

弗吉尼亚大学作客卡迈克尔大礼堂时,乔丹的表现让 ESPN 评论员、退役教练迪克·瓦伊塔尔(Dick Vitale)赞叹连连。最近的连胜让焦油踵队在票选中霸据了全国第一的宝座,而弗吉尼亚大学则屈居次席。弗吉尼亚州的体育圈消息人士都对瓦伊塔尔颇有微词,控诉他在全国最佳球员年度票选中企图以个人力量阻挠桑普森当选。瓦伊塔尔本就对乔丹的才华赞不绝口,但特里·霍兰和弗吉尼亚大学的公关团队则认为,瓦伊塔尔不仅是在支持乔丹,还恶意中伤了桑普森。

他们说,瓦伊塔尔在谈及桑普森时曾用到了"超级巨星"一词,语气中带着些许奚落的意味。而瓦伊塔尔则认为他被误解了。他说,不同于其他某些伟大中锋,桑普森在弗吉尼亚大学的搭档都天赋平平。但瓦伊塔尔也曾指出,在桑普森大学生涯的最后一个赛季里,他有点儿缺少比赛积极性,而恰恰相反,乔丹则浑身都洋溢着热情。

30 年后，霍兰评论道："迈克尔是合乎情理的候选人，迪克也大可以想为谁投票就为谁投票，想吹捧谁就吹捧谁，这一点无可非议。但我们之所以不满，是因为他夸夸其谈乔丹应该是年度最佳球员，而不应该是拉夫尔。迪克这个人就是那么妄自尊大，总是不知自制。为了力捧他中意的候选人而苛责拉夫尔，这种做法真是毫无道理。"霍兰补充说，桑普森留在母校打了四年的球，已经两度荣膺年度最佳球员了。

这场争论将在卡迈克尔大礼堂的球场上见分晓。比赛开始前，人头攒动的学生观众区呼声如雷，以至于在入场介绍时弗吉尼亚大学的球员几乎都听不见自己的名字。尽管如此，他们还是打得攻守有度；下半场还剩 9 分钟时，他们已经取得 16 分的领先优势。

比赛还剩 4 分 48 秒，弗吉尼亚大学的吉米·米勒二加一得手，客队以 63∶53 领先。但自此之后，骑士队就再未得分，反而跌跌撞撞平白送给对手一连串失误。终场前 1 分 20 秒，客队仍以 63∶60 领先，桑普森却投丢了一次罚篮。紧接着，招牌好戏上演了：计时器显示还剩 51 秒，乔丹在中场处断下了里克·卡莱尔的球，风驰电掣般杀到篮下，灌篮得手，帮助北卡以 64∶63 取得领先。几十年过去了，回想起当年那一幕，仍然会让那些目睹的人们感慨万千。弗吉尼亚大学耗完了最后的 50 秒钟，直到终场前 5 秒，卡莱尔远距离出手，皮球弹框而出。

比利·帕克回忆道，乔丹高高跃起，从桑普森头顶上摘得了关键的最后一个篮板，这一个篮板也说明了一切。"在那一年，他最抢眼的地方并不是进攻端的贡献。他的精彩表现首先让我看到了他那不可思议的好胜心，然后则是他的防守能力。1983 年，我看到了他能把对手防得多死。毫无疑问，他也是一名出色的得分手，但他的异于常人的地方还在于他的防守。"

霍兰也非常同意以上说法。"迈克尔是一名在方方面面都非同凡响的大学球员，但他在防守端尤其效率卓绝。"霍兰在 2012 年回忆说，"相比进攻能力出色的球员，这样的球员要难应付得多，因为你没法用包夹战术来

对付一名防守球员,也不能想方设法阻止防守者拿球。"

那一天,北卡的球迷纷纷起立欢呼,比赛结束之后良久仍未停歇。"那天深夜我们回到宿舍,"大卫·曼恩回忆道,"我已经完全说不出话来了。我的嗓子都喊哑了。我在楼下的零食贩卖机旁,迈克尔也走了过来。只有我和他两个人,我跟他说那是一场多么出色的比赛,他的表现多么精彩。他的反应很平淡:'是啊,没错。'然后他开始聊课堂上的事情。他从头到尾都是一副漠不关心的样子,好像什么都没有发生一样。他甚至都没有兴趣提起那场比赛。"

三天之后,维拉诺瓦大学来到北卡主场,双方即将重演1982年的分区决赛。维拉诺瓦大学埃迪·平克尼与萨姆·帕金斯私交甚笃,两人同是纽约出身,似乎都热切想要从对方口中探知一些内幕消息。他们的谈话焦点是联盟之间日益激烈的竞争趋势。维拉诺瓦大学同乔治城大学一样,隶属于大东区联盟(Big East)。

"我们不想跟他们打太多交道,因为只要你稍事疏忽,他们就有能力让你很难堪,"回想起那支焦油踵队,平克尼如是说,"帕金斯总是说,乔丹是他见过的最出色的球员。而我当然会说尤因才是最强的。对我们来说,能有机会同迈克尔·乔丹交手,能和当时的ACC榜首球队较量一番,这就已经是一件令人难忘的事情了,因为当年的ACC可谓独霸全国。那是最顶尖的联盟,云集了众多出类拔萃的球员。"

"他们当时雄踞榜首,而且还拥有乔丹,"平克尼解释道,"我们并不是真的觉得我们能搞定他。你只知道那家伙是个很厉害的球员。作为球员,你只能对自己说:'我以前见过那家伙打球。所以要等到什么时候呢?'因为你心知肚明接下来会发生什么。'他会在什么时候接管比赛呢?'"

但那一天,平克尼的担忧并未成真。乔丹的表现并不十分出色,于是维拉诺瓦大学击败了排名全国第一的球队,还是在对手的主场。"按理说他们应该痛宰我们才对,但我们打了一场漂亮的仗,"平克尼说,"那场比赛我们如有神助。"

200

这场失利让焦油踵队陷入了输球的旋涡之中。三天之后，他们奔赴马里兰大学，以 12 分之差告负；再过三天，他们又以 7 分之差不敌北卡罗来纳州立大学——这一场败仗仿佛也预示了他们将在当年晚些时候的大西洋联盟锦标赛半决赛上再度输给北卡罗来纳州立大学狼群队。吉姆·瓦尔瓦诺的弟子们已经打出了节奏，并由此以黑马之姿一路杀进总决赛，并斩落休斯敦大学，捧得了全国冠军奖杯。

同时，焦油踵队也挺进了分区决赛，却在雪城以 77：82 被佐治亚理工学院拉下了马。乔丹苦苦挣扎，奉献了几记惊艳的扣篮；只可惜独木难支，他也未能挽回败局。后来，乔丹对罗伊·威廉姆斯说他已经筋疲力尽，想要离开篮球场，休息一下。这位助理教练明白，沃西的离队给乔丹留下了沉重的担子。虽然史密斯的体系稍稍缓解了乔丹的窘境，但是为了驱动北卡这座篮球机器不断前进，乔丹不得不每场比赛都拼尽全力。威廉姆斯告诉乔丹，休息一下是合情合理的；可第二天，他半惊半喜地发现乔丹又回到了体育馆，兀自磨炼球技。威廉姆斯问他为何改变了计划，乔丹说他非得变得更强大不可。

那个赛季的尾声，焦油踵队屡遭重创，但乔丹的声望却节节攀升。用《体育画报》的话说，他现在"显然是世界上防守最出色的后卫"——然而就在一年之前，在教练组的眼中他还是一个对防守毫不上心的大一菜鸟。"乔丹似乎总是知道球在哪里，将往哪里去，"马里兰大学的前锋马克·福瑟吉尔（Mark Fothergill）如是说，"他就像个疯子一样到处游走，全场上下哪里都有他的身影，给进攻方制造各种各样的麻烦。"

得益于 ACC 试行的三分球制度，乔丹的场均得分涨到了 20.0 分（已经足以在 ACC 独占鳌头），每场还能抢下 5.5 个篮板。但是，他仍然不满意。他的投篮命中率达到了 53.5%，但他在外线的投篮准星却和大一赛季时相差无几——对于频频遭遇各种区域联防的北卡来说，外线进攻可是至关重要的。"我觉得三分线的引进改变了我的思维方式，"他直言，"我太着急了，远距离出手尝试太多了。"事实上，他的三分球命中率高达 44.7%，

这样的表现已经相当不俗,在北卡的后卫群中也能够名列第四。"除此之外,我的投篮弧线越来越高了,"他说,"我觉得1982赛季的那记制胜一投仿佛冲刷了我的头脑。那个片段我一定看了有30次了。那条弧线就是一道彩虹。哇噢。"

每场比赛之后,北卡的教练们都会评选出一位最佳防守球员。在乔丹的菜鸟赛季,他从未染指这一荣誉;但到了大二赛季,他一共当选了13次。他一次次溜进对手的传球线路中进行干扰,一次次利用他的一双长臂把球截下,一个赛季下来贡献了78次抢断,差一点就打破了杜德利·布拉德利(Dudley Bradley)[1]保持的北卡校史纪录。积极的防守也让他付出了代价,整个赛季他累计被吹110次个人犯规,还有4次犯满离场——无一例外,这四场比赛焦油踵队都以败北告终。

在数据之外,他还有不少令人瞠目结舌的精彩表演。例如,有一次他直接从北卡罗来纳州立大学后卫西德尼·洛维(Sidney Lowe)[2]的头顶飞了过去。还有一次,他在对阵佐治亚理工学院时献上了一记扣篮,这一球被《体育画报》称为"摧毁士气的一扣"(a demoralizer dunk)。他在罚球线处起跳,令人匪夷所思地在空中停滞了良久,在最后一刻才反转手臂,灌篮入筐。"我还以为我看见超人了呢。"后来,佐治亚理工学院的蒂姆·哈维(Tim Harvey)如是惊叹。

乔丹再次创造神绩,名声可谓扶摇直上。他入选了ACC第一阵容和美联社全美最佳阵容,只可惜没能从桑普森手上夺走全美年度最佳球员大奖。乔丹在美联社年度最佳球员票选中名列第二,也被《体育新闻》(The

---

① 杜德利·布拉德利,北卡名宿,退役NBA球员,绰号"国防部长"(The Secretary of Defense)。1979年于第13顺位被印第安纳步行者队选中。新秀赛季的11月,布拉德利两次贡献单场9次抢断的表现。该赛期布拉德利共抢断211次(场均2.57次),创下NBA新秀抢断纪录。

② 西德尼·洛维,1979—1983年就读于北卡罗来纳州立大学,1983年第二轮总第25顺位被芝加哥公牛队选中,之后在NBA征战多年。

Sporting News）评选为年度最佳大学球员。"他在空中翱翔，"这家周刊评论道，"他拼抢篮板，他得分（两年得分超 1100 分，创造校史纪录），他一次盯防两个人，他争球时奋不顾身，他奋起盖帽，他频频抢断。最重要的是，他频频在最后时刻挺身而出，帮助球队争得胜利。"

尽管如此，随着那个赛季戛然而止，乔丹的心情也一落千丈。"我感到苦涩无比，"一年之后，他这样说道，"也许大一就拿下 NCAA 冠军的经历把我宠坏了。"他感到某些队友缺乏必要的争胜心，这也让他颇为不爽。这种对队友的质疑也成了他一生中常见的主题，对于这一点他自己也时常直认不讳。"我觉得很难跟一个没有好胜心的人相处，"后来他如是说道，"我常常在场上场下考验我队友的好胜心。我会故意找他们的茬，看他们敢不敢挺身回击。如果他们没有逆来顺受，我就知道我可以信任他们，他们能挺过比赛中的高压时刻。"成为职业球员后，他更善于处理这类问题了，尽管许多他在公牛队时期的队友表示无法赞同。

据后来的媒体报道，大败于佐治亚理工学院之后，乔丹打起了高尔夫球，借此来舒缓躁动的情绪。教他打高尔夫球的是巴兹·皮特森和北卡当年的全美最佳高尔夫球星戴维斯·乐福三世（Davis Love III）①。媒体的报道不假，只不过事实发展得更加循序渐进。

皮特森在高中时就常打高尔夫球，他和乐福也是旧识，后者的父亲曾给迪恩·史密斯上过高尔夫球课。彼得森、乐福和罗伊·威廉姆斯经常一起在高尔夫球场上消磨时光，乔丹不喜欢落单的感觉，于是也跟他们一起去了。"最后他走下了高尔夫球车，说他也想玩一玩，于是我和巴兹搞了一套球杆，找了几颗老旧的球，让他打了起来……我们差点儿调教出了一头怪兽。"乐福回忆道。布拉德·多赫蒂、马特·多尔蒂和其他几名队员也陆续加入了他们的行列。乔丹和他的队友们一如往常般争强好胜，常常泡在

---

① 戴维斯·乐福三世，美国著名职业高尔夫运动员，曾 21 次问鼎职业高尔夫巡回赛（PGA Tour）。

高尔夫球场上，练习挥杆动作。

"很多篮球队的球员都会过来打打高尔夫，"乐福回忆道，"有一次，史密斯教练说：'我的球员都跑到高尔夫球场去啦。能麻烦你把他们送回体育馆吗？'"

"认识他并看着他成长是一件很有趣的事情，"多年以后乐福说道，"对他而言，高尔夫球最棒的地方就是可以让他离开观众的视线，离开他的名人地位。我想这也是他如此喜欢打高尔夫球的原因吧。打好高尔夫球并不容易，它是一项挑战，但是也让他得以在篮球之外放松身心。"

阿特·琼斯基回忆，除了打高尔夫球之外，乔丹还有其他的发泄方式。"格兰维尔大厦的篮球队成员们组建了一支垒球队，他们得过校园锦标赛冠军，而迈克尔则是队中的大明星。我记得他当时打的是游击手。他们吸引了大批观众来到校园内的垒球场看球。但是不像今天的球员都在校外租公寓，那时他们都住在格兰维尔大厦，成天一起厮混。那种感觉非常好。现在时代不一样了。当年的他正走在成为球星的路上，只不过谁都不知道他到底会成为一位什么样的球星。"

泛美运动会①

或许乔丹需要离开篮球休息一阵，但没过多久，在委内瑞拉首都加拉加斯举行的泛美运动会（Pan American Games）就把他召唤了回来。这将是一份颇具分量的国际赛场经验，但最重要的是，他就是想打篮球。

"我等不及打下一场比赛了。"后来他回忆说。

泛美运动会的阵容选拔召集了几十名来自两支美国业余球队的球员。

---

① 泛美运动会，美洲国际综合性体育赛事，源自20世纪20年代的中美洲运动会。首届泛美运动会原定于1942年在阿根廷布宜诺斯艾利斯举行，但因第二次世界大战而延期至1951年。此后，泛美运动会一直每隔四年举办一次。

这支球队将由堪萨斯州立大学主帅杰克·哈特曼（Jack Hartman）执教，并受到印第安纳大学主帅鲍比·奈特的密切关注，后者当时已被任命率领美国男篮征战1984年洛杉矶奥运会。

埃迪·平克尼记得，那天乔丹打得气势汹汹，而且飙着一口平克尼闻所未闻的垃圾话——即使他在纽约的时候也没听过。"差不多得有100人参加了选拔赛，"平克尼回忆道，"他们把我们分成了几队。我永远都忘不了乔丹在那几场试训当中的表现。我们四人一队，我和他分在了一起。鲍比·奈特就站在场中央的看台上，俯视着全场动态。我记得看台上还有其他几位教练跟他站在一起。我们队里有迈克尔，所以一场都没输过。这真是荒唐可笑。每场比赛都要打到七分为止。有人负责计时，只要比赛一方得到了七分，或者规定时间用完，比赛就到此结束。"

平克尼笑着说，设计这个程序本来是为了让竞争最大化，可是乔丹却让它最小化了。"我们走上一块场地，以7：0轻取对手。他一手包办了所有的进球。然后我们再前往下一块场地，以7：3获胜，他一人连得了五分。然后可能其他某个人进了个上篮或是什么的。简直就如儿戏。当时我就对自己说：'这家伙已经失控了，他太强了。'"

平克尼和乔丹入选了大名单，一同被挑中的还有克里斯·穆林、里昂·伍德（Leon Wood）、迈克尔·凯奇（Michael Cage）、萨姆·帕金斯、马克·普莱斯（Mark Price）、韦曼·蒂斯代尔（Wayman Tisdale）和安东尼·蒂奇等人。哈特曼把这支球队带到堪萨斯大学打了两场热身赛，对手是一支由众NBA球员组成的球队，这其中就有来自堪萨斯城国王队（Kansas City）①的拉里·德鲁（Larry Drew）和埃迪·约翰逊（Eddie Johnson）。

"有些人正在聊NBA，"平克尼回忆道，"我们都知道迈克尔将来一定会进军NBA。这一点没有任何疑问。他也知道他会打进NBA。但我们都挺

---

① 堪萨斯城国王队，现萨克拉门托国王队的前身。1972年至1985年，堪萨斯城是国王队的主场所在地。

想瞧一瞧自己跟他较量起来是个什么样儿。结果他统治了那两场比赛。他频频断球。那是我第一次看见他的摇摆扣篮。他和那些职业球员对位起来毫无压力。我的意思是，他轻而易举就脱颖而出了。"

下榻的酒店配有一个标准杆三杆的小型高尔夫球场，乔丹的兴趣一下子就被吸引过来了。"我们没打篮球的时候，他唯一想做的事情就是打高尔夫，"平克尼回忆说，"每当我们练完球，那家伙就会跑回来，在高尔夫球场上消磨时光。他就只做这些事情。他会去打两杆高尔夫，然后我们再一起训练。我们出国打比赛时他也是这样。他就是那么喜欢打球。我知道他不怎么爱睡觉。他总是跟里昂·伍德混在一起。那些家伙不论去哪儿都是形影不离。"

在去委内瑞拉的路上，他们在波多黎各打了一场表演赛。安东尼·蒂奇还记得，虽然波多黎各球员们可能根本听不懂乔丹的话，但是这并不妨碍他狂飙垃圾话。"他一直深信，有必要让那些家伙知道：很大程度上篮球是我们美国人发明的。我们出国打比赛的时候他总是特别争强好胜，没有一丝一毫的客气。"

从波多黎各出发，美国队前往委内瑞拉准备 8 月的比赛。到了之后却发现，他们的宿舍就和水泥盖成的空壳全无二致。朗·克鲁格（Lon Kruger）是这次赛事的领队，后来他一度在 NCAA 和 NBA 执掌教鞭。"那个运动员村还没建好，"克鲁格回忆道，"窗户还没有安上，连门都没有。我们面面相觑，心想：'这是怎么一回事儿？'"

乔丹看了一眼光秃秃的混凝土墙壁，就把旅行袋往地上一扔，说："开始干正事儿吧。"乔丹一心以大体为重，丝毫没有抱怨住宿条件，这让哈特曼触动很大。

"迈克尔·乔丹站了出来，说：'这里是运动员村。我们住这儿没问题。'"克鲁格回忆道，"迈克尔都表态了，其他人也就都无话可说了。"

日后成为 NBA 裁判的伍德回忆当时乔丹的态度："反正现在我们也没什么好办法。"

"我们来这里是为了拿金牌的，"乔丹对他的队友们说道，"让我们行动起来吧。"

在这12天里，美国队共与各国球队交手八次。在第一场比赛里，美国队先是以4∶20落后于墨西哥，乔丹右膝的肌腱炎也不幸恶化。但他带伤奋战，最终帮助球队争得一胜。对阵巴西的第二场比赛，乔丹忍痛出场，砍下了27分，并用一记扣篮帮助后来居上的美国队锁定了胜局。比赛结束后，他坐在更衣室，腿上绑满了冰袋。"这肌腱炎是很早以前的旧伤了，"他告诉一位记者，"没有什么问题。而且，现在我无论如何都不会缺席比赛。"

平克尼回忆，尽管有伤在身，乔丹还是接连击退了每一个对手。"防守时他屡屡断球得手，进攻时他不断依靠低位背身单打得分。如果比赛进展不顺，他就会勃然大怒。他在带着一股怒火打球。他可以说是那支球队的领袖，所以只要球员们走上场，就一定要全力以赴。我们的对手都是外国的职业球员，他们在欧洲和南美洲打职业联赛。我们面对的是比我们年纪大的家伙。但乔丹兀自上场，根本不在乎这些。他说：'要么给我拼尽全力，要么就换别人上场。'"

比赛期间，有那么几次乔丹的外线投篮也陷入了低迷。比利·帕克指出，正是组织后卫马克·普莱斯在这个时候站了出来。"我们的球员打得并不好。我们频频使用区域联防。我们的跑动不够积极，而其他球队也根本不怕我们这帮小孩子。马克·普莱斯大概是在关键时刻挺身而出最多的球员。迈克尔打得也不赖，但是还称不上出色。"

不过，杰克·哈特曼倒是对乔丹的表现颇为赞赏。"这孩子的得分能力不输任何人，"后来，这位教练说道，"有时候我觉得当他的教练就像在作弊。迈克尔做出了太多不可思议的动作，让我当即就想看精彩回放。但是我不能，因为我人就在现场，目睹了一切。"

在这八场比赛当中，乔丹场均砍下17.3分，成为球队得分王。虽然他痛失第二座NCAA冠军奖杯，但他现在有了一枚国际大赛的金牌。

　　乔丹回家后，德洛里斯·乔丹看了一眼筋疲力尽的儿子，当即告诉他休想再跑出去找野球打。"够了，"她说，"你就好好在家里待着。"

　　为保证万无一失，她拿走了乔丹的车钥匙，并命令他做了一件他似乎一直以来都没有时间也没有意愿去做的事情：睡个好觉。

第十三章　体系崩溃

1983年夏天，刚休养了几天的乔丹就回到了教堂山。"菜鸟们都已经在飘垃圾话了，我得去看看他们到底有几斤几两。"他说。迪恩·史密斯招揽了两名入选《大观杂志》（Parada Magzine）全美最佳阵容的前锋：乔·沃尔夫（Joe Wolf）和戴夫·鲍普森（Dave Popson）。但真正激起乔丹兴趣的，却是迪恩·史密斯从纽约招来的组织后卫。肯尼·史密斯（Kenny Smith）① 这时已经赢得了一个响亮的绰号："喷气机"（The Jet），而且顺利通过了乔丹的好胜心测试。他不仅速度飞快，而且身手敏捷，但他并不贪恋进球得分，而是和吉米·布莱克一样，能够纵观全局，同时也明白一名真正的组织后卫的职责所在。这时巴兹·皮特森已伤愈归队，史蒂夫·哈尔（Steve Hale）也展现出了独当一面的潜质，迪恩·史密斯已经拥有了足以角逐冠军的优秀阵容。

"现在是最难适应的阶段，"史密斯向《体育画报》解释道，"我们向他们抛出了很多难题。"

史密斯教练抛出的最大难题就是乔丹本人了。最近，教堂山的四角餐厅（Four Corners Restaurant）还新推出了一道"乔丹三明治"——其实就是蟹肉沙拉配皮塔饼——乔丹已经被推上了不朽的神坛。

---

① 肯尼·史密斯，前NBA球员，1987年第一轮第6顺位被萨克拉门托国王队选中，20世纪90年代中期休斯敦火箭队两夺冠军的功臣。在NBA征战13个赛季，现为电视篮球评论员，在美国TNT电视台主持"NBA内幕"（Inside the NBA）节目工作。

乔丹的领导方式可远不止是让队友们对他的斥责感到害怕。队中的每一个人都不想让他失望，大一菜鸟们也莫不如是。就如他常常解释的那样，这种事情他不会挑明了说，他并不是在场边当啦啦队的那种人。就像平克尼在泛美运动会上评述的那样，乔丹会以身作则，不遗余力，然后要求队友们和他一样全力以赴。很多时候，他只要皱一皱眉毛，就能激起队友们的动力。没有人想成为乔丹怒视的对象。最重要的是，乔丹充分地展示了何谓"人尽其才"。"我从纽约出来，见过了太多天赋异禀的球员糟蹋了自己，"已经大四的马特·多尔蒂有一次解释道，"但迈克尔把他身上的每一点儿天赋都用在了对的地方。"

看起来老队员们都在努力跟上乔丹的训练强度。长大一岁的布拉德·多赫蒂比以前壮实多了。帕金斯已经两次入选全美最佳阵容，而且乔丹曾对心怀疑虑的杰克·哈特曼说："到你需要他的时候，他一定会挺身而出。"有了大三球员瓦伦·马丁，北卡的低位阵容更具深度。多尔蒂出任小前锋，脚伤初愈的柯蒂斯·亨特亦让两翼有所补强。

而现在的乔丹也和以往大不相同了：球技更加精纯，球风也更加坚毅。杜克大学的后卫约翰尼·道金斯（Johnny Dawkins）也观察到了乔丹的成长。"乔丹鼓足了干劲，"他说，"不是像以前那样只在身体上压过对手，现在他还能以智取胜。这里溜个后门，那里抛个高吊传球，再把对手死死防下来。在所有的球员之中，当属乔丹最令人印象深刻。"

这意味着，1983—1984赛季的北卡罗来纳大学拥有一支非常特别的球队，用比利·帕克的话来说，那是有史以来最强大的球队之一。"非常不可思议。那支球队是迪恩·史密斯带过的最佳球队。你要知道，那支球队有后场，有前场，有强大的得分爆发力，有身体优势，还有老到的经验，真是万事俱备。我们讨论的这些家伙，真的有实力打出最高水准的比赛。就资历而言，队中足有三名首发曾经拿过全国冠军。"帕克指出说布拉德·多赫蒂和肯尼·史密斯后来加入了乔丹和帕金斯的行列，也在NBA中闯出了一番天地。

在2012年的一次采访中，比利·帕克回首当年，在他看来那是一支汇集了那个年代之精粹的球队，甚至比史密斯带过的两支冠军球队都要好。

肯尼·史密斯是个话痨，住在格兰维尔大厦时，他常常深夜溜到乔丹和皮特森的房间开卧谈会。史密斯拥有极佳的球场视野和传球能力，他很快就与乔丹在场上磨炼出了很深的默契。过不了多久，他们二人的空中接力配合就成为一大法宝，频频调动起北卡球迷的激动情绪。

那个赛季中，焦油踵队轰出了21连胜的开门红（前17场胜利场均狂屠对手17.4分），直到2月12日才被阿肯色州立大学打破不败金身。ACC放弃了上个赛季的三分球实验，这也让乔丹的投篮命中率攀升到了55.1%。他场均攻下19.6分，相较而言略有下滑，但他的专注态度和饱满体能让各大媒体盛赞不绝。

连胜期间，1月的某一天，乔丹以光头形象现身，让体育记者们大吃一惊。"我老爹已经秃顶了，所以我想有一天我可能也会秃顶吧，"他告诉众人，"我想提前看看我秃顶的样子，试试那是什么感觉。"乔丹的解释让众人大笑不已，他很快承认道："老实说，其实就是我的理发师不小心剪过头了罢了。"

他的脑袋熠熠生辉，每次出场他也总能制造各种高光时刻。但是在1月北卡以74∶62战胜马里兰大学的一场比赛中，他的一个动作却让"左撇子"德莱塞尔气得直跺脚。后来迪恩·史密斯见人就说，"战斧式扣篮"（Tomahawk Dunk）就是那一天诞生的。也有人把那个动作称为"摇篮式扣篮"（Cradle-Rocker）。ACC后来把那个镜头用到了宣传影片当中。那记扣篮隐约在人们的心里种下了一个念头：乔丹是会飞的。又一次，乔丹把自己给惊呆了。

"我还没有意识到，"后来他回忆说，"我就用手牢牢夹着球，把球往后一拉，再从左边摆到右边，最后灌篮入筐……那是一次快攻反击，似乎是尝试新动作的好机会。"

那记扣篮让比利·帕克惊叹不已。"在被ACC用到宣传录像带里的那

记扣篮之前,我从没见过他做出如此惊人的动作。对阵马里兰,他在一次无人防守的快攻中把球高高托起,狠狠扣进。"这位解说员说道,"按道理北卡的球员一般都不会做那种事。如果有了快攻机会,他们就会突到篮下,然后规规矩矩地上篮得分。他们不会在无人防守的时候表演战斧劈扣。人们惊呼:'我的天哪!'那是我第一次见识到如此令人难以置信的运动能力和敏捷身手。那也是我第一次见识到他的身体素质。"

果不其然,第二天迪恩·史密斯就把乔丹叫到了自己的办公室。他首先指出,在那次快攻中,肯尼·史密斯已经跑出了位置,乔丹大可以向前传导。接着,他提醒乔丹,这样的炫技表演并不是北卡的风格。

"他从来不希望让对手难堪。"乔丹解释道。

阿特·琼斯基还记得,当时史密斯不愿让他的电视节目制作人播放那记扣篮的镜头。"他告诉伍迪·达勒姆和他的电视节目制作人,他不想在电视上播放那个镜头,因为他觉得那次快攻有些羞辱马里兰大学的意味。他还因为那事儿朝迈克尔发了火。"

乔丹接受了教练的指正,不过后来他也曾指出,那样的表演是"我的一部分,是一种表达自我的方式"。

安东尼·蒂奇声称,如果你仔细观察,你就会发现乔丹也对现状心怀不满。"我认为在大学里有那么几次那些条条框框让他深感沮丧,因为他没有随心所欲展现自己天赋的自由,"2012年,蒂奇在一次采访中说道,"一进大学,因为缺乏自由,那些限制就让他很不舒服。我能看出来,因为高中时他的身边没有沃西或是帕金斯这样的队友。他的沮丧源自自由的匮乏。但他把这种情绪控制得非常好。"

蒂奇认为,乔丹展现出了惊人的成熟,因为他为了融入史密斯的体系,抑制了不少自身才华。"我觉得他高中时可受不了在史密斯手底下打球。"蒂奇评论道。为了适应北卡罗来纳大学的风格,乔丹大幅改变了他的打球方式,但却从来没有因为这样的品质而得到人们的称赞。

出色的状态继续维持了一个月,直到乔丹砍下29分、率队击败路易斯安那州立大学。这场比赛出现了一个插曲：在北卡的一次快攻当中，老虎队的约翰·都铎（John Tudor）对肯尼·史密斯送出了一记性质恶劣的"泄愤式犯规"。都铎狠狠地扫中了史密斯的脸，这名大一后卫一个踉跄摔倒在篮下，双手撑地。乔丹冲上前，猛推了都铎一把，然后被当值裁判拉开了。随后，史密斯因伤缺席了八场比赛。虽然顶替出场的史蒂夫·哈尔在史密斯缺阵期间表现得可圈可点，但这次伤病被认为是瓦解了北卡大好势头的一大因素。每当迪恩·史密斯的球队打出最好的赛季，似乎总是会出现那么一两次伤病，改变战局的走向。

败给阿肯色州立大学之后不久，肯尼·史密斯伤愈复出，乔丹的精彩表演也仍在继续。对阵弗吉尼亚大学，他15投11中，轻取24分。对阵北卡罗来纳州立大学，他轰下32分，帮助球队以25分之差狂屠对手。而不知为何，马里兰大学总是能一再激发乔丹最精彩的扣篮表演（媒体界认为这是因为马里兰大学的阿德里安·布兰奇赢得了当年麦当劳全明星赛的最有价值球员）。最后一次与"左撇子"德莱塞尔的球队交锋，乔丹砍下了25分，且再次用一记扣篮为比赛一锤定音。这一次，他高高跃过了中锋本·科尔曼（Ben Coleman），并造成后者犯规，打三分得手。在战胜佐治亚理工学院的比赛中，乔丹下半场独得18分。接着，就是他在卡迈克尔大礼堂的最后一场比赛了。沙舍夫斯基率领年轻的杜克男篮前来挑战，与焦油踵队鏖战两个加时赛，最终以83∶96不敌主队。乔丹砍下了25分，但这场比赛还只是预热。一个礼拜之后，双方在ACC锦标赛的半决赛上狭路相逢，杜克蓝魔（Blue Devils）以77∶75爆冷取胜。

"ACC锦标赛的神奇之处就在于此，"比利·帕克评论道，"纵观乔丹的整个职业生涯，只有一个不尽如人意之处，那就是他未能在ACC锦标赛斩获佳绩。当然了，他以菜鸟身份率队击败弗吉尼亚大学赢得联赛冠军的神迹要另当别论。"

又一次，ACC锦标赛出师不利，这也让北卡在NCAA锦标赛战场上的气势为之消沉。32强赛，焦油踵队在夏洛特迎战坦普尔大学，特伦斯·斯

坦斯布里（Terence Stansbury）的速度让他们不堪其扰——他光是在上半场就拿下了18分。为了奋力保持领先优势，迪恩·史密斯频频要求队友为乔丹送出空中接力传球，以至于乔丹精疲力竭，竟一反常态地要求教练让他下场喘口气。约翰·切尼（John Cheney）教练一以贯之的区域联防给北卡造成了不少麻烦，但北卡娴熟的空中接力和身材上的优势对付坦普尔大学还是绰绰有余。焦油踵队挺进了甜蜜十六强（Sweet Sixteen），下一场比赛将在亚特兰大的欧姆尼体育馆举行——以往乔丹在这座场馆的表现都乏善可陈。他们将要面对鲍比·奈特率领的印第安纳大学山地人队（Hoosiers）。他们虽然没有排名，但却拥有大一新星史蒂夫·阿尔福德（Steve Alford）和22胜8负的不俗战绩。

比赛前夕，比利·帕克私底下与奈特探讨了山地人队即将面临的挑战。奈特问帕克觉得山地人队有没有机会打败乔丹和他的焦油踵队。这位解说员回忆了当时的场景：''我说：'不，你们不可能击败北卡罗来纳大学。'他说：'嗯，我也是这么想的，但是我会对他们做点儿什么。或许到头来我们还是打不过，但他们不会有任何溜后门空切的机会了。在18英尺开外，我会放任他们投篮。要是他们真能都投进，那我们就没什么机会了。但我认定迈克尔不可能投进那些球，而且我看除了他之外，也没有谁能投进。'''

奈特还决定派出整个赛季只有五次首发登场的丹·达基奇（Dan Dakich）盯防乔丹。达基奇人高马大，而且身手还很灵活。奈特计划让达基奇放出一步，严防乔丹的突破；如果乔丹选择跳投，达基奇就扑上前伸手干扰，而后者也恰如其分地完成了他的任务。一直等到比赛开始前三个小时，印第安纳大学主帅才把这一安排告知了这位高大的替补后卫。''我听了这个决定之后，马上回我的房间呕吐了一番。''后来，达基奇如是说道。

那一天，当值裁判早早吹了乔丹两次个人犯规，这无疑帮了奈特一个大忙。在那个赛季，只要乔丹在上半时过早领到两次犯规，史密斯就一定会把他换下场坐板凳。在此前的分区半决赛里他就那么做了，赛后也因此饱受批评。那场比赛，乔丹上半场只得了4分。

"所有人都认为史密斯教练让我待在场边是错误的决定，"多年以后，乔丹对《今日美国》(USA Today)的记者麦克·洛普雷斯蒂(Mike Lopresti)回忆道，"但是即使我不在场上，我们仍然是一支强大的球队。"

"印第安纳大学掌控比赛局面的时候，迈克尔一直坐在场下。"帕克回忆道。

帕克质疑，山地人队一直把防守集中在禁区，此时就不该仍然让乔丹坐在场下。这位解说员指出，比赛的节奏很缓慢。"印第安纳大学打的是后撤一步的盯人战术，几乎与区域联防无异。他们的跑动不多。考虑到双方的打法，比赛的时间势必会有所缩短，所以球员五犯毕业的可能性并不是很大。"趁着乔丹坐在板凳席上，印第安纳大学以32∶28领先结束了上半场。剩下的20分钟比赛，奈特也没有改变他的策略。"下半场回到场上，我感觉像是把40分钟的比赛强行压缩到20分钟里，"乔丹回忆道，"我完全找不到我的节奏。"

"迈克尔没能在外线出手，"帕克说道，"他们的防守收缩得很紧，以至于北卡完全没有得到任何溜后门空切的机会。但问题还不限于此。印第安纳大学做出了两个决策，北卡大学都没能还以颜色。"

奈特派出名不见经传的达基奇来盯防乔丹，这招收到了奇效。帕克和其他记者简直不敢相信他们眼前的场景。"其实你只需要让迈克尔站在侧翼，对他说：'好的，迈克尔，我们会把球交给你，你只管放手去投。'"帕克评论道，"达基奇到底是怎么做到让他没法舒服出手的？"

"我不是在贬低他的努力。我认为他确切地完成了奈特教练交给他的任务，"谈到达基奇，乔丹如是说，"但是（媒体）把这事搞成了一对一的对决。我本来就是争强好胜的人，结果听到人们说唯一能够防住我的人乃是丹·达基奇……回顾当时的那几次投篮，我也只能呵呵一笑。我不过就是投丢了而已。"

史密斯一直没有调整进攻战术，让乔丹放手去攻，分差一度拉到了12分。比赛最后关头，焦油踵队奋力追到了只剩2分之差，但对大一菜鸟史蒂夫·阿尔福德犯规。后者两罚全中，帮助球队以 72∶68 爆冷取胜。印第安纳大学全场命中率接近 70%，这才赢下了比赛。阿尔福德砍下了 27 分。乔丹最终犯满离场，全场 14 次出手命中 6 球，仅有 13 分进账。在效力于北卡的三年之中，他从未在一场比赛中出手超过 24 次。

赛后，低迷的情绪弥漫了北卡大学的更衣室。乔丹和帕金斯两人尤其沮丧。"我觉得我让他们失望了。"后来，肯尼·史密斯回忆道。迪恩·史密斯向来不喜欢在赛后对球员们发表长篇大论。那一天，他一如既往地召集全队做完赛后祷告，接着走进了采访室，然而每一个问题、每一次回答都让他的情绪越来越激动。最终，史密斯提早结束了发布会，兀自走出了房间。

"我认为那场比赛是球队的体系和战术计划阻碍了他们获胜，"2012 年，帕克如是说道，"在他执教过的所有比赛中，我敢肯定只有一场比赛他想从头来过，因为那天打败他的乃是他自己的体系。印第安纳大学表现很好，但还谈不上出色。他们在比赛的最后关头打得很棒，因为他们成功护住了球权，并且阿尔福德的罚篮又是如此稳健。但你早就知道结果会如何。你绝对不会想看到阿尔福德持球，然后在罚球线上把你打败。"

"我觉得我们是全国最强的球队，"回首当年，乔丹说道，"然而只需要一场比赛，就足以将此虚名一扫而空。"

"有不少比赛成了北卡战术体系的牺牲品，"帕克说道，"输给印第安纳大学的那一场或许就是其中之一。但是如果你直接让乔丹早早上场、大胆投篮、放手去攻，让萨姆·帕金斯抢好篮板球，那么那场比赛可能早就没得打了。但迪恩绝不会为了赢一场球而放弃球队的战术原则。"

阿特·琼斯基不同意他的看法："难道说他宁可为了维持体系而输球，也不愿打破体系来赢得比赛？我可不能苟同。迪恩确实深信他的打法就是最优的打法。他认为上半场最后 8 分钟，身负两次犯规的迈克尔必须坐在场下，因为这样一来他才能在下半场打出侵略性。在这一体系之中，鲍比·奈特知道怎样盯防乔丹，他手下也有能够防好乔丹的人。迈克尔很出色，但最后一场比赛他打得很糟糕。他被达基奇牢牢锁死了。五个白人球员能打败萨姆·帕金斯、迈克尔·乔丹和布拉德·多赫蒂？拜托，别开玩笑了。要是没有进攻时间规定，他们是不可能战胜北卡的。他们的打法就是不断地传导再出手，由此扰乱对方的节奏。他们的投篮命中率也高达65%。若非如此，他们绝无可能赢下那场比赛；但他们确实抓住了机会。"

琼斯基也承认，后来杜克大学主教练迈克·沙舍夫斯基沿用了奈特的打法，成功干扰了史密斯以传球为主导的体系；在此后的十年里，史密斯不得不对自己的体系做出调整。史密斯必须利用好那些单打能力出众、能通过运球摆脱防守的球员。"后来，在20世纪80年代后期，当北卡大学失去了乔丹这一水准的球员，他们的进攻就打不出来了，"琼斯基回忆说，"迪恩自己也承认这一点。他意识到，他们要瓦解对方的第一层防守。"

乔丹后来说，要是印第安纳大学一路挺到最后、赢得了全国冠军，他的心里也能好受一点儿。但最讽刺的是，就在两天之后，没有了拉夫尔·桑普森的弗吉尼亚大学（此时桑普森已经毕业，在1983年NBA选秀当中被休斯敦火箭队用状元签选中）击败了山地人队，杀进了最终四强（Final Four）。那一年，弗吉尼亚大学在ACC排行榜上仅排第六。

无比消沉的乔丹回到了教堂山，思索着他的未来。那年春天，他包揽了大学篮坛的全部殊荣，各种年度最佳球员奖项都被他收入囊中。

"我必须承认，受到公众关注的感觉很不错。"当时的乔丹这样说道，"以前这就不难处理，现在也一样。不过，我觉得刚开始的时候比现在更有趣一些，因为现在人们追我追得越来越紧。但总的来说，受到关注总比无人问津要好得多，也有趣得多。"

在北卡的三个赛季，乔丹的场均得分仅有17.7分。这也激起了一波批评的浪潮，而这些批评声则以一种笑话的形式传遍了20世纪80年代末的篮坛：唯一能够把迈克尔·乔丹的场均得分限制在20分以下的人是谁？答案显而易见，那就是迪恩·史密斯。虽然数据专家们纷纷指出，其实乔丹在北卡的第二个赛季场均得分正好就是20.0分，但这些控诉或许也有一定的道理。不过，乔丹本人始终站在北卡主帅这一边，还说是史密斯让他明白了怎样更加充分地利用自己的天赋。"我原本不懂篮球。是教练教会了我怎么打球，教会了我何时提速、如何把身手灵活地施展开来、何时利用第一步过人、如何根据特定情形使用不同的技巧。这些知识都是从教练身上学来的，所以当我步入职业篮坛，我只需要恰当运用这些知识就可以了。有了迪恩·史密斯教给我的知识，我可以单场砍下 37 分，这是旁人不能理解的。"

"刚到北卡的时候，他有意志，有好胜心，有出色的运动能力，"布伦丹·马龙评论道，"但是在北卡期间，作为得分手的他更上一层楼，而且基本功也更扎实了。从北卡出来的时候，他已经做好了成为 NBA 球星的准备。"

的确，时机已经到了。史密斯早就知道，大三赛季将是乔丹在教堂山的最后一个赛季；那年春天，他知道是时候讨论一下乔丹的未来了。乔丹必须在 5 月 5 日星期六之前决定最终是否参加选秀。4 月 26 日，史密斯和乔丹就目前的状况召开了一个初步新闻发布会，结果却让当地记者们困惑不已。乔丹告诉他们，他还没想好接下来该怎么做。"我打算留下来，我非常期待在这里的下一年，"他对记者们说，"教练向来会为他的球员悉心考虑，帮助他们得到最好的。"

乔丹说，他也会聆听父母的意见："我的家人要比我懂得多。我也会考虑他们的建议。我的妈妈对我而言就像一位老师，我觉得我已经明白了她的想法。但我爸爸倒是个乡巴佬。我还真不知道他到底是怎么想的。我不知道。我不想给他们带来任何压力。"

德洛里斯·乔丹坚决不同意儿子离校。但是那天的新闻发布会之后，迪恩·史密斯会见了职业服务公司（ProServ）的经纪人唐纳德·戴尔（Donald Dell），而当地记者则将此视为不好的征兆。在乔丹看来，如果他离开北卡，最坏的情况就是加盟费城 76 人队，后者可能会拿到第五至第三顺位的选秀权。其实这也是个不错的选择，但是乔丹还是希望能为洛杉矶湖人队效力。并不是随便哪支球队都能让他愿意离开教堂山成为职业球员的。

5月4日星期五，乔丹会见了史密斯教练，晚上又见了他的父母和哥哥拉里。随后，他跟巴兹·皮特森和一些朋友外出用餐。他的室友催促他快些做决定。他真的舍得丢下哈迪快餐店（Hardees）的月桂饼干、葡萄汽水和蜂蜜面包吗？还有他们两人跟满嘴跑火车的肯尼·史密斯在房间里促膝夜谈的那些美好时光？乔丹承认，他仍然没有想好。

第二天早上，他起床准备参加上午11点在北卡大学费策尔体育馆（Fetzer Gymnasium）举行的新闻发布会，心中依然踌躇不定。"我知道他当时在经受着什么，"那年夏天稍晚的时候，德洛里斯·乔丹回忆说，"但我也知道，这个决定必须要他亲自来做。我们和他讨论过好几次。那个星期五晚上，也就是迈克尔公布决定的前夜，史密斯教练给我们打了一个电话。然后我们离开家，赶去教练那儿，和迈克尔还有教练一起探讨了一番。第二天上午10点30分，迈克尔私自会见了教练。距离11点的新闻发布会只有两分钟了，他们两人才出现。他们出来的时候，史密斯教练捏了一下我的胳膊，我想我知道迈克尔的决定了。"

公布决定之后，乔丹很快就离开了会场，直奔高尔夫球场，在那里度过了整个下午。

30年后，前公牛队总经理杰里·克劳斯根据他做NBA球探、混迹大学篮坛多年的经验，对乔丹离校一事发表了更为苛刻的见解。"迪恩劝他离开北卡，"克劳斯说，"他叫他滚蛋。他已经变得比球队体系更加强大了。我不知道迪恩肯不肯承认，但事实就是如此。"克劳斯解释说，并不是因为乔丹犯了什么错，或是以任何方式公然冒犯了史密斯。"迪恩是个和蔼可亲的人。球员们不会主动离开他的球队，而他则会劝说他们离开。当他们渐渐变得比球队本身更加强大，他就会告诉他们，是时候离开了。"

帕克并不同意克劳斯的看法："我告诉你好了，如果迪恩·史密斯想让他离队，没人会知道这件事情。迪恩·史密斯绝对不会透露他在做什么。

他会跟乔丹说：'是时候离开了。'他对很多球员都说过同样的话。"

罗伯特·麦卡度（Robert Mcadoo）是最早被史密斯教练研究过选秀前景，并得到教练点头同意的北卡球员之一。"在那个时候，就NCAA的规范而言，获取那些资讯、与经纪人和球队交谈等之类的事情其实都是不被允许的，"帕克说，"但是迪恩可是这方面的高手。他会与球员坐下来探讨，而球员们都会听他的。他会说：'我已经和这支球队交流过了，他们手上有这个选秀权。迈克尔，你大概会在第三顺位被选中。'迪恩想让迈克尔离队的原因只有一个，那就是对迈克尔来说这是最好的选择，而绝不是因为这对迪恩自己来说有没有好处。也正是这样的品质造就了他与众不同的伟大人格。"

对乔丹来说，要想大过球队，他就必须大过史密斯教练本身，可是在北卡，没有人能大过教练。肯尼·史密斯认为，球队里竞争如火如荼的主要原因是教练的存在，而非乔丹，因为他"从心理上引导我们互相较劲"。

就在乔丹宣布进军NBA的那一天晚上，北卡的助理教练埃迪·福格勒结婚了。阿特·琼斯基记得，婚礼上大家似乎都在强颜欢笑。"埃迪说：'嘿，我结婚了，但是，嘿，我们刚刚失去了全国最出色的球员。'许多北卡球迷都出席了婚礼。"

这些球迷当中就有吉米·邓普西（Jimmie Dempsey），此人是迪恩·史密斯的一位老友，也是焦油踵队的重要赞助人。他甚至会把自己的私人飞机提供给史密斯，让后者飞往全国各地招揽球员。"他和他的太太是篮球队队员们的教父和教母，"琼斯基回忆道，"婚礼那天晚上，吉米说迪恩让他很恼火。他说：'他的任务就是把最好的篮球队带到北卡罗来纳大学的球场上来。那就是他的任务。他的任务并不是在球员还能打的时候就急着把他们送去职业联赛。'我笑着说：'您去跟史密斯教练说呀。'他说：'我会的。我这就过去跟他说。'他走过去，和史密斯教练说完，然后回来了。我说：'教练怎么回的？'他说：'迪恩笑了。'"

詹姆斯·乔丹很高兴教练能把迈克尔的利益摆在第一位，然而德洛里斯·乔丹一直以来都在梦想着他的两个最小的孩子能同时从北卡罗来纳大学毕业的那一天。乔丹向母亲保证，他一定会回到学校，尽快拿到学位。乔丹说到做到，在此后几年里，他利用学校的暑期课程，顺利地完成了学业。那年春天，虽然乔丹的未来还遥不可知，但是他还是坚持认真复习、准备考试，在继续前行的同时不忘学习。事实上，乔丹学习非常勤奋，以至于肯尼·史密斯还以为他会回来念完大四，要不然，一个马上就要打NBA的人为什么还要费劲参加考试呢？

"他们宣布完毕，这个决定让我受到了打击，"乔丹女士说，"新闻发布室里人头攒动，我们必须回答各种各样的问题。但是散会之后，我只想一个人静一静。回到家里，我们不得不逃出房子，因为电话一直响个不停。麻烦的状况持续了好一阵子……"这件事过后好几个月，乔丹夫妇才逐渐接受了现实。过去，他们几乎从未缺席儿子的比赛。有人问他们旅行费用从何而来，詹姆斯·乔丹说："感谢上帝，有通用电气信用合作社资助我们。"但就在几个月后，他被指控从一个私人承包商手上收取回扣，并对此供认不讳。这个案子是在私底下处理的，可还是登上了威尔明顿和北卡罗来纳州各地的报纸。

"这件事震惊了整个通用电气工厂，"2012年，迪克·内尔在一次采访中回忆道，"大家都不敢相信这是真的。厂里的女士们都很喜欢他。他很有人格魅力。我和他共事了25年。我们在不同的楼里工作，但我几乎每天都会看到他……詹姆斯是个很聪明的人。他很有风度，所有人都喜欢他。"

有关部门当年发布的声明显示，乔丹先生在海恩堡（Castle Hayne）的通用电气工厂任库存管理一职。在其子就读于北卡罗来纳大学的第二年，詹姆斯·乔丹曾写了一张虚假的采购订单，向一家名叫海特讯集团（Hydratron Incorporated）的公司购买30吨的液压设备，对方公司的主管名叫戴尔·吉尔泽夫斯基（Dale Gierszewski）。根据此案的法律文件，当年通用电气共向吉尔泽夫斯基支付11560美元，购买30吨液压缸。詹姆斯·乔丹在法庭上承认，吉尔泽夫斯基并没有交付那30吨的液压缸，

还反过来给了他 7000 美元的回扣。

1985 年，吉尔泽夫斯基被控侵占公款，随后本人认罪。他被判处了 1000 美元的罚款和缓期监禁。三个星期之后，詹姆斯·乔丹自行俯首认罪，也被判处了类似的缓刑和罚款。

"他本来应该为他的所作所为蹲监狱，" 2012 年，迪克·内尔这样说道，"全因为迈克，他才得以全身而退。"

被判了重罪的这两个人本有可能在监狱里服刑十年。这起案件也让通用电气当即解雇了詹姆斯·乔丹。与他同在一家工厂担任检查员的内尔说，事态要比有关部门公布的复杂得多。"他本来负责管理我们公司的商店。"内尔解释道。公司商店也是职工们的俱乐部，他们能够以优惠价格在商店购买冰箱、电视机、烤面包机、各种工具等物品。作为管理者，詹姆斯·乔丹重新配送了原本要送往商店的货物。"他自行签收了那些订单，订单上的货物根本就不会被送到商店里来。他是在盗窃。我猜他把那些赃物都卖掉了。他们指控他偷了大概 7000 美元的货品。其实这种情况非常普遍。其他人也会干这种事。"

很显然，一家人决定出席迈克尔在全国各州乃至世界各地的每一场比赛，高额的费用让乔丹的父亲备感压力。"抛开这些事情不谈，你很难找到一个像他那么好的人。"内尔还记得詹姆斯·乔丹在社区里的种种善举，他还曾义务牺牲自己的时间，参与修建一座供年轻人使用的棒球场地。

差不多就是在这段时间，乔丹夫妇的大女儿——也就是迈克尔的姐姐——开始考虑就自己遭受性侵犯一事将父母诉之公堂。当时她的婚姻已经幻灭，有一段时间她还曾独自住进了一家当地医院的精神病房。一位年长的男性亲属曾经到病房看望过她，并告诉她祖父母非常担心她的状况。乔丹的姐姐在自己的书中写道，她办理了出院手续，前去拜访祖父母爱德华·乔丹和罗莎贝尔·乔丹。

"孩子，你这是怎么了？"他们问道。

姐姐写道，随着迈克尔在篮球界骤然崛起，她的父母几乎找不到时间去探望住在蒂奇的一对老人了。久而久之，爱德华越来越喜欢坐在棉布卡里科海湾路的房子的前廊里，默默打发时间。大女儿说，如今乔丹夫妇和北卡篮球界的人士产生了交集，他们似乎会因为老父老母的"乡里人作风"而颇觉脸上无光。随着前途无量的年轻运动员在体育领域节节高升，他们的家人也被卷入随之而起的旋涡之中，这样的情景再常见不过；而乔丹一家人则发现自己正处于最耀眼的聚光灯之下。在为篮球而疯狂的北卡罗来纳州，每一个人都在关注着焦油踵队，仿佛这就是一场最热门的真人秀。

随队征战三年，乔丹夫妇长期忍受着舟车劳顿和没完没了的媒体曝光。在有比赛的日子里，他们通常在下午三点从威尔明顿出发，晚上抵达比赛场馆。比赛结束后，他们会简短地和儿子打个照面，然后及时赶回家，看一盘比赛录像。他们常常会兴奋到难以入眠。德洛里斯·乔丹解释道："我们录下了所有的比赛，这样迈克尔回家的时候也能看一看。他会坐在沙发上说：'我真的有做过那个动作吗？'你看，在场上打球的时候，他总是全身心投入到比赛当中，密切关注着他身边的状况，以至于好多事情他都不记得了。"

他们也结识了其他北卡球员的父母，大家经常一起看比赛，一起随队出征。1982年分区季后赛的某个夜晚就尤其特别，乔丹夫妇称那是美妙的一夜。"萨姆·帕金斯的亲友和艾拉夸一家都在场，还有布拉道克一家、皮特森一家、沃西一家、多赫蒂亚一家。教练团和他们的太太们也都在，"1984年，德洛里斯·乔丹回忆道，"我们出去吃了一些中国菜，吃了整整一晚上。"

"那是大概凌晨三四点的时候，"她的丈夫插话说，"我这辈子都忘不了。我们大家在街上齐唱着北卡的校歌，就像是一群孩子，但我们真的很享受那天晚上的每一分每一秒。"

在1984年的5月，最令他们伤感的是，这一切那么快就过去了。

"我们一点儿也没觉得不值，"詹姆斯·乔丹说道，"他打的每一场比赛

我们都去看了。不论别人给你多少钱财,都买不了这些回忆。这些是迈克尔的美好岁月,也是我们乔丹一家的美好岁月。……我深信,你不能生下一个孩子,然后写一个剧本,找一个制片人和导演,然后告诉他'你的人生就这么照着演吧'。哪怕是精心计划,也构造不出比迈克尔所拥有的更完美的人生故事。"

第五部分　新秀赛季

第十四章　淘金热

7月，乔丹选择了华盛顿特区职业服务公司的唐纳德·戴尔做他的经纪人。早在正式雇用之前，在职业服务公司与戴尔共事的大卫·法尔克（David Falk）[1]就已经开始研究乔丹的潜在选择和选秀前景。与乔丹先前预期的不同，那年春天费城76人队的战绩有所回升，而芝加哥公牛队则在赛季末两度败给纽约尼克斯队，有望取得更好的选秀顺位。评论人士讽刺称，公牛队正在度过又一个一无所成的赛季，在接下来的选秀大会上也会再次颗粒无收。

这些失败选秀的幕后操刀者就是公牛队的总经理罗德·索恩（Rod Thorn）。为人谦逊的罗德是一位来自南阿巴拉契亚山脉地区的绅士，他也毫不避讳地承认，多年来球队在选秀和物色球员方面的成果不尽如人意。1979年，公牛队本有50%的机会可以选到刚刚率领密歇根大学捧起NCAA总冠军奖杯的"魔术师"埃尔文·约翰逊。他们的战绩一如既往地糟糕，不得不以抛硬币的方式同洛杉矶湖人队角逐第一顺位选秀权。公牛队还为此做了一次调查，统计球迷的意向；根据球迷投票的结果，罗德·索恩赌了正面朝上。结果恰恰相反。

猜错了硬币，索恩与魔术师约翰逊失之交臂，接着又在选秀大会上

---

[1] 大卫·法尔克，美国著名职业体育经纪人。法尔克经营了迈克尔·乔丹的整个职业生涯，除乔丹之外，他还代理了100多名NBA球员，因而被公认为是NBA有史以来最有影响力的经纪人。

跳过了西德尼·蒙克利夫（Sidney Moncrief）①，选择了来自 UCLA 的大卫·格林伍德（David Greenwood）。尽管饱受伤病困扰，格林伍德还是为公牛队效力了足足六个赛季。在公牛队的前五个赛季，格林伍德场均可以贡献 14 分和 8 个篮板。对于一名大前锋而言，这样的数据已经很不错了，但比之魔术师约翰逊却完全不值一晒——他可是率领湖人队豪取了五座 NBA 总冠军奖杯；论数据，就连蒙克利夫他也远远比不上。当然，如果当年公牛队选择了蒙克利夫，到了 1984 年他们或许就没有必要再选一位得分后卫了。不论如何，格林伍德一直被视作公牛队选秀历史上的一大败笔。根据《福布斯》（Forbes）杂志的数据，在魔术师约翰逊为湖人队效力的 12 年间，湖人队的市值从 3000 万美元暴涨到 2 亿美元。

当时，公牛队任事股东乔纳森·科夫勒（Jonathan Kovler）开玩笑说："抛一次硬币花了 2500 万美金。"

"到后来才发现，原来这枚硬币值两个亿。"后来他改口说道。

1982 年的选秀结果更加糟糕。索恩挑走了来自旧金山大学的后卫奎因汀·戴利（Quintin Dailey），可没过多久就有人曝出此君在学校宿舍侵犯一位学生护士。到达芝加哥的时候，戴利丝毫不肯为自己的所作所为表达悔意，结果很快就有一众女性集结在公牛队的赛场上表示抗议。除此之外，他和另一位颇有天赋的公牛队球员奥兰多·乌尔里奇（Orlando Woolridge）还因为可卡因的问题闹得臭名昭著。1984 年春，这种种祸患一度将球队逼至破产边缘。

当年 2 月，索恩将深受球迷青睐的雷吉·图斯（Reggie Theus）送往堪萨斯城国王队，换回了史蒂夫·约翰逊（Steve Johnson）和一个选秀

---

① 西德尼·蒙克利夫，退役 NBA 球员，密尔沃基雄鹿队名宿。蒙克利夫曾在 1982—1983 和 1983—1984 赛季蝉联 NBA 最佳防守队员，从 1982—1983 赛季开始，还曾连续 5 年入选 NBA 全明星，并在 1982—1983 赛季入选第一阵容。蒙克利夫是 20 世纪 80 年代 NBA 最出色的外线防守球员之一，也是盯防迈克尔·乔丹最成功的球员之一。

权。这笔交易有着立竿见影的效果，公牛队的战绩更差了，但却从此运势大转。赛季结束，公牛队27胜55负，连续三年无缘季后赛，引得人们纷纷猜测球队将被卖掉，并从此迁出芝加哥。凭借这惨不忍睹的战绩，索恩再次拿到了高顺位选秀权。

"那年我们没能赢下多少比赛，"公牛队的一名助理教练比尔·布莱尔（Bill Blair）回忆道，"但是罗德提醒我们说，北卡罗来纳大学有个小子打球非常非常厉害。他不停地讲着关于迈克尔·乔丹的事儿。罗德总是很有信心，他认定这孩子将会成为史上最伟大的球员之一。但是也有许多人说：'你看，他打不了后卫，也不适合打小前锋。'就连鲍比·奈特都有过类似的论断。但罗德说：'这孩子身上有不同凡响之处。'"

"包括我在内，当时没有人能料到乔丹日后能有如此成就，"索恩回忆道，"我们没有请他试训，但是我们同他进行了面试。他自信满满，他知道自己将会成为一名出色的球员。毫无疑问，迈克尔对自己的能力很有信心，但就连他本人也不知道他到底会变得多好。"

常规赛季结束，休斯敦火箭队和波特兰开拓者队战绩并列倒数第一，公牛队则是倒数第二。很明显，火箭队计划挑选休斯敦大学的主力中锋，身体素质过人的哈基姆·奥拉朱旺；而波特兰人则在考虑深受伤病困扰的肯塔基大学中锋萨姆·鲍维（Sam Bowie）①。"从一开始休斯敦就摆明了想要奥拉朱旺，"索顿回忆道，"大概在选秀大会前一个月，我和波特兰开拓者队当时的总经理斯图·因曼（Stu Inman）通过一次话。斯图告诉我，他们想要萨姆·鲍维。他们的队医说鲍维的健康状况不是问题，而他们正好急缺大个子，所以也没怎么考虑其他人选。"

公牛队手握第三顺位选秀权，而休斯敦猜中了硬币，从波特兰人手上

---

① 萨姆·鲍维，NBA前运动员，司职中锋，1995年退役。由于选秀时前有哈基姆·奥拉朱旺，后有迈克尔·乔丹，而身为1984年榜眼的鲍维却因伤病原因职业生涯始终未达到预期高度，因此被誉为史上最悲剧的选秀。

夺得了状元签，留给开拓者队的就是第二顺位了。"从休斯敦猜对硬币的那一刻，我们就知道乔丹是我们的了，"在位多年的公牛队副总裁欧文·曼德尔（Irwin Mandel）解释道，"如果波特兰猜中了硬币，他们就会选择奥拉朱旺，休斯敦或许就会选中乔丹。我还记得当时罗德兴奋的样子。他高兴坏了，因为在他心目中，乔丹和鲍维有天壤之别。"

果不其然，6月20日，选秀大会当天，公牛队顺利在第三顺位选到了乔丹。在前往选秀大会的路上，乔丹透露说他很希望为湖人队效力，在那里詹姆斯·沃西已经踏上了属于自己的球星之路。但芝加哥也不错，因为湖人队"堆积了太多人才，就算我去了或许也使不上什么力"，那年秋天，乔丹这样解释道。

"乔丹还没有被挑走，他们非选他不可，"芝加哥的一位体育节目制作人杰夫·戴维斯（Jeff Davis）回忆道，"他们别无选择。诚然，这孩子是两届大学篮坛年度最佳球员的得主，还曾率领北卡罗来纳大学赢得NCAA冠军。但当时没人知道他到底有多少斤两。"戴维斯回想当年，幸好波特兰人挑走了鲍维，因为如果有机会的话，索顿似乎也挺想选择这位肯塔基大学的中锋。

"我们希望乔丹有7尺高，但是他没有，"当被问及这次选择，索顿这样对《芝加哥论坛报》说道，"当时已经没有中锋可选了。你能怎么办呢？我们并不指望乔丹让这支球队改头换面。我也不会对他提出那样的要求。他的进攻能力很出色，但还并不是无与伦比。"

这样的言论从本该试图多卖出球票的球队总经理口中说出，实在令人费解。波特兰人的失误将成为NBA选秀历史上最大的败笔。斯图·因曼后来指出，他的决定得到了团队成员的有力支持，其中还包括名人堂教练杰克·拉姆齐（Jack Ramsay）。再后来，因曼还曾表示迪恩·史密斯的北卡体系遮掩了乔丹的才华，拉姆齐也出声附和这一观点。然而，在那年春天的奥运代表队选拔赛上，开拓者队的教练团和工作人员们都曾目睹乔丹的球技，却依然错过了他。时任达拉斯独行侠队总经理的里克·桑德（Rick Sund）曾见识过乔丹的能力，他主动向公牛队方面提议，想用独行侠队的当红新星马克·阿吉雷（Mark Aguirre）① 交易乔丹。

索顿不为所动。"罗德根本没有多做考虑，"桑德回忆道，"他也是懂行的。"

奈特因子

选秀大会尘埃落定，现在乔丹可以把全部注意力放在奥运代表队的选拔和集训上了。选拔和集训从选秀大会之前开始，一直持续到洛杉矶奥运会开幕前夕。虽然乔丹绝不至于落选，但自从甜蜜十六强的交锋之后，主帅奈特就不再完全信任他。"我觉得在那之后，鲍比就对迈克尔的投篮能力持怀疑态度，"比利·帕克回忆道，"而且在奥运会选拔赛上，他的投篮也并不出色。"

作为教练，奈特比迪恩·史密斯还要看重体系。"在迪恩·史密斯手下打球，你必须接受他为你安排的角色和职责，必须适应他的体系，"这位解说员笑道，"那个夏天，他却到了鲍比·奈特手下打球，这家伙可是比迪恩还死板的。"

史密斯固然是足智多谋又知人善用，但他为人处世多少总有点儿圆滑。而奈特则脾气暴躁，喜怒无常，自尊心和印第安纳波利斯的圆顶球场（Hoosier Dome）一样大。更有甚者，他的为人已远不是"粗鲁"二字可以形容。在许多人看来，他就是个脏话连篇的恶霸。"史密斯教练是四角进攻的大师，而奈特教练则是四字脏话（four-letter word）② 的大师。"乔丹打趣道。

从第一天起，奈特就让他手下的奥运代表队知道，他是一个追求完美

---

① 马克·阿吉雷，1981年状元秀，曾在达拉斯独行侠队3次入选全明星阵容，后与阿德里安·丹特利（Adrian Dantley）互换东家，来到底特律活塞队，并跟随"坏小子军团"两夺NBA总冠军。

② 在英语中，侮辱性的单词大多由四个字母组成，故常用"四字词"指代脏话。

的人。"我跟他们说过,我没兴趣知道我们的对手是谁或者当前比分是多少,"奈特解释道,"我的兴趣只在于让这支球队尽可能地强大,我会用尽一切手段逼出你们的潜力。"

但这一对球员和教练一拍即合。乔丹用他不怒自威的气魄和毅然决然的方式领导着他的队友,而奈特则用他的暴躁脾气和吓唬人的姿态树立威信。对于监管美国业余篮球界的委员会来说,选择奈特出任主帅可谓一记怪招,因为他在国际比赛上的作为好坏参半。1979年的波多黎各泛美运动会上,他曾与一名当地警官发生冲突,因而被当局下令逮捕。后来,他被判加重攻击罪,而且还拒不出庭。

如今,奈特身负重任。他想要把美国篮坛的重锤狠狠砸向国际赛场。为此,他组建了一支22人的助理教练团队,并集结了70多名球员,举行了数轮严密的甄选。

查尔斯·巴克利(Charles Barkley)①、萨姆·帕金斯、约翰·斯托克顿(John Stockton)②、卡尔·马龙(Karl Malone)③、克里斯·穆林、查

---

① 查尔斯·巴克利,绰号"空中飞猪"(The Round Mound of Rebound),NBA 历史 50 大巨星之一,篮球名人堂成员,司职大前锋。1984 年于第 5 顺位被费城 76 人队选中,职业生涯 5 次入选最佳阵容第一阵容,1 次当选 NBA 最有价值球员,1 次当选 NBA 全明星赛 MVP。巴塞罗那奥运会、亚特兰大奥运会"梦之队"成员。

② 约翰·斯托克顿,NBA 历史 50 大巨星之一,犹他爵士队名宿,篮球名人堂成员,司职控球后卫。在其长达 19 个赛季的职业生涯中,斯托克顿职业生涯曾连续 9 次成为 NBA 助攻王,是 NBA 历史上获得助攻王次数最多的球员,也是连庄次数最多的球员。此外还曾 2 次成为 NBA 抢断王,10 次入选 NBA 全明星赛,1 次当选全明星赛 MVP。巴塞罗那奥运会、亚特兰大奥运会"梦之队"成员。至今为止,斯托克顿仍保持着 NBA 总助攻数和总抢断数两项纪录。

③ 卡尔·马龙,绰号"邮差"(The Mailman),NBA 历史 50 大巨星之一,犹他爵士队名宿,篮球名人堂成员,司职大前锋。曾与斯托克顿组成"黑白双煞",两人携手两次将爵士队带入总决赛,无奈都铩羽而归。在其长达 19 个赛季的职业生涯中,马龙共出场 1476 次,排在历史第 4 位;场均上场时间 37.2 分钟,从未在一个赛季中场均上场时间低于 30 分钟;共得到 36928 分,在 NBA 历史得分榜上排名第二位;抢到 14968 个篮板,排名历史第六位。马龙曾两次当选 NBA 最有价值球员,并于 1992 年和 1996 年两获奥运会金牌。

克·珀森（Chuck Person）等数十名精英球员激烈角逐，奈特则在一座高塔上纵观全场。试训当中，巴克利显然是除乔丹之外最出色的球员，他在场上生龙活虎，展现出了惊人的身体素质和控球能力。但是，相比奈特的青眼，这位奥本大学的前锋似乎更在意让职业球探记住自己，而奈特则只看到了他那 280 磅的肥肉。

几轮试训下来，不少日后的篮坛巨星都被奈特刷掉了，这其中就有巴克利、斯托克顿和马龙。满怀着愤怒和不解的斯托克顿告诉巴克利和马龙，他想跟他们组一支队，和奈特挑选出来的那十二人较量一番。

最终被选定参加奥运会的十二人分别是：乔丹、帕金斯、尤因、克里斯·穆林、韦曼·蒂斯代尔、里昂·伍德、埃尔文·罗伯特森（Alvin Robertson）、乔·克莱因（Joe Klein）、乔恩·考恩凯克（Jon Koncak）、杰夫·特纳（Jeff Turner）、沃恩·弗莱明（Vern Fleming）和史蒂夫·阿尔福德。

褪下了往日的 23 号球衣，乔丹在美国国家队的指定球衣号码是 9 号。印第安纳大学的教练有了足以让他横行国际赛场的阵容。他告诉好友帕克，他根本不在乎这支奥运会代表队能否单场豪取 90 分，只要能把对手的得分限制在 30 分以下就好。"他专注起来简直不可思议，"帕克回忆道，"和迈克尔一样，鲍比极为争强好胜。他已经准备得妥妥当当。人们都忘了他是怎样选出那支奥运代表队的。他从教练的角度出发，从大学篮坛精心遴选出球队的每一个部件。通过筛选，他让每个人都融入队伍中来。显然，他的球员们必须了解，'这就是我们的比赛风格，这就是我期待你们打出来的样子。'所以在那几场比赛中，他们一直压制着对手。他并不在意也不期待赢得金牌。他想要的是统治篮球的世界，而他们也确实做到了。"

事实上，真正让帕克近距离目睹迈克尔·乔丹初露之锋芒的，是奥运会之前与 NBA 球员进行的表演赛。8 月的洛杉矶奥运会开幕之前，NBA 总顾问拉里·费莱舍（Larry Fleisher）安排了一系列热身赛。帕克从事篮球解说多年，又与奈特素来交好，因此得以坐在场边观看了这九场令人痴

迷的比赛。

"你要是同 NBA 球员打一场表演赛，"帕克说道，"他们多半下午才会姗姗来迟。他们套穿上球衣，随便打打便作罢。但在那三四个星期里，几场表演赛却打出了浓浓的火药味。"

让比赛持续升温的无非就是那两个人——奈特和乔丹。巡回表演赛于 6 月底在罗德岛的普罗维登斯拉开帷幕，中途在明尼阿波利斯和艾奥瓦城稍作停留，然后在 7 月 9 日来到印第安纳波利斯，在无数观众面前上演好戏。"到印第安纳波利斯的时候，奥运代表队已经连胜四场，"帕克回忆道，"所以，那天晚上职业队必须要止住对方的势头。拉里·费莱舍可不想看到一队 NBA 球员输给一群大学里的毛头小子。"

费莱舍招来了拉里·伯德、魔术师约翰逊、伊赛亚·托马斯等球星，在圆顶球场的三四万名观众面前打造出了紧张无比的气氛。比赛开始前，奈特多年来的良师益友、美国队的助理教练之一皮特·纽维尔（Pete Newell）走进了奥运代表队的更衣室，然后去寻找帕克。"伙计，我这辈子从没见过这么有干劲的人。"谈起奈特，纽维尔不禁对帕克吐露了心声。在印第安纳波利斯，虽然 NBA 职业队群星荟萃，奥运会代表队还是再次赢得了比赛。

真正的考验在密尔沃基。帕克回想当年说道："我还从未见过迈克尔打出如此伟大的进攻表现，直到那天晚上他在密尔沃基与一众 NBA 球员交手。那是我第一次看见迈克尔·乔丹在进攻端打出如此水准。在一次突破当中，他被迈克·邓利维（Mike Dunleavy）①划伤了鼻子。那是一场无比

---

① 迈克尔·邓利维，通常称老邓利维，前 NBA 运动员，NBA 名帅，前 NBA 球员小邓利维的父亲。1990 年，首次执掌教鞭的老邓利维即率领洛杉矶湖人队杀入总决赛，最终负于乔丹的公牛队。1999 年，时任波特兰开拓者队主帅的老邓利维凭借优异战绩当选 NBA 年度最佳教练。

粗暴的比赛。对方的教练是奥斯卡·罗伯特森（Oscar Robertson）①。在那个回合当中，鲍比·奈特被驱逐出场。迈克尔的鼻子流血不停。就在这时，篮球弹到奈特跟前，他把球捡起来，放到身后，拒绝交还给裁判。于是他们把他罚出了场。他和奥斯卡都动了真格。表演赛上没有犯满离场的规则，所以 NBA 队的球员对奥运代表队的这帮孩子下手很重。"

帕克回忆，奈特离场后，奥运代表队的助理教练立即叫了一个暂停，试图重整旗鼓。"他们回到场上，迈克尔接管了比赛，打得那些 NBA 球员呆若木鸡。太不可思议了。虽然我看过他高中阶段和大学三年的比赛，但那是我第一次见识迈克尔·乔丹化身真正伟大的进攻球员。我从未见过他的那一面，仅凭一己之力掌控比赛局面。鲍比甚至都不在场边，但迈克尔挺身而出，口里说着：'我不管什么体系，我要接管这场比赛。'他真的做到了。"

奥运代表队来到菲尼克斯进行最后一场表演赛，此前他们八战全胜，未尝败绩。"他们的对手可都是 NBA 球员，"帕克说道，"那可不是混在 NBA 里的无名之辈。在转战菲尼克斯之前，鲍比和我聊过一次。迈克尔已经让我成为他的信徒。鲍比对我说：'我可以告诉你我对迈克尔·乔丹的看法。我曾经对他有过怀疑，但他将成为有史以来最伟大的篮球运动员。'"

奈特很少公开对记者谈及奥运代表队中的任何球员，因为他不想让膨胀的自我意识破坏球队的平衡。尽管如此，执教完表演赛之后，他还是向记者们坦言："迈克尔是一位非常非常出色的篮球运动员。"

---

① 奥斯卡·罗伯特森，绰号"大 O"（The Big O），1960 年状元秀，NBA 50 大巨星之一，篮球名人堂成员，联盟历史上最全能的球员之一。职业生涯前 10 年，罗伯特森一直效力于辛辛那提皇家队，并于生涯第二个赛季以 30.8 分、12.5 个篮板和 11.4 次助攻的数据创下了整赛场均三双的壮举，直至 2016—2017 赛季，由拉塞尔·威斯布鲁克追平这一纪录。在张伯伦和拉塞尔垄断 MVP 的 20 世纪 60 年代，他是唯一一位抢到了一个 MVP 的巨星。职业生涯暮年，罗伯特森转投雄鹿队，和贾巴尔联手带领刚刚建队才 3 年的雄鹿队一举夺冠。奥斯卡·罗伯特森的 14 号球衣在国王队退役，1 号球衣在雄鹿队退役。

奥运代表队以 84∶72 赢下了在菲尼克斯的最后一场表演赛,乔丹得到了 27 分。在一次快攻中,他加速过掉了回防的魔术师约翰逊,扣篮得手;在另一次进攻中,他在左翼把球喂给低位的尤因,这位中锋投篮不中,乔丹却出人意料地溜到了右侧,将球补进篮筐。

一球接一球,乔丹化作了场上的一道风景。"那些 NBA 球员们就站在一旁,呆呆地看着他的表演。"乔丹的队友乔恩·考恩凯克对一名记者说道。

赛后,当天在场边指挥 NBA 群星的湖人队主帅帕特·莱利说:"他是我见过的最有天赋的球员。"

乔丹后来评论道,正是那几场表演赛上的身体碰撞让他做好了准备,助他在新秀赛季一飞冲天。帕克指出,奈特阵中并没有真正的组织后卫,但集结了不少身手全面的球员,其中最全面的当属乔丹,组织后卫、得分后卫和小前锋三个位置都能胜任。

1984

7 月 29 日,洛杉矶奥运会篮球项目在大西部论坛体育馆(The Great Western Forum)拉开帷幕。美国代表队没有出席 1980 年的莫斯科奥运会,从而给了苏联和匈牙利两国拒不参加此次赛事的理由。整届赛事下来,美国男篮没有遇到任何难缠的对手,轻取八场胜利,场均净胜分高达 32 分。乔丹平均每场砍下 17.1 分,领先全队。"我们清楚地见识了迈克尔的能力和他的全面身手,"帕克指出,"但在奥运赛场上,迈克尔并不会单场狂砍 40 分。那不是那支球队的风格。"

尽管奈特的进攻体系限制了乔丹的上场时间和得分机会,但他在练习时和比赛中的表演依然让球迷和队友血脉偾张。"每当迈克尔在快攻中拿到球,只会出现一种情况,"史蒂夫·阿尔福德说,"那就是某种扣篮。"

"有时候场上的球员都习惯了呆呆观赏迈克尔表演,"阿尔福德说道,"因为他总是能做出一些你不想错过的事情。"

随着美国队在众对手中一骑绝尘，一位国际记者给乔丹看了一本外国杂志，杂志的封面印着乔丹的照片，还称他为世界最强球员。那位记者问乔丹对此有何感受。"目前而言，"乔丹直白地说，"我还没遇到任何能阻止我随心所欲的人。"

从力克数支云集 NBA 众星的球队，到让国际篮坛最强的几支队伍俯首称臣，那年夏天的乔丹体验到了青云直上的感觉。唯一的一段小插曲发生在对阵西德代表队的比赛上。当时美国队浪费掉了 22 分的巨大优势，而乔丹则送出了 6 次失误，14 次投篮仅命中 4 次。板凳席上的奈特大发雷霆，好在美国队及时止住了颓势，以 78∶67 保住了胜利。赛后，这位教练的坏脾气在更衣室里爆发了，他责令乔丹向队友们道歉。

"你应该为你的表现感到羞愧。"他冲乔丹吼道。乔丹眼中含着泪水，呆呆地站在队友当中，一言不发。

乔丹是球队的领袖，是他的斗志之火激励着所有人。队友们都钦佩他的才华与魄力，所以看到他被教练训斥，大家都深感震惊。后来，萨姆·帕金斯透露说："我们并没有觉得迈克尔打得多糟糕，真的。但那只是我们的感受。奈特教练心里有数。他的话也确实让迈克尔深受激励。"

在后来的职业生涯中，乔丹常常因为欺凌队友而受人诟病。或许这些作风都是他在鲍比·奈特手下打球的短短几个月中学来的。"我并不是怕他，"乔丹对追踪报道奥运代表队的记者们说道，"但他是教练，而且他以这种执教风格取得了成功。我丝毫不会怀疑这一点。要让我在他手底下打四年球，我想都不愿意想。但他是个心直口快的人，他说的都是心里话。不管他用的什么样的口吻，你都一定不会听不懂。"

被奈特羞辱之后，乔丹憋着一股怒火在场上技压群雄，在决赛中更是独砍 20 分，帮助美国队以 96∶65 轻取西班牙，夺得金牌。赛后，他给了喜笑颜开的奈特一个大大的拥抱，然后挥舞着一面小小的美国国旗，走上了领奖台。他亲吻了奖牌，唱完了国歌，然后冲向看台，向母亲展示金牌。

乔丹和母亲提起往事——1972 年，美国队憾负于苏联，一个失望不已的 9 岁少年因此立下了誓言。那个少年并不知道，夺得金牌的代价还包括屈从于奈特的淫威。乔丹并不是那种能忍受羞辱的人。夺金的那一刻固然甜美，但余味之中却夹杂着那么一丝苦涩。

来自维克森林大学的安东尼·蒂奇没能入选奥运代表队，但也有幸目睹了乔丹为了迎合另一位控制型教练的要求，毅然牺牲自己的才华。"许多人都从来没有注意过，"2012 年，蒂奇在一次采访中说道，"如果你留心他的球风，你会发现从高中到大学，从大学到奥运会，从奥运会到职业联赛，他一直在自我调整，因为他的性格特点正适合在迪恩·史密斯、鲍比·奈特或菲尔·杰克逊这样的教练手底下打球。"

看到乔丹在奥运会上的出色表现，公牛队的总经理罗德·索顿比任何人都更高兴、更如释重负。这证实了这位总经理在选秀大会上做出了正确的抉择。"征战奥运会确实给迈克尔注入了一股动力，"回首当年，索顿这样解释道，"他成了家喻户晓的大人物，因为那届奥运会在洛杉矶举行，也因为他的劲爆扣篮和华丽的动作让每一个比赛夜都变成了电影精华，哪怕他并没有很多机会上场表演。"

两个礼拜之后，1984 年 9 月 12 日，公牛队宣布乔丹签下了一纸为期 7 年、价值 600 万美元的合约，这在当时是联盟史上第三高的天价，仅次于休斯敦火箭队的大个子哈基姆·奥拉朱旺和拉夫尔·桑普森签下的大合同，也创造了当时的后卫球员合约价值之最。"有舍才有得，"公牛队股东乔纳森·科夫勒打趣道，"我们舍，他们得。"

几天之内，其他 NBA 球员经纪人纷纷发表了反对的意见。像乔丹这样星光毕露的球员，为什么要以稍差一等的价格签下一笔 7 年长约呢？"这不合理。"魔术师约翰逊和伊赛亚·托马斯的经纪人乔治·安德鲁斯（George Andrews）对《南城经济报》（*Southtown Economist*）说道。经纪人李·芬特雷斯（Lee Fentress）则表示，这样的合约将来一定会出问题，因为球员合约的价值已经开始急剧飙升。

"我不想扮演上帝的角色，"公布这份合约之时，大卫·法尔克这样说道,"这是迈克尔和他的父母亲自做的决定。"

一个关键因素是乔丹坚持在合约上添加的"热爱比赛"条款。标准的NBA合约有规定,如果球员在球队批准的活动之外受伤,合约将被作废。乔丹想在不受处罚的前提下,随时随地自由参加各种比赛,美其名曰"热爱比赛"。由于乔丹一家接受了许多对公牛队方面有利的条款,球队决定在这个方面做出让步。

"有关这份合约,我的律师团队还有一些问题,但我没有,"乔丹告诉芝加哥的记者们,"很高兴谈判已经结束了,我等不及要融入公牛队中了。这不会是迈克尔·乔丹的个人秀。我只会是球队的一部分。"

第十五章　黑色力量

第一次见到桑尼·瓦卡罗（Sonny Vaccaro）的时候，耐克公司的官员们就在心底打量，这家伙会不会是个不法之徒。他的口音和举止确实有点儿这样的味道，而且总让人觉得他知道不少秘密，了解一般人无从得知的事情。第一次和这个眼皮低垂的矮胖意大利人坐在一起时，迈克尔·乔丹也有同样的感受。"我不确定我是否想跟这种看起来不大可靠的家伙扯上关系。"后来乔丹吐露了当时的想法。

面对这样的窘境，瓦卡罗总是暗自一笑而过。他身边的朋友们很确定，他跟犯罪之类的事情完全搭不上边。但是瓦卡罗也从未费心改变过自己的"黑手党"形象。他还挺喜欢让人们误以为他跟黑帮有些牵连。在生意的世界里，任何优势都能带来帮助。

更何况，瓦卡罗也确实认识许多身穿俗气西装的成功人士。但这些人可不是什么黑帮暴徒，而是篮球教练。然而，即使是全美顶尖的大学教练，也不太清楚此人究竟是什么来历。他们只知道，瓦卡罗写给他们的支票数额不小。在1978年的篮球界，有钱就能使鬼推磨。桑尼·瓦卡罗就让耐克公司成了这条公理的鲜活例证。

光是看着瓦卡罗那身皱巴巴的热身运动服和他脸上一整天没刮的胡楂，比利·帕克就忍不住想笑。"如果他是华尔街上的行政官员或麦迪逊大道上的大亨，那就另当别论了，"帕克说道，"问题在于他不是。他是个来自街头的家伙。篮球界人士不会让他进入核心集团。所以他只能在圈外活动，但却为他自己和他的公司取得了不可思议的成就。"

瓦卡罗一举革新了篮球运动，但却从未试图掩盖自己的真实身份：那个来自匹兹堡的友善家伙。好吧，至少在一年当中有一半时间是这样。另外半年，他则是来自拉斯维加斯。如果他自身的黑道气质不一定能吓到别人，那么他和赌城的关联也一定会让人吃惊。一年里有一半的时间，你会看到瓦卡罗在阿拉丁（Alladin）或巴巴里海岸（Barbary Coast）这样的低级体育投注台前鬼混，在那些地方你可以弄到任何东西的赔率。在那里，他为他的"顾客"在橄榄球比赛中下注，从中赚取"佣金"。每次说起这些事情，瓦卡罗总是草草略过。还有传言称，他自己名下还有个小赌坊。他活像达蒙·鲁尼恩（Damon Runyon）笔下的人物；虽然在拉斯维加斯这类人物俯首皆是，他还是格外引人注目。据说，越接近球赛开始的时候，你就会越容易听到体育投注台的扬声器里传出他的名字。

像桑尼·瓦卡罗这样的人物竟然会为耐克这样的公司效劳，这就要说到他在匹兹堡的那半年所做的事情了。1964年，还只有24岁的他和大学室友帕特·迪切萨雷（Pat DiCesare）创办了达珀·丹篮球经典赛（Dapper Dan Roundball Classic），这是最早受到广泛关注的全美高中全明星锦标赛之一。他们将这项赛事发展成了匹兹堡的一项慈善活动，但没过多久，瓦卡罗就发现他的锦标赛满足了一项巨大的需求：这项赛事为高中球员们提供了一个展示平台，让他们出现在大学教练的视野之中。很快，达珀·丹篮球经典赛开始吸引全国一流球员和顶尖教练的关注，从约翰·伍登到迪恩·史密斯都不例外。

这就是瓦卡罗影响力的关键。他会同任何愿意听的人这样说：一切都取决于人脉。"达珀·丹篮球经典赛给了我入场券。"2012年，回首当初，瓦卡罗这样说道。

不论是哪一年，这项锦标赛本身的净收益从未超过3000美元，但从人脉的角度说，它却是一座金矿。瓦卡罗和所有顶尖教练都建立了友好的关系。他的影响力和五星篮球训练营的霍华德·加芬克尔遥相呼应，只不过瓦卡罗更着眼于篮球市场，而加芬克尔则专注于评估球员实力。

吸引到篮球圈的大牌名流也就意味着各大媒体的关注。到1970年，《体育画报》已经开始报道瓦卡罗的赛事。"在威廉·佩恩酒店里，不论在哪里你都会撞见一个个教练正在物色高中球员，他们大多活跃在大厅、走廊、咖啡店和电梯里，偶尔也会出现在一盆棕榈树下，"该杂志的库里·柯克帕特里克（Curry Kirkpatrick）写道，"这个无处不在的群体齐聚匹兹堡，观看达珀·丹篮球经典赛。这项一年一度的高中全明星比赛才举办了六届，就已成为同类赛事当中的翘楚。"

据球探汤姆·康查尔斯基的描述，光是看着瓦卡罗在大厅里忙活就是一件很有意思的事情。"他要和身处大厅不同区域的八个人同时对话。约翰·汤普森刚刚被乔治城大学雇用，而杰里·塔卡尼安（Jerry Tarkanian）则依然效力于加州大学长滩分校。桑尼·瓦卡罗认识那儿的每一个人。他简直把那些教练玩弄于股掌之间。大厅里大概有30名教练。他向他们致意，同时跟所有30个人保持对话不间断。"

1977年，瓦卡罗有了足够的底气，直接致电耐克公司位于俄勒冈州波特兰市的办公室，向他们吹嘘自己对一款新鞋的看法。耐克方面并不感兴趣，但是公司的一位高管罗布·斯特拉瑟（Rob Strasser）却被瓦卡罗和那些教练之间的关系深深吸引了。耐克公司的其他主管想找联邦调查局调查一下瓦卡罗的背景，但是斯特拉瑟则不赞同这一做法。

他以500美元的月薪雇下了瓦卡罗，又另外往他的银行账户里打了3万美金，让他鼓动教练们签下耐克公司的代言合同。"别忘了，"瓦卡罗说，"在当时，耐克还只是一家市值2500万美元的普通公司而已。"

对瓦卡罗而言，这不过是小菜一碟。他让教练们签署一份简单的耐克合同，然后写给他们一张支票，再免费赠送球鞋给他们的球员穿。他开始大把大把地和教练签约，其中包括乔治城大学的约翰·汤普森、刚刚在内华达大学拉斯维加斯分校（UNLV）任职的杰里·塔卡尼安、爱欧纳学院（Iona College）的吉姆·瓦尔瓦诺和华盛顿州立大学的老伙计乔治·雷弗林（George Raveling）。

"不要忘了，对于那个年代的教练来说，5000 美元也是一大笔钱了，"帕克回忆道，"我只瞥了一眼那份合同。只有桑尼知道他给了那些教练多少钱。"

对教练们而言，这事儿简直好得不像是真的。"让我直说了吧，"据说吉姆·瓦尔瓦诺曾这样质问，"你要免费送我球鞋，还要付我钱？这合法吗？"

本质上，这就是篮球圈子里的贿赂。这样的行为并不违法，但从职业伦理的角度来说则颇引人非议。其背后的主要想法很简单，就是请教练让他们的业余球员穿上耐克球鞋，从而向球迷和消费者传达强烈的信息。1978 年，印第安纳州立大学的拉里·伯德脚踏一双耐克球鞋出现在《体育画报》杂志的封面上，这让瓦卡罗的公信力急剧上升。他为他的新"客户"找到了一个最佳投资对象。

耐克公司的销售额激增，很快斯特拉瑟又往瓦卡罗的银行账户里存进了 9 万美元，指示他再多签一些教练。当《华盛顿邮报》(*Washington Post*) 撰文质疑耐克公司此举的道德伦理时，公司高管们已经准备好迎接一场公关危机了。但出人意料的是，竟然有更多想分一杯羹的教练前来问讯。瓦卡罗往美国业余篮坛注入了一股现金流。很快，各大球鞋公司不仅纷纷出资赞助大学教练和他们的球队，还打入青少年篮球赛事，赞助相关的教练和球队。"这一举措改变了篮球运动，"谈及瓦卡罗开辟的贿赂之风，汤姆·康查尔斯基如是说，"如今不到 12 岁的孩子们也能参加全国业余体育联合会（AAU）组织的球赛，他们都觉得自己已经走上了正轨。"

远　见

到 1982 年，耐克公司已经通过瓦卡罗向大学教练们支付了数百万美元。在新奥尔良举办的 NCAA 四强赛中，他是约翰·汤普森的座上宾。就是在那个时候，他的脑海中闪现出下一个伟大的想法。他注意到，虽然詹姆斯·沃西捧得最杰出球员大奖，但出尽风头的是迈克尔·乔丹。"出大事了，"谈到乔丹击败乔治城大学的致命一投，瓦卡罗这样说道，"在全世界面前，一颗巨星诞生了。"

此前，瓦卡罗并不认识迈克尔·乔丹。迪恩·史密斯签的是匡威（Converse）的代言合同，他的焦油踵队在比赛中穿的是匡威的球鞋。乔丹则喜欢全身上下都穿阿迪达斯（Adidas）。他尤其喜欢阿迪达斯的球鞋，因为你只需把它们从鞋盒中拿出来，就能舒舒服服地穿上场，不必花时间去适应。乔丹在训练时穿的都是阿迪达斯的鞋，到了比赛中则履行合同，换上匡威。瓦卡罗相信，乔丹的超凡魅力一定能让他在市场上异军突起。他想让耐克公司签下乔丹，然后围绕乔丹打造一整条产品线。在1984年1月的一次会议上，瓦卡罗把这一想法告诉了罗德·斯特拉瑟和其他耐克高管。当时的乔丹还只是个大三球员，而且尚未决定是否要跳过大四赛季、进军职业联盟。

在职业球员的球鞋代言方面，耐克高层开出了250万美元的预算，且打算将这些钱分开来，用到几名年轻球员身上。这中间就包括奥本大学的查尔斯·巴克利，他的球技和与众不同的鲜明个性让他广受关注；还有即将被波特兰开拓者队选走的萨姆·鲍维，他未来的主场与俄勒冈州的耐克"校园"近在咫尺。1984年的选秀大会人才济济，耐克公司想把这笔预算分配给这样一群有意思的年轻球员，这样的做法也不无道理。"千万别这样做，"瓦卡罗对斯特拉瑟说，"把这笔钱全给那孩子。全给乔丹。"

他对乔丹的吸引力极力夸饰，豪言此人将把运动鞋市场推向一个全新的高度。最重要的是，瓦卡罗还说乔丹是他见过的最出色的球员。

乔丹会飞，瓦卡罗对斯特拉瑟如是说。

在那个年代，许多职业篮球鞋的代言合同还不到1万美金。据称，能靠球鞋合同每年赚取10万美元的球员只有一位，那就是洛杉矶湖人队的卡里姆·阿卜杜勒－贾巴尔。

让瓦卡罗的请求显得更加奇怪的是，当时公众还并没有将乔丹当作一位偶像。"那个时候，乔丹还没有被美化、被神化，"瓦卡罗指出，"他很出色，但在人们眼中，他只是迪恩手下的一名普通球员。"瓦卡罗争辩说，乔丹即将扶摇直上，披上无法想象的巨型光环，那将是任何篮球运动员都未曾达到的境界，耐克公司务必要将财运牢牢拴在这位明日之星身上。"我的观点是，我们有多少钱就给他多少钱，"瓦卡罗回忆道，"罗布听了我的话。就是那个时候，罗布问我：'你敢拿你的饭碗做赌注吗？'"

为耐克公司效力的这七年中，瓦卡罗屡屡得到提携，也给大学教练们塞了好几十万美金，但他本人的基本年薪却只有区区24000美元。于是他笑了笑，说："当然。"

斯特拉瑟已经学会信任瓦卡罗的直觉，但他仍然对这把豪赌心怀顾虑。要成功包装一位球员，耐克必须把许多事情牵到一起，从球鞋到球衣，打造出一条独立的产品线，然后再进行广告宣传和品牌推广。

罗布·斯特拉瑟联系了大卫·法尔克，后者是华盛顿特区的超级经纪人唐纳德·戴尔在职业服务公司的合作伙伴。斯特拉瑟告诉法尔克，耐克公司在考虑签下乔丹。法尔克曾与斯特拉瑟一同打理过不少其他球员的合同生意，他也同意不应该仅仅把乔丹当作一名篮球运动员，像过去那样通过球队关系来推广营销；而应该像包装网球选手那样，从个人的层面入手。斯特拉瑟提出，让法尔克下点功夫，签下乔丹。法尔克回答说他会细细考量这个想法，不过他也提醒斯特拉瑟，北卡罗来纳大学的球员很少会提前离校——这话也不全是对的。在这桩生意里，最简单的就是引起迪恩·史密斯的注意了，因为唐纳德·戴尔和史密斯关系本来就很好。

那年春天，迪恩·史密斯多次被人看到私会法尔克和职业服务公司的人，所以后续史密斯在鼓动乔丹进军职业联盟的时候，也考虑到了球鞋代言的前景。史密斯从未透露过这二者之间的关联，但正如比利·帕克所说，史密斯从来就不会透露任何事情。史密斯主要是根据他和NBA球队之间的对话来评估乔丹的职业前景，这些球队当中就包括费城76人队。当时执掌 76 人队教鞭的是比利·坎宁安（Billy Cunningham）①，此人恰好也曾是史密斯手下的明星球员。

76 人队方面告诉史密斯，如果他们有办法拿到第二顺位或第三顺位的选秀权，他们就一定会选乔丹。但是，据前 76 人队主帅马特·古奥卡斯（Matt Goukas）在 2012 年的一次采访中透露，尽管身为北卡前辈的时任教练比利·坎宁安很喜欢乔丹，球队老板哈罗德·卡茨（Harold Katz）似乎执意想选择查尔斯·巴克利。

不论如何，乔丹提早离校的"决定"让瓦卡罗围绕他打造一条产品线的计划有了更多动力。1984 年 8 月，正值奥运会期间，罗布·斯特拉瑟和耐克公司创意设计师彼得·摩尔（Peter Moore）来到华盛顿特区，会见了法尔克。到此时，法尔克已经为乔丹的球鞋和运动装备列出了许多可能的名字，其中就有"飞人乔丹"（Air Jordan）。看过清单，斯特拉瑟和摩尔当即就做好了决定。

"就是它了，"摩尔说，"飞人乔丹。"

到这次会面结束时，摩尔已经勾勒出了商标的草图。他画了一颗长着翅膀的篮球，上方写着"Air Jordan"。

与此同时，瓦卡罗还必须说服已经隐退的耐克公司董事长菲尔·奈特（Phil Knight）②，让他相信把天价重金砸在一个相对没什么名气、尚未经受考验的年轻 NBA 菜鸟身上是个好主意。

奥运会期间，瓦卡罗为奈特设下晚宴，还邀请了比利·帕克一道出席，摆明了是要帕克来当说客。

曾经是一英里赛跑运动员的奈特和他在俄勒冈大学的传奇教练比

---

① 比利·坎宁安，NBA 历史 50 大巨星之一，费城 76 人队名宿，篮球名人堂成员。1965 年，坎宁安在首轮第五顺位被费城 76 人队选中，1967 年随队夺得 NBA 总冠军。1976 年，坎宁安退役，次年出任 76 人队主教练，并于 1983 年率队夺得总冠军。

② 菲尔·奈特，美国商业大亨，耐克公司联合创始人及董事长，耐克前首席执行官。2012 年 4 月，因其创立的耐克公司对于篮球运动的杰出贡献，奈特被选入篮球名人堂。

尔·鲍尔曼（Bill Bowerman）①联手创立了耐克公司。他放手让罗布·斯特拉瑟这样的社交型人才打理公司的大部分日常事务。然而，重大的决定和战略决策依然要得到他的许可。奈特清楚地知道，瓦卡罗打造出了一张关系网，让耐克公司的销售额突飞猛进。事实上，在这次晚宴过后不久，《体育新闻》就将奈特和瓦卡罗纳入了体育行业最具影响力的一百人之列。帕克记得，瓦卡罗在晚宴上滔滔不绝地谈论着这个名叫乔丹的年轻球员。"奈特则是一副不置可否的态度。他问了很多问题，但并没有明确表态。他并没有说'孩子，桑尼，我希望你签下他'这样的话。我不清楚这是菲尔·奈特的一贯作风还是怎样。总之，他并没有被打动，也没有说'天啊，我们能帮你做什么？我们一定要签下这个人'。完全不是那样。大家谈得很认真，也很冷静。桑尼接着阐述为什么他认为迈克尔会是营销利器。哪怕是在奥运会上也不难看出，要想将迈克尔打造成耐克公司的商品，还有很多推销功夫要做。"

与此同时，斯特拉瑟和瓦卡罗还必须要说服乔丹一家人接受耐克方面的想法。后来迈克尔也承认，当年才 21 岁的他仍然很不成熟，不太懂也不怎么关心球鞋的生意。瓦卡罗转而向他的老友、正在奈特手下担任奥运代表队助理教练的乔治·雷弗林求助。奥运会期间，雷弗林在洛杉矶介绍两人相识。"乔治带迈克尔来到多利萝玛餐厅（Tony Roma's），把我介绍给他，"瓦卡罗回忆道，"那是我第一次和迈克尔见面。我们坐下来讨论他加盟耐克的事情。他那时还没怎么听说过耐克。你必须得明白这一点。然后我对他说：'迈克尔，虽然你还不认识我，但我们想为你打造一双球鞋。专属于你一个人的球鞋。'"

双方给彼此的第一印象都不是很好。乔丹觉得瓦卡罗看起来十分可疑，

---

① 比尔·鲍尔曼，美国著名田径教练，耐克公司联合创始人。作为一代名帅，鲍尔曼曾培养出无数全国冠军和奥运健儿，与他联合创立耐克公司的菲尔·奈特就曾是他的弟子。鲍尔曼于1999年辞世，享年88岁。

而瓦卡罗则觉得乔丹是个乳臭未干的小屁孩儿。乔丹对产品线的讨论漠不关心,却张口就问瓦卡罗要一辆车的时候,他的稚气更是显露无遗。"只要你签下这份合约,你想买什么样的车都可以。"瓦卡罗告诉他。

"我想要一辆车。"乔丹强调。

"迈克尔很难搞,真的很难搞,"瓦卡罗回忆道,"第一,他对那笔钱没有概念。第二,他还是个刚从北卡罗来纳大学出来的孩子。无所谓了。在20世纪80年代,一纸球鞋合同也根本不值钱,所以他完全不感兴趣。他不想跟我们签约。他想签阿迪达斯。在80年代,阿迪达斯的运动服是最好的。"

乔丹确实有问到钱的事情,瓦卡罗告诉他,不用担心钱的问题。如果这事儿谈成了,乔丹就会成为百万富翁。但是乔丹的主要兴趣仍在新车上面。瓦卡罗终于发觉,既然车对乔丹的诱惑力这么大,那就去弄一部车好了。

"我们会给你一辆车的。"他承诺道。

乔丹微微一笑,但这笑却丝毫不能让瓦卡罗安心。"你知道迈克尔的那种微笑,"他说,"他会看着你。那是一种非常难以琢磨的微笑。你永远都不知道他那样笑是什么意思。"

耐克团队知道法尔克同时也在跟阿迪达斯和匡威谈判,但他们对斯特拉瑟和法尔克的关系很有信心。那年9月,这位经纪人圆满搞定了乔丹和公牛队的合同。此外,耐克方面深知,他们为乔丹制订的计划远远不是阿迪达斯或匡威可以想象的。瓦卡罗和斯特拉瑟确信,乔丹一定会意识到他面前的这份提案是多么不可思议。

美国男篮夺金的第二天,法尔克、斯特拉瑟和瓦卡罗坐在一起商讨签下乔丹一事的具体细节。事实上,耐克公司把全部的预算都砸在了乔丹身上,为他开出了一份为期五年、价值250万美元的肥约,还包括各种保障条款、签约奖金和年金保险。耐克公司还承诺,将大力为 Air Jordan 造势宣传。从职业篮球鞋合同的角度来看,这份协议是史无前例的,因为耐克每卖出一双 Air Jordan 球鞋,乔丹都可以赚取25%的提成。此外,他还可以得到其他耐克 Air 系列球鞋的销售提成。事实上，这些提成收入当中，高达 50% 都可能成为法尔克的囊中之物。2012 年，瓦卡罗说："大卫直截了当地说他想要更多的钱。在 1984 年，谁也不知道这些鞋子到底销路如何。"

不论如何，这份协议无疑是一场豪赌。毕竟，乔丹要去的公牛队可是一支管理不善的联盟弱旅，而且自 20 世纪 70 年代起就因为球员爱开派对和滥用可卡因而长期蒙受舆论的垢病。在刚刚签下乔丹的公牛队，有不少球员根深蒂固地认为，可卡因能让日子更好过一些。如果耐克公司有做过正式的风险评估，这桩生意或许早就胎死腹中了。然而，他们信的不是商业计划书，而是桑尼·瓦卡罗的直觉。

乔丹和父母准备飞往俄勒冈州，听听耐克公司的官员们陈述他们对"Air Jordan"的美好展望。但就在动身的前一天晚上，乔丹打电话给父母，说他不去了。近期频繁的舟车劳顿让他身心俱疲，眼下他最不想做的事情就是为了一双他根本不喜欢的球鞋飞到美国另一端。德洛里斯·乔丹坚持让儿子次日清早赶到机场。她没有留下商量的余地。果不其然，第二天乔丹早早到达了罗利达拉姆国际机场（Raleigh-Durham Airport）。

斯特拉瑟、瓦卡罗和耐克公司全体高管都出席了会议。这当中就有霍华德·怀特（Howard White），此人先前是马里兰大学的篮球运动员，他在耐克公司与乔丹日后的长期合作当中发挥了重要的作用。连菲尔·奈特也露了面，在这位董事长身上，这可是件稀罕事儿。瓦卡罗和其他耐克代表很快被德洛里斯·乔丹的专注和职业素养打动了。"我可以告诉你，她是我这辈子见过的最令我钦佩的人，"瓦卡罗说道，"因为她能够为她的儿子打理此等大事。"

会议当中，乔丹一直面无表情地坐着，似乎毫不关心。他本无意到这里来，因此决意要不为所动。看到那双红黑相间的球鞋，他评论说那红色是"魔鬼的颜色"。他补充道，可惜他已经不在北卡了，不然的话那双鞋就可以裹上"天堂蓝"的外衣。尽管迈克尔的态度十分冷漠，瓦卡罗还是目不转睛地盯着德洛里斯·乔丹。演说者解释到每卖出一双鞋迈克尔都能从中抽成的时候，瓦卡罗观察着德洛里斯的表情变化。瓦卡罗告诉乔丹一家，耐克公司已经赌上了"全部身家"了。"这话是我说的，而且我很高兴我这样说了，"他回忆道，"'我们孤注一掷了'。我赌上了我的饭碗。耐克赌上了公司的未来。这太不可思议了。那是我们的全部预算。对于迈克尔的母亲来说，如果我们愿意赌这一把，那我们就是一家人了。我们说：'我们就是这么想要你。'她回应：'你们要让我儿子撑起这家公司的未来。'我们又说：'迈克尔，要是你搞砸了，我们就要破产了。'我当时基本上就是这么说的。大体上就是这样。"

只不过，会议室里每个人心头最重要的想法却没有说出来。这不仅仅是一份财政意义上史无前例的合同。关键在于，他们要把这一罐金子送给一位还没有在职业篮球比赛中出场过一分钟的21岁非裔美国人。从杰基·罗宾逊（Jackie Robinson）①、威利·梅斯（Willie Mays）②、比尔·拉塞尔、威尔特·张伯伦（Wilt Chamberlain）③、吉姆·布朗（Jim

---

① 杰基·罗宾森，美国职业棒球大联盟现代史上的第一位非裔美国人球员。1947年4月15日，罗宾森穿着42号球衣以先发一垒手的身份代表布鲁克林道奇队（现洛杉矶道奇队的前身）上场比赛，而之前黑人球员只被允许在黑人联盟打球。虽然美国种族隔离政策废除已久，但无所不在的种族偏见仍强烈左右着社会各个阶层，因此杰基·罗宾森踏上大联盟舞台的这场比赛，被公认为近代美国民权运动最重要的事件之一。

② 威利·梅斯，美国职业棒球大联盟前运动员。在其职业生涯中，梅斯几乎一直担任着中外野手的角色，曾2次获得最有价值球员奖。他被誉为棒球史上最伟大的球员之一，并于1979年被选入棒球名人堂。

③ 威尔特·张伯伦，NBA历史50大巨星之一，篮球名人堂成员，曾先后效力于费城勇士队（现金州勇士队前身）、费城76人队及洛杉矶湖人队。天赋超人的张伯伦被公认为NBA历史上最具统治力的球员之一，曾保持着多项后人难以企及的NBA纪录，包括单场100分、单季场均50.4分、单季27.2个篮板等。职业生涯，张伯伦曾2次夺得总冠军，4次当选最有价值球员，1次当选NBA总决赛最有价值球员，7次成为得分王，11次成为篮板王，还有一个赛季在助攻榜上傲视群雄。由于他在场上的攻守能力太过强大，联盟不得不为他设下限制，包括扩大球场的禁区范围、设置篮上干扰、改变罚球规则等等。1999年，张伯伦因心力衰竭去世，享年63岁。

Brown)① 到穆罕默德·阿里（Muhammad Ali）②，美国已经见证了许多黑人运动偶像的崛起之路。这些黑人运动员挺过了美国民权斗争的严酷考验。麦迪逊大道上的名流从未想过，要以耐克公司为年轻的迈克尔·乔丹设想的此种商业运动，去运作上述的任何一位黑人运动员。

时机确实就是一切。虽然合约大事还远未定下，但是看到乔丹夫人脸上的神情，瓦卡罗已经信心大增。"德洛里斯的反应让我心里有了底，"他回忆道，"我们是把他们当作合作伙伴，而不只是付给他们酬劳。她很看重这一点。这个女人决定了一切。迈克尔很爱他的父亲，真的。但是这事儿还得德洛里斯做主。"

虽然眼下还看不出来，但那场会议标志着一股黑色力量的崛起，虽然这股黑色力量并非来自对社会不公和种族歧视的抗议。德洛里斯·乔丹所代表的这股黑色力量直接源于北卡罗来纳州的海岸平原，在那里，黑人曾被残酷地隔绝于政治世界和社会生活之外。德洛里斯身上的黑色力量是从她父亲那里传承下来的，分成制和租佃制的经济现实则是它诞生的基础。这是一股经济层面的黑色力量，它或许是黑人所能拥有的最强大的力量；在种族隔离时期，黑人经营的银行和小型企业在亚特兰大和达勒姆等城市繁荣发展，便是这股力量的证明。大众或许并不关注那些通常寂寂无闻的黑人专业人士和企业家有多少经济收入，但他们积聚起来的财富乃是非裔美国人生活体验的核心。

那些与耐克公司的初步谈判让迈克尔·乔丹开始拥有能够改变生活的

---

① 吉姆·布朗，美国著名黑人橄榄球运动员、演员。布朗是美式橄榄球联盟（NFL）有史以来最伟大的跑锋之一，同时也是一名迅捷有力的后卫球员。在为克利夫兰布朗队效力期间，他曾8次获得联盟最佳跑锋称号，创造了多项推进和得分纪录，并3次当选联盟最有价值球员。1971年，布朗被选入橄榄球联盟名人堂。

② 穆罕默德·阿里，美国著名黑人拳击手。阿里无疑是世界上最伟大的拳手之一，也是世上最有名的人之一。他以他的伟大拳击职业生涯和激进的政治主张而名满全球。1999年，他被《体育画报》杂志评为"世纪最佳运动员"；他也是许多人心目中20世纪最伟大的运动员之一。

经济力量。不过在这一切成真之前,耐克公司的高管们和德洛里斯·乔丹还必须说服她那颇难取悦的儿子,让他相信这份合约会为他带来最大的利益。眼下,他仍然摆出一张面无表情的冰块脸。然后他望向瓦卡罗,又问起了新车的事情。瓦卡罗从口袋里掏出两部玩具汽车模型,把它们推向了桌子对面的乔丹。多年以后,瓦卡罗还确切地记得其中一辆是兰博基尼。

"这是你的车,迈克尔。"瓦卡罗回答道。他又重申,只要签下这笔合约,不管乔丹想买什么车都不是问题。事实上,日后这家球鞋公司付给乔丹的钱比公牛队的薪水还多。会议室里的每个人似乎都面带微笑,除了乔丹本人。菲尔·奈特打趣道,乔丹还没答应签约,公司就已经在给他买车了。说完,这位董事长就借故离开了房间。

"迈克尔,有时候你得学着信任别人,"瓦卡罗记得他这样同乔丹说道,"我说那句话的意思他一定也知道,那就是,'我们在你身上下的赌注和你在我们身上下的赌注一样多'。"

会议结束了,耐克团队还完全不知道乔丹对他们的陈述有何看法。后来,他对法尔克说那些会议让他厌烦至极。直到当天夜里,乔丹和他的父母、斯特拉瑟及其他耐克官员共进晚餐时,他才放松下来。那天晚上,这位年轻的球星给众人留下了深刻的印象,他彬彬有礼、魅力四射,在高档餐厅的宾客之中泰然自若。他那晚的形象让耐克高管们松了一口气,他们知道自己做了一个明智的决定,眼前这个年轻人确实有不同凡响之处,他能和来历背景各异的人们交往自如。当时"后种族"(post-racial)这个术语还没被杜撰出来,但如果有,这个词正好可以形容乔丹给他们的感受。后来,他们准备了一份乔丹在北卡时期的经典瞬间集锦,存在豪华轿车的录像机里,供他在回酒店的途中观看。此举堪称绝妙的一招。他也顺便看了一遍可能会属于他的 Air Jordan 产品宣传片。协议还没签订,但双方已经建立了纽带,留下了良好的印象。

"他都听她的,"谈到乔丹和他的母亲,瓦卡罗说道,"她手里握着决定性的一票。她告诉迈克尔:'他们想同我们合作。'她说服了他。她做到了。我一辈子都不会忘记那一天。"

法尔克尽职地去了匡威和阿迪达斯两家公司，听取了他们的提案。乔丹甚至还联络了一位他认识的匡威代表，告诉对方他们公司的报价"至少不要和耐克的提案差太多"。桑尼·瓦卡罗为迈克尔·乔丹提供了无比优越的待遇，不论是匡威还是阿迪达斯都没有做好如此准备。

据称，菲尔·奈特从未正式批准或认可这份合约。但是当罗布·斯特拉瑟采纳并执行了瓦卡罗的想法，奈特也并未出面叫停。于是乎，奈特的缄口不言变成了默许。

"菲尔·奈特会聆听并相信桑尼这类人说的话，"帕克说道，"不论他们付了桑尼多少钱，都远远比不上桑尼为他们做的贡献。桑尼是个高瞻远瞩的人，而他最卓绝的远见之一，就是看出了迈克尔·乔丹不仅是优秀的球员，还有着无与伦比的人格魅力，能帮他卖出球鞋和任何商品。"耐克公司的官员们当时并未意识到这一点，但他们已经踏出了不可逆转的第一步，让迈克尔·乔丹成了公司的全面合作伙伴。

"他是一个偶像，也是一个符号。"那年秋天，大卫·法尔克如是说道。说这话之前，他刚刚透露乔丹已经与耐克公司、威尔森体育用品公司（Wilson Sporting Goods）和芝加哥雪佛兰经销协会（Chicagoland Chevrolet Dealerships Association）签下了合约。耐克的合约尤其在职业篮球界掀起了一波惊叹——以及愤恨。哪怕还没有上场遇到任何对手，乔丹本人早已感受到了敌意。然而，年纪轻轻的他并不知道这敌意的分量有多重。

"我知道所有人的眼睛都盯着我，"即将进入新秀赛季，乔丹这样说道，"有时候我做的很多事情会让我自己都大吃一惊。很多事情并不总是安排好的。它们就这样发生了。"

远大计划即将起飞，桑尼倍感欣喜。"要是他失败了，我们大家都会跟着完蛋，"三十年后再回首当初，瓦卡罗说道，"我们把全部身家压在了他的身上。要是他后来只是个平庸的球员，那该怎么办？当时所有人心里都没底。要是那样的话，我们一定会非常窘迫。我的意思是，我真不知道会发生什么。但我切实地知道，那些事情没有发生。他不是一名普通的球员。他是一个在球场上闲庭信步就能赚数百万美元的大人物。"

第十六章 初 见

8月末,乔丹回到家乡,参加另一场为表彰他的成就而举行的庆典,这一次是在威尔明顿的塔利亚礼堂(Thalian Hall)。在庆典上,他正式将那枚奥运会金牌献给了他的母亲。兰尼高中也利用这一场合为他在海盗队的23号球衣举行了退役仪式。一个月之后,他前往芝加哥,参加季前训练营。

乔丹早已料到在芝加哥公牛队的生活会和在北卡焦油踵队的生活截然不同。即便如此,他完全没想到这差别竟是如此之大。首先是教练的问题。如今他不再被迪恩·史密斯或鲍比·奈特的严令束缚了。他的新教练是44岁的凯文·朗格利(Kevin Loughery),此人是20世纪六七十年代职业篮坛狂野时代的产物,行事高调,性格浮夸。球员时期,他曾是前巴尔的摩子弹队(Baltimore Bullets)①的主力球星。朗格利说话带着浓厚的布鲁克林口音,平素喜欢咧嘴大笑,与他那令人愉悦的比赛风格相映成趣。

"凯文是个老派的家伙,"前公牛队训练师马克·法伊尔(Mark Pfeil)回忆道,"在那个年代,人们在职业联赛打球还是件很有趣的事情。你到球场来,完成你的工作,赛后大家聚到一起,逛逛酒吧,寻欢作乐。"

---

① NBA历史上曾有过2支巴尔的摩子弹队,分别是:1947—1954赛季的巴尔的摩子弹队,以及现华盛顿奇才队的前身巴尔的摩子弹队。二者名字虽同,却并非同一支球队,其中第一支子弹队夺得了1948年BAA(NBA前身)总冠军,后于1954年解散。后一支子弹队原为芝加哥包装工队(Chicago Packers),1961年加盟NBA,建队第三年迁至巴尔的摩,后又于1973年迁至华盛顿,历经数次改名成了现在的华盛顿奇才队。

对于篮球，朗格利有着敏锐的直觉。球员时期的他表现出色，在征战 NBA 的 12 个赛季里，平均每场可贡献 15.3 分。他很快就吸引了乔丹，因为他曾执教过朱利叶斯·欧文，并率领那支纽约篮网队（New York Nets）① 两度捧起美国篮球协会（American Basketball Association，简称 ABA）的冠军奖杯。作为球员，他曾在 1965 年的东部决赛上负责盯防杰里·韦斯特（Jerry West）②，后者在之前的数场比赛中接连得分上 40，打破了多项纪录。防守韦斯特和执教欧文的经历让朗格利深深明白，卓尔不群的运动天才都颇有些专断独行。在朗格利的教鞭之下，这位公牛队新星将来多的是持球的机会。

乔丹曾多次表示，朗格利是他效力过的最有意思的教练。"他给予我信心，让我打出他要求的水平。"乔丹后来解释道，"在我的第一年，他曾把球扔给我，对我说：'嘿，小子，我知道你挺能打的。放手去打吧。'我想在其他教练的体系之中，一定不会是这样的情况。"

突然之间，球场上的乔丹似乎又变回了兰尼高中体育馆里时常出没的那个飞在空中张牙舞爪的幽灵，只不过他的体格更加成熟，球技也更加精纯了。现在他也无须掩藏自己的运动天赋了。

那一年，朗格利帮乔丹找到了他作为球员的定位与信心。这位教练放手让乔丹自行发掘属于他的打法，而非试图把自己的想法强加于他。朗格利看到了乔丹的热切渴望，也明白自己的任务就是满足这份渴望。在迪恩·史密斯甚至鲍比·奈特的体系下，乔丹的发展受到了限制；而朗格利

---

① 纽约篮网队，现布鲁克林篮网队（Brooklyn Nets）前身，最早叫作新泽西美洲人队（New Jersey Americans），始建于 1967 年，隶属 ABA。建队 1 年后，球队即迁往纽约。ABA 与 NBA 合并后，篮网队迁回新泽西，直至 2012 年迁往布鲁克林。

② 杰里·韦斯特，绰号"关键先生"（Mr. Clutch），NBA 历史 50 大巨星之一，洛杉矶湖人队名宿，篮球名人堂成员。韦斯特是 NBA 历史上的第一位 NBA 总决赛 MVP（1969 年），其运球时的剪影更是 NBA 标志的原型，他也因此被称为"标志"（The Logo）。退役后，韦斯特仍以各种身份活跃于联盟，并曾两度当选年度最佳总经理。

则想给予乔丹他所需的自由，让他尽情挖掘潜力。不仅如此，作为朗格利在公牛队的权力来源，球队总经理罗德·索恩曾是他在篮网队时期的助理教练，因此充分信任他的执教能力。

朗格利与这位年轻球星的关系也同样重要。"我可以把他当作朋友。"乔丹解释道。朗格利自己也曾是球员，他明白这位菜鸟面临的挑战，而这挑战之中就包括他的新队友。不同于北卡那些上进心十足的年轻全美明星球员，现在在乔丹身边的是一群愤世嫉俗的残兵败将，其中一些人还深陷滥用可卡因和酒精的问题当中。天资过人的后卫奎因汀·戴利就是其中一员，早在乔丹到来之前，他在芝加哥就已经臭名昭著。"奎因汀是我的好朋友，"训练师马克·法伊尔回忆道，"我深深为他感到遗憾。我们试图威胁他，但你能怎么威胁一个原本就一无所有的人？他说：'我会搞到流落街头？我又不是没在街头混过。我在街头活了下来，你别拿这个吓唬我，没用的。'"

另一位坠入酒精与可卡因深渊的，是来自圣母大学的二年级前锋——天赋异禀的奥兰多·乌尔里奇。最终，这两名队友都走上了一条悲情之路，早早断送了自己的职业生涯。公牛队中满是问题人物。正如球队公关人员蒂姆·哈勒姆所说，乔丹的好胜心太强，根本无暇沾染毒品或酒精。一旦染上那些玩意儿，就意味着向对手暴露自己的弱点，这样的事情乔丹是绝不会做的。

联盟流浪汉罗德·希金斯（Rod Higgins）比乔丹年长三岁，是那支公牛队中少有的安分球员之一。在那个赛季的混沌之中，他与乔丹很快成了朋友，直到两人不再并肩作战，这段友谊也并未终止。六年之后，回顾当初的那支公牛队，乔丹表示在他所有的队友之中，最初的那批公牛队球员是身体天赋最出色、却也是最愚昧的一群队友。乔丹把他们称作"乐一通"（Looney Tunes）。

比起乔丹那些麻烦不断的新队友，公牛队在天使守护者球馆（Angel Guardian Gym）的训练"设施"也并不怎么有助于成功。"那是一个昏昏暗暗的球馆，地板奇硬无比，"蒂姆·哈勒姆解释道，"球馆里毫无装饰。车就停在后面的草地上。那里有条窄窄的人行道，球员们得先把车开上人行道，然后再转到草坪里。更衣室也上了年头。里面没有食物。你知道的，没有任何便利设施，要什么没什么。"

公牛队的长期票务经理的乔·奥尼尔（Joe O'Neil）回忆，天使守护者球馆是给儿童用的，所以球馆里总是有很多小孩。"球员们必须排队等三年级的孩子们下场，然后才能入场训练。球员们会列好队，孩子们也会列队穿过大堂，前去游泳池或体育馆。"

前公牛队后卫约翰·帕克森（John Paxson）[①]记得，那个球馆非常冷，完全抵挡不住芝加哥那众所周知的糟糕天气。和在委内瑞拉参加泛美运动会时一样，乔丹丝毫不在意这些恶劣的条件。比起帝国公园的室外球场或他从小打球的其他场地，天使守护者球馆一点也不逊色。所以他只是耸了耸肩，就开始埋头训练。

头几个星期，公牛队让他们的新秀住在天使守护者球馆不远处的林肯伍德·凯悦酒店（Lincolnwood Hyatt House）。训练营开始前几天，乔丹降落在奥黑尔国际机场（O'Hare International Airport），一位29岁的礼车司机乔治·凯勒（George Koehler）接待了他。凯勒刚刚错失一位乘客，正在物色下一位客人。看到这位瘦骨嶙峋的年轻新秀，凯勒误把他叫成了"拉里·乔丹"，并提出只要二十五美元就可以载他去城里的任何地方。乔丹一脸困惑地斜眼看着这位司机，问道："你认识我哥哥？"无论如何，这是一段美好关系的开始。后来科勒成了乔丹的御用司机，还成了他的私人助理和终身挚友。

回想初识之日，他还记得当时的乔丹一脸生涩，在大城市里茫然无措。"我望向后视镜，却根本看不到他，因为他蜷缩在座位里，就像个小孩子一

[①] 约翰·帕克森，退役NBA球员，芝加哥公牛队名宿，司职控球后卫。帕克森有一手稳定的中远距离投射，是公牛王朝前三冠时期的重要成员。现为公牛队执行副总裁。

样,"科勒回忆道,"我不知道他有没有坐过加长豪华轿车;他在芝加哥举目无亲。我是个陌生人,他显然有点儿紧张,像是担心我会随便把他扔在某条小巷子里一样。"

乔丹很快找回了自己的神采。"他每天都来训练,像是要打NBA总决赛第七场一样。"乔·奥尼尔笑着回忆道,"他会在训练时把你打得落花流水。正是这样的作风为我们的球队奠定了基调。"

朗格利曾远远观察过乔丹,但没想到近距离看他打球的感受竟更为震撼。"当我们开始一对一训练,"这位教练回忆道,"我们很快就意识到,队里有了一位球星。我不敢说我们当时就知道他将是史上最伟大的球员,但我们一直都觉得,迈克尔总能把球投进,很多人曾质疑过这一点。但迈克尔大学时期师承迪恩·史密斯,奥运会上又曾在鲍比·奈特手底下打球,这两人的体系都以传导为主,所以人们从来没有机会见识过他用他自己的方式持球单打。后来我们又发现他是那样争强好胜,于是我们知道,我们有了一位无所不能的球员。"

朗格利的助手比尔·布莱尔回忆道,训练营第二天,教练组决定举行队内练习赛,以检验乔丹在开放式攻防当中的球技。"迈克尔在球场一端摘下篮板,"布莱尔回忆道,"然后推进至另一端。他从罚球区顶端高高跃起,灌篮入筐。然后凯文说:'以后我们再也不必弄队内练习赛了。'"

"他的预判能力非常出色——他能看清场上局势,而且他速度很快,还很强壮,"朗格利回忆道,"他的力量也是另一个常常被人们忽视的优势。该有的东西他真的一应俱全。"

然而,从一开始乔丹所关注的就不是他拥有的东西,而是他尚未拥有的。"毫无疑问,我现在处于一个全新的也更困难的层面,"第一次参加职业球队训练之后,乔丹说道,"我要学的还有很多。"

"我知道队里来了个不同寻常的角色,因为迈克尔总是提前45分钟到场练球,"比尔·布莱尔回忆道,"他想改善他的投篮。训练结束后,他可能会让你帮他接着练。他会继续练投篮,全不在乎已经练了多久。一直以来我最欣赏他的一点就是，当你在队内练习赛中让他下场休息，他会不停地求你把他换上场。迈克尔真的很喜欢打球。"

秘 书 处

乔丹在训练营的第一天，共有一位报纸记者、一位杂志写手、四位摄影师和一组电视台工作人员专程前来报道。诚然，那个周末芝加哥小熊队（Chicago Cubs）①将迎来一个传奇赛季的收官之战，礼拜天他们将在军人球场（Soldier Field）迎接达拉斯人的挑战；然而，冰冷的真相是，在1984年9月，根本就没有人关心芝加哥公牛队，有没有迈克尔·乔丹都是一样。"公牛队是这座城市最不受宠的孩子。"当年在第二城（芝加哥的昵称）担任体育电视制片人的杰夫·戴维斯解释道。

不只芝加哥不在乎公牛队，连NBA本身也不在乎。那个赛季，联盟与哥伦比亚广播公司（CBS）体育台签订了一项新的电视协议，但直播安排表中没有任何一场公牛队的比赛。戴维斯解释道，就连当地电视台都没有兴趣为公牛队制作用于新闻报道的短片。"那个时候很少有电视台来访。"就算真的有摄影团队出现在天使守护者球馆，朗格利也全然不会在意。当时还没有球队训练方面的媒体限制。杰夫·戴维斯回忆道，他之所以会去球馆，完全是因为喜欢篮球。"我永远不会忘记那年年初我去看他们练球时的场景。天啊！乔丹身上有一种专注，那是在场的其他任何球员都没有的，因为他真的太有天赋了。你可以看到他非常勤奋，你也能看出他是要干大事儿的。面对所有人的防守，他轻轻松松就突破到了篮下。他对自己的要求十分苛刻。他想让防守球员紧紧缠着他，说道：'再贴紧点。来啊，你倒是来防我啊！'他会问候对方的家人。他是个脏话连篇的老流氓。"

---

① 芝加哥小熊队，芝加哥的两支美国职棒大联盟球队之一，隶属国家联盟中区，成立于1870年。

"迈克尔每天都会挑个人来找碴儿，"训练师马克·法伊尔回忆道，"我很早就看出来了。每天都是，总有一个人成为他的牺牲品。这个人可能是队中的任何一个人，埃尼斯·威特利（Ennis Whatley）、罗尼·莱斯特（Ronnie Lester）和奎因汀·戴利这些家伙也不能幸免。迈克尔一次又一次地迎着他们的防守将球投出。他总是会故意激怒他们，好让他们防得更凶，主要就是因为他太要强了。在他的新秀年，有那么几次训练都被他搞得进行不下去了。朗格利也只好摊开双手，任迈克尔为所欲为。"

"有一个像迈克尔一样打球的新秀是一件很有意思的事情，"2012年，罗德·希金斯回忆道，"初来乍到之际，他就用他的好胜心赢得了老队员们的尊敬。那年训练营刚开始我就注意到，如果你不努力提升你的水平，这孩子就会让你难堪。他丝毫不在乎盯防他的那些老球员都是谁。"

"迈克尔就好像那匹名叫秘书处（Secretariat）的神驹，"那年早些时候，训练师弗雷德·卡特（Fred Carter）打趣道，"其他的马儿都知道要拼命跑才能跟上他的脚步。"

"在训练中，朗格利常把迈克尔放到不同的队伍，就为了看看他到底有多大能耐，"罗德·索恩说，"凯文让他去哪支队，哪支队就会赢球。凯文对我说：'我真不知道到底是其他人太烂了，还是他太强了。'"

"凯文总是喜欢在训练时玩那一套，"马克·法伊尔回忆道，"他把球员们分成两队，哪一队先得到十分，哪一队就获胜。落败的一队就要罚跑十圈。凯文把这套规则称作'十分或十圈'。一整年下来，迈克尔一圈都没跑过。有一次迈克尔那队以8：0领先，凯文突然把他调到另外一队，火冒三丈的迈克尔一人连得九分，他那一队又赢了。"

"看到他在训练营中的表现，我马上改变了我关于球队进攻的想法，"朗格利回忆道，"我们需要什么样的进攻全都取决于他。要是没有迈克尔，我们的阵容并不强大，所以他一定要大量出手。我当即开始思考怎样为他拉开空间、让他持球单打。让他到低位持球是很合理的选择，因为他比大部分后卫更强壮。你必须得围绕他来打造进攻战术。"

乔丹原本就希望打得分后卫，他认为他可以和那些比他瘦小的球员对位。朗格利则在这一想法的基础之上再进一步，认为这位新秀完全可以在必要时制造错位。事实上，他还能出任小前锋。他的全能身手意味着公牛队在三个位置上同时得到了补强。

赛季开始之前，球队外出打了一轮表演赛。在皮奥里亚市民中心（Civic Center）的2500名观众面前，替补出场的乔丹砍下了全场最高的18分，由此拉开了一个时代的序幕。公牛队还去了纽约州的格伦斯福尔斯市。乔丹在比赛热身时大秀扣篮绝技，让全场观众大为振奋，甚至整晚为他欢呼喝彩，直到发现乔丹即将打败他们的尼克斯队。

在印第安纳州北部的表演赛中，蒂姆·哈勒姆第一次发觉乔丹有一种不同寻常的魔力，他能够深深感染球迷。那天晚上，乔丹狂砍40分，赛后一大群球迷跟随他一路走进了球员通道，就好像他是个花衣魔笛手（Pied Piper）一样。日子一天天过去，乔丹如磁铁般的吸引力越来越明显。到后来，球队不得不用人墙将他隔离开来，以防球迷情绪失控。只不过，在几个月之后这道人墙才竖立起来。在那个赛季伊始，他的簇拥者与日俱增，但大家也只是觉得好玩而已。

从初入训练营时教练们和队友们的反应，到季前表演赛期间球迷们的兴趣，乔丹让人们愈发相信，他能让这支球队改头换面。"我们见识了他的球技，"朗格利说，"但你得每天跟他待在一起，才能感受到那家伙的争强好胜。他会试图接管每一个困难的局面。他会自告奋勇、挺身而出。他很享受这种感觉。"

这支球队急需这位新秀所能提供的一切。第一次到芝加哥体育馆观看公牛队比赛时，詹姆斯·乔丹和德洛里斯·乔丹被稀稀疏疏的观众和死气沉沉的气氛吓了一跳，他们已经习惯了北卡罗来纳大学的强大篮球能量。相比之下，公牛队的比赛显得无比寒酸。乔丹夫妇不禁怀疑，这样的球队怎么可能付得起儿子每年几十万美元的薪水。情况会好起来的，德洛里斯对丈夫说；但她自己也完全不敢确定。消极的因素由球馆本身而起。这座

球馆素有"麦迪逊街上的精神病院"之称,其所在地是芝加哥最乱的街区之一。1968年马丁·路德·金博士遇刺,随之而起的芝加哥暴乱让此地遭受重创。在之后的15年里,芝加哥西区江河日下、荒凉至极。对于那些有勇气来看公牛队比赛的球迷而言,光是停车和找路前往球馆大门这两件事都时常令他们提心吊胆。"总会有一群小孩儿问你:'先生,我能帮您洗车吗?'"杰夫·戴维斯回忆道,"如果你把车停在街上,而且还不打发他们一小叠钞票的话,你的轮胎就会被戳破。这可不是什么新鲜事儿。如果你和媒体的人一道来,他们就会告诉你:'除了球队批准的停车场,别把车停到任何地方,比赛结束后也要尽快离开。'所以,每次都像人口迁徙一样,在赛后的半小时到45分钟内,人们就走得一干二净。比赛结束后大家都不会在球馆附近逗留。"

"当时的公牛队可谓步履维艰,而球馆又是在西区,"蒂姆·哈勒姆解释道,"那个时候那儿可不是现在这个样子,周边经济还都没发展起来。那是除了波士顿花园(Boston Gardon)之外,全联盟最老旧的场馆。你知道的,人多的时候那个地方倒是挺棒的。那里很热闹,喧闹声传不出去,因为声音会撞到屋顶,然后反弹回来。球馆里没有任何音响设备,要是有吵闹的人群倒也不错,可当时我们根本吸引不到多少观众。所以通常球馆里都是死气沉沉的。"

"还是有一小部分球迷会买季票,"乔·奥尼尔承认,"比赛打到第三节,剩下的观众我都能数出来了。这时候我就会走出去,数数还有多少观众。"

1981年,史蒂夫·施沃德(Steve Schanwald)来到芝加哥,出任白袜队(White Sox)的销售主管。毕业于马里兰大学的施沃德非常喜欢ACC篮球赛场上的激情,到了芝加哥,当然也要去看几场公牛队的比赛。然而,他也一样大吃一惊。"对于篮球比赛而言,芝加哥体育馆是一座死气沉沉的建筑,"施沃德回忆道,"我原本很喜欢出门看比赛,因为我可以坐在座位上,自由伸展手脚。但那儿的情景真是让我不忍直视。我简直不敢相信那是 NBA 的篮球比赛。看上去更像是大陆篮球协会（CBA）或者级别更低的联盟的比赛。坐满了人的时候，球馆本身是很不错的。可是一旦少了人群，气氛就变得十分压抑，好像一座坟墓。那里没有耀眼的记分牌。有人告诉我，早期的公牛队球迷常常透过曲棍球场地的塑胶玻璃观看篮球比赛。那时的公牛队就是如此地不受尊重。"

惨淡的气氛为乔丹的首秀之夜平添难度。他同时邀请了两位女性嘉宾，但不想让她们发现彼此。他初来乍到不过一个月，大部分时间他仍和母亲住在一起，然而首秀当晚，他的嘉宾名单上却出现了两位女性的名字。他为这两人提供了赠票，比赛行将开始之际还在匆忙确认两人坐在球馆里的不同区域。他心想，最好让她们坐在对角线上，这样就可以免去不少麻烦。当然，菜鸟毕竟是菜鸟，那天晚上他不小心把安排座位的妙计透露给了一位记者，辛苦盘算的好戏也就泡了汤。从此以后，他也开始留心在媒体人士面前管住嘴巴。

不管怎么说，此时的乔丹与高中时那个苦苦找不到女伴的少年相比，已经不可同日而语。自从 1982 年投进了击败乔治城大学的那一球之后，他和室友巴兹·皮特森很快就发现，他们在教堂山的女性群体当中人气急剧飙升。在芝加哥，乔丹发现这里的社交生活更加丰富多彩，而这个圈子里的社交先锋正是前公牛队球员雷吉·图斯。此君在各大派对上出尽风头，因此得了个"街区忙人雷吉"的外号。1983 年，图斯离开公牛队，还是菜鸟的乔丹趁机填补上他留下的空缺，成为芝加哥首屈一指的社交达人。乔丹对待篮球很认真，但还没有认真到会白白放弃这些与异性交往的良机。在北卡罗来纳时，他的赫赫威名曾是他最大的吸引力。而如今，在芝加哥，他发觉他的财富更能引人注目。

开　始

1984 年 10 月 26 日，星期五，21 岁的乔丹带着满满的期待，即将迎来他的公牛队处子秀，在那座破旧不堪的体育馆迎战华盛顿子弹队。后来公牛队会在介绍乔丹出场时配合激光表演，但当时还没有这些东西。第一次正式踏上主场，伴随他的只有迈克尔·杰克逊（Michael Jackson）的名曲《颤栗者》（Thriller）当中的音乐片段。13913名球迷到场观战，比前一年的公牛队揭幕战多了近6000人。球迷们用高声欢呼向乔丹致意，每次乔丹在场上做出改变比赛局面的举动，都能引起现场一片沸腾。早在那场比赛的第一节人们就已经看出，从今往后公牛队的比赛再也不是令人昏昏欲睡的无聊小事了。

比赛开始后21秒，乔丹在18英尺开外投丢了他的第一次投篮。1分钟后，他从华盛顿后卫弗兰克·约翰逊（Frank Johnson）手上掏下皮球，完成了他的第一次抢断。比赛才打了1分钟，他就已经让全场观众倒吸一口冷气。他从篮筐左侧高高飞起，在子弹队的大块头中锋杰夫·卢兰德（Jeff Ruland）头顶上重扣得手。后者并不理睬这次入侵，一把将乔丹撞倒在地。乔丹一动不动地躺在地上，整个球馆顿时鸦雀无声。终于，他爬了起来，后来他也曾抱怨说这一下摔得他脖子和脑袋有点儿疼。他和卢兰德都同意这次冲撞是无意的，但这也预示了乔丹早年的进攻模式——乔丹越过丛丛大树攻击篮筐，而大树也要给他点儿颜色瞧瞧。

首节比赛还剩7分27秒时，乔丹得到了他在NBA的第一个两分，那是罚球圈右侧的一记12英尺打板跳投。但这一球之后，紧张的情绪让他整晚的投篮状态起伏不定。全场比赛他出手16次，仅命中了5球，共拿下16分、7次助攻和6个篮板。除了11次出手不中，他还有5次失误。不过，全场比赛下来还是有颇多可圈可点之处，让球迷们深感欣喜。

"对我的职业生涯而言，这是个不错的开端，"他在赛后说道，"今晚我关心的主要是让每个人都投入进来。首先，我认为你自己要先奋力拼搏；接着，你得让那些大个子球员找到状态；最后，一切就会水到渠成。"当然，还有一件事情将要改变：在第一场比赛当中，大部分时间球都在他的队友手里。

助理教练比尔·布莱尔记得，对阵密尔沃基雄鹿队的第二场比赛，乔丹再次让教练团队刮目相看。"西德尼·蒙克利夫可是全联盟公认的五大防守型后卫之一。看到乔丹开始羞辱蒙克利夫，我们知道我们得到了一位了不得的人物。"

第三场比赛的对手同样是雄鹿队，这次乔丹狂砍37分，其中有22分都来自第四节。芝加哥体育馆的9356名观众见证了公牛队反败为胜，击退密尔沃基。

比赛一场接一场，乔丹发现自己的持球机会越来越多。带着不愿让人们失望的热切心情，这位新秀吐着舌头满场飞奔。他总是以迅雷不及掩耳之势冲向皮球、抓下篮板，然后像橄榄球场上的跑锋一样朝前场发足狂奔。他可以在全速冲刺的过程中完成交叉步变向运球，因此防守球员学着向前探一步来阻止他的交叉步，可没想到他同样可以在全速状态下流畅无比地做出转身动作。这样的动作对于那些"地板流"的后卫而言尚且是难事，一个身高6尺6寸的家伙是怎么做到的？

如果对手在回防的时候有所迟疑，就会被乔丹甩在身后。而如果对手及时落位、保护篮筐，乔丹则会给他们带来新的麻烦。一次又一次，他早早离开飞行跑道，向篮筐滑翔，然后在空中决定要怎样放球入筐。20世纪50年代末，埃尔金·贝勒第一次向全联盟展现了所谓的滞空时间，后来的朱利叶斯·欧文又为滞空的艺术增添了些许诗意。但是，乔丹式的滑翔更加令人着迷。他一边观察防守者的站位，一边吐着舌头逼近篮筐，举手投足之间透露出一副泰然自若的神情。如今他可以使出摇篮式扣篮、研究各种动作而不必担心教练的唠叨了。观察者们往往只看到了他那些引人侧目的扣篮表演，而很少提到他出神入化的反手上篮能力。如果防守者站好了位，且防守动作未违反垂直原则，乔丹就会在空中绕过对方的圆柱体，从篮筐另一侧用指尖将球挑入篮筐。

"只要迈克尔开始打球并且打出了状态，球迷们马上就有了兴趣，"罗德·索恩回忆道，"那个赛季之初，我们每场只能卖出大概六千张球票。突然之间，我们突破一万张了。他是个票房奇迹。"还要再过一段时间，他们才会迎来场场售罄的盛况。纵是如此，眼下芝加哥公牛队的商业模式显然已非往日可比。

如今乔丹将年轻人的旺盛火力烧向了他的对手，不少地板流的防守球员开始和他发生冲突。"在职业生涯早期，这家伙每次拿到球都会杀向篮筐，"索恩解释道，"他频频上演扣篮好戏，或是在空中旋转着把球投进。对方的球员们则不断在空中将他撞倒。我们很快意识到，再这样下去他迟早会丢掉小命。"第一次遭遇底特律活塞队，乔丹又一次飞起扣篮，结果被底特律的中锋比尔·兰比尔（Bill Laibeer）①撂倒在地，引得芝加哥球馆一片哗然。他需要队里有个能保护他的人，然而眼下并没有人站出来。

赛季初的几场胜利倒是让奎因汀·戴利等人气焰大涨，还叫嚣称已经等不及和卫冕冠军波士顿凯尔特人队一较高下了。比赛当中，球迷们大声喊出公牛队年轻人的挑衅之词，不料却激怒了对手。面对拉里·伯德和他的凯尔特人，乔丹独得 27 分，但绿军还是轻而易举地带走了胜利。不过，乔丹的表现仍让伯德大为赞许。"我从未见过哪个球员能像这样让一支球队改头换面，"赛后，他对《芝加哥论坛报》的专栏作家鲍勃·威尔第（Bob Verdi）说道，"就因为他，公牛队的所有球员都变得更强了……过不了多久，这个地方每晚都会人山人海……他们会为了看一眼乔丹而掏钱买票。他是最出色的。虽然他还处于职业生涯的早期，但他做到的已经比我做的更多了。还是新秀的时候，我可没他这样的能耐。见鬼，今晚就有一次精彩的突破。他右手把球端起，然后又压低下去，接着他又把球举起，我伸手去掏，对他犯规了，可他还是投进了。这整个过程，他一直在空中。"

"经常打球的人才知道那个动作有多难。你要是看到了，一定也会说：

---

① 比尔·兰比尔，底特律活塞队夺冠功臣，司职中锋。兰比尔是"坏孩子军团"的重要人物，由于球风极其彪悍粗犷，被认为 NBA 历史上最令人头痛、最粗暴肮脏的球员之一。退役后，兰比尔成为 WNBA 底特律震动队主教练，并曾 3 次带队夺得 WNBA 冠军。

'这能让我怎么办？'我之前也看见过他几次，但并没有像那样觉得震撼。我的意思是，我之前觉得他会是个出色的球员，但没想到是如此出色。没有什么是他办不到的。对他的球队来说这是件好事儿，对联盟来说也一样。"

"球探报告说，要让我多突破，还说我不会走左边，"乔丹回忆道，"他们不知道我的第一步、我的动作招数和我的弹跳能力。我知道我让所有人都吃了一惊，我自己也是。"

蒂姆·哈勒姆回忆，察觉到这即将绽放的璀璨星光，朗格利很快制订了"从头到尾，交给乔丹"的进攻策略。"凯文这种教练吧，怎么说呢？打个比方，要是你得到了一匹马，他就一定会骑骑看。很显然迈克尔当时就是这样的情况。"

通过一场又一场的比赛，乔丹越来越适应朗格利的执教风格，两人也越来越信任彼此。哈勒姆说："凯文是个好教练，很懂得随机应变。那时候他可是个战术大师。迈克尔很尊敬他这一点。"

当然了，有了乔丹的存在，似乎所有的战术问题都迎刃而解。在他的第九场职业比赛当中，面对圣安东尼奥马刺队，乔丹狂砍 45 分。六周之后，他再次豪取 45 分，帮助球队战胜了克里夫兰骑士队。不久，他又在纽约尼克斯队的头上砍下 42 分。紧接着对阵亚特兰大老鹰队，乔丹又有 45 分进账。征战多年的老鹰队组织后卫道格·里弗斯（Doc Rivers）① 回忆道，乔丹身上满满的能量几乎令人闻风丧胆："我记得他进联盟的第一年，哥们儿几个还在更衣室里说：'那家伙不可能一整个赛季都保持这样不知疲倦的打法。'"的确，初入 NBA 的菜鸟往往都会撞上"新秀墙"。打完

---

① 道格·里弗斯，退役 NBA 球员，现任费城 76 人队主教练。球员时期司职控卫，以擅长解读比赛和强硬防守而著称。教练时期，曾率波士顿凯尔特人队于 2007—2008 赛季夺冠。执教洛杉矶快船队期间，其子奥斯汀·里弗斯（Austin Rivers）也曾为快船队效力，两人成为 NBA 历史上第一对父子档。

大概二十五场比赛，也就过了一个大学赛季的长度，他们就会发觉腿脚不听使唤，筋疲力尽了。但乔丹并没有这样的问题。

"两年之后，他还是像之前一样打球，"里弗斯惊叹道，"他向来就天资出众，但在 M. J. 身上，他强硬的打法往往更加引人注目。很少有人能做到像他那样。很难看到哪位打法如此生猛的超级巨星每晚都能有如此发挥，而且每晚都是众矢之的。这太不可思议了！"

对阵丹佛掘金队，乔丹砍下了他职业生涯的首个三双：35 分，15 次助攻，外加 14 个篮板。紧接着，就在全明星周末前不久，他独得 41 分，将卫冕冠军波士顿凯尔特人队拉下了马。每每遇上伯德，乔丹就难免会想起某场奥运会巡回表演赛上，这位波士顿当家球星对他的无礼之举。那场比赛热身时，乔丹的球滚到了 NBA 群星队的半场。伯德将球抄起，但并没有扔回给等在一旁的乔丹，而是径直扔过了他的头顶。"伯德是在告诉我，这是动真格的，他的意思是我居于他之下，"谈到那个插曲，乔丹说道，"我没有忘记。"

凯尔特人队的主帅里德·奥尔巴赫（Red Auerbach）[①]有一双敏锐的眼睛，一眼就能看出谁是爱出风头的人。"从他的眼里你就能看出来，"奥尔巴赫对一位采访者说，"只要看到周围有观众他就会很开心，而且他也很擅长表演。"

波士顿传奇中锋比尔·拉塞尔也同意这一点。"他是少有的几个让我愿

[①] 里德·奥尔巴赫，美国传奇教练，波士顿凯尔特人队名宿。在执教凯尔特人的 20 年内，奥尔巴赫取得了 938 场常规赛胜利和 9 座总冠军奖杯，这两项纪录在数十年后才被兰尼·威尔肯斯和菲尔·杰克逊分别追上。奥尔巴赫是首位在选秀中选择黑人球员的 NBA 主教练（1950 年）。他还在 1963 年首次派出了全部由黑人组成的首发阵容，这在 NBA 也是史无前例的。后来他又任命比尔·拉塞尔接任其为主教练，使拉塞尔成为美国体育史上第一位黑人主教练。放下教鞭后，奥尔巴赫长期担任凯尔特人队总经理，成功挑选并培养了拉里·伯德等超级明星，亦于 1980 年当选最佳经理。作为"绿色王朝"的奠基者，奥尔巴赫被广泛认为是 NBA 最成功的主教练，他叼着雪茄指挥的形象更是深入人心。

意掏钱去看球的家伙之一。"

禁 鞋

随着这位菜鸟势头渐盛,1985 年年初,耐克公司推出了第一代 Air Jordan 篮球鞋。然而,这双红黑相间的球鞋一经发布便遭到了 NBA 的禁止。联盟的章程要求球员须穿白色的球鞋。NBA 方面表示,每次乔丹穿新鞋上场,都必须缴纳五千美金的罚款。耐克公司的罗伯·斯特拉瑟和彼得·摩尔立即给桑尼·瓦卡罗打了个电话。瓦卡罗回忆道:"他不穿上球场,我们怎么宣传新鞋?"

斯特拉瑟很快拿定了主意:无论如何也一定要让乔丹穿新鞋上场,每晚的罚金就由公司来付。此外,他们还要推出一段广告,让球迷们知道这双被禁的球鞋。结果,NBA 的禁令反而使这家球鞋厂商创造了不可多得的营销平台。"当你告诉公众某样东西被禁止了,公众往往会怎么做?"瓦卡罗笑着回忆道,"要是你告诉他们不准做某件事情,他们就一准会去做。"

耐克公司很快采取行动,巧妙利用这一份意外之礼,借 NBA 禁令为新鞋推波助澜。"然后一切就发生了。"瓦卡罗回忆道。乔丹早期的出色表现加之联盟禁令和后续的营销手段,新鞋销量高飞猛进。在 AJ 诞生的前三年里,耐克靠 Air Jordan 的销售狂揽惊人的 1.5 亿美元,而乔丹也借此赚得了他人生中的第一波巨额财富。

瓦卡罗回忆,乔丹的新秀赛季,耐克公司费尽了心力,想让 Air Jordan 产品在印第安纳波利斯的 NBA 全明星赛上亮相。"我们把所有的东西都做成了红黑相间。腕带、T 恤,所有的东西都采用了公牛队的配色。"

多年来,1985 年的全明星周末一直被人们深深铭记,主要是因为两件事:其一便是那个穿着一身帅气新装的耀眼新秀;其二则是一众联盟老将在全明星正赛上"冷冻"乔丹之举。这起所谓的合谋事件策划得十分精妙,最初连乔丹本人都未能觉出端倪。直到比赛结束,魔术师约翰逊、伊赛亚·托马斯和乔治·格文（George Gervnin）①等人的顾问查尔斯·塔克博士（Dr. Charles Tucker）在机场谈起此事，真相才被报道开来。塔克告诉一众记者："那小子的气焰让那帮球员很不高兴，他们决定给他上一课。在防守端，魔术师和乔治让他打得很不好受，而在进攻端，他们干脆就不给他传球。"

"这会儿他们在笑的就是这件事情，"塔克站在众球星身旁，一边等待着飞离印第安纳波利斯的航班，一边向媒体人员解释道，"乔治问伊赛亚：'你觉得我们今天给他的教训够了吗？'"

他们的反应显然是被乔丹在扣篮大赛上穿的那一身 Air Jordan 新装激起的。乔丹戴着几条金链子走上赛场，最终在决赛中输给了亚特兰大老鹰队的多米尼克·威尔金斯（Dominique Wilkins）②。塔克透露，老将们觉得这个菜鸟看上去狂妄自大、不是善类。据说，全明星周末的第一天晚上，在乘电梯前去参加球员会议的途中，寡言少语的乔丹让伊赛亚·托马斯颇觉冒犯。"刚进联盟的时候我不怎么爱说话，"乔丹解释道，"我不想弄得好像我是什么超级新秀，你们都得尊重我。"

就那场全明星赛本身而言，乔丹打了 22 分钟；在全队的 120 次出手当中，他只占了其中的 9 次。

经纪人大卫·法尔克解释道，是耐克公司要求乔丹穿上 Air Jordan 服饰样品的。"那让我觉得自己很卑微，"谈起那次冷遇，乔丹这样说道，"我真想挖个洞，躲在里面不出来。"

---

① 乔治·格文，绰号"冰人"（Ice Man），NBA 50 大球星之一，圣安东尼奥马刺队名宿，篮球名人堂成员。格文职业生涯平均每场可贡献 26.2 分，并 4 次加冕得分王，9 次入选全明星阵容，被认为是 NBA 历史上最好的得分后卫之一。

② 多米尼克·威尔金斯，绰号"人类电影精华"（The Human Highlight Film），亚特兰大老鹰队名宿，篮球名人堂成员。以极具张力的扣篮动作而著称的威尔金斯拥有出色的得分能力和非凡的身体素质，是 20 世纪 80 年代最优秀的得分后卫之一，曾两次夺得 NBA 全明星扣篮大赛冠军。

当记者们问起来，伊赛亚·托马斯矢口否认有排挤乔丹这回事儿。"怎么可能有人做出那样的事情？"这位底特律后卫说道，"这太幼稚了！"

后来，乔丹在公牛队的队友韦斯·马修斯（Wes Matthews）也被人问起对他的看法。他说："他的才华是上帝赋予的。他是上帝的孩子，就让他去做上帝的孩子吧。"

回想当年，瓦卡罗认为此事实质上是对耐克公司的抵制，而主谋则是那些匡威旗下收入相对微薄的球员。"耐克才是他们的敌人，"他解释道，"这事儿是因耐克而起。我们打造了这个家伙，他们针对的是耐克。他在扣篮大赛上的表现并不是主因，也不是因为他是球迷宠儿。J博士也是球迷宠儿，但从来没有人拿J博士出气。原因在于我们在他身上做的事情。"

J博士，J博士

当时很少有人知道，令人着迷的表现和耐克公司的合约让乔丹积攒了多么巨大的力量。后来乔丹本人也承认，那次事件让他意识到，联盟中许多功成名就的球星是与他对立的，同时也让他从此对托马斯和魔术师约翰逊心存芥蒂。公牛队和活塞队在联盟中部赛区连年角逐，让乔丹对托马斯的憎恶一再激化。洛杉矶湖人队在1984年总决赛上不敌波士顿凯尔特人队，赛后魔术师约翰逊曾直白地向球队老板杰里·巴斯（Jerry Buss）[①]进言，希望把詹姆斯·沃西交易走。消息传到乔丹的耳朵里，也让他愈发反感魔术师。

此时瓦卡罗开始花费大量时间与乔丹在幕后共处，他解释说，那件事

[①] 杰里·巴斯，美国企业家、化学家，其最知名的身份是洛杉矶湖人队的老板。1979年购入湖人队后，巴斯至今带领湖人队共夺得10个NBA总冠军，并培养了约翰逊、贾巴尔、奥尼尔、科比以及加索尔等多名NBA巨星。2013年2月18日，杰里·巴斯因癌症逝世，享年80岁。

情对于生性争强好胜的乔丹而言无异于火上浇油。"那件事成了他的支柱，"瓦卡罗回忆道，"那就是我们看到这个人蜕变成为场上杀手的原因所在。他会让他们所有人吃到苦头。他永远不会忘记那一天。今天的他脸上挂着微笑，和所有人亲吻寒暄，但他绝不会忘记那件事。那是迈克尔·乔丹头一次在公众面前遭受冷遇。到如今那些家伙中还有人记得那件事吗？有任何人会承认当年的所作所为吗？毫无疑问，伊赛亚也曾是一名伟大的球员，但是遭到他的排挤，迈克尔兀自忍受了，然后把那件事情深深地记在了脑海里。"

根据赛程安排，全明星周末之后的第一场比赛，底特律活塞队就要造访芝加哥球馆。当记者们问起他是否有参与雪藏乔丹一事时，托马斯勃然大怒。"根本没有那回事儿，"托马斯说道，"读到相关的报道，我感到非常沮丧。那有可能影响到迈克尔和我之间潜在的友谊。"比赛开始之前，这位底特律球星给乔丹发了一条短信，说他得跟乔丹谈一谈。乔丹同意了。两人简短地打了个照面，托马斯亲口向乔丹道歉，但事后乔丹称他此举"基本是在作秀"。当晚，乔丹怒砍 49 分，摘得 15 个篮板，帮助公牛队以 139∶126 在加时赛中赢下了比赛。在一次快攻当中，乔丹很明显地停顿了一下，让托马斯有充足的时间赶到他身后，然后才意气昂扬地将篮球砸向了篮筐。比赛解说员当即看出乔丹此举意在羞辱对手。赛后，托马斯面对一众记者恼羞成怒。"都结束了。都结束了！"他对他们说。然而两人的对决远未结束：在此后的几个赛季里，公牛队连年苦战，欲夺取活塞队的东部霸主地位；而乔丹则与托马斯屡屡短兵相接。

日益激烈的竞争只是众多正在发生的改变之一。在印第安纳波利斯全明星赛期间，持有公牛队股权超过十年的股东们透露，他们打算将球队的大部分股权出售给杰里·莱因斯多夫（Jerry Reinsdorf）[①]。莱因斯多夫告诉媒体，交易将于 1985 年 3 月 1 日前后完成。

---

① 杰里·莱因斯多夫，美国会计师、律师，芝加哥公牛队和芝加哥白袜队老板。

赛季末，乔丹和公牛队遭遇了一波客场12连败，最终以35胜的战绩草草收官。但这个成绩已经比前一年进步了8个胜场，且已经足够让他们自1981年以来首次品尝季后赛的滋味。然而，由于前场球员屡遭重创，公牛队终以3∶1的大比分被密尔沃基雄鹿队斩落。

"一年过去，我们闯进了季后赛，迈克尔的球迷规模也越来越大，"助理教练比尔·布莱尔回忆道，"还记得那是做客华盛顿，我们赢下了比赛，确保了季后赛席位。两天之后，我们和费城交手，但迈克尔留在了华盛顿，拜访了议员比尔·布拉德利（Bill Bradley）①，还出席了国会。那天晚上他才搭上飞机，飞到费城。第二天他参加了投篮训练，然后在费城人头上砍下了40分。所以你知道的，迈克尔能抽身去忙篮球之外的种种事务，然后照旧搞定比赛。"

公牛队在费城遭遇败绩，而这也意味着新秀年的乔丹五次与朱利叶斯·欧文和他的76人队交手，五次铩羽而归。素来以古典球风而著称的欧文与先前的全明星赛雪藏事件并无瓜葛。尽管欧文也是代言人之一，但时任76人队主帅的马特·古奥卡斯认为乔丹的闹剧并不会对心高气傲的欧文有任何影响。古奥卡斯做过篮球解说员，后在76人队担任助理教练，最后终于升为主帅，他因而得以近距离观察J博士的职业生涯长达十年之久。"我从各种不同的角度观察过J博士，"古奥卡斯曾在1967年那支伟大的76人队与威尔特·张伯伦并肩作战；2012年，他在一次采访中回忆起欧文："朱利叶斯是个极具魅力的人，他赋予我们球队的精神境界、他所受到的尊崇以及他对待人们的方式都是非常了不起的。他似乎总是有时间应对每一个人，不管他们是谁。而且他为人非常诚恳。迈克尔即将开始

---

① 比尔·布拉德利，退役NBA球员，政治家、作家、商人。大学时期曾3次获得全美篮球最佳运动员奖，1965年进入NBA后，曾随纽约尼克斯队两次夺得总冠军，还曾一次入选全明星阵容。1978年，布拉德利转行从政，成功地代表美国民主党赢得了新泽西州的一个联邦参议员席位，并连任至1997年。2000年，布拉德利宣布参加民主党党内总统候选人竞选，后败于阿尔·戈尔。

崭露锋芒的时候,朱利叶斯正在走向职业生涯的尾巴。但如你所知,我认为他们两个人是惺惺相惜的,而且迈克尔一直非常——我不想说得那么谨慎——一直非常明确,他很敬佩 J 博士身上的球星气质和人格魅力,以及在迈克尔之前他为 NBA 奉献的一切——正是他为职业篮坛带来了那些令人惊叹的元素。我想 J 博士也是因此而对迈克尔心存感激。可惜的是,迈克尔没有机会与巅峰时期的 J 博士一较高下。但我可以告诉你,我看过好几场他们之间的直接对话。J 博士丝毫不落下风,甚至有好几次占据了优势。他们的交锋从来都不是一对一单挑,每次都是全队的较量。但是每次我们和迈克尔交手,J 博士总是兴趣大增,脚下也更加有力。那些伟大的球员,谁都不想下不来台。他们知道如果只在场上拿出平常的实力,只把它当作八十二场比赛当中的一场,迈克尔就会让你很难堪、非常难堪。所以他们总是会为挑战做好充足的准备。"

古奥卡斯承认,在乔丹生涯之初的那几个赛季里,他自己也曾被乔丹的光环俘虏。这位 76 人队主帅回忆,有一天晚上他们造访芝加哥体育馆,他在更衣室里喋喋不休地谈起了乔丹。"芝加哥体育馆的更衣室又简陋又潮湿,简直是糟糕极了,"古奥卡斯回忆道,"但球场倒是很棒。那是我最喜欢的比赛和观战场地。我记得我们正准备上场。那是背对背的第二场比赛,我试图确认球员们都已经就绪。我不停地念叨着迈克尔的事儿。J 博士一直埋着头,好像在摆弄他的球鞋还是在干什么。终于,他抬起了头。他听得不耐烦了。他说:'喂,等一下!我们也打得不错啊,你也知道的。'"

"我说:'你说得没错。'那是一个很好的教训。我说得已经够多了,不必接着唠叨他有多出色了,"古奥卡斯笑着回忆道,"那天晚上,他和安德烈·托尼(Andrew Toney)在场上把迈克尔打得落花流水。在那几场比赛当中,朱利叶斯总是不可避免地会和迈克尔正面交锋。那场比赛结束后,J 博士朝我使了个眼色。他的油舱里还有的是油呢。"

第六部分　飞行学校

第十七章　被困的少年

在北卡的时候，迪恩·史密斯曾建议迈克尔·乔丹选修一堂交际课，帮助他应对各种媒体采访和公众场合。初入 NBA 之际，乔丹也曾有过尴尬难堪和支吾其词的时候，但那都是意料之中的事情。在整个职业生涯当中，单是在仪态方面乔丹就下了不少功夫，后来他也一直与媒体保持着良好的关系，甚至在被记者惹恼的时候也是如此。几乎是一夜之间，那些曾经对公牛队无甚兴趣的当地电视台和广播台都开始争相报道这座城市的闪耀新星。"他的口才太好了，"前芝加哥体育电视节目制片人杰夫·戴维斯解释道，"而且他非常上镜。"乔丹由此名声大震：首先是耐克广告宣传片和比赛精彩镜头集锦引起一阵阵轩然大波，以致最后人们口口相传，传出了一股追捧狂潮。

公牛队的公关人士蒂姆·哈勒姆看着乔丹日渐成熟，变成了一个沉稳持重的公众人物。朱利叶斯·欧文曾用优雅的举止诠释了职业篮球巨星这一角色，这让乔丹甚为赞赏，且效仿前辈的风范，与媒体人士保持着良好的关系。与此同时，德洛里斯·乔丹也一直观察着儿子的一举一动，只要稍有差池，她就会在儿子耳边出言嘱咐。此外，乔丹很善于倾听，这就意味着他能充分理解记者们的问题，然后轻车熟路地构想出得体的回答。

"我觉得他在各个方面都成长了，"哈勒姆评论道，"如果你回过头去看看他早年的采访，你会发现他并不像四五年或者 12 年之后那样谈吐生风。如你所见，与他有关的一切都改变了。他所穿戴的服饰也改变了。回看他第一年的穿衣风格，再看看他四年之后的穿着打扮，那是一件很有意思的事情。从前他只穿松松垮垮的长运动裤，后来他会穿设计师设计的正装了。"

受到公众关注诚然是件有利可图的好事，但这也加速了乔丹与身边人的疏远。早在他新秀年的2月，哈勒姆就开始注意到了这个现象。这当中一部分与他节节攀升的名气不无关系，而另一部分则源自全明星赛雪藏事件的羞辱。雪藏事件发生后，桑尼·瓦卡罗飞往芝加哥，为乔丹分析了那些联盟巨星的反应。"全明星赛后，耐克公司的所有人都不知所措了，"瓦卡罗回忆道，"我和迈克尔谈了谈。我对他说：'迈克尔，这件事情说明了他们对你的顾忌程度之深。他们这么做是因为你比他们都要好。'"这次谈话并没怎么缓解乔丹的失落。魔术师约翰逊曾经是他的榜样。正如乔丹对记者们说的，那起事件让他想挖个洞钻进去。蒂姆·哈勒姆回忆道，乔丹已经快要成为酒店房间里的囚徒了；除了比赛和既定行程之外，他丝毫不愿外出抛头露面，偶尔才会从这种孤立状态之中走出来。"大家会说：'哇噢，迈克尔出门了！'我们都为他感到开心。我的意思是，那感觉就像是一头狮子走出了牢笼，在动物园的范围之内随意漫步一小会儿。"

除了被联盟众星公然排挤之外，一夜成名也意味着巨大的压力，而这压力则源自大部分乔丹眼前不可避免的苦差事。在那个年代，联盟各队仍是按商务标准飞往各地。换句话说，客场作战的一天始于早上五点的起床电话，然后马上就要出门暴露于公众视野之中——不管在哪里，总是有人能认出他来。哈勒姆解释道，人们都非要靠近这位体坛新晋魔术师不可，往往过不了多久他就会被公众重重围住。"我说：'你知道吗，他就该骂上一句，见鬼去吧！然后径自去忙他想做的事情。'但随后，看到他走出来时的情形，你就会发现他做不到。因为人们对他太狂热了，不管是大人还是小孩，任何人都一样，谁都管不住自己。他们都发疯了。那就是他当时的窘境。"

窘境之下，他自然想要寻求庇护。"那时候迈克尔经常提议去看电影，"乔·奥尼尔解释道，"坐在电影院里，你就跟普通人没什么两样。但是除了电影院之外，饭店、商场、加油站，不管你走到哪儿，人们都会缠着你不放。"

在1985年成为乔丹队友的乔治·格文评论道，乔丹的私生活之所以成了牺牲品，耐克公司和NBA本身首先要负一定责任。"所有的事情就是在那儿改变的，伙计。他们把他塑造得脱离生活了，这就搞得他很疲惫。他们让他成了有史以来最著名的篮球运动员。但是不论你走到哪里都必须要有一个保镖跟着，这样的生活是很累的。必须要有人坐在你身旁，否则你就不能吃、不能坐。他过上了迈克尔·杰克逊的那种生活。伙计，那种生活很不好过，搞不好会早早把你逼死。随着ESPN和有线电视的普及，篮球比赛本身也在改变。他的确不得不把自己孤立起来，因为他们宣传他的力度太大了。耐克和各种其他公司都在竭力宣传他。这种情况下，他没办法过一个正常人的生活。他的生活都被剥夺了。"

"应付公众这件事情实在是太累人了，"蒂姆·哈勒姆回忆道，"我觉得影响改变的关键因素在于，人们对他的要求相当不可思议。别忘了，光是公牛队这边的要求就已经很不可思议了，更不要提他自己的投资、商业宣传、耐克事务和一般生活了。所有的事情堆到一起，简直就是一塌糊涂，尤其是在那个年代的NBA。"

长期担任芝加哥广播记者的布鲁斯·莱文（Bruce Levine）察觉到，乔丹开始感到被物化，"很像是一个倾国倾城的美女，无法摆脱人们只关注其外在的事实。因为人们都被她的外表和体态深深迷住了。他很清楚，人们并没有把他当作一个人来对待，而是把他看作一个物体。"

"他有很多事情要忙，"哈勒姆说道，"我并不认为这些事情真的改变了他的性格，但他的确因此而成了一个不一样的人，因为他必须变得不一样。你不可能让所有人都满意。你可能会为此尝试一阵子，但过后你就会明白。'你知道吗？我不能这么做了，这些事情不值得我花精力去尝试'。所以有的事情必然是要半途而废的，也必然会有人会认为，那是因为我太以自我为中心，太妄自尊大，或是因为我现在有钱了、出名了。根本就不是这么回事。一天只有 24 个小时。在我看来,这是最让我为他觉得难过的事情,因为这是没有人能够控制的。"

"然而,"哈勒姆补充道,"他依然能够挺身而出,做好那些他应该做的事情。"

陷入困境

说起来也怪,乔丹倒是在那些长期随队报道的记者们身上找到了些许安慰。他们之间已经培养出了足够的信任,所以他很愿意和他们在比赛之前聊聊天。他的家人也一如既往地支持着他,他的母亲和几位兄弟经常会来芝加哥看望他。他的父亲也来过,但父亲的造访却引发了新的问题,因为老乔丹夫妇之间的冲突正日益激化。很快,常与乔丹和公牛队打交道的人们发觉,他们很少见到乔丹的双亲共同露面。桑尼·瓦卡罗指出,在最初的几次会议之后,迈克尔就几乎再也没有同时与詹姆斯·乔丹和德洛里斯·乔丹会面了。"大家在四处奔波,所以最开始还挺正常的,"瓦卡罗回忆道,"他们会一起露面。最初我们还一起开过会。但后来,开了一两次会之后,他们两人就划清了界限。说实话,印象中自那之后我就没有同时跟他们两人说过几句话。"

不过,耐克公司的工作人员倒是因此而松了一口气,因为乔丹夫人总是表现得十分专业,只要有她在,他们就能放心。

"你可以信任德洛里斯·乔丹,"瓦卡罗解释道,"她是一位穿着得体、教养极好的女士,而詹姆斯则有点儿不修边幅。"不管怎么说,他们是在和詹姆斯的儿子做生意。耐克公司的官员们很快发现,他们还是得和詹姆斯打交道,而这项工作让瓦卡罗厌烦不已。他说,詹姆斯·乔丹是个出了名的酒鬼,后来的事情也证明了他在生意上颇不让人放心。德洛里斯·乔丹有多稳健,他就有多不靠谱。

正如迈克尔的姐姐指出,为了控制儿子,父母之间爆发了激烈的竞争。

她解释道，父亲总是沉默寡言，而母亲则成了外界关注的焦点。"迈克尔一夜走红、威名赫赫，但这却致使我父母之间产生了矛盾。"

和他们十年前的婚内矛盾一样，在外人看不见的时候，新的冲突随时可能以出人意料的激烈程度爆发开来。

"迈克尔从一开始就被父母两人拉扯不休，"桑尼解释道，"我的意思是，虽然不是公开的，但是他们两人确实会蔑视彼此。"

有关迈克尔的个人形象与言行举止，大部分情况下父母两人总是意见不合。迈克尔深爱他的双亲，他对两人都很忠诚，而且在职业生涯初期，他也曾想方设法不让两人之间的矛盾一再恶化。但随着他的职业生涯向前推进，这件事情变得愈发困难。不只是瓦卡罗这么说，老乔丹夫妇的大女儿也这么认为。

儿子在芝加哥的第一个赛季，詹姆斯·乔丹自己的生活一点儿也不称心如意。这位父亲正身陷北卡罗来纳州的刑事指控，这段时间里他备感羞辱。此外，乔丹的姐姐也告知父母，她正在考虑以性侵犯为由将他们诉之公堂。她独自住进了威尔明顿的一家医院，接受精神病治疗。难怪不论现实情况多么窘迫，詹姆斯还是会在儿子的梦幻生活当中寻得避难之所。

公牛队的雇员和球迷们都发觉了这对父子的亲密关系。詹姆斯·乔丹展现出了一个和蔼可亲而低调内敛的形象。媒体人士和公牛队员工都很喜欢他一贯的好脾气。就像迈克尔读高中时那样，詹姆斯明确表示他绝不会干涉球队事务，只会帮助儿子在场下做调整。

"迈克尔很崇敬他。"2012年，前公牛队助理教练约翰尼·巴赫回忆说。

"他们就像好哥们儿一样，你知道的，"提起乔丹和他的父亲，蒂姆·哈勒姆如是说道，"我觉得那样的关系很好。他们总是在一起，总是形影不离。我觉得对迈克尔来说这是好事儿。"

然而，很大程度上詹姆斯的陪伴反而进一步恶化了他和德洛里斯之间的冲突，因为夫妇二人都想影响儿子。并不是所有人都能看到或感受到这些冲突。公牛队票务经理乔·奥尼尔还记得，公牛队在客场苦战的时候，他曾与乔丹一家打过交道。"我记得我和詹姆斯与德洛里斯夫妇一起坐在酒店的大厅里。他们的态度就是：'总有一天我们会走到这一步的。你知道我们一定会的。'他们总是非常积极、非常热心。迈克尔的老爸是个特别有趣的家伙，他很喜欢开玩笑。而德洛里斯则像是我们所有人的妈妈。她像其他的母亲一样从旁照看着迈克尔。她是你能想象到的最温柔、最和善的人。她从来不会摆出一副'我的儿子是个超级巨星'之类的架子。迈克尔的父母把他保护得很好，他让他们感到非常非常自豪。普天下的父母都一样。"

团聚时间

还有一些人也寄生于少年乔丹的生活之中，首当其冲的就是耐克公司的执行官员霍华德·怀特。此人曾是马里兰大学的篮球运动员，刚好也是个非裔美国人。"霍华德就像是他的哥们儿，"瓦卡罗解释道，"他以前也是个篮球运动员。霍华德是个好人。他也是迈克尔一路上的伴侣。"

瓦卡罗解释道，从此以后，簇拥在迈克尔周围的人越来越多。"就是在那个时候，迈克尔找回了北卡的那群人。罗德·希金斯也留在了他身旁。迈克尔开始组建他自己的团队。后来的一切都初现端倪。"那是一个围着迈克尔转的团队，大家都明白自己的任务：在当迈克尔的酒店房间变得像个牢笼的时候，他们要在客场征途当中陪在他身旁。他们的日程包括打牌、打高尔夫球、混调饮料、游泳等一切可以让他放松心情的事情。很快，这个团队就迎来了乔丹旧交、队友阿道夫·西弗和"弗雷德三兄弟"：和耐克公司及大卫·法尔克共事的弗雷德·惠特菲尔德；早在布伊斯溪的篮球学校就已结识惠特菲尔德和乔丹的保险理算员弗雷德·格洛弗（Fred Glover）；以及常和乔丹一起打高尔夫球的夏洛特殡葬师弗雷德·卡恩斯（Fred Kearns）。

新秀赛季，这群人一直陪着迈克尔四处征战，由此产生的高额开销让詹姆斯·乔丹忧心不已。"起初我觉得这是在浪费钱，直到我反复思量这事儿，"当年，这位父亲曾这样说道，"后来我想通了，对于迈克尔而言，有好朋友在身边总要好过被陌生人包围。这些人都是为了迈克尔好。"

早期经常陪在迈克尔身边的人还有巴兹·皮特森、格斯·莱特（Gus Lett）和乔治·凯勒。凯勒的角色是乔丹的司机和随身侍从。莱特先前是芝加哥体育馆的保安，后来承担起了保护乔丹的职责。但多年过去，事实证明凯勒才是他最忠实可靠的陪伴。乔·奥尼尔解释道："乔治一直是迈克尔完美的守护者。像迈克尔这样的人总是需要有人守在身边。你需要这个人适时出面干涉一些事宜，你需要另一双眼睛来帮你盯着。乔治是个很棒的家伙。他是个芝加哥人。他和迈克尔的关系非常非常不一般。迈克尔身边的人并不多。跟他走得近的好友就是固定的那几个人。罗德·希金斯、阿道夫，还有那几个弗雷德。他们每个人都对我很友好。毕竟我是管门票的嘛。"

没过多久，这群人开始叫迈克尔"黑猫"，这或许是因为他在社交场合上也能像在比赛中一样，迅速对目标发动袭击。乔丹好像有种强迫症，总是会用尽一切办法刁难他身边的人。他的口齿之犀利丝毫不逊于他在球场上的风采。"跟亲朋好友在一起时，乔丹总是会刻意找事儿来嘲弄你、刁难你，"罗德·希金斯曾这样解释道，"……对付他这种人，你必须得奋起反击，否则这长夜漫漫可有你好受的。"

对于乔丹来说，这样没完没了的嬉笑怒骂就像球场上的一对一攻防一样令他回味无穷，而他也正是以同样的心态来应对这两件事情。"他这种人吧，"蒂姆·哈勒姆解释道，"如果他朝着你来了，你一定要正面回击他才行。……你一定要承受住他的尖酸讽刺，然后马上反唇相讥。不然的话你就完蛋了。对付他最好的办法就是把他的话顶回去，惹得他周围的人都捧腹大笑。然后他才会稍稍收敛，因为你已经让他知道了——'我也不是好欺负的，好吗？'"

就像哈勒姆所说的，乔丹坚信他的球队每个赛季都应该朝 82 胜 0 负的目标发起冲击。他对自己的社交生活也抱着同样的期待，所以陪在他身边也并不是什么轻松的事情。巴兹·皮特森就曾指出："如果你犯了错，他就一定会让你知道。"

哈勒姆补充道："好像不论在什么事情上你都得跟他一样争强好胜，不然的话只有两个结果：一、你会被他抛弃；二、（他会觉得）跟你作对没什么好玩的。"

有时候，乔丹的同伴们必须确保他们的反击不至于太过分。"他讨厌下不来台，"有一次，惠特菲尔德笑着解释道，"他受不了那种感觉。但他总是会朝对方破口大骂。"

"如果他嘲弄你……你也得骂回去，"哈勒姆说道，"他喜欢跟人打嘴仗。但你必须得骂得恰到好处。你不能胡说八道，你得骂到点子上。我们会不会朝对方怒吼？不会的。但是，他也会说：'你知道的，我大可以炒你鱿鱼。'那我就会说：'哎哟，千万别留情面啊。你以为我很喜欢干你这烂活儿呢？'"

乔丹虽喜欢同人针锋相对，却也有着天真烂漫的本性，乔治·科勒早就察觉到了这一点。偶尔乔丹也曾一反平日争强好斗的形象，流露出脆弱的一面。在开启芝加哥新生活之初，乔丹展现出了错综复杂的人格特点。首先，家里的事情就让他深陷于强烈而复杂的情绪之中。

乔丹很重视信任感，而一旦找到了值得信任的人，他就会展现出几乎令人惊愕的忠诚。"一旦你和他成为朋友，他就会精心维持和呵护这份友谊。"罗德·希金斯解释道。反过来，如果那份信任被人辜负了，又或者他感到了冒犯，他的回应也会同样激烈；而且他已经学会引导这种情绪，以此激励自己更加好强。

对于所有的朋友来说，最重要的或许就是他那不同寻常的忠诚；也正是这份忠诚，才让他们甘愿自掏腰包陪他东奔西走、南征北讨。乔丹会与他们所有人悉心沟通，表达自己对他们的在乎。"人们不知道的是，"乔丹前队友、多年老友查尔斯·奥克利（Charles Oakley）①说道，"他真的是个很好的人。"

而且——毫无疑问，能够从内部窥见迈克尔·乔丹的世界，这本身就是一件令人欣喜、引人入胜的事情。他就是篮球界的"猫王"。在这一高度，广阔的视野让他身边的人振奋不已。"他为我们所有人创造了这个神话，"瓦卡罗解释道，"不管是耐克公司、我个人、他周围的所有人、陪在他身边的那个小群体、那些曾陪他经历起起伏伏的人，他们都是他的朋友。只有对这些人他才可以十年如一日地付诸信任。"

所以，这些朋友也会让自己对乔丹有所益处，并承担起更多的职责。比如说，阿道夫·西弗是和乔丹相识最久的老友，他扮演的角色就像是个夸夸其谈的社交主管和朋友聚会时的酒保。最重要的是，西弗给这一群人制造了家的感觉，同时他天生擅长制造派对氛围，而且他幽默诙谐，会拿乔丹的缺点开玩笑。"那家伙根本不会调酒，"有一次，希弗曾这样评价乔丹，"他只会把乱七八糟的东西搅和在一起。"

"事实上，"公牛队前心理医生乔治·穆福德说道，"要是没有那群人像个茧一样把他保护起来，说不定他就赢不下那六座总冠军奖杯。"

胡安妮塔

到目前为止，乔丹私生活中最重要的新成员就是胡安妮塔·瓦诺伊（Juanita Vanoy）。两人是在乔丹新秀赛季的12月认识的。一位朋友在芝加哥的班尼根餐厅举办聚会，二人在此结识。几周之后，这位朋友办了个小型派对，让两人有了第二次相处的机会。瓦诺伊是个美人儿，据说也曾与雷吉·图斯擦出火花。她比乔丹大了将近四岁，乔丹马上就被这一点深

---

① 查尔斯·奥克利，退役NBA球员，司职前锋，曾在联盟中征战18个赛季之久。奥克利球风彪悍，脾气火爆，职业生涯一共拿下了12205个篮板，排在NBA历史第22位。

深吸引了——让自己成熟起来也不啻为一大挑战。乔丹发现,他可以和瓦诺伊交谈甚欢,这种感觉就像是和母亲聊天一样。

能聊得来便是一种奇妙的缘分,两人继而开始花更多的时间待在一起。就像《芝加哥太阳报》(Chicago Sun-Times)的莱西·班克斯所说的,乔丹很快就成了一位年轻的王子,而瓦诺伊也曾交往过一位深受女性青睐的芝加哥球员,这一点或许也促进了两人关系的发展。人们都说,她又漂亮,又聪明,又有耐心。她非常自信,但并不娇贵。在她与乔丹的亲密关系当中,这两点都是至关重要的。"我太太帕姆和我都觉得胡安妮塔是个很可爱的人。"桑尼·瓦卡罗回忆道。乔丹的高尔夫球友理查德·埃斯基纳斯(Richard Esquinas)也认同这一评价。

"我从一开始就认识胡安妮塔,"乔·奥尼尔说道,"胡安妮塔是个很好的人。我和她一样在芝加哥南区长大。不管是什么原因,她从未被后来的一切冲昏头脑。她一直都是我所认识的那个胡安妮塔。"

然而,据桑尼·瓦卡罗说,乔丹的父母并不认可胡安妮塔,而且还大费周章试图抵制她对乔丹的影响。某种程度上,这或许也解释了乔丹在芝加哥的第一年两人分分合合的关系。

说实话,没有任何人、任何事能够让乔丹分心,打扰他喂养内心那头争强好胜的猛兽。这头野兽占据了他每天的大部分时间。他的主要发泄方式就是打篮球和高尔夫球,有时这两件事情并无主次之分。幸好他的消遣爱好并不需要花费什么精力。在职业生涯早期,当乔丹还没想明白要在芝加哥做些什么的时候,他常常造访公牛队的办公室,哈勒姆和奥尼尔会在办公室里搭起一个小型高尔夫球场。

"我们会打打迷你高尔夫球,"乔·奥尼尔回忆道,"我们会在办公室里搭一个小型十八洞高尔夫球场,然后各下赌注。我们在办公室里走来走去,把高尔夫球打进垃圾桶里。那个人啊,我们只是在办公室里打打迷你高尔夫球而已,他也会像在篮球场上一样拼命。他会跟我赌上二十美金,二十美金而已,他总是搞得像四百美金一样。我还记得有一次,我在办公室里输给他二十块，结果惹得我老婆朝我大吼，怪我同他赌博。"

奥尼尔回忆，天气好的时候，他们会转移到室外。"我们会去公共高尔夫球场，我们常在梅迪纳乡村俱乐部（Medinah Country Club）打球。那个时候，他跟我还不相上下。但后来他一年要打上差不多150轮，然后就变成了一名很厉害的高尔夫球选手。但是蒂姆和我在刚开始和他一起打高尔夫球的时候，迈克尔也才刚刚上手而已。他能把球打出老远，但是谁都不知道那球会飞到哪儿去。"

乔丹常说他很珍视在高尔夫球场上的孤独感。然而，他一乐起来就全然不受控制，根本就平静不下来。"他一张嘴就闭不起来，"奥尼尔笑着回忆道，"你挥杆的时候他在唠叨，你击球的时候他也在唠叨。要是他想的话，他真的可以成为一个一流的电视解说员。他就是会给你施加心理压力，不论你是在办公室里打迷你高尔夫球，还是在户外高尔夫球场上挥杆，又或是在打台球，他总是会让你不堪其扰。"在那短短的几个小时里，他可以做迈克·乔丹，一个普普通通的人。"这就是为什么高尔夫对他而言这么重要，"奥尼尔说道，"高尔夫球能让他远离人群，享受孤独。他曾说高尔夫球场和电影院是两个能让他避开人群的地方……在那里，他可以像其他任何人一样自在。"

1985年的春天，杰夫·戴维斯制作了一档地区性的高尔夫球节目，邀请了一众名流和棒球解说员"老鹰"肯恩·哈勒尔森（Ken "The Hawk" Harrelson）一起打一轮高尔夫球。赛季一结束，戴维斯马上联系乔丹，问他是否有意参加节目，乔丹当即抓住了这个机会。

"他来了，对他来说没有什么比打高尔夫球更快活了。"戴维斯回忆道。

在高尔夫球场上，乔丹三次要求重新拍摄。"他不满意他的表现，"戴维斯咯咯地笑着说道，"这跟钱没关系，完全是面子的问题。他想打败哈勒尔森，那家伙可是个了不得的高尔夫球好手。迈克尔根本赶不上，但他看上去还是有模有样的，以他的身型而言，他的挥杆动作已经很不错了。毕竟，高尔夫球本来就不太适合大个子选手。但乔丹就是铁了心要把球打好，

他做什么事情都是那样。"

那天的拍摄场地是芝加哥北郊的一个高尔夫球场，节目录制完之后，一行人收拾好行李，坐大篷车回到了市中心。"那里离市中心有将近一个小时的车程，"戴维斯回忆道，"我们沿着埃登斯高速公路（Edens Expressway）驱车南下。突然，我们的摄影师兼司机说：'天哪，我们后面的那台科尔维特（Corvette）都要飞起来了！'然后这辆车就开过来了，和我们的车并驾齐驱。原来是他，他咧着嘴大笑，就是光笑，然后朝我们摇了摇手指，'嘭'的一声，扬长而去。"

第十八章　脚

1985 年的春季训练营期间，杰里·克劳斯接到了一个电话。当时他正在杰里·莱因斯多夫的芝加哥白袜队（Chicago White Sox）① 担任球探。莱因斯多夫想让他来一趟芝加哥，聊聊掌管公牛队的事儿。几年之前，克劳斯曾被公牛队免去了总经理的职务；不过这次交谈非常顺利。

多年以来，克劳斯以球探的身份在棒球界和篮球界之间辗转反复，直到后来在莱因斯多夫的白袜队谋得一职。莱因斯多夫从小在布鲁克林区长大，在那里，"洛杉矶道奇队（Los Angeles Dodgers）几乎就是宗教信仰。"他解释道。和几乎每个住在弗拉特布什大道（Flatbush Avenue）上的小伙伴一样，他也是一位忠实的道奇队追随者。莱因斯多夫还喜欢纽约尼克斯队，尤其钟爱 20 世纪 70 年代早期里德·霍尔兹曼（Red Holzman）② 率领的那支尼克斯队。后来，他从法学院毕业，靠芝加哥的房地产发了一笔财，终于也有机会持有自己的球队了：先是白袜队，接着就是公牛队。

克劳斯也不是笨蛋：得知老板钟爱尼克斯队，他马上开始吹嘘自己当年作为球探与霍尔兹曼竞争的故事，借此取悦莱因斯多夫。那还是 60 年

---

① 芝加哥白袜队，芝加哥的两支美国职棒大联盟球队之一，隶属美国联盟中区，成立于 1894 年。

② 里德·霍尔兹曼，美国前篮球运动员和教练，篮球名人堂成员。球员时期，他曾随原罗切斯特皇家队赢得 NBA 总冠军。退役后，霍尔兹曼曾执教纽约尼克斯队长达 15 年之久，共赢得了 613 场胜利，还曾 2 度夺冠。1998 年，霍尔兹曼因病逝世，享年 78 岁。

代早期，克劳斯在前巴尔的摩子弹队担任球探的第一年。道上的其他球探已经在嘲笑他了，因为他又矮又胖，看上去一点儿也不像个球探，也不像跟运动员有关联的任何人。而且他素爱遮遮掩掩，常披一件风衣、戴一顶帽子，活像是"糊涂大侦探"克劳索（Inspector Clouseau）①。人们都叫他"侦探"（the Sleuth），常在他背后取笑他。

不论走到哪里，克劳斯似乎总是会撞上在尼克斯队担任球探的霍尔兹曼。一天清早，两人又在机场偶遇，霍尔兹曼问克劳斯他从哪里来。

"路上呗。"他回道。

克劳斯最爱叙述接下来的情景："他看着我，然后说：'孩子，我想跟你说句话。我知道你去了哪儿，如果你有点儿脑子的话，你应该也知道我去了哪儿。所以别光说废话了，咱们交个朋友吧。'"

两人就此成了朋友，不过他们仍在为发掘大学球员中的璞玉而激烈竞争。1967年的选秀大会上，克劳斯本以为可以从北达科他州捞到一个名叫菲尔·杰克逊的瘦削前锋，却没想到霍尔兹曼一声不吭地用尼克斯队的第17顺位横刀夺爱。

在那届特别的选秀大会当天，克劳斯大骂霍尔兹曼。作为球探，克劳斯曾帮助前巴尔的摩子弹队用二号签选到了来自温斯顿-萨勒姆州立大学的"黑珍珠"厄尔·门罗（Earl "The Pearl" Monroe）②；而霍尔兹曼则曾用

---

① 克劳索，美国系列电影《粉红豹》（The Pink Panther）中的角色，是一位笨拙而不称职的侦探。

② 厄尔·门罗，绰号"黑珍珠"（The Pearl），NBA 50大巨星之一，篮球名人堂成员。大四时，门罗在NCAA的场均得分达到了惊人的41.5分，并帮助温斯顿-萨勒姆州立大学夺得了当年的NCAA总冠军。1967年，门罗在第1轮第2顺位被巴尔的摩子弹队选中，之后夺得了当年的最佳新秀奖。1971年，门罗被交易去纽约尼克斯队，和沃尔特·弗雷泽组成传奇后场，拿下了1972—1973赛季总冠军。1980年，门罗因膝盖受伤退役。门罗是较早将街球动作引入NBA的球员之一，也是转身过人动作的发明者，华丽的球风为他赢得了"黑珍珠"和"黑色魔术师"等称号，其极具观赏性的打法也为现代篮球的发展带来了深远影响。

五号签挑到了来自南伊利诺伊大学的沃尔特·弗雷泽（Walt Frazier）[①]。这两名球员最终都入选了名人堂，菲尔·杰克逊也以教练身份获得了这一殊荣。后来，霍尔兹曼拿起教鞭，率领尼克斯队两夺NBA总冠军，弗雷泽、门罗和杰克逊都是夺冠功臣，戴夫·德布斯切尔（Dave DeBusschere）和比尔·布拉德利等人也曾在他麾下效力。而克劳斯则继续担任球探，不屈不挠地抗争着那些似乎总是看不惯他的窃笑者与否定者。在这个过程中，克劳斯积攒了足够的知识，以致干练严肃如莱因斯多夫也对他大为嘉许。

1985年春，莱因斯多夫刚买下公牛队的时候，他也曾考虑过继续让罗德·索恩担任球队的篮球运营主管。但随着公牛队接连吞下失利苦果，这位新老板也想试试看克劳斯能做些什么来改善球队状况。

克劳斯表示，首先他会处理掉队中的害群之马。"在我看来，我们队里有一堆高薪低能的家伙，只有福特车的身价，却领着凯迪拉克的钱，"克劳斯回忆说，"那群人很自私。每个人都只为自己打球。"接下来，因为他深谙探寻大学天才之道，他会利用选秀的机会让公牛队成为一支前途光明的球队。他们不会继续签下不堪一用的自由球员。

莱因斯多夫很赞赏以选秀为本的理念，也充分信任克劳斯作为球探的能力。克劳斯说，他首先要寻找的就是一个身强体壮的大前锋，一个能够捍卫篮筐、同时保护那颗闪耀新星的硬汉；除此之外，他还会尝试选择有着一双长臂的运动型球员；最后，他说他要物色几个跳投好手，好在乔丹遭遇包夹的时候，让对手为此付出代价。

同样重要的是，他要找的是"好好公民"。芝加哥公牛必须洗清被混蛋们污染的历史。

交谈过后，莱因斯多夫意识到他必须炒掉罗德·索恩，让克劳斯上位。

[①] 沃尔特·弗雷泽，NBA 50大巨星之一，篮球名人堂成员，司职控球后卫。弗雷泽曾先后效力于纽约尼克斯队和克里夫兰骑士队，职业生涯曾2次赢得NBA总冠军，4次入选NBA最佳阵容，7次入选全明星阵容。

"在白袜队的时候,克劳斯就是球探当中的顶尖好手,我早就认识他了,"这位老板后来解释道,"这支球队急需文化上的改变,而克劳斯也有同样的想法。"后来,这两人在公牛队的乔丹时代呼风唤雨,被芝加哥人称作"两个杰里"。

"我想要一支能打出里德·霍尔兹曼式篮球的球队,"宣布人事变动之际,莱因斯多夫说道,"我想要一支无私的球队,一支能打出团队防守、球员各司其职、精于无球跑动的球队。杰里·克劳斯的任务就是物色 1985 年的德布斯切尔和 1985 年的布拉德利。"

大概五年之前,克劳斯就曾被任命为公牛队的总经理,但只在位数月就被炒了鱿鱼,因为他提出要雇用德保罗大学的雷·迈耶(Ray Meyer)。克劳斯错在他并没有那么大的权限给迈耶提供帅位。这件窘事传开之后,公牛队的股东们马上就解雇了他,他也因此沦为了全城笑柄。

1985 年的春天,克劳斯重回公牛的消息如同一枚炸弹,出现在芝加哥各大报刊的体育版面上。杰里·克劳斯要成为迈克尔·乔丹的头儿?"杰里这人大家都知道,他出现在公共场合的时候领带上还经常沾着肉汁,"常驻芝加哥的体育写手比尔·格里森(Bill Gleason)曾这样写道,"我个人虽没目睹他身上的肉汁污渍,但有不少人声称他们看到过。当然,他很胖。杰里一直有暴饮暴食的问题。"

他身高不过 5 尺 6 寸,体重却有 260 磅。

"杰里一直活跃于圈内,"1998 年,一名长期任职的公牛队雇员说道,"他认识联盟里的所有教练、助教和球探。上一代公牛队管理层看不起杰里。他们听信了那些故事和传闻,总是在谴责他。但是你瞧,他这不是回来当上总经理了嘛。"

重回公牛队让克劳斯很是得意。"我在耻辱之中离开这里,如今我重回巅峰。"他解释道。

他做的第一件事情就是解雇教练凯文·朗格利。第二则是将自己的老友、已退役的大学教练泰克斯·温特引进他的教练团队。他选择让辗转多队的教练斯坦·阿尔贝克（Stan Albeck）接替朗格利的职位，他最近的一份工作是执掌新泽西篮网队的教鞭。"我几乎是一雇下他就发觉了这是个错误。"克劳斯后来说道。

接着，他把注意力转移到球队阵容上来。"刚上任时我下手很重，"克劳斯回忆道，"队里有九名我不想要的球员和三名我想留下的球员。我想要戴夫·科尔津（Dave Corzine），我想要罗德·希金斯，我想要迈克尔。其他人我一概没有兴趣。他们很有天赋，他们全都很有天赋。但这不是天赋的问题。"

克劳斯还记得他和乔丹坐在一起讨论球队事宜："我跟他说：'我相信你有机会成为一名伟大的球员。我会试着围绕你来组建球队，搞到一些能与你合作的球员。'他说：'别，不要找能跟我合作的球员。去找能与我们一起赢球的球员。'"

公牛队球迷们看过了球队管理层这二十年来的纷纷扰扰，克劳斯那看似不正统的做法让他们疑虑重重。但克劳斯深知自己想要的是什么，而且他积极行动，让想法成真。他一直对自己说，要是有机会再次成为NBA球队总经理，他一定要着手实现心中的图景。首先要做的就是引进泰克斯·温特的篮球体系——三角进攻；然后，他想把菲尔·杰克逊培养成球队主帅。自从克劳斯为了选秀对杰克逊进行评估时起，两人就已认识。杰克逊从小在蒙大拿州和北达科他州长大，他的父母都是五旬节派的牧师。高中毕业以后，他渴望从严格的教养之中解脱出来，而北达科他州大学的运动员奖学金正好给了他脱身的机会。在北达科他州大学，他在一位颇具魅力的年轻教练比尔·菲奇（Bill Fitch）麾下打篮球。身高6尺8寸的杰克逊曾两度入选NCAA二级联盟全美最佳阵容，理所当然也是能打职业篮球的潜力股。克劳斯和霍尔兹曼或许是仅有的两位跑到北达科他州探查杰克逊的职业球探。

作为一名尼克斯队球员，莱因斯多夫很中意克劳斯把杰克逊培养成NBA主教练的想法。杰克逊曾为纽约尼克斯队效力了十三年，最后于新泽

西篮网队结束了自己的球员生涯。后来他在篮网队当过助理教练和解说员，接着又去了大陆篮球协会的奥尔巴尼地主队（Albany Patroons），当了五个赛季的主教练。1984 年，杰克逊的地主队夺得了 CBA 总冠军；接下来的那个赛季，他本人荣膺 CBA 年度最佳教练大奖。1985 年，当克劳斯联系他、请他来公牛队担任助理教练的时候，他正在波多黎各执教。

"那些年里，我一直与身为球员的菲尔保持着联系，"克劳斯回忆道，"我们时不时会聊聊天，我也关注了他在 CBA 的教练生涯。1985 年，我在芝加哥得到工作的时候，我又和他聊了一次。我告诉他，我需要 CBA 方面的球探报告。不到一个星期，我就收到了一堆用打字机打出来的报告，当中涉及了全联盟每一位球员的方方面面。"

"我去了 CBA，然后取得了一些成绩，"杰克逊回忆道，"但我仍然没有找到我前行的方向……杰里·克劳斯可以说是 NBA 世界里唯一一个真的和我保持联络的人。他那时刚刚回到 NBA。但他就是我的人脉所在。早在我的大学时期，杰里曾经看过我打球，我们已经认识了二十年之久。杰里是个不同寻常的家伙。他就是体育世界里的一个谜。你一定不会认为他是个运动员。即使是放到三十年前的球探圈子里，他也是非常与众不同的一员。"

在为尼克斯队效力的时候，杰克逊可是出了名的离经叛道。1975 年，花花公子出版社（Playboy Press）出版了他与查理·罗森（Charlie Rosen）合著的自传《超凡脱俗》（*Maverick*）。在书中，杰克逊回忆了他对 60 年代反主流文化的探索。他还坦言自己曾吸食迷幻药（LSD）和其他毒品，这事儿也让所有的 NBA 球队都确信，此人绝不是当教练的材料。

"我从没读过他那本书，"克劳斯曾解释道，"我没必要读。我很清楚菲尔的性格。"

那个休赛期，克劳斯在忙着组建教练团的同时，也为杰克逊安排了助理教练一职的面试，由斯坦·阿尔贝克担任面试官。杰克逊留着浓密的胡子，脚穿人字拖，头戴一顶插了一根大大的鹦鹉羽毛的草帽，他就这样出现在了芝加哥。

"斯坦的面试非常简短。"杰克逊回忆说。

后来，阿尔贝克对克劳斯说："不论如何我都不想要那个家伙。"

事实上，阿尔贝克对泰克斯·温特的体系也不怎么感兴趣。第一次出任公牛队总经理时，克劳斯就是在教练的问题上栽了跟头。这一次，他可不想重蹈覆辙。于是他做出了让步，告诉杰克逊说改天再为他争取。

同时，克劳斯还在最后一刻兵出奇招，在1985年选秀大会上挑走了弗吉尼亚联合大学的查尔斯·奥克利，一位名不见经传的大块头前锋。和克劳斯的许多举措一样，这次选秀也并不受芝加哥人待见。

"查尔斯是个能吃苦耐劳的孩子，他从没受过任何人的好处，"公牛队前助教约翰尼·巴赫回忆道，"你看得出来他是个意志坚定的人，而且他很想打球……他想证明给那些来自小学校的人们看，他配得上这个选秀权，所以他决心拼命打球。"

奥克利很快就成长为公牛队需要的那种大前锋，一个能够在比尔·兰比尔之流当道的联盟里保护乔丹的捍卫者。克劳斯继续寻找其他的拼图，也就是他所谓的"OKP"——"我们要的那种人（our kind of people）"。

"杰里处理掉了很多这支球队并不需要的人和事物，"后来菲尔·杰克逊曾谈到克劳斯的早期举措，"我们并不需要俱乐部里的某种人。他很清楚他想要什么样的人。他塑造了球队的性格，或者说他认为是特点的东西。优秀的、可靠的、愿意努力干活的人。"

刺

虽然有着勃勃野心和非凡洞察力，克劳斯还是在他回归芝加哥的第一年就犯下了大错：他不必要地孤立了乔丹，这一举动也给他们以后十五年的关系埋下了隐患。克劳斯早期的动作之一，就是交易走乔丹在队中最好的朋友。"我们交易了罗德·希金斯，"克劳斯后来承认道，"这事儿让迈克

尔很不高兴。"

后来克劳斯迎回了希金斯，可是又再次将他送走。这样的举动难免会让旁观者心生怀疑：总是跟乔丹对着干的克劳斯是不是以此为荣，甚至以此为乐？在担任球探的岁月里，克劳斯曾研究过篮球运动有史以来的伟大球员们，也曾投入不少时间在美国各所以黑人球员为主的传统院校物色人才。克劳斯深为自己的背景感到自豪，他常常跟乔丹鼓吹那些篮球史上最伟大的球员，也鼓吹他自己的球探资历。

"我以前常常刺激他，"克劳斯这样回忆他早年与乔丹之间的冲突，"我那时常说：'有朝一日你可能会和厄尔·门罗一样出色。你让我想起厄尔和埃尔金。你就是厄尔·门罗和埃尔金·贝勒的结合体，有朝一日你可能会和他们两人一样伟大。厄尔在地面上成就辉煌，你则在空中施展拳脚。埃尔金是第一个在空中称霸的人。你让我想起了他。'每次说完，他就会说：'去你的门罗。'接着他又说，'你想表达什么？门罗？第二顺位被选中那个？很了不起吗？'我觉得我跟迈克尔之间的芥蒂都是源于厄尔·门罗。"

有的公牛队工作人员碰巧耳闻了这些对话，听到克劳斯如此不依不饶地针对乔丹，他们都不禁要捏一把冷汗。"如果你要对迈克尔撂狠话，那些话最好是真的，"常年担任球队发言人的蒂姆·哈勒姆解释道，"因为他绝不会忘记那些话，也绝不会善罢甘休。"

最后，这位新晋总经理的"刺激法"终于毁掉了他与麾下这位球星维持密切关系的一切机会。但是，乔丹的回应似乎让克劳斯颇感冒犯，反过来又给了他继续这么做的理由。

与此同时，乔丹在努力争取着他唯一真正信任的东西。他想让球队签下巴兹·皮特森，或者交易来沃尔特·戴维斯，简而言之一切跟北卡有关的他都中意，可克劳斯却对此直翻白眼。过了一段时间，乔丹决定干脆不惜一切代价避开这位新晋总经理，这也是乔丹职业生涯当中的尴尬插曲。关键在于两人之间的"化学反应"：这两个被天意缚在一起的男人，一个急需建立情感，而另一个却想尽办法逃避这种情感。这一对冤家最奇怪的地方在于，克劳斯的不安全感与日俱增，而乔丹则全然没有这种感觉。尽管如此，克劳斯仍然是乔丹人生道路上遇到的最强硬的人之一。

随着乔丹步入他的第二个赛季，两人之间的对话越来越尖酸刻薄。许多常年混迹于职业篮坛的人士都认为，似乎是克劳斯把事态弄得如此棘手，而这完全是没有必要的。"迈克尔即将成为 NBA 中的顶尖球星，"凯文·朗格利回忆道，"你有了一个可以作为建队核心的人。你也清楚你得不断补强，让这支球队逐年变好。要想打造一支出色的球队，你就必须有一位 NBA 中的球星。当你有了一位球星，你就有机会补上其他拼图碎片。迈克尔不只是一位球星，他能做的事情太多了。他可以胜任三个位置：组织后卫、得分后卫、小前锋。我猜要是你把他安置到低位去，他也完全没问题。他能抢篮板，还传得一手好球。他是一位无所不能的球星，不像许多球星那样，只有一种打法。有了他，组建一支球队也就更容易了。"

那一年，克劳斯为球队训练营带来了几张新面孔，这其中就有在圣安东尼奥马刺队担任首发多年的"冰人"乔治·格文。格文也参与了全明星赛"雪藏"乔丹一事，那年秋天球队训练营的氛围也因两人之间的关系而变得微妙。这位球队新星并没有特地对格文表示欢迎，而格文也明白，在这种情况下，他不得不做出让步。

"他是一个风华正茂的年轻小伙，"回想起 22 岁时的乔丹，格文这样说道，"那个时候他还没有证明他的伟大之处。他展现出了不同寻常的潜力。但他和大多数崭露头角的年轻人一样，还只是一个急欲在联盟中闯出名堂的小伙子。"

一贯要强的乔丹很快向格文发起挑战，要同他一对一斗牛。"我们交了手，"格文承认道，言外之意是他无力抗衡乔丹身上的无限精力，"我们比了比投篮。当时我已经是个快要退役的老将了，所以他的对手是老冰人，而不是当年的冰人。你明白我的意思吗？我很清楚我只是去发挥余热的。我曾有过属于我的时代。我知道现在轮到他了，所以我真的只准备打完我在 NBA 的最后一年。他有他自己的打法。迈克的运动天赋非常出色。他是到职业生涯的后期才开发出一手跳投的。而我从一开始就是一个依赖跳投的得分手。所以我们的打法很不一样。他很能跳。而我则擅长滑翔。我的风格就好比弗雷德·阿斯泰尔（Fred Astaire），而他则是个弹簧人。"

可以说，那场一对一较量打破了两人之间的冰冷隔阂。但是乔丹并不打算将格文纳入他的核心圈子。"我和他交谈不多。"格文解释道。他补充说，他怀疑乔丹仍然对全明星赛事件耿耿于怀。"那个时候我对他只有尊敬，因为我看到了他身上的动力。这动力在他内心深处，而不是在球场上。我说的是那股激励着他争胜的动力。从他平常练球的时候你就可以看出来。他从不懈怠。老兄，他内心有着莫大的动力。为了成功，老兄。为了胜利。"

这位老牌后卫很快就看出了乔丹的核心圈子和其他队友之间的鲜明界线。"他跟好几个人走得比较近，像是查尔斯·奥克利和罗德·希金斯，我跟他其实没有那么熟，"格文回忆道，"但事情就是这样。你知道，生活是很有意思的。比赛是一回事，但最重要的在于建立相互间的关系。我认为我在职业生涯当中收获的最好的礼物就是我和队友们建立起来的关系。我很感激他们，他们也知道这不是我一个人的事儿。"

第二个赛季初期，公牛队的形势揭露了乔丹最终不得不面对的一大挑战。不管在什么阵容当中，他的一众密友总是与其他人泾渭分明。你要么就在他的圈子里，要么就在圈子外。他的大部分队友——尤其是早年的队友——都与他保持着一定距离，只能从圈外朝里窥看。格文评论道，乔丹需要靠他的"茧"才能生活，但他也必须明白，没有人是一座孤岛。"你必须努力离开那座孤岛。伙计，你得为此多多努力。"

1985年秋末，公牛队用三场连胜开启了新赛季的征程，但在第三场对阵金州勇士队的比赛中，乔丹不幸遭遇了左脚足舟骨骨折。这样的伤病曾改变乃至终结了许多NBA球员的职业生涯。乔丹料想自己很快就能回到场上，于是在下一场比赛中坐在场边，并对外宣称这只是一次"脚踝受伤"。包括高中时期在内，这是他整个篮球生涯当中第一次缺席比赛；哪怕是在北卡的第二年，揭幕战四周前手腕骨折也没能让他走下赛场。

"我感觉我像个球迷，"在金州受伤的第二天，他对记者们说道，"我什么也做不了。我只能在一旁看着，跟大家一起加油。"

诊断结果出来了。"从那时起，那一年就沦为了一场彻彻底底的灾难。"杰里·莱因斯多夫回忆道。乔丹一共缺席了64场比赛。联盟上下的老将们都颇有深意地相互使眼色。乔丹那凶狠残暴且不遗余力的打法终于让他栽了跟头。"他总是那样子，"格文一边回忆，一边总结着传统的观点，"这就是为什么他可能会受伤，因为他总是打得那么拼命。"

对于刚刚在乔丹身上砸下几百万美金的耐克公司而言，脚伤的消息无异于一次雪崩。"我的意思是，我们要彻底完蛋了，"瓦卡罗回忆道，"我们都意识到了。所有的一切差点儿就都结束了。"

乔丹也感受到了他们的恐惧。"我有点儿吓到了，"他后来解释道，"我不想被任何人打扰。我不想电话响起来。我不想看电视。我不想听音乐。我只需要纯粹的黑暗，因为那就是我要应对的，那是非常痛苦的经历。那是我第一次不得不考虑打篮球之外的生计，那种感觉很不一样。"

接受了重伤的现实之后，乔丹的第一个念头就是回老家，但这个想法马上遭到了反对。"迈克尔想回北卡罗来纳州，想去那儿养伤，"时任公牛队训练师的马克·法伊尔回忆道，"我们向杰里·莱因斯多夫和杰里·克劳斯说明了情况，并在北卡罗来纳州为迈克尔安排了康复计划。他一边疗伤，一边攻读学位，心情也平复了下来。或许正因为这样，他才能在归队时做好上场角逐的准备。"许多评论人士和几位队友批评了乔丹借伤离队的行为。尽管只打了三场比赛，那年冬天乔丹还是在东部的全明星赛球迷票选当中独领风骚。

"我非常沮丧，起初我都不知道该怎样应对这样的局面，"乔丹回忆道，"所以我离开球队，回了北卡大学，继续攻读我的学位，同时在电视上关注球队的动态。那就是我最好的应对方式。"

在教堂山养伤期间，只要北卡有比赛，他就会坐在替补席上观战。这也是他第一次有机会坐下来，从旁观察那个造就了他的篮球体系。随着他

的脚伤渐渐恢复,他背着莱因斯多夫和克劳斯擅闯禁地,开始找人打野球。"我很久之后才听说,他只休养了两个星期就又回到场上打球,"克劳斯回忆道,"我不知道消息是否准确,但我确实听说了。他一直没说他打过球。三个星期之后,我们开了一次电话会议。'你怎么样?''我好多了。''医疗组让你接着休养。接下来这两个星期抽空过来这边一趟,我们要再看看你的情况。'这样的对话持续了两个月。"

"我知道他在那儿打球,因为他跟我说过了,"桑尼·瓦卡罗回忆道,"原话我记不清了,但是他说过:'我要去打打球,看看这该死的脚还能不能用。我要看看我还能不能打球。我要远离人群,我知道我会受到保护的。'"得知这一消息,为他的职业生涯赌上血本的耐克公司既稍感安心,又更觉忧虑。

没有了乔丹,斯坦·阿尔贝克不得不另寻他法,将格文当作主要进攻点之一。阿尔贝克曾在圣安东尼奥马刺队执教过格文,于是公牛队换上了一系列以"冰人"为核心的战术。"在那样的情形下,斯坦已经尽他所能了,"芝加哥电台记者谢丽尔·雷伊-斯托特(Cheryl Raye-Stout)回忆道,"没了迈克尔,那支队伍里的很多人都心不在焉了。叫暂停的时候,像西德尼·格林(Sidney Green)这样的球员甚至都不会围上来听讲。"

"对于斯坦来说很不容易,"1995年,西德尼·格林回忆道,"很不幸,他对于那支球队和迈克尔抱有很高的期望。一旦迈克尔倒下了,斯坦就得彻底改变他的比赛计划。他试图围绕乔治·格文来打造球队,可不幸的是,格文也已经是强弩之末。但他仍然有一手指尖挑篮绝技。除了乔治之外,当时我们都很年轻……可别忘了,那也是奎因汀·戴利惹出一堆麻烦的那一年。"接连几场比赛,戴利或是缺席,或是迟到。2月缺席一场比赛之后,克劳斯将其禁赛。在这短短八个星期之内,戴利进了两次戒毒所。

"那天的投篮训练奎因汀又迟到了,那个时候我已经知道他在吸食可卡因了,"克劳斯说道,"比赛之前,我们都在等他现身,斯坦说:'要是他来了,我还是会让他上场的。'……我对他说:'这家伙没机会再穿公牛队球衣了。'我心意已决，然后便开始物色另一位教练。"

没有了乔丹，球队便失去了方向；而这也说明了乔丹一直以来背负着多么沉重的负担。当年3月，公牛队的战绩滑到了22胜43负，乔丹告诉管理层说他自认伤势已经痊愈，想要回归球场。"我不想眼睁睁看着我的球队坠入深渊，"后来他解释道，"我觉得我已经恢复得差不多，可以做点儿贡献了。"

他的请缨让莱因斯多夫吃了一惊，也激起了他与克劳斯之间的又一场激烈冲突。球队老板和总经理严肃地质疑了乔丹太早归队的风险。

"迈克尔和我之所以会闹得不愉快，"克劳斯回忆道，"是因为他以为我对他说：'你是我们的资产，我们想让你干什么你就得干什么。'我记得我从来没那样说过。他误解了我的意思。我当时不让他打球，是因为他脚还有伤，而且队医们都说'不行，不行，不行'。莱因斯多夫也跟他讲了复出的风险。他就是个想打球的孩子，我也不能因此而责怪他。但那就是一切纷争的开始，因为我们说：'我们不会让你上场的。'我们都坐在那个房间里，而斯坦却什么忙也没帮上。斯坦明明可以帮我们向迈克尔解释当前状况的，但他却只顾他自己。队医们都说迈克尔还没准备好上场，他本可以和我们以及医疗组站在同一边的。"

克劳斯记得，迈克尔坐在房间里，"一副怒气冲天的样子。他说：'你是在对我说我不能打球？'"

他们说得越多，乔丹就越是怒不可遏。"你是在和几个日进斗金的商业大亨打交道，我那几百万在他们看来好像只是几分钱一样，"他后来回忆道，"我想做的只是打我已经打了很久很久的篮球。但他们可不这样看。他们将此视为对他们投资的保障，好让他们财源滚滚来。就是那个时候，我真的感到被利用了。作为职业运动员，那是我唯一一次真切地感到自己被利用了。我觉得自己像是一件资产。"

"我吓得要命，"谈及当时的情形，克劳斯说道，"我可不想因为过早让迈克尔·乔丹回到球场而遗臭万年。"

乔丹察觉到，管理层想让球队继续输球，借此提升选秀大会上的顺位。"刻意输球反映了你是怎样的一种人。"他对《论坛报》说道，在他自己也成为一名NBA球队老板的多年之后，这一论断依然振聋发聩。"任何人都不应该尝试通过输球来得到好的东西。你应该致力于将你所拥有的发挥到极致。如果他们真的想打进季后赛，不论是什么时候，只要有机会赢下一场比赛，我都会挺身而出。"

"那就像是一出肥皂剧，"1995年，莱因斯多夫回忆道，"我们对迈克尔太坦诚了。我们向三位医生咨询他何时能够归队，并让他听了医生们的报告。三位医生都说，骨伤还没恢复到位。他们说，如果他坚持上场打球，就有10%到15%的概率会就此断送自己的职业生涯。迈克尔是那么争强好胜。他就是想打球。我认为他有权听听医生们是怎么说的。我完全没料到他会赌上自己的整个职业生涯。我实在是想不通。但迈克尔觉得，10%到15%的风险就意味着有85%到90%的可能他会安然无恙。在我看来，这不是什么风险回报率的问题。这里的回报无非让他回到一支已经打了一年烂球的队中打球。为什么要为那样的回报拿你的整个职业生涯去冒险呢？迈克尔坚持称，他比我更了解他的身体。所以我们做出了让步：他可以逐渐上场比赛，最开始每半场只能打7分钟。"

乔丹几乎以一己之力，强势扭转了公牛队这一年的运势，狠狠地宣泄了胸中的怒火。

"迈克就是那个样子，"前公牛队训练师马克·法伊尔解释道，"如果他觉得某件事情不会伤到他，他就会把这件事抛到脑后，专心打球。不管是扭伤、腹股沟拉伤、肌肉痉挛还是流感，迈克尔的第一个问题总是：'我继续打球会受伤吗？'如果我告诉他不会，那这就不是问题了。他会集中注意力，将这些问题甩到身后。"

"他们限制了迈克尔的上场时间，"芝加哥电台记者谢丽尔·雷伊－斯托特回忆道，"他们真的用了计时器来计算他在场上打了多久。斯坦会坐在那儿，掐算时间。迈克尔刚归队的那段时间，斯坦一直承受着压力。有人怀疑，限制迈克尔的上场时间是为了帮助他们得到乐透区选秀权。关于这个问题，我们永远都不会知道答案。"

莱因斯多夫还记得，在一场比赛中，阿尔贝克让乔丹上场的时间超出了规定。"我让克劳斯告诉他不要再犯，斯坦也表达了他对此的想法。第二场比赛是在印第安纳，比赛还剩 25 秒还是 30 秒的时候，公牛队还落后一分。就在这个时候，迈克尔的上场时间达到了 7 分钟，于是斯坦把他拽下了场。斯坦换下他就是为了告诉我们，在他看来所谓的'七分令'是多么可笑、多么武断。"

最后公牛队还是凭借约翰·帕克森的一记跳投赢下了比赛，但莱因斯多夫却勃然大怒。阿尔贝克搞得他看起来像个白痴。

"我一直搞不懂的是，"马克·法伊尔说道，"既然迈克尔可以训练两个小时，那为什么不能上场超过 14 分钟呢？"

"我们的季后赛形势逐渐明朗之后，迈克尔的出场时间也有所增加了，"莱因斯多夫说，"终于，赛季末一场比赛的中场休息时，克劳斯叫训练师转告斯坦，让迈克尔尽情上场打球好了。那一年我根本就不该让他上场的。那是错的。"

上帝化身

不再受到出场时间限制的乔丹帮助公牛队赢下了最后十三场比赛中的六场。最终他们以 30 胜 52 负的战绩收官，并在赛季尾声的关键战役中战胜了华盛顿子弹队，从而跻身季后赛诸强之列。

首轮比赛，身为八号种子的公牛队遭遇了东部第一波士顿凯尔特人队。在球队总裁里德·奥尔巴赫和主教练 K.C. 琼斯（K.C.Jones）的率领之下，那一年的波士顿人创下了 40 胜 1 负的主场战绩。拉里·伯德即将收获他的第三座 MVP 奖杯，而凯尔特人队也即将连续四次杀入 NBA 总决赛——他们在此前的征途中两夺冠军。那是一支非常非常伟大的球队，云集了伯德、前锋凯文·麦克海尔（Kevin McHale）、中锋罗伯特·帕里什（Robert Parish）和比尔·沃顿等前场众星。波士顿众将上下一心，誓要夺下队史第十六座总冠军奖杯。

"那支球队有着齐整的阵容、杰出的教练、教练在管理层的卓越领导、无与伦比的球迷和完美的主场优势，我们能够赢下任何比赛，"比尔·沃顿回忆道，"我们还有拉里·伯德，他是我合作过的最伟大的球员。在我见过的球员当中，他是最懂得调动主场球迷情绪的。作为球员的拉里·伯德是如此伟大，作为一个人、一个领袖的他，甚至比作为球员的他更好。我们对于球员拉里·伯德的一切幻想、回忆与愿景都是那么的美好，而他本身比那些都要好。之所以这么说，是因为比赛、规则、计时器、裁判等——这些东西给他施加了太多限制，因为他是一个天马行空的艺术家。他就是米开朗琪罗（Michaelangelo），他就是鲍勃·迪伦（Bob Dylan）。他能看到其他任何人都看不到的东西，而且他能将那些梦幻、那些火花变为现实。没有人能像拉里·伯德一样。"

凯尔特人队主帅K.C.琼斯堪称篮球历史上最擅长对球施压的后卫，他曾与比尔·拉塞尔并肩作战，赢得了一次又一次的冠军。那年4月，琼斯和他麾下众将一样信心满满。面对芝加哥公牛队的那群乌合之众和那位刚刚伤愈复出的年轻球星，他认为根本就不必耗费多大精力。

"我们确实没有布置任何包夹他的战术，"凯文·麦克海尔回忆道，"我们什么也没做。我们只说，放他得分好了。你一定也记得，第一场比赛他就打疯了。"

没有了包夹的负担，乔丹首战出场43分钟，狂砍49分，但波士顿还是以123∶104击退了芝加哥。

"凯尔特人对乔丹的单兵防守毫无作用。"第一场比赛的中场休息时分，解说员汤姆·海因索恩（Tom Heinsohn）说道。

在那个系列赛中，两位防守悍将丹尼斯·约翰逊（Dennis Johnson）、丹尼·安吉（Danny Ainge）以及替补里克·卡莱尔、杰里·西斯廷（Jerry

Sichting）分担了盯防乔丹的重任。

"第一场比赛过后，我们说我们或许应该对他进行包夹，或者想点儿办法，"麦克海尔回忆道，"然后 K.C. 琼斯说：'我们会考虑的。'我的意思是，常规赛他们赢了 30 场，而我们则赢了 67 场。他们完全没可能打败我们。"

三天之后，第二场比赛即将在波士顿花园开打，而乔丹的心里则装着其他事情。"比赛开始前，更衣室里鸦雀无声，"西德尼·格林回忆道，"迈克尔专注至极，我们都知道他决心要搞一番大动作。"那场比赛，双方鏖战至第二个加时。乔丹全场共上场 53 分钟，出手 41 次，命中 22 球。凯尔特人队频频在他身上犯规，他在罚球线上 21 投 19 中。除此之外，他还有 6 次助攻、5 个篮板、3 次抢断外加 4 次失误进账。乔丹的 63 分创下了 NBA 历史季后赛单场最高得分纪录。

"那是上帝化身为迈克尔·乔丹。"拉里·伯德在赛后说道。这句评价将被收入乔丹的生涯集锦当中，被后人永世流传。那一刻，他浇灭了篮坛最强球队的骄傲气焰。

"第一场比赛他得了 49 分，但我们赢了 20 分，"沃顿回忆道，"然后我们说：'哎哟，他再也没法得这么多分了。'结果第二场比赛他得了 63 分，差点儿打得我们全队都犯满离场；要不是拉里·伯德发了飙，我们不可能在第二个加时以 135∶131 赢下来。"

那一天，伯德上场 56 分钟，砍下了 36 分；凯尔特人要把全队上下的得分加起来才足以与乔丹的表现相抗衡：麦克海尔砍下 27 分，安吉拿下 24 分，约翰逊得到 15 分，帕里什 13 分，沃顿也有 10 分进账。

"老实说，我们真的完全没有针对他布置战术，"麦克海尔回忆道，"我们就是上了球场，然后说：'嘿，听着，我们按照平时那样去防守就好了。要是你在我们头上得分了，那又有什么大不了的？'没人料到他竟然会砍下 60 多分。"

沃顿回忆道："第二场比赛结束后，我们在更衣室里说：'这小子还真有两下子。不如我们就包夹他一下，看看戴夫·科尔津和其他公牛队球员还有多少能耐。'"

第三场比赛在芝加哥体育馆举行,面对包夹战术和凯尔特人队球员的绝对身高优势,乔丹仅出手18次,命中8球。他全场贡献了19分、12个篮板外加9次助攻,但球队仍以104∶122落败,惨遭横扫。

"我们对他进行了包夹,而且让他拿不到球,"麦克海尔说道,"我们确实针对他拟定了战术。人们都忘了那个系列赛我们是横扫晋级。我们直落三场,然后早早回家备战。"

那个系列赛的结果似乎已经不怎么重要了。乔丹的表现让联盟上下和所有的球迷都炸开了锅。四年之前,他用一记戏剧性的跳投赢得了全国冠军,从而受到了举国关注;面对大鸟伯德和凯尔特人队,他的惊艳表现将乔丹的传奇带到了新的高度。对抗篮球运动中最卓越的球队,他的一举一动都让全联盟的教练和球迷们一样如痴如醉。

"那太不可思议了,"西德尼·格林说道,"我很了解迈克尔。他那种人就喜欢让别人认为他做不到某件事情。那些质疑只是火上浇油,他要向他自己和其他所有人证明,他可以带伤作战,他已经做好了准备。"

最重要的是,这是他向芝加哥公牛队管理层传达的一条讯息。"从那场比赛起,"多年以后,莱因斯多夫坦言,"我们才开始意识到迈克尔到底有多伟大。"

对于乔丹本人而言,那场比赛也标志着一个重要的转折点。"直到那个时候,还有许多媒体人士表示,他虽好,却还不足以与魔术师约翰逊和拉里·伯德相提并论,"多年以后再回首,乔丹这样说道,"我赢得了拉里·伯德的尊敬——对我而言,这让我知道我走在了正确的道路上。不是因为我得了多少分,而是因为最后我们输掉了比赛。那场比赛的精彩镜头是很好看,但是也没有多少意思,因为我输了。在那个特殊的时期,他那句话是我得到的最大的赞誉。"

柯林斯登场

赛季结束几周后,克劳斯炒掉了斯坦·阿尔贝克,这再一次激怒了球队日益庞大的球迷群体。莱因斯多夫觉得,在他们阻止乔丹不顾脚伤返回赛场的时候,这位教练碍了他们的事儿。此外,阿尔贝克还拒不接受"泰克斯·温特的进攻建议"。

顶替帅位的人选有二:解说员道格·柯林斯,以及——没错,菲尔·杰克逊。克劳斯苦心挣扎了一番,然后选择了柯林斯。作为哥伦比亚广播公司的解说员,柯林斯见惯了联盟中的风云变幻,但是从未有过执教经验。"一个电视人?说真的吗?"据说,当克劳斯第一次提出这一想法,莱因斯多夫是这样回应的。不过,柯林斯曾是伊利诺伊州立大学的明星球员,更是1973年的NBA状元秀;在1972年那支命运悲惨的美国奥运会代表队中,他扮演了主心骨的角色。被费城76人队选中的柯林斯帮助球队从1973年的绝境中走出,到了1977年球队已经夺冠在望。最终,三度入选全明星赛的柯林斯成了伤病的受害者,过早结束了他的职业生涯。

"这事儿挺尴尬的,因为柯林斯是篮球解说员,在受雇成为主帅之前他就曾随队出征,"芝加哥电台记者谢丽尔·雷伊-斯托特回忆道,"斯坦·阿尔贝克转过头来,就会看到道格·柯林斯。他曾短暂担任过球队顾问,早有风言称柯林斯将取代斯坦的帅位。"

"我雇用道格的时候,每个人都在笑话我,"克劳斯说,"很多人都说,'你为什么要雇一个电视人?'"

"那个时候我才35岁,"后来,柯林斯回忆道,"芝加哥已经在过去的十年中换了九位教练。而我是那种卷起袖子就开始干活儿的人。"

起初,乔丹对此也不怎么有信心。事实上,他误认为柯林斯的到来又是克劳斯干的好事儿。"第一次看到道格的时候,我觉得他根本就不知道自己在讲些什么,"乔丹回忆道,"他刚拿到这份工作的时候,我还很疑惑。我的意思是,他太年轻了。可是我一跟他熟起来,就越来越喜欢他了。他很聪明,懂得控制局面,最重要的是,他很积极进取。"

柯林斯不光带来了这些优点,还引进了助理教练约翰尼·巴赫和吉恩·利特尔斯(Gene Littles);而巴赫更是在日后为这支球队贡献卓著。"我在1972年的奥运会上当过他的教练,我们是很好的朋友,很尊敬彼此,"巴赫回忆道,"道格打个电话给我说:'我希望你能来这儿,加入我的团队。'跟保罗·道格拉斯·柯林斯在一起是一件非常愉快的事情。他很有感染力,很会鼓舞人,总是热情饱满。他真的让这支公牛队重新开始赢球了。"

主帅人选已定,克劳斯又把注意力转向球员阵容。他送走了奥兰多·乌尔里奇、贾万·奥尔德姆(Jawann Oldham)和西德尼·格林,开始积攒选秀权和资金。在1987年的选秀大会上,他手中握有大量首轮选秀权。但是在新赛季开始之前,球队阵中只有一位球员的场均得分达到了两位数——而且那位球员还是大伤初愈。当时,公众完全不知道这些举动让迈克尔·乔丹多么愤怒,又让他攒下了多大的动力。克劳斯从波特兰开拓者队交易来了一位名叫史蒂夫·柯尔特(Steve Colter)的三年级球员;乔丹便在训练营里找他的茬,好像他就是克劳斯本人一样。不论是在比赛中还是在训练时,人们逐渐发现,生性敏感的柯尔特根本就没法跟乔丹并肩作战。和许多控球后卫一样,柯尔特在没有持球的情况下很难发挥效用。然而,在诸位教练的纵容之下,乔丹早就养成了一个习惯:发界外球时,他总会把己方的控球后卫打发走,自己接过球发起进攻。慢慢地,人们发现不需要球权也能发挥作用的约翰·帕克森更适合与乔丹搭档。赛季还没打完一半,克劳斯就送走了柯尔特,然后接连引进了六名控球后卫,可没有一人能在乔丹的阴影下站稳脚跟。

那一年,克劳斯聘请了吉姆·斯塔克(Jim Stack)来当他的左右手。斯塔克曾在西北大学打球,后来征战过欧洲各大职业联赛。他精于通过图表分析战术,而且十分擅长观察比赛;因此,除了给克劳斯当助手之外,斯塔克还担任了球队高级球探一职。在那个时候,芝加哥公牛队的管理层和球员已经分离成了两个泾渭分明的世界，但斯塔克的位置让他得以同属两界。史塔克坦言，处理队内政治是件颇为棘手的事儿，而在没有外出探察对手的时候，他会和球员们一起训练，然后到球队会议上发表报告。为克劳斯效力之余，斯塔克还与众位教练保持着良好的关系。他和乔丹也相处得不错。因为这些工作上的关系，在此后十多年的纷争当中，斯塔克成了让这支球队免于分崩离析的黏合剂。

斯塔克游历过世界各地，见识了无数篮球比赛，但他却是在公牛队的训练场上见到了最令人震撼的表演。"迈克尔就是一个破坏机器，"2012年，他回忆起往事，"那个时候我们还有许多才华横溢的球员，但他们根本抵挡不住乔丹在场上的凶猛势头。可怜的史蒂夫·柯尔特啊。刚到球队的时候，我觉得他在那群后卫当中算是不错的了，但最后杰里还是不得不把他交易走，因为光是在训练中跟迈克尔对抗，就足以让他萎靡不振了。"

第十九章 进 攻!

道格·格林斯加盟公牛的第一个赛季即将开始,球队面临着巨大的公众压力。人们认为公牛队应该积极补强阵容,引进像萨克拉门托国王的埃迪·约翰逊这样的得分好手,或是金州勇士的乔·巴里·卡罗尔(Joe Barry Carroll)这样的大个子。但克劳斯选择按兵不动,这让球迷们愈发担忧:队中的人才已经所剩无几了。不少季前预测称,这支公牛已经无力再次拿下三十个胜场了。

许多评论人士认为,公牛队的得分能力还不足以赢得比赛;但是在他们做客麦迪逊广场花园(Madison Square Garden)的赛季揭幕战时,这些质疑立马就被打消了。凭借帕特里克·尤因和比尔·卡特赖特(Bill Cartwright)组成的双塔,纽约尼克斯队在第四节中段仍保持着五分的领先优势。一次暂停期间,乔丹看着柯林斯说:"教练,我不会让你输掉你的第一场比赛的。"

他一人包办了全队最后的 18 分,帮助公牛以 108∶103 赢下了比赛。全场比赛他狂砍 50 分,创下了客队球员在麦迪逊广场花园的得分新高,打破了由里克·巴里(Rick Barry)和公牛前球员奎因汀·戴利共同保持的 44 分纪录。

"我从未见过迈克尔·乔丹这样的球员。从来没有,前所未见。"拥抱过每一位球员之后,柯林斯这样说道。

赛后,有记者偷听到乔丹对他父亲说,是尼克斯的球迷刺激他砍下了高分。

"所以你的心思都在观众身上,都不在球场上?"他的父亲调侃道。

"我的心思向来都在观众身上。"他回答道。

"新赛季旗开得胜,俱乐部上下大受鼓舞,那是一个转折点,"回望当年,莱因斯多夫评论道,"就是从那一年开始,一切慢慢成形,而迈克尔简直是不可思议。"更确切地说,就是在那一年,乔丹接管了美国篮坛。他引发的革命有大有小。他在"黛西·杜克"短裤时代进入了职业篮坛,那时的球裤裁剪得又紧又短。他很快就创造出更符合他个人喜好的风格,特地定制了宽松的球裤,裤身比原先长了两寸半。没过多久,球员们纷纷穿起舒展开来、长及膝盖的球裤上场打球——这无疑是乔丹影响最为深远的时尚宣言。

他的打法也风靡了全联盟,而摇篮式扣篮则成了他的固定节目。新任助理教练约翰尼·巴赫把这一切都看在眼里。和泰克斯·温特一样,巴赫也已经60多岁了。他是一名退役军人,也是一位经验丰富的老帅,上一份工作是在金州勇士队担任主教练。巴赫热切想要为柯林斯和乔丹提供帮助。和温特一样,在刚开始接近乔丹的时候,巴赫也多少有点儿谨慎。

"助理教练,尤其是经验丰富的那些,有时候要知道何时应该插手干涉,何时应该保持距离,"巴赫在2012年回忆道,"当时我就在远处观望他。他的球技实在太出色了,你简直无法相信他能做到的事情。我一直认为,最好的做法就是从旁关注他,尽我所能提供帮助。"

在柯林斯手底下,巴赫的首要职责就是为球队担任高级球探,并在球队会议上分析对手。他与乔丹的关系就是由此而始。讲解比赛的时候,巴赫有一种他所谓的"用词准确"的本领。"我会用到很多军事术语,因为我曾在战时服役于海军部队。"乔丹很快就被他的措辞风格和各种第二次世界大战的故事吸引了。巴赫的双胞胎兄弟是一名飞行员,在二战中不幸丧生。"他似乎很感兴趣。"巴赫回忆道。除了遣词用字之外,他的眼里还闪烁着光芒,而且穿着十分得体,这些让乔丹好感倍增。

这位年长的助理教练常常说起南太平洋海战总司令"公牛"哈尔西

（Bull Halsey）海军上将的故事，并且喜欢在比赛中把信息灌输给易受影响的乔丹。"暂停结束时，我会走到迈克尔身边，对他说：'看在上帝的分上，迈克尔，进攻，进攻，进攻。哈尔西就是这么说的，现在我也要对你说同样的话。'"巴赫回忆道，"如果他有段时间没有冲击篮筐，我就会那样做。我并不常说那些，但只要我说了，他都会记在心里。那就是一切的开始。作为一名助理教练，你没法向他下达战术，但我想我可以说：'我没看见你做那些你能够做到的事。'了解情况之后，我想为什么不说点儿什么来刺激他呢？于是我说：'喂，迈克尔，进攻，进攻，进攻。'那就是我所做的小事，而我们的关系也一直那么好。"乔丹开始把巴赫称为自己的私人教练；在那个赛季当中，巴赫的话语似乎成了某种咒语。每当听到他的激励，这位年轻的球星就能在场上开创出截然不同的局面。

那个赛季，乔丹有 28 场比赛轰下了至少 40 分，其中更有 6 场突破了 50 分大关。在 11 月末、12 月初，他连续 9 场得分破 40，其中有 6 场还是在西部征战。后来，他坚称这样的飙分是必要的。"刚来这里的时候，我不得不充当点火器，让火燃烧起来，"他回忆道，"所以我必须要使出我的浑身解数。"

跳　　跃

联盟里很快就炸开了锅：这个版本的乔丹是前所未见的。菲尼克斯太阳队的埃迪·平克尼还记得，他的队友沃尔特·戴维斯也对乔丹分外小心。"我觉得迈克尔多少有点儿把沃尔特当作偶像，"平克尼回忆道，"他是迈克尔最欣赏的球员之一。当时的沃尔特可是我们的招牌球星。"随着他们与公牛队的第一次交手越来越近，平克尼发现戴维斯振奋了起来，备战时也比往日更加卖力了。"在我看来这事儿还挺新鲜的，因为当年的沃尔特在他的位置上少有敌手，"平克尼回忆道，"他从来不会因为对上任何人而感到焦虑。我当时还不知道，原来许多北卡球员都会在暑假期间回到母校打球。"

在 NBA 赛季当中，沃尔特·戴维斯似乎并不想留给乔丹任何在教堂山暑假合练时说垃圾话的题材。"我依稀感觉到了接下来要发生什么事，"平克尼说，"但是戴维斯则是确切地知道接下来会发生什么事。迈克尔奉献了一场表演。他真的是在尽情表演。他们两人都拼尽了全力。我的意思是，他得了多少分并不是重点。关键在于，他接管了比赛。某时某刻，你知道好戏要上演了，他会连砍 10 分或 12 分。他接连得分的方法不外乎疯狂地攻击篮筐。他从篮板一侧跃到另一侧，然后反手上篮。他用尽各种异想天开的方法，朝篮筐发起冲击。"

最重要的是，乔丹对戴维斯的影响之大着实让平克尼吃了一惊。"他真的是一位非常出色的球员，"平克尼说，"但乔丹却让他彻底改变了他的打法。"

尽管乔丹砍下了 43 分，公牛队仍以两分之差输掉了比赛。杰里·克劳斯记得，赛后队医用刀割开了乔丹浮肿的脚趾。"浓汁流得到处都是，非常恶心。你要是看到了，一定会吐的。"

在 2012 年的一次采访中，克劳斯回忆当年队医命令乔丹回到芝加哥修养十天的情景。"迈克尔缠着道格·柯林斯不放，于是我先走了。十五分钟之后，道格来到走廊里，跟我说：'我们得谈谈。'他告诉我，迈克尔说他想随队出征圣安东尼奥。他说他不会伤到自己，如果情况不好他不会勉强上场之类的，各种那个家伙口里说出来的话。说起来，当时我可能也有点儿心软了，于是我们让他去了圣安东尼奥；如果你看了那场比赛的话，我记得他应该是得了 52 分。"

事实上，那天晚上乔丹再次砍下 43 分。那是乔丹连续 9 场得分破 40 的比赛之一，而且他的脚趾还带着伤。那 9 场比赛当中，公牛队输掉了 6 场，不过这大概也并不足以说明问题，因为其中有 8 场他们都是在客场作战。在那场得分盛宴的尾声，乔丹在亚特兰大砍下了 41 分，而老鹰队的多米尼克·威尔金斯则独得 57 分还以颜色。

乔丹逼得联盟中最好的球员们纷纷祭出最强的表现来对付他。经过了上一年的季后赛，凯尔特人队深知乔丹已经变得无可阻挡，至少靠单兵防守是行不通的。在他的新秀赛季，湖人队曾先后派出拜伦·斯科特（Byron Scott）和迈克尔·库珀（Michael Cooper）来盯防乔丹，他们竭力不让乔丹接球，从而抑制了他的发挥。库珀告诉一位记者，那些日子已经过去了。"当人们说我防迈克尔防得很好，或者是某某人防他防得很好，那都是错的。我根本没办法阻止他，我需要全队的协助。接到球的一瞬间，他就会让你紧张到极点。你心中警铃大作，因为你根本不知道他要干什么。他会从左边、右边、上面、下面绕过你。他扭曲身体，挪腾闪躲。你心知肚明，他肯定会把球投进。你只是不知道是什么时候、用什么方式进的。对于一名防守球员来说，最摧残人心智的事情莫过于此。"

巴赫在他身上激发出的进攻表演堪称天马行空，这让写手里克·特兰德（Rick Telander）决定探究一下他的弹跳能力。"我从来没有测量过我的垂直弹跳高度，"乔丹回应道，"但有时候我也挺想知道我到底能跳多高……飞在空中的时候我总会岔开双腿，比如说做摇篮式扣篮的时候，那感觉就像是我打开了一个降落伞，助我缓缓落到地面。揭幕战对阵纽约，我真的完全兴奋了。那场比赛的最后一记扣篮，我觉得我的眼睛几乎和篮筐齐平了。有时候我的手腕会撞上篮筐，但那一次我的整个手肘都在篮筐之上。我差点儿因为跳得太高而扣丢了。"

和广大球迷一样，他本人也对他的滞空时间颇感兴趣。"我真希望能给你看一看我在密尔沃基的一记扣篮录像，"乔丹对特兰德说，"就像是慢动作一样，看上去我真的飞了起来，好像有人在我身上安了翅膀。我自己看的时候都会不寒而栗。我心想，什么时候'跳跃'变成'飞行'了？到目前为止，我还没有答案。"

没有什么地方能比全明星周末上的扣篮大赛更适合炫耀这些技巧了。那个赛季，球迷们用创纪录的141万票把这位人们口中的"飞人大帝"（His Airness）送上了全明星赛场。"我很高兴看到球迷们那么欣赏我的风格，"他回应道，"我不会让他们失望的。"

在那个年代，对于这项运动中的顶尖球员来说，扣篮大赛仍然有着独特的吸引力；脚伤痊愈不到一年的乔丹重新加入角逐，更为这项赛事锦上添花。在西雅图的国王巨蛋球场（Kingdome），他展现出招牌式的飞行能力，凭借一系列精彩的扣篮赢得了桂冠（老鹰队的多米尼克·威尔金斯因伤缺赛）。这一次，再也没有人想在全明星正赛中冻结他了。如今乔丹的影子笼罩了整个联盟，"即使是在全明星赛上，你的眼睛都离不开他，"《纽约每日新闻》（New York Daily News）的资深篮球写手米奇·劳伦斯（Mitch Lawrence）评论道，"别误会我的意思，你大可以看魔术师和大鸟，但焦点仍然在迈克尔·乔丹身上。如果你去看他的比赛，即便只是一场常规赛，你一定会一直盯着他看。场上可能还有一两位超级球星，但那也无所谓。差不多95%的时间你都在看迈克尔·乔丹。要是他下场休息了，你可能还会看两眼其他的球员，但大部分时间你的注意力都集中在他身上。有多少球员能让你这样痴迷？"

全明星周末过后，乔丹继续他的行进节奏。2月底，对阵篮网队他豪取58分，打破了由切特·沃克（Chet Walker）保持的公牛队球员常规赛单场最高得分纪录。几天之后，尽管左脚的鸡眼疼痛不已，尽管庞蒂克银色巨蛋体育场（Pontiac Silverdome）的30281名观众呼声滔天，他仍然狂揽61分，率领球队在加时赛中力克活塞队。比赛的关键时刻，乔丹和活塞队的伊赛亚·托马斯以及阿德里安·丹特利（Adrian Dantley）疯狂地交替飙分。

"当时伊赛亚的表现促使我上升到了另一个境界，"后来乔丹坦言道，"他打进了不少高难度的球，接着我也用一个高难度进球还以颜色。那是一场精彩的比赛，球迷们也看得很过瘾。"在那个赛季的众多精彩比赛当中，赢下活塞队的这一场显然是他的最爱。"因为我们赢了，"他解释道，"也因为在最后几分钟里我去换防阿德里安·丹特利，我抢断三次，让他一分未得。那是防守带来的胜利。"被乔丹的火力轰垮的活塞队由此开始钻研战术，力保未来不再受此大辱。

一次又一次，乔丹不断祭出巅峰表现。"我不知道他是怎么办到的，"队友约翰·帕克森说道，"每天晚上都有人挡在他面前，但他从未往后退过一步。"

WIN 里的 I

摆脱了束缚的乔丹求胜若渴，然而联盟中有许多人对他颇有微词。敢于公开说出来的人并不多，这当中就有拉里·伯德。他对一位记者说："我不喜欢看到同一个人包揽所有投篮。篮球不是这样打的。"

那个赛季，公牛队的球权完全任由乔丹一个人支配，他的出手次数几乎占到了全队的三分之一。纵观其职业生涯，乔丹有九个赛季出手次数在全联盟高居榜首，而这就是当中的第一个赛季。牺牲团队的概念、以一名球员为焦点的做法与公牛队助理教练泰克斯·温特的篮球理念背道而驰。尽管温特忧心忡忡，道格·柯林斯似乎全力支持乔丹的大量得分；如果能帮助球队多赢几场，他甚至还想让乔丹再多得点儿分。温特原本是抱着谨慎小心的态度指导乔丹的，如今他开始力劝这位三年级球星接纳更加基本的比赛方式。乔丹很快就被惹火了。

"你知道他跟我说什么吗？"乔丹向写手库里·柯克帕特里克透露，"他跟我说这话的时候，我知道我们当中肯定有一个人做得太过了。他对我说：'突破当中成功率最高的出手方式就是三步上篮。'他还问我：'你为什么要跳那么高，为什么扣那么多篮呢？'我简直不敢相信我的耳朵。我直直地瞪着他说：'嘿，我不是有意为之。我只不过自然而然就做出来了。'"

年近七十的温特身负四十多年的顶级联赛执教经验，他曾在五所大学担任主帅，还曾执掌圣地亚哥－休斯敦火箭队的教鞭。他的专长是三角进攻战术，而这一战术在当时被认为已经过时。虽然篮球界的许多人都嘲笑泰克斯·温特是个怪人，但是与他相识多年的克劳斯却被他的为人和他的进攻理念深深折服，几乎到了崇拜的地步。斯坦·阿尔贝克和道格·柯林斯都不愿听从温特的进攻建议，这让克劳斯甚是恼火。

正如他自己时常强调的，温特的进攻理念不仅是战术上的编排，而是一个篮球体系，或者说是一种篮球哲学，当中包含了一整套相关的基本原则。这位年长的助理教练对于细节的注重是任何职业教练想都想不到的。比如说，乔丹不能按照他喜欢的方式传出基本的胸前传球，这让他非常不满。阿尔贝克和柯林斯之所以拒不接受温特的建议，主要是因为如果采用他的理念，他们就必须屈居于整个体系之下，因为温特已经将场上的诸多细节——安排妥当了。温特体系之下的进攻能完美地利用场上空间，从而按部就班地瓦解防守。它能让球员们知道自己将在什么位置获得出手机会。最重要的是，为了场上的平衡，前场要安插两名后卫。温特的理念是，一定要有一位球员能够随时退防，不给对方轻易打快攻的机会。

"泰克斯本身是个固执而好强的人，"约翰尼·巴赫回忆道，"他对三角进攻的信仰甚至要胜过他对福音书的信仰。三角进攻就是他的福音书。他想灌输这套理念。我不知道克劳斯是不是和他说过：'好的，你可以引入你的东西。'他不光要说服道格，他还得说服迈克尔，让他相信这套进攻体系不仅对球队有益处，而且能让迈克尔在当中发挥自如。"

事实证明，要说服乔丹不是件容易的事儿；更困难的是，乔丹将温特视为克劳斯的帮手，所以这个在他心中已经被污化的老头儿就成了他捉弄的对象。

"泰克斯就像是我们大家的爷爷，"训练师马克·法伊尔回忆道，"但是球员们也会逗他玩儿。迈克尔就经常嘲弄他。最过分的是，有一次训练的时候，迈克尔溜到泰克斯身后，一把将他的短裤扯到了膝盖下面，结果泰克斯的屁股全露出来了。"

温特从未向克劳斯报告过这些事情，但是他与柯林斯之间的关系却越拉越远——他本来应该给这位教练提供指导才对。温特相信，球队雇用他是让他来当老师的，所以只要有机会他就会出面指导，但他的说教颇为直白、毫不遮掩，让大部分球员觉得自己仿佛回到了中学时代。

"站上训练场上准备练球的时候,我会指导在场的所有人,"有一次,温特曾谈到他的执教方式,"我会用我自己的方式指导他们,不管是迈克尔·乔丹……还是其他任何人。没有任何区别。他们都知道这一点。如果迈克尔犯了错,我会像对待其他人一样,立刻纠正他。另外,作为运动员的他是如此出色,你又必须对他另眼相看。我觉得你不能厉声斥责他,但是对于许多年轻球员和一些其他球员来说,也许你对他们越苛刻,越能激励他们。"

与驱策乔丹放手进攻的巴赫相反,温特不断强调以团队为主的打法。而且,他和乔丹一样意志坚定。芝加哥教练团队内部的矛盾持续升温,而柯林斯则坚持一意孤行,这也让队内形势进一步恶化。"他的身上带着一种超乎寻常的热情,"谈到第一个赛季的柯林斯,巴赫这样说道,"他浑身充满了干劲,尤其是在比赛当中。很多教练在比赛当中看不出什么东西。他们很擅长他们所教的东西,但在这之外的东西他们就看不到了。事实上,道格·柯林斯一直是那种看得太透的教练。"柯林斯似乎永远都不会安于现状,他总是不断给他的球队添加新的战术。

父母之间矛盾迭起,教练之间又格格不入,难怪乔丹似乎对他身边的权威人士失去了信任。然而,批评的声音似乎总是能吸引起他的注意。伯德和温特的评价无疑让乔丹错愕不已,也让他从此有了戒心。"我会把这些批评当作挑战,然后让自己变得更好,也让球队变得更好,"他在一次访谈中说道,"但是我的队友也并不是一群联盟顶尖球员……会这样想的人都是该死的白痴。"

事实上,乔丹在得分方面越来越自私,队友当中也有人开始对此感到愤愤不平。多年以后,乔丹自己也坦白承认了这个问题,直言当年的他更加关注自己,而非整个球队。在当时,他对自身表现与能力的关注已近乎偏执。他听从了巴赫的建议,放开手脚主导进攻。

那年3月,他又有连续5场比赛得分破40。4月,他有机会成了自1962—1963赛季的威尔特·张伯伦之后第一位单赛季突破3000分大关的球员（张伯伦有两个赛季得分超过 3000）。对阵印第安纳步行者队，乔丹狂砍 53 分。4 月 13 日，他又在密尔沃基独揽 50 分；赛后，雄鹿队主教练唐·尼尔森（Don Nelson）解下了自己的领带，挥笔写下"伟大的赛季，伟大的人"（Great Season，Great Person），然后将它送给了乔丹。尼尔森也是一位放任球星开火的老派教练，在日后中部赛区的激烈竞争中，他和温特与杰克逊二人之间不乏唇枪舌剑。和巴赫的话语一样，那条写了字的领带让乔丹备受激励。

不久，这位篮球场上的进攻猛兽又用赛季第二次 61 分的表现回馈了球迷，这一次是在芝加哥体育馆迎战亚特兰大老鹰队。赛季结束，他一共有 3041 分进账，平均每场轰下 37.1 分，高居联盟第一。

对阵亚特兰大的那场比赛，他一度连砍 23 分，创下了 NBA 纪录。比赛结束前，他从中场将球抛出，差一点儿就进了。此等壮举引得全联盟的球迷们热情高呼，却也让温特这样的纯粹主义者们摇头叹息。乔丹走下场的时候，温特对他说道："Team（团队）这个单词里没有 I（我）。"

2008 年，乔丹入选篮球名人堂，他在演讲当中特别提到了那个瞬间。他记得当时自己看着温特，回应道："不错，但是 Win（胜利）这个单词里有。"

在那个经典的瞬间，两人的对话不啻为一场关于篮球运动的伟大辩论，事实上这也是一场关于美国文化本身的伟大辩论：个人与团队究竟孰轻孰重。直到回顾过往的时候，温特和乔丹才看清楚，这场篮球哲学上的冲突对他们两人产生了深远的影响，不仅奠定了他们日后的辉煌，也改变了他们看待比赛的方式。

与此同时，整个赛季的进攻表演之后，乔丹得到的"回报"就是落选 NBA 最佳防守阵容一队和二队，气得他火冒三丈。那个赛季，他成了 NBA 历史上第一个单季达成至少 200 次抢断和 100 次封盖的球员。他一共送出了 236 次抢断和 125 次盖帽。

在 NBA 历史当中，杰里·韦斯特是唯一一个入选最佳防守阵容的得分王。乔丹决心要让自己的"三头六臂"得到认同。他在六项不同的单季数据统计当中创下了公牛队队史纪录,这也让道格·柯林斯执教的第一支球队打出了40胜42负的战绩,在季后赛首轮当中与凯尔特人队狭路相逢。然而,伯德和波士顿绿军再次直落三场,将公牛队横扫出局(乔丹平均每场得到35.7分),这也印证了伯德和温特的预言:团队的力量可以轻易地让个人表演相形见绌。在迈克尔·乔丹的前三个赛季,他的芝加哥公牛队在季后赛当中输了九场,只赢过一场。

"你肯定愿意看他的精彩镜头集锦,"波士顿后卫丹尼·安吉这样评价乔丹,"但是我猜在他身边打球就不怎么有趣了。"

尽管如此,这一整年的惊人表现还是逼得他最坚定的批评者们不得不开口说话。"大家都说我总是和拉里·伯德对着干。"魔术师约翰逊对记者们说道。那个赛季,他的湖人队击败了波士顿凯尔特人队,夺得了总冠军奖杯。"实际上是迈克尔在和其他所有人对着干。"乔丹和约翰逊都将彼此视为最杰出的篮球运动员。约翰逊曾是乔丹高中时期的偶像,如今则成了惹他讨厌的对手,而这一切不只关乎球场上的输赢。从自己球队中的争论到与别队球星之间的关系,乔丹被批评声重重包围。

"联盟上下都心照不宣:虽然约翰逊得了四枚总冠军戒指,他似乎还是对乔丹心怀嫉妒,而且这份嫉妒不只是在职业赛场上的,"库里·柯克帕特里克在《体育画报》中写道,"七年前,魔术师率领密歇根州大夺得1979年NCAA总冠军,紧接着又在1980年NBA总决赛当中大放异彩,帮助湖人队用六场比赛击败了费城76人队。至少在商业的角度上,早在那个时候他就应该享受乔丹的待遇了。"

凭借一纸耐克合约以及耐克公司的大力宣传,乔丹的地位甚至高过了联盟中最有成就的球星们,这显然让约翰逊和其他老将们愤恨不已。与此同时,乔丹也毫不避讳地声称约翰逊在暗地里敦促湖人队老板杰里·巴斯卖掉詹姆斯·沃西。"我并非对他抱有成见,"乔丹对柯克帕特里克说道,"我只是觉得,他不大喜欢从北卡出来的球员。"

更让乔丹不悦的是，约翰逊和伊赛亚·托马斯两人私交甚笃，且常常互吹互捧。约翰逊举办的夏季全明星慈善赛一向备受瞩目，但是他发函邀请乔丹出赛，却被后者一口回绝了。很显然，两年前全明星赛上的冷遇仍让乔丹耿耿于怀。

事实上，休赛期乔丹要做的事情多到令人不敢相信。法尔克第一次提起"飞人乔丹"这个名字的时候，乔丹只是笑了笑。但是不到三年的时间，他已经成为前所未有的营销利器；据估计，仅耐克球鞋与相关商品的销售额就高达1.65亿美元。"起初我觉得那只是一时的热潮而已，"回顾当年自己球鞋品牌的市场反应，乔丹这样说道，"但是现在品牌比从前大得多了。那些数字简直不可思议。"

奇怪的是，菲尔·奈特对他的公司与乔丹之间的关系有所迟疑，而这也让次年Air Jordan新合同的谈判过程波澜迭起。用桑尼·瓦卡罗的话来解释，或许是乔丹在太短的时间里收获了太大的力量，让奈特吃了一惊。如此惊人的销量恐怕难以为继，只要一点点下滑就足以让耐克总裁踌躇不已。"菲尔打算摆脱他，"瓦卡罗回忆道，"菲尔打算签下所有的大学球队，把迈克尔抛到一边。我说：'你不能那么干。'"

罗德·斯特拉瑟已经离开了耐克公司，现在他成了乔丹的私人顾问，助其推广他自己的产品线。奈特并不同意这件事，他始终在质疑公司与乔丹合作的价值。直到瓦卡罗整合了一些数据，他才明白耐克能从大学市场得到的收益将远远比不上Air Jordan系列所带来的收益。

奈特面临着一个抉择：是与乔丹一刀两断，还是搭上这波有时令人感到惊恐的汹涌浪潮。奈特最后还是选择了继续与乔丹合作。最后，乔丹和耐克公司签订了一份新的肥约，这份合约奠定了数年之后乔丹品牌的诞生，从而创造了任何运动员都难以想象的财富。

"他收入大涨，还得到了乔丹品牌，"谈起乔丹与这家球鞋厂商接连签订的几份合约，瓦卡罗这样说道，"毫无疑问，他欣然接受了。我的意思是，这是一桩大生意，迈克尔投身进来。那份合约对后世的合约有着重大的影响。这是毫无疑问的。迈克尔和耐克公司联手努力，打造了一个帝国。"

"他攀升得很快，他的产品也很棒，"约翰尼·巴赫回忆道，"他试穿过他们做的每一双鞋。他的产品让他深感自豪。他想要确保他喜欢眼前看到的东西。"

和从前一样，乔丹一边拥抱自己越传越响的名声，一边又对此有所回避；而如今，他的形象似乎和耐克公司的形象慢慢融为一体了。好像耐克的电视广告时间还不够长似的，哥伦比亚广播公司的迪安·索耶（Diane Sawyer）为乔丹制作了一个长达 10 分钟的人物专栏，在《60 分钟》（*60 Minutes*）节目中播放。这段短片勾勒出了一个幽默的、几乎是讨喜的乔丹，这样的形象塑造是花钱也买不到的。大卫·法尔克看过之后欣喜若狂。除了经纪人口中的《60 分钟》"广告"之外，乔丹还首次进军动画界：北卡校友、普利策奖得主杰夫·麦克内利（Jeff MacNelly）将他画进了人气四格漫画《鞋》（*Shoe*）。似乎乔丹和所有的领域都很搭得来。第一批根据他的形象制作的玩具预计也将在当年圣诞节上架。

1987 年，曾经为《埃伯妮》（*Ebony*）杂志撰文报道穆罕默德·阿里的莱西·班克斯回到芝加哥，以《芝加哥太阳报》体育专栏作家的身份随队报道公牛队，从而结识了乔丹。多年以后，班克斯笑着回忆起他对这位球星的第一印象：乔丹高高凌驾于王座之上，而且沉浸在这种感觉之中。"当时的迈克尔已经拥有了整个世界。"

"他好像被涂上了圣油一样，"桑尼·瓦卡罗回忆道，"我说真的，我的意思是，他做任何事情，哪怕有时候会南辕北辙，但最终都会有好的结果。"

经过了一个赛季的征程和各界媒体的关注，球迷们和对手们都渐渐发觉，乔丹上升的弧线之广度与高度远远超出了任何人的想象。"在通过电视观看体育赛事的时代，"1987 年的夏天，大卫·法尔克评论道，"如果你要在 90 年代打造一个深受媒体追捧的运动明星——才华横溢、身材中等、口齿伶俐、魅力非凡、平易近人、信奉传统价值观、朝气蓬勃、干净利落、不矫揉造作、不过于自命不凡，还带着点儿坏坏的气质——那么你就会创造出迈克尔。他是现代体育界的第一个跨领域人士。我们认为他超越了种族，也超越了篮球运动。"

"世界日新月异，而迈克尔则身处其中，"桑尼·瓦卡罗解释道，"你知道的，他为所有人拍广告，然后就成了这样一个存在。"

麦当劳、可口可乐、雪佛兰、威尔森体育用品（Wilson Sporting Goods）和另外 6 家公司都用他来推广自家产品。与这些公司付给他的钱相比，那份 5 年 400 万美元的公牛队合同实在不值一提。这也就意味着他的夏日行程已经排得满满当当，从主持电视节目到为美国大联盟（Major League）棒球比赛开球，可谓无所不有。

"我要花点儿时间才能适应，但目前我很享受所有的场外活动，"那年夏天，乔丹在匹兹堡的一趟短期宣传之旅中说道，"我感觉像回到了学校。我一直在学习新的东西。大学时期我根本没有想到，成为职业运动员可以拥有这么多机会。现在我有机会认识形形色色的人，还可以四处游历，增加我的经济实力，遇见奇思妙想，领悟人生哲理，在篮球之外创造另一个世界。"

这个篮球之外的世界越来越多地被胡安妮塔·瓦诺伊占据。乔丹在跨年夜向她求婚，两人一同展望 1987 年，幻想着新的一年会给他们带来怎样的礼物。事实上，他已经在芝加哥北边购置了一座占地 5000 平方英尺（1 平方英尺 ≈ 0.09 平方米）的五居室豪宅。她帮乔丹布置新家，两人携起手来，一点一滴勾勒出他们将要共度的人生。订婚的消息传来，乔丹的父母一时有些难以接受；他们仍在争个不停，企图影响儿子的生活。

能让詹姆斯·乔丹扬起嘴角的事物，对于迈克尔的母亲和未婚妻来说就与噩梦无异。"我们活在一个充满诱惑的世界里，"桑尼·瓦卡罗解释道，"在那个层面，在迈克尔所处的层面，诱惑之大更是令人难以置信。他相貌俊秀，年纪轻轻就已经站在世界顶峰。这样的故事多了去了。但是这些东西本来就是随着名声与金钱而生的。当偶像可不是件容易事儿。"

瓦卡罗时常随乔丹一起出行、一起办事，乔丹的审慎让他颇觉诧异，

甚至让他惊叹不已。当时的乔丹年纪虽小,却已显露出不凡的智慧,从不让他的好友与同僚陷入尴尬的处境之中。虽然乔丹也会偶有迷失,但他可不是魔术师约翰逊那种不知检点的好色之徒。据约翰逊后来自己透露,在他最星光闪耀的时候,他一年之内睡过的女子有足足五百个之多。

对于瓦卡罗来说,这只更加证明了乔丹的才华与天赋是难以估量的。"当你谈到迈克尔的时候,他显然拥有那个东西……那种无处不在的吸引力,不管你怎么形容它,"这位长者说道,"我会用'超凡魅力'(charisma)这个词,但其实谁都不能确切地给那个东西下定义。我们谈到的他生活中的一切,包括他在家庭生活中的个人斗争,全都被他克服了。这一点确实是非常难得的。纵观各行各业,能做到这一点的人并不多。"

第七部分　我行我素

第二十章　娱乐至上

早在乔丹还是个孩子的时候，他的姐姐就已经看出来了；他的父亲在他的职业生涯之初有所察觉；甚至连里德·奥尔巴赫也看出了端倪：乔丹热爱取悦观众。他与观众之间的关系日益升温；对于这样的变化，他身边的人想来想去也想不明白，甚至连那些开始把他当作流行文化影响力来研究的大学士们也不明就里。

然而，即使乔丹将自己的生活奉献给了公共领域，他仍然保留着秘而不宣的一面。他是有意而为之：一方面，他自我保护的本能日益觉醒；另一方面，他坚持认为自己生活的某些部分与其他人毫不相干。约翰尼·巴赫惊奇地目睹了这一切。热衷于研究篮球比赛和人之本性的巴赫是一位富有魅力、为人诚恳的大哲学家。要是没有巴赫与乔丹之间的多次深谈，谁知道迈克尔·乔丹和 NBA 的故事会变成什么样呢。

"如果他眼里放出光芒、耐心听我说话，我会为此感到很荣幸。"谈到与篮球史上最伟大球员共事的机会和两个人之间的关系，巴赫这样说道。

乔丹竭力藏起了他自我放纵的一面，同时也隐藏了他在场外自愿肩负的重担。"早些年，他做的事情非常之多，多到令人难以置信。"巴赫回忆道，"他常常去拜访一些命不久矣的人或孩子。他从来不会拒绝任何人的要求。每天晚上他都要面对那些事。我都不知道他的心怎会如此强大。那些孩子有的被烧伤了，有的遭到虐待，有的因顽疾或其他原因而生命垂危。我还记得乔丹见过一个孩子，孩子的整张脸都被他的父亲烧坏了。他们把那个孩子带过来，比赛开始前，迈克尔就在当年芝加哥体育馆的老更衣室里和他聊天。他就那样陪他说话。你根本无法想象,那个孩子被烧得面目全非,真叫人不寒而栗。他把那个孩子安置在替补席上,比赛当中,他跑过来问那个孩子:'你觉得我那个跳投怎么样?'一名裁判走过来说:'迈克尔,你不能让那个孩子坐在替补席上。这违反了联盟规定。'迈克尔看着裁判说道:'我就是要他坐在替补席上。'球队暂停期间,他撇开我们去跟孩子说话。我还记得,看到那一幕,我和约翰·帕克森都忍不住落泪,因为那孩子的伤痕实在是触目惊心。而迈克尔就一直在那儿陪他说话。他拥有一颗伟大的心,正是因为这颗伟大的心,才会有那样一幕出现。一次又一次,类似的情景一再重演。他是一个了不起的人。"

那个为乔丹的好胜心增添燃料的巨大情绪库,似乎也是他心中的善念之源。巴赫回忆道:"我觉得人们滥用了迈克尔的善心。太多的人要求他做太多的事,他必然会被各种请求搞得身心俱疲,但是他似乎总是会为那些最需要他的人提供方便。他的境界提升了,不仅仅是作为球员,更是作为一个能够承受那样的场景、能让那样的孩子开心的人。我可以告诉你,我是办不到的。我也尝试过,但我差一点儿就崩溃了。而他极其善于应对压力,不论这压力是来自媒体的要求还是球队的要求,又或者是篮球比赛本身的要求。他挺身而出的次数比其他任何人都要多。他也有过少许状态不佳的夜晚,但是,对他来说状态不佳的比赛放在其他任何人身上,都堪称全明星水准的表现。时至今日,我一直很钦佩他。我永远都不会知道他到底是怎么应对那么多人的,永远都不会!"

杰里·克劳斯也很赞赏乔丹乐于帮助不幸者的善良天性。他记得,这位年轻球星唯一一次对此类责任动怒,是因为有人企图借他的善举做一场公关活动。乔丹特地嘱咐,他所做的这些事情必须保持低调,一定要完全在幕后进行。"他一直在做那类事情,"蒂姆·哈勒姆回忆道,"只有一个要求:他不会为了广告宣传而去做这些事情。他坚持低调行事,绝对不可以有媒体在场。"

当然,乔丹最不需要的就是公关宣传方面的努力,他在球场上的表现已经保证了足够高的关注度。私底下,他抱怨称他已经受够了完美形象的折磨。观众们向来特别偏爱体育明星,尤其乐意相信他们最好的一面。在那个被称为"体育世纪"的时代,已经有太多体坛人物被捧上了神坛。1987年的赛季末,人们对乔丹的热捧才刚刚开始。

球鞋销量的激增也反映了球队本身票房收入的爆炸式增长。在乔丹加盟后的三个赛季当中,公牛队的市值涨了三倍多,而且仍在逐季增长。这些发展让杰里·莱因斯多夫欣喜不已,他延长了道格·柯林斯的一年合约,而且计划与乔丹再签一份新的长约。

芝加哥公牛队的主场观众人数从近 200000 人飙升到了 650718 人,相比乔丹缺席 34 场主场比赛的前一年暴涨了将近三分之一。在客场比赛中,公牛队也刺激了整个联盟的上座率:他们比过去多吸引了 276996 名观众,直接产生了 371 万美元的额外收入。其他球队老板都明白,"会下蛋的金鹅"绝不是莱因斯多夫本身。与日俱增的人气与现金流让全队上下士气大振。"我们赢得了这座城市的尊敬,"柯林斯对记者们说,"我们再也不是那支只会带来坏消息的公牛队了。"

球　霸

此时的公牛队还没有聘请菲尔·杰克逊,也没有选中斯科蒂·皮蓬(Scottie Pippen)。1987年的春天,迈克尔·乔丹还不认识这两个在他的职业生涯当中至关重要的人物。皮蓬将通过1987年的选秀大会加盟公牛队,而杰克逊则将从那年休赛期开始担任公牛队的助理教练,并且总揽高级球探事务与其他低级别事宜。克劳斯之所以要杰克逊任此职务,主要是想让他一边与泰克斯·温特搭档,一边接受后者的指导。

不知道克劳斯用了什么妙计,总之他说服柯林斯聘用了杰克逊。杰克逊仍然是篮球圈里的"怪胎",这是一位喜欢在帽子里插羽毛的鬼才;由于他在自己的书中爆料,众所周知他曾经吸食迷幻药。这一次,在克劳斯的

指示下，这位在职业篮坛混迹多年的嬉皮士竟然在面试前剃光了胡子、系上了领带。杰克逊刚来公牛队的时候，乔丹根本就没听说过这个人，还满腹狐疑地把他视作又一个克劳斯的党羽。好在杰克逊给他的第一印象足够深刻，两人才不至于那么尴尬。当时，大家都知道乔丹给球队副总裁克劳斯起了个外号叫"面包屑"，因为他吃的所有东西——而且他很能吃——都和他相映成趣。

克劳斯没有明说杰克逊是不是要取代柯林斯的帅位，但是在NBA这个封闭的世界当中，这类事情本就是不言自明的，而且往往会衍生出一番激烈的宫斗。直到20世纪60年代末70年代初，NBA才开始真正用到助理教练，因为以前的大部分球队要么请不起他们，要么不愿意花这笔钱。更何况，克劳斯上任不到两年就已经炒掉两位教练，柯林斯凭什么信任他呢？话虽如此，这样的安排在芝加哥倒是行得通，因为杰克逊虽然自命不凡，却也还算低调内敛。

公牛队中尽是些个性鲜明之辈；不知道这个名叫克劳斯的小个子怪才到底有什么灵丹妙药，竟能把乔丹、杰克逊、柯林斯、巴赫和温特这些人凑在一起，而且所有人都因为乔丹日益浓烈的不满情绪与冷嘲热讽而如坐针毡。乔丹不怎么相信克劳斯能够解决球队的问题。此外，他仍然对这位总经理阻止他带着脚伤重返球场的拙劣手段耿耿于怀。但是，乔丹的父母和迪恩·史密斯教练多年来一直教导他要尊重他人。他很了解一个团体的行政管理系统。或许他偶尔会在媒体采访时开玩笑，但是每当记者们直接提起有关球队人事的问题，乔丹往往会避而不谈，表示人事方面的事务与他无关。

然而，幕后的乔丹还是满心狐疑，1987年的选秀则让这些疑问成了焦点。经过一番努力，克劳斯得到了两个首轮选秀权。他与西雅图超音速队进行交易，换来了在第五顺位被选中的皮蓬。不过，公牛队内部激烈的争论与皮蓬并无关系。

第十顺位选秀权才是问题所在，因为迪恩·史密斯和乔丹双双向克劳斯施压，要求他选择北卡出品的乔·沃尔夫，或者能选到肯尼·史密斯就更好了。联盟各队的总经理们对某些来自北卡的球员越来越怀疑，因为史密斯的体系让他们很难评估球员的个人能力。此外，这位名帅最擅于劝诱，他总是想让自己的弟子在尽可能高的顺位被选中。要是哪位 NBA 总经理叫史密斯牵着鼻子走，那他可就有大麻烦了。

选秀大会当晚，第十顺位的事情搅得克劳斯心烦意乱，但是莱因斯多夫告诉他："跟着自己的感觉走。"于是克劳斯放弃了乔·沃尔夫，转而选择了克莱门森大学的霍雷斯·格兰特（Horace Grant），这一举动惹得迪恩·史密斯勃然大怒。一位 NBA 总经理绕过北卡球员不选，却选了克莱门森大学的球员，这位教练为此颇为恼火，因为此事可能会不利于他招募新生。

"迪恩·史密斯打电话给我，"克劳斯回忆道，"把我骂了个狗血淋头。这么说一点儿也不夸张。'你怎么能这么做？你这蠢货！'他就是这么说的。迈克尔也说：'这是什么意思？你选了那个白痴？！'往后好几年，他就直接称霍雷斯为白痴。当着他的面也那样叫。"

尽管克劳斯深知怎样做能够取悦乔丹，但他并没有就选秀的事情征求过乔丹的意见。"我和球员们谈过，但是我没有和迈克尔谈，因为当时他年纪还太小了，不够懂事。"克劳斯回忆道。更诡异的是，关于队内的人事问题，他咨询的都是其他球队的球员。他经常和波士顿凯尔特人队的罗伯特·帕里什以及达拉斯独行侠队的布拉德·戴维斯（Brad Davis）交流。"我跟他们结交好多年了，"后来克劳斯坦言，"他们可以告诉我一些事，因为他们跟各种各样的人交过手。"

"迈克尔和我看待事物的方式不一样，"克劳斯在 1995 年解释道，"头一两年，迈克尔想让我招来他的大学室友巴兹·皮特森。过去我们常常拿这事儿开玩笑。他还想要沃尔特·戴维斯。他求我弄来沃尔特·戴维斯，但我不答应。"

此类种种让两人之间的敌意越来越浓。一年前，克劳斯没有选乔丹的好友、杜克大学的约翰尼·道金斯，而是选择了布拉德·塞勒斯（Brad Sellers）。几年后，克劳斯坦言：乔·沃尔夫要是来了公牛队，或许会有不错的发展；这位北卡前锋之所以没能打出来，主要是因为他去了联盟弱旅快船队。而在当时，乔丹的经验是没有人比迪恩·史密斯更了解球员，也没有什么能比焦油踵队的队徽更能证明一位球员的实力。这就是为什么每晚打比赛他都会在公牛队的队服下面穿一条北卡的训练短裤，就连平日穿便服出街时也一样。他对与北卡有关的一切都深信不疑。在北卡他拿过一次冠军，而当时的公牛队则是一支打肿脸充胖子的鱼腩球队，管理者还是一塌糊涂、毫不可靠的克劳斯，这家伙在不到三个赛季的时间里就换了三任教练。

抛开所有这些不谈，乔丹就是很讨厌跟克劳斯打交道。《太阳时报》的莱西·班克斯回忆道："克劳斯制造了很多没有必要的麻烦，这就是迈克尔讨厌他的原因所在。"

"我跟'面包屑'保持着距离。"那年休赛期，他对《体育画报》说道。

慢慢地，乔丹不再遮掩他对这位毫无幽默感的总经理的蔑视。在后来的几个赛季当中，克劳斯走进球队更衣室的时候，乔丹时常会带着队友们哼起《绿色田野》（Green Acres）的主题曲。克劳斯一般会无视他们的行为，又或许他根本就没搞懂这个玩笑。

那年秋天，训练营开始之际，乔丹故伎重演——他把自己的好斗之心全部发泄在了克劳斯选来的菜鸟和买来的球员身上，只为看看他们的心理素质是否过硬、能否与他并肩作战。乔丹的试探渐渐成了一种例行测验。他一定要亲眼看看，亲身确认这位总经理在做的事情。乔丹在人事问题上的坚持逐渐成了一个备受热议的主题，直到多年以后，乔丹自己成了篮球主管，这个主题仍然萦绕在他的心头。

事实上，许多NBA球员根本就没有准备好与迈克尔·乔丹并肩作战，不管他们来自哪所学校，不管是谁选中的他们。来到队中的人都明白，乔丹要让每一位队友都经历心理上的严酷考验。不难看出，他并不怎么信任他身边的那些人。"迈克尔起初觉得他可以自己掌控比赛，可以永远凭借一己之力赢球。"公牛队球探吉姆·斯塔克评论道，"很显然，在许多比赛的关键时刻他确实做到了，帮助我们拿下胜利。我觉得我们搁浅了好一段时间，直到他真的开始向队友敞开怀抱，相信他们能帮助球队。"

前一个赛季，乔丹的主要帮手是场均贡献14.5分和13.7个篮板的奥克利和场均贡献11.3分、投篮命中率将近49%的帕克森。"跟迈克尔·乔丹一起打球，你一定要赢得他的信任，"帕克森解释道，"你必须得有所作为，让他在球场上信任你。他对待队友十分苛刻，他会要求你拼尽全力，要求你拿出行动来。所以你必须得在场上做出贡献，才能赢得他的信任。对那些新来的队员来说这是最困难的事情，有些人根本就应付不来。有的人状态不够稳定，有的人表现低迷，有的人不愿意做脏活累活。这就是迈克尔喜欢查尔斯·奥克利的原因之一，因为查尔斯打球很拼。他会在场上做那些迈克尔很看重的小事，但是很多人就不明白这一点。"

皮 蓬

第一次见到皮蓬的时候，乔丹看着他说："好极了，又来了个乡巴佬。"很显然，他这话指的是皮特·梅耶斯（Pete Myers），后者是克劳斯在1986年选秀大会第六轮从阿肯色大学小岩城分校选来的新秀。恰巧皮蓬也来自附近的中阿肯色大学。

"我从来没听说过他，"谈起皮蓬，乔丹这样说道，"他是从全国大学校际体育协会（NAIA）的学校出来的。"

事实上，皮蓬来自阿肯色州的汉堡市，这座只有大约3000人的铁路小镇也是《大地惊雷》（*True Grit*）作者查尔斯·博蒂斯（Charles Portis）的故乡。普雷斯顿·皮蓬（Preston Pippen）和埃塞尔·皮蓬（Ethel Pippen）生了12个孩子，斯科蒂是家里的老么。普雷斯顿·皮蓬在一家纺织厂工作，到了斯科蒂上高中的时候，普雷斯顿的身体大不如前。这或许也限制了幼子斯科蒂的发展机会。在汉堡高中,斯科蒂直到高三都还在坐板凳;高四那年,身高6尺1寸、重150磅的他终于当上了先发控球后卫。他的高中教练安排他去中阿肯色大学担任球队经理,他那前途渺茫的篮球旅程从此开启了第二阶段。读高中的时候,皮蓬就曾担任过经理一职。"我负责管理器材、球衣之类的东西,"他有一次回忆道,"我一直很喜欢做那些事,就做个普通的经理。"

很快,他那未经雕琢的天赋给球队教练唐·戴尔(Don Dyer)留下了深刻的印象。"根本没有人招募他,"戴尔曾解释道,"他就是个龙套球员,身高6尺1寸半、体重150磅的小龙套。他的高中教练唐纳德·韦恩(Donald Wayne)读大学的时候曾经在我手下打过球,我是看在他的面子上才接纳皮蓬的。我打算帮他读完大学。我打算让他当球队的经理,帮他减轻大学期间的经济负担。当斯科蒂来到学校的时候,他已经长到了6尺3寸。正好我们队里有两个球员离校了。我能看出一些潜能;他看上去活像是一匹小马驹。"

皮蓬做梦都没有想过自己能打上NBA。大一结束的时候,他已经长到了6尺5寸,还成了队中最出色的球员之一。"他有控球后卫的头脑,"向《芝加哥论坛报》解释皮蓬的进化时,戴尔回忆道,"遇到全场紧逼的时候,我们就让他运球到前场。但我也会让他打前锋和中锋,他什么位置都能打。"

斯科蒂·皮蓬开始明白,在篮球场上"我想要变多好就可以变多好。我的能力让我找到了自信"。进步神速的他两度被选入NAIA全美最佳阵容。大四那年,他打出了抢眼的表现,吸引了NBA球探主管马蒂·布雷克(Marty Blake)的注意。皮蓬场均贡献23.6分、10个篮板和4.3次助攻,投篮命中率高达59%,三分球命中率也有58%。布雷克把皮蓬的相关信息发给了公牛队和其他各队。皮蓬受邀参加了在弗吉尼亚州举行的一场NBA试训——朴次茅斯邀请赛(Portsmouth Invitational)。和球探们一样,克劳斯当即爱上了皮蓬。首先,如今已经身高6尺7寸的皮蓬有着一双奇长无比的手臂,而臂展正是克劳斯多年来评估球员天赋的一大要素。

"我们观察了他，"后来，克劳斯回忆道，"我非常激动。我真的被深深震惊了。"

从朴次茅斯出发，皮蓬将要前往夏威夷参加下一轮NBA试训。克劳斯通知柯林斯，说他们发现了一个了不得的潜力股。"我们跟道格·柯林斯说起斯科蒂的时候，他还不肯相信。"克劳斯说道，"于是我整合了夏威夷锦标赛上所有球员的试训录像，发给了教练组成员。我给了他们球员姓名和阵容名单，但我没有透露这些球员的真实信息。看完录像之后，我问他们有没有什么问题，他们张嘴就问：'这个斯科蒂·皮蓬究竟是什么来头？'"

于是，克劳斯与西雅图超音速队拟定了一份十分复杂的协议：超音速队将在1987年的选秀大会上用第五顺位选中皮蓬，随后把他送至芝加哥；作为回报，超音速将得到弗吉尼亚大学出品的中锋奥尔登·波利尼斯（Olden Polyneice）。作为一个从小地方的小学校走出来的球员，突然之间被推到了芝加哥的聚光灯下，当时的皮蓬难免有些茫然无措。

"他有着惊人的天赋，但他还只是一块璞玉，"吉姆·斯塔克回忆道，"而且我们刚选到斯科蒂的时候，他还有背伤，所以训练营期间他经常坐在场边。"

背伤问题是影响皮蓬职业生涯发展以及他与球队管理层之间关系的重要因素。好在他很快就与公牛队选中的另一位首轮新秀霍雷斯·格兰特打成了一片，这段友谊帮助他适应了新秀年的生活。

"选秀大会的第二天他们两个人就到了芝加哥，一起去看了白袜队的比赛。"电台记者谢丽尔·雷伊-斯托特回忆道，"两个人戴着公牛队的帽子，坐在白袜队的球员区看球。他们马上就建立起了友谊。"……场下的友谊也转化成了场上的默契，因为他们俩的确很合得来。两个人都还远远不够成熟，而从一所NAIA学校走出来的斯科蒂尤为举步维艰。从来没有被媒体包围过的他被吓坏了。

这两位新秀好得如同恋人一般。"斯科蒂就像是我的孪生兄弟。"格兰特解释道。他的确有一位孪生兄弟哈维·格兰特，而且也是一位NBA球

员。于是乎，皮蓬就成了哈维的替代者。两人一起逛街，一起带各自的女伴约会，开同一款车，而且都住在诺斯布鲁克的郊区。他们甚至连结婚的日子都只相隔一个礼拜，而且互为对方的伴郎。如此亲密的关系让公牛队中本就十分尴尬的氛围更加诡异了。"有一天，斯科蒂打电话过来，说他不能来训练了，因为他养的猫死了。"前公牛队训练师马克·法伊尔回忆道，"15 分钟之后，霍雷斯也打电话过来，说他要和斯科蒂一起哀悼。不用说，我们的助理教练约翰尼·巴赫大发雷霆。他接过电话，对霍雷斯说：'你给我滚过来。你把那猫扔进垃圾箱里去。'全队集合的时候，霍雷斯还想让大家为斯科蒂的猫默哀片刻。"

这些无厘头的事情也惹恼了乔丹。克劳斯还记得，没过多久队内训练就已经比公牛队比赛还精彩了，乔丹总会蹲坐在地上，冲皮蓬大吼："我要踢爆你的屁股！"

最开始的时候，训练当中的激烈冲突全是为了让皮蓬坚韧起来。约翰尼·巴赫记得，这位年轻的前锋汲取了经验，长进不少，不过他与乔丹还尚未建立起后来众所周知的深厚友谊。

"斯科蒂和霍雷斯加盟之后，迈克尔嗅到了扭转形势的可能。"马克·法伊尔回忆道，"但让他不高兴的是，这两人可没有他那样的抱负。他们还很年轻，大可以说：'管他的，反正赢球输球我们都一样有钱拿。'对他们俩来说，能在一起厮混就已经足够了。"

乔丹一心寻找能帮他赢球的伙伴，柯林斯的立场也同样坚定。巴赫解释道："道格·柯林斯对年轻球员的要求很高，因此可能有时候会和他们产生误会。他不仅要求严格，还投入大量情感。道格把他们带到了一个每晚都奋力拼搏的层面。他在他们身上投入了感情，也让他们明白每场比赛和每次训练是多么重要，然后鞭策他们前行。有的人会引导年轻球员；而他则会鞭策他们。"

新秀赛季，皮蓬仍然深受背伤困扰，队中甚至有人怀疑他是诈伤。直到 1988 年的休赛期，他才终于得到确诊，并接受了椎间盘手术。

"我承认头一两年我浪费了很多时间，"皮蓬曾经透露，"我混迹于各种派对，享受我的财富，没有像我应该做的那样认真对待篮球。我相信很多新秀都做过类似的事情。我们还不习惯聚光灯的照射，也不习惯那么富裕。"

虽然如此，球队依然对他的才华寄予厚望，哪怕新秀年的他体重才不过205磅。"虽然他的体格还没练出来，但你可以看出一些端倪，"乔丹回忆道，"作为一名以开放式运动战见长的球员，他真的太像J博士了。当他在快攻中拿到球，几个大步迈开来，你就知道接下来会发生什么——转眼他就突到篮下了。我想他进步的速度和他身体对球队打法的适应状况让大家都吃惊不小。"

争　端

公牛队想要物色一些具有领导能力的大个头前场老将，于是找来了38岁的阿尔提斯·吉尔莫尔（Artis Gilmore），想让他与戴夫·科尔津分担中锋的职责。奥克利在大前锋的位置上站稳了脚跟，想要得到更多的持球机会。柯林斯并不反对他的诉求，但是"把球交给乔丹"的选项实在是难以抗拒。

"我们必须做到不把迈克尔·乔丹作为球队唯一的能量来源，"柯林斯对记者们说，"迈克尔自己和公牛队都明白，他不可能长时间背负我们压在他身上的不是一般人所能承受的重担。当然了，有时候我都不确定他到底是不是人类。"

理想的计划是，皮蓬和格兰特能够赢得上场时间，而乔丹也能将他那无与伦比的天赋和队友们日益提升的能力相结合。"我们还没有证明任何事情，"柯林斯对记者们说，"去年我们带着激情打球，取得了超出预料的成就。奥克利的篮板、乔丹的得分、帕克森的稳定、科尔津的强硬——所有人各尽其责，我们才得以交出及格的成绩。"

新赛季还没开始，问题就浮出了水面。10月末，乔丹指责柯林斯篡改队内练习赛的比分，愤然离开了训练场。各大报纸的头条新闻把这两人闹僵的消息传遍了全城。乔丹遭到了罚款，而柯林斯则备感压力，不知下一步该如何是好。

"早年的迈克尔野心勃勃且意志坚定，"巴赫回忆道，"而道格·柯林斯也是有脾气的人。他性格暴躁，为人冲动，有时候我都能看出来他会惹恼球员，尤其是迈克尔·乔丹这样的球员。"

"他有他的骄傲，我有我的自尊，"乔丹对记者们说，"我们都是成年人。在适当的时候，我们会把话说开的。我不会逼他怎么样。"

"道格也明白他必须得跟迈克尔握手言和，他也的确那么做了，"约翰·帕克森回忆道，"他必须得安抚他的超级球星。对他来说这是一个小测验。要是换成别的球员这么做，你都不知道事情会闹成什么样，因为一般的球员根本就不会在训练当中退场，更不会扬长而去。"

虽然两人明面上言归于好，但其实乔丹并不怎么尊重他的教练。多年之后，柯林斯终将证明他在篮坛的地位。"但在当时，他还不够成熟，"桑尼·瓦卡罗解释道，"很明显，他还没有准备好。"

乔丹有时候会跟瓦卡罗抱怨这位教练的种种。乔丹告诉其他人，说柯林斯第一次把一位女性朋友带上球队大巴的时候，他差点被吓到了，这件事情给很多人留下了不好的印象。还有其他情况致使克劳斯出面警告柯林斯注意自己的行为。有人怀疑，这位总经理一直在留心柯林斯的不当言行。那年春天和休赛期，两人曾在引进球员的问题上发生了激烈的冲突；而那次训练场上的争吵则让本就十分缺乏安全感的柯林斯更加局促不安。

这位教练很是烦恼。在他看来，对于一支志在夺冠的球队而言，乔丹过分霸占球权了。乔丹仍然会在发界外球时把控球后卫赶走，自己持球发动进攻。这就意味着柯林斯没办法为公牛队安排任何跑位。这样的情形让克劳斯深信，柯林斯没办法向乔丹说不。

"作为一名主教练，要想和迈克尔维持一种关系，还试图和其他球员维持同样类型的关系，这是非常困难的，"大概十年过后，约翰·帕克森评论道，"你根本就做不到一视同仁。你得给迈克尔留有充足的空间。在球场上，你对他不能像对其他球员那样吹毛求疵，因为他有能力也有想法。"

性格冲动又容易情绪化的柯林斯每次输了球就喜欢责骂球员，有时候还会说些难听又刻薄的话，结果只会让球员们跟他走得越来越远。队友们开始鼓励乔丹挑明这些问题，但他拒绝了；他可不想像1982年和湖人队主教练保罗·韦斯特海德（Paul Westhead）闹翻的魔术师约翰逊一样，在公众当中惹起一场轩然大波。

"作为一名主教练，跟迈克尔·乔丹打交道就像在钢丝上行走。"回首当年，帕克森说道，"并不是说他曾经做了些什么，而是我们都知道魔术师约翰逊和保罗·韦斯特海德在湖人队的情况：韦斯特海德跟魔术师意见不合，于是就被炒了鱿鱼。如果迈克尔愿意的话，迈克尔也可以行使那样的权利。所以道格真的是在钢丝上行走。在执教生涯初期，道格用他所知的最好的办法处理了这件事。"

结果是乔丹和柯林斯之间产生了隔阂，而乔丹一直努力遮掩着这道裂痕。很多人以为这对师徒仍然走得很近，其实不然。瓦卡罗说："他们两人就像是水和油，对此我很清楚。"乔丹还很反感柯林斯在比赛当中的夸张举动，他的做派跟乔丹所欣赏的迪恩·史密斯那种威严而凝重的气质迥然不同。队中的许多球员都能从柯林斯浮夸的能量当中获得益处，但乔丹却觉得他简直倒人胃口。但他并没有公开吐露过他的厌恶之情，因为许多球迷认为柯林斯的做法对这支激动人心的年轻球队起到了重要的作用。

"道格是一个充满激情的家伙，"常年担任公牛队器械管理员的约翰·利格曼诺夫斯基（John Ligmanowski）回忆道，"他简直像要自己披挂上阵似的。比赛结束后，他总是大汗淋漓地走下楼，全身上下都被汗水浸湿了。那时候还蛮有趣的，因为我们真的开始步入正轨了。这支球队苏醒了。"

纵然年纪尚轻的柯林斯还有不少缺点，但他有足够的能力引领球队走

完下一个成长阶段。"道格是个很棒的人,"训练师马克·法伊尔解释道,"他对与大家有关的一切事情都很感兴趣。他很关心他们。"

电台记者谢丽尔·雷伊-斯托特还记得,媒体人士——尤其是电视台记者——都很喜欢柯林斯。"他跟他们走得很近。道格喜欢尖叫、大吼、暴跳、扔东西……他显然是用动作来表达情感的那种人,而这支球队中的关键球员又都非常年轻。霍雷斯和斯科蒂都挺讨厌他的。道格跟他们一起成长,他也是个菜鸟教练。这家伙是从电视台来的,他也还在摸索门道。"

如果说乔丹对10月与柯林斯的冲突事件有所愧疚的话,那是因为他已经开始从自身形象的角度来考虑发生在他身上的事情——在这方面,有时候他做的甚至比他的母亲以往更多——毕竟他的形象已经成为他收入的基础。几周之后,他在一次访谈中向底特律记者乔尼特·霍华德(Johnette Howard)透露了这些想法。"我觉得我当时做得很糟糕,"谈到训练退场一事,他这样说道,"好在人们看到了事情的本质,看到了我就是那么争强好胜。"

他拿这个借口来应付各种多少不太妥当的行为,屡试不爽,这都是因为他太争强好胜。把一切问题怪在他极度好强的性格上面倒不失为一个方便的办法,更重要的是,公众似乎也很乐于接受这个理由。尽管如此,在形象方面他要担心的事情还多得很。他对乔尼特·霍华德说:"我在这支球队中的处境很艰难。我很难在这支球队中当一个直言不讳的领袖,因为大家似乎都把芝加哥公牛队看作'迈克尔·乔丹的球队'或是'乔丹和他的伙计们'。我的名字永远是聚光灯的焦点,所以难免有人会嫉妒。"

乔丹担心自己在训练当中对待队友的方式会让人觉得太过苛刻,所以他试图寻找平衡。他解释道:"如果你表现出柔情与关切的一面,人们会更加欣赏你。"他开始培养在媒体采访当中频频赞美队友的习惯。

柯林斯在芝加哥的人气很高,训练事件之后,乔丹也只好尽力向他表达适当的尊敬。这位教练已经与球队完成续约,但不少旁观者都能看出,种种压力已经开始对他造成负面影响。他瘦了不少,胃口也不怎么样,很长一段时间都是一副憔悴不堪的样子。

乔丹也有压力，他在经济上的成功反而让情况变得更糟糕了。他的财富与地位依然让联盟上下的球员们妒火狂烧。他们听说他又签了几笔广告合同，也看到了他身上价格不菲的西装和黄金项链。在当时，全联盟只有24名球员年薪在100万美元以上，而根据乔丹目前的合同，1987—1988赛季他的薪水大概是830万美元。桑尼·瓦卡罗还记得，魔术师约翰逊完全不能理解凭什么乔丹的球鞋合同比其他任何球星的都贵得多。瓦卡罗常常能听到来自其他球员的类似的抱怨。如今这位耐克公司的摇钱树已经出了名，而他的工作就是去倾听球员们的想法，跟他们多多交流。

莱西·班克斯也听到了这些抱怨。1987年的秋天，《太阳时报》指派班克斯去芝加哥公牛队随队报道。班克斯不光是记者，也是一名浸信会的牧师，因此常被同事们称作"教士"。乔丹那不同寻常的财运让他也颇为惊异。"我刚开始报道迈克尔的时候，他还在成长，"班克斯回忆道，"都还没有拿到一份大合同。他是个讲原则的人，他跟莱因斯多夫签了合同，所以觉得自己肩负着责任。如果莱因斯多夫想解除这份合约，再多给他一些钱，他也不会拒绝。但他觉得不应该由他来说'我认为我更值钱了，你应该多付些钱给我'。"

乔丹在篮球场外赚了那么多钱，球队薪水的高低对他而言已经只是面子的问题。他不想让人们觉得他是在吵着要求更多。场外的收入让他大可以说自己不是为了金钱而打球。多年以来，有不少球员都说过类似的话，但乔丹是第一个真正不需要计较NBA薪水的职业球员。

班克斯曾经通过采访认识了穆罕默德·阿里，他常常思考这位拳击运动员遭受了多少误解。在人人都发声反对越战之前，阿里早就已经展现出了无与伦比的勇气，公然表露了他的态度。因为反战的立场，阿里曾付出了高昂的代价。眼下班克斯采访的这位篮球王子并没有流露出对社会公正问题的关心。然而，和大多数其他报道过乔丹的人一样，班克斯发现自己很钦佩这位公牛队球星。"我能发现他对于一个黑人成为公牛队领袖这件事

非常赞赏，"班克斯在2011年回忆道，"最初几年我们的关系也非常好。"

头几年，搭乘球队专机的时候，他们两人经常坐在一起打牌聊天。乔丹没有带随行人员一同征战客场的时候，有好几次就是班克斯在赛后帮他拿来橙汁和燕麦曲奇——因为休息室里球迷太多，他没法自己去拿。他们会一直坐到凌晨，在平面幻影设备（SpectraVision）上看电影，或是继续打扑克牌。就是在那个时候，班克斯发现乔丹拥有过目不忘的能力。他可以一个章节一个章节地复述电影台词，还能清楚地记得他打过的比赛中的种种细节。

"我慢慢相信他是在计算我的牌，"班克斯谈起了他们之间的五张牌和七张牌梭哈大赌局，"他每一把都敢下注，十把里面至少要下九把。我打牌是为了赢钱，而他则是为了放松和竞争。在很多方面，他都能让我神魂颠倒。迈克尔就是一个梦，我和他之间的关系美好而富有意义，充实而令人愉悦。"

面对任何在深夜敲响他酒店房门的女人，他总是保持着惯有的礼貌。"在那之后我才意识到，他也有他的私密生活。"班克微笑着说。那段时期他们两人经常待在一起，以至于"人们开始称我为迈克尔的男人"，班克斯解释道："我倒感觉挺好的，那能让我感到满足。"

尤其是，还有那么多漂亮的女人等着见乔丹。"你认识乔丹？你能把我介绍给他吗？"她们大都会这样问班克斯，而后者总是礼貌地回绝。

这位体育记者发现，乔丹不仅对女人有着惊人的耐心，面对他们在机场和酒店遇见的陌生人也是一样。"他不会把人们打发走。"班克斯说道。

乔丹待人接物的方法大都是从他父母身上学来的。"他们都不怎么爱说话，但是很会跟人打交道，"班克斯说道，"迈克尔和他的父母惊人地相似，他们的面部表情和他们说话的风格都很像。德洛里斯女士是一位虔诚的基督徒。我从没听说过任何有关他父母或兄弟姐妹的坏话。"

体育记者班克斯甚至花时间思考，乔丹是不是同样遭受了许多误解，而且误解他最多的还不是球迷大众，而是他在球场上的同行。"人们对他的辉煌心生嫉妒，但他们并不真的了解。"班克斯回忆道，"人们认为他很狂妄自大，因为他总是满身珠光宝气；而且相比于他的天赋，人们更嫉妒他在商业上的成功。跟耐克公司签下一纸几百万美金的合约，这种事情是前所未闻的。我们大家都看到的是，这家伙是一块营销磁铁，凡是能跟他扯上一点关系的人都能分一杯羹。公牛队的比赛开始爆满，上座率冠绝全联盟。迈克尔成为球场上的王者。"

然而，乔丹的对手和公牛队里的某些人却一脸鄙夷地冷眼看着这场加冕仪式。

第二十一章　支配乔丹

1987年10月，新赛季开打，公牛队的首发阵容是这样的：1986年的首轮新秀布拉德·塞勒斯是小前锋，吉尔摩尔（Artis Gilmore）出任中锋，奥克利打大前锋，乔丹和帕克森坐镇后场。柯林斯和球队管理层一致同意，应该让乔丹减少出场时间，由队友来分担他的重责，但结果却适得其反。在柯林斯看来，乔丹还是会影响球队的连贯跑位。于是他一次又一次地为乔丹安排单打战术，好在对手也一直拿乔丹没有办法。

对于乔丹而言，1987—1988赛季将是他调整转型的一个赛季。他攻到篮下的速度太快了，以至于各队不得不想办法强迫他跳投出手，或者逼他让出球权。在那个年代，联盟中还没有禁止球员在防守时伸手接触和用身体冲撞的规定，所以各队教练开始物色可以靠力量来对付乔丹的壮汉。乔丹也苦练外围投篮，绝不留下可以让对手利用的弱点。不过，他坚持声称自己的投篮比人们想象当中的要好多了。

没有哪支球队像底特律活塞队一样把注意力全都放在乔丹身上。活塞队连年在季后赛中与伯德的凯尔特人队苦战，一直未能将绿军拉下王位；而1987年的季后赛就是活塞队史的分水岭。在波士顿花园举行的1987年东部决赛第五场，他们终于占据了一丝微弱的优势。比赛还剩短短几秒钟，他们以一分之差领先凯尔特人队。活塞队在己方篮下发界外球，伊赛亚·托马斯找裁判杰斯·柯西（Jess Kersey）拿球。"你不想叫个暂停吗？"柯西问道。

"把那个该死的球给我就是了！"托马斯在一片噪声当中向他喊道。

于是这位裁判把球交给了托马斯。他把球传出去，却被伯德一把抄走；伯德将球扔给了发足狂奔的绿军球员丹尼斯·约翰逊，后者用一记上篮反超了比分。就这样，比赛还剩最后一秒，波士顿夺得了一分的领先优势。

柯西转过身来，看着崩溃的托马斯。

"现在想要暂停了吗？"这位裁判又问。

这次失利之后，托马斯和他的队友们的绝望之情已然无可估量。另外一次让他们遭受如此打击的，便是先前乔丹在庞蒂克银色巨蛋体育场狂砍61分率队取胜的那一役。到了1988年，活塞队的教练们深知他们必须想出一个非同寻常的办法来阻止乔丹。活塞队全队下定决心，一定要有所突破。显而易见，公牛队和乔丹在中部赛区对他们构成的威胁越来越大。活塞队主教练查克·戴利（Chuck Daly）和一众助理教练开始寻找对抗乔丹的妙计，而后卫乔·杜马斯（Joe Dumars）则是计划的核心。

杜马斯本人倒也十分热衷这一挑战。"我比其他任何人都更期待这场对决，"谈到和公牛队的比赛，他这样说道，"我期待着和芝加哥交手，因为乔丹实在太出色了，所以那天晚上我也一定会倾尽全力。"

在很多方面，乔丹和杜马斯可以说是彼此的镜像。"南方人，恭敬有礼，"2012年，杜马斯在一次采访中谈道，"我们两个的家人教给了我们同样的东西：要尊重他人，要活出自尊、活出品格、活出个性。这些东西能够支撑着你前行，让你不轻言放弃。"

乔丹把自己的曾祖父道森当作偶像，而杜马斯则十分崇拜他的父亲老乔（Big Joe）。第二次世界大战期间，老乔在乔治·巴顿（George Patton）上将麾下服役。和乔丹一样，杜马斯也从小就在父亲建造的篮球场上打球，就在路易斯安那州纳契托什市最大的酒馆街对面。那间酒馆有几盏巨大的探照灯，灯光照射在小杜马斯的后院里，照亮了他的目标。杜马斯常常独自投篮直至深夜，一直等到开卡车维生的父亲结束一天漫长的工作回到家中。

杜马斯最初也被许多球探忽视了。他后来就读于麦克尼斯州立大学

（McNeese State），那是一所小型的文科学校，位于路易斯安那州卡尔克苏县的莱克查尔斯市。杜马斯同样从大一开始就出任球队首发；大三那年，也就是1983—1984赛季，杜马斯场均砍下26.4分，在NCAA一级联赛的得分榜上名列第六。和乔丹一样，杜马斯脚上的跖骨骨折过；也和乔丹一样，他不顾医嘱，自行料理伤势，提前回到了球场。和乔丹同龄的杜马斯在大学里多打了一年篮球，但是从北卡主力到公牛队新秀，杜马斯一直密切关注着乔丹的职业生涯。

在杜马斯的新秀赛季，乔丹因脚伤缺席了大部分比赛，所以1986年的春天，两人只有过一次短暂的交锋。"当时的我真的很想看看这家伙到底有多厉害，"杜马斯回忆道，"我想他得了33分，我还记得他的迅猛攻势和惊人的运动能力，我只能说：'哇噢！'"

到1987年的秋天，乔丹和杜马斯开始了正面交锋，两人之间的相似之处已经有所减少了。毕竟，当时的乔丹已然成为家喻户晓的人物，而杜马斯则仍是NBA当中隐藏得最深的秘密瑰宝之一。在活塞的后场，他在伊赛亚·托马斯的阴影之下打球，人们只知道他是一名出类拔萃的防守尖兵。他能给球队提供所需的进攻火力，同时也是一名优秀的控球者。最重要的是，他默默地埋头苦干，光这一点就十分了不起；要知道当年的活塞队人称"坏孩子军团"（Bad Boys），这支粗野不堪的球队凭借极其野蛮的打法在战绩排行榜上一路攀升。

杜马斯还记得，伊赛亚·托马斯也对芝加哥分外留神，这让他内心的期待更加强烈了。托马斯自小在环境恶劣的风城西区长大。"他总是想着回到芝加哥，"谈起每次与公牛队交手时托马斯的心态，杜马斯说道，"他常说：'那是我的家乡。我可不想回到芝加哥输球。'此外，他们还有迈克尔这样的超级球星，所以伊赛亚尤其关注芝加哥。"

在漫长的职业生涯中，中锋詹姆斯·爱德华兹（James Edwards）与乔丹和托马斯都当过队友。他认为，这两个人虽然有许多不同之处，却也不乏同样的品质："他们都非常想要做到最好。伊赛亚走到哪里都冲劲儿十足，回到家乡的时候他当然更是火力全开。要激怒他并不难。不论我们在哪里打比赛，他永远充满了激情。"

1985年全明星赛上被雪藏的愤恨之情已经深深印在了乔丹的记忆之中，公牛队与活塞队之间的冲突随时都有可能爆发。"那几场比赛非常激烈，非常火爆，"杜马斯说道，"当时可能还是1月中旬，但总感觉像在打季后赛，真是激烈到难以想象。那几场比赛大家都情绪高涨，谁都不想落败。输球的时候，我们坐在场边，眼泪都要流出来了。我很庆幸我能够在这样的氛围当中战斗。"

这里还有一个花絮：乔丹在五星篮球训练营的教练布伦丹·马龙加入了活塞队制服组。在球场外，马龙会和乔丹及其父母在耐克公司安排的休息寓所小聚。到前去为底特律活塞队效力的时候，马龙已经在联盟中花了两年时间近距离地观察乔丹。"我会去老芝加哥体育馆看他的比赛，"他说道，"我知道比赛的最后8分钟就是'乔丹时间'（Jordan Time）。如果他前三节拿了30分，那么他就会奔着50分去；如果他前三节得了20分，那他最后就会得到40分。他会接管最后8分钟的比赛。我看了这么多场比赛，迈克尔·乔丹最不可思议的地方在于，他从来没有放弃过任何一场比赛，从来没有放弃过任何一次球权，他总会拼尽全力。"

与活塞队交手的时候尤其如此。1988年，两队都知道他们将在最后决一死战。赛季初，芝加哥打出了10胜3负的战绩，柯林斯借此当选11月最佳教练，乔丹也因此而士气大振。激昂的情绪传遍了队中的每一个人，后来人们所说的"乔丹英姿"（Jordan Swagger）也由此初现端倪。

乒 乓 球

在职业生涯早期，乔丹曾拿莱西·班克斯来练习这种英姿。他们选择的娱乐项目是打乒乓球。刚来芝加哥的时候，为了能跟罗德·希金斯一较高下，乔丹接触了这项室内运动。班克斯年纪比乔丹大，身材也很敦实，

每次他们一起打球他都会大汗淋漓。他们的比赛在公牛队的训练场地迪尔菲尔德多功能体育馆展开,班克斯发现他非常擅长这项运动。

"你打乒乓球打得不好。"乔丹对班克斯说。

他们拿起球拍比赛的时候,乔丹说:"为了玩儿得更有意思,25美元一局。"

班克斯赢了最初的7局,得到了一些奖金。不过他很快就发觉乔丹不愿意付钱,于是说不如先记在账上,再玩几把,然后他们就继续打。"那些钱他从没给过我,"班克斯回忆道,"迈克尔就是一个赖皮鬼。他买了一个乒乓球桌,自己偷偷地练习。"

没过多久,他们开始在体育馆里形形色色的观众面前打乒乓球。球桌上的胜利让班克斯底气十足,他开始在球队外出征战的时候跟乔丹玩扑克牌,同样打得乔丹难以招架。不过有一次,两人在飞机上打牌,20美元一局,这位记者输了100美元给这位富有的新星。回到芝加哥机场,班克斯不得不找乔丹把输掉的钱先借回来,他才有钱把他的车从停车场里开出来。

班克斯打算等某天公牛队训练结束后,再在多功能体育馆的乒乓球桌上把输的钱赢回来。这位记者赢了前6局比赛,局面对他非常有利,但就像球探报告里写的那样,旁边观战的人一多起来,乔丹就想继续打下去。

班克斯同意了。乔丹很快就赢了两局,接着就开始喋喋不休了:"不要以为你能稳赢我,"他说,"千万不要!莱西啊,我已经知道怎么对付你了。"

他赢得越多,嘴上的垃圾话就说得越欢:"去追那个球啊,莱西。跑起来,跑起来……接住了,莱西!我打败你了。"

班克斯还记得,他们最后一次一起打球,乔丹7局全胜。"他打败了我,完成了他的又一次征服。我说:'我们来打着玩儿吧。'他就是不依。"

"迈克尔·乔丹和教士是一对莫名其妙的搭档,他们一起在多功能体育馆打乒乓球,有时候也打扑克牌,经常争吵,"《论坛报》的篮球写手萨姆·史密斯评论道,"乔丹大名鼎鼎,素爱享乐,而且富得让人无法想象。班克斯则是个有信仰的人,中产阶级出身,为人谦卑。而且到最后,教士还会在新闻发布会上提一些让乔丹颇感窘迫的问题。"

"他很有生活品位，"2011年，班克斯这样评价年轻的乔丹，"他有着了不起的品格，且充满能量——竞争的能量和冒险的能量，非常幽默。他和我见过的其他任何人都截然不同。我采访阿里的时候——我是在采访乔丹之前采访的阿里——我发现阿里是个奇人，是个天生的怪才，他那么大的块头，却可以像芭蕾舞女一样跳跃，像铁匠一样击打。我采访过不少像阿里这样的人，但我从来没有见过谁像迈克尔那样拥有非人的能量。"

要想让公牛队改头换面，就必须将这能量用得淋漓尽致。12月末，公牛队遭遇一波五连败，胜率跌落至五成左右，而他们对吉尔摩尔的信任也随之烟消云散。圣诞节前，球队解除了与他的合同。到了1月，公牛队在芝加哥体育馆与活塞队大战了一番，收获了公牛队在两队轮番较量当中难得的一场胜利。比赛第三节，乔丹抓下一个进攻篮板，接着用假动作骗过了活塞队的里克·马洪（Rick Mahorn）和阿德里安·丹特利，补篮得手。不料此举引得双方大打出手。"马洪一把勒住乔丹的脖子，把他放倒在地，"美联社报道称，"随后乔丹和队友查尔斯·奥克利追击马洪，双方替补球员也都冲进了场内。"公牛队训练师马克·法伊尔还记得，当时马洪右手两拳砸在奥克利脸上，柯林斯跑过来拉架，于是马洪转向了柯林斯。"我们的替补席前方爆发了冲突，道格·柯林斯试图抓住里克·马洪。里克两次把道格甩了出去，直接扔到地上。道格跳了起来，然后又被里克扔到了记分台上。那些事情我们一直都记得清清楚楚。那支活塞队总在做此类事情。他们总会对你下毒手。"

"在我看来，马洪和丹特利绝对是有意要弄伤我，而不只是阻止我得分，那就是我愤怒的原因，"赛后，乔丹对记者们说道，"但是活塞队以为这样做能吓倒我们。虽然马洪和丹特利有权阻碍我轻松得到两分，但这并不意味着他们可以刻意弄伤我，让我离开赛场。"

奥克利和马洪被驱逐出场，而芝加哥最终经受住了对手的恐吓。"公牛队的球员们似乎总是有点儿怕活塞队，只有迈克尔例外，"法伊尔说道，

"他一直在试图让队友们明白,他们必须跨过这支球队,才能到达下一个境界。为了让队友觉悟,有时候他不得不大声吼叫。但是在我看来,正是在与活塞队的对抗当中,迈克尔开始以领袖的身份挺身而出。不过在内心深处,球员们一直觉得只要碰上活塞队就会有难看的事情发生。每次造访你的主场,底特律人就会恐吓你一番。"

此役过后,公牛队重整旗鼓,最终打出了50胜32负的战绩,这是球队13年来首次单季取得50胜。乔丹心情大好,也因而更乐意和年轻的队友们培养感情了。由于期望甚高,对于乔丹来说跟队友打交道从来就不是一件容易的事情,更何况如今他在训练场上的要求越来越严格了。他必须要激励他们,同时又要想办法帮助他们成长。不管怎样,到头来他还是那个"飞人"乔丹。

"我不是说他性格冷淡还是怎么样,"吉姆·斯塔克回忆道,"从第一天起,他在这个城市就有了一群朋友。那些人就像随从一样到处跟着他。这样一来,他反倒多少有点儿孤立了自己。他在场外对待自己的方式很有意思。他依然和队友们很合得来。他只不过有他自己的朋友,并且迈克尔又是一个对朋友极其忠诚的人。他一天到晚都跟那些人在一起。"

尽管如此,他还是为队友们腾出了时间。"那是在菲尼克斯,在他的酒店房间里,"莱西·班克斯回忆起某个这样的情景,"在场的人有迈克·布朗(Mike Brown)、斯科蒂·皮蓬、查尔斯·奥克利和霍雷斯·格兰特。迈克尔要了一间套房,他们就像孩子一样在房间里玩摔跤,把彼此甩到沙发上去。当时我心想:'这是会员专属的。'这是迈克尔的私密圈子,只有极少数球员能有幸攀上这个圈子,踏入迈克尔的私室。他们说着一些小孩子才会说的话,像是'你赢不了我的'这样老套的话。他们会摆出摔跤运动员的姿势,然后像相扑运动员那样攻击对方。那是一场力量的比拼,也是一场旅途仪式。"

但是旅途会去向哪里?乔丹似乎仍然醉心于靠一己之力赢得比赛。他们将去向何方?又将如何到达?这一切都尚不明确。当年2月,芝加哥举办了全明星赛，乔丹也迎来了又一座里程碑。一直以来全明星赛就是联盟当中各路才俊的舞台，而这一年的赛事则把乔丹放到了空前瞩目的位置上。在扣篮大赛中，乔丹的最后一扣拿到了 50 分满分，他也借此以微弱优势战胜了亚特兰大老鹰队的多米尼克·威尔金斯，获得了他的第二座扣篮大赛冠军奖杯。许多评论家——例如《纽约每日新闻》的篮球写手米奇·劳伦斯——觉得芝加哥人多少有些偏袒自家球星。"我记得当时我坐在场边，对自己说：'多米尼克根本不可能赢。这里可是库克县（Cook County），他们连总统大选都敢作弊①。'"劳伦斯笑着回忆道，"但我的意思是，乔丹显然配得上那座冠军奖杯，甚至连多米尼克本人都承认了，尽管他那天的表现同样精彩。我还是觉得多米尼克的表演已经无可挑剔了。问题在于，那是全明星周的周六，比赛是在芝加哥举行。我的意思是，那个时候乔丹的地位已非昔日可比了。"

1987 年，《体育画报》摄影记者沃尔特·伊奥斯（Walter Iooss）在西雅图拍下了扣篮大赛的精彩瞬间，但他对照片成品并不满意。他意识到，他需要用到不同的灯光与角度才能捕捉到参赛者的面部表情。第二年的扣篮大赛，他提前三个小时赶到了芝加哥体育馆，并问乔丹能不能透露他将从什么位置用什么方式完成每一记扣篮。"没问题，"乔丹回答道，"我可以告诉你我要从哪里起步。"

乔丹提议，他会在每次扣篮之前用手指指向自己的某一只膝盖，暗示他将从哪边助跑起跳。伊奥斯不太相信乔丹会记得给他打暗号，但是乔丹果真配合了他。从第一扣到最后一扣，乔丹一打出暗号，伊奥斯就立马到篮架下方就位。多年以后，这位摄影师回忆起当时的场景，说乔丹简直就是"飞进了我的怀中"。

最后一记扣篮，乔丹准备在球场远端起跑，伊奥斯再次站在了篮筐下

---

① 库克县隶属伊利诺伊州。在四年一度的美国总统大选中，该地区存在较严重的收买选票现象。较为著名的是前总统理查德·尼克松于竞选时在该地区进行暗箱操作被曝光。

方。乔丹朝他望过去，然后动了动手指，示意伊奥斯稍稍向右移一点儿。接着，乔丹起跑了，他奔袭全场，然后在罚球线附近起飞，祭出了完美的一扣。而伊奥斯也捕捉到了那张最经典的照片：乔丹翱翔在空中，即将把球灌入篮筐，面部表情十分坚毅；就在他的肩膀上方，芝加哥体育馆的记分牌上闪烁着佳得乐、可口可乐和温斯顿香烟的广告。时机的选择恰到好处，堪称完美。

第二天晚上，乔丹在全明星正赛上砍下了创纪录的 40 分，赢得了赛事最有价值球员的殊荣。媒体注意到，伊赛亚·托马斯刻意把球权都让给了"飞人陛下"。乔丹得到的最后两分就是在空中与托马斯连线，完成了一记扣篮。那记扣篮之后，两人都顿了顿，然后用手指着对方。后来的事情证明，这个动作无异于两名重量级拳击手在铃声响起之前互撞手套。

沉默的战争

没有什么事情比看到伊赛亚·托马斯在赛前走上球场更能让乔丹气血上涌了。1988 年 4 月初，他狂砍 59 分，率领公牛队以 112∶110 击退活塞队，再一次在全国电视观众面前着力表现了他的愤怒。49 分，47 分，61 分，49 分[①]——面对这支以防守为傲的活塞队，一个赛季下来他在几轮较量中得到的分数如同嘲笑声一般回荡在活塞队球员的心中。"我们当即下定决心，再也不能让乔丹凭借一己之力打败我们，"查克·戴利说道，"我们必须全队上下通力合作来完成这个目标。"

活塞队制服组想出一个办法：在所谓的"乔丹时刻"，也就是比赛的最后一节，限制住这位公牛队球星。底特律人的策略总是少不了身体冲撞。

---

① 此处原文有误：1987—1988 赛季公牛队对阵活塞队，乔丹得分分别为：49 分，38 分，36 分，20 分，27 分，59 分。文中所列第一个 49 分应为乔丹处子赛季第四次对阵活塞队时的得分，47 分、61 分均为前一个赛季的比赛得分，最后的 49 分则为 1988 赛季第一次与活塞队交锋时的得分。

"伊赛亚和兰比尔想让我放他突进篮下，"乔·杜马斯回忆道，"他们说：'让他突个够。'你也知道，那个年代的比赛比现在激烈多了，他们想依靠身体，用粗暴和肮脏的手段对付他。他们就打算用这个办法阻止乔丹。"

"我们是一支非常凶悍的球队，我们阵中有伊赛亚、里克·马洪和兰比尔，"布伦丹·马龙也表示赞同，"如果迈克尔突到篮下，想要上篮得分，他就会被撞翻。他们会把他放倒在地。"

"不管遭受了多少侵犯，乔丹从不退让半步，"前活塞队球员詹姆斯·爱德华兹在2012年回忆道，"有兰比尔和马洪在，我们经常对他动粗，对他下毒手，但他从来没有退缩过半步。他继续冲击篮筐，杀个不停。无论你对他做什么，他都不会畏惧。"

坏孩子军团是出了名的喜欢打擦边球，这样的行为只会让乔丹的怒火烧得更旺。短短几年时间，他对活塞队和他们的比赛风格已经痛恨入骨。然而说来也奇怪，在与杜马斯的角逐之中，他的态度却截然不同。"每当他走上球场，我们都会握手寒暄，"杜马斯回忆道，"我会说：'嘿，迈克，近来怎么样？'在我的14年职业生涯当中，他从来没有朝我喷过垃圾话，也没有对我动过粗。这倒是挺有意思的，我在电视上看过他和其他人交手，他总会骂个不停。我心想：'这根本就不是跟我对位的那个人啊！'他没有朝我喷过垃圾话，也没有说过任何贬损我的话。一次都没有。我知道他对其他球队的人也挺凶的，我也很尊敬他这一点。他知道他跟我打的是一场沉默的战争。"

乔丹总是喜欢挑衅那些盯防他的人，但杜马斯向来不动声色。

乔丹也必须想出一个对付杜马斯的办法。乔丹知道，如果让这位底特律后卫投进了前几个球，那他就可能在那天晚上火力全开。乔丹通常习惯在比赛前段打得比较放松，尤其是在重要比赛当中；但是只要对上杜马斯，乔丹就会改变心态，从最开始就竭力猛攻，让杜马斯在防守端忙前忙后，再无余力打出顺畅的进攻。

乔丹曾公开表示，联盟中防守他最成功的人就是杜马斯，而两人之间

的惺惺相惜最终也演变成了一段友谊。"他是一个脚踏实地的人,不是那种典型的坏孩子,"乔丹曾经解释道,"他热爱竞争。他会默默苦干,从不张扬。他不会刻意追求明星地位或显赫名声,是地位和名声找上了他。"

然而,活塞队的教练们对友谊这种事情可没什么兴趣。他们想要找到一个更加强而有力的防守侧重点。为了确保不再让对手在他们头上予取予求,查克·戴利和他的助理教练罗恩·罗斯坦(Ron Rothstein)设计出了一套防守策略,也就是后来众所周知的"乔丹法则"(The Jordan Rules)。

"查克、罗尼(罗恩的昵称)和那帮人其实非常尊敬迈克尔和他的精湛球技。我觉得,对于任何教练来说,想方设法让这家伙放慢脚步都不啻为一项终极挑战,"杜马斯解释道,"有一天,我们将要迎战公牛队。练习投篮的时候,我们的助理教练——也是我一直以来最喜欢的教练之一——罗尼·罗斯坦要跟我们阐释他的想法。他说:'现在迈克尔在这样做,而他接下来会那样做。'他正在示范给我看,然后查克打断了他,说:'先停一下。你有防过迈克尔吗?他防迈克尔防得很好了。不如让他来告诉我们他是怎么盯防迈克尔的,是怎么阻止迈克尔的,然后我们再就此调整。'"

就这样,底特律制服组决定依据杜马斯的想法来制定防守策略。正是这种善于倾听的能力,让查克·戴利最终成了一位入选名人堂的教练。"他们知道我打球很卖力,而且充满激情,"杜马斯说,"我的风格并不花哨。我不会做各种各样虚张声势的假动作。他们知道我一走上球场就会全力以赴。从第一天开始我就在努力明确这样的打法。"

布伦丹·马龙解释说,活塞队还用了丹尼斯·罗德曼(Dennis Rodman)和伊赛亚·托马斯来防乔丹。"但是杜马斯是主要的防守者。他的脚步很快,而且防守时很投入。"

教练组和杜马斯决定,不管怎么样,他们都不会在比赛前段对乔丹采取包夹战术,哪怕他第一节就得了20分。"我不想让他过早看穿我们的包夹战术,"杜马斯解释道,"所以我只在第四节才要求对他进行包夹。"

教练组和杜马斯还决定,他们不会过早逼迫乔丹传球,因为他们不想让他的队友们得到轻松接球投篮的机会。

"我们说：'大家听好了，前三节的时候，就算他火力全开也没关系，我们只要紧咬比分，保持状态。'"杜马斯回忆道，"到了第四节，我们突然改变策略。球转移出来，他的队友们就不得不出手投篮了。所以在第四节之前我都不会要求进行包夹。"

乔丹法则的另一个要素是，在乔丹持球的时候，杜马斯要利用他的力量逼迫乔丹往球场左侧走。"每一次我都会尽力把他逼到左边去。"杜马斯解释道。

"'乔丹法则'就是这样流传开来的，"马龙回忆道，"我们让他无法施展身手，我们把他往罚球线两端逼以让他无法切入腹地，也不让他从底线突破，还把他往左边逼。只要他在低位拿球，弧顶附近的球员就会前来包夹他。这就是所谓的'乔丹法则'。我们不想让他走底线。只要他在侧翼持球，我们就把他往罚球线两端逼。他在哪一翼拿球，我们就把他逼向罚球线的哪一端，然后尽量逼他走左路。"

詹姆斯·爱德华兹评论道，只要没有贯彻"乔丹法则"，结局就是落败。"我的意思是，如果你不针对他制定策略，他随时都可能砍下50分。你必须尽你所能拖慢他的节奏。至少要对他采用包夹战术，逼他把球传出去。你必须拼尽全力。你必须要用两个人来防。一对一防他是防不住的。他太厉害了，反应太快了。"

被问及"乔丹法则"的时候，活塞队的约翰·萨利（John Salley）曾打趣道："其实就是两个办法：第一，迈克尔拿球的时候，我们都跪下来祈祷；第二，比赛开始之前，我们都去教堂做礼拜。"

面对道格·柯林斯的公牛队，"乔丹法则"收到了奇效，以至于被人们奉为对付得分好手的防守教科书。后来的两个赛季，公牛队和活塞队在常规赛和季后赛中共交手了17次，乔丹的场均得分"只"有28.3分，跌落了将近8分。最重要的是，这17场比赛当中活塞队赢下了14场。这一策略帮助活塞队在东部联盟突出重围，两次夺得NBA总冠军；但从长远的角度看，它也促进了公牛队的成长。"在我看来，和其他任何事物一样，'乔丹法则'在塑造迈克尔·乔丹的过程中起到了一定的作用。"泰克斯·温特在 2004 年如是回顾前尘。那些惨败迫使乔丹和他的公牛队想方设法应对底特律的肌肉战术。

公牛队一年比一年强大。杜马斯说："那种感觉就像是开车的时候看着后视镜。我们会说：'伙计，他们要赶上我们了。他们来了。'你能看见他们来势汹汹。没过多久，那辆法拉利就'嗖'的一声，从我们身边疾驰而过了。"

最有价值球员

1988 年，乔丹再次问鼎联盟得分榜。这个赛季他场均砍下 35 分，职业生涯中第一次当选 NBA 最有价值球员。"感觉好极了。"他说道。前一年，他在票选当中输给了带领湖人队卫冕成功的魔术师约翰逊；而这一次，乔丹力压得到 16 张第一顺位选票的拉里·伯德，一人独得 47 票。乔丹的场均 3.2 次抢断同样冠绝全联盟，他也因此被评为年度最佳防守球员，还入选了 NBA 最佳防守阵容，实现了他的又一个目标。

与此同时，克劳斯也被选为年度最佳总经理，而奥克利则凭借 1066 个篮板成为当季联盟篮板王。不过，最大的耀眼的战功当属他们以 3∶2 淘汰克里夫兰骑士队，自 1981 年以来首次赢下一轮系列赛。系列赛前两场，乔丹先后砍下 50 分和 55 分。在漫长的 NBA 历史当中，从未有人在季后赛中接连两场砍下 50 分——连威尔特·张伯伦都不曾做到。在决定生死的第五战，柯林斯决定首次将皮蓬提入先发阵容。皮蓬顶替了效率不佳的布拉德·塞勒斯，贡献了 24 分。赛后，克劳斯大喜过望。"这是个来自阿肯色州康韦县的孩子，我们在他身上施加了巨大的压力。"他对记者们说道。

"去年夏天，我跟斯科蒂对位的时候，就看出了他很有两下子，"乔丹说道，"唯一的问题就是，你要怎样在短短一个赛季之内把他的潜力激发出来。他用了 82 场比赛才做到，但是他总归是做到了。我想这对他以后的职业生涯都会有所帮助。"

作为庆祝，公牛队特别定制了 T 恤，上面印着："现在你觉得我们怎么样？"

"我们已经为下一轮比赛做好了准备！"胜利之后，乔丹欣然宣布。从最开始看来，他们好像真的做好了准备。季后赛第二轮，公牛队与活塞队狭路相逢；他们在庞蒂克银色巨蛋体育场拿下第二战的胜利，突然之间掌握了主场优势。但是，自那一役之后，活塞队开始在比赛末段全力封锁乔丹，逼迫他传球。他们也采用了坏孩子军团的一贯策略。第三战，活塞队在老芝加哥体育馆以 101∶79 大败公牛队，全场比赛乔丹和底特律中锋比尔·兰比尔扭打不休。"我做了个挡拆，"兰比尔说道，"我猜他是没长眼吧。"

就是在这轮系列赛当中，洛杉矶快船队的老板唐纳德·斯特林（Donald Sterling）致电杰里·莱因斯多夫，询问交易乔丹的可能性。斯特林急需一位这样的球员来帮他对抗同城死敌湖人队和魔术师约翰逊，以期赢得洛城球迷的青睐。他能给芝加哥提供大量选秀权，其中包括两个首轮前六顺位的选秀权。这笔交易其实并没有表面上那么牵强附会。向来视选秀权为珍宝的克劳斯开始发觉，不论他怎样组建球队，只要赢了球，功劳总是被归在乔丹头上。有人说，如果让乔丹一手支配进攻大权，球队就永远赢不了冠军；对于这样的批评，莱因斯多夫沉默不语。快船队的提议迫使公牛队管理层开始思考没有乔丹的另一种未来。克劳斯断定，只要操作得当，这笔交易的结果将是非常具有诱惑力的。但是，意图将白袜队迁至佛罗里达州的莱因斯多夫已经激怒了风城球迷。要是真的把乔丹送走，全城人民势必会把怒气撒到他头上。这位老板明白，他绝不能这么做，于是公牛队拒绝了快船方面的提案。

底特律人赢下了第四战，第五战也稳操胜券。比赛当中，乔丹一肘击在了伊赛亚·托马斯的脸上，后者随即被送去了更衣室。这一下击得托马斯有些不清醒,然而更衣室的门被锁住了。他只好回到了场内,后来还带伤上场,帮助活塞队巩固胜果,以4:1挺进下一轮。

"在那些季后赛当中,其他球队都更加专注于阻挡我一人,"回首当年激战,乔丹后来这样说道,"这样一来我们球队的弱点就暴露出来了。"

然而,他还没有看到解决方案。

1988年选秀大会前夕,公牛队将乔丹的好友奥克利送去了纽约,换回了中锋比尔·卡特赖特,此举让球迷们和众球员都颇感意外。奥克利是球队最重要的大块头球员,更不要说他还是乔丹在队中的得力帮手和最亲近的朋友。而身高7尺1寸的背筐型中锋卡特赖特深受脚伤困扰,大家都认为他已经接近职业生涯的尾声。这笔交易已经够烂的了,但消息传开的方式比交易本身更糟糕。当时奥克利正和乔丹一同外出,观看迈克·泰森(Mike Tyson)和迈克尔·斯平克斯(Michael Spinks)的拳击赛。

"当时奥克利和迈克尔在亚特兰大城看拳击赛,我联系不上他,没法告诉他交易的事儿,"克劳斯回忆道,"他是在看比赛时碰到了熟人,才从别人嘴里得知的。他把这事儿告诉了迈克尔,然后迈克尔就发疯了:'克劳斯怎么可以这么做?他要毁了这支球队。'迈克尔整个人都不理智了。"

"我们当时正在亚特兰大城看拳击赛,"乔丹回忆道,"对于这个交易我感到非常的沮丧,但是也不得不接受。"

乔丹的沮丧情绪也感染了媒体和球迷。其实,曾因选中奥克利而颇觉自豪的克劳斯同样也饱受折磨。

"查尔斯身强体壮、任劳任怨、球风凶悍,"约翰尼·巴赫回忆道,"送走他是我们做过的最艰难的交易,因为杰里·克劳斯不光很喜欢他这位球员,我觉得他也很中意查尔斯这个人。而且,拿他来换卡特赖特几乎是违心之举。但是教练们的确认为,没有比尔·卡特赖特我们就赢不了冠军,所以我们做了那笔交易。"

"那笔交易很影响球员们的心情,"巴赫说道,"但我觉得它让我们更上了一层楼。现在我们的防守更加稳固了,我们有了一位真正的专业防守悍将。比尔能在更衣室里起到很大的作用。在训练场上他也是表率,他赢得了队友们的尊敬,因为他能和帕特里克·尤因正面交锋。我们不必包夹帕特里克·尤因了,这给了我们很大的信心。这笔交易最困难的地方在于,迈克尔把奥克利视作他的守护者。查尔斯随时准备飞身应对各种混战。你要是打倒了迈克尔,你就得面对查尔斯。但比尔不一样,他用他自己的方式让我们阵中的大个子们都强硬起来了,而且他默默化身成了一个终结者,在篮筐下挡住对手的进攻。"

"对于这支球队来说,这是一场赌博,一场巨赌,"泰克斯·温特后来评论道,"我们舍弃了一位年轻人,换来一名老将,但我们感觉到我们的首发阵容需要一名优秀的背筐型中锋,尤其是一名能够巩固球队防守的球员。"

此外,这笔交易还让迅速成长中的霍雷斯·格兰特得到了大量的出场时间。"我们需要一个人在中路阻挡对方的进攻,要是没有这样一个人我们就赢不了球,"杰里·莱因斯多夫说道,"我也知道霍雷斯·格兰特状态正佳,总之我觉得他比奥克利更好一些。"

格兰特敏捷的身手让球队的防守侧重发生了变化。有了他和皮蓬,公牛队就有了两名速度极快的前锋。格兰特在场上的时候,公牛队的防守可以给攻方施加极大的压力,而这样的防守后来也成了球队的一大招牌。巴赫把皮蓬和格兰特这对组合称为"两条杜宾犬"(Dobermans),在公牛队埋伏重重的高压式防守当中,他们两人是负责突击的球员。但在当时,在那个场外压力与日俱增的时刻,失去了奥克利的乔丹心情非常糟糕。

Flight 23 连锁店

春末夏初,胡安妮塔·瓦诺伊告诉乔丹自己有了身孕。这个消息让乔丹的父母火上浇油,他们暗示胡安妮塔是有意让这件事情发生,好套牢他们的儿子。在桑尼·瓦卡罗的回忆当中,那并不是一段快乐的日子。

与此同时,乔丹与耐克公司合作,开设了几个由他的家族持有部分股权的小型连锁零售店。他们把连锁店命名为"Flight 23 by Jordan",门店将由詹姆斯·乔丹负责运营。桑尼·瓦卡罗解释道:"他们给他找了些事情做,好让他看起来是在自己挣钱,而不是光拿他儿子的。那就是我们最初的大致想法。他们说:'没问题,就让詹姆斯开一家公司好了。我们会在夏洛特开店,接下来我们还要在其他地方开店。'"

这家公司当中,乔丹的兄弟姐妹也各持有部分股权。乔丹在短短几年内名利双收,但也给他的亲人带来了麻烦,让他们无法像普通人一样正常生活和工作。服过兵役、已经成家的罗尼倒是已经规划好了自己的人生道路和职业生涯,但其他的姊妹们却处处碰壁、举步维艰。"你也知道,当迈克尔·乔丹的兄弟姐妹必定不是那么简单的事情,"瓦卡罗评论道,"家中父母还得维持一个假象,让大家相信并不是迈克尔在为家里所有人付钱,但其实钱基本上都是他出的。"

可悲的是,开设零售店之后,家中的纷争反而更加剧烈了,尤其是詹姆斯和德洛里斯两人之间的矛盾。从球场上的巨大挑战到生意上的种种问题,再到和胡安妮塔的恋情,年轻的乔丹时时处于焦头烂额的状态。如今,他还得在父母愈发激烈的争执当中小心翼翼地充当调停者。

乔丹的姐姐还记得,Flight 23商店在夏洛特盛大开幕之际,现场来了许多媒体人士和观众,可他的父母却在零售店的里屋拳脚相交。"我们大家多多少少都被卷入了他们的冲突之中,但陷得最深也最受困扰的还是迈克尔。是他不得不忍受那些私密的纷争,还得走上外界的舞台,冲着人们微笑,哪怕他正伤心不已。他有一次对我说,他个人的成功最糟糕的部分,就是它对我们的父母造成的影响。"

在外人看来,詹姆斯·乔丹是一个和善而勤勉的男人;但耐克公司很快就发现,让他经营小型连锁店简直就是个噩梦。他是个出了名的酒鬼,而且他处理危机的办法就是置若罔闻;对于拖欠供应商的账单,他也选择视若不见。瓦卡罗回忆道:"那些T恤之类的东西他都没付钱。"除此之外,有越来越多的证据显示他在外面拈花惹草,此等行径让他与德洛里斯之间的冲突愈演愈烈。"詹姆斯就是一个浑球儿,他制造了一大堆问题,"桑尼·瓦卡罗说道,"太可怕了。他的孩子赚的钱不计其数,而他竟然欠债不还。"

作为耐克公司的商务代表,瓦卡罗发现自己也卷入了一场纷争之中。"这实在是让人难以置信。"他这样说道。据他自己解释,他先后单独会见了詹姆斯·乔丹和他的妻子,希望可以解决种种问题。这些坏消息很快就传到了菲尔·奈特的耳朵里,这位耐克董事长希望可以尽快搞定一切。

乔丹夫妇来到贝弗利山的一家酒店,与瓦卡罗一道协商。"我看出来了,"瓦卡罗解释道,"我跟他们谈了詹姆斯的问题。我是单独跟他们见的面。我代表着耐克公司,因为菲尔根本不想接近这些人。我只好出面和詹姆斯商讨他的所作所为,然后再会见德洛里斯。"

乔丹深深爱着他的父母,而且对两人都十分忠诚,所以他们之间的纠纷让他几乎难以承受。"但是在耐克的事情上面,他并没有站在他父亲这一边。"瓦卡罗回忆道。乔丹也同意菲尔·奈特的意见,认为耐克公司应该尽快买下乔丹夫妇的全部股权。否则的话,他们一家将因为詹姆斯·乔丹的经营不善而卷入一场公关噩梦。这个状况拖了整整三年,而这三年也正是乔丹与活塞队的轮番苦战最为激烈的时期。

瓦卡罗还记得,一开始詹姆斯·乔丹不愿让出自己的股权。"他想要自立门户,但是我们不可能让他开一家独立的 Flight 23 门店,不管他想把那家店的名字改成什么都不行。"

最终,耐克方面明确表示将收回店面,詹姆斯遂决定抽走部分销售收益,和儿子拉里另开一家服装公司。不出所料,没过多久那家公司也陷入了麻烦之中。这些麻烦让他和德洛里斯之间的纠纷更多了,也让他们那声名远扬的儿子更加头痛。

"公众永远都看不到那些痛苦和问题的所在,"桑尼·瓦卡罗说道,"那个时候他们和耐克公司分道扬镳,詹姆斯忙着购进他自己的 T 恤。这一切我都身在其中。"

"Flight 23 by Jordan"这场灾难之后,他发誓再也不跟我们一起做任何生意了。谈起那段经历,乔丹的姐姐这样说道。

瓦卡罗也表示同意:"当时的情况比你或其他任何人想象的都要糟糕。"

回首当年旧事,他们才意识到最糟糕的事情是:在那些纷争之中,乔丹的家再也不是他的避风港,再也没法让他逃避名声、财富和竞争的重压了。打高尔夫球成了他越来越依赖的减压方式。还有另一个关于他的生活的主要发现:即使是在独自避世的时候,他争强好胜的本性和随之产生的肾上腺素依然与他同在。多年以来,他素爱在各种事情上面小赌怡情,在高尔夫球场上尤甚。如今他私人生活的避风港已然不再,他转而在高尔夫球场上寻求解脱,并跟人打赌来满足他体内激增的肾上腺素。如今他的世界越来越大,下的赌注也越来越高。当时他并不完全明白的是,乔丹真正赌上的,是他在生活中的方方面面竭力维护的好名声。他一如既往地保持着良好的公众形象,不让外人知道高尔夫球场上的赌局;这些赌局唯一的记录便是他的高尔夫计分卡上那些潦草难辨的奇怪文字。这个秘密保守得太好了,甚至连他的高尔夫球友都不知道乔丹下的赌注到底有多高。乔丹很快就会发现,他嗜赌这件事情本身并不那么要紧,要紧的是公众会如何看待。

| 第七部分 | 我行我素

第二十二章　孤独高飞

　　1988年休赛期，乔丹重回兰尼高中，又参加了一场"感恩"活动。休息时，他溜到会场外面透气。他在贝比鲁斯联赛打棒球时的教练迪克·内尔悄悄来到乔丹身后，做出了一个只有前海军陆战队士兵才知道的"扯内裤"恶作剧：他一把抓住乔丹的内裤松紧带，使劲往上提了提。这或许是乔丹最难忘的"恒适①瞬间"了。乔丹大惊失色，随即转惊为怒；他转过身去，发现是内尔干的好事儿，只好说："迪克·内尔，你依然是我认识的最疯狂的白人！"这句评价可颇有些分量，毕竟乔丹认识的白人当中，还有一位杰里·克劳斯。

　　1988年的休赛期，克劳斯安排泰克斯·温特和菲尔·杰克逊率队出征夏季联赛，并让球队采用温特的三角进攻战术。在道格·柯林斯的教鞭之下，公牛队的正规军从未打过三角进攻，但是克劳斯想让温特把这套体系传授给杰克逊。征战夏季联赛的那支球队里没有几位已经与公牛队签署过合约的球员，大多是期望被公牛队相中的各路自由球员和新秀。

　　本就担心帅位不保的柯林斯知道那支出征夏季联赛的球队要采用温特的进攻战术，也知道菲尔·杰克逊是队伍中的一员。柯林斯没能领会的是，其实克劳斯愿意支持任何真心听从温特建议的教练。"道格很固执己见，而且自信心爆棚，这些是可以料想的，"吉姆·斯塔克解释道，"他曾经是状

---

①　恒适（Hanes），美国知名内衣裤品牌。

元秀，也有过一段精彩的NBA生涯。道格真的是一个我行我素的人。当年的他那么年轻，很多想法他都不屑一顾。"

除此之外，任谁都能看出公牛队在步入正轨，在催生出更加激动人心的转变。例如，1988年的秋天，公牛队的季票被抢购一空。如果你想要搭上乔丹的快车，就必须先排队等候。短短四年时间，原本看似穷途末路的公牛队如今已财源滚滚，而这都是因为乔丹。作为回报，杰里·莱因斯多夫在当年9月与他的球星完成续约，据报道那是一份为期八个赛季、价值2500万美元的长约。然而，这份新合约也将在创纪录的短时间之内被双方废除。

他们都陷进了一股金钱的风暴。那个赛季，公牛队授权商品的销量傲视全联盟，而且在可预见的未来还将持续领跑。"从适当的角度来说，"常年担任公牛队副总裁的史蒂夫·施沃德回忆道，"NBA售出的授权商品当中大概有40%和公牛队有关。"只可惜，那么多钱都无法为杰里·克劳斯买来一点点爱，也不能帮他稍解乔丹的失望之情。

冲　突

不出乔丹所料，他的第四个NBA赛季果然从一开始就麻烦不断。赛季揭幕战，他们就在自己的主场被活塞队抢走了一场胜利。柯林斯安排卡特赖特出任中锋，布拉德·塞勒斯和格兰特打前锋，乔丹则同从西雅图超音速转会来的萨姆·文森特（Sam Vincent）搭档后场。面对球队种种显而易见的弱点，乔丹似乎再次以一己之力突出重围，在联盟得分榜上一马当先。除了得分之外，乔丹的狂野球风也无人能及。在11月的一场比赛当中，乔丹抢断得手，接着在后卫约翰·斯托克顿的头上来了一记重扣。坐在场边的犹他爵士队老板拉里·米勒（Larry Miller）火冒三丈，怒斥乔丹只会欺负个头小的。没过多久，乔丹又在身高6尺11寸的中锋梅尔·特平（Mel Turpin）①头顶上演了一记暴扣。回防的时候，乔丹刻意从米勒身边经过，问这位老板："这家伙够大只了吗？"

　　与此同时，球队的表现中规中矩，状态起伏不定。早就有媒体评论人士指出，拉里·伯德和魔术师约翰逊能让他们的队友变得更好，而乔丹似乎总是在为自己打球。助理教练菲尔·杰克逊也曾明确表达过类似的观点，认为乔丹有必要帮助队友变得更好。杰克逊说，当年前尼克斯队主教练里德·霍尔兹曼就是这样跟他强调的。柯林斯认为杰克逊说得有道理，于是命令他的这位助教马上前去和乔丹沟通。杰克逊接下了这项草率的任务，也早料到这位球星必会有所不悦。出乎意料的是，乔丹耐心听完了杰克逊的建议；且不论公众的讨论让他多么恼火，他似乎倒是对杰克逊的坦率颇为赞赏。乔丹还记得，杰克逊走的时候，他朝这位助理教练翻了个白眼。

　　如今乔丹已逐渐成长为球队的领袖，尽管他的领导方式并不那么让人舒服。他通常会向队友施压：要么好好打球，要么收拾滚蛋。无论如何，随着新赛季的深入，他愈发担心克劳斯交易来卡特赖特是一记昏着儿，会让球队变弱，会让自己的工作愈发艰难。

　　"那一年刚开始的时候，一切都很令人沮丧而且难以接受，"乔丹回忆道，"事情进展得并不顺利，而我也受到了影响。和大家一样，我抱着很高的期望，但是我们必须得经历一段过渡时期。"

　　然而，教练组却看到了卡特赖特的价值——不仅是一名防守球员，也是一名领袖。杰克逊开始把卡特赖特唤作"老师"，这个称号很快就传开了。在球场上，队友们和联盟各队的对手都知道卡特赖特的胳膊肘很硬。卡位抢篮板的时候，他总会把双肘架得老高。

　　"当时迈克尔并不真正了解卡特赖特其人，"克劳斯回忆道，"迈克尔让比尔证明自己，他对所有人都是那样。那就是迈克尔的一贯作风。我知道

---

① 此处原书有误：1988年11月，梅尔·特平已离开爵士队，在西班牙联赛打球。这里被扣的应该是身高7尺4寸的马克·伊顿。

比尔是什么样的人,他会跟迈克尔相处得很好。我对比尔说:'挑战来了。他会跟你针锋相对,会把你逼疯。'比尔说:'他不会把我怎么样的。'"

后来的事情证明,这个挑战相当棘手。前公牛队球员约翰·帕克森回忆道:"努力打球是迈克尔的基本要求。他最不喜欢看到你在空位投篮失手。如果迈克尔做了几次挡拆之后,快速把球分给比尔·卡特赖特,但比尔却搞砸了,迈克尔就不会再给他喂球了。早期的情况就是这样。如果你做了一个动作,而你的一位队友毫无反应,下次再做这个动作之前你就会再三考虑。这是很正常的事情。你总是可以感觉到,迈克尔在努力让自己变得完美。他也会对身边的人抱有同样的期望。"

但凡哪天晚上乔丹没能拿出绝佳表现,公牛队就很难赢球。这样看来,也就不难理解为何他对队友们的要求越来越高了。其实大家对此都理解。"我觉得我很善于观察比赛,"乔丹这样评价他的做法,"如果球队打得顺,我就不必得太多分。我可以退居幕后,让其他队友都投入比赛。"

帕克森解释道,队友们必须要做好各自分内的事情。"迈克尔会挑战大家,而某些人的表现就没能达到迈克尔预期的标准。布拉德·塞勒斯就是一例。他难以应对迈克尔的期望。迈克尔喜欢看着某几个人,然后说:'你明明可以做到的,为什么做不到?我考虑过你的身体素质。你为什么做不到?'"

乔丹和队友帕克森对上了眼,虽然这位来自圣母大学的后卫身体素质并不突出。乔丹通常把身体素质放在心理素质之后。他说,他希望队友们拥有在关键时刻挺身而出的强大心脏。同样重要的是,帕克森是一名不需要持球的后卫,这样就排除了一大潜在的冲突。"我记得很清楚,好几次他看着我说:'你在场上做不到那件事。'"帕克森解释道,"但是说到跟迈克尔在球场上的关系,我有一个优势。大学时期我们曾经一起跟随国家队在海外征战了一个月。对阵南斯拉夫的时候,我投中了制胜的一球,我相信在迈克尔的内心深处,他记得我作为球员的那次表现。他能够信任我。同时,我不记得迈克尔当初有向斯科蒂·皮蓬或霍雷斯施加过压力。他明白很多球员需要慢慢成长，逐渐适应联盟。迈克尔向来对我不偏不倚。他一直很信赖我，从来没有在报纸上说过任何关于我的负面评价。那对我而言有着重要的意义。如果队中的伟大球星亲口批评了你，你很可能会深受打击。但是他没有那样做。在我看来，早期的他有时候对队友们还太客气了。我想他当时一定觉得自己是在走钢丝。'我应该苛刻一点吗？还是应该默不作声，让那些家伙自己干自己的？'我觉得，作为领袖的他声音越是响亮，球队就会越好。一旦他真的开始挑战大家了，我们就会变得更强。我们得学习如何跟迈克尔一起打球，正如迈克尔也要学习如何跟我们一起打球。"

组织后卫

1月，公牛队艰难维持着五成以上的胜率，而球队内部却悄然滋生着更多的冲突。柯林斯激怒了克劳斯为他聘请的一众助理教练。"我很不愉快，因为道格根本就不听泰克斯的话，"克劳斯解释道，"菲尔·杰克逊的话他也不听。这一两年道格干得很不错。从公关的角度上说，他解了我的燃眉之急。道格很擅长跟媒体打交道，但是执教方面的事情他学得很匆忙；他本应该多听听各位助教的建议，可他却一意孤行。道格还跟菲尔有点儿矛盾。随着时间的推移，他越来越像斯坦了，因为他和我们想要做的背道而驰。"

新赛季开始三周后，胡安妮塔·瓦诺伊生下了一个男婴，他们给他取名杰弗里·迈克尔·乔丹（Jeffrey Michael Jordan），但乔丹的父母依然不同意他与孩子母亲的婚事。一整个赛季过去，杰弗里诞生的消息一直秘而不宣。有些记者知道这件事，但从未在报道中提及过。据说瓦诺伊曾反复思忖了六个月之久，想要提起生父确认诉讼，但最终还是不了了之。乔丹的私生活和球队更衣室一样，气氛无比凝重。

1月底，随着乔丹开始向皮蓬和格兰特施加压力，两人渐渐有了进步，球队的状态也终于有了起色。

"我认为迈克尔看出了斯科蒂和霍雷斯可以成为什么样的球员，"在那个赛季担任球队替补中锋的新秀威尔·珀杜（Will Perdue）解释道，"而且那个时候他对他们非常苛刻。他的态度很积极，但同时他一直在挑战他们，想看看他们能否回应他的挑战。"

吉姆·斯塔克还记得，让球队的"化学反应"更加复杂的是，乔丹一直对卡特赖特心存芥蒂，而后者正是少数几个敢直面乔丹的霸凌与恐吓的球员之一。据后来某些人描述，这名中锋对乔丹种种做法的讨厌之情已经近乎憎恶。"比尔觉得迈克尔有时候会在不必要的情况下责难他，"2012年，斯塔克在一次采访中说道，"比尔是个自尊心很强的人。他在联盟中很受人尊敬。"斯塔克并不觉得卡特赖特对乔丹的厌恶达到了憎恨的程度，但是珀杜似乎很确定乔丹是憎恨卡特赖特的。

此外，珀杜也相当确信乔丹不怎么喜欢他自己。

面对浓浓敌意，卡特赖特似乎泰然自若。斯塔克指出，在纽约效力时，卡特赖特曾经可以每场贡献20分和10个篮板；而乔丹似乎并没有察觉到，甘愿在芝加哥充当角色球员的卡特赖特做出了多大牺牲。

"比尔非常欣赏迈克尔的才华，"斯塔克回忆道，"但同时，比尔不会默默忍受他的连篇废话。迈克尔会考验所有人。训练时，如果迈克尔往篮下突破，比尔就会在禁区候着他。在比尔·卡特赖特之前，有太多球员只会一声不吭地顺从迈克尔，但比尔就不吃那一套……迈克尔的才华太不可思议了，所以他对谁都是一副盛气凌人的样子。但是比尔守住了他的底线。他说：'这里是我的领土，你给我待在外面。'这样的态度刺激了全队。就因为他敢以各种方式挺身跟迈克尔对峙，比尔在更衣室里颇受尊敬，大家都很赞赏他这一点。"

3月，柯林斯对组织后卫萨姆·文森特的表现日益不满，遂把他放在了板凳席。这名教练把乔丹安置在一号位，让他原本就已经很多的持球时间更多了。曾在加州大学长滩分校为温特效力的克莱格·霍奇斯（Craig

Hodges）顶上了先发得分后卫的空缺。"我们不妨看看迈克尔适应得如何，这一定会非常有趣。"柯林斯说道。乔丹以连续 7 场贡献三双的表现作为回应（在 1 月至 4 月，他一共完成了 14 次三双），而公牛队也豪取六连胜。看起来，柯林斯把他放在一号位，是想让他像奥斯卡·罗伯特森那样打球。乔丹渐渐习惯了在比赛当中找官方记分员询问自己的数据，好知道自己还需要做些什么来达成又一次三双。联盟方面很快就了解了他的行为，遂下令禁止记分员在比赛中向球员透露实时数据。

后来，霍奇斯因脚踝受伤缺席了常规赛的余下赛程，而公牛队也很快遭遇了一波六连败。直言不讳的温特对让乔丹转打控卫的安排提出了反对，教练组内部的争执愈演愈烈，最后以柯林斯禁止温特出席球队训练告终。"当时的泰克斯基本上成了闲杂人等。"杰克逊回忆道。

克劳斯怀疑，柯林斯是不是让这位超级巨星承担了太多额外的责任，以至于把他给累坏了。作为助理教练，菲尔·杰克逊默默从旁观察，他发现乔丹打得太卖力，所以在某些比赛结束的时候疲态尽显。乔丹并不喜欢打一号位，但这主要是因为他不怎么信任队友们的得分能力。

尽管如此，你还是很难不赞赏乔丹作为一名"组织"后卫的精彩表现。凭借卓越的控球能力，他能在场上挪腾闪躲，而对手似乎永远都没办法及时掏到他的球。他会急停之后再次启动，他会佯装停顿再变速过人，每一次他持球进攻都会让防守者的脚踝备受折磨。他很快就学会了如何利用队友的掩护创造机会。乔丹实在太难以捉摸，协防的球员都不知道该往哪里对他进行包夹。他吸引了太多防守注意力，这样一来霍奇斯、皮蓬和帕克森就有了许多空位三分球的机会。乔丹也磨炼了自己的外围投射，那年春天，他频频命中跳投，逼得对手不得不在防守他时贴近一步，结果却更容易被他过掉了。

赛季结束时，公牛队以 47 胜 35 负的战绩排在东部第五。季后赛首轮对阵，乔丹和他的队友们将迎战整个赛季只在主场输过四场球的四号种子克里夫兰骑士队。那年春天，乔丹迷上了女歌手安妮塔·贝克（Anita

Baker），常在比赛前听她的名曲《全力以赴》（Give It Your Best）来激励自己。在常规赛阶段，公牛队六次与骑士队交手，六战皆败。即便如此，莱西·班克斯仍然大胆预测芝加哥人将用五场比赛拿下这轮系列赛。当其他芝加哥写手纷纷对公牛队的胜算表示怀疑之际，乔丹愤然向众媒体发难，并预言球队将在四场之内凯旋。就连普通观众也能看出来，克里夫兰人在内外线均拥有体型优势；罗恩·哈珀（Ron Harper）和克莱格·埃卢（Craig Ehlo）可以放慢乔丹的脚步。

骑士队握有主场优势，但芝加哥人出乎意料地取得了2∶1的领先，有望于第四战在芝加哥体育馆终结系列赛。第四场比赛，乔丹独砍50分，但却在最后时刻错失了一记罚球；逃过一劫的克里夫兰人通过加时赛偷得一胜，扳平了大比分。形势的变化让乔丹深受打击，但他很快就把失利的痛苦抛诸脑后。菲尔·杰克逊记得，第二天搭乘球队专机飞往克里夫兰时，他几乎是蹦蹦跳跳地走过了过道，告诉他的队友们不要害怕，说他们一定会赢。

这股热情一直烧到了次日的第五战。乔丹或是得分，或是助攻，骑士队每打进一球，他就回敬一球；霍奇斯和帕克森也在三分线外频频开火。双方战至第四节，战况异常激烈，光是最后3分钟就有6次互换领先优势。比赛还剩6秒，乔丹在弧顶向右侧强突。克里夫兰队的克莱格·埃卢巍然挡在他身前，却不料被乔丹狠狠击中面部，还让后者得到两分，帮助公牛队以99∶98取得领先。埃卢缓过神来，发出界外球，然后又把球拿回来，突破上篮得手，在比赛仅剩3秒之际帮助克里夫兰人以100∶99反超。

暂停期间，柯林斯迅速画出了一个战术，安排中锋戴夫·科尔津执行最后一投，理由是对方一定料不到他会出此下策。火冒三丈的乔丹一掌拍掉柯林斯手中的战术板，对他的教练说："把那该死的球给我就行了！"柯林斯很快又画了一个新的战术，由布拉德·塞勒斯来发界外球。走上球场的时候，乔丹轻声告诉队友克莱格·霍奇斯，说他一定会完成最后一击。

骑士队的主帅兰尼·威尔肯斯（Lenny Wilkens）决定用人高马大的拉

里·南斯（Larry Nance）来封堵乔丹的接球路线，不料乔丹挣脱了对手，接到队友传球，然后突到罚球线附近，准备起跳。埃卢迅速逼了上来，执行了一次教科书式的防守——直到乔丹从身旁闪过，然后高高跃起。埃卢从右侧飞来，竭力伸直左臂，想要干扰乔丹的投篮。但是乔丹的起跳高度和滞空时间让他保住了出手的时机。埃卢的手在篮球的前方一晃而过，但身体的惯性让他朝左边坠下，而那个红色的身影却在继续上升，一直升至最高点，随后投入了决定胜负的一球——101∶100。公牛队赢下了比赛，而乔丹那著名的挥拳庆祝动作将在以后的时间里被人们无数次地回放。

这一记绝杀很快就被人们称作"那一投"（The Shot）。站在看台上时，克劳斯第一个念头却是：多亏布拉德·塞勒斯传出了一记完美的界外球，这个战术才能打成。"那是我在篮球比赛中见过的最棒的传球，"他在2011年说，"他在三个人的盯防之下接到了那记传球，真可谓是穿针引线。当时我就冲到了场上，拥抱了布拉德·塞勒斯。"

据说，那一刻克劳斯之所以想要拥抱塞勒斯，是因为他当初可是力排众议才选到的这枚遗珠。1986年，乔丹鼓动克劳斯选择杜克大学的约翰尼·道金斯，但克劳斯不为所动，而是选择了塞勒斯。然而，塞勒斯迟迟不能融入球队，此事也掀起了又一波争论。塞勒斯的那一传固然很妙，但接下来的种种麻烦也在那一瞬间展露无遗。乔丹和克劳斯从截然不同的视角看待着同一个狂喜的瞬间。这两个执拗而专横的人，双方的成就越大，彼此之间的芥蒂也就越深。而至于塞勒斯，他在那个赛季结束之后就离开了公牛队。曾一度是首发球员的他在季后赛中场均出场时间不过13分钟，平均每场仅有4分入账。

与此同时，那场比赛的另外一段录像也引起了人们的关注。在乔丹砍下44分、为球队锁定胜局的那一刻，镜头对准了公牛队的替补席，捕捉到了坐在附近的随队记者，其中包括《论坛报》的萨姆·史密斯和伯尼·林西科姆（Bernie Lincicome）以及《太阳时报》的莱西·班克斯。

"你可以看到道格·柯林斯庆祝的镜头，然后莱西蹦上蹦下、高高挥舞着双拳，"曾经与班克斯在《太阳时报》共事的ESPN记者J.A.阿丹戴（J.A. Adande）解释道，"你知道的，莱西本来就是个公牛队球迷，从那一瞬间就可以明显看出来，但他对公牛队的喜爱从未玷污他作为记者的职责。"

那个总是在挑战乔丹的记者班克斯以一种出其不意而又十分滑稽的方式暴露了他不那么客观的一面。他在赛前预测公牛队会获胜，并为此赌上了一些东西；然而，那个瞬间却道出了媒体行业的自相矛盾：一方面要保持职业操守，一方面又要大肆恭维"飞人"乔丹。在那个产生了无数经典瞬间——和巨额媒体收益——的时代，体育记者这个行业里的人越发难以自我约束了。

与此同时，这场失利也让克里夫兰骑士队从此一蹶不振。骑士队中锋、乔丹大学时期的队友布拉德·多赫蒂早就见过类似的事情。"我看见他高高跃起，"多赫蒂说道，"我一边转过身去卡位，一边回头看球的飞行轨迹。我没看到球，因为迈克尔先把球举起又收低，然后再次举高，接着就刷网而入。我至今想不明白他是怎么在三秒钟之内做出那么多动作的。"

"我们要去纽约了，宝贝！"意气风发的乔丹在赛后说道。

公牛队把胜利的能量带进了第二轮，他们遇上了由里克·皮蒂诺（Rick Pitino）执教，帕特里克·尤因、查尔斯·奥克利和马克·杰克逊（Mark Jackson）领衔的纽约尼克斯队。虽然腹股沟的伤势加剧，乔丹还是平均每场砍下35分，帮助公牛队出人意料地带着3:2的领先优势在第六战回到了芝加哥体育馆。比赛战至一半，皮蓬和尼克斯队的肯尼·沃克（Kenny Walker）因为互殴了几拳而被双双驱逐出场。此时乔丹行将打出40分外加10次助攻的强力表现，而这次判罚则对公牛队造成了沉重的打击。终场前六秒，公牛队以111:107领先，俨然胜券在握。不料尼克斯队的特伦特·塔克（Trent Tucker）命中了一记三分，还造成犯规，"打四分"得手，扳平了比分。这一连串动作把站在场边的柯林斯看得气喘吁吁，他看上去就像缺氧了一样。眼下迈克尔希望自己能再次创造奇迹，为他在克里夫兰的壮举上演续集。一次，约翰·帕克森传出界外球；再一次，乔丹运球突到了罚球线附近，结果……他被犯规了，其实是他被撞翻在地——比赛还剩最后两秒钟。乔丹两罚全中，尼克斯队压哨出手，险些命中。柯林斯总算缓过气来了，他再一次走上球场中央，挥拳庆祝胜利，和球员们紧紧地抱在一起。

坏孩子军团

自1975年因运气不佳含恨败北之后，芝加哥公牛队首次重返分区决赛。再一次，他们和底特律活塞队狭路相逢；再一次，两队之间旧恨未了，又起新仇。在4月的一场比赛当中，伊赛亚·托马斯一记重拳打在卡特赖特身上，因而被禁赛两场。托马斯在私底下透露，他其实更愿意碰上纽约尼克斯队——尽管纽约人每次与活塞队交锋都打得顺风顺水，而公牛队却一整个赛季都没有打败过活塞队。为了夺得队史第一座总冠军奖杯，托马斯正奋力驱策球队前行，而公牛队则让他颇不放心：接连以超凡表现斩落克里夫兰和纽约的迈克尔·乔丹，近来的状态可谓天神下凡。

东部决赛第一场，柯林斯让乔丹和托马斯直接对位。乔丹已经在一号位上尝到了甜头，但这还是他头一次长时间将托马斯作为自己的防守对象。事实证明，乔丹的身高和弹跳对托马斯的外线投篮造成了干扰。托马斯投出去的球屡屡弹框而出，这也让乔丹放心地后退一步，放他投篮。如果托马斯找到了准星，乔丹就不得不贴得更靠前，这样一来托马斯就可能过掉他，或者轻松将球喂给内线的前锋马克·阿吉雷。然而托马斯在外线接连失手，这也就让活塞队陷入了困境。

那天下午，托马斯18次出手，仅命中3球。"每一次他准备突破我都预测到了，"赛后乔丹说道，"我想让他多在外线出手，而他那天果然手风不顺。但这并不是因为我防守得好。"

底特律的另一位跳投好手"超级替补"维尼·约翰逊（Vinnie Johnson）同样手感不佳。活塞队在比赛第二节就落后了24分之多，但他们一路穷追猛赶，终于在第四节中段将比分反超。然而，在芝加哥人的严密防守之下，他们最终没能维持住领先优势；公牛队以94∶88取得了系列赛的开门红。这场失利终结了底特律人的主场25连胜和季后赛9连胜，这也是9场比赛以来公牛队第一次击败活塞队。活塞队苦苦奋战一整年才得到的主场优势才一个下午就化为乌有。

"要像今天这样抓住他们的弱点并不容易，"乔丹对记者们说，"但是我们有很大的机会赢下这轮系列赛。"

活塞队的更衣室里，各路记者摩肩接踵，而托马斯在淋浴间里待的时间比以往都要长。他在里面待得越久，等待采访他的记者们就聚集得越多。终于，托马斯现身了。他穿过人群，坐了下来，背靠着墙壁，面对着一圈摄像机、聚光灯和麦克风。

正当无数问题朝他飞来时，队友马克·阿吉雷突然拨开人群，蹲下来从一台大型分液器里挤出一些洗液。"晚上喝燕麦粥怎么样？"阿吉雷笑着问道，试图缓解好友的阴郁心情。

托马斯敷衍地朝他笑了笑，然后把注意力转移到麦克风上。一个接一个地，他以从容而审慎的语气回答完了所有的问题。发布会整整持续了45分钟，直到更衣室里的人快要走光了。但是《纽约邮报》(New York Post)的写手彼得·维克希(Peter Vecsey)还在此逗留，他想从托马斯口中多挖一些料出来。到底发生什么了？

托马斯系好领带，深深地叹了一口气，神情甚是萎靡。"篮球有时候是一项很奇怪的运动。"他说道。

他抓起自己的运动包，朝门口走去。经过走廊的时候，一位从洛杉矶赶来的朋友迈克·奥恩斯坦(Mike Ornstein)走上前，拿起了他的运动包。"我来帮你拿吧。"奥恩斯坦拍了拍托马斯的背，对他说道。据奥恩斯坦的回忆，随后两人漫无目的地开车转悠了好几个小时，期间托马斯一言未发。

新闻发布室里，《底特律新闻报》(Detroit News)的专栏作家谢尔比·斯特罗瑟（Shelby Strother）一语概括了当前的情况。"他刚刚差点儿寿终正寝。"他这样描述当时的托马斯。

然而，托马斯并不需要任何"讣告"。两天之后，托马斯轰下20分，杜马斯也得到20分，两人联手帮助活塞队以100∶91将大比分追平。第三场比赛，双方转战至老旧的芝加哥体育馆。凭借阿吉雷在进攻端的神勇表现，活塞队可谓势不可挡，强劲的表现让全场观众鸦雀无声。终场前7分钟，活塞队还领先对手14分之多。但是，就在第四节比赛似乎又要沦为底特律时刻之际，乔丹挺身而出，率领公牛队追到了97平。比赛还剩28秒，球权在活塞队手上。托马斯在外线运球，还剩10秒之际，兰比尔伸出膝盖阻挡乔丹，被裁判吹了掩护违例。这次判罚让球权回到了公牛队手上，乔丹在进攻端掌控局势，投进了制胜一球，帮助公牛队以99∶97再下一城，在系列赛中以2∶1暂时领先。

乔丹全场砍下46分，这是他在这轮系列赛当中第一次展现进攻火力。底特律人深知他们决不能再让类似的事情发生，于是决心让出任一号位的乔丹在第四战中打得像一名真正的组织后卫。他们对乔丹进行包夹，逼迫他传球。

"如果他专心投入进攻，你是没办法阻止他的，"托马斯这样评价乔丹，"这是一切的关键。我们希望能让他在进攻端分心。"

和往常一样，防守乔丹的重任落在杜马斯的身上，但维尼·约翰逊、托马斯以及罗德曼也会轮番协防。第四战，乔丹15次出手，仅命中5球。公牛队全队的投篮命中率也只有39%。活塞队的投篮命中率也不过只有36%，但这无关紧要。托马斯砍下了27分，底特律人凭借凶悍的防守以86∶80扳回一城，将系列赛比分追成2∶2平。

赛后，柯林斯向乔丹指出，他出手太多，进球太少。乔丹的回应方式极其幼稚；多年以后，同样的做法为勒布朗·詹姆斯（LeBron James）招致了媒体人士的口诛笔伐。第五战在奥本山宫殿球场（Palace of Auburn Hills）举行，乔丹一气之下，全场只出手了8次，命中4球，仅有18分入账。活塞队也趁机以94∶85再夺一胜。这样的行径让柯林斯在私底下告诉莱因斯多夫，称只要乔丹在，这支球队就没办法夺冠。然而，这位教练的批评者再次强调，正是因为他一再容忍乔丹的脾气，才会养出这样一头怪兽。

大部分球迷并没有发觉这对将帅之间上演的琐碎戏剧，所以第六战芝加哥体育馆里依然人声鼎沸。第一节比赛刚开始，皮蓬在冲抢进攻篮板时挨了兰比尔一肘子，被打出了脑震荡，惹得全场一片哗然。虽然没有造成永久性伤害，皮蓬还是被迫离开赛场，住院观察一天。裁判并没有吹犯规。在接下来的比赛中，只要这位活塞队中锋走上罚球线，全场球迷就会齐声发出响遏行云的呐喊："兰比尔吃屎！兰比尔吃屎！"

全场比赛托马斯独得33分，尽管乔丹也砍下了32分，公牛队还是败下阵来。底特律人以103∶94再次胜出，终结了这轮系列赛。最后几秒钟，乔丹朝板凳席走去，中途停下来对杜马斯说了几句话。"他走过来，"这位活塞队后卫后来说道，"握住我的手，对我说：'把冠军带回东部。'我说：'我不会想念你的，迈克。明年再见了。'面对乔丹，你总是会有所畏惧，担心即使你全力以赴、拿出最佳表现，还是不足以击败他。"

乔丹又恼怒又沮丧，但他并不打算对外人流露出输球给他带来的痛苦。莱西·班克斯回忆道："他会说：'别让他们知道你受伤了。别让其他人看穿你的想法。你要尽可能地知道他们的一切，但是如果你让他们知道更多与你有关的事情，你就让他们有了优势。'他把他的沮丧、他的悲伤、他的失望、他的愤怒统统藏了起来。"

在公牛队的更衣室里，柯林斯破口大骂兰比尔的肮脏球风。记者们旋即把柯林斯的恶评转述给了兰比尔，而后者则回应称他当时根本就不知道皮蓬受伤了，直到他跑到球场另一端，回头才看到训练师们都围在皮蓬身旁。

随着媒体人士渐渐离场，电影导演斯派克·李（Spike Lee）也走进了球员更衣室。当时斯派克·李正在着手将他饰演的角色马尔斯·布莱克蒙

（Mars Blackmon）融入他为耐克公司拍摄的 Air Jordan 宣传片当中。他在伊赛亚·托马斯的小隔间前停留了一会儿，顺手拍了几张照片。

"斯派克！"托马斯招呼道，"近来如何啊？我今天早上还在电视上看见你了！"

斯派克·李十分勉强地笑了笑，并用最无力的方式同他握了握手。或许耐克公司的代言合同给了乔丹巨大的经济优势，但托马斯和他的活塞队还是干掉了公牛队。在接下来的总决赛中，他们直落四场，将湖人队横扫出局，捧回了队史首座总冠军奖杯。而摆在公牛队面前的，则是又一波争执、动荡与变迁。

连续两年被活塞队挫败之后，公牛队的球员们逐渐意识到了一个问题。"你不能带着情绪跟活塞队打球，"1995 年，约翰·帕克森回首当初，如是说道，"你不能那么做，因为那样一来你就正中了他们的下怀。他们想让你打不出你往常的风格。我们没有擅长扭打缠斗的大个子，而一旦我们被激怒了，就会被他们玩弄于股掌之间。不幸的是，道格正好就是一个容易动怒的人。"

"我们全队也会被他们牵着鼻子走，"帕森斯补充道，"这样的情况从来不会对我们有利。我们跟活塞队那群人水火不容，所以很难控制好情绪。一旦我们找到了击败他们的办法，他们就成了很棒的对手。但有好一阵子，我们好像永远都过不了他们那一关。"

1989 年 7 月 6 日，杰里·莱因斯多夫和杰里·克劳斯突然免除了道格·柯林斯的帅位，宣称球队管理层与这位教练"理念不合"。这位呼声颇高的年轻教练刚刚率领球队时隔 14 年首次重返分区决赛，短短数周之后却被球队炒了鱿鱼，这样的举动让人们大吃一惊。这个突如其来的消息激起了一连串的流言。小道消息称，柯林斯跟球队某位股东的亲属有一腿。当时克劳斯也承认，柯林斯的社交生活十分活跃，活跃到克劳斯不得不三番两次提醒他收敛一些，但克劳斯表示，那些谣言显然是失实的。

克劳斯说，柯林斯被解雇的原因有二：其一，他的个人情绪已经太过

强烈,这让教练本人和球队都深受其害;其二,柯林斯缺乏一套进攻哲学。

为了争论公牛队应该签下哪些球员,克劳斯和柯林斯频频发生冲突;据说这位教练曾经背着克劳斯向莱因斯多夫进言,希望他能炒掉这位总经理。只可惜,据说莱因斯多夫对柯林斯并没有什么好感,当初全是因为克劳斯的引荐才雇用的他。事实证明,柯林斯的夺权策略并不明智。

"道格和杰里·克劳斯关系并不好,这样一天天下去,也渐渐对我们大家产生了消极的影响。"训练师马克·法伊尔解释道。

"对于道格被炒鱿鱼的消息,大部分当地媒体都没怎么感到意外,"谢丽尔·雷伊-斯托特回忆道,"球迷们倒是挺愤怒的。他们不明白球队的做法。公牛队到克里夫兰赢下那轮系列赛的时候,所有人都心想:'天哪,我还以为克里夫兰会赢呢。'所以球迷们的反应很消极,但当时球队中的形势太紧张了。球员们之间的气氛很紧张,道格和管理层之间的关系也很紧张。这样看来,当时的情况的确难以为继。"

"道格很受媒体人士的欢迎,"多年以后,克劳斯回忆道,"除了我之外,所有人都喜欢他。跟底特律打东部决赛的时候,我对杰里说:'我想让道格走人。'绝大多数老板都会说:'再等一等。他是你带来的。他是你的杰作。他刚刚率队打出 50 胜的成绩,还让我们打进了东部决赛。'但杰里没那么说。他说:'为什么?'于是我告诉他,我认为再这样下去我们赢不了总冠军,而在我看来这支球队是可以赢得总冠军的。那就是我们让道格·柯林斯走人的唯一原因……"

"不论是多么强势的总经理,任谁都不可能不经老板许可就解雇球队主帅,"克劳斯补充道,"我刚跟杰里提起这事儿的时候,他说:'那你想让谁来执教?'我说:'在我们决定让道格走人之前,我不想妄下定论。我们先来论一论道格的功过吧。'于是我们决定炒掉道格。之后我才说:'我想雇用菲尔·杰克逊。'两年前我就把菲尔招了进来当助理教练。杰里说:'好。'"

"道格是个很情绪化的人,"后来杰克逊如是说道,"他做起事情来会全身心投入,从这个角度来看,他确实对这支球队贡献良多。他很擅长引导球员带着情绪投入比赛。但接下来球队到了一个新的层面，在这个层面上他们必须学会沉着镇定，控制情绪。"而这就是杰克逊的任务了。

在柯林斯的引领下，公牛队每年都在进步。尽管冲突不断发生，但他并没有察觉到管理层会来这么一下。"我们把道格请到办公室，"克劳斯说道，"我想他还以为我们要和他商谈续约事宜。他把他的经纪人也一并带来了。我说：'道格，我们得请你走人了。'他的脸色非常难看。我们跟道格谈完之后，我打了个电话给菲尔，他当时正在蒙大拿州钓鱼。我告诉他：'我刚刚让道格走人了。'他说：'什么？！'然后我说：'道格走人了，我想让你当主教练。你赶紧给我搭今天的飞机回来，越快越好。我要跟你谈谈。'"

柯林斯通过一份提前准备好的声明就自己被解雇一事做出了回应："三年前受雇之时，我欣然接受了挑战，准备将公牛队重新打造成一支配得上这座城市的劲旅。每一年球队都朝着 NBA 总冠军迈近一步，而且在球场上展现了我们的骄傲与决心，这让我感到很自豪。如今我不再是芝加哥体育馆和这支球队的一分子了，任何言语都无法形容我心中的空虚。"

在桑尼·瓦卡罗的印象中，乔丹对于解雇主教练一事并没有什么怨言。"我没有接到任何电话，也没有在任何一次谈话之中听到迈克尔说：'啊哈，道格滚蛋了。'对他来说，这就像谈生意一样，稀松平常。"

"每个人都很喜欢道格，"约翰·帕克森回忆道，"当时的情况是，我们刚刚打进了东部决赛，跟底特律大战了六场。我们的未来一片大好。结果花了三年时间帮助我们的主教练却走人了。在这种时候你就不得不佩服杰里·莱因斯多夫和杰里·克劳斯了。他们真的认为道格在某个阶段曾对球队有帮助，但必须要另一位不同类型的教练才能把我们带往下一个层次。"

"我认为他从那次经历当中学到了教训，"2012 年，约翰尼·巴赫回顾当初，这样评价柯林斯，"道格应对得很好。如果你回头看看迈克尔进入联盟的第三年，看看那个年纪轻轻、脾气火爆，却又眼力卓绝、充满激情的教练，你能看出他对迈克尔的影响。他总是缠着裁判不放，他口头表达能

力很强,能把他看见的东西描述出来。但是这样的情景必须对你有利才行。在篮球场上,你得取悦很多人,还要能赢下比赛。我认为道格在迈克尔的成长当中扮演了重要的角色。他们是两个纵情燃烧的男人。迈克尔燃烧的是他的精湛球技和凶猛打法,而道格燃烧的则是他的激情和语言。他总能用热烈的方式表达事物。"

虽然从未公开谈论过,但柯林斯后来曾向好友透露,他认为杰克逊在暗地里中伤他。"菲尔就是这样上位的,"莱西·班克斯评论道,"他就是克劳斯的一把匕首,捅中了道格·柯林斯的后背。"

"道格懂得很多战术,"杰克逊在1994年的一次访谈中回忆道,"当时我们要跑四五十套战术。我们有很多战术选择。我们有五到六个不同的进攻套路。你在很多球队身上都会看到这样的情况。但是作为一名篮球教练,那不是我所擅长的,泰克斯的哲学也并非如此。我们信奉的是泰克斯那一套条理分明的体系。"克劳斯后来解释道,他并不知道自己雇用的新帅会不会采用泰克斯·温特的三角进攻体系。但他知道,在率队出征夏季联赛的那段时间里,温特和杰克逊越来越亲近了,而这正是他希望看到的。

"我把菲尔叫来,我们谈了谈篮球哲学,"克劳斯说道,"他一开口就说:'在里德·霍尔兹曼手底下,我一直是个以防守为主导的球员,如今作为教练也是一样。你想让我这么做吗?'我说:'没错。'他说:'我打算把进攻大权交给泰克斯,让球队打三角进攻。'"

第二十三章　突如其来的婚礼

NBA1988—1989赛季的大部分时间里，乔丹都能够让媒体的视线远离他刚出生的儿子。直到那个春天，《体育画报》的杰克·麦卡勒姆（Jack McCallum）受邀参加乔丹在芝加哥城郊的家中举行的聚会。正是在那里，麦卡勒姆看到了胡安妮塔·瓦诺伊怀抱着一个肉嘟嘟的健康男婴。那天晚上，正逢公牛队在主场比赛，新闻发言人蒂姆·哈勒姆主动接触了他，并告诉他乔丹不愿意看到任何人写有关那个孩子的事。这个要求让麦卡勒姆陷入了两难的境地。他获得了进入乔丹密友圈的许可，但同时他也是一位记者。他不想把这个新闻当作故事的主线大书特书，只是在那周他的一篇文章的末尾稍稍提及了此事。

然而，它还是引起了很多读者的注意，同样包括乔丹。麦卡勒姆回忆说，乔丹当时非常愤怒。很明显，在那个时候就把此事揭露出来对于建立乔丹完美无瑕的形象并不理想，但是它也展现了这位篮球新星通人性、接地气的一面。在日后面对大众的过程中，这一点也越来越难以保持。

1989年季后赛的烟云一散去，乔丹就马上以饱受诟病的生活方式开始了又一个高尔夫之夏，同时还试图解决自己生命中的一件大事。8月末，他在一次筹款活动中结识了圣迭戈体育馆的股东、主席兼总经理理查德·阿奎奈（Richard Esquinas），从此便开始了他们的"豪赌高尔夫"之交。正是这份交情助长了乔丹在高尔夫和赌博方面的胃口，也为他后来的丑闻埋下了伏笔。不过放在当时，那只是名为"乔丹世界"的烤箱中又一道新鲜出炉、热气腾腾的美食。

在圣迭戈露面后不久，乔丹就和一小波随行人员前往了拉斯维加斯，在那里，桑尼·瓦卡罗将大赌徒史蒂夫·温（Steve Wynn）介绍给了他。瓦卡罗的哥哥恰好为温工作，他兴致勃勃地热情款待了乔丹和胡安妮塔。在城镇的时候，这对情侣驱车前往了以精美婚礼隧道和迅速筹备婚庆而闻名的小白教堂。

自从乔丹1986年新年夜在尼克鱼市餐厅第一次求婚以来，那令人动情的订婚仪式就时断时续、反反复复。"他就是想把事情赶快解决，"桑尼·瓦卡罗回忆说，"当时并没有其他人在场。"

事实上瓦卡罗和他的妻子帕姆在那儿，弗雷德·惠特菲尔德也在那儿，此外才是真的没有旁人了。

"安定下来并且结婚，绝对是个时机恰当的决定，"乔丹后来说，"就像是走入一个未知的世界，但是我已经准备好了去学习何为婚姻。每天你都能获得一些新的东西。与另外一个人共度余生，这是一件你必须为之付出努力的事情。你会拥有美好的时光，也会体验糟糕的时刻。作为一对夫妻、一个整体、一个家庭，你一定要全力奋斗。"

为了让父母消除顾虑，他花费了不少时间。他依旧极其依赖于他们的建议和支持。他不想让他们不高兴，但是他的第一个孩子已经接近1岁了，这最终迫使他不得不采取行动。整个过程中一家人仍然不得平静，瓦卡罗说："他的父母一开始便不想让他结婚。等婚礼结束以后，新的问题又来了，他们最初并不太喜欢这位儿媳妇。但胡安妮塔真是个好人。她帮助他渡过了难关。我觉得，如果她不是如此优秀的一位妻子，如果她并没有那么贤良淑德、没有那么知书达理，他可能已经结过三次婚了。他本有可能深陷有关女人的问题之中，但他并没有。还有很多其他麻烦，他也得以避免。面对如此多的欲望和诱惑，乔丹的生活能尽可能地保持稳定，胡安妮塔功不可没。"

瓦卡罗评价说，瓦诺伊是一位"非常优雅的女士"，她并不是那种一定要"世界围着她转"的人。瓦卡罗接着补充道，她乐于奉献并且十分有耐心，乔丹之所以能够拥有充分的自我认识，很好地理解身边正发生着什么，她与他顺畅的沟通是一个非常关键的因素。瓦卡罗还指出，像乔丹这样鼎鼎大名的人物，很少能遇到瓦诺伊这种脚踏实地的女人。这次婚姻绝对是乔丹一生创造的巨大财富中排名顶端的宝藏之一。眼睁睁地看着父母之间的关系一步步走向破裂，乔丹现在拥有了新的可以依靠的港湾。胡安妮塔为他提供了一个充满家庭温暖的避难所。

隐私一直是乔丹生命中最宝贵的东西之一，莱西·班克斯回忆起那段岁月时说："他和胡安妮塔在海兰帕克镇的库克湖路旁有一个房子，它十分大，但还称不上府邸。之后，他们在它的基础上建造了一栋25000平方英尺的豪宅。不过迈克尔不是那种会举办类似晚宴这种活动的家伙。如果他要搞一次大型聚会，他会组织高尔夫课程之类的东西，他不是一个喜欢举办常规意义上派对的人。"

如果没有其他原因，那一定是麦卡勒姆事件给乔丹提了个醒。这对夫妻每年必定会腾出工夫做的一件大事就是在万圣节招待一大堆住在同一社区的儿童。乔丹决定把它做成一个没有家长参与的活动，这样他就可以亲自款待孩子们，同时不用忍受那些想要窥探他生活的成年人的目光。这项活动在他进入联盟后没几年就已经开始了，当乔丹建好位于芝加哥北郊的豪宅之后，它的规模越来越大。

"当他意识到了自己的伟大并且随着这份伟大的逐渐增长，他越来越清楚为了保持伟大他需要做些什么，"莱西·班克斯解释说，"他也开始明白他拥有控制自己生活的权力。每个人都想进入他的圈子——因为每个人都想像迈克一样，像他一样伟大，想要在他身旁。但是只要他不想让你进入，那你就进不去。在很大程度上迈克尔是一个喜欢遮遮掩掩的人，就和出色的赌徒一样。我对此非常理解，他不可能对所有人都坦诚相待。"

9月末，乔丹邀请阿奎奈前往他位于希尔顿海德的度假房（乔丹众多的房产之一）共度周末，打打高尔夫、玩玩牌等，这是他每年训练营开始前的保留活动。漫长的NBA赛季即将到来，他需要积攒能量。"如果是白天，我们就会打高尔夫，"阿奎奈回忆说，"等天黑了，我们就回屋打牌。"

打高尔夫永远是第一选择，据阿奎奈形容，进行比赛的场地"就像是由一块种植园改造而来"。三个弗雷德在那里，阿道夫·西弗也在那里，其中一位弗雷德还和西弗较上了劲，甚至到了乔丹不得不介入把他们分开的地步。对于这帮人来说，这可不是什么愉快的瞬间。

最后一天的最后一洞，阿奎奈用了四杆才把球打进，输掉了与乔丹的赌局，于是他毫不犹豫地写了一张6500美元的支票。

"哥们儿，我可不喜欢这样赢钱。"乔丹对他说。不过，他还是收下了支票，他们之间的"小赌局"也愈演愈烈。

权力的游戏

据说，青少年时期的菲尔·杰克逊会和母亲贝蒂（Betty）玩很多棋类游戏，而贝蒂也常常被形容成一个精力充沛的女人。她自己也打篮球，但是这一点似乎远没有另外一个事实重要：在北达科他州威利斯顿没有电视机以及其他任何现代化生活设备的家中，她时不时地会和自己的儿子来一场智力对决。

很明显，小菲尔大部分时间都进行着脑力活动——读书、下棋、带着疑问去观察这个世界，后来他在职业生涯中成为一个喜欢玩心理游戏的人也就是自然而然的事情了。当他刚被任命为公牛队主教练的时候，他肯定需要面对很多挑战。首先便是球队中的两大霸权：杰里·克劳斯和迈克尔·乔丹。而在与杰克逊合作过的人的眼中，都觉得他本身也是一个盛气凌人的家伙。三个人都是颇有手段的，在竞技体育的世界里这也十分常见。在这场逐渐展开的权力的游戏中，他们之间不断的融合与碰撞为公牛队带来了巨大的冲突以及各种各样的阴谋诡计，也最终带领球队取得了前所未有的成功。

这场游戏最有意思的地方在于，他们都能坚决地运用各自不同的能力。

克劳斯智商高、有干劲儿，曾经作为球探的他具有独到的眼光和丰富的经验，正是这些帮他赢得了杰里·莱因斯多夫的信任。和他常常喜欢说的一样，克劳斯的背后有"组织"的支持。

乔丹也有自己的所长：他的聪明、难以被超越的运动能力、无与伦比的努力和十足的竞争天性；他的工作热情、超凡的个人魅力以及他在这项运动中的伟大地位。这些东西的结合让乔丹为他自己、为杰里·莱因斯多夫、为他的搭档甚至为整个NBA和效力其中的球员带来了巨大的收益。

慢慢地，杰克逊也会开发出属于自己的强大力量，但是在接手这项工作的前几个月，他仰仗的是他的个人经历、他与球员相处的能力、他独到的观点和见解、他的聪明、他的竞争心、他的老谋深算以及他强大的洞察力。他把一切事情都归功于拥立他成为新"国王"的克劳斯可并非一件不值一提的小事。因为除了在杰克逊当公牛队助教时关注过他的纽约尼克斯队，再没有其他球队对他显露出哪怕一点儿的兴趣。

萨姆·史密斯曾有这样的经典评价：关于克劳斯，能立马引起人注意的事情之一，就是他花了大量的精力执着于个人的成功。这位球队经理总是把自己想象为一个天赋异禀的球探，他也确实如此。他还沉醉于拥王者的角色，寻找年轻、有天赋的人，然后帮助他们步步前进。举个例子，他常常会谈论他前途光明的助手凯伦·斯塔克（Karen Stack）以及她的哥哥吉姆。吉姆也是克劳斯雇用并提携过的人。他喜欢发掘隐藏的天才，然后看着他们的天赋尽情展现。拥王者的身份，会给他一种自然而然的优越感，这让他觉得自己可以随时随地、疾言厉色地为难那些他曾提拔过的人。

"杰里有非常不近人情的一面，"吉姆·斯塔克承认说，"他是一个很固执的人，也非常高傲。"

当助教的时候，杰克逊就亲眼见证了克劳斯在处理道格·柯林斯问题上的专横态度，所以他希望尽可能避免对克劳斯权威的非必要挑战。20世纪70年代，作为公牛队的年轻球探和底层行政人员，克劳斯被主教练迪克·莫塔（Dick Motta）严苛地对待，还常常被奚落。而莫塔也是一个没

有打过大学甚至高中篮球的奋发图强之人。据前公牛队总经理帕特·威廉姆斯（Pat Williams）回忆，莫塔深谙通过羞辱的方式来激励自己球员的诀窍，但是他似乎对克劳斯保有一份别样的轻蔑。

"克劳斯和莫塔都是极其投入的人，但是他们做事的方式方法不同。"20世纪70年代曾为公牛队工作的鲍勃·洛根（Bob Logan）给出了自己的观点，"他们一点都不能忍受彼此，所以看着他们想尽办法'攻击对方'十分有趣。"

莫塔一开始便在芝加哥取得了成功，于是他很快收到了另外一支球队的邀请。克劳斯十分渴望公牛队放莫塔走，但是这位颇受欢迎的教练最终留下了，他继续折磨着克劳斯，直到把这个胖乎乎的年轻球探从球队逼走。这也许解释了为什么1989年球队刚刚打入了分区决赛，克劳斯就如此渴望把道格·柯林斯解雇掉。因为这可能是克劳斯把这位与他不对脾气的教练从球队中革除的最后机会。再等一年，如果柯林斯带领公牛队打入总决赛，那克劳斯就不可能把他撤下来了。在球队中已经拥有如此的地位和权力，这位总经理肯定不会让自己被一个初出茅庐的教练架空。杰克逊看透了这一点，也用自己的办法使得克劳斯高兴。

对于克劳斯来说，他造就了一位新的年轻国王，一个渴望也愿意受保护的杰克逊。很明显，并不只是对于柯林斯的厌恶以及自卫本能促使克劳斯做出了这样的决定。这位总经理对于泰克斯·温特以及他的进攻体系异常推崇，同样的，他也早就被杰克逊深深吸引。在他眼中，这两个人在一起能干出一番不平凡的大事。

初为主教练，杰克逊最主要的武器就是他的自信。每个在他身边的人都能感受到这一点，其中最重要的一个人便是乔丹。"如果你要执教像迈克尔·乔丹这样的球员，你得有自己的主见和脾气，"蒂姆·哈勒姆曾说，"菲尔就是这么一个手腕强硬的人。"

"菲尔·杰克逊自有一套办法，让他和迈克尔保持完美的和谐，"约翰尼·巴赫解释说，"他们都已经达到了一定的境界，能有清楚的自我认识。"

柯林斯有很多长处，但是缺乏安全感常常让他南辕北辙。从某种程度上来说，他希望被球员们爱戴，尤其是乔丹，但这是不可能的事情。而杰克逊恰恰相反，对这些事情基本毫无兴趣。"最重要的一点就是他从不乞求球员们的爱，"巴赫回首往事，谈论起杰克逊时说，"有很多教练都渴望得到拥护，非要得到球员们的爱戴不可，最终引火烧身。职业运动员就是不会做这样的事情。你要是执迷于此、苦苦追寻，球员们是不会给你拥戴的。"

对于教练和球员之间的这场游戏，杰克逊一直抱着顺其自然、一笑置之的态度。他喜欢坐在幕后看着球员挣扎于这种不可能之中。当助教时，他就以一种神秘人的形象示人，成为主教练之后，这种神秘感愈发强烈。这一点对于他牢牢掌控住球队极其重要。

公牛队的教练组中，泰克斯·温特和他在一起的时间最长。这位较为年长的教练一开始便对杰克逊所写的球探报告印象深刻，它展现出了杰克逊非凡的细心与极强的洞察力。后来，当他们一起执教夏季联赛的时候，温特又被杰克逊似乎记得每一场比赛的每一个细节震惊，这些比赛不只是他们正在执教的赛事，甚至还有很久之前的。于是温特得出了这样的结论：杰克逊拥有完美的记忆力。

作为主教练，杰克逊最初的任务之一就是做好排兵布阵。他建立了严格的强弱顺序，巴赫回忆说："菲尔会当面向球队解释何为等级制度。有多少教练敢于这样做？他在给他们讲解的时候总是高举起手臂。菲尔会说，'这就是所谓的等级。'他把手高高地举向空中，然后说：'迈克尔处在这个地方，高高在上。'之后他从梯子上爬下来，指着某些球员说：'而这是你们所处的位置，比梯子的底端还要低。'"

这件事听起来极其简单，球队里每个人都明白乔丹就是老大，但是大多数教练都会试图保持"一切都是平等的"的谎言，虽然事实并非如此。杰克逊则从一开始就不走寻常路，这使得每个相关的人都非常感谢他的诚实和直率，尤其是那个最关键的人物。

"迈克尔十分享受菲尔的执教方式，真的非常享受，"巴赫回忆说，"菲尔的确与众不同。"

大众花了很多年才能理解到底有多不同。杰克逊的怪招往往会让他的球员们感到不安。他独树一帜的执教风格部分来源于心理学上的一些方法。他的母亲和父亲都是正统派基督教的传教士。杰克逊小时候住在印第安人居留地的附近；年轻的时候，他热爱有关北美土著居民的一切，甚至到了翻看当地图书馆中所有有关印第安文化的书籍的地步；读大学时，他沉醉于威廉·詹姆斯（William James）的《宗教经验种种》（The Varieties of Religious）。作为纽约尼克斯队的一员，他摇身一变成为骑着摩托车抽着烟的嬉皮士。基于对于北美土著居民哲学的研究以及对禅宗佛教的兴趣，杰克逊很快便找到了一种以旁观者的角度看待自己、看待球队的方法。他试图让他手底下的每位球员都能有自己的观点。通过这一切，他渐渐给人一种感觉：他很明白自己在说什么、做什么。当然，他的篮球"文凭"也慢慢为人所知：在尼克斯队时的总冠军经历以及在美国大陆篮球协会的夺冠历程。

"人们往往会忘记他在美国大陆篮球协会待过，那段经历抵得上30年的执教经验，因为一切都需要由你主导。"巴赫解释说，"你既要当训练师，又要担任心理学家，你面对的是那些由于不够尊重篮球、尊重教练、尊重球队而没办法进入NBA的失败者。所以，他是将一帮散兵游勇捏合在了一起，并且赢下了一个冠军。"

"你可以看到，菲尔在看待球队方面有独特的技巧，他往往十分淡定，"巴赫补充说，"他不会情绪激动地警告你他想要什么。他更喜欢默默观察，不急于得到答案，他的内心充满自信。他曾在一些优秀的教练手下打过球，比尔·菲奇和里德·霍尔兹曼就在其中。"

杰克逊在北达科他州大学打球时，菲奇执教过他，而霍尔兹曼则是他在尼克斯队时的教练。"我们现在谈论的是两个截然不同的家伙，"巴赫说，"前一个教练菲奇，是个情绪激昂、韧性十足并且直言坦率之人；另外一个家伙霍尔兹曼，则喜欢静静地洞悉一切。作为球员，我和杰克逊对抗过,他是个狡猾的前场球员。他在纳特·霍尔曼(Nat Holman)的快速传球、动起来打的进攻体系下效力过,而里德·霍尔兹曼是纳特·霍尔曼最喜爱的球员之一。杰克逊来自北达科他州,父母都是虔诚的牧师,还在后备军官训练队服役过,我觉得拥有不寻常经历的他从这两个人身上学到了很多。"

起初,杰克逊只是以柔和的方式推销自己的那些怪招。他花了很长时间才让球员们接受冥想、专注度训练以及其他一些独特的练习。一段时间以后,乔丹会从杰克逊的禅学方法中受益匪浅。同时,杰克逊在担任主教练的前几年和球员们保持着一种有趣的距离,但他相信不管他们多么无与伦比,专注度课程都会对球队有所帮助。

"对于菲尔尝试的那些事情,乔丹的评论总是一语带过或者略带戏谑,"巴赫回忆说,"但他并非有所不敬。菲尔十分善于处理那样的关系。我甚至有点享受迈克尔的这种戏谑,它没有害处,并无恶意。迈克尔的幽默感为教练与球员之间的关系增添了一些令人激动的火花。我们都会问:'迈克尔是如何评价的?'"

多年之后,当杰克逊执教洛杉矶湖人队的时候,他的一些更奇怪的习惯才慢慢被揭露出来。其中最主要的便是击鼓。在比赛日,不管进行何种篮球活动之前,他第一件要干的事情就是击打手鼓。杰克逊解释说,这是北美土著人日常生活中的一种仪式,他希望自己的球员们也能做同样的事情。击鼓意味着把大家召集起来,让他们的心跳进入比赛的节奏。

"我猜击鼓就是印第安人习俗中集合大伙儿的方式,"后来在洛杉矶湖人队为杰克逊效力的德里克·费舍尔(Derek Fisher)解释道,"不管是要吃饭了还是要召开会议或者是做其他什么事,他们会敲打手鼓,这样大家便会聚集到一起。一到比赛日,我们该走进房间观看录像的时候,他就会击鼓。这是一种非常特别的方式,但这就是他这个人的一部分,这源于他的生活经历。他选择把它分享给球队。"

在芝加哥,杰克逊把白色水牛图腾下北美土著的神秘主义以及燃烧鼠

尾草的仪式引入了球队更衣室。"这么做是为了驱除邪祟，"费舍尔谈起那个仪式时说，"我认为每个人都或多或少地知道他十分享受做那些不寻常的事情，而在他第一次把他想做什么告诉我们的时候，他总是会采取旁敲侧击的手段。"

当他第一次一边敲打手鼓一边吟唱着出现在大家面前的时候，很多球员都在努力克制自己的笑意。这是他们从其他教练身上绝对看不到的。也许，没有什么能比击鼓仪式更能说明杰克逊是多么自信、多么有说服力。他能够让整个球队都接受这样的练习。巴赫是对的，杰克逊并不会乞求球员们的爱戴，他只想让他们接受那些让球队看起来有点像宗教组织的怪异方法。

杰克逊在芝加哥刚刚起步的时候，并没有像后来在洛杉矶一样那么坚持频繁地使用击鼓练习。不过，这个方法依然增强了他想要和球员们分享自己对于比赛的直观感受的渴望。这种感受的分享让杰克逊形成了对于他执教过的芝加哥公牛队深沉而又持久的爱。球队中是有一些员工不太喜欢他，但是哪怕是这些人，在后来谈起杰克逊对于球队的挚爱之时，也会充满敬意。

杰克逊首先需要解决的事，就是找到不被那位巨星的庞大能量所反噬的方法，避免球队遭受灭顶之灾。1989年，26岁的乔丹已然沉浸在无穷的名誉和财富之中，此时恰逢美国的流行文化迅速发展，他立马成了偶像级人物。这使得球队处于随时被淹没的危险之中。

起初是乔丹变得越来越自私，后来这位巨星自己都会承认这一点。"我总是优先考虑自己，然后才是球队，"他坦白地说，"我一直希望球队取得成功，但我必须是其中最关键的因素。"

"接手公牛队的时候，我非常焦虑，"杰克逊回忆说，"但并非夜间失眠所带来的那种焦虑。我想把事情做好。我渴望和迈克尔处好关系。我想让他在我所希望的方向上前行。"

此外，乔丹也早就清楚职业篮球中主教练和明星球员之间的关系对于球队的重要性。如果一位教练不能赢得手下明星的尊重，或者失去了那份尊重，那么这位教练就会丢掉整个球队。一切都取决于教练和球员之间的关系。

"你知道作为球员的迈克尔每个晚上能给你带来什么。"杰克逊说，"他会拿下 30 分；他会给你一个获胜的机会。有挑战性的地方在于，怎么让其他队员也有参与感，让他们感觉到自己也承担着重要的角色。在以前，公牛队就是迈克尔的球队，一直在按照他的方式打球。"

接下来的问题是乔丹日益增长的名望。如莱西·班克斯所说，他是个令人着迷的年轻王子。"在整个美国的篮球迷中，他拥有一个光芒万丈的英雄形象，以至于和他一起生活变成了一件不可能的事情。"杰克逊解释说。

在初为助教的时光里，杰克逊便开始研究乔丹，而且不止局限于场上。事实上，这位教练常常会进行一些有趣的禅学幻想，比如说遇到年轻时的佛祖会是怎样一副场景。现在他终于有所体会了。"我会和他住在酒店同一层。"杰克逊在 1995 年回忆说，"由于他的身份地位，迈克尔总能住上套房，而因为需要空间召开球队会议和教练组讨论，我们也会住套房。迈克尔真的就是需要有人待在房间里陪着他。我常常能听到走廊上的吵闹声，总会有六到八个酒店员工、清洁女工、送餐小哥之类的人前来索要签名，或是站在走廊中等待献花。他时时刻刻都在被骚扰着，真是不可思议。"为了将乔丹从这样的处境中解救出来，为了更好地建立团队认同感，杰克逊决定插手这位明星的生活，对它进行重构。这位教练当然知道，这需要触碰到与乔丹的家庭和朋友相关的敏感话题。

吉姆·斯塔克和乔丹的小圈子中的所有主要人物都建立了友好关系，从乔丹的父亲、阿道夫·西弗到乔治·凯勒，再到三个弗雷德。"他们都深爱着迈克尔，"斯塔克说，"而迈克尔也非常照顾他们。阿道夫一直在迈克尔左右，形影不离，他是个非常友善的人，在乔丹身边不会给人一点傲慢的感觉。他非常享受那种生活方式以及迈克尔为他安排的一切。在远离球场的社交生活中，他是迈克尔真正的心腹朋友。我不知道他们是如何处理

彼此之间的雇佣关系的,但是就我看来,迈克尔这么多年一直在关照阿道夫。我认为这对于他在球场下的所作所为有一定的沉降效应。"

每年全明星周末,西弗都会通过帮助 NBA 球员组织聚会获取收入。受益于乔丹的人脉,这份生意得以持续扩张。霍华德·怀特、桑尼·瓦卡罗,最后还有弗雷德·惠特菲尔德都在耐克找到了工作,而凯勒、格斯·列托以及其他的一些人则成了安保或者服务人员。

"去机场坐飞机的时候,他需要有随行人员陪着,"杰克逊透露,"客场比赛他总是会带上一帮人。他的父亲会跟着,他的朋友们也会跟着。这种生活方式会让他和队友们越来越疏远。使他再次融入球队同时保持他的特殊地位,这是一个难题,因为这必然会触及他的私人空间。"

尽管如此,杰克逊还是决定约法三章。"其实我也知道,"他回忆说,"我们需要在一些基本规定的基础上添加一些特例,'听好了,你们的父亲、兄弟还有朋友们不能登上球队的大巴。这是整个球队都需要遵守的规矩。他们可以在到达客场后与你见面,但是绝不能上球队专机。坐在飞机上的应该是球队的工作人员,对于试图打造一家顶尖篮球俱乐部的我们来说,这一点是神圣而不可侵犯的'。"

作为又一件提上日程的事情,它最终会让球队的公关助理直翻白眼。杰克逊丢出"神圣而不可侵犯"这样的词汇还真符合他传教士之子的身份。与约翰·伍登这样的伟大教头一样,他也会给人一种道貌岸然的感觉,而这正是普通教练难以理解和消化的。

混　战

让事情更加复杂的地方在于,乔丹的小圈子开始吸纳一些媒体人士,其中就包括广播员奎恩·巴克纳(Quinn Buckner)和艾哈迈德·拉沙德(Ahmad Rashad)。之前在 NFL 担任过外接手的拉沙德当时作为场边记者为 NBC 体育工作,同时还在 NBA 娱乐事业部的节目《NBA 深度观察》

（Inside the NBA）中担任主持。拉沙德是正在经历变革的媒体行业的代表人物。比起过去那些拿着笔记本和麦克风、穿着单调衣服的古板家伙，他颇具时尚感，身上有一种独特的魅力。正如不断发展中的 M. J. 和 NBA 联盟，媒体也在与时俱进。

拉沙德与乔丹之间的友谊最终让拉沙德受益匪浅，而对于一直想要寻找值得信赖的媒体发言人的乔丹来说，这段关系也颇有用处。"这对于艾哈迈德非常有益，因为他是个橄榄球运动员。"后来在 NBC 和拉沙德一起工作的马特·古卡斯（Matt Guokas）解释说，"突然之间，他踏入了一种他最多只能称得上球迷的运动。他对于篮球的认识远不及他对橄榄球的了解。然后他被要求坐在场边，写一些小故事之类的东西，还要和球员们建立起联系。这可不是一件简单的差事，但好在艾哈迈德由始至终都是一个风度翩翩的家伙，他总能和每个人都搞好关系。他也和迈克尔建立起了深厚的友谊，这一次又是耐克的活动为他们提供了平台。还在当教练的时候，我曾参加过多次耐克之旅，而每次我都能看到艾哈迈德以迈克尔的特邀嘉宾之类的身份参与其中。迈克尔每次去纽约，他们都会聚到一起，出去逛逛。而当我们前往芝加哥的时候，艾哈迈德则会与他一同外出，到他的豪宅或者其他什么地方去。他们之间的关系真的非常密切。但艾哈迈德从来不会滥用这份情谊，他不想丢掉任何信任。"

乔丹在结交这种盟友方面可是出了名的。在职业生涯的前几个赛季中，他对《芝加哥太阳报》的马克·凡赛尔非常友好。后来凡赛尔成了一位自由撰稿人，并且与乔丹以及为《华盛顿邮报》写体育专栏的芝加哥当地人迈克尔·威尔邦共同出版了一部文辞优美、内容丰富的图画书。

身为公牛队新闻发言人的蒂姆·哈勒姆亲眼见证了这种变革，同时也发现一些不太得体的现象依然存在。哈勒姆喜欢用"让人恼怒"来形容每天晚上将乔丹围得水泄不通的那圈媒体人士。每次比赛结束后，二三十个体育记者和摄影师就会把那位明星团团围住，争相提问，为了抓住乔丹说的每一个字，他们拼命地往前挤。哈勒姆明白乔丹非常渴望活在聚光灯下，

但是弄不明白为什么他坚持要在潮湿的更衣室里接受采访。比赛结束后,乔丹会迅速地在私人领地洗个澡,然后穿上一身剪裁完美的衣服。他会像要给《绅士季刊》(GQ)拍照片一样走回更衣室,然后在记者们涌向他的时候在他们之中选定个位置。相机闪光灯所发出的光打在乔丹玛瑙般的光头上,让人感到眼前白晃晃一片,只有当赛后还在流淌的汗珠划过,才会打断这种反射。

一个又一个赛季过去,围在乔丹身边的媒体越来越多,哈勒姆曾提议让他赛后站在访谈室的讲台上召开新闻发布会,这样会宽松一些,但是乔丹还是想在潮湿而又略显奇怪的更衣室见那帮人。哈勒姆一直想知道为什么,他怎么就愿意穿着那么好的衣服挤进人群当中。可能最本质的原因是这样更亲近。正如记者们想要围在他身旁一样,他也渴望处于他们中心。与此同时,他的队友们每天晚上都带着惊叹而又轻蔑的眼神离开更衣室。偶尔,他们也会获得一些关注,但是乔丹很快便会把风头抢走。记者们所写出来的故事和报道恰恰能反映出这种近距离的接触。媒体人士都会称他为迈克尔,就仿佛与他熟识、是他的私人听众一样。也正是因为如此,成千上万的人才会以直呼其名的方式认识他——迈克尔。

球迷很快就意识到这种关系的宝贵,就好像他们拥有接触他的特殊渠道一般,能深入了解他的所思所想。是的,贝比·鲁斯和其他明星也拥有过属于自己的时代,但是从没有一个运动员能给他的粉丝传达如此完整的体验。对于乔丹,球迷们的感受已经超越了亲切,达到了私密的地步。他的天赋与成就,他至高无上的优越感,也变成了他们的东西。他们了解他,知道他一定会取得成功,然后为自己的先见之明而沾沾自喜。在他们的生活中,他比其他任何的精神领袖都要可靠。最重要的是,这一切跨越了种族障碍,如果道森·乔丹能看到这一幕该多好啊。

"他不只是一名篮球运动员,"混迹NBA多年的老记者大卫·阿尔德里奇(David Aldridge)总结说,"在他之前,没有黑人运动员能完成如此壮举,甚至可以说没有人能做到这一点。和不仅仅被看作是拳击手的伟大拳王阿里一样，他打破了原有的商业规律。从任何方面来看，乔丹都是第一个不仅能跨越阻隔，还能成为流行文化标志的黑人运动员。"

哪怕是在早些年代，像洋基队的米奇·曼托（Mickey Mantle）这样被成功商业化的白人偶像运动员，都没有机会在美国文化中获得如此地位。阿尔德里奇说道："这项成就前无古人。就此而言，我认为他的重要性甚至还是有些被忽视了。你应该知道，对于一个保守的白人中年男性来说，能够接受青春期的儿子或女儿把乔丹的海报挂在卧室，这可不是一件小事。它并非不值一提，相反，它很能说明问题。"

阿尔德里奇后来跳槽到了 ESPN 和特纳广播公司，但在 1989—1990 赛季，他还是一个跟踪报道华盛顿子弹队的早报记者。那时他刚刚开始可以和乔丹舒服地交谈，但这也是这位明星在公牛队的更衣室中能轻易被记者接近的最后几个月了。那个秋天，他所遇到的乔丹平易近人，乐于和媒体交流。直到后来大家才渐渐明白，乔丹这么做是有潜在动机的——他希望能获取有关联盟中那些对手的信息。"在芝加哥体育馆那个老旧的更衣室里，他的储物柜是进门右手边第一个。他会坐在那里，与大家聊天。"阿尔德里奇回忆说，"那时候他是一个完全不同的人。他会全神贯注地听你讲你正在跟进的球队的事情。这个家伙怎么样了，那个家伙又如何了，或者为什么他们要这么做。他似乎真的对联盟中的那些球队都颇有兴趣。那时他善于聆听，也喜欢和记者们交流，他似乎很享受这种与你交换信息的过程。我记得我当时想：'天啊！对于一个能够吸引如此多关注的人来说，他接地气的程度超乎你想象。'"

"你能够与他交流，"阿尔德里奇解释说，"你还能和很多他身边的人聊天。弗雷德、阿道夫以及其他那些与他走得很近的人，我并不认为他们只是乔丹的食客。霍华德·怀特在耐克取得了不错的成绩，我还知道弗雷德·惠特菲尔德在经济方面是个很有头脑的人。我从来不会把他们当作马屁精。你知道的，我常常会有这样的感觉：'这个人为他解决了这个问题，那个人又帮他处理了那个事情。'而这就是一切如何运转起来的关键所在。"

杰克逊想要做的改变当中,限制媒体对球队的接触也许是最容易的。联盟扩军了五支队伍以后,杰克逊想要与不断增多的球迷和记者保持距离。他们已经侵犯了这位教练眼中球队最基本的空间。现在回头来看,杰克逊在自己的名望即将大涨的时候介入,为乔丹提供了一定程度上的保护,同时提升了整个联盟的形象。

"我为我们的训练设施准备了一块布,让训练成为我们的私人活动,"这位教练解释说,"只有12位球员和教练们能够参加,没有记者,也没有电视台的摄像机。训练不再会成为大众眼中的一场秀,它将成为我们作为集体的一部分……迈克尔必须减少一些与外界的接触。你也知道,当你变成一位名人以后,你需要构建一个保护壳,藏于其中。迈克尔就在这类人当中。他必须让队友融进他的世界,他也能够做到这一点。他能够在有所保留的同时表现出自己坦率的一面。在职业篮球里摸爬滚打了这么多年,迈克尔已经学会了划定自己的领土。每个球馆都会有他的专属隔间,或是他在训练师的房间里找一块地方,以保障他的隐私。他在芝加哥体育馆里有两个隔间,正是在那里,每晚会有25个记者围着他。我们让这个涉及他个人原则的习惯得以延续,但是我们也努力创造他与球队待在一起的空间。如果我们不这么做,不按正确的方式处理,外部世界就会把我们冲垮。所以我们说:'我们不要因为他的名望而选择默默承受,我们要创造属于自己的空间,把嘈杂的人群赶出去。'我猜我成功构建了一个安全区域,为迈克尔量身打造的安全区域。这就是我试图去做的。"

杰克逊所有的巧妙手段都是为了定义出只包含球员和教练的"球队",与组织的其他部分隔离开来,尤其是"管理层"。通过这样的努力与尝试,杰克逊聚拢出了一个紧密的小圈子,设定了一个界线,把杰里·克劳斯排除在外。虽然他没有采取明确的行动去强化这个界线,但就结果而言,他依然做成了这件事。首先,把乔丹和克劳斯分隔开来是极具意义的,因为这位总经理似乎总喜欢用一个个带刺的评论指责这位球星;其次,杰克逊发现喜欢有一群人紧紧围绕在自己身边是乔丹的天性。那些精明的操作为杰克逊建立与手下球星的良好关系打下了坚实的基础。执教初期,这位教练花了很多的功夫去适应那位专横又攻击性极强的上司,同时尽可能为乔丹提供庇护。不过,相比于乔丹需要保护而言,这件事情更大的意义在于,球队不能经历混乱。

"菲尔,真正做到了将球员和管理层相分离,"吉姆·斯塔克回忆说,"他会把球员围在圈内,然后让管理层留在圈外。随着时光的流逝,有些杰里原本能够更好地发展与掌控的员工也不再那么听话了。杰里可能自己都会承认这一点。"斯塔克则同时处于两个阵营当中,因为他既为克劳斯工作,也为教练组执行球探任务。据他回忆,一段时间以后,要想在这两方之间穿梭自如,变得更加困难了。矛盾不断发生,克劳斯一次次试图冲破杰克逊所建立的阻隔,这使得分界线越来越明显。但在成为主教练的前几年,杰克逊更加关心如何保持一种平衡,促使大家和谐共处,从而带领球队取得成功。

温特、巴赫以及新助教吉姆·克莱蒙斯(Jim Cleamons)为杰克逊提供了大量的帮助,他们绝对是篮球史上最出色的教练组之一。虽然这些人见多识广、工作经验丰富,但他们还是惊叹于杰克逊第一年就能够掌控球队,并且和球员们建立了强大而又开放的关系,尤其是和乔丹。就像前辈温特一样,助教时期的杰克逊面对乔丹时略显拘谨。但是他们很快便发现双方都非常享受在单独谈话中与对方交换意见。杰克逊愈发确定了自己坚信的一件事:乔丹极其聪慧,能够很好地和其讨论,可以在谈话和争辩中发现他的问题。相比其他事,杰克逊最渴望的就是让自己的球员融入进来,把他们放在胜利的位置上。

"我认为菲尔引入了一些非常基础而又著名的哲学思想,"泰克斯·温特在数年之后回忆说,"我说的是人生哲学。当我们偶尔为篮球上的事情火急火燎的时候,他不会过分地紧张激动,而往往是倾向于休息。有时候在比赛中,我会非常惊讶他是如何做到就那么默默坐着、让一切顺其自然发生的。他喜欢让球员们自己去解决问题,所以他把主导权交了出来,只在他们看上去要失控的时候,才稍稍勒紧缰绳。我认为这是他的长处,是他对待球员、达成个人目的、处理与球员私人关系的方法。最终的结果就是,球员们都听从他的教导,接受他的批评,尽管有时对待特定球员指责会异常严重。但不管怎样,他们都会接受,因为他是菲尔。"

短短数月,整个球队的执教氛围就得到了质的飞跃。很多挑战仍然存在,但大家的思维模式已经改变。"球队需要这帮教练,而教练也需要这些球员,真是梦幻般的组合,"2012年,88岁依然思维敏捷的巴赫谈起在杰克逊的教练组中做事的经历时说,"没有人挡在半路,也没有任何个人主义,没有人想要获得比球队中其他人更高的名望。他们都处于最理想的状态。当我回首往事,那是我一生中最美好的时光。"

第二十四章　转　变

防守主宰了菲尔·杰克逊上任公牛队主教练后的第一期训练营①。在为纽约尼克斯队效力时，他曾是一名不断地在两条底线间奋力奔跑的球员，现在他也是这么要求麾下的公牛队的。"把球看穿。"里德·霍尔兹曼过去向纽约队传授紧逼防守时曾经这么说过。杰克逊当然也希望他的队员们能具备洞察力，但排在第一位的是训练。要想在杰克逊手下打好防守，你必须先提升到极佳的状态，然后保持住。

"菲尔入主后的第一期训练营比我经历过的任何训练营都难对付，"帕克森回忆道，"防守成了主导。我们做的一切，都从防守端开始，然后打到进攻端。菲尔基本上把我们变成了一支紧逼型的球队。他知道，那样的防守会让我们取得胜利。"

"我们要打全场紧逼，"杰克逊说，"我们要把全部的心思都放在这上面。"

这样的防守有赖于充满好胜心的专注力。杰克逊试图通过让乔丹和皮蓬相互竞争来建立这样的专注力。在皮蓬的新秀年，他们两人之间就存在着较量，但现在，杰克逊将其变成了一件头等大事、一种习惯。

"菲尔掌控了一切，"约翰尼·巴赫回忆说，"我认为他找到了将迈克尔、斯科蒂及其他年轻球员协调共融的正确方式，即强烈的竞争意识。于是迈克尔现在每天都要面对斯科蒂·皮蓬的防守。很多时候，菲尔会让斯科蒂带最好的一帮人，让迈克尔带'杂牌军'。竞争非常激烈。菲尔总会

---

① 训练营，在NBA专指每年秋天常规赛开始前球队正式开始合练的一个多月。

把这件事做得很低调，不显山露水。一般会有一局十个球的比赛，输了的人要做些蠢事，比如做一组冲刺跑什么的。如果只比一局，而迈克尔输了，他会说：'嘿，菲尔，我们要再来十个。'我们就会再打十个球。菲尔可能正希望如此，但他每次都会装作：'嗯，我看看……我不知道我们要不要这样……好吧，如果你们想打，那就打吧。'"

"相互竞争这招非常棒，"巴赫在2004年的另一次采访中如此说道，谈到这些回忆时他两眼发亮，"斯科蒂得以在'国王'的手下成长。我总说斯科蒂是'王座的守护者'。至于迈克尔，则是'王座上的国王'。我认为斯科蒂必须通过这样的方式成长。他每天都来训练，每天都全力打球，找到属于他的比赛方式，来到场地上，把球带过前场，依靠自己超长的双臂，成为一名不惧身体对抗、不断折磨对手的防守者。他跟迈克尔一样带着一丝愉悦的微笑。他很享受这一切。"

努力带来了立竿见影的回报。巴赫回忆说："皮蓬变得更强了。现在，他每天都必须对阵迈克尔。那会让你头痛。那时候的训练强度非常大。"

这不只是针对球队的两位明星。来自艾奥瓦大学的新秀后卫B.J.阿姆斯特朗（B.J. Armstrong）也被抛给了老将约翰·帕克森。相互竞争使得两人厌恶对方，也让训练的强度进一步加大。

"这也是菲尔的意思，"巴赫解释说，"他希望他俩之间有竞争。"

公牛队在杰克逊手下取得进步，关键在于皮蓬和格兰特的成熟，这两位潜力巨大的年轻球员能让防守变得有穿透力。赛季开始后，人们都感觉到了他们的成长。"他正在迈向伟大球员的行列，"那年秋天巴赫如此评论皮蓬，"他开始做一些只有迈克尔才做得到的事情。"

"这一切都是因为努力训练，"皮蓬说，"我努力提升自己的防守能力和行进间投篮的技术。我知道我更适合定点投篮，但我希望能在突破路径被挡住时可以运球拔起出手。"

除了阿姆斯特朗，克劳斯还带来了两位新秀，中锋/前锋斯塔西·金（Stacey King）和前锋杰夫·桑德斯（Jeff Sanders），总共三个首轮秀。

那年 8 月，克劳斯跟自由球员后卫克莱格·霍奇斯续约，还在与菲尼克斯的交易中捡到了后备老兵埃德·尼利（Ed Nealy），他靠着结实的身板和积极的拼抢，赢得了杰克逊和乔丹两人共同的喜爱。

球队在季前赛里八战全胜，信心高涨。但人们都清楚，公牛队还必须去适应温特的古怪进攻体系。此外还有卡特赖特的问题，他在球队中不怎么合群。乔丹公开表示对这位大中锋的不满，抱怨他在进攻中接不好球。而三角进攻体系意味着他将比过去得到更多的球。

阅读时间

芝加哥体育馆揭幕战，乔丹在与克利夫兰的罗恩·哈珀的对决中砍下 54 分，哈珀得到 36 分。公牛队在加时赛中取胜，不过第二天输给了波士顿。三天之后，他们在体育馆以 3 分之差击败了活塞，乔丹得到 40 分。很显然，公牛队的进攻发生了变化，但他们早期的努力还很难被看成是三角进攻。

在结束西海岸客场之旅后，公牛队 11 月末的战绩为 8 胜 6 负。很明显，杰克逊选择使用温特体系的决定是场豪赌。多年来，温特都在精心开发他的三角进攻体系。这是一套老派的大学进攻体系，要求五名球员分享篮球，不停移动。这套体系在温特执教的每所大学都取得了成功，因为在那里，他有足够的训练时间用来教授和指导。但在执教 20 世纪 70 年代的休斯敦火箭队时——这也是他唯一一次 NBA 主教练经历——他却因为球队明星埃尔文·海耶斯（Elvin Hayes）拒绝接受该体系而被解雇。到了 20 世纪 90 年代，三角进攻体系对于绝大多数职业球员来说依然是完全陌生的。简单来说，赛程密集的职业球队缺乏所必需的训练时间。但杰克逊已经下定决心，要打一套强调转移球的进攻体系，而且他无疑有着管理层的支持。然而，温特比任何人都更清楚，这样的转变绝不亚于一场革命。

多年来，职业比赛都依赖于单打和一对一。而三极进攻，或者叫三角进攻,很少采用固定战术。三角进攻需要球员们学会对场上局势做出反应,通过转移球来制造出防守漏洞。这意味着球员们几乎要重新学习比赛,从温特自己对基本原则的独特阐释到他们在球场上遇到的一切。他们不再单单机械地跑战术,而是要学会停下来,阅读防守,做出反应。每个位置都要像四分卫①一样打球,尤其是后卫和侧翼。

三角进攻的重点在低位,两侧各有一名侧翼球员站在高位,一直延伸到罚球线外,拉开空间。更重要的是双后卫前场进攻,这意味着两名后卫要相互协调,在场上保持距离。其中一名后卫会首先传球,然后"填充上底角",换句话说,就是跑去球场的某一侧底角待着,从而迫使一名防守人跟着他移动。这立刻就能打破球场上的平衡,给予其余四名球员——特别是乔丹——活动的空间。自然,填充底角的人必须是个可靠的三分手,而帕克森和霍奇斯正是理想的人选。

这套进攻体系并不需要具有传统风格的突破型控卫。温特希望主要通过传球来撕开防守。根据经验,想真正适应温特的体系,至少需要两年时间。

因此,教练组决定,第一个赛季的三角进攻改为单后卫前场进攻。他们希望球队能比较轻松、顺利地接受这一体系。即便如此,球队中真正能理解进攻体系的也只有温特一人,这也就意味着,杰克逊把训练中相当大的部分都托付给了他。很快,几乎全部的训练都交给了温特来组织和进行,这对于助理教练来说是相当可观的权力。突然之间,他就从一名无人在意的老顾问变成了秀场的总主导。

"让一群充满好胜心的人聚在一起去打这种进攻体系,而且这种体系只有泰克斯一个人懂。"巴赫回忆道,"菲尔确实是个理想的教练,他会让出位置,说:'球员们必须学会找到自己的节奏,而且必须有所提升。他们必须学会处理各种局面。我来这里可不是去解决每件事的。'菲尔有这样的能力。他真的非常伟大。"

---

① 美式橄榄球中的进攻核心,负责阅读防守和组织进攻。

关键在于乔丹，他当时早已是阅读比赛的大师了。三角战术要求那些技艺非常高超的后卫跟技术不那么纯熟的低位球员分享球权。乔丹立刻指出这会带来许多失误。

他对这套他称之为"机会均等"的进攻体系很是不爽。

"这确实用了不少时间，"帕克森回忆道，"迈克尔要跟那些人一起打球，除非他对作为球员的他们相当地尊重，否则，我认为他会想：'如果我可以自己得分，自己搞定，为什么我还要传球给他们？我宁可叫成败系于我自己一身，而不是他们。'"

"这套体系他学得越多就越明白泰克斯有多么坚定不移。"巴赫谈到乔丹，"菲尔是主教练，他已经言明了未来的发展方向。那就像个金矿。你把球员们带进体系中来，了解体系，然后取得成功。"

但这花了杰克逊不少力气去推销，也用了球队几个月的时间去接受温特的指导。一开始，三角战术主要的卖点在于能为场上带来平衡，为乔丹提供活动空间。这两点都是很明显的事情。光是球场平衡这一点就让公牛队立刻成了更好的防守球队，因为进攻中总有一名后卫留在弧顶，时刻准备在防守中"回归位置"。教练组认为这样的快攻防守能力能帮助他们赢下一些比赛。

"不管你传授的是何种进攻方法，你都必须要有能力在出手后守住，"巴赫建议道，"你有义务知道该去哪里。泰克斯的进攻就能给你这样的平衡和能力。"

转变并不容易。一些观察者——比如《芝加哥论坛报》记者萨姆·史密斯——就觉察到，在杰克逊的头两个赛季中，随着乔丹的失望情绪的累积，一种近似于哗变的气氛渐渐产生。杰克逊对此的策略是，自己唱红脸，让泰克斯·温特唱白脸。

"迈克尔给我留下的印象比其他任何人都深刻，"泰克斯·温特回首往事说道，"我从来不是英雄主义的崇拜者。我看到了他的优点，也看到了一些不足。我认为，教练组可以做很多事情来帮助迈克尔更好地融入球队。

我觉得他是一个伟大的球员,但这并不表示我们想让他游离在外。我们试图让他更多地与队友产生联系。在他真正确定自己真的愿意这么做之前,我们是没有机会完成未来的那些目标的。"

不同的球员对这套进攻体系有着不同的反应。对后卫和侧翼来说,有很多东西需要学习。低位球员面临的挑战小一些。但总而言之,三角进攻要求职业球员们对他们平素打球时的本能方式做出改变。

"这对我来说非常棒,"约翰·帕克森回忆说,"体系进攻就是为了那些运动能力不及联盟中大部分人的球员而打造的。它正合我的长项。但这也给迈克尔和斯科蒂这样的家伙勒紧了缰绳,因为我们不再会下到前场、交球到两侧给他们单打了。这种进攻体系融入了许多精微狡猾的地方、许多团队协作。但那是菲尔的工作了,他需要让我们相信这能帮助我们赢得比赛。"

回首往事,温特解释说,乔丹在北卡罗来纳大学时打过体系进攻的那段经历对此助益良多。但那也有可能增加他的疑虑。

"一切都朝向中路,朝向低位进攻。"乔丹回忆说,"我们的风格彻底改头换面了……我对此当然有些不赞同。我认为这样会给内线球员带来太多的压力。"

杰克逊把乔丹带到自己的办公室,对他说:"球就像一盏聚光灯。当球在你手上时,聚光灯就在你身上。你必须通过让队友们拿到球并做点什么的方式,来跟他们分享聚光灯。"

"这我懂,"乔丹回应道,"问题在于,当需要做决断时,很多时候他们自己并不想要主导权。有时候我可以接过主导权,但这又会变得很难平衡。"

改变需要相当大的耐心。球队改变的关键语句变成了乔丹"必须学会信任自己的队友"。

"当迈克尔知道他可以砍下 40 分时,"杰克逊说,"那些夜晚他就手感火热。于是他会单独行动,会接管比赛。我们必须理解,那正是他的伟大的一部分,那正是这项运动中其他任何人都做不到、只有他能做到的事情。所以没问题。确实,对于想要以一支球队赢球的我们来说,那些夜晚并不容易。但对于作为表演者和得分手的迈克尔来说,那样的夜晚却意义非凡。"

这个过程同样考验杰克逊与乔丹之间的全新的关系。不过他俩的关系也有机会因此而进一步加深。乔丹要学着去信任的并不只有队友,还有他的教练们。

"很多时候,"杰克逊解释说,"我是这样说服迈克尔的:'我们希望你能拿到属于你的30多分,我们希望你去做任何必要的事情。如果你能在上半场拿到12或14分,第三节结束时拿到18分,然后在第四节得到14或18分,那对我们来说就太棒了。如果这套进攻体系能练成,结果就会是这样。'谁会对此有意见呢?我们跟他说:'把你的招数都搬出来吧。逼迫他们整场比赛要想尽各种办法,然后为我们拿下胜利。'"

回首前尘,温特会惊异于杰克逊当初坚持使用三角进攻体系的决定,以及成功说服乔丹的高超口才。那时,他们并不知道,自己正在迈向职业篮球史上最值得铭记的时代,而这一切都始于乔丹和队友们从第一年起经历的训练和教导。

"菲尔对我们要做的事情非常坚决,没有丝毫的动摇。"温特回忆道,"虽然我在很长很长的执教生涯里都在跟三角进攻打交道,但菲尔比我更热衷于此。有时候我会说:'我们应该抛掉这套东西了。就让迈克尔多点一对一的机会吧。'而菲尔却坚持不这么做。全靠他,我们才能一直守住他的基本篮球哲学。"

他们的哲学,他们的体系,使得杰克逊的公牛队不同于NBA中的其他球队。

担任主教练的第一年,杰克逊开始尝试把书作为圣诞礼物送给球员们。他送给乔丹的是托妮·莫里森(Toni Morrison)的《所罗门之歌》(Song of Solomon),这本书讲述的是一个男人寻找黄金的寓言故事。球队的转变也从12月起开始显现。杰克逊的公牛队爆发出强劲的势头,打出多波连胜,先是圣诞假期前的五连胜,然后又以一波五连胜步入新年。他们的进攻依旧挣扎，但防守有声有色。在联盟中，其他教练们开始谈论他们——也开始恐惧他们。

到了1月，他们的进攻已然结成一体，连活塞队都注意到了，虽然活塞队在底特律以10分优势击败了公牛队。尽管取得了胜利，但是乔·杜马斯回忆说，自己当时看见了新的挑战："赛后我找到伊赛亚，我说：'我们有麻烦了。'他说：'什么？你在说什么？'我说：'现在乔丹在场上的那些新花样，会带来一些问题，也会给我带来麻烦。'过去，他只会在前场得球，然后一对一，正面朝着所有人，你可以看见他在哪里，我也知道协防的人都在哪里。但当他在三角进攻中在低位接球，其他人开始空切，我就不知道协防的人都会从哪里过来了。所以，他们跑三角进攻的第一场比赛，我就知道，我们有麻烦了。这次我们是赢得了比赛，但以后乔丹会从弱侧突然飞奔过来，他会去低位会出现在一些新的位置，那都是我们之前不会双人包夹他的地方。我们一包夹，他就把球甩走，等着所有人空切。三角战术中，你传球，所有人都在切底线。我明白这会带来大麻烦。"

"我们立即察觉到，当公牛使用三角进攻时，包夹乔丹变得更困难了。"布伦丹·马龙回忆道。

杜马斯回忆说，四个NBA赛季中头一次，他开始注意公牛板凳席上的那位老绅士——泰克斯·温特，那个三角战术男。而联盟中的其他对手也都有着同样的发现。

"泰克斯的进攻堪比我当年在纽约打的进攻，"杰克逊解释说，"球会经常性地交到低位。你可以空切，你可以做各种无球的事情。每个人都在空切，都在传球，都在转移球。这就减少了集中在乔丹身上的注意力，因为过去，球大多数时间在他手上，他是个伟大的得分手。以前防守人全部都面朝着他，紧盯着他。而现在，突然之间，他变到了防守人的背侧，迈克尔也看出了该进攻的价值所在。他在北卡罗来纳时也经历了类似的进攻。这不是一蹴而就的。开始一段时间他都在观望，然后想法才慢慢建立。"

又一次，乔丹要求得到沃尔特·戴维斯。"转折点是，迈克尔告诉我们必须搞来沃尔特·戴维斯，"吉姆·斯塔克记得，"那个 1989—1990 赛季，感觉像是，要么改变，要么完蛋。迈克尔说，凭着我们球队的结构，我们不可能夺冠。"

克劳斯派斯塔克出差十天左右，观察戴维斯的表现，看看他到底能否帮到公牛队。"沃尔特·戴维斯，照我看来，他的防守基本上没戏。"斯塔克回忆道，"按菲尔的执教方式，戴维斯不可能防得住马克·阿吉雷、泽维尔·麦克丹尼尔（Xavier McDanie）、拉里·南斯这些人。印第安纳有查克·珀森。东部有很多富有天赋、身体强壮的小前锋。他没法防住我们需要防住的那些人。所以我们在交易截止日期到来时并没有采取什么行动。"

镇定自若

2 月，公牛队开始陷入挣扎，西海岸客场之旅期间的一波四连败让事情变得很糟糕。更糟糕的是，卡特赖特因为膝盖疼痛，缺战了几场比赛。迈阿密的全明星周末让喧嚣的议论稍微平息了一些。皮蓬与乔丹共同为东部出战，这是他首度入选全明星。霍奇斯连中 19 球，赢下了三分大赛。

过去，乔丹和杜马斯在私下里并不十分了解对方，直到那年的全明星周末，乔丹打电话邀请杜马斯偕妻子黛比（Debbie）来自己的房间共进晚餐。当晚，两对夫妇一见如故，两个男人间也生出了友谊。"我们的妻子一直说个不停，"乔丹后来说起友谊萌生的那一年，"全明星赛上，我有机会跟他一起打球，还认识了生活中的他。我一直很赞赏他的运动能力和篮球天赋，一段友谊就此建立。因为那些我们对阵时展现出来的天赋，成为朋友是一种对彼此的尊敬……但我们不能走得太近，因为我们还要在场上与对方争斗。你很难跟一位好朋友去争斗。和好朋友争斗时，你会有点放松，会想开点玩笑，而你本应该保持严肃。但这种事情不会发生，因为我们两个人都专注于要为球队做些什么。"

全明星赛后，公牛队又开始重新建立"化学反应"，并继续寻找进攻的感觉。3月末，他们轰出一波九连胜，其中的最高潮是乔丹在加时赛击败克利夫兰的比赛中砍下创造生涯得分纪录的69分。他还抢到了生涯最高的18个篮板，总共37投23中，罚球23中21。此外他还有6助攻、4抢断，50分钟内只有两个失误。虽然表现十分惊人，但对于强调分享球权的三角进攻来说，乔丹的爆发并不是什么理想的东西。

像对待其他一切事物一样，杰克逊同样将此变成了一次上课的机会。约翰尼·巴赫回忆道："迈克尔那天晚上得了超多分。我知道菲尔也利用上了这件事。菲尔能利用上每一件事。他会说：'你的表现是如此之好，但你必须让我们的其他球员也变得更好。'"

乔丹可能从没有在别的教练那里接受过这类信息。新教练杰克逊身上渐渐显露出某些独到的东西。最初展现的是他表现出来的非凡耐心和坚定沉着，证据就是，他在比赛时总能冷静地坐着，总能不动声色地看着场上的一举一动。巴赫对柯林斯和杰克逊之间的不同很是惊异。"柯林斯这家伙总是大汗淋漓、青筋暴露，似乎耗尽了全力。"他说道，"道格会用尽他的每一点能量。而菲尔，他可以整夜安坐在那儿。他会在赛后静静地走开，向人们点头致意。他在比赛中可能也有跟柯林斯同样的高度兴奋，但他只把兴奋放在心里，从不表现出来。"

巴赫尤其钦佩杰克逊在比赛最关键时刻的表现。"菲尔身处沸鼎汤镬之中时才处于最佳状态，"他说，"像他这样的心理大师，可以找出非常独特的办法来解决问题。他绝不会光对你说什么'来，我们一起来搞定'云云。"

巴赫和温特发现他们要在球队明显表现得十分挣扎时催促菲尔喊暂停。"但菲尔就那么看我一眼。"巴赫回忆说。温特和巴赫共同决定，他们会催促他两次，如果杰克逊还是没反应，他们就不再多劝了。"他有这样的力量，这样的决心，"巴赫说，"无论结果如何他都能承受。"

乔丹很快就认同了杰克逊的镇定自若。在这方面，杰克逊让他想起了迪恩·史密斯。里克·福克斯（Rick Fox）同样先后为史密斯和杰克逊效力过，他也认为这两人的临场举止非常相似，除了杰克逊开口时会点缀些脏话。

赛后面对球队时，杰克逊很少会提高音量。输球后，他往往会安慰球员，把注意力集中在他们的努力上。然后他会跟温特一起坐上几个小时，观看每场比赛的录像带，对训练和调整做出计划。

"他是个亲力亲为的管理者，但处处采用独特的方式，"巴赫解释道，"这是非常心理学的东西，而且发自内心，不过他有能力将其与情绪分割开来。他对球员来说有些神秘，因为他难以捉摸。他不会反应过度，有时候甚至根本没有反应，但他有着严明的纪律。菲尔的一大长处是他总能知道现在发生了什么。他可以坐在板凳席上，或者更衣室里，察觉出发生了什么，但他并不急着做点什么。只有在他彻底考虑清楚后，他才会去解决。而他只做那些能让情况和问题立刻就平静下来的事情。"

三角战术也有助于杰克逊的镇定姿态，因为他不用不停地喊战术。"你可以看到教练们在边线旁跑来跑去，喊着战术。在我看来，特别在季后赛里，这正落入了别人的手心。"帕克森观察到，"如果你的球探工作做得好，你就知道如何防守某些固定战术。菲尔说服我们，让我们相信，在进攻端，你越难以捉摸，你就越能成功。想要造成杀伤，你只需要阅读对方的防守，做出反应，而不必按照边线旁的教练的意思去喊战术。"

再遇底特律

连续的胜利帮助他们以 55 胜 27 负收官，成绩足以排到中区第二，仅次于 60 胜的活塞队——卫冕世界冠军[①]（1989 年击败湖人队夺冠）。几乎每个夜晚，全队得分最多的都是乔丹；但皮蓬也已经变成了一位危险的防守者，同时还能像控卫一样执掌进攻。没几支球队有办法搞定皮蓬，尤其是他们还得担心乔丹。再一次，乔丹收获了一堆的荣誉：NBA 最佳阵容、

[①] NBA 的总冠军被称为"世界冠军"。

最佳防守阵容，以及他的连续第四座得分王。此外他还在抢断上领跑联盟。

常规赛的最后一场比赛，公牛队输给了底特律，遭遇了对活塞队的三连败；于是杰克逊的球队要带着一个对某些无力有所贡献的队友心怀不满的乔丹进入季后赛。皮蓬打得不错；乔丹的态度也在芝加哥首轮三比一轻取密尔沃基后逐渐缓和下来。第二轮，对阵费城和查尔斯·巴克利，乔丹简直势不可当。他场均43分、7.4助攻、6.6篮板，公牛队五场晋级，这还是在系列赛过程中，皮蓬因70岁的父亲去世而飞回阿肯色参加葬礼，从而缺席了一场比赛的情况下。

"我从来没有打出过像对阵费城时那样的连续四场比赛。"乔丹后来如此说道。

连续三年，公牛队整个赛季的成败将取决于与活塞队的殊死血战，两队再次相遇于东部决赛。从本质上说，这也是对杰克逊新打法的大检验。

前一年季后赛，比尔·兰比尔在第六战中照皮蓬脑袋来了一下，将他送出了比赛。皮蓬回忆说："在有恶意犯规之前的那几年①，要是有人带球突破，（活塞队）会从下面弄断他的腿。为了胜利无所不用其极，那不该是篮球应有的样子。我记得有一次，迈克尔带球突破，兰比尔狠狠地给了他一下。实际上兰比尔根本盖不到那个球。当你对阵他们的时候，你脑子里总会想起这些，仿佛有什么东西在盯着你。"

如乔丹所预言的那样，他与杜马斯新建立的友谊完全没有减少两队之间的激烈对抗。活塞队继续高调地采用被大肆宣传的"乔丹法则"，这法则实际上很简单：迫使乔丹传球，尽可能多地包夹他、放倒他。同时这法则把场面搞得很丑陋。两队的对决似乎总能召唤出公牛队身上最负面的情绪——无论是球员还是教练——底特律教练组向联盟办公室寄送录像带，暗示乔丹从大量无中生有的吹罚中受益良多，这惹得公牛队勃然大怒。季后赛初，底特律的约翰·萨利就向记者指出，活塞队是一整支球队，而公

---

① NBA于1991赛季才引入恶意犯规规则。

牛只是一场独角戏。"我们队里并没有一个为球队定调的人，"萨利微笑着评论道，"这使我们成为一个团队。如果一个人包揽了全部事情，我们就不是一个团队了。那我们就成为芝加哥公牛队了。"

事实上，乔丹的队友相当了解在他们的领袖身边打球有多难。正如前队友戴夫·科尔津曾经指出的那样，如果球队出了什么问题，一定不是乔丹的错，受指责的总是其他人。尽管主帅尽了最大努力来建立分享球权的三角进攻体系，但是乔丹仍然把持着整支球队，以至于克莱格·霍奇斯等人称他为"将军"。

1990年东部决赛第一战，活塞队一如既往地对乔丹痛下狠手。底特律运动战78投仅命中33球，其中一个还是伊赛亚·托马斯传空接球给约翰·萨利时不小心直接扔进去的。但跟过去一样，活塞队的拼死防守拯救了他们。"这更像橄榄球比赛。"菲尔·杰克逊闷闷不乐地说。

杜马斯的27分和球队的大量防守工作是底特律的取胜关键。他把乔丹限制在34分，芝加哥其余首发合计31分，这足够活塞队拿下一场典型的"坏孩子军团"式胜利了——86∶77，也证明了萨利此前的嘲讽并非妄言。

乔丹在第一节飞入禁区时被狠狠地撞了一下。以丹尼斯·罗德曼为首的活塞队队员合力把他放倒在地，导致他臀部挫伤。"我觉得我的腿就像被人砍断了一样，"乔丹事后说，"我不知道是谁干的。我认为这种伤有可能好得很慢。"

确实如此，至少乔丹在下一场比赛时伤还没好。活塞队在第二战第二节中段时以43∶26领先，乔丹在场上动作僵硬。芝加哥半场38∶53落后，乔丹走进更衣室，一脚踢倒一把椅子，并冲队友大发雷霆："我们打得就像一群女人！"

被乔丹狠狠地训了一通之后，公牛队带着满满的能量进入下半场。乔丹终于回暖，帮助公牛队后来居上，在第三节还剩8分24秒时反超了比分，67∶66。但好景不长。杜马斯19投12中得到31分，带领活塞队

102∶93 取胜，系列赛 2∶0 领先。而乔丹仅仅 16 投 5 中，得到 20 分。比赛结束后，乔丹立刻怒斥了公牛队的拙劣表现，没有跟记者说一句话就离开了更衣室。他后来表示，他的批评不仅针对队友，也指向他自己。

在底特律的更衣室里，记者们聚集在杜马斯的周围，问他是如何防住乔丹的。活塞队后卫犹豫了一下，望向天花板，仿佛在寻求帮助。乔丹是防不住的，他解释说。答案很明显，头两场比赛，他先从进攻端入手对付乔丹，并打爆了他。至少乔丹的心怀不满的队友们私下里是这么指出的。但在前两场败仗后的一次训练中，乔丹怒不可遏，他认为皮蓬和格兰特纯粹在浪费时间，根本没有严肃地对待比赛。

在为芝加哥效力的大部分时间，约翰尼·巴赫要负责编辑和制作对手的球探报告录像带，教练组会在每场季后赛前放给队员们看。巴赫常常会插入战争片的剪辑，来对篮球场上的得分加以说明。但第一个赛季杰克逊却希望把这份工作交给自己。对阵活塞队的系列赛，他在录像带中加上了《绿野仙踪》①（The Wizard Of Oz）的剪辑来说明得分情况。他先播了杜马斯运球突破乔丹的一球，然后插入稻草人的镜头；另一个失误后，杰克逊放了狮子的镜头；在又一个失误后是铁皮人。这引得球员们哈哈大笑，但约翰·帕克森随后指出，主帅是在暗示他的球员没心脏、没勇气，也没脑子。

幸运的是，在芝加哥体育馆举行的第三战，这股颓势终于扭转。乔丹提升了防守能力，得到 47 分，并从队友那里得到了足够的帮助，最终以 107∶102 获胜。伊赛亚·托马斯终于走出了前两场的 21 投 5 中，本场得到 36 分，但公牛队赢下了篮板球的争夺，46∶36，二次进攻为他们带来了优势和胜利。

第四战，公牛队一度领先 19 分，然而得到 24 分的杜马斯再次吹响了

---

①《绿野仙踪》是西方著名的童话故事，主人公的三个伙伴——稻草人、狮子和铁皮人——分别为了寻找心脏、勇气和脑子而踏上旅程。

活塞队的冲锋号。分差两度缩小到 3 分，但公牛 22 罚 18 中，守住了胜利。虽然活塞队在篮板上 52：37 完胜公牛队，可他们就是无法将球投进，78 投仅 29 中。坏消息是，底特律的丹尼斯·罗德曼得到 20 分和 20 个篮板，不过乔丹更胜一筹，砍下 42 分，芝加哥的其他四名首发全部得分上双，公牛队 108：101 取胜。

突然之间，轮到素来喜欢给对手施压的"坏孩子军团"自己面对在主场必须取胜的局面了。

詹姆斯·爱德华兹和比尔·兰比尔在第五战中双双找回状态，帮助球队 97：83 获胜，系列赛 3：2 领先。杜马斯把乔丹限制在 22 分，虽然正在感冒发烧，但底特律后卫还是打了 38 分钟。"面对乔丹，你做什么都没用，只有努力、希望、祈祷。而乔做到了这三点。"查克·戴利说。杜马斯在整个系列赛中展现出的精神和勇气让乔丹十分尊敬，虽然他的表现如今几乎已经被体育史遗忘了。

不过，乔丹求胜的信念似乎已经传递给了他的队友。活塞队再访芝加哥，虽然遭到限制的乔丹只得到 29 分，但他们还是在第六战中落败。公牛队迫使活塞队在第三节只投出了 25% 的命中率，把半场结束时的 3 分优势一下拉大到第四节开始时的 80：63。底特律最终以 91：109 告负。于是，公牛队把系列赛拖进了抢七。

"我们从来没有如此渴望胜利。"乔丹声称。

然而，第七战很快变成了芝加哥的大灾难。帕克森仍在调养严重扭伤的脚踝，皮蓬在开场跳球前遭遇了偏头痛。"斯科蒂过去就有偏头痛，"训练师马克·法伊尔解释说，"他在比赛前来找我，说自己看不见了。我说：'那你能打吗？'一开始他说不行，然后迈克尔闯了进来，说：'该死的，可以，他可以打。让他首发。就让他瞎着眼上场好了。'"

"那场比赛霍雷斯·格兰特也有点受困扰。"法伊尔补充道，"与其说那是懦弱，不如说是走向成熟的过程。他们需要历练一段时间，然后才可以站起来说：'管他的，我已经被折磨够了。'斯科蒂最后还是带着偏头痛上了场，而且在比赛里越打越好。"

但公牛队没有取得胜利，他们第二节打得相当糟糕，于是芝加哥一蹶不振。最后，活塞队以93∶74大胜晋级。

"公牛队时代我最糟糕的时刻莫过于试图把我们在宫殿①输给底特律的第七战给指挥完。"杰克逊回忆说，"偏头痛的斯科蒂·皮蓬坐在板凳上，约翰·帕克森在赛前扭伤了脚踝。我只能坐在那里，咬紧牙关，艰难地撑过最后半场比赛。我们的表现非常挣扎。我们刚刚经历了让整支球队蒙羞的第二节。那是我教练生涯中最难熬的时刻。"

乔丹对队友大为不满，再一次在半场时狂骂他们，赛后他坐在球队巴士的后排呜咽不止。"我又伤心，又生气，"他回忆道，"我嘴里说着：'嘿，我刚刚在拼命，你们却没人像我一样。那些家伙踢爆了我们的屁股，夺走了我们的心，夺走了我们的尊严。'就在那里，在那个时刻，我下定决心，绝不会让这种事情再发生了。也就是在那个夏天，我开始练举重。如果我再被打，那我就会照样打回去。我已经厌倦了在身体对抗中被他们统治。"

季后赛里，每当芝加哥输球，"公牛队仍然是一支充满问题的单人球队"的批评声就会越发高涨。"再次撞上底特律，他们看起来完全不知道如何才能击败对手。"记者大卫·阿尔德里奇回忆说。一些观察者指出，威尔特·张伯伦、杰里·韦斯特和奥斯卡·罗伯特森都花了数年时间才带领球队拿到了NBA总冠军，乔丹可能也会和他们一样。其他人则好奇他是否能避开如埃尔金·贝勒、内特·瑟蒙德（Nate Thurmond）、皮特·马拉维奇（Pete Maravich）和戴夫·宾（Dave Bing）等伟大球员终生无冠的命运。

乔丹对这样的批评和推测十分恼火。他对每年都输给底特律的经历恶心得反胃。

输给伊赛亚·托马斯是件非常糟糕的事情。然而，某种意义上，失利的责任落在了皮蓬身上。每个人，从媒体到他自己的队友，都把他的头痛

---

① 奥本山宫殿，活塞队主场球馆。

诠释为懦弱的表现。现在回头看去，他们当时都忘记了这位三年级的前锋才刚刚安葬了父亲。

"偏头痛的那场比赛，我飞回来的时候，"谢丽尔·雷伊－斯托特回忆道，"坐在我对面的不是别人，正是胡安妮塔·乔丹。她说：'斯科蒂怎么啦？'我说：'他头痛。'她说：'他头痛？！'然后她摇了摇头。"

每次打完重大比赛，乔丹都喜欢留下球鞋，保存好以传给后代。但第七战失利后，他不想要任何纪念品。"他们最后一次输给活塞队那次，当时我们都已经在退房结账了，斯科蒂还在里头，跟他在一起。"莱西·班克斯经常向乔丹索要比赛用鞋，拍卖后捐助给当地的心脏协会，他回忆道，"他说：'这些臭玩意儿我一点儿都不想要。这里，莱西，把这些臭鞋都拿走。我再也不想看到它们了。'"

乔·杜马斯常常会回想起第七场结束后乔丹脸上的痛苦。"我能从他眼睛里看出来，"杜马斯说，"他走过来握手，安静地说：'恭喜，好运。'我还记得在他脸上看到的那种失望和哀伤。我看到了深深的创伤。"

要拯救乔丹和他的公牛队，光靠菲尔·杰克逊的大智慧还远远不够。乔丹也不确定到底还需要什么，但他知道，他必须要竭力加快日常训练的进程。

"有了菲尔，我们还是输了，"马克·法伊尔回忆道，"自那之后，迈克尔说：'嘿，现在我们必须做点超越极限的训练了，我们一起做。如果有谁不想待在这条船上了，赶紧走。'"

第二十五章　篮球之神

多年之后，桑尼·瓦卡罗的脑海中依然弥漫着一股尿骚味儿。

那是1990年的8月末，他们在美国驻德陆军基地一间简陋的厕所里。迈克尔·乔丹要自己跟自己打一场比赛，这让小小的体育馆里挤满了大约两千名士兵。他自己并不想旅行，因为这样一来他就必须远离高尔夫，以及怀孕五个月的妻子胡安妮塔（儿子马库斯后来在当年平安夜出生）。耐克主席菲尔·奈特本来已经快要放弃了，但最终乔丹还是来到了欧洲，这全要归功于瓦卡罗的胆魄和狡猾。

海湾战争刚刚打响，全世界都惴惴不安，但乔丹不愿在那年夏天带着行李来欧洲待上十天有他自己的理由。5月那场输给活塞队的抢七战让公牛队队员们心里都有了点想法，全队带着惊人的专注力进入了休赛期。愤怒在他的队友们心中激发了一种建设性的乐观精神，乔丹希望能抓住和利用好这一时刻。

这次瓦卡罗策划的耐克之行，时间正好安排在训练营开始之前，于是活动之后乔丹必须马上赶回芝加哥。他最不希望的事情就是在日程里塞满愚蠢的公众活动。为美国大兵们打一场表演赛确实有着一定的吸引力，但他希望把这类活动办得低调一些。更重要的是，他觉得可以顺道拜访一下哥哥拉里·乔丹，这让这趟旅行有了意义。

旅行计划中一个更可疑的项目，乔丹承诺在一场全明星赛中先后代表双方出战，该比赛将作为西班牙联赛的揭幕战。把乔丹强行插入到西班牙联赛的重大时刻中显然毫无道理，但这是将美国当下最闪亮的球星风采传播到西班牙语世界的一个大好机会。

整件事情看起来很奇怪。另外,在战争时期旅行也隐含着巨大的安全问题。直到瓦卡罗借用了耐克公司的一架喷气机,并列出每一站的详细安全计划后,乔丹才对这件事产生了兴趣。

"那是一次公关之旅,"瓦卡罗解释说,"也是耐克第一次做这种项目。事情搞得很大。我们做的每件事,迈克尔都是第一个,而我也都陪在他身边。"

该趟旅行成了此后 20 多年里众多美国职业篮球明星的各路球鞋推广之旅的原始模本。但在那时候,这次计划匆忙的旅行有着一个更隐秘的理由。那年夏天,耐克陷入了与杰西·杰克逊[①](Jesse Jackson)的 PUSH[②] 之间丑陋的公关口水仗。杰克逊的年轻副手蒂龙·克赖德(Tyrone Crider)牧师在成为 PUSH 的执行总监后,瞄准了球鞋工业。他指责耐克很少与黑人群体打交道。克赖德对耐克提出抗议,指出这家位于俄勒冈州的公司的董事会成员里没有黑人,副总裁里没有黑人,部门领导中也鲜有黑人。耐克跟乔丹以及其他一些黑人代言人有合同,这点克赖德也承认。但 PUSH 的领导人表示,选择朝耐克开炮是因为耐克在短短几年之内已经成了行业的领袖。

公司和 PUSH 在夏天进行了谈判,结果不欢而散,因为 PUSH 要求查看耐克的账目,而耐克反过来要求查看 PUSH 的资金来源。作为回应,克赖德发动黑人联合抵制耐克产品。"不买耐克。不穿耐克。"他在 8 月 12 日宣布发起运动时说。一些观察者认为,克赖德朝耐克发难是一招误算,PUSH 这次输定了。尽管如此,公司还是希望尽快跟 PUSH 和解,因此对权力结构中黑人匮乏的状况做出了改变。这些努力最终使乔丹在公司中的地位得到了提升,帮助促成了乔丹品牌。不过在此期间,这位球星仍有被

---

① 杰西·杰克逊,牧师,著名黑人民权领袖。
② PUSH,全称为拯救人性联合组织(People United to Save Humanity)。

拖入这场肮脏的争论、被登在全国各地报纸的头条的危险。耐克最不希望看到的事情就是"飞人"乔丹在电视上被问及与此次事件有关的问题。

8月15日,乔丹发表声明。他说,美国的所有公司都应该为黑人提供机会,但PUSH对耐克的责难太过火了。"仅仅因为耐克处于顶尖位置,就把他们挑出来批判,这么做太不公平了。"声明如此写道。

评论发布后,他迅速奔赴欧洲。桑尼·瓦卡罗从前曾灵机一动,找到了把乔丹送到聚光灯下的办法,现在他则想出了将乔丹带离聚光灯的点子。耐克将会做出改变,克赖德也会在1991年初离开PUSH,反对运动当时已宣告失败,因为很明显,黑人消费者并不愿意抵制耐克。

总之,这件事情还是让乔丹意识到,一些可能引起激烈反应的议题也许会给他的商业利益带来麻烦。20世纪90年代还将会有更多人权组织的控诉,指责耐克公司在全世界建立了数百家血汗工厂以制造产品。这个问题很快就影响了乔丹在公司中日益提升的地位。

1990年的那个夏天,乔丹还发现自己被卷入了另一起事件。有人通过他母亲邀请他为哈维·甘特(Harvey Gantt)的竞选活动代言。哈维是个黑人民主党员,想要抢走固执、保守的杰西·赫尔姆斯(Jesse Helms)国会参议院北卡罗来纳州代表议员的位置。那是一次紧张的、充满种族主义色彩的竞选活动,其中最出名的是赫尔姆斯的政治广告《手》(Hands),讲述了一个白人因为不公平的种族政策而被少数族裔抢走工作的故事。共和党策士亚历克斯·卡斯特利亚诺斯(Alex Castellanos)创作了这则广告,试图煽动白人的不满情绪。当被邀请参与竞选活动时,乔丹向甘特的支持者说了这样一句名言:自己不能参加,因为"共和党人也会买鞋"。

政治从来不是他外公爱德华·皮普尔斯家兴旺发达的原因;对北卡罗来纳州的一代代黑人来说也是如此;对1990年的德洛里斯·乔丹和她的儿子来说,政治也不是什么头等大事。乔丹的回应惹怒了许多人,也让另一些人感到满意。在芝加哥,莱西·班克斯和许多人都大摇其头。班克斯在多年后指出，这可不是穆罕默德·阿里会选择的答案①。拒绝帮助甘特——他最终输掉了竞选——的做法更是激怒了社会活动家、前NFL巨星吉姆·布朗，他评价乔丹说："他更在意球鞋合同和个人形象，却不愿帮助他自己的种族。"

政治光谱的另一端分布着肯尼·盖蒂森等人；盖蒂森自高中起就一直在跟乔丹打球。他认为乔丹的评论可以使其成为一名纯粹的产品代言人，因为他与有争议的政治话题保持着距离。"那使他成为一名偶像，"盖蒂森表示，"因为他从不站队，不给人们抨击他的理由。"

2008年，迈克尔·威尔邦（Michael Wilbon）在自己《华盛顿邮报》的专栏文章中回顾起此事，评论道："那仿佛正式标志着一个新时代的到来，运动员们开始在商业和政治中选择前者。中立的姿态更不容易冒犯人。以乔丹为首的黑人运动员们，第一次在商业上对主流文化产生了吸引力。"后来，甘特对赫尔姆斯发起了第二次挑战——最终仍然宣告失败——乔丹给他捐了款。乔丹后来还曾捐款给民主党总统竞选人比尔·布拉德利（Bill Bradley）。2012年，乔丹甚至公开为巴拉克·奥巴马（Barak Obama）的总统竞选活动组织了资金筹集会。

不管怎么说，1990年选举都算是乔丹公众形象的一道分水岭。ESPN的J.A.阿丹戴回忆说，他的许多朋友过去都曾是"飞人殿下"的崇拜者，但1990年成了一条分界线。"就因为选举的事情，我的一些朋友从此彻底不想要跟迈克尔·乔丹有关的任何东西，"阿丹戴说，"因为他们觉得他抛弃了自己的社会责任。他们无法原谅此事。他们不再欣赏作为球员的乔丹，因为他们对乔丹这个人已不再有任何的敬意。"阿丹戴自己也不明白，为什么乔丹会不愿向一个声名远扬的种族主义者开炮。几年后，《绅士季刊》杂志问起这件事时，乔丹解释说，他当时27岁，只想打造自己的篮球生涯，而不是将注意力放在政治上。

---

① "拳王"阿里曾因为主张黑人权利和反战而在巅峰期被禁赛五年。

"我后来想通了,但当时我还年轻,我的想法跟吉姆·布朗一样。"NBA资深记者大卫·阿尔德里奇回忆道,"我当时这样想:'搞什么,迈克尔!你可以出来表明态度的。你可是迈克尔·乔丹啊!他们能把你怎么样?'……我非常不爽。我的反应就像是,迈克尔,你在搞什么啊!你不能那么贪婪!那么愚蠢!这件事不仅跟你个人有关!这是一桩比你个人更重要的事情,因为我们一生都是黑人,这永远是比我们个人都更重要的事情。你现在之所以能自由自在地做你想做的事,全都是因为你之前的人的努力让这一切有了可能性。我当时想:'迈克尔·乔丹怎么能不表态呢?他怎么能不支持哈维·甘特呢?'我跟很多人一样,都为此而指责他。"

这位NBA资深记者说,1990年是个转折点。如果支持甘特,乔丹很有可能走向另一个方向,他会得到人们的肯定,因为他是社会公正的捍卫者,然而在现实中,他捍卫的是个人利益。

"我记得他有一次说过:'我不关心政治。'"莱西·班克斯在2011年回忆道,"迈克在这方面有一定欠缺。他从来不会主动、积极地参与到主流事务中去。"

考虑到这些不断升温的公众事件所带来的不如意,乔丹8月随桑尼·瓦卡罗一起去欧洲的决定就更可以理解了。

"对迈克尔来说,一直是信任的问题,"瓦卡罗解释说,"他会倾听。我是他愿意倾听的人。他不想去,因为海湾战争刚刚爆发,那段时间很危险。但我想叫他去。我想办法让耐克给我弄了一架私人飞机,我们坐私人飞机,去私人机场,有安全保障;我们有穿着制服的家伙,每个人都别着枪。那是一趟怎样的旅行啊。我们去了巴黎,去了德国,去了西班牙。"

以上就是他们来到美国驻德陆军基地那间恶臭的旧厕所的全过程。无须担心市场的灾难,结果证明,德国确实是那次旅行中最激动人心的一部分。士兵们聚在一起,其中很多人对那些公众事件都还一无所知。而且乔丹的哥哥拉里·乔丹也会在。

"迈克尔会担任扣篮比赛的评委,然后跟陆军篮球队一起打球。"瓦卡罗回忆说,"主办方跟耐克有关系。迈克尔要为身在德国的士兵们打一场球,自己跟自己打。比赛地点是一个小小的体育馆,大概有两千名士兵。比赛计划是,他先为 A 队打 5 或 10 分钟,然后为 B 队打 5 或 10 分钟。然后我们从后门出来,溜回包车里,因为那个小体育馆不放人进去,人群和媒体全挤在外面。"

乔丹和瓦卡罗躲在体育馆的旧厕所里。那里有一条长椅,还有最老式的小便池,就是那种金属做的、联通式的水槽;这跟瓦卡罗在推销他的欧洲市场豪华宴游之旅时预期的设施条件可相去甚远。但乔丹从来没有抱怨过一个字。

"比赛开始前,我关上了门,"瓦卡罗回忆说,"房间里只有我们两个人。我去了洗手间,他则在那儿拍着球。门已经被我关上了,然后有人过来说,比赛要开始了。我说:'迈克尔,出发吧。'他说:'不,再让我一个人静一分钟。'"瓦卡罗盯着乔丹看了一会儿,终于意识到发生了什么。

"那个浑蛋在为比赛做准备。我这么说是因为他正在拍球。他就是这样的人。他总要展现出最好的自己,不管什么情况,什么氛围。他身处德国的一间冒着尿骚味的该死的旧厕所,却还在做着准备,搞得好像那场比赛是北卡在超级穹顶(the Superdome)对阵乔治城一样。这向你展示了贯穿他一生的精神状态。"

乔丹在上半场发起猛攻,驱动着球队取得领先。这场比赛中,他的对手都是美国人,所以在场上阅读他们并不困难。一开始,他确实花了一点儿时间来对面前的一切做出判断,但在此之后,他就进入了残暴的乔丹进攻模式,送出数不清的抢断,不断冲击篮筐,玩弄着三分球,而等到节奏降下来后,他又开始低位单打,来考验他身边的球员。

"场上的他简直是个混蛋。"桑尼·瓦卡罗记得自己当时这么想。

政治和抗议那一套东西,乔丹可能不太懂,但比赛对他来说显然尽在掌握。这都源于"对比赛的爱"。虽然赛前计划是上下半场各打一会儿,但乔丹最终打满了全场。"上半场他为 A 队打了 20 分钟,"瓦卡罗回忆说,

"然后下半场,他换了球衣,开始为 B 队打球。"

如果瓦卡罗没记错的话,半场比分是:"迈克尔所在的那队 40∶25 领先。然后他换了球衣,为另一队打球。"

刚刚被他羞辱过的球员们现在成了他的队友,仿佛回到了公牛队的训练里,道格·柯林斯过去也用过这样的形式。于是,乔丹开始扫视他的新队友,想要分辨出谁可以信任,谁不能。

"你猜得出故事的结果,"瓦卡罗说,"比赛最后大概是 82∶80。迈克尔击败了他自己。他打满了 40 分钟。"

旅行真正营销的部分是在巴塞罗那,1992 年奥运会的准备工作正如火如荼。乔丹高调地访问了耐克办公室、奥组委,甚至还有篮球俱乐部协会——即西班牙联赛 ACB——的办公室。"他们希望迈克尔能去巴塞罗那,他甚至还在为 1992 年奥运会而建的新体育馆的工地上铲了铲土。"瓦卡罗解释说,"他在马德里召开了一次记者招待会,在巴塞罗那又召开了一次。他还在耐克为年轻球员举办的一场西班牙全明星赛上担任了扣篮比赛的裁判。"

他又跟自己打了一场比赛,这次是跟西班牙职业球员们一起。乔丹花了一点时间来阅读他的欧洲对手,尝试感受他们不一样的比赛风格。1984 年奥运会的比赛经历给了他不少帮助。他命中了几记跳投,找到了自己的节奏,然后开始施展全力,令巴塞罗那球馆的全场球迷都陷入了如痴如醉的狂喜之中。

西班牙观众为乔丹的每个动作欢呼,球迷和媒体也都说,"篮球之神"降临在他们面前了。乔丹所引起的巨大反应后来也成了促成两年后那次堪称加冕礼的巴塞罗那之旅的一个重要因素。

"这给了耐克相当大幅度的推动,"瓦卡罗谈起自己策划的这次活动,"现在迈克尔成了一名偶像了。"

这次旅行标志着乔丹身上非常细微,但可能也非常重大的一次性格转变,最易于觉察的一点就是,他开始倾听了,瓦卡罗如此解释道。过去他所做的大部分事情都依赖于德洛里斯·乔丹的教导。但瓦卡罗认为,这时是乔丹第一次真正成为一股商业和市场力量。他正在抛下小王子式的任性心态，掌握自己品牌的主导权，愿意去做一切必须做的事情，来帮助品牌成长。他开始把自己的职业素养、竞争意识和成熟心态运用到篮球之外的事情上。倒不是说过去的乔丹没有尽到自己的责任，只是现在的情况就像是，曾经口口声声说以后绝不做朝九晚五一族的少年，最后还是找了一份主流工作。

暴　扣

在走马观花地游览了一番光之城①，参观了塞纳河、香榭丽舍大道和凯旋门之后，玩得相当开心的乔丹跟朋友说，这些景点让他想要参股合买一支欧洲球队，从 NBA 退役之后就去那里打上几年。

转变非常显著，瓦卡罗说："在他刚进 NBA 的头几年，我跟他相处的大部分时间，他都更像是个精力充沛的小孩子，开派对，交许多女朋友，诸如此类，直到他跟胡安妮塔结婚。整个过程，我都参与其中，我都在看着。现在他成熟了，也明白了他拥有的是什么。他要对自己在赛场外与耐克共建的帝国负起责任来。他现在成了一名真正的合伙人了。"

他的下份合同也证明了菲尔·奈特很不情愿去承认的事实：迈克尔·乔丹的力量已经让他成为跟耐克完全平等的合伙人了。另外，PUSH 客观上也对此事产生了影响。"他的下一份合同就是乔丹品牌。"瓦卡罗说。

迪·布朗（Dee Brown）很快就领教了新乔丹的滋味。凯尔特人队的新秀后卫赢得了 1990 年 NBA 夏洛特全明星周末的扣篮大赛冠军。唯一的问题是，他希望自己能成为乔丹。NBA 曾试图说服乔丹参加这次在他家乡卡罗来纳举行的扣篮大赛，但他拒绝了，因为他已经没什么好赢的了，而一输就会失去很多。

---

① 巴黎的别称。

但当他来到夏洛特,看到布朗用一记翱翔的遮眼扣篮赢下扣篮大赛时,他的好胜之血又开始涌动。真正的关键是布朗脚上的鞋,那是一双正在流行的锐步充气鞋。就在扣篮大赛结束后的那个周五晚上,布朗在地下室里,正准备参加另一个活动。突然之间,乔丹出现了。

"那种感觉真的很奇怪,"布朗回忆说,"我是个新秀,大概两个小时之前我刚赢了扣篮大赛。而此时房间里却只有我、迈克尔,还有保安。我坐在那儿,他走过来说:'干得漂亮,少年郎!你干得很不错!'然后他又说:'你知道,从现在起,我不得不好好对付你了。'"这话把布朗吓到了,他吓得不轻。"为什么?"他问道,"迈克尔说:'你知道的,你刚刚挑起了一场球鞋大战。'我说:'你在说什么?'我完全不明白。这可是迈克尔·乔丹。而我才 21 岁,才刚刚赢了一次扣篮比赛。我不理解他在说什么。他当时要是告诉我,我的脸都掉下来了,我也只会说:'哦,谢谢你。'"

后来,布朗开始好奇,乔丹是怎么知道自己当时在哪儿的。这位明星是专门找到他来给他警告的吗?他越琢磨,越意识到乔丹确实是这么做的。

"我慢慢懂了,"布朗说,"你会听到很多很多关于迈克尔的故事,说他的竞争意识有多强烈。他心里已经认定,我穿了一双充气鞋,那就意味着这双鞋和他的鞋之间产生了对抗。忘掉篮球吧,这是一场这样的竞争:'现在我要在别的地方好好踢你的屁股。我知道你防不住我,我是世界上最好的球员。但是,就因为你穿了双锐步,现在我要在球鞋生意上好好教训教训你。'"

在短短几个月内,乔丹已经拥有了一个新的身份,而当时很少有人能认识到这一点。他是球员,同时也是球鞋公司高管。正如瓦卡罗指出的,乔丹在商业方面所取得的成就,比大众意识到的和理解的要大得多。

"锐步充气鞋那时候火了一阵。"布朗在 2002 年的一次采访中笑着说道。不过他马上补充说,事情的结果很快就有了分晓:"很显然,迈克尔发动了球鞋大战。这么说你就会明白那是一场什么样的竞争:现在,人人都穿乔丹鞋。"

转变的代价

身怀着无尽能量和强烈斗志的 27 岁的乔丹，终于在 1990 年初秋给菲尔·杰克逊回了电话，因为训练营马上要开始了。主帅在休赛期间给他打了很多通电话，但乔丹似乎给自己放了个彻彻底底的假。夏天的时候，他在费城参加了高尔夫慈善赛，查尔斯·巴克利给他当球童。两人一见如故，很聊得来。查尔斯的天赋非常高，而且他的幽默感也正好能让身边堆满了各种烦心事的乔丹有机会开心开心。巴克利总能逗得他咯咯直笑。他很快就把跟查尔斯爵士打电话聊天变成了日常生活的一部分。乔丹一直觉得自己很擅长胡扯，但在巴克利跟前简直是小巫见大巫。这个亚拉巴马肥仔居然说下个赛季会把他的联盟得分王抢走，乔丹听了不由得哈哈大笑。

那年夏天，当乔丹回归芝加哥和公牛队时，他戴上了钻石耳钉，剃光了头发。对于一个形象遍布大街小巷的家伙来说，这实在是一个冒险的举动。不过，很快，许许多多不同种族和肤色的人，都开始模仿这一大男子风格的"乔丹造型"。

乔丹还跟经纪人大卫·法尔克就他在篮球之外的活动进行了一次严肃的谈话。他们开始把"篮球场的四个角看成是界线，而非平台"，法尔克后来如此解释道。也就是那个赛季，著名正装品牌"六点之后"推出了一套男士晚礼服——"迈克尔·乔丹的 23 号之夜"。"我们从来没有这么兴奋过，""六点之后"的市场部副总裁玛丽琳·斯皮格尔（Marilyn Spiegel）告诉《人物》（People）杂志说，"90 年代是属于迈克尔的。"

乔丹身高 6 尺 6 寸，体重 195 磅，胸围 45 寸，腰围 39 寸，完美的模特身材。晚礼服不过是接下来十年里无数作品——衣服、香水、珠宝、内衣等等——中的一件，这一切最终定义了后来人们熟知的"都市花美男"式风格。

"我年轻的时候就对时尚很敏感，"乔丹回忆起自己在兰尼高中时要负担家用的经历，告诉《人物》杂志说，"我了解各种风格，我总是很想要它

们，但我买不起。"现在，他当然可以买下全部，他的生涯也来到了一个节点，比赛不能再给他带来乐趣了，而这种乐趣本是一切的根源。他空闲时很少看 NBA 比赛了。这也成了《芝加哥论坛报》跟队记者萨姆·史密斯正在偷偷写作的书中的一个主题。该书后来在 1991 年秋天出版；史密斯在书中通过从球队内部和周围的许多匿名消息源处得到的大量信息，展示了一个自私自利得让人难忘的乔丹和他毒舌、易怒、尖刻、多疑的六个 NBA 赛季。

以上就是菲尔·杰克逊所面临的情况。他正跟乔丹坐在一起，进行他们赛季前的第一次谈话。杰克逊意识到，执教球队的第二个赛季，自己就来到了命运的十字路口。他想要谈谈那被人们称作"迈克尔和他的乔丹风格"的东西，将如何碰撞即将来临的比赛。

乔丹原本希望主帅会告诉他，他们决定放弃三角进攻体系，但事与愿违。主帅不仅期待球队能更坚决地贯彻这一体系，还教导乔丹说，如果他不那么专注于再拿一个得分王，那将会对球队助益良多。看来查尔斯·巴克利早就读过杰克逊的心了。

会谈的结果并不令人愉快，赛季的开局同样如此。早在 1989 年，公牛队决定在下赛季重用皮蓬时，乔丹就相信，球队中存在着"去迈克尔化"的趋势，他们试图跳出他投下的阴影。他听到过一些内部消息，说克劳斯曾评论道，如果球队拥有的是哈基姆·奥拉朱旺而不是乔丹，公牛队早就拿下两座总冠军了。在他看来，球队管理层越来越相信，自己不是一位能带领球队夺得总冠军的球员。他认为自己没有得到支持和力捧；虽然现在回头看，这种想法难免让人觉得有点荒唐。因为在职业赛场中铺天盖地都是他的形象。但那些跟他长期相处过的人都明白，乔丹的竞争意识常常跟客观事实处在两个平行的宇宙里。尤其是，如果他想要放一把火，他会径直从记忆里找出点事情来浇上点油。他身边的人常常区分不出到底什么是真的，什么是他想象出来的。

但有件事显然是真的，那就是活塞队凶横防守的成功。乔丹知道，其他的教练很快也会采取类似的对策，而自己要证明他们都错了。"每个人都想逼迫我在外线出手。"他一脸嘲讽地说道。

同样变得明晰的还有联盟与电视台之间的关系进展。出价更高的 NBC 取代了 CBS，赢得了 NBA 的转播权合同，同时也让球员的口袋里新多了几百万美元。乔丹两年前刚谈成的合同这下子迅速贬值，他现在的薪水在联盟中只排第七。更糟糕的是皮蓬此前刚谈的合同，他那年只能赚大概 76 万美元，而许多不如他的队友都拿着百万年薪。皮蓬决定干脆躲进孟菲斯的一间旅馆房间里，不去训练营报到，幸好他的经纪人说服他说这样的做法势必会酿成大灾难。

接下来的十年里，薪资问题会在芝加哥队内部造成巨大的矛盾；球员和他们的经纪人开始意识到，莱因斯多夫是个多么难搞定的商人。球队老板把合同谈判的艺术看得高于一切，他早就做好了打算，要避免像其他许多球队那样被烂合同困住。他不想对任何合同进行重新谈判，为此准备了一套精确严密的策略，甚至不惜付出任何代价；至于乔丹，莱因斯多夫知道，他的球星不会要求加薪，这意味着自己有足够的时间来评估和判断当下的形势。

球队董事长从球员和他们的经纪人那里"赢下合同"的招数主要是一种老套的压价伎俩。克劳斯负责开出低得夸张的报价，惹怒球员和经纪人，然后莱因斯多夫出面，提高报价。老板很清楚——正如所有二手车商人都明白的那样——如果你一开始就狠狠压价，到最后就不需要在交易里让步太多。这招数很有效，但也使得乔丹不再是球队里唯一一个厌恶克劳斯的人了。很多公牛队队员和各自的经纪人都对他们的总经理非常鄙夷。

1990 年夏天，克劳斯令人震惊地在选秀中摘下了一位未满 20 岁的克罗地亚球员，他名叫托尼·库科奇（Toni Kukoc），尚未保证会来 NBA 为公牛队效力。当时，欧洲球员在身体对抗激烈得多的 NBA 中还表现得相当低效。克劳斯对库科奇的兴奋之情让乔丹更加相信"去迈克尔化"的存在：为了招揽仍处于与某支欧洲球队合同期内的库科奇，球队已经在准备代言

和秘密合同了。

而当乔丹和皮蓬听说克劳斯准备在工资帽下留出两百万的薪金空间,用以将库科奇带到美国时,这更加点燃了他们的怒火。

对于正准备告诉球员他们将沿用"机会均等"策略进攻、乔丹也要为了球队利益而牺牲一部分得分和上场时间的杰克逊来说,这实在不是个完美的时间点。但骰子已经掷下:杰克逊的才智将对抗乔丹的意志。自然,双方都拥有许多充满自身特色手段。乔丹相当喜欢杰克逊,也愿意合作,但这是有限度的。

进入联盟六个赛季,经历了许多教练和队友,乔丹现在最信任的就是他自己。迈克,他信任;其他人,都不好说。以上,就是1990年秋天,他们踏上征途时所处的境况。

第八部分　终有所获

第二十六章　三角战术

若想在芝加哥休息上几天，乔丹有一处简单的避风港——他岳母位于南区的家。他可以躺在沙发上，一边看着电视出神，一边饱餐多萝西·范诺伊（Dorothy Vanoy）做的老式芝士通心粉。胡安妮塔怀孕六个月了，还带着个好动的两岁小家伙儿；母亲的家同样也是她的避难所。对于乔丹来说，没有什么地方比这里更适合关注克劳斯在休赛期升级阵容的各种动态了。

公牛队在休赛期花了不少钱来修正球队阵容中几个明显的弱点。杰克逊喜欢大个儿后卫，大个儿外线防守者，因为这些人可以实现他的紧逼防守。再加上巴赫早就指出，他们需要一名强硬的、有经验的后卫。这名后卫可以在乔丹用力过猛、想要接管进攻时站出来骂醒他，让他见鬼去。丹尼·安吉符合要求，萨克拉门托也愿意交易他，然而掌控着国王队的是公牛队前主教练迪克·莫塔，他不愿做任何有利于老对头杰里·克劳斯的交易。

又一次，注意力的焦点转向了沃尔特·戴维斯，他现在是丹佛的自由球员。乔丹同意调整部分合同，帮助公牛空出点薪金空间来，但这些钱只能用来与戴维斯签约。合同几乎就要谈成了，但戴维斯的妻子却明确表示想留在丹佛。乔丹很震惊。

于是克劳斯决定搞来新泽西的丹尼斯·霍普森（Dennis Hopson）——大十区① 前年度最佳球员、曾经的高位秀——以补强后卫线的深度。为

---

① NCAA 的一个传统强区。

了增强小前锋位置上的防守力度，他们找来了克利夫·莱文斯顿（Cliff Levingston），亚特兰大的自由球员。克劳斯还签下了来自北卡罗来纳大学的落选秀、前锋斯科特·威廉姆斯（Scott Williams）。队中终于又来了一个"焦油踵"，这让乔丹很兴奋，立刻把威廉姆斯纳为自己的小弟。队中的两位1989届首轮秀，B.J. 阿姆斯特朗和斯塔西·金也都变得更加成熟，可以提供更多的帮助。

不过，最重要的还是皮蓬能力的进一步提升，他完成了从侧翼球员到控卫角色的转变。杰克逊说："他现在拥有跟迈克尔一样多的球权了。他已具备统治的力量。"

皮蓬已经在训练中跟乔丹对位了三年，他带着这些经验来到了训练营。他的竞争态度有了转变，这可以从他的得分欲望上看出来。他同样希望成为迈克。说得更具体一点，他希望能从球队得到更多的钱；篮球的生意是以数据为主导的，他意识到自己必须得分。唯一的问题是，他新生的欲求给杰克逊使用三角进攻的计划又添了一份阻碍。

公牛队一上来就出师不利，输给了费城，查尔斯爵士的得分压过了飞人殿下，37∶34。两人进行了深入的垃圾话交流。公牛队随后陷入了开季三连败，前三周只有5胜6负，这出乎所有人的预料。第九场比赛，在西雅图，乔丹在比赛过程中一直在跟多嘴的新秀加里·佩顿（Gary Payton）对飚垃圾话。乔丹砍下33分，公牛队轻松取胜，但他只打了27分钟，这更增添了他的担忧：杰克逊是不是在阻止他拿到得分王。

释　　放

平庸的开局促使莱因斯多夫给主帅打了不止一个电话，但即使是最近距离的观察者也看不出杰克逊有任何冒汗的迹象。电话不会给杰克逊带来多少困扰，真正的麻烦是乔丹和皮蓬习以为常地无视温特的进攻体系、一对一单挑对方防守。乔丹这么做的怂恿者和早期同谋是约翰尼·巴赫，他会低声说着自己的主张。"约翰尼会说：'让三角战术去死吧。只管自己拿球得分就好，把其他人都清空。'"乔丹回忆说。

杰克逊容忍了巴赫的抗命犯上；这确实在球队打法的转变过程中扮演了重要的角色。

"你得不时地把他从三角进攻中释放出来一会儿。"巴赫在2002年的一次采访中如此解释，他深信自己的做法是有必要的。巴赫信任温特的进攻体系，但他也看出，球队的招牌球星需要为之做出一定调整。乔丹是阅读防守的大师，所以三角战术在他身上将更具魅力。尤其是当剧本上的一切都一一实现时，某些独特的事情就会发生。乔丹过去曾经在迪恩·史密斯的进攻体系中完全交出了自己，现在他正在探索把三角战术与自身优势相结合的方法。看乔丹的灵性在这种情况下如何展现，实在是一件太迷人的事情。巴赫回忆说，那就像一个才华横溢的演员，在用自己的大师才智来阐释一个伟大的剧本，完全重写了所有场景和对话。"球员必须了解自己该怎么做才能适应。"回首往事，巴赫说道，"迈克尔完全理解了三角战术。他可以出任其中的任何位置。"

总的来说，三角战术提供了一套计划总纲，让乔丹可以与天赋不如他的队友们产生联结。三角战术要求把球传到空位球员的手上。一旦乔丹开始遵从这一做法，一旦他产生了足够的信任，情况就会立刻缓和下来。马上会形成这样的规律：乔丹会打三节的三角战术，然后——视比赛的节奏而定——在第四节从进攻体系里爆发出来，肆意砍分。每晚的第四节都会导致球队内部的紧张状况，因为泰克斯·温特担心乔丹总是想靠自己一个人去完成太多的事情。有的晚上，他刚开始爆发，球队立刻就崩溃了。但更多时候结果都很不错。

乔丹的场下生活仍然是熟悉的节奏。他要么待在房间里，跟密友们进行牌局马拉松，要么溜去附近的高尔夫球场，抓紧时间来上一两局。他干这些往往是在训练后的下午，那时候队友们都在睡觉。

随着赛季的深入，球队找到了足够的平衡，霍雷斯·格兰特（12.8

分，8.4篮板）和帕克森（8.7分，54.8%命中率）都渐渐融入进来。关键的问题在于，替补阵容无法守住领先局面。阿姆斯特朗、霍奇斯、珀杜、金、莱文斯顿、威廉姆斯和霍普森，都很努力地在执行进攻战术，但体系想要生效，还得靠乔丹的得分。他对替补球员的挣扎表现非常不满，但这意味着他会在场上待更长时间，也有了更多的得分机会。

更重要的是，防守帮助他们挺过了糟糕的开局。巴赫的存在给了球员们能量，但助理教练表示，与杰克逊为了将防守变成球队的重要特质而投入的精力和努力相比，自己的贡献不过是门面工作。"我在防守上做了一点小工作，"他解释说，"不过，是菲尔最早指出了防守的重要性，并向球队言明了这一点。"

这一做法的结果是，开始有迹象表明，他们可能是一支非常优秀的球队。12月，在芝加哥体育馆，公牛队的防守让克利夫兰骑士队在第一节只拿了5分，同时观众们也制造出了跟防守同样咄咄逼人的氛围。赛季第三场，公牛队在芝加哥输给了波士顿。但是此后，他们轰出了一波主场30连胜，直到3月25号才被休斯敦拦下。

防守争取到了时间，最终等来了进攻的复苏。角色球员们，比如帕克森，开始打出优秀的表现。"约翰·帕克森是世上少有的能起到巨大作用的人之一，这是因为他的态度，"主帅在1995年回忆道，"他能打全场紧逼，也是进攻的推动者。"

他们在2月打出了12胜1负，包括全明星周末前在奥本山宫殿的客场胜利。伊赛亚·托马斯没有上场，但赢球还是激发公牛队产生了最初的信念。"在他们的球馆里赢球增长了我们的自信，因为我们过去总是很难击败他们。"帕克森回忆说，"菲尔一直在跟我们说，要打出我们自己的比赛，不要陷入与活塞队的恩怨。这给了我们很大的帮助。"

胜利给乔丹注入了乐观情绪和更加强烈的——如果还有可能的话——自信心。"在全明星周末前我们出发并干掉他们时，就是那一刻，我知道我们能在季后赛里战胜他们。"他回忆说，"我们当时已经打了大概两个星期的客场，然后事情就这么发生了。我当时就能感觉得出来。"

7尺1寸的卡特赖特是公牛队成熟起来、学会该怎样对付凶横活塞队的关键人物。卡特赖特可以跟乔丹一样强硬，这有助于球队学会如何面对底特律。"我们学会了一件事，"杰克逊解释说，"底特律会在比赛中逐渐提升仇恨的水平。在某个水平上，如果你想继续跟他们一起留在比赛里，你就必须凶狠地对抗他们；如果你不想再跟他们一起留在比赛里了，那好，他们就会上来干掉你。但如果你想取胜，你就必须来点凶狠的身体对抗，在他们的水平上打球。比尔就站出来了。比尔所展现的态度是：'这不是我们想要的方式。这不是我想要的方式。但如果这是我们要打败他们所必需的方式，那我并不害怕这么做。我要告诉底特律的那些家伙，这是不能接受的。我们不会接受你们这么对我们。'你无法想象，对斯科蒂·皮蓬和霍雷斯·格兰特这些一直被丹尼斯·罗德曼和里克·马洪等粗野的家伙不断包围、不断攻击的球员来说，这是何等的慰藉。"

3月的一波九连胜，帮助他们拿到了至关重要的季后赛主场优势。他们用又一波四连胜——包括又一场对活塞队的胜利——结束了常规赛，将芝加哥的战绩带到了61胜21负。

决心要在满足杰克逊愿望的同时证明自己观点的乔丹，再次在得分上领先全联盟，场均31.5分（另加6篮板、5助攻）。皮蓬的比赛同样达到了更高的水准，总共打了3014分钟，场均接近18分、7篮板、6助攻。

季后赛开始不久，乔丹第二次当选联盟MVP。

公牛队的第一个对手是尼克斯队，首战他们就创纪录地以41分大胜，最终3∶0横扫。然后是查尔斯·巴克利和76人队，4∶1。对费城的系列赛里有个两天的假期，乔丹和作家马克·万西尔（Mark Vancil）一起开车跑去了大西洋城①的赌场。第二天早上六点半，他们才疲惫不堪地回到了球队旅馆，然后乔丹仍然参加了公牛队早上十点的训练；这种事对于那

---

① 美国东部地区的著名赌城，与西部地区的拉斯维加斯齐名。

些熟悉他的人来说没什么好惊讶的。但媒体发觉了此事,这后来被认为是他各路麻烦的大地震中的第一下微颤。

篮球把他带回到了现实中。公牛队结果了76人队,于是迎来了乔丹唯一在意的对决:坏孩子军团,东部决赛。1991年5月的底特律,是一支饱受伤病困扰、四分五裂的队伍。查克·戴利刚刚被任命为1992美国奥运代表队的主教练;伊赛亚在4月才刚从伤病中复出,可能隐约感觉到自己不在戴利的计划名单里。他开始公开批评主帅,暗示奥运职责分走了他放在活塞队上的心思。戴利试图让他的球星平静下来,但托马斯不愿收回自己的尖锐批评。据说,戴利私下里对那些暗示他没有做好本职工作的说法十分震怒。"我就开了一次会,看了点集锦,没别的了。"他告诉记者。

乔丹和他的队友们无疑嗅到了血腥味。活塞队在第一战中一上来率先发力。"我们在首场比赛里痛打他们,"布伦丹·马龙回忆说,"我从来没有见过芝加哥体育馆那么安静。但随后,板凳席上站出来了克利夫·莱文斯顿、威尔·珀杜和克莱格·霍奇斯。莱文斯顿和珀杜很卖力地抢板,而霍奇斯在那轮系列赛里手感火热。"

这股活力,这种态度,帮助公牛队拿下了前三场比赛。他们的三角进攻操练得愈发流畅,这带给了他们优势,马龙回忆道:"那套进攻体系他们打得越多,就打得越好。双人包夹迈克尔、把别人放空,这变成了一件很难的事情。"最终,温特的进攻体系为乔丹创造了进攻空间,也养肥了他身边的空位投手。系列赛结束后,活塞队会遭受批评,人们认为他们把太多的注意力放在了乔丹身上,他的队友则被放了个干干净净。

"你必须把大部分的注意力放在他身上,"回顾那个赛季,杜马斯说,"来到场上,你很难不把注意力放在那个家伙上,因为他的统治力是如此之强。当你踏入球场时,你很难不去想他会做什么。"

在底特律进行的第四战的前夜,系列赛的气氛变得相当不和谐,乔丹在记者招待会上把长期压抑的怒气全都宣泄了出来。"我认识的人都会感到高兴，因为冠军不再是他们的了，"他评论活塞队说，"我们会让比赛的形象重新变干净。人们都希望把那种篮球赶出去。波士顿夺冠的时候，他们打的是真正的篮球。底特律也夺冠了，这点你不能否认，但那可不是干净的篮球，那不是你想支持的那种篮球。我们不会放下身段去做那种事。我可能会说些垃圾话，但我们打的是强硬的、干净的篮球。他们想要激怒我们，但我们保持着沉着和镇静。"

乔丹随后大胆地总结说："我觉得我们能横扫他们。"

活塞队，尤其是托马斯，被他的语气和议论惹怒了。"不，我们不会被横扫。"托马斯发誓说。

杜马斯没有做出类似的断言，但他对乔丹的憎恶态度非常惊讶。"我很诧异，"底特律后卫后来吐露心声说，"他开始诋毁我们的冠军对于我们的意义，这让我非常失望。"

不过，布伦丹·马龙早就看出了底特律凶横打法的末路，那是在季后赛的早些时候，NBA总裁大卫·斯特恩（David Stern）说他被自己看到的东西给震惊了，各支球队都开始采用粗野的犯规和"谋杀"式的动作。"结束了，"马龙说，"我认为，就是在那年，大卫·斯特恩去观看季后赛，看到球员们在他面前上演斗殴的时候，这种打法的篮球就结束了。他决定对NBA中的粗野动作采取严厉措施。"

对公牛队的系列赛刚开始，裁判就早早地吹了活塞队一堆恶意犯规。"其中一个吹了乔·杜马斯，他打球是很凶，但从来不会被认为是过分。就在那一刻，我明白了，联盟已经下定决心，你不能再这样打球了。"

如他所预见的那样，第二天，乔丹施行了自己的意志，芝加哥横扫底特律。比赛最后，托马斯和活塞队队员们迈着大步提前离开了球场，没有跟公牛队握手、道声恭喜。戴利曾劝阻过他们不要这么做。这样的无礼举动惹恼了电视观众和芝加哥球迷，或许还让伊赛亚·托马斯失去了入选奥运代表队的机会。

"那种感觉棒到不可思议，他们必须从我们的板凳席前穿过。"约翰·帕克森在二十周年纪念庆典上回忆道,"我现在还能记起伊赛亚的样子,偷偷摸摸的,缩着肩膀,希望不被看到……那也证明了我们一直相信的东西——我们在用正确的方式打球。他们是很不错,但他们的时代已经过去,现在轮到我们的时代了。"

杜马斯没有加入托马斯,而是留了下来,向他的敌人道贺。他也对乔丹的评论很不满,但他还记得之前每个赛季结束时,乔丹脸上所显露出的痛苦。"那种表情是我们被击败后我仍然留下来跟他握手的原因。"杜马斯在 2012 年回忆说,"我不会从那家伙面前走过而不跟他握手。我跟菲尔握了手,跟迈克尔握了手,还有其他几个人。我想,如果那家伙脸上带着那种痛苦和失落,都能跟我握手,那我便没理由提前离开场地、不跟他握手。"

马龙回忆说,托马斯和其他活塞队队员愤怒的原因是,他们认为乔丹太过无礼。"还有菲尔·杰克逊和泰克斯·温特,"底特律助教说,"他们的态度像是,他们的形式是篮球的唯一形式。我觉得这太侮辱人了。篮球有各种各样的形式。但他们就是那样的态度。不过,是该到他们胜利的时候了。霍雷斯·格兰特和斯科蒂·皮蓬逐渐成熟,做好了战斗的准备。皮蓬真的成熟了,霍雷斯·格兰特也是,迈克尔终于有了足以夺冠的帮手。"

杜马斯则把事情归结于托马斯输不起的性格。这位底特律的球星四年前输给凯尔特人队时就曾表现得很恶劣[①]。

"伊赛亚从来没跟我说过:'我恨迈克尔·乔丹!'"杜马斯在 2012 年解释说,"他跟我说的是:'我恨失败!'不管对手是谁,伊赛亚都会痛恨输掉系列赛。我是这么看的。"

这次无礼举动就像一记耳光,是对公牛队的终极侮辱,也让他们对底特律一直保持着敌意。"对活塞队,我只有轻蔑和憎恶,"杰里·莱因斯多

---

① 1987 年东部决赛后,罗德曼称伯德只是个普通球星,不过是因为白人身份而受吹捧。伊赛亚也对此表示同意。事情后来越闹越大,伊赛亚和伯德甚至在总决赛前开了一次发布会,但伊赛亚不肯道歉,结果不欢而散。

夫四年后回顾道,"大卫·斯特恩终于感受到压力,改动了规则,把他们的打法判定为非法。那不是篮球,那是杀人放火、谋财害命……这也是我们广受欢迎的原因之一。我们是白骑士,我们是好人。我们以 4∶0 干掉了坏孩子军团,他们恼羞成怒,提前离场,这正是他们的方式。我记得那时候我曾说过,这是正义对邪恶的胜利。他们被人憎恨,因为他们用那样的打法先后击败了凯尔特人队和湖人队——多年以来 NBA 最受欢迎的两支球队。"

对乔丹和他的公牛队来说,击败坏孩子军团确实是跨过了一道大障碍,所以虽然还有总冠军系列赛要面对,但他们没法不停下来好好欢庆一番。克劳斯第一个做出了令人难忘的举动。"他走到飞机前部,他在庆祝,"杰克逊回忆说,"他跳着舞,大家都在喊:'漂亮,杰里!漂亮,杰里!'"

不过球员们还是不知道该怎么理解他们最与众不同的总经理。"他在跳舞,"杰克逊笑着回忆说,"反正说不好他在干什么。等他停下来,所有人都陷入了狂欢,都在开怀大笑,你说不清是在嘲笑他还是在跟他一起分享喜悦。那是一个朦朦胧胧、模模糊糊的时刻。太疯狂了。"

魔术时刻

不久之前,公牛队曾考虑过搞来丹尼·安吉和巴克·威廉姆斯(Buck Williams),但最终两人都去了波特兰,成为克莱德·德雷克斯勒的队友。开拓者队在 1991 年常规赛中以 63 胜 19 负登顶西部,但长期统治西部的湖人队在魔术师约翰逊的带领下找到了取胜的道路,在分区决赛中 4∶2 淘汰了波特兰。

突然之间,芝加哥为篮球迷们打开了一轮梦幻的总冠军系列赛,迈克尔对魔术师,公牛队对湖人队。而公牛队票务经理乔·奥尼尔却发现自己落入了梦魇般的处境。要给乔丹搞来足够的主场票,还要避免让他的队友们不高兴,这一直都不是件容易的事。随着公牛队在季后赛中越走越远,比赛越来越重大,票务方面的挑战也随之而来,尤其是还要满足乔丹的要求。

"我对他会想要多少张有那么点儿概念，"奥尼尔回忆道，"我总是对他说：'千万别吓我。别在最后一分钟告诉我你要 20 张票。'而他总是如此。"

奥尼尔解释说，一件最重要的事情是，在想方设法完成乔丹的请求的同时，还不能让皮蓬和格兰特不开心。"我记得自己走进更衣室，跟斯科蒂、霍雷斯还有其他人说：'你们每人有 4 张赠票。别再找我多要了。没票了，就这么多。每人 4 张。'然后我给了迈克尔大概 40 张。"

这个问题变得越来越严重，奥尼尔只好叮嘱乔丹把票藏起来，别让队友看到。到后来，票务经理开始跟乔丹秘密会面，在芝加哥体育馆的冰球更衣室里交接赠票。

人们一知道总决赛第一战会是公牛队主场迎战湖人队，球票立刻供不应求。"离总决赛开始还有四天，我已经不知所措了。"奥尼尔回忆起第一年时说，"我没有足够的票。迈克尔要，每个人都想要。我记得自己回到家，大概是晚上七点，我走向我的妻子，说：'苏珊，我觉得我干不下去了，我快垮掉了。全世界都在追我。那可是迈克尔对魔术师。我没有足够的票。我觉得我已经干不下去了。'我妻子对我说：'我有个主意。你为什么不去把垃圾倒掉呢？'于是我出门去倒垃圾。我在街上走着，街对面的灯亮了，有个家伙跑出来，给了我一张信用卡，说：'我不想麻烦你的，乔，但你能给我弄两张票吗？'我回到家，跟我的妻子说：'我去倒个垃圾都有人问我要两张票。'"

这不是迈克尔和魔术师的对决第一次瞬间引爆巨大的关注和需求。1990 年，就有好事者计划举办约翰逊和乔丹的一对一比赛，放在电视上付费点播①。乔丹，这个一辈子都在找各种人单挑的家伙，一下子就被这个主意打动了。但 NBA 否决了该项活动——这本可以让参与者大赚一笔——因

---

① 付费点播（PPV）在职业拳击中最为常见。每年只有十来场顶级拳击赛有这种待遇，广告费动辄几千万美金。

为时任球员工会主席伊赛亚·托马斯对此表示反对。乔丹对托马斯的介入十分不满，指责底特律后卫这么做是出于嫉妒，因为没有人愿意掏钱看他比赛。

约翰逊说自己倒是挺想打这场比赛，但他拒绝卷入那两人之间的分歧。"那是他们的事。"他说。

不过，约翰逊在结果预测上倒是玩得挺开心的。湖人队的超级球迷演员杰克·尼科尔森（Jack Nickolson）说，如果要下注的话，自己会押乔丹，他是这项运动中最好的个人球员，而约翰逊则被认为是职业篮球中最完美的团队球员。

但约翰逊对这些推测不屑一顾。"我一辈子都在打一对一，"他说，"我的午饭钱就是靠这个赚来的。"在被问到单挑的最佳招数时，约翰逊说："我没有一招最佳动作。我的最佳动作就是胜利，就是如此。我会做赢球所必需的一切事情。"

篮球迷们对单挑比赛的取消很失望。"很多人都想看，"约翰逊当时说，"迈克尔很失望。他的人都很失望。我们也很失望。这是一件我们都很希望看到的事情。"

1990年夏天，乔丹答应参加魔术师的慈善全明星赛，但活动当天，他因为想多消灭几个高尔夫球洞，结果迟到了。约翰逊没有选择在联盟最大球星缺席的情况下开始比赛，而是决定推迟一会儿，等乔丹来之后再跳球；据说这惹怒了伊赛亚·托马斯。显然，乔丹很高兴能给自己的仇敌制造点不便。

总冠军系列赛，兰尼高中的"魔术师迈克"终于有机会跟他心中的英雄面对面交锋了。约翰逊曾经带领湖人队五次问鼎NBA总冠军，被认为是团队篮球中的终极辅助者。而乔丹则上演着独角戏，似乎永远改不了把队友称为"角色球员帮手"的习惯，虽然他已经被提醒了无数次不要这么叫。命运仿佛想帮乔丹重温更多往事，他还将面对两位大学队友——詹姆斯·沃西和萨姆·帕金斯。沃西的脚踝严重扭伤，这大大影响了他的移动能力。一些业内人士认为沃西的伤病会让湖人队输掉系列赛。他的糟糕状态对洛杉矶来说是个巨大的打击。其他人，比如在NBC担任解说的前湖人队主教练帕特·莱利，则预测湖人队仍然会靠着经验取胜。

第一战，乔丹和他的公牛一上来有点紧张，但还是在上半场领先了两分。然而下半场变成了湖人队的低位单打——帕金斯、弗拉德·迪瓦茨（Vlade Divac）和沃西轮番上阵——大战芝加哥的跳投。比赛最终回到了跳投上来。帕金斯命中了一记出人意料的三分球，乔丹错失18英尺的压哨跳投，洛杉矶赢下了第1场，93:91。

乔丹得到36分，另有12助攻、8篮板、3抢断，24投14中，但即使是这样的壮丽表现，仍然有队友在暗地里对他的投篮选择和一对一单挑表示不满。尽管球队刚刚丢掉主场优势，但是杰克逊在赛后看上去居然很轻松。他已经看出，只要约翰逊不在场上，洛杉矶就会陷入挣扎。杰克逊认为，对于一个处在生涯晚期的球员来说，这意味着过多的责任和义务；他是对的。

另一项新变化则是杰克逊没有预见到的。系列赛一开始，他用了6尺6寸的乔丹去防6尺9寸的约翰逊。第二场，这一安排导致乔丹早早地领到了两次犯规。他的队友，尤其是低位的格兰特和卡特赖特，已经打出了强势的开局。乔丹提前被换下造成了两件事的发生：他们得到了更多的机会；改由身高更高的皮蓬防守约翰逊。

当时的人们都认为，这个25岁的家伙，要防守篮球中最狡猾的老兵、他那个时代的控卫大师，肯定会无所适从。结果恰恰相反，长臂的皮蓬立刻限制住了约翰逊，比赛的势头瞬间调转。在乔丹和皮蓬的轮流防守下，湖人队的高大后卫仅仅13投4中。而皮蓬则贡献了20分、10助攻和5篮板。公牛队全队蜂拥而上，赢得了第二战。

"我们发现，我们可以从身体和体力上搞垮他，"皮蓬高兴地回忆道，"他不再像过去对阵其他球队时那样高效，不再能抢占低位、发挥作用。我看得出他很沮丧。"

"这样做的部分原因是让迈克尔休息一下，"约翰尼·巴赫回忆说，"我们并不想让他从头至尾盯魔术师。然后斯科蒂上阵了，突然之间，我们意识到，他那么高大，魔术师没法再送出那些头上传球了。这些球从头顶传出去，我们称为光晕传球。他会在小个子的头顶上送出这种传球。但现在在他前面的是斯科蒂。他事实上比他自己说的6尺7寸还要高一点。斯科蒂有一双长臂、两只大手。而且魔术师正在衰退。他正在变老，年轻人可不等老头子。"

比赛一开始，乔丹就表现得很慷慨，连续送出不看人传球，帮助卡特赖特和格兰特轻松得分。这样的开局下，公牛队最终打出了73%的命中率①，以107∶86大获全胜。乔丹18投15中砍下33分，外加13助攻、7篮板、2抢断、1盖帽。乔丹在下半场曾经连中13球，其中，在比赛大概还剩八分钟时，他完成了可能是自己篮球生涯最令人难忘的一个进球。他在罚球线接到传球，运了一步，杀向篮筐。他一跃而起，右手将球高高举起，准备扣篮，却撞见了一位防守人，于是在最后一瞬，他把球换到左手，尽力伸向左侧，轻轻打板入筐。球馆内到处都是球迷兴奋的谈话声。菲尔·杰克逊微笑着晃着头，解说马夫·艾伯特（Marv Albert）在咆哮。这球后来被称为"那一球"（the move），与1989年绝杀克利夫兰的"那一投"前后照应。

虽然表现完美，但乔丹还是被帕克森抢去了风头，后者8投8中。"帕克森有投丢过吗？"帕金斯赛后问道。

最棘手的问题可能是乔丹在比赛当中对湖人队板凳席的嘲弄动作，每进一个球，他都会挥舞手臂，或是摇晃上一番，尤其在"那一球"之后。洛杉矶给联盟办公室发了封文件，提出控诉；甚至他的队友都试着想要阻止他那么做。

尽管输球，湖人队也已经在芝加哥体育馆偷走了一场胜利，接下来要

---

① 数据有误，全队命中率62%。73%是首发五人的命中率。

回大西部论坛①连打三个主场。他们拥有比公牛队丰富得多的经验，几乎所有的专家都认为这一点非常重要。

第三战前，公牛队日程上的第一件事是杰克逊准备的录像带：约翰逊放掉了帕克森，改打区域防守，让芝加哥的进攻陷入了大麻烦。乔丹必须辨认出这一招，然后把球传到空位投手的手上，主帅如此强调；之后两场比赛他还会不停地重复传达这一信息。虽然乔丹在1991年总冠军系列赛中场均超过11记助攻，但这件事仍然是球队亟待解决的问题。

第三战中，由皮蓬防守约翰逊的策略反倒让芝加哥在下半场自讨苦吃，中锋弗拉德·迪瓦茨可以在比他矮得多的乔丹头上轻松得分，湖人队取得13分的领先。公牛队在第三节末把比分差距缩小到6分，但还是追不上湖人队。约翰逊不得不打很长时间，这让他疲惫不堪；沃西的脚踝也变成了湖人队教练组担心的因素。乔丹在终场前3.4秒命中跳投，把第三战拖入加时。此后公牛队连下8分，最终104∶96取胜，系列赛2∶1领先。第四战，公牛队折磨得洛杉矶只投出37%的命中率，让他们在第二、第三节总共只得到30分。尤其是帕金斯，在低位打得无比艰难，15投仅1中。卡特赖特领衔的内线防守帮助球队以97∶82取胜。这是乔丹首次总冠军系列赛中又一个熠熠闪耀的夜晚，28分、13助攻、5篮板、2盖帽。

"我不敢相信此刻正在发生的事情。"魔术师约翰逊对记者们说。

"他们能打出那样的防守，这并不令人意外，"湖人队主教练迈克·邓利维评论公牛队说，"他们运动能力很强，也很聪明。"

突然之间，公牛队就要把不可能变为可能了；但他们还得保持耐心。"我们3∶1领先，然后是一段很长的等待时间，从周日到周三，第五战。"公牛队设备经理约翰·利格曼诺夫斯基回忆说，"那三天就像永恒一样漫长。那时候我们还没有夺冠，但迈克尔会走上大巴，说：'嘿，感觉怎么样，世界冠军？'他清楚我们会赢。那种感觉非常棒。我们实在等不及了。"

---

① 洛杉矶湖人队和快船队当时的球馆，简称"论坛"。

第五战前夕，乔丹吃了顿乌鸦肉①。他公开感谢卡特赖特为球队所做的贡献。"卡特赖特在内线给了我们很大的优势，"他说，"他非常可靠……这家伙已经成为这家俱乐部中最重要的因素之一，他的表现让这里站着的，还有跟他一起打球的很多人都感到惊叹。"

后来，谈到乔丹的评价，卡特赖特没有多加理会。"说真的，这东西对我不重要。"他说，"我一直都相信，因果报应风水流转，都是一种循环。对我来说，真正重要的是赢下总冠军。"

第四战，公牛队的每个首发都出手了至少10次，这或许表明了乔丹的信任，也证明了杰克逊对自己的信心。执教的那几年，他很少跟乔丹直接正面对抗。如果他想让乔丹做什么，他往往会告诉全队，该这么做了。如果他想批评乔丹，他就会批评整支球队。这是主帅和明星球员在多年共事后找到的一种沟通方法。两人显然都知道他们在做什么，也觉得这种做法可以接受。球队中的其他球员有时会偷偷抱怨。但他们还是接受了这种特殊环境里的特殊交流方式。

而在进程十分曲折的第五战里，这种沟通模式带来了一个经典时刻，一个乔丹的队友们——甚至未来的队友们——都会相当珍视的时刻。悬而未决的总冠军，被放空的约翰·帕克森，无视队友、不停地一对一进攻的乔丹，于是在比赛末段的一个暂停里，失去耐心的杰克逊问道："M. J.，谁有空位？"

或许是被杰克逊猝不及防的直截了当击中，乔丹愣住了，没有说话。

杰克逊又问了一遍："谁有空位？"

这个故事被乔丹的众多队友们广为传播，大概是因为他们多年来受够了乔丹的苛刻要求和漠不关心。

"这是我最喜欢的故事之一，"史蒂夫·科尔（Steve Kerr）——他在后来的公牛队里代替了帕克森的角色——在2012年的一次访谈中说，"迈

---

① 俗语，指不得不承认自己此前的错误言论。

克尔下半场打得很糟糕,他们一直用双人包夹他,他强行出手了不少投篮。菲尔叫了个暂停,大概是在比赛最后几分钟的时候。他看着迈克尔,说:'迈克尔,谁有空位?'迈克尔低着头。他接着问:'迈克尔,谁有空位?'终于,迈克尔抬起头看着他,说:'帕克森!'然后菲尔说:'好,那就给他传球!'"

帕克森在最后4分钟命中了5个长距离投篮;乔丹一次又一次地突破,吸引防守,然后向外分球。帕克森全场得到20分,皮蓬32分,公牛队以108:101赢下了第五战,拿到了总冠军。当时,论坛球场里的观众陷入了呆滞的寂静,公牛队解说员吉姆·德拉姆(Jim Durham)在2011年回忆说:"我一直记得,公牛队在球场上手舞足蹈,其他人就那么坐在那儿看着。"

在一片寂静中,湖人队超级球迷杰克·尼科尔森拥抱了杰克逊,魔术师约翰逊找到乔丹,并送上祝福。系列赛让两人变得更亲密了;约翰逊走向乔丹,告诉他,他们应该忘掉两个人的区别。乔丹后来说,这是他们友谊的真正开端。"我看见了他眼中的泪水,"约翰逊说起他们在终场哨后的谈话,"我告诉他:'你证明了所有人都是错的。你是个赢家,也是个伟大的个人球员。'"

当乔丹走进喧闹狂欢的更衣室时,泪水变成了潮水,这个时刻他已经等待了7年。"我从没有失去过希望。"他说道,身边坐着妻子和父亲,"我为我的家庭感到高兴,还有我们的队员和教练,我们的俱乐部。我为这东西拼搏了7年,我要感谢上帝赐给我的天赋和机遇。"

"我一直难忘那个场景,迈克尔在哭泣,他的父亲抱着他,"吉姆·德拉姆回忆说,"他终于赢了,他用他自己的方式赢得了总冠军。"

眼泪奔涌而出,乔丹似乎就再也收不住了。"我从没有在公开场合这么情绪化过,"他说,"我刚来这里的时候,一切都是零。我发誓我们每年都要打进季后赛,每年我们都在进步。我一直坚信,有一天我会赢得这枚戒指的。"

乔丹说,最后一战全靠帕克森连续命中空位投篮才得以拿下,他还提到了杰克逊对他下命令的那个瞬间："这就是为什么我一直希望他能在我的球队里，能留在我的球队里。"

"就这么结束了，太戏剧化了，像一场闪电战，"杰克逊回忆道，"此后有很多愉快的事情。迈克尔抱着奖杯哭泣……非常特别。"

随后，公牛队在玛丽安德尔湾①的丽思卡尔顿②的房间里举行了派对。"我记得自己走进迈克尔的房间，"约翰·利格曼诺夫斯基说，"他跟我说，来差不多一打唐培里侬③，再要够40人吃的开胃菜。我们在丽思卡尔顿，我给礼宾部打电话。我说：'嗯，送一打唐培里侬和40人份的开胃菜上来。'他们的反应像是：'等等。'他们不想送上来，因为他们知道电话这头不是迈克尔。于是我把电话给他。他一把抓走电话，说：'快送！'"

公牛队回到了芝加哥，在格兰特公园举行了总冠军庆典，现场估计有50万到100万的球迷。"我们从最开始的垫底，"乔丹对着面前这片欢乐的海洋说道，"一路走到顶尖，这很艰难。但我们做到了。"

而在幕后，夺冠似乎也缓和了乔丹和克劳斯之间的矛盾。"我们最终赢得了第一个总冠军，"吉姆·斯塔克回忆说，"迈克尔再也没有公开说过我们必须这样交易或那样操作了。迈克尔终于吝啬地给了杰里一点尊敬，但为了得到这一丝丝的敬意，杰里真的做了很多。早几年的时候，因为迈克尔自己的篮球智慧，他对杰里真的很苛刻。"

夺冠之后，乔丹终于把瞄准镜的准星从克劳斯身上移开了；斯塔克回忆说："敌意平息了那么一段时间。"

---

① 洛杉矶海滨的富人区。
② 高级酒店及度假村品牌。
③ 顶级香槟品牌，被称为"香槟王"。

第二十七章 赌 局

在把梦想带到应许之地后,乔丹立刻陷入了狂热之中;甚至佳得乐都在准备发布他们的经典广告时配上朗朗上口的歌词:"I wanna be like Mike."(我想成为迈克。)时间会证明,他在篮球成就方面的上限很大程度上取决于他自己的意愿。他刚刚夺得了首个职业冠军,有力地驳斥了对他作为团队球员的能力的批评。但与此同时,场下的乔丹却踏上了一条将会威胁到他小心翼翼建立起来的好名声的道路。

那个夏天,乔丹和圣迭戈体育中心的理查德·埃斯基纳斯股东打了许多场赌注很高的高尔夫比赛,还开始记录各自的输赢金额。"我们在怎么付钱上一直都很灵活。"埃斯基纳斯后来回忆说。9月,在北卡罗来纳州派恩赫斯,赌局达到了一个新的高度,埃斯基纳斯一天内就在高尔夫上输给了乔丹9.8万美元。他希望乔丹跟他赌一把倍销①,为了强调这一点,他还给乔丹写了两张9.8万美元的支票。但他没有告诉乔丹的是,他的存款可能连付一张的钱都不够。不过结果证明,他无须担心。乔丹接受了赌注,两人在月底去了圣迭戈的阿维亚拉高尔夫俱乐部,进行了一场令人肾上腺素暴增的持续十天的豪赌。乔丹不仅输掉了那9.8万美元,还赔上了62.6万美元。乔丹也希望来一把倍销。手感火热的埃斯基纳斯劝乔丹别玩倍销,但他最终还是答应了。

---

① 指以输钱的金额为赌注,结果就是债务翻倍或者一笔勾销。

"他又一次说起自己有多有钱，"埃斯基纳斯后来回忆说，"如果输了他就要付 120 万美元，他说他付得起。'来吧，'他说，'老埃，我可不相信你会不给我这个机会。'我尝试让他理解，一下子输掉这么多钱是个什么概念，希望能打消他再赌一局的念头。但他不仅希望继续，他简直是在命令我。'我不想打，'我说，'但我不能赖你。如果你输了，就得付钱。只有这样我才能好好教育教育你。还有，如果我赢了，就到此为止。不要再说什么再来一局倍销了。'"

乔丹很快就输了，他的总债务变成了如埃斯基纳斯所说的 125.2 万美元。他在输钱后看上去有一点震惊，但随后立刻赶回了自己威尔明顿的家，去接受一项了不起的荣誉：40 号州际公路靠近他小时候住的戈丹路的一段将以他的名字命名。迪恩·史密斯也在那里，他的格子花呢运动夹克与乔丹精心剪裁、配着真丝口袋巾的棕褐色西服形成了鲜明的对比。那天天气很热，剪彩仪式上，乔丹泪流满面。他回到座位上后，胡安妮塔轻轻地为他拭去眼泪；但最温柔的时刻或许发生在仪式开始前，詹姆斯·乔丹穿着整洁的浅蓝色西服，左领子上是一颗引人注目的"成为迈克"的纽扣，他走上主席台，握住儿子的手。乔丹坐在那儿，抬头看向父亲，绽放出大大的笑容，轻拍着他的肩膀。

就在同一周，乔丹正式入选 1992 年奥运会美国篮球队。声明发布前曾有过一场谈判，乔丹当时很固执地表示，如果球队里有伊赛亚·托马斯，他就不会参加。因为之前那段紧张甚至有点令人不快的 1984 年奥运代表队的经历，乔丹并不大情愿参加这支后来被称为"梦之队"的队伍。《体育画报》的杰克·麦卡勒姆报道说，选拔委员会决定不邀请托马斯，担心他可能会影响球队的"化学反应"。文章暗示，查克·戴利和身为选拔委员会一员的底特律总经理杰克·迈克洛斯基（Jack McCloskey）都没有为托马斯说话。这篇文章扼杀了活塞队从季后赛对芝加哥的大败中恢复过来的希望。他们的"化学反应"遭受了沉重打击。

与此同时，埃斯基纳斯开始给乔丹打电话，催他偿还赌债。三年后，

埃斯基纳斯透露说，乔丹的答复是一阵笑声："里奇①，要让我给你120万美元的支票，我可能会同时给你一枪。"

这句话让埃斯基纳斯陷入了深深的恐惧，促使他找了几位相关的当事人，认真考虑乔丹的重要价值。"我害怕我会被看成是乔丹的一个威胁，这种恐惧带来了很多事情。"他说。"我放弃了，"埃斯基纳斯后来透露，"但那之前，他就很明确地表示说他不会付全部的钱。他说的是，'我是不会付全部的钱的'。那一刻我就明白，我拿不到这笔钱了。"

揭露之书②

高尔夫的失利始终在公众的视野之外，但那年秋天萨姆·史密斯的著作《乔丹法则》(The Jordan Rules)却朝他的生活投下了一枚重磅炸弹，并立刻让一切陷入了岌岌可危的境况。本书是乔丹的一幅相当负面的肖像画，同时也批评了衣着邋遢的克劳斯和他的狂妄自大。菲尔·杰克逊后来说道，本书完成了一件相当罕见的事：它让乔丹和克劳斯达成了难得的一致。

"萨姆·史密斯靠那本书赚了点钱，"总经理在数年后表示，"我希望每块钱都能让他噎上一口。"

然而，本书确实真实地勾勒出了乔丹求胜欲的强硬线条。由于一如既往地敏感，书中的描写让乔丹愤怒，并感到深深的痛心。与此同时，公众却在积极吸取这些新信息，为这个意志如同钻石般坚硬、将身边的所有人都驱赶向痛苦和伟大的混合体的形象而感到兴奋。与其说这本书有损乔丹的形象，倒不如说在它的刺激下产生了更多的崇拜。《乔丹法则》的冲击使得乔丹认为自己遭到了围攻，同时伤害了杰克逊之前打造的"兄

---

① 理查德的昵称。
② 原著此节标题为"The Book of Revelations"，与《圣经》中的"启示录"双关。

弟感情"。

"《乔丹法则》让球队陷入了分裂。"主帅回忆说。

霍雷斯·格兰特是消息源之一，这惹恼了乔丹。"我知道人们会开始朝我开火，"乔丹告诉马克·万西尔，"你到了一个节点，人们厌倦了看到你一干二净、毫无瑕疵地坐在王座上。他们说：'我们来看看这家伙身上有没有什么污点。'但我从没料到这会祸起萧墙。萨姆想要让人们觉得，他作为朋友，跟这个大家庭一起待了八个月；但这个大家庭所谈的一切都是他们对我的憎恶。我是说，如果他们真的有那么多恨意，他们怎么能跟我一起打球？……我不明白如果我们之间有那么强烈的敌意的话，我们是怎么夺冠的。当初看上去我们都处得很好。"

几周之后，这股怨气清楚地呈现给了大众：乔丹决定不跟球队一同赴玫瑰花园①参加与总统乔治·布什（George Bush）见面的传统仪式。他那天跟一帮朋友打高尔夫球去了，其中包括他的童年伙伴大卫·布里杰斯。白宫事件进一步地刺激了格兰特和乔丹之间的不和谐。

"我认为情况是这样的，霍雷斯觉得自己不受重视，被看轻了，他希望成为一个重要人物。"菲尔·杰克逊观察到，"霍雷斯身上的一些东西困扰着乔丹。基本上，霍雷斯心里想到什么，他都会在媒体面前说出来。使矛盾加剧的一件事是，我们拿到第一个总冠军后，霍雷斯夫妇和乔丹夫妇去了纽约。他们共进晚餐，然后一起看了场戏。他们在一起的时候，迈克尔就告诉霍雷斯说，他不会去见布什总统。迈克尔说：'这不是什么义务。这又不是我的工作，我有别的事情要干。'霍雷斯当时没有提出异议。他知道这是个私人问题，所以没说什么。但后来这件事曝光了，媒体进行了报道，问霍雷斯有没有受到这件事的困扰；霍雷斯在这上面大做文章。可以说，媒体骗他说出了这些话，而他也觉得这时候是应该做出这样的陈述。"

"我绝对不会去的。"在被问及这项传统活动时，乔丹对记者们说，"没

---

① 白宫内的一处庭院，并非波特兰开拓者队主场球馆。

人问过我那天是否方便。其他人要去，没问题，但白宫跟其他房子也没什么两样。也就是干净点。"

就在访问白宫前几天，乔丹还上了《周六夜现场》(Saturday Night Live)①，他的表现略显笨拙；同场嘉宾还有杰西·杰克逊和说唱组合"全民公敌"(Public Enemy)。乔丹不想参加，但桑尼·瓦卡罗劝他那么做，甚至还去了纽约陪他一起坐在 NBC 的后台休息室里。

菲尔·奈特不久前刚刚把瓦卡罗开除出了耐克，但他在别的运动鞋公司取得了成功。"菲尔让我走的时候，迈克尔打电话给我。那个电话是我最早接到的电话之一。"瓦卡罗回忆道，"他说：'我能做什么？你需要我打电话给菲尔吗？'我说：'不用了，没得挽回了。'"

跟罗布·斯特拉瑟及其他离开耐克的人一样，瓦卡罗曾经力劝乔丹，在飞人乔丹球鞋取得不可阻挡的成功后，应该向耐克提出要求，拥有自己的品牌。"我做了很多事情来确保乔丹提出这一要求。"瓦卡罗说，"我是说，这是我对迈克尔的最后的愿望和嘱托。我跟他说：'你必须要获得这公司的一部分。'我的意思是，事情就是这样的。"瓦卡罗为耐克和乔丹处理了最后几件麻烦事，其中包括给 Flight 23 专卖店和詹姆斯·乔丹的那摊懊糟事儿扫尾。"迈克尔很沮丧不能那么干脆地把它们关掉。"瓦卡罗回忆说，"事情发展到了一个节点，他必须站出来，告诉詹姆斯必须把它们关掉。如果这是钱能够解决的，那就掏钱解决。"

那个月对 NBC 来说同样繁忙，他们播出了《一场致敬迈克尔·乔丹的喜剧》(A Comedy Salute To Michael Jordan)，由喜剧救济基金会 (Comic Relief)② 出品，黄金时段播出，为无家可归的儿童筹措资金。表演于 7 月在芝加哥剧院上演并录制，门票价格被炒到了 400 美元，成千上万的人挤满了街道，只为了看乔丹一眼。他和胡安妮塔坐在观众席的包厢

---

① 简称 SNL，美国最经典的脱口秀喜剧节目。
② 非盈利慈善组织，通过喜剧表演的收入来捐助、救济弱势群体。

里，显然因为被喜剧明星们开着玩笑而感到有些尴尬。

表演一开始，主持人比利·克里斯特尔（Billy Crystal）对乔丹代言产品数量之多开起了玩笑。"我有迈克尔·乔丹的一切，"他说，"我甚至有迈克尔·乔丹的隐形眼镜。它们能让所有人看上去又矮又慢。"

为了回报 NBC 为组织和制作慈善演出所付出的努力，瓦卡罗最终劝服了乔丹参加《周六夜现场》。"那是这个世界上最重大的事情，"瓦卡罗说，"他有一点点紧张。他差点就没去。"

《体育画报》的杰克·麦卡勒姆也坐在休息室里，观察着一边被《周六夜现场》众谐星打趣逗乐、一边给人签名的乔丹。制片人想要放一段关于乔丹尽力阻止伊赛亚·托马斯入选奥运代表队的小品，但他拒绝了。乔丹在《周六夜现场》主持的那部分相当枯燥乏味，事后乔丹自然对该决定十分懊悔。

这些活动过后，乔丹的首个真正的大麻烦开始显现。12 月，一个受到警方监视的夏洛特人——可卡因贩子"瘦子"詹姆斯·布莱（James "Slim" Bouler）——兑换了一张乔丹写给他的 5.7 万美元的支票。布莱接受了逃税调查，之后又被控洗钱。布莱和乔丹都告诉警方，这些钱是一笔贷款。但乔丹很快就被识破，此后收到了传唤其出庭作证的传票。

随后，1992 年 2 月，保释金担保人埃迪·道（Eddie Dow）在家中被杀。小偷拿走了屋内金属公文包里的 2 万美元现金，但遗落了三张合计 10.8 万美元的、乔丹签写的支票。道的资产管理律师证实，这些支票是乔丹用来偿付赌资的，对象包括一位名叫迪安·查普曼（Dean Chapman）的北卡罗来纳承包商及另外两人。媒体记者透露，乔丹经常在自己位于希尔顿海德岛的家里举行小规模的高尔夫和赌博聚会，这些钱就是在那儿输掉的。据道的律师说，他至少参加了三次这种聚会。人们还得知，每个赛季的训练营开始前，乔丹都会举办名为"迈克时刻"的高尔夫和扑克豪赌聚会。

记者们催促 NBA 总裁大卫·斯特恩对乔丹施以谴责。联盟很快就对乔丹的行为进行了"调查"，但也仅限于此。杰里·克劳斯和桑尼·瓦卡罗都

拒绝接受采访。克劳斯在 2012 年表示，乔丹的行为曝光后，公牛队跟其他所有人一样感到震惊，但他们并没有做出任何试图进一步了解他场外行为的举动。这实在令人惊讶，因为克劳斯 20 世纪 70 年代末曾在洛杉矶湖人队的管理层任职。据前湖人队总经理皮特·纽维尔说，他们当时曾雇佣洛杉矶警察局的副警官在下班时间追踪球员的行为。菲尔·杰克逊后来指责克劳斯——称他为"警犬"——秘密监视公牛队队员的场外活动；克劳斯否认了此事。

"我对他的为人有着充分的信心。"克劳斯评论乔丹道。耐克的态度与此类似。"对于他的私人生活，别人能做的事情，就都应该允许他也能做。他又不是总统或教皇。"耐克发言人达斯蒂·基德（Dusty Kidd）如此回应记者的提问。

"他确实有问题。"桑尼·瓦卡罗在 2012 年回忆说，"也只有他才能撑得过那样的赌博危机。你明白这一点，不是吗？"

20 年后，克劳斯也发表了自己对此事的看法。"我当时不知道赌博的事。"他说，"我知道他会在飞机上打牌。你会听到球员们在吵吵嚷嚷。我不知道他们赌得多大。后来我才发现，他们赌得相当大。但是 NBA 的所有伟大名宿们都会赌。我见得多了。我见惯了球员们玩牌。NBA 就是这样子的。至于迈克尔，那只是他的生活方式。有什么关系？他有钱。他从来没有表现得不职业过。他每天晚上都会出现，总是做好了充足的准备。他做了很多慈善，很多好事；同时也有很多蠢事。他就是他。"

统　　治

过去长期排在乔丹之前的偶像们现在一个接一个地倒了下去。伊赛亚·托马斯和他的活塞队衰落了下去，然后像西方坏女巫一样融化消失①。

---

① 指《绿野仙踪》中的情节。"西方坏女巫"是书中人物。

至于拉里·伯德，年龄、背伤、失准的投篮和季后赛的早早失利，让他的结局有失体面。但最大的偶像倒在了1991年11月7日，当时乔丹正在训练。那天早上，魔术师约翰逊的经纪人朗·罗森（Lon Rosen）给公牛队公关负责人蒂姆·哈勒姆打了电话。

罗森给乔丹带去的坏消息，NBA的精英小圈子也已经得知。魔术师约翰逊将在当天下午在洛杉矶立即宣布退役，因为他刚被检测出HIV亦即造成艾滋病的病毒呈阳性。

乔丹愣住了。然后他回过神来，问到自己的童年英雄："他要死了吗？"

同一个问题回荡在成千上万人的心里，一个奇特而不寻常的NBA赛季开始了。许多高调的球员悄悄地去做了检测，因为洛杉矶那些个约翰逊过去花天酒地过的场所，他们也都曾在那儿开过派对。乔丹自己也没能逃过流言，有一则传闻说，他会跟队友们下很大的注，赌球队的西海岸客场之旅期间他会跟哪个好莱坞明星睡觉。流言中，他赢过至少一次这种赌局，虽说还不知道他是如何证明自己的成功的。

至于篮球，公牛队开局1胜2负，他们似乎处于又一个转变期，有了更多的内部争斗和挫折。波士顿的比尔·拉塞尔王朝之后，再也没有球队能蝉联NBA总冠军，直到1988年帕特·莱利驱赶着他的湖人队取得了两连冠。然而他的过度施压毁掉了他与球员之间的关系。莱利很快被解雇，魔术师约翰逊也被榨干了。杰克逊注意到高压日程可能带来的危险。种种问题使得他决定让他的球员们练习冥想和禅修。不管出于何种原因，他们迅速展现出了超常的注意力。

"这帮家伙很了不起的一点是，"杰克逊后来回顾往事时说，"他们从来不会让外部的事情干扰到球队在场上的表现。"

克劳斯调整了球队阵容，在11月的一笔交易中将心怀不满的丹尼斯·霍普森送至萨克拉门托，换来替补后卫鲍比·汉森（Bobby Hansen）。在赛季初的那两场失利后，他们很快进入了状态，这要感谢一股新兴的力量：斯科蒂·皮蓬。1992年，乔丹是联盟中绝对的最好的球员，而吉姆·斯塔克观察到："斯科蒂追得很紧，他们的比赛就像是 1 和 1A[①]。"

四年之后，泰克斯·温特回首往事时指出，皮蓬已经成为那种特别的球员，跟魔术师约翰逊一样，"可以让他的队友变好……我觉得他在这方面胜过迈克尔。这是我的个人意见，有些时候——当然了，并非总是如此——但确实有这样的时候，迈克尔会伤害他的队友。你不会在皮蓬那里找到这样的时刻。他彻底地无私。迈克尔应该自私，因为他是个那么伟大的得分手。迈克尔不受拘束，当迈克尔处于一个他认为自己可以得分的位置时，大部分时候，他就会想着去得分，而斯科蒂在很多情况下会把机会让出去，让他的队友们都参与进来。"

乔丹显然是篮球中一股巨大的力量，然而，是皮蓬学会了用一种极少数球员才会的方式去辅助和引导这股力量。

正如他在总冠军系列赛中表现出来的那样，皮蓬成长为了一位伟大的防守球员，这反过来也让公牛队成了一支伟大的防守球队。那个赛季，球队的三角战术运用得越来越纯熟，这让对手们对其更加关注，不过公牛队的防守令他们没有任何喘息之机。

"他们的防守是那么完美，"犹他主教练杰里·斯隆（Jerry Sloan）在对公牛队做了研究后坦率地说，"只要他们决定将其提升一个等级，他们就能摧毁你。如果这种情况会让你惊慌失措，那你就有麻烦了；而大部分的球队都会惊慌失措。"

杰克逊自己后来称之为"砸开箱子"，那指的是，比赛中的某个时刻，他的球队会提升到另一个级别。惊慌失措的对手喂饱了他们，公牛队一路杀到了 37 胜 5 负，包括 11 月到 12 月的 14 连胜，队史最长连胜纪录。1 月，他们又斩获了 13 连胜，然后在月底和 2 月出现了滑坡，仅仅 11 胜 8 负。

"那个赛季我们有着现象级的开局。"公牛队新的训练师奇普·谢弗

[①] 赛马术语。如果一场比赛，有同一位训练师的两匹马参赛，就会记为 1 号和 1A 号。

（Chip Schaefer）说，"我们一度37胜5负。但随后我们的西部之行6战4负，那是全明星周末前。迈克尔在犹他被驱逐出场，因为他顶了当值裁判汤米·伍德（Tommie Wood）的头。我们打了三个加时，伍德在第三个加时里吹了迈克尔一个犯规。那是一记故意的头槌。迈克尔在争论，情绪激动，然后他俩的脑袋顶在了一起。伍德把他驱逐出了比赛，我们最后被杰夫·马龙（Jeff Malone）的罚球干掉了。"

乔丹在那个赛季还曾有过一次六犯。在这之后，他在公牛队再也没犯满离场过，虽说他在杰克逊的紧逼防守中扮演着极具侵略性的角色。在为芝加哥效力的930场常规赛中，他只有10次犯满离场。在公牛队179场季后赛里，他只六犯过3次。在威尔特·张伯伦之后，NBA成了一个不喜欢让自己的球星束手束脚的联盟。

"那是一场恼人的失利，"公牛队副主席史蒂夫·施沃德（Steve Schanwald）回忆起乔丹在犹他被驱逐出场的那一幕，"在那个吹罚之前，那算得上是史上最伟大的比赛之一。如果没有那个吹罚，那很有可能会成为NBA第一场四加时的比赛①。"

"然后第二场比赛，迈克尔不得不在旁观战，那场比赛在菲尼克斯。"奇普·谢弗回忆说，"于是他直接飞往奥兰多去参加全明星赛。"

第二天，皮蓬和杰克逊跟他在那儿会合。虽然已经在11月退役，魔术师约翰逊还是被允许在全明星赛中回归，他统治了那个周末，当选MVP。

那年春天，在高尔夫和赌博狂欢被揭露之后，乔丹接受了《论坛报》的梅丽莎·艾萨克森的采访。"事情就这么发生了，"他谈到自己突然间收获的巨大名声时说道，"震动了所有人。这成了一个包袱，但这不过是一个不小心的错误。你看到人们对你非常期待，你试着要不断地保持这一点，于是压力开始堆积如山。突然之间，当你去做任何事，你都要停下来想一

---

① 实际上，即使不算前24秒时代，1990赛季的NBA也曾有过五加时的比赛。

想:'人们会怎么看待这件事呢?'"

他从一开始就悔悟了。公众还不知道理查德·埃斯基纳斯的事。乔丹与那些在警方报告和听证笔录中有记录的臭名昭著的家伙们有联系,光是这事儿就已经够了。"人生中的某些时候,我可能还得面对这件事。"他告诉艾萨克森说,"几乎没有人能毫无污点地走完一生。而我已经清白无瑕地走过了六到七年。现在我有了一些污点,我需要弥补它们,然后继续向前看。污点不会消失,但你明白,你会因为它们而变成更好的人。"

这可能是真的,如果他当初能找到一些别的事情来消遣的话。而他的消遣就是让自己强烈的好胜心得到满足,因而不断循环在高尔夫球、马拉松式的牌局以及跟朋友们的闲逛之间。同时,他还要安排出时间来陪伴自己的家人。

"我告诉妻子我有分裂人格。"他说,"有两种生活。因为,有些时候,我要扮演一个三十八九岁的成熟的人,就是那种完整地经历了人生,现在或多或少要安定下来,去关心传统的东西的人。但我的另一面是一个29岁的家伙,从来没有真正得到机会去跟朋友们一起去体验成功,去做那些二十七八岁的人才会做的那些疯狂的事。有时候,我有强烈的冲动去做这些事情,但那是很私密的,只会跟非常少的一群真正了解29岁的你的人一起。"

艾萨克森问乔丹,他会不会只以第二人格活着。如果那样,那只会维持很短的一段时间,乔丹对此很清楚;正如他很清楚,远离篮球的生活——比如为政治竞选代言,或是做一个道德模范——会让他局促不安。乔丹表示,他还没有足够的经验来做好这些事情。

"一切就像是在滚雪球,越来越大。"他谈到自己场外的财富和成功,"从钱的角度看,这很值得;但在钱之外,这在某种程度上是一种包袱。它带来了额外的压力,但与此同时,也赢得了很多人的尊敬和崇拜。每个人都喜欢被尊敬、被崇拜。"

3月,理查德·埃斯基纳斯来到城里,在体育馆观看了公牛队击败骑士队的比赛，乔丹当场砍下 44 分。第二天，埃斯基纳斯跟迈克尔、胡安妮塔及芝加哥熊队的理查德·登特（Richard Dent）夫妇一起，在乔丹家共进晚餐。乔丹和埃斯基纳斯已经就高尔夫的赌债扯了几个月的皮。他们在赛季里又断断续续地打了几次，现在乔丹只欠不到 100 万了。那天晚上，终于又说到这个话题。他和乔丹溜进厨房，两个人在那里越说越激动。乔丹要他把债务一笔勾销，因为其他高尔夫赌局的曝光已经给了他很大的压力。

"你必须给我一点儿空间。"埃斯基纳斯回忆起乔丹对他说的话，"你必须给我一点儿时间。我有这么多事情要处理。"

那年春天，公牛队以一波 19 胜 2 负的狂奔收官，67 胜 15 负创下队史最佳纪录。"那个赛季最后我们一帆风顺，一波连胜接一波连胜。"公牛队训练师奇普·谢弗回忆说，"球队几乎都对成功感到无聊了，只要他们想，他们就可以随时随刻切换开关。"

三角战术要求球更多地离开乔丹的手，他的场均得分因此降到了 30.1 分，但还是足以为他带来连续第六个得分王，以及第三座联盟 MVP。他和皮蓬都入选了最佳防守阵容一队，皮蓬还收获了 NBA 最佳阵容二队的荣誉。

"我们真的打出了骇人的一年，"杰克逊说，"我们赢了 67 场，我差不多觉得自己得勒一勒缰绳，不然他们会尝试赢下 70 甚至 75 场。"

然而季后赛里风云突变，尤其是跟帕特·莱利的纽约尼克斯队的大战——他们继承了底特律的坏孩子战略。"我们遭遇了伤病，我们必须要面对纽约。"杰克逊回忆说，"别的球队都特别亢奋地瞄着我们呢。我们在总冠军征程中输掉了 7 场比赛。卫冕可没那么简单。这是对我们球队特质的一次挑战。"

季后赛第一轮，公牛对上了迈阿密热火队，1989 年刚成立的新军，这是他们的第一次季后赛之旅。芝加哥迅速拿下了五局三胜系列赛的前两战，然后移师迈阿密进行第三战。"迈阿密史上第一场季后赛主场比赛，那是个

山呼海啸般的夜晚。"公牛队解说员汤姆·多尔（Tom Dore）回忆道，"他们说好了，每次迈克尔拿球或走上罚球线，他们就疯起来，吵起来，弄出各种噪声。好吧，这在第一节里很有效果。热火大比分领先。实际上，我们在怀疑：'公牛队能逆转吗？'然后，迈克尔走到解说席旁，停下来，看着约翰尼·科尔（Johnny Kerr）和我，说：'我们要来啦。'他就说了这么多。小于，他真的干了。他暴走了，狂砍56分，公牛队赢了球，横扫系列赛。"

那年季后赛的战火考验来得很早：东部第二轮。尼克斯队强硬地在芝加哥体育馆赢下了第一战。第二战，B.J.阿姆斯特朗在第四节中连续命中关键球，将系列赛比分扳平为1∶1。第三战，在纽约，乔丹终于冲破了恼人的防守，完成了自己系列赛的首记扣篮。第四战，在泽维尔·麦克丹尼尔的带领下，纽约卷土重来，扳平大比分。决定性的第五战，乔丹通过冲击篮筐掌控了比赛。尼克斯队不断地对他犯规，他不断地命中罚球，罚中15分，全场37分，公牛队取得了胜利，96∶88。

"迈克尔就是迈克尔。"莱利赛后说，"他的比赛风格就是冲击篮筐，挑战防守。当你对上像他这样的家伙时，他会用冲击篮筐的猛烈程度告诉你他有多渴望胜利。"

尼克斯队赢下了在纽约的第六战，但在体育馆的第七战，公牛予取予求，轻松获胜，110∶81。

他们在分区决赛中再次陷入了挣扎，骑士队两度将系列赛比分扳平，但公牛队还是有惊无险地从克利夫兰全身而退，4∶2。"更衣室里，约翰·帕克森转向我，说：'好一段漫长而奇特的旅程啊！'"杰克逊告诉记者们，"他不只是在引用死者感恩（the Grateful Dead）[①]的歌词。这确实是一段漫长而奇特的旅程：去年是蜜月；今年是奥德赛[②]。"

[①] 著名摇滚乐队，又译"死之华"。
[②]《荷马史诗·奥德赛》，讲述了奥德修斯为了回归家园而历经各种艰难困苦的故事。

乔丹连续第二年把球队带进了总冠军系列赛，这次的对手是波特兰开拓者队，也就是在 1984 年选秀大会上为了肯塔基大学中锋萨姆·鲍维而跳过他的那支队伍。多年以来，俄勒冈一直在讨论，当初那个决定到底是不是体育史上最大的错误，尤其是在每次乔丹砍下高分、狠虐耐克老家①的主队之后。鲍维在肯塔基时曾经因为康复缓慢的腿伤而缺席了两年；后来他在 2012 年承认，自己在 1984 年的腿部伤势体检中向波特兰队医撒了谎。他说自己当时告诉队医，腿部没有疼痛，而事实并非如此。讽刺的是，首先遭遇了严重伤病的是乔丹，而不是鲍维；虽说鲍维后来一直没能挖掘出自己的潜力。另一件讽刺的事情是，先打进总冠军系列赛的是开拓者队，比乔丹的球队早了一年。波特兰在 1990 年总决赛中不敌底特律。

1992 年的开拓者队拥有克莱德·德雷克斯勒、丹尼·安吉、克利夫·罗宾逊（Cliff Robinson）、特里·波特（Terry Porter）、巴克·威廉姆斯。球迷们很高兴可以有机会目睹拥有同样强大运动能力的德雷克斯勒与乔丹的对位。许多富有经验的观察家都有预感，乔丹——他总是对往事耿耿于怀——会争取在系列赛的开局就做出强有力的声明，但没人想象得到第一战他在芝加哥体育馆的大爆发。他上半场就砍下了破 NBA 总决赛纪录的 35 分，包括创纪录的 6 个三分球，轻松埋葬了开拓者队，122∶89。他全场 27 投 16 中，得到 39 分，包括那 6 个三分球，而最大的亮点莫过于他的经典耸肩动作。

"唯一能阻止迈克尔的办法，"波特兰的克利夫·罗宾逊说，"就是把他换下场。"

"我踏入了一个境界。"乔丹如此说道，他在第一战前曾花了几个小时加练远距离投篮，"我的三分就像是罚球。我不知道自己在干什么，但它们就是进了。"

第二战，德雷克斯勒在比赛还剩大约 4 分钟时六犯离场。然而开拓者

---

① 耐克总部位于俄勒冈州。波特兰是俄勒冈第一大城市。

队打出了一波15∶5，追平比分，然后不知怎么就115∶104赢下了比赛，丹尼·安吉在加时赛中强势砍下9分。开拓者队占据了优势，系列赛接下来三场比赛都将在波特兰进行。但是公牛队的防守和团队努力——皮蓬和格兰特各得到18分，乔丹26分——终结了人们对"下克上"的期待。这回，乔丹的四次三分投篮全都失手。

第四战大部分时候，开拓者队都在拼命咬住比分，然后终于在最后3分钟时取得领先，并最终赢下了比赛，93∶88，把系列赛扳平至2∶2。乔丹第四战中26投仅11中。很明显，关键的第五战会是一次体力考验，因为两支球队在那个赛季都已经打了超过100场比赛。乔丹一上来就充满侵略性，反复攻击篮筐，博取犯规，带领公牛队早早取得领先。芝加哥的教练组让波特兰措手不及，他们在进攻中拉开空间，通过大量的后门给乔丹创造了许多轻松出手的机会。他19罚16中，全场46分，率领公牛119∶106大胜，并取得3∶2的领先。开拓者队一度追到很近，但乔丹的得分帮助球队重新拉开了距离。他攥紧的拳头和蔑视众生的表情，再一次提醒波特兰，他们在1984年选秀大会上究竟错过了什么。

回到芝加哥的第六战，公牛队陷入了大坑，第三节末落后17分。然后杰克逊换下了皮蓬之外的其他主力，派上博比·汉森、B.J.阿姆斯特朗、斯塔西·金和斯科特·威廉姆斯。汉森抢断并命中投篮；乔丹在板凳席上带头欢呼，球队一下子士气大振。

大概还剩8分钟的时候，杰克逊派他回到了场上，公牛队一鼓作气，赢下了他们第二个总冠军，97∶93，体育馆陷入了前所未有的欢腾氛围。上一次有芝加哥的职业球队在芝加哥夺冠，还要追溯到1961年的熊队在士兵运动场（Soldier Field）赢下NFL冠军。

"对波特兰的最后一战实在太戏剧性了，无论是对我们还是对所有芝加哥的球迷来说。"杰克逊回忆说，"我们在第三节末落后17分，最后逆转夺冠。之后是疯狂的庆祝。"公牛队跑回更衣室去进行一系列平常的固定程序，喷洒香槟，反戴上新帽子。与此同时，他们的球迷还在体育馆的楼上坐着，庆祝的声浪如霹雳轰鸣。"球队已经回了更衣室，跟拉里·奥布莱恩杯在一起，还有大卫·斯特恩和鲍勃·科斯塔斯（Bob Costas）①。"公牛队副主席史蒂夫·施沃德回忆说，"杰里·莱恩斯多夫、杰里·克劳斯、菲尔·杰克逊、迈克尔和斯科蒂站在临时搭建的台子上，接受奖杯。但我们当时没有直播的设备，所以球迷们没法参与和分享那个时刻。在体育馆上面，我们还在用喇叭放加里·格利特（Garry Glitter）②的歌，观众们都陶醉在赢得总冠军的喜悦中……我走到下面去，问杰里·莱恩斯多夫，我们能不能把球队带回到上面来。他说：'我没问题，但你要问菲尔。'"

杰克逊把两只手指放在嘴里，吹了声口哨。大家都安静了下来。"抓上奖杯，"他说，"我们回上面去，跟我们的球迷们一起庆祝！"

乔丹抓上奖杯，球队跟在他的后面走回了楼上。当他们从球员通道里出来时，赛场奏响了阿兰·帕森斯计划乐队（the Alan Parsons Project）的《天空之眼》（Eye In The Sky）——公牛队的入场音乐。

"一瞬间，观众席完全爆炸了。"施沃德回忆说，"那种经历就像是一下子冒出了一万个鸡皮疙瘩。一些球员，斯科蒂和霍雷斯，还有汉森，这些家伙爬到了桌子上，来让观众席的每一个人都能看见他们。然后迈克尔上来了，手持奖杯，加入了他们，他们开始跳舞。"

乔丹向观众们伸出两根手指，然后变成三根，喧闹的吼叫声一下子震耳欲聋。杰克逊也参与了一会儿庆祝，然后悄悄回到楼下安静地独处。"事情有起有伏，"他后来说，"但我们拥有这个共同的目标。虽然有过分歧和争论，但我们把注意力放在了共同的目标上。我告诉他们说：'背靠背总冠军是一支伟大球队的标志。'我们越过了那个分界点。赢得第二冠把我们跟

---

① NBC解说。此前曾担任公牛队解说。
② 英国摇滚歌手。

其他球队区分了开来。"

几天之后，在格兰特公园，皮蓬再一次告诉成千上万的人们，芝加哥将会夺得三连冠。观众们用欢呼声作为回应；但在乔丹开始仔细思考又一次冠军征程之前，他还有一点别的小事要先了结。

第二十八章　耀眼花火

对皮蓬和乔丹来说，可能更聪明的做法是回绝掉邀请，不去参加1992年的巴塞罗那奥运会。克劳斯非常希望如此。他希望公牛队的两位超级巨星能歇上一个夏天。但他们双双同意代表美国队出战；乔丹很快发现，自己加入的是一支梦之队，美国历史上首支网罗了全美职业篮球最强选手的奥运代表队。这支身着红、白、蓝球衣的队伍将在全球各地被当作神话英雄一般崇拜。这对篮球来说可能是个好消息；但他们——就这项运动本身而言——最激烈的时刻全都发生在队内集训赛里，这就足够说明问题了。他们让其他的队伍看起来都像是笨蛋，在比赛里上演了许多的炫技表演，把本来被视为神圣的奥运比赛变成了一桩乏味无聊、实力悬殊的事情。乔丹知道事情会这么发展，他也不忌讳指出这一点。

"你看看我们将要对阵的那些球队和他们的天赋，那就是屠杀。"他在奥运会前几个月就如此说道，"比赛绝不会激烈、胶着。我们会教教他们篮球这项运动。我们的人有实力，有身高。我们在谈论的可是这项运动中当今最伟大的球员们，这支球队是有史以来组建过的最好的球队。谁能打败我们？日本队？中国队？他们没法与我们这支球队抗衡。更不要说球商上的优势，我们将会有魔术师，或者是其他控卫。你有斯托克顿、巴克利、我、罗宾逊、伯德……拜托，这些都是欧洲人要仰视的人物，他们怎么能击败我们呢？如果哪怕有一场比赛陷入胶着，那就算是欧洲的伟大胜利了。"

大屠杀一直是奥运会篮球比赛的固定栏目，即使当时的美国队还只是使用业余球员。现在，美国的职业球员们整装待发，他们每人将获得60万到80万美元不等的收入。当然，如果这些"奥运选手"没有在比赛前就早早陷入自我陶醉的话，他们也会在比赛中展现出远胜大部分对手的自负。美国奥委会小心谨慎地与每位球员单独接触，讨论将报酬捐赠回来。乔丹欣然同意了。其他人——他们可没有耐克的钱可赚——则迟疑不决，最终也都归还了全部或部分收入。摩纳哥——他们在奥运比赛前夜去了那里进行宣传活动——的赌场自然也赚了不少。

球队的训练营设在加利福尼亚州的拉霍亚（La Jolla），乔丹于是可以继续他跟理查德·埃斯基纳斯的高尔夫挑战。在训练的前后间隙里，他成功地把赌债减少到了90.2万。埃斯基纳斯后来告诉《洛杉矶时报》（*Los Angeles Times*）说，乔丹的奥运队友都知道他在赌博。"但大家也都知道，不要去问赌多大。"埃斯基纳斯说。

乔丹在拉霍亚乡村俱乐部赢的大部分钱都来自他们玩的最后一天，6月25日。

有天晚上，埃斯基纳斯受邀跟乔丹一起到魔术师约翰逊在托里松林（Torrey Pines）的酒店套房玩牌，一百美元一手，赌注总额最后达到了四万。克莱德·德雷克斯勒和皮蓬都在，还有几个集训队的大学生，包括鲍比·赫尔利（Bobby Hurley）、克里斯·韦伯（Chris Webber）和埃里克·蒙特罗斯（Eric Montross）。这些大学生们都没钱参加赌局，于是成了乔丹和约翰逊嘲弄的目标。埃斯基纳斯回忆说，每次乔丹掏钱下注，约翰逊都会揶揄他的"网球鞋"钱。他们可能已经成了朋友，但约翰逊似乎永远都无法对乔丹的耐克合同释怀，那实在是一份可以无限来钱的厚礼。

很快，一些女孩儿的出现分散了牌手们的注意力；而那个夜晚只不过是梦之队成员一连串派对之夜中的一个。然而，埃斯基纳斯跟乔丹一起的日子已经到了尽头。他们继续在高尔夫的钱上争论不休，人们估计乔丹最后付了20万到30万美元，其中还包括许多胡安妮塔·乔丹签写的每张5万美元的支票。埃斯基纳斯在等待时机，谋划着如何给乔丹来一个决定性的最后一击。

奥运会让 NBA 的顶级球星们有了第一次真正意义上共同相处、更深入地了解对方的机会。他们很快就认识到了乔丹对他人的漠不关心。他会熬夜抽雪茄、打牌、跟人出去闲逛。总之，做一切能避开别人的事情，留下查尔斯·巴克利和其他人惊讶地摇着脑袋。

"那就像，"球队主教练查克·戴利说，"就像把埃尔维斯（Elvis）① 和披头士（the Beatles）放在一起。跟梦之队一起旅行，就像是在跟 12 个摇滚巨星一起旅行。我只能这么比喻。"

美国人在夺冠道路上打了 14 场比赛，得分最少的一场赢了 32 分。这次集结的潜台词是迈克尔和魔术师的对决的延续。虽然携带 HIV，约翰逊还是入选了名单，用又一个激动人心的高光时刻来作为自己球员生涯的延长结局。他似乎下定决心要维护自己在这项运动中的统治地位，不在乎他的湖人队在 1991 年毫无争议地败北这一事实。他和乔丹相互嘲讽，争论谁才是老大，最终用一场队内比赛解决了这个问题；球队当时在摩纳哥稍事逗留，正准备去往巴塞罗那。比赛不对媒体开放；其中一队以约翰逊为首，另一队是乔丹；杰克·麦卡勒姆在为庆祝梦之队——以及他们的狂欢派对——二十周年而写的著作《梦之队》（Dream Team）中对这场比赛做了详细的描写。约翰逊的"蓝队"有查尔斯·巴克利、克里斯·穆林、大卫·罗宾逊和克里斯蒂安·莱特纳（Christian Laettner），一上来就大比分领先，乔丹和约翰逊唠唠叨叨个不停。乔丹一方有斯科蒂·皮蓬、卡尔·马龙、帕特里克·尤因和拉里·伯德，他们掀起了暴风雨般的反攻，击败了愤怒的约翰逊；他随后变得更加生气，因为乔丹朝他哼起了佳得乐广告的那首歌："有时候我梦想……我可以成为迈克。"

"那是我有生以来在篮球场上享受过的最大的乐趣。"乔丹后来说。

"魔术师迈克"一次性、决定性地征服了他儿时的英雄。

---

① 埃尔维斯·普莱斯利，即"猫王"。

比赛非常白热化，但最终，就连约翰逊这样的天生团队领袖也不得不承认，他的时代已经过去了。乔丹再一次证明，自己才是NBA之山的王者。

美国队在1992年8月8日以117∶85击败克罗地亚，获得金牌。"他们知道自己面对的是世界上最好的球队。"戴利赛后说，部分程度上也算是在给这根本不公平的比赛开脱，"他们可以回家去，然后接下去的人生都可以告诉孩子们：'我跟迈克尔·乔丹、魔术师约翰逊、拉里·伯德交过手。'他们跟我们的顶级球员打得越多，就会变得越自信。"

乔丹唯一的心结是，球队的赞助商是锐步，这迫使他要穿上印有自己商业对手商标的衣服；他最终在颁奖仪式上的处理办法是用美国国旗来盖住锐步的标记。这不是耐克的命令或策划，桑尼·瓦卡罗说，但乔丹的解决方式让公司高层很高兴，也展示了他传奇的忠诚度。

不久后的一天，乔丹和皮蓬坐在公牛队的大巴上，谈论他们的奥运队友和比赛。"想想看吧，"皮蓬对乔丹说，"如果克莱德·德雷克斯勒跟着泰克斯·温特练基本功，他能变得多好。"

与许多NBA球员一样，德雷克斯勒绝大部分时候都是靠自己的超强天赋储备在打球，缺乏对比赛重要细节的认真关注。乔丹非常惊讶，他的奥运队友中的许多人对待训练的态度是那么荒唐，在这项运动所必需的东西上欺骗自己。

他们的一个亮点是，他们决定要锁死克罗地亚球星托尼·库科奇，他是克劳斯的"大发现"，预计将在NBA的1993—1994赛季加入公牛。比赛中，他们的防守方式让库科奇感到震撼和难堪。每次克劳斯给球队带来了新球员或新秀，乔丹都会用这样的方式招待他们；但放在奥运会的赛场上，许多人都觉得，这么做可有点太过火了，尤其是克劳斯自己。

在家里静候着乔丹的，是传唤他去北卡罗来纳为"瘦子"布莱的刑事审判作证的传票。他要解释为什么布莱这个已经被定罪了的可卡因贩子会拥有"飞人殿下"签写的5.7万美元的支票。乔丹最开始告诉警方说，这些钱是商业贷款，但在法庭上宣誓后，他承认这是某个周末在他希尔顿海德岛的家里输掉的扑克和赌博钱。另外三张在埃迪·道——保释金担保人，死于2月的一起抢劫案——的公文包里找到的支票则没有被问起。

在审判开始前几天，乔丹接受了一家芝加哥报纸的采访，公开承认了自己的谎言，表示自己"一开始很不好意思说出口，但真相到最后肯定会显现出来"。

在法庭上，他解释说，这些钱是在希尔顿海德岛跟布莱等人玩1000美元一局的拿骚①时输掉的，不过乔丹否认自己成了骗子的猎物。"只不过是连打了三天的臭球。"大卫·斯特恩把乔丹叫到了纽约，讨论他的行为，以及他身边的伙伴。后来，在媒体招待会上，乔丹暗示说，那些通过支票跟他联系在一起的人并非他真正的朋友，不过是些爱拿跟他一起参加活动吹牛的熟人而已。不过，听证笔录可是货真价实的，而且还在不断增长当中。

赛季即将开始，NBA发表了一份声明，谴责乔丹的高尔夫赌局和狐朋狗友们；这让他在训练营期间多少有了些悔悟。他告诉记者，他不会戒赌，但他会赌小一点。"赢当然很爽，但当你输了这么多，还像我这样受到各种指责时，那就不再值得这么做了。"他说，"我想人们可以接受我输个40或50美元。这很容易理解。20美元的拿骚我是会一直玩的。"

20美元的拿骚的意思是，前九洞赌20，后九洞赌20，十八洞加起来再赌20，一场赌局总计不超过60美元。

从旁观者的角度看，新赛季有效地帮助他转移了人们的注意力。他和公牛队试图赢下三连冠；上一次有人做到这件事已经是将近30年前的事了，比尔·拉塞尔和他快乐的凯尔特人队赢下了八连冠，不过当时的NBA只有八到十支球队。

《乔丹法则》记载道，他正在认真考虑在近期退役的事情；球迷们听闻了一些风声，乔丹说准备在之后五年中的某个时候离开，远离压力。他暂

---

① 一种高尔夫球的赌法，因最早在长岛的拿骚乡村俱乐部流行故得名。

时还看不清前方的道路，但无论如何，他还有一座总冠军要赢。但在当时，没有人知道，接下去的一年会有多么艰难。

凤　　凰①

菲尔·杰克逊的脑子里好像有个照片墙。其中一张是乔丹在 1992 年季后赛首轮在迈阿密的罗尼·赛卡利（Rony Seikaly）头上的扣篮，这一动作让人回忆起了他早年一蹦就能蹦到天花板上的那些事情。"那是一记绝妙的扣篮，在赛卡利头上，独一无二；他跳在所有人的头上，从篮筐上俯视众生。"杰克逊在 NBA 1992—1993 赛季即将开始时回忆道。

这让杰克逊回想起了乔丹当初还没有统治世界的那段时间。前后不过才 12 个月，一切都已经发生了巨大的变化。他们从无法夺冠的失败者变成了统治者。"他以前会为了拍照而这么做。"主帅说起乔丹的扣篮，仿佛在谈论某种完全不同的生物，"是为了娱乐的价值和颜扣的效果。现在，这差不多只是一种命中率更高的投篮。他已经有足够多的海报了。"

随着乔丹的转变，对迈阿密的扣篮现在似乎成了他最后的几个放纵时刻之一。不仅因为杰克逊改变了乔丹对比赛方式的看法，还因为乔丹场外行为造成的影响，以及他给自己施加的压力，这压力胜过其他所有人给他的压力之和。"去年季后赛和赛季末尾时我有点不安，"杰克逊还在试图整理球队的两连冠历程，他观察道，"我看得出他快枯竭了。他有点累了。一般来说，即使一个赛季打了很多场比赛，在他身上也不会显出累来。但事实是他确实累了。外面有那么多事情，他成了每个人关注体育时首先关注的焦点；尤其是当事情出了各种差错时，例如白宫访问事件和《乔丹法则》。很多发生在场外的事情影响了他。"

主帅就此事跟乔丹进行了一次谈话，并告诉他，他对篮球的热爱，他

---

① 太阳队所在的菲尼克斯，直译为"凤凰城"。

在篮球中寻找乐趣和新鲜感的能力，必须要重新激发出来，这样公牛队才能在通往三连冠的艰险路程中立足。他们的前路上会有许许多多的里程碑，比如几周之后乔丹的 30 岁生日。他必须想办法重新找回球场上的乐趣，杰克逊如是说。

《论坛报》的梅丽莎·艾萨克森在赛季即将开始前就这个问题采访了乔丹。"比赛必须变得有趣，"他告诉她，"我必须玩得开心。"

让事情变得轻松一点的是他刚出生的第三个孩子，贾丝明（Jasmine），一个眼睛闪亮的小姑娘。他的两个儿子是两头爱咧着嘴笑的横冲直撞的小熊仔，让乔丹想起了自己跟哥哥拉里在一起的旧时光。

他最大的希望是能把场外所有的头疼事儿都抛掉，整个赛季里只思考家庭和比赛。萨姆·史密斯的揭露之书已经给他生涯的结束设立了日程，场外的事情更加速了此事。

让杰克逊略感宽慰的是，乔丹的合同还剩下三年，这或许能让他把目光放在近期的头疼事儿之外。

在被艾萨克森问到，他会在什么时候知道自己已经到了球员生涯的结尾时，乔丹回答说："当我超越的那些人开始超越我时……我希望能一直保持竞争的优势，一直占据上风。"

他的打法必须继续改进，但有一件事是不变的：他不希望听到任何让他削减出场时间的声音。他身上的秀者意识仍然生龙活虎。"我仍然有欲望去创造，"他在 11 月说，"这就是我的一部分，这永远都难以改变。"

他同时也很清楚，其他球队会用新的防守方法来限制他做出前几个赛季那样的杂耍表演。随着公牛队转向三角进攻，他已经花了相当多的时间来开发低位动作，因为这套进攻体系一直要求他接近篮筐，到防守人的后方去，在那里对手会更不方便对他采用双人包夹。泰克斯·温特非常享受观看他把进攻体系跟自己的打法相结合的这个过程。乔丹显然知道这会给场上带来怎样的变化。他比之前的所有球员都更善于阅读比赛，找出隐藏的机会；这甚至让温特有机会看到自己心爱的三角战术变成了全新的模样。

乔丹也本能地知道，这样的改变对他的粉丝和所有篮球迷来说是全新。他见识过球迷们在朱利叶斯·欧文生涯末期时对其产生误解，并希望自己能避免此类事情。"当'J博士'退役时，每个人都在说：'没错，他应该离开这项运动了，他老了。'"乔丹解释说，"但'J博士'当时仍然是个很好的球员。只不过，那些跟他做了许多年对手的球员熟悉了他的习惯动作，他们想方设法把他逼到了不舒服的位置，致使他不能再像过去一样富有创造力了。他只能顺着防守的意思走。"

在主帅的鼓励下，乔丹早早就开始准备类似的调整；同时，进攻体系会对新的防守策略做出相应调整，这也对他有所帮助。杰克逊相信，他跳得多高将再也不是一件重要的事情。对手的防守新策略实际上倒帮了乔丹的忙，迫使他采取更多可持续发展的打法。

"我的比赛不如以前华丽了，因为我开始更多地在外线出手。"他承认道，"人们认为……我过去的创造力要更好，那是因为我过去突破得更多，更多地发挥创造力，更多地在别人头上扣篮。现在突破变得很难，因为每个人都在禁区里堵着。当我在外围的时候，他们要么双人包夹，要么往后缩，放我跳投。"

在当时，跳投总是信心的基础，这不仅是说乔丹，而是对所有球员而言。三角战术在乔丹陷入困境时为他提供了关键的选项。不用跳投，也不用想方设法划破防守杀向篮筐，他现在可以溜到低位等着，确信他们的进攻会在正确的时机把球交到他手上。

"这不过是针对人们对付我的方式做出调整而已，"他解释说，"不是因为我的身体有问题或者衰退了，更多的是因为对手对付我的方式。"

杰克逊在前几年的季后赛里就见过乔丹的低位时刻，所以他有信心，他的球星会继续调整自己的打法，保持成功状态。乔丹提醒杰克逊，他不会参加大面积的疯狂实验，只会做些小调整。他还向自己的球迷们郑重承诺：他还是会扣篮的。"我的比赛，创造性永远会是其中的一部分。"他对艾萨克森说，"但那是自然发生的，不是我所能计划的。那些都是我在生涯早期学到的东西。上场，努力取悦观众；你永远没法按你的计划去打球。"

尽管如此，1992—1993 赛季的开局仍然遭遇了一把突然的、不可预见的怒火：霍雷斯·格兰特对杰克逊允许乔丹和皮蓬缺席部分训练的决定大发脾气。主帅关心的是让他们从疲惫的夏天中恢复过来，而格兰特却向记者抱怨这是"双重标准"和"特殊待遇"。赛季后期，他还指责皮蓬的傲慢。这样的抨击最终造成了两位好友的分歧，而且他们也都承认不像过去那么亲密了。杰克逊痛恨这样的内斗。在此之外，公牛队还遭遇了大量伤病。35 岁的卡特赖特和 32 岁的帕克森都在休赛期动了手术，治疗他们那嘎吱作响的膝盖；接下来一年的大部分时候皮蓬都将受到脚踝伤势的困扰。至于乔丹，受伤的先是足弓，然后是手腕，还有长期的膝盖腱炎。

B.J. 阿姆斯特朗——他在公牛队的三角进攻中一直表现挣扎——终于得偿心愿，取代了帕克森的首发位置。主帅认为，21 岁的阿姆斯特朗更适合公牛的紧逼防守，而这点在季后赛中作用巨大。另外，他还在三分投射上领跑全联盟，命中率超过 45%。

然而，杰克逊计划在常规赛里不使用紧逼防守，希望以此保存球员们的精力。这一举动激怒了乔丹，他认为如果没有防守，比赛会变得更难取胜。这项改变也揭示了老兵俱乐部的又一个问题：倦怠。缓慢的节奏使得他们表现挣扎，直到赛季中有一次，乔丹在场上发起商聚[①]，告诉他的队友们，应该重新开始防守。之后，他在记者面前抨击了杰克逊的策略。"我们或许是在赌博，但也丢掉了自己的腿。"他说，"我还是不认为我们现在应该保守。当我们慢下来的时候，事情就变得有点太深思熟虑了。"

这件事最能体现主教练和明星球员二人在心理上的相互作用过程。这有时候就像一场牌局，乔丹总是有足够的能力来坚持自己的决定。

然而，到最后，这些事情也只不过增加了点娱乐价值。他们真正的对

---

① 最初是橄榄球用语，指四分卫在进攻前把队友召集起来，围成一圈，讨论和分配任务。

手只有一个,即乔丹所说的"单调乏味",也就是杰克逊在赛季之初就担心过的乐趣的丧失。12月迎来了主帅的第200场胜利。他达到这一指标的速度要比联盟历史上任何一位教练都更快。考虑到公牛队的状态最近不怎么好,这一里程碑还是给了他一点成就感。

"球员们遭遇了伤病,"杰克逊解释说,"皮蓬的脚踝,乔丹的跖腱膜。所有这些东西导致我们没法找到节奏。我们并不在完美状态。所以如果每次训练都很高强度、都准时,最终我们就会在比赛中变糟。"

除了错过比赛,乔丹还不得不错过与球队相处中他最爱的 。"我一直很喜欢训练,"他说,"我讨厌错过它。这就像是数学课。如果你错过了一天,你就会觉得你错过了很多。你需要付出额外的努力才能弥补上那一天。我一直是个训练型的球员。我对此深信不疑。"

他不再能从训练中感受到乐趣了,这是第一个重要征兆,乔丹后来也这么表示。他许多打出过的最棒的球场表现都发生在训练中。他在训练中所做的一切都是赛场表现的前奏。他一直带着超凡的专注和激情参与训练。这在过去从来不是一件可以随便应付、甚至错过的事情。

"我当时就知道,是时候离开了。"他后来回忆起往事,如此说道。

"他们累了,"公牛队训练师奇普·谢弗说,"毫无疑问。迈克尔和斯科蒂在1992年秋天累了。对乔丹来说,那是非常漫长、非常艰难的一年。事情似乎一件接着一件。媒体在对他吹毛求疵,一年到头都是如此。一波尚未平息,一波又来侵袭。一本书,又或是一场意外,接连不断。不是篮球,而是各种私人的东西,这些本不该成为事情的一部分。你看得出,这些东西开始让他有点疲惫。他在一些私人场合表露过。这就是证据,他确实累了,生理上累了,心理上累了,对这一切感到厌倦了。"

这种情况迫使杰克逊得在自己的心理技能包里翻点东西出来,以保持事物的新鲜感,保持球队的积极性。"菲尔玩了许多心理小花招。"乔丹回忆说,"他发起了心理攻势,来帮助你意识到想要成为赢家就必须去做一些事情。"

赛季里的一些奖励也对事情有所帮助。1月8日，乔丹得到了生涯第20000分，仅用了620场比赛。更快做到的人只有张伯伦，他用了499场比赛抵达这一里程碑。"好像我又一次败给了威尔特，这也算是一项殊荣了。"乔丹说，"在我离开这项运动前，我不会对这事做什么评价。我很高兴，但我们还有一个很漫长的赛季要打。我很确信，等我老了，我会比现在更珍视这项荣誉。"

但不管杰克逊多么努力，球队总是会回到同样的问题上。就在球队刚有显著起色的那个月，在奥兰多，魔术队主教练马特·古奥卡斯命令他的球队——其中包括新秀中锋沙奎尔·奥尼尔（Shaquille O'Neal）——对乔丹保持注意力。"每次他在罚球线以下位置拿球，我们最近的人就要上去包夹他。"古奥卡斯回忆说，"然后我们还要确保能轮转到约翰·帕克森，因为我们忌惮他的投篮。我们放掉了许多大空当。然后迈克尔轻松宰割了我们。"

他找到了空位的队友，每个人都参与到了胜利当中。被放空的皮蓬和格兰特打出了精彩的表现，公牛队轻松取胜。两场之后，两队再次相遇，只不过换到了芝加哥体育馆；这一次，古奥卡斯选择了放乔丹随便打，同时努力保证防住他的队友。奥兰多本场少了尼克·安德森（Nick Anderson）和丹尼斯·斯科特（Dennis Scott）两名首发。

"我说：'我们绝对不会再夹击他了。'"古奥卡斯回忆说。他派上了角色球员安东尼·鲍维（Anthony Bouie）来防守乔丹。"我说：'我不在乎他能拿多少分，但是不准扣篮，不准上篮。只要能确保你及时退防，他想跳投就让他投吧。'这也是迈克尔篮球生涯早期所有对手对付他的方式。于是我们出发、上场，我们放掉了他，大概放上8到10英尺，不让他突破。但那个晚上，他命中了那些跳投。"

乔丹一次又一次地在空当位置投篮，收获生涯最高的49次出手，比他队友出手的全部次数还多了7次；他们看上去有点厌烦，与此同时，魔术队紧咬比分。"我们还留在比赛里。"古奥卡斯回忆道，"而他们的人已经

不在了。"

比赛打到了加时，乔丹最终砍下生涯第二高分64分。但魔术队夺走了胜利，这也向古奥卡斯证明了，防守乔丹的最佳策略仍然是迫使他变成单人球队。

3月，在芝加哥，华盛顿新秀拉布拉德福德·史密斯（LaBradford Smith）在乔丹头上砍下37分，事后乔丹宣称史密斯对他说："打得不错嘛，迈克。"乔丹表现得对这句话非常愤怒。赛后的发布会上，他谈到自己被嘲讽了，并说下一次不会这样了；两支球队第二天要在华盛顿再打一场。他后来说，这37分他会用半场时间就拿回来，还花了很多时间谈论自己的复仇，来让自己兴奋起来。他几乎不怎么会提前到球场进行赛前投篮练习，但第二天，他早早地去了那里，活动活动身子。他一上来8投8中，半场得到36分。他最后得到47分，但很多年后他才承认，整件事都是他编造出来的。史密斯从来没有对他说过什么。他伪造了整件事，目的是逼迫自己发挥出更高的水平。问题在于，这样的心理游戏他还能跟自己玩上多久？

之前的四个赛季，他的球队都打了超过一百场比赛，他的膝盖已经开始对此有反应了。一周之后，在休斯敦，他在比赛前疲惫地坐在更衣室里，明白自己已经丧失了那种传奇的专注力；他的队友们也都如此，各有各的问题。乔丹终于意识到，这就是为什么那么多球队没能卫冕总冠军。

杰克逊在赛季早些时候就已经注意到，他的球队处于这样一个节点，球员们更多地在思考未来，而不是他们眼前的比赛。"关于成功，我最大的收获是，你不要改变。"乔丹后来解释说，"你周围的人会改变。当我们作为一个整体取得成功后，这个团队的许多人开始改变。对很多人来说，成功不是一件容易对付的事情。"

他说，起初，他们开始变得更关注个人利益，关注各自没有的东西。"这可不是什么有趣的心理。"他补充道。

于是，他开始告诉队友，自己就要退役了。他们会在比赛后喝上几杯啤酒，他会说到这件事。没有人相信。但他开始告诉别的人，比如他父亲，他身边的人，迪恩·史密斯，还有其他知心朋友。他的队友觉得这只不过是在发发牢骚。但乔丹下定决心，如果他已经接近终点了，那他希望能有个漂亮、正确的收场。

他和他的队友可以甩掉这些不好的想法、再夺一冠吗？迪恩·史密斯一直想来芝加哥看乔丹打球，那年春天他来看了一场收官阶段的常规赛。他们在比赛前见了面，乔丹告诉自己曾经的教练说，自己正在思考篮球生涯之后的事情。那天晚上，乔丹的精神非常集中，因为他深知史密斯将会最细致地观察自己的防守表现。在卡罗来纳的训练里，教练会给防守奖分，而非进攻。每次乔丹知道史密斯在通过电视看他打球，他都会努力保证自己的防守专注度。他也会笑自己，离开学校已经快十年了，史密斯却还对他有着强大的控制力。在这场赛季末的比赛里，他的进攻打得不怎么样，全部的能量都放在了防守上。

最后两场分别输给夏洛特和纽约后，公牛队最终拿到了 57 胜，连续第四年超越 50 胜，足够为他们赢下又一座分区冠军了；但他们输掉了对尼克斯队的季后赛主场优势。个人方面，乔丹连续第 7 次拿下得分王（场均 30.3 分），追平了威尔特·张伯伦。他再次成为 NBA 最佳阵容一队的一员，还跟皮蓬一同入选了最佳防守阵容一队。

"翻开 NBA 的历史，看看那些球队如何兴起和衰落，这是件很有趣的事情。"训练师奇普·谢弗指出，"从各个方面来看，那似乎都应该是属于纽约的一年。他们付出了很多。尼克斯队那年彻底摧毁了我们，11 月末那场赢了我们 37 分。他们打得就像是季后赛抢七。我们好像还在打呵欠，没当回事。迈克尔在比赛一开始扭伤了脚，然后他们直接碾碎了我们。我们那年还是赢了 57 场，但有点不顺。"

连续两年，尼克斯队的总冠军希望终止在与公牛队的七场四胜制淘汰赛里。他们认为他们需要借助主场优势来走出乔丹的阴影。纽约教练帕特·莱利驱赶着自己的球队赢下了 60 胜，拿到了主场优势。与此同时，

公牛队在季后赛开始时看上去有点心烦意乱，但他们很快找到了节奏，首轮三场横扫亚特兰大，然后连赢四场，又一次击败了克利夫兰骑士队。乔丹在克利夫兰命中了最后几秒的制胜球，结束了系列赛，也给他对骑士队的统治写下了最后一章。

"季后赛一开始，"谢弗回忆说，"迈克尔就又回来了。但我们再次遇上了纽约。我们没有主场优势，所以没有太多乐观的理由。"

乔丹憎恶尼克斯。"他们打得就像活塞队。"他暴躁地说。此外，杰克逊和莱利从球员生涯时起就互看对方不爽。在麦迪逊广场花园的第一战，尼克斯队把乔丹限制在27投10中，最终赢下了比赛，98∶90。"我对球队说我辜负了他们。"乔丹如是说。但同样的事情在第二战里又发生了一次。他投丢了32次出手中的20次；纽约以96∶91获胜，取得了两场的领先优势。赛后，他们的城市陷入了沾沾自喜之中——这不是没有道理的。"现在公牛队落后两场，他们必须在接下去的五场比赛中击败尼克斯队四次才有三连冠的机会。"《纽约每日新闻》专栏记者迈克·卢皮卡（Mike Lupica）这么写道。

后果很严重，特别是《纽约时报》报道说，有人在第二战当天凌晨看见乔丹出现在大西洋城的赌场里，暗示他可能没有为比赛休息好。杰克逊和克劳斯马上为他做了辩护。"迈克尔·乔丹没问题。"克劳斯告诉记者们，"他在乎胜利，他是史上最伟大的赢家之一。"

"我们不需要宵禁，"杰克逊补充说，"他们都是成年人了……你肯定要在生活里找点别的事情来做，不然压力就太大了。"

乔丹可谓冥顽不化，但他父亲出来对记者解释说，是自己鼓励儿子去大西洋城的。然而，私下里，球队周围的许多人都惊讶于他父亲的糟糕判断力。乔丹已经因为"瘦子"布莱的案件而受到了密切监视，还接受了NBA的调查，詹姆斯·乔丹居然会觉得让儿子在季后赛系列赛中途去大西洋城赌博会是个好主意。

这一事件悬在球队的头上之时，系列赛也来到了芝加哥。"公牛队回到贝尔托中心（Berto Center）①进行训练。"芝加哥电台老解说员谢丽尔·雷伊-斯托特回忆说，"我从来没有见到过那么多媒体聚在一起。迈克尔走出了训练室，我说：'迈克尔，你能给我们复述一下这一连串事情吗？你能告诉我们发生了什么吗？这件事是怎么来的吗？'他一一回答了，然后有个芝加哥当地电视台的记者开始对他严加责问，就像他是个被控犯罪的市参议员一样。7台的查克·古迪（Chuck Gowdy）在说一些这样的话：'你每场前都会这么做吗？你是不是有赌博的毛病？'他一直就这么追问个不停，最后迈克尔干脆闭上嘴走了。"

乔丹不再跟媒体说话了，他的队友也都学样照做，最终因违反媒体政策而被NBA罚款。

多年以来，詹姆斯·乔丹一直在球队左右，带着友善的微笑，跟球队内部和周围的人开开玩笑，不断激励着自己的儿子。现在，随着气氛愈加紧张，他的儿子开始发怒，于是他选了一个阴郁的周日，在球队的训练场外跟媒体谈话。"我不介意为迈克尔说话，"他说，"因为迈克尔是我的孩子。你会为你的孩子去做一切你能做的。"

他曾经在私下里对乔丹说，他认为他在场上已经没有挑战了，只有场外的时间才能让他有动力前进。而现在，詹姆斯在跟记者们说话时，一开始几乎是在恳求，但后来他的声音失去了所有的温柔。"他知道自己丧失了一切隐私，直接暴露在了放大镜下。"父亲说道，后来又补充说乔丹的生活中应该有一些时间不是这样的，"你们只需要说：'嘿，这家伙也是人。'我的意思是，怎么深扒才算够？这是现在的大问题，怎么深扒才算够？如果你们继续敲打水桶，很快那里面就一滴东西都不会再有，因为你们把它倒了个干干净净。这正是作为球迷的我们应该开始意识到的。"

詹姆斯·乔丹试图提供一些关于他儿子的更深刻的认识，他告诉记者："我儿子没有赌博的毛病。他有的是好胜的习惯。"

---

① 公牛从1992年到2012年的训练基地。

说到好胜的习惯，现在亟须解决的是尼克斯队。乔丹很确定他的公牛队会取得胜利。坑挖得很大，看上去似乎如此，但他们已经找到了原因。第三战，皮蓬挺身而出，芝加哥取得一场大胜，103∶83。

"我知道我们会赢下系列赛是在第三战结束后。"奇普·谢弗回忆说，"在我们痛揍他们、把系列赛带到1∶2之后，帕特里克·尤因发表了一条评论：'我们不是非要在芝加哥赢球不可。'我听到他这么说的时候，就明白，我们会赢下系列赛。如果你有那样的态度，你就会输掉比赛，输掉你的优势；你不能保证自己能赢下所有的主场比赛。他这么说，就相当于告诉我，他希望能赢下所有的主场比赛，而这是不可能的。那轮系列赛，斯科蒂拯救了我们。他似乎有什么诀窍，每当迈克尔可能已经陷入挣扎的时候，他总能挺身而出，做一切需要做的。"

乔丹也做好了他的那部分，把怒气变成了高度集中的注意力，先是砍下54分，帮助公牛队赢下第四战。接着，乔丹的三双（29分、10篮板、14助攻）统治了第五战的数据栏，芝加哥也取得了系列赛的领先，3∶2。但关键还是皮蓬在第五战最后时刻连续封盖了纽约的查尔斯·史密斯（Charles Smith）的二次进攻，扼杀了主场作战的尼克斯队的希望。之后，公牛队在芝加哥第六战完成了他们的大逆转，又是皮蓬完成了致命一击，一记底角跳投加一记三分，球队96∶88取胜。

这一路崎岖不平，但公牛队终于还是回到了他们连续第三次NBA总决赛的赛场上，乔丹将面对自己曾经的球童查尔斯·巴克利，两人当时都正处于篮球这项运动的巅峰。在费城度过几年艰难岁月后，巴克利在1992—1993赛季前被交易至菲尼克斯，他在那里仿佛重获新生，赢下了联盟MVP的荣誉，带领太阳队取得62胜，并经历了跟休斯敦火箭队的季后赛鏖战，最终杀入总决赛。

"不管是从娱乐的角度看，还是从竞争的角度看，当你回顾它的时候，那是一次伟大的总决赛。"马特·古奥卡斯回忆说，他曾在费城执教过巴克利，"我认为查尔斯，在他心里，把自己看作是跟迈克尔·乔丹来自同一个星球的家伙。"

总冠军大战，两位好友间的私人竞争这回被放到了广大观众的观察之下。"每次我们跟公牛队打得难解难分，查尔斯都会希望在最后两三分钟去防迈克尔。"古奥卡斯回忆说，"他有胆子，有种。查尔斯同时也不害怕失败。他知道有这种可能性，迈克尔会搞得他很难看。但他是跟迈克尔差不多的运动员。"

乔丹似乎总是待在某个旅馆房间里，这点一直让巴克利很生气。"查尔斯爵士"也喜欢到外面去狂饮作乐，跟大众交流交流，这也就是为什么他的费城岁月总是陷入麻烦之中。但在菲尼克斯，太阳谷①里有着一大堆的高尔夫球场，这意味着他可以很方便地把乔丹叫来玩上几局。

他们间的总决赛肯定会是一场恶战，但其中有一点苦涩的余味，公牛队阵营暗示说，乔丹几年来都在故意"戏弄"巴克利，用大方的礼物来软化他，使他无法在场上战胜自己。巴克利本人后来也会对此感到疑惑，虽说他们有着三年的友谊。梦之队在巴塞罗那的时候，乔丹就曾对巴克利的训练习惯很不满，后来他承认说自己在这方面有竞争的优势。与此同时，皮蓬从来不是查尔斯爵士的球迷，后来还公开严厉指责他"亲吻迈克尔的屁股"，这番非难搞得巴克利很愤恨。但这依然是个没有答案的问题。乔丹到底有没有在巴克利接近总冠军的时候欺骗他？乔丹后来表示，两人之间的主要差距在于经验。他知道系列赛会带来怎样的压力，巴克利不知道。你必须为这些困难做好准备，乔丹说。

对电视观众来说，巴克利和乔丹打响了一场流行文化的战争。耐克广告对耐克广告。在乔丹的广告里，他在思考："要是我只是个篮球运动员的话会怎样？"而巴克利在他的广告中宣称："我不是个道德模范。"拿自己饱受争议的公共形象做文章。一些批评家把他视为又一个赚着大钱、却不负责任的表演者。其他人则认为巴克利的声明是在提醒人们，职业运动员

---

① 菲尼克斯都市圈的别称。

只不过是媒体形象,给年轻人灌输价值观的责任说到底应该归于家庭。巴克利解释了很多,但还是无法阻止批评家们;他们的注意力放在了小报的八卦上,尤其是据说有人看到他和麦当娜一起出现在菲尼克斯的一家餐厅里。于是,我们有了在赌博的乔丹,以及始终在扮演查尔斯爵士的查尔斯爵士。

1993年最讽刺的事情是,在巴克利早期的NBA赛季里,他一直在毫不犹豫、毫不多想地摧毁自己的公共形象,而更为慎重的乔丹则小心翼翼,总是说正确的话,做得当的事,并坚持把芝加哥打造成了一支赢家球队。当巴克利的酒吧斗殴或失当公共言论时不时上头条的时候,乔丹总会公开为他辩护,主要的观点都是,查尔斯有时候可能会不过脑子就满嘴跑火车,但他是一个正直的人、真实的人,一个强硬的竞争者。然而现在,乔丹到达菲尼克斯的时候,他身边围满了想要打探出丑闻踪迹的小报记者。

幸运的是,篮球上的表现好到足以赶走其他全部情节。系列赛在崭新的美西球馆开打时,公牛队充满自信。他们在对阵巴克利的费城时一直表现不错。皮蓬和格兰特的防守再次困住了对面的壮硕前锋,B.J.阿姆斯特朗则拥有足够的速度来跟上菲尼克斯控卫凯文·约翰逊(Kevin Johnson)。

仿佛是有媒体决策者在完美地把控时机,乔丹的秘密生活再一次在总冠军系列赛前夜浮出水面。大西洋城赌场之旅的新闻刚刚平息,理查德·埃斯基纳斯又冒了出来,带着自己自费出版的书——《迈克尔和我:我们的赌瘾……我的呼救!》(Michael & Me: Our Gambling Addiction...My Cry For Help!)。在书中,埃斯基纳斯用了大量的细节来描述自己跟乔丹的巨额高尔夫赌局。

在总决赛第一场中场时刻的NBC录像采访中,乔丹承认自己是输给了埃斯基纳斯很多钱,但绝没有达到后者宣称的数字。而与此同时,埃斯基纳斯出示了自己纳税申报单和乔丹支票的复印件。他显然已经支付了大约30万的赌债,而后才找了一个芝加哥律师来让埃斯基纳斯陷入困境。

"赌徒并不属于体育。"《体育新闻》专栏作家戴夫·金德里德（Dave Kindred）写道，"在敲诈和勒索面前，他们非常脆弱。在拿他们最擅长的东西——他们的比赛——下注的诱惑面前，他们非常脆弱。这种脆弱暗中伤害了公众对比赛真实性的信心。但乔丹似乎毫不在意。他的人生似乎遵循他的鞋托广告里的真理：放胆做呗（Just do it）。"

为乔丹辩护的人们指出，从来没有人提到他拿任何一场NBA比赛打过赌。如果真是这样，那可能是乔丹唯一没有赌过的东西了，《新闻周刊》（Newsweek）暗示说："在训练中，他会拿花式投篮或HORSE比赛①赌现金。在芝加哥公牛队的飞机上，他会玩二十一点，或者是汤克——金罗美的某种变体。在客场，他会在酒店房间里举行通宵牌局。三年前，球队开始使用各自的私人包机来保护球员的隐私；不过，现在看来，这也避免了候机室桌上摊满百元大钞——乔丹牌局的赌注——的尴尬景象。"

这些事情是否会让公牛队分心的疑问很快被放到了一边，芝加哥拿下了第一战，100∶92。乔丹得到31分，皮蓬27分，公牛队的防守折磨得巴克利仅仅25投9中。

或许太阳只是被他们第一次见到的总决赛聚光灯给晃了眼，但第二战，他们陷入了更大的麻烦。巴克利和乔丹各自得到42分，但乔丹还在40分钟内拿到了12篮板、9助攻的准三双，另加2次抢断。他36投18中，命中两记三分球，帮助公牛队以111∶108取胜。

芝加哥的防守几乎掐死了凯文·约翰逊和侧翼的丹·马尔利（Dan Majerle），系列赛2∶0领先。胜利的一部分要归功于约翰尼·巴赫给阿姆斯特朗设计的针对凯文·约翰逊的防守方案；约翰逊被防得丧失了信心，

---

① 一种投篮游戏。以两人参赛为例，A球员可以在球场的任何位置用任何方式投篮，B球员则需要模仿A球员，在相同位置完成一次相同的投篮。如果A投进，B投失，B将会得到"HORSE"这个单词中的一个字母。如果A投进，B也进，则比赛继续，A再来一个新的投篮方式，B继续模仿。如果A没进，则改由B球员发起投篮，A模仿。集满单词"HORSE"的球员就输掉了比赛。

第四节大部分时候都坐在板凳席上。突然之间,摆在菲尼克斯面前的是连续三场在芝加哥的比赛和被横扫的可能。但太阳想方设法以129∶121赢下了第三战的三加时大战。"我感觉比赛就像永远都结束不了一样。"杰克逊赛后说。

乔丹以第四战的55分作为回应,公牛队以108∶98取胜,系列赛3∶1领先。菲尼克斯让他一次次地杀进内线,上演漂亮的小扣篮和打板投篮。46分钟的上场时间里,他37投21中,罚进13球,得到8篮板和4助攻。菲尼克斯最后追到只差两分,但阿姆斯特朗的紧逼和关键抢断终结了比赛。乔丹的得分追平了金州的里克·巴里,位列NBA总决赛史上单场得分第二。纪录的保持者是埃尔金·贝勒,他在1962年对阵波士顿的比赛中砍下过61分。

3∶1领先,第五战还在主场,公牛队离他们的三连冠近在咫尺。然而,他们奇怪地停下了脚步。乔丹向队友们郑重申明,要是他们没能在体育馆夺冠,那他不会陪他们回菲尼克斯。为了对这句话负责,他在44分钟内29投16中,砍下41分、7篮板、7助攻、2盖帽。尽管如此,芝加哥却步履蹒跚,太阳队的防守更让他们手足无措。菲尼克斯堵满了禁区,让乔丹失去了轻松出手的机会。

约翰逊砍下25分,巴克利24分,太阳队拿下了他们需要的胜利,108∶98,把系列赛带回了亚利桑那①。芝加哥的前两冠曾经带来震动全城的暴乱般的狂欢庆祝,因此在第五战前,许多商人已经用木板封住了他们的店面。"我们帮了这座城市一个忙,"巴克利在离开的时候说,"你们可以把那些木板都撤下来了。我们要去菲尼克斯了。"

乔丹对输球十分恼火,开始对他的队友发怒,而他们也陷入了自责。私底下,他母亲和姐姐西丝恳求他安排飞机把全家带去观看第六战。他最终还是动了怜悯之心,可能是想到这趟旅行的花销会帮助他把注意力集中

---

① 菲尼克斯是亚利桑那州首府。

在手头的任务上。

乔丹一家仍然充斥着不和谐，詹姆斯和德洛里斯还在就 Flight 23 专卖店卖掉后的收益和税权争吵。西丝把当时的情况描述为一场不幸，她的父母试图把孩子们都拉进这场冲突里，尤其是迈克尔。西丝看着弟弟在那个时刻"没有足够的时间，也腾不出手来解决摆在他面前的众多任务"。她回忆说："我在远处看着迈克尔同时为场内和场外的生活而努力……他踏上成功的浪潮，拉扯着他的队友以及他的家庭。"

"迈克尔似乎感觉到了球队需要什么。"公牛队解说汤姆·多尔回忆道，"他们刚刚输球，但迈克尔走上飞往菲尼克斯的飞机时说：'你们好啊，世界冠军们！'他叼着一英尺长的雪茄，他已经在庆祝了，因为他知道系列赛已经结束了。他知道，去菲尼克斯，他们将会胜利。这对他来说不是个问题，而我认为这正是那支球队具备的。他们有这种傲气。他们并非刻意的。他们只是感觉到了自己会赢。"

这股气势似乎驱使着公牛队走过了第六战的前三节，公牛的后卫群——乔丹、阿姆斯特朗、帕克森，以及很少出场的替补特伦特·塔克——飚中 9 记三分球，帮助公牛队以 87∶79 领先。

公牛队再次离总冠军仅有咫尺，但在这时，他们的手感却转冷了。他们在第四节的前十一个回合里投丢了九个球，还有两次失误。太阳追到仅差一分，然后一鼓作气，在比赛还剩九十秒时取得了 98∶94 的领先。在投失一球后，乔丹抢下防守篮板，然后在进攻端突破杀入人群，命中近距离打板投篮。太阳队侧翼球员丹·马尔利的投射之前曾帮助菲尼克斯留在系列赛之中，但他们的倒数第二次进攻，他投出了一记三不沾，给了公牛队再一次机会。时间还剩 14.4 秒。暂停之后，乔丹发球给阿姆斯特朗，然后接回传，再向前传给皮蓬。他们设计的战术本来是想采用芝加哥最有把握的招数。但皮蓬看到乔丹被盯死了，于是他突破到罚球线，在那里撞见了太阳中锋马克·韦斯特（Mark West）。格兰特在底线被放空了，他全场只拿到 1 分；就在之前他刚刚有过一个二次进攻的机会，却把球几乎扔

过了篮板。皮蓬还是把球甩给了他。比赛胜负系于一线，格兰特没有出手，而是把球往外传给了帕克森，他在禁区左侧的三分线外被完全放空。

"帕克森一出手，我就知道这球有了。"乔丹说。

这记三分球，以及格兰特对凯文·约翰逊最后一投的大帽，终结了一切悬念，为公牛队带来了他们的第三座总冠军。

总决赛中，乔丹场均 41 分，打破了里克·巴里在 1967 年创造的总冠军系列赛场均 40.8 分的纪录。

赛后，公牛队队员们在乔丹的房间举行了颇为克制的派对。乔丹脱光了上衣，只穿着球裤。乔治·凯勒也在那儿，把一瓶瓶最昂贵的香槟打开。奎恩·巴克纳也在。庆祝之所以如此安静更多是因为乔丹的家人都在。西丝和母亲跟迈克尔坐在一张沙发上。詹姆斯跟罗丝琳坐在另一张沙发上，面朝他们。他们很放松，带着微笑，迈克尔甚至偷袭了妹妹一下，和她来了一场摔跤比赛。这是他们最后一次全家人团聚一堂。

随着乔丹的个人困扰越积越多，他身边的人都明白，他已经厌倦了所有这些折磨以及缺乏隐私的现状。在公开言论里，他已经拐弯抹角地提到了退役。他本来可以更早这么做的，他只是担心会失去产品代言费和耐克销量，而这一点在萨姆·史密斯的《乔丹法则》中已经指出过。他场外的麻烦只会让人们更加相信，他会在这第三冠后离开篮球。

新闻发布会上，记者们围住了他，探问他是否真的计划退役。"不，"他向他们保证，"我对这项运动的爱依然强烈。"

第九部分　初次退隐

第二十九章　雷克萨斯

乔丹让胜利看起来那么容易。只有菲尔·杰克逊和公牛队的核心圈子才知道，三连冠是多么艰难的一件事——而乔丹已经可以凭借巨大的意志、心理强度，甚至恐惧去取得成功。

然而，这个被决心紧紧包裹的球体在 1993 年的夏天松动了；他被卷入了麻烦与痛苦的旋涡。造成这一情况的是詹姆斯·乔丹，他身边的世界也正处于崩塌之中。詹姆斯·乔丹要面对一位芝加哥妇女提起的生父血缘确认诉讼案；他跟拉里在 Flight 23 惨败后开始的新生意现在也不行了，政府已经介入，要征收欠税，供货商则从货架上拿走东西以抵债款；他还忙于与德洛里斯的恼人争斗；二人的共用银行账户已经被冻结，从而毁掉了他的最后一点商业信用，工资发不出去，秘书的每一通电话似乎都带来更多坏消息。据西丝说，父亲向孩子们疲倦地抱怨，他妻子正试图在孩子们眼前将他摧毁。

1993 年 7 月 22 日，詹姆斯和德洛里斯·乔丹各自离开位于夏洛特郊区的家，去往两个相反的方向。乔丹太太坐飞机去芝加哥见儿子，乔丹先生则钻进了自己的蔓越莓色雷克萨斯，穿越整个州，到彭德郡去参加老友的葬礼。这辆雷克萨斯——他儿子赠予的礼物——是詹姆斯·乔丹很骄傲的东西。车牌号矜夸地写着 UNC0023[①]。他第二天的计划是飞去芝加哥，参加儿子举办的名人棒球赛。再之后，他的妻子和儿子准备到加利福尼亚

[①] UNC 是北卡罗来纳大学的缩写。

去度个假。

乔丹先生的57岁生日①来了又去,直到8月2日,他的大女儿接到他秘书的电话。她告诉西丝说,自己很恐慌,因为通常詹姆斯·乔丹每天都会打个电话来打个招呼,但现在已经有差不多两周没有听到他的声音了。西丝这时候才了解到,父亲的生意处于多么悲惨的境地。工资支票已经跳票了,雇员们因此纷纷离职。秘书还告诉西丝,乔丹先生没有搭乘7月23日去往芝加哥的飞机。

多年以来,詹姆斯·乔丹经常会一次出门好几天,试图与儿子忙碌的赛程保持步调一致。"他经常会独自出门,"他儿子后来解释说,"当他跟我母亲发生争执的时候,又或者有时候他就是想独自待上一阵子。他很享受退休时光,可以在任何时候做任何他想做的事情。所以这种情况并不特殊。"

西丝给母亲打了电话,她刚结束大约两周的旅程,回到家中。秘书的忧虑现在传到了她这里。德洛里斯·乔丹注意到房子还跟自己离家时一模一样,床上没有人睡过。但她还是安慰女儿说,不管詹姆斯·乔丹去了哪里,她很确定,那一定是他自己的主意。

增长的忧虑

8月4日,西丝再次打电话到父亲的公司,发现他还是没有音讯。两天后,她得知,母亲和拉里已经去过了公司,德洛里斯·乔丹付掉了所有账单的欠款。在西丝看来,这一做法似乎标志着父母间的冲突可能即将结束。那个周末,西丝给母亲去了电话,德洛里斯·乔丹说她怀疑乔丹先生现在在希尔顿海德岛,因为他一直想搬去那里。

几天之后,邻居打来电话,叫西丝看电视。詹姆斯·乔丹的雷克萨斯

---

① 詹姆斯·乔丹的生日是7月31日。

找到了，已遭肢解和肆意破坏。听到这个消息，迈克尔立刻意识到，可能出大事了。

"他很珍惜那辆车。"乔丹后来说。

警察于8月5日在北卡罗来纳州费耶特维尔（Fayettville）一条大路旁的树林里找到了雷克萨斯。车子的后窗被砸碎，立体声扬声器、轮胎、夸张的车牌都被拆掉了。警方通过一位雷克萨斯代理商一路追踪车子的信息，然后联系上了乔丹一家。警方搜寻了车子周边的区域，但一无所获。他们可以确定，乔丹先生参加了7月22日的葬礼，当天晚上跟一位女性朋友闲聊了一阵，随后离开，准备开三个半小时的车回夏洛特。

"对乔丹先生来说，连续几天不让他人了解自己的行踪并不罕见，但20多天显然有问题。"坎伯兰郡（Cumberland County）治安部门的阿特·宾德（Art Binder）警监对记者说。

得到消息后，乔丹立刻赶赴北卡罗来纳。警方很快就将车子与8月3日在南卡罗来纳州麦科尔（McColl）一处沼泽地里发现的一具严重腐烂的尸体联系了起来。本地验尸官后来承认，尸体被装在裹尸袋里，一天当中大部分时候都扔在自己皮卡的后面。南卡罗来纳警方最终进行了尸检，拍了照，确认受害者的死因是胸部被一颗点三八口径的子弹击中。8月7日，一位兼职验尸官从身份不明的尸体上取出了颌骨和手掌，然后下令火化了尸体。

"这是我的决定，我不得不这么做。"在受害人被证实是迈克尔·乔丹的父亲后，验尸官蒂姆·布朗（Tim Brown）告诉记者，"我手上有一具正在腐烂的尸体，但是又没有冷冻措施。"

乔丹一家被这个消息震惊了，他们马上安排了葬礼，于周末在蒂奇的洛克费什AME①教堂举行。与此同时，警方迅速追查到，雷克萨斯内的一台手机曾给北卡罗来纳州兰伯顿（Lumberton）的两个18岁少年打过电

---

① 非洲卫理公会（African Methodist Episcopal），美国的一个黑人基督教会。

话。就在乔丹一家在蒂奇举行葬礼的同一天，警方逮捕了拉里·马丁·德梅里（Larry Martin Demery）和丹尼尔·安德烈·格林（Daniel Andre Green），控告他们一级谋杀、密谋持械抢劫、持械抢劫。格林两个月前刚获假释，此前他因在罗伯逊郡（Robeson County）持致命武器进行袭击、有杀人和持械抢劫意图而服刑了将近两年，罗伯逊郡治安官休伯特·斯通（Hubert Stone）如是说。

根据调查，詹姆斯·乔丹受害的情况如下：7月23日清早时分，他将车停在95号州际公路靠近兰伯顿的一个光线充足的地方。两名少年手上有枪，据说前一天晚上就等在附近的出口处准备找人抢劫，而乔丹显然是想驶离公路、靠边休息一会儿。阿特·宾德警监说道。

两人开枪杀死了乔丹，直到翻开他的钱包时才知道他是谁，宾德说。"他们一意识到这是迈克尔·乔丹的父亲，就立刻想竭尽所能来掩饰他们的行踪。他们花了一些时间来研究，然后选定南卡罗来纳作为尸体藏匿处。"

他们开了30英里，来到刚过南卡罗来纳州界的一个偏僻的地方，把詹姆斯·乔丹扔进了湿软的沼泽地里。他们又用了三天的雷克萨斯，给自己录像，夸耀这一事件，然后把车子停在了费耶特维尔郊区的一条土路上，离抛尸地大约60英里。

"随着真相水落石出，你会发现，乔丹先生所遭遇的是那种完全随机的暴力行为，也正是所有民众最忧虑和害怕的。"北卡罗来纳州调查局局长吉姆·科曼（Jim Coman）说，"这可能会发生在我们任何一个人头上。"

猜　　测

事情立刻激起了许多的阴谋论。为什么要匆匆火化尸体？为什么没人报告詹姆斯·乔丹失踪？为什么他消失了几周，全家人却还毫无疑虑？谋杀跟迈克尔的赌博有关系吗？为什么他的57岁生日就这么过去了，他家里甚至没有一个人注意到他的失踪？谜团变得越来越多。德洛里斯告诉警方说，她丈夫最后一次跟他说话是在 7 月 26 日；还有一个当地的便利店销售员报告说，在报道的案发日期后几天，她在店里看到过一个詹姆斯·乔丹模样的人跟两个年轻人在一起。后来的调查结论认为她们两个人都弄错了。

与此同时，一家人还要面对 8 月 15 日星期天的情绪化的仪式。教堂里挤满了人，外面的人更多。乔丹缓缓走上讲台，对着台下的两百名吊唁者发表演讲。B.J. 阿姆斯特朗、艾哈迈德·拉沙德和大卫·法尔克也都在场。"我一直好奇被这些人挡住是种什么感受。"他微笑着说。

乔丹温柔地说起——嘶哑的声音饱含深情——他父亲的品质。他感谢了父母，谈到他们为抚养和教育孩子、鼓励他们设立自己的生活目标而做出的努力。

"别去细想他的死亡，但请祝福他活过的人生。"乔丹这么说他的父亲。

然后他紧紧地拥抱了母亲，微笑着，在她耳边低语，随后护送她离开教堂到墓地去。在社区许多人的记忆中，詹姆斯·乔丹是一个勤奋的年轻人，他乐于助人，总是知道如何把事情搞定。

"他能让你一直开怀大笑。"詹姆斯·乔丹 21 岁的远房表弟、住在附近的石岬的安德烈·卡尔（Andre Carr）牧师告诉《芝加哥论坛报》，"似乎他总有一些有趣的事情可以说。他灵魂里有某种东西，他有幽默感，他是每个人的朋友。初次见他，你会觉得好像已经跟他认识一辈子了。他是那种希望一切事情都令人振奋的父亲。他是一个那么快乐的家伙。"

下一个周四，乔丹通过法尔克的办公室发表声明。"在这艰难的时期里，许多和善的语词和体贴的祷告鼓舞了我们的精神。"他说，"我还想要感谢地方、州和联邦的法律执行官员们所付出的努力。我试图用一种能让父亲感到骄傲的方式来处理强烈的失落和悲痛情绪。我无法理解其他人怎么会故意在敞开的伤口上撒盐，含沙射影地说，在某种意义上，是我生活中的缺点和错误造成了父亲的死亡。"他严厉批评了"无中生有的不实报道"，说它们侮辱了他的家庭。

乔丹本来计划在周五去弗吉尼亚州利斯堡的兰斯唐度假区（Lansdowne Resort）参加罗斯·埃尔德（Rose Elder）高尔夫邀请赛。下个周二他还要决定是否去弗吉尼亚州伍德里奇（Woodridge）的七桥高尔夫俱乐部参加他自己的"迈克尔·乔丹／罗纳德·麦克唐纳（Ronald McDonald）儿童慈善名人高尔夫经典赛"。他最终决定在两场比赛中都低调露面，虽然无线电波里还充斥着关于他父亲之死的猜测。

"在芝加哥，诺姆·范利尔（Norm van Lier）搞得我们很不舒服。"菲尔·杰克逊回忆起当时已经转行电台播音员的前公牛队后卫，"他在传播各种理论，关于乔丹父亲之死、赌博、NBA以及相关的种种。迈克尔不得不去找范利尔，说：'诺姆，别再说什么赌博啊，NBA啊，大阴谋啊这些东西跟我父亲之死有关了，这里面没有阴谋。'这就是人们心中的偏执妄想，有时候真的能让你发疯。"

从他们最初共事开始，杰克逊就展现出强大的直觉，知道如何鼓励和支持乔丹。主帅已经成了乔丹的伙伴和向导，乔丹对杰克逊也是如此，他们各自的想法和洞察力总是能激励对方。但现在，篮球在乔丹的脑子里已经没有位置了，他在父亲去世后的几周里十分挣扎。

随着训练营在秋天临近，大卫·法尔克告诉杰里·莱因斯多夫，乔丹准备退役。詹姆斯·乔丹之死并没有作为原因被提及，但老板明白，是痛失至亲的悲恸造成了这一决定。立刻就有猜测说，乔丹退役是为了抗议自己严重偏低的合同。但莱因斯多夫驳斥了这一说法："迈克尔对我说：'这与钱无关。我不想打篮球了。我想退役。'"

"那你想干什么？"莱因斯多夫问乔丹。

"我想打棒球。"乔丹告诉他。

老板回忆道，他问乔丹有没有跟杰克逊谈过，乔丹说自己对此有点犹豫。"我知道菲尔，他是心理大师，他会试图进入我的脑子，看看我处于什么状态。"乔丹回忆说。

但乔丹清楚自己想要什么。杰克逊肯定了解该怎么按下他身上的按钮，但当他们见面时，他还是小心、轻柔地慎重行事。他指出，乔丹拥有上帝赐予的伟大天赋，而离开篮球会让数以万计的球迷失去这份天赋的泽被。杰克逊说他应该再想想自己的决定。但乔丹非常坚定。"不，就这样了。"他说。

乔丹有一个问题要问杰克逊。他想知道主帅会怎样帮他度过又一个82场的常规赛季，因为他已经彻底失去了动力，看不见一点挑战。杰克逊没有好的答案。乔丹不希望自己的生涯有一个惨淡的收场，技术逐渐弱化，还要面临过分的批评，就像朱利叶斯·欧文那样。

于是杰克逊干脆改换了路线，问乔丹有没有想过暂时性的休假。但这也不行，乔丹不想逗留徘徊，不想拖着。杰克逊明白了。他对乔丹说，自己会跟他站在同一边。然后主帅告诉乔丹自己爱他，接着开始流泪。虽然早就知道离别并不容易，也早已做好了准备，但在乔丹通知队友和教练们时，他们的强烈情绪还是让乔丹措手不及。托尼·库科奇——他刚刚来到美国加入公牛队——表现得特别情绪化，这让乔丹很是震动。他的其他队友看起来也同样伤感。那一刻他才意识到，人们可以在一起工作数年，却不知道相互间的感情到底有多深。

约翰尼·巴赫回忆起乔丹通知教练组时候的情景："他说：'伙计们，我要退役了。'我无法相信。我们祝他好运。那是让人惊愕的一天。"

1993年10月6日，乔丹公开宣布，自己从公牛队退役。"如果父亲还活着，我还是会做出同样的决定。"他在发布会上说。

"今后五年，"他说，"如果动力回来了，如果公牛队愿意拥有我，如果大卫·斯特恩让我回到联盟，我可能会回来。"这句话激起了更多的阴谋论，纷纷猜测说，乔丹是在跟大卫·斯特恩的交涉中被吩咐退役的，甚至可能是被迫的。

戴夫·金德里德再次加入了讨论："这会是一笔交易吗？'嘿，M.J.，你退役，我们撤掉调查。'乔丹是否接受了NBA总裁大卫·斯特恩的建议或者命令，转身离开——去打棒球或者别的什么——从而让赌博事件完全平息?"

《体育画报》还推测说,乔丹的离开是为了躲避 NBA 对他赌博的最新调查,而且乔丹没有在新闻发布会上提到赌博的事情。

法尔克和斯特恩都断然表示,乔丹的赌博和退役之间没有任何联系。斯特恩补充道,那些这么暗示的人实在是"痛诋丑诋,令人作呕"。

斯特恩告诉记者们,联盟对乔丹的最新调查现在已经停止,强调自己非常确定乔丹没有赌过 NBA 比赛,也不会因赌瘾而遭受伤害。

再后来,2005 年在《60 分钟》中接受埃德·布拉德利(Ed Bradley)的采访时,乔丹终于承认了这个问题。"是的,我确实让自己陷入了本来不会遭遇的处境,我打破了应有的限度。"乔丹对布拉德利说,"这会成瘾吗?是的,这取决于你怎么看。如果你情愿把你的生活和你的家庭置于危险之中,那么,是的。"

据桑尼·瓦卡罗的观察,乔丹对 NBA 来说如此巨大、如此重要,他是唯一一个能从这样的赌博丑闻中全身而退的人。一个没那么重要的球员就会被禁赛。他还补充道,NBA 在这件事上选择了停止调查。

大卫·斯特恩似乎不太可能会强制乔丹退出联盟。但乔丹后来却对斯特恩大发脾气,为他没有对把詹姆斯·乔丹之死与他儿子的赌债联系在一起的阴谋论——没有任何一份调查指出存在这种可能性——做些什么而愤怒。

退役来得如此迅速,他都没来得及告诉母亲,她当时在非洲。"我跟迈克尔的妈妈和一群小学生一起在肯尼亚。"公牛队副主席史蒂夫·施沃德回忆说,"那之前都很平静。我们在肯尼亚一个偏僻的地方旅行,住在帐篷里。没有报纸,没有电台,没有电视机,什么都没有。我跟大家说,可能已经世界末日了,但我们也没法知道。两天后,我们飞回内罗毕(Nairobi),十天中第一次回到有文明的地方。我下了飞机,登上带我们去吃午餐的大巴。司机在看报纸,一份叫作《民族日报》(Daily Nation)的画报,肯尼亚的全国性报纸。背面是一张球队的照片,大标题写着:'迈克尔·乔丹退役。'我以为那是什么人开的烂玩笑。但事实是，那之前两天，迈克尔宣布了退役。显然，迈克尔的妈妈并不知道。我去找她，感谢她把儿子借用给我们九年的伟大。她说：'你在说什么啊？'我说：'乔丹太太，你儿子两天前退役了。'她说：'他退役了？我不相信！'于是我去拿了报纸给她看。我们就是这样知道迈克尔退役的消息的。"

"那天的晚饭，我给大家买来了香槟，为乔丹的伟大生涯干杯。但当我回到芝加哥的时候，就没有这种喜庆的气氛了，人们都沮丧极了。一切发生得太过突然，完全出乎预料，人们就像是帆船失去了风一样，十分泄气。"

可能最感到空虚的是 NBA 高层，他们现在不得不想办法找人来替代篮球史上最有吸引力的球员。讽刺的是，也有报道说斯特恩曾经劝过乔丹不要退役，但是没有人对这一报道进行过深入的讨论。那个问题会永远萦绕不散，也成了乔丹巨大怒气的另一个心结。

第三十章 棒球梦

在公牛队 1993 年训练营开始前不久，史蒂夫·科尔来到芝加哥。缓慢的脚步，乱蓬蓬的金发，以及一手致命的投篮，这位自由球员后卫带着热切的渴望与担心进入了球队名单。他听说过 NBA 里流传的各种故事，说当乔丹的队友有多么不容易。但签完合同后还不到一周，科尔就发现，乔丹的因素神秘地消失了。

实际上，接下来几周内，他与 M. J. 的唯一联系，就是在乔丹溜进来观察自己刚刚离弃的球队进行训练时匆匆瞥了他一眼。乔丹留下的真空非常巨大。他很早就在暗示自己的离开；现在，刚宣布完退役，他就回来了，仿佛是要搞清楚自己的缺席到底有什么影响，同时希望这件事的终成定局可以帮助他找到自己的路。他承认，现在拥有的新多出来的家庭时光，对缓和自己的心理状态毫无帮助。他仍然很悲痛——他的民众和媒体都没有意识到这一点——并在试图给自己的新生活规划方向。

"他过一阵子就来一次。"科尔回忆说，"他就走进来，看看训练。我认为他只是想看看这群家伙。所以我们见了他几次。那年他来看了一些比赛，坐在联合中心（United Center）① 的包厢里。"他甚至光是在训练时沉默地站在边线旁观察都有一种咄咄逼人的感觉，好像在提醒球队应该怎么发展。

"我觉得那个时候，球队真的成了菲尔的队伍。"科尔说道，"虽然之前我不在，但我很确定菲尔此前就很有权威，很有存在感，不过在迈克尔退

---

① 公牛 1994 赛季至今的主场球馆。

役后，公牛队才真正成为菲尔的球队，因为必须如此。他是一个超群出众的存在。我们队里有各种性格，各种自我意识……还有很多了不起的球员。但是，你懂的，斯科蒂从来不是那种会从领袖角度去掌握球队控制权的家伙。他是每个人都喜欢的队友，但其中的一个原因就是因为他很容易受到伤害。而菲尔没有弱点。"

一些观察家低估了杰克逊，暗示说他的成功靠的是乔丹的能力，但他们不了解主帅拥有多么有力、多么权威的个性。这对于球队非常重要。他们最好的球员长期缺乏安全感，而且一直在工资上与管理层较劲。几年前，皮蓬坚持要一份长期合同，结果很快在联盟总体工资升高的背景下贬值。虽然球队愿意退还一部分钱，但莱因斯多夫绝不同意重谈新合同。

"我认为斯科蒂的脆弱是因为他是个人，"科尔解释说，"这正是所有人都爱他的原因。你知道，他签了那份长期合同。他的薪酬显然太低了。这对他来说很难接受。他感觉自己没有得到正确的评价。所有这些感情在几乎每个人身上都会产生，这就是斯科蒂，也就是为什么我们真的很理解他，因为我们觉得自己更像他，虽然我们没有他那么强壮。我们在心理上都更像他，而不是迈克尔。迈克尔甚至根本不像人类，他是那么自信，那么坚强。"

乔丹很快就开始变得不那么超人了。他在8月父亲被杀害后就陷入迷失，之后的每一丝触动、每一点小事都在加剧他的悲伤，这是后来他自己承认的。他憔悴而又疲惫，每当电视上冒出又一则关于他父亲的故事或后续的逮捕新闻，他都会立刻停下手上的任何事情。

乔丹很少表现出脆弱或软弱，但现在，他在秘密地寻找慰藉。那年秋天，传出流言说，在莱因斯多夫①的帮助下，他开始出现在科米斯基公园（Comiskey Park）的芝加哥白袜队训练基地，秘密进行打击训练。典型的乔丹风格，他一周去那儿五天。在白袜队球员弗兰克·托马斯（Frank Thomas）、迈克·赫夫（Mike Huff）、丹·帕斯夸（Dan Pasqua）、胡利

---

① 莱因斯多夫同时是白袜队的老板。

奥·佛朗哥（Julio Franco）的帮助下，他开始练习一项已经超过十年没参与的运动。他把目光放在了这项他父亲过去全心热爱、甚至当乔丹已经统治了篮球之后还不断提起的运动上面。

"他打棒球真的是他父亲的梦想。"菲尔·杰克逊在几个月后观察道，"他父亲曾经希望自己能成为职业选手，还打过半职业比赛。当他父亲去世后，我认为迈克尔在某种意义上想实现他父亲的梦想。这是我听说这件事时就想到的事情之一。'老天，这家伙想进大联盟去打棒球？'但我马上意识到，篮球运动员总是在幻想自己能打好棒球。"

白　袜

乔丹向《芝加哥论坛报》专栏作家鲍勃·格林（Bob Greene）——他们曾经在《滞空时间》（*Hang Time*）一书中合作过——表明了自己的计划。那天他们开车经过科米斯基公园，乔丹表示说这里可能很快就会成为自己工作的地方。这次兜风经历对专栏作家来说很有启发性，因为他们在全城各地都遇到了各种狂热的表现——不断有人就在大马路上停下车跑出来，或是轻拍他的科尔维特① 车窗，求乔丹在纸上签名。格林很惊讶地看到乔丹把这些吓人的侵扰或多或少看成是自己日常生活的一部分。专栏作家心想，怪不得他要花那么多时间待在酒店房间里，门上还要上两层锁。

但现在，这位巨星已经习惯把自己隐私的几乎每一点碎屑都贡献给如饥似渴的公众。他之前去了趟加利福尼亚。在那里，他跟朋友一起沿着海滩骑行，然后看见公园里有人在打街头比赛，乔丹想跟他们一起打。当那位朋友去找球员们商量的时候，他们还以为他是在开玩笑，直到他们看见"飞人殿下"活生生地站在一旁。他打了一会儿，重新得到了这项运动的一点旧乐趣。但大批观众在相当之短的时间里就聚集而来，他不得不在他们

---

① 雪佛兰科尔维特，美国国宝级的跑车。

变得疯狂之前离开。乔丹告诉格林，他想把这个场景做成新广告；专栏作家难以确定他是不是在开玩笑。

格林一直保守着棒球的消息，但乔丹圈子里的其他人开始传播这件事。桑尼·瓦卡罗——他现在在为耐克的竞争对手工作——记得乔丹当时打电话告诉自己这个决定时的情景。"他说，我现在是这么想的。他告诉我他要去打棒球。我从来没听任何人这么建议过他。他说：'我要去试试棒球。'他总是觉得他自己是一个棒球运动员。他说他要那么解决……这对他来说很容易，因为他总能从挑战中获得乐趣。"

瓦卡罗被乔丹去打棒球的决定震惊了，他的赌博问题才刚从 NBA 消失。"这对迈克尔来说并不容易，但他意识到自己之前做了一些糟糕的选择，他向受到影响的人们道歉，然后继续前进。"大卫·法尔克后来说，但这也给了阴谋论者新的材料，"他的退役需要相当大的勇气。在之前取得不可思议的成功的情况下，冒着失败的风险去打棒球，这需要相当大的勇气。但迈克尔无所畏惧。"

乔丹在 11 月给鲍勃·格林打了个电话，正式宣布此事。他已经在科米斯基的训练营练了几周，计划跟白袜队一起去佛罗里达州萨拉索塔（Sarasota）参加春训。这可不是"棒球范特西"，乔丹对格林说，这可是来真的。这件事会有很多人质疑，但他总是能从那些下注在他对手身上的人那里获取动力。对于很多人，疑问变成了：这是自我赎罪，还是在朝圣？抑或两者兼有？

他在 31 岁生日前几天跟格林一起抵达萨拉索塔，后者当时正在写作另一本书。第一天的情况很生动。白袜队员们都穿着 T 袖和短裤，正准备做健美操，而乔丹待在他的储物柜前，换上了全套比赛服，45 号，就像个在等待小联盟开打的年轻人。

"一瞬间，我觉得自己又变成了孩子。"他早些时候说起自己的期待感。他传奇的态度导致白袜队击球教练沃尔特·赫里尼亚克（Walt Hriniak）称他为"一个勤奋努力的混蛋"。当你告诉他一些事时，他会去听，这也让赫里尼亚克很是惊异。

但以上这些并不能让他轻易就成为大联盟球员。自从1981年3月退出兰尼高中校队之后,他再也没有系统地打过棒球。但乔丹下定决心要学会如何击中大联盟的投球,他在春训的每一天都起早贪黑。然而,几乎从一开始就很明显,这完全是徒劳。

一个必须解决的问题是他的巨大传奇性。预先得知他将会来球队的时候,上千名球迷已经来到了萨拉索塔。球队官员在埃德·史密斯运动场(Ed Smith Stadium)周围设置了隔栏,用来控制观众。春训一直以来都是件叫人昏昏欲睡的事情,但现在到处都是新增的保安和公关人员护送他上下球队巴士。此外还有大批媒体出动。

人群挤在铁丝网墙上,都想要乔丹的签名;他尽责地尝试满足所有要求,这成了又一个异于队友习惯的问题。队员们已经拒绝签名很多年了,他们有一个联合协议,这也一直让莱因斯多夫反感地大摇其头。但现在,乔丹在满足签名猎人们的愿望,在指挥新闻发布会,这可能会扩大他与新队友之间的隔阂,他们中的一些人从一开始就对他很冷淡。

乔丹逃避这一切的地方是他在附近一个封闭社区租来的房子。在那儿,夜里,他可以坐在屋后的露台上,充满敬畏和惊奇地仰头凝视星空;或许一个世纪前道森·乔丹也曾这么做过。不管在哪里,不管什么时候,他都可以感觉到父亲就在自己身边。任何一个比赛的小细节都会震动他的心弦,唤回詹姆斯·乔丹在房子后院里朝自己投球的回忆。

乔丹会对自己说:"我们是一起在做这件事,你和我,咱爷俩儿。"

他怀念过去詹姆斯在他篮球生涯的每一天都会带给他的那种友好的鼓励。虽然他从来没有表现出来,也从没有放弃或屈服,但这项新挑战很快就榨干了他的能量和耐性;他的数千名球迷同样如此,他们来到佛罗里达,对这位曾经在篮球上让他们感受兴奋和悸动的伟大运动员充满期待,结果却只看到了一个笨拙、犹豫、明显格格不入的形象。

在篮球界当了多年"带头大哥"——菲尔·杰克逊喜欢这么称呼他——

之后，现在他却只希望能不被球队淘汰。他发现自己每天都在看经理的阵容，自兰尼高中那决定命运的一天之后他就再也没有做过这种事。他的新队友至少得承认一件事：这位老兄不怕出洋相。他非常卖力地每球必争，每个内野地滚球都奋力冲向一垒，试图将其变成安打。有几次他已经很接近了，但最终前十次击球一个安打都没有。他太高了，有人这么说，他的好球带也太大了。甚至他自己都承认。"看看这两条胳膊。"他一边说，一边把自己的长臂与队友们的做比较。

许多媒体人来到现场观看公开训练，其中就有《体育画报》的史蒂夫·伍尔夫（Steve Wulf），他写了一篇嘲讽的报道，编辑则将它变成了臭名昭著的封面："别闹了，迈克尔！乔丹和白袜队正在丢棒球的脸。""在我朝他投球的时候，他最好把自己'飞人乔丹'的鞋带好好系紧。"西雅图水手队（Seattle Mariner）快速球投手兰迪·约翰逊（Randy Johnson）告诉伍尔夫，"我倒想看看他能在空中飞多久来接我的内角球。"并不是文章里的所有人都那么嚣张和刺耳，一些人选择了匿名评论。已经在堪萨斯城皇家队（Kansas City Royals）管理层工作的前三垒手乔治·布雷特（George Brett）坦率地说："我知道很多球员不希望看到他成功，因为那就像是给了他们一记耳光。"

鲍勃·格林后来指出，就是同一家杂志，曾经无数次地在封面上刊登乔丹的形象以提高销量，在电视广告里向读者承诺只要订阅该杂志即赠各种与乔丹相关的小礼品。乔丹感到非常受伤，发誓再也不跟《体育画报》的记者说话了；他确实再也没有，无论后来发生了多少事情。

跟往常一样，这样的耻辱只会让他的火焰更加炽热。"我真的很努力地在学习这项运动。"他告诉身边的人。

季前赛进行了六场，他终于因为野手的一次选择而第一次上了垒。他的外野守备也变得有那么点不冒险了。第一场夜赛，对阵双城队①，第六局

---

① 明尼苏达双城队（Minnesota Twins）。

他在右外场有一个漂亮的表现；然后把球打向了三垒线，成功跑上了一垒。在他后面，丹恩·豪伊特（Dann Howitt）轰出了一记本垒打，于是乎，迈克尔·乔丹得到了一分，赛后队友们在更衣室内把他围拢，向他庆祝。

但他还是没有机会进入球队当季的大联盟 25 人名单。春训结束前一周，他被派到了伯明翰男爵队（Birmingham Barons），这支球队位于亚拉巴马州，属于双 A 南方联赛（Double-A Southern League），那是个"希望联赛"，绝大多数球员都是青年才俊。他在佛罗里达的最后一周都在跟其他小联盟球员一起训练，一群满脸青春痘的年轻人中孤零零地站立着一位 31 岁的希望之星。

甜蜜的家，芝加哥

4 月 7 日，乔丹回到了芝加哥，参加风城经典赛——芝加哥白袜队和芝加哥小熊队在瑞格利①举行的大联盟表演赛。一开始，白袜队经理吉恩·拉蒙特（Gene Lamont）并不想让他首发，但有 35000 名球迷跑来看他比赛。在他们兴奋的吼声中，乔丹在第一局就出场了，他的太阳镜巧妙地放在了球帽的帽檐上。他在五个打席中命中两记安打，贡献 2 分打点，比赛在 10 局之后以 4：4 结束。他在右外野的守备能力，以及帮助球队走上本垒板的努力，赢得了愉快的观众们的长时间起立鼓掌——这在棒球中是非常罕见的事情。

"这是迈克尔·乔丹多么棒的一天。"小熊队解说哈里·卡雷（Harry Caray）说道。赛前卡雷曾经采访了乔丹，他毫不掩饰自己明显的男孩儿般的微笑。乔丹正在做每个小孩都在梦想的事情，卡雷注意到了这一点。但他还想知道，如果乔丹尽了一切努力，最终却发现自己无法击中大联盟的投球，他会感到失落吗？

---

① 瑞格利球场，芝加哥小熊队主场。

不会，乔丹回答说，那样"只会成为棒球这项运动的荣耀"。他希望看看自己到底能否做到，希望在尝试的过程中享受乐趣，他这么解释说。

他的朋友后来评论说，那天无疑是他棒球生涯中最快乐的一天，甚至可能是人生中最快乐的一天。比赛在超级电视台 WGN 上直播，也让全国观众注意到，乔丹打棒球的主意并不完全是一件愚蠢的事情。

第二天，乔丹到了伯明翰，发现那里挤满了数千名球迷，他们来自全国各地。这股巨大的乔丹浪潮会在接下去的几周里继续冲刷棒球小联盟，创造上座率纪录，买空纪念品商铺内所有可买的东西。

J.A. 阿丹戴也去了伯明翰，准备就这一现象给《华盛顿邮报》撰写稿件。"我记得自己到了那儿，坐下来，看着他出现在外野位置上，这看起来简直太超现实了。"他回忆说，"这可是迈克尔·乔丹，他现在坐在这个棒球场里，一个小联盟的棒球场，在亚拉巴马州的伯明翰。这怎么可能？"

鲍勃·格林同样很受震动。有个晚上，比赛时间因下雨而推迟，他看见数以千计的观众在倾盆大雨中坐了几个小时，只因希望能看到他打球。乔丹在春训时曾感到非常尴尬，因为球迷们自发地反复高喊着："我想成为迈克。"这样的热诚在大联盟春训中都是前所未闻的，而这里还是小联盟，棒球世界里的穷乡僻壤，但他们还是来了，一边高声呼喊，一边目不转睛地盯着他看。

而他给予球迷的回报却是在赛季揭幕战的前九个打席中七次被三振出局。他打中了两球，一个内野高飞球，还有一次打出内场地滚球后被杀出局。

记者团里有许多见证过他当年篮球岁月的熟面孔，他们十分惊讶地看到，过去那种无上自信的火花如今在他眼中不再闪耀。

"这让人尴尬，这让人沮丧，这能让你发疯。"他对《纽约时报》的长期篮球写手艾拉·伯科（Ira Berkow）说，"我不记得上一次同时拥有这些情绪是什么时候。我在这上面练得太认真了，以至于我自己看上去像个傻子。过去九年里，我都处于这样一个状态，世界都在我脚下。而现在，我只不过是更衣室里又一个拼命努力想要进入大联盟的小联盟球员。"

他解释说,种子在 1990 年他举起总冠军奖杯之前就已经种下。"这最开始是我父亲的想法。"他说,"我们曾经见过博·杰克逊(Bo Jackson)和迪昂·桑德斯(Deion Sanders)同时尝试这两项运动,我父亲也曾说,他觉得我在棒球上同样能够成功。他说:'你具备那些技能。'他认为我在篮球上已经证明了一切可能,或许可以试着在棒球上来上一发。我告诉他:'不,我还没有做到一切。我还没有赢下总冠军。'然后我夺冠了,我们不时会聊起棒球,然后我们又赢下两个总冠军。然后他遇害了。"

在实现梦想的过程中父亲一直就在自己身边,他直率地谈到这一点。"我跟他的交谈更多地发生在潜意识里,而不是用真实的词语。"第一个周末,在男爵队宽敞的更衣室里,他坐在自己的新储物柜前,如此说道,"'坚持做你现在在做的事情。'他会告诉我说,'坚持努力,把它实现。你不能害怕失败。别理会那些媒体。'然后他会说些有趣的事情——或是回忆一些我还是个男孩儿时的往事,我们在房子后院里投球接球,就像我们一直做的那样。"

大　巴

很快就有流言传开去,说乔丹准备买下一辆昂贵的新大巴,以便在跟新队友一起沿南部乡间小路旅行时也可以尽享奢华。这不是真的,他甚至都没有租过大巴,更不要说买了。只不过是男爵队的大巴供应方决定给球队提供一辆豪华巴士,配有靠背可以活动的躺椅,还有一张长沙发,帮助减少从纳什维尔(Nashville)到罗利,再从格林维尔(Greenville)到奥兰多的长途旅行中的无聊感。

乔丹解释说,这辆高级大巴给了他伸展的空间,但他也承认还有另外一个原因。"我可不想看到大巴在南方的半夜一点钟抛锚。"他说,"你不知道谁会跟着你。我可不想坠入那样的困境。我想到了我老爹所遭遇的事情。"

同样的想法促使他买了两支手枪，它们被放在他芝加哥郊区的家里。对周围事物一直十分戒备的他，在父亲遇害后变得更加警觉。

有流言说他跟身边的所有小联盟球员都发展出了信赖关系，他也确实会在更衣室一个隐蔽的地方玩玩骨牌，赌点小钱，这也给了队友们一个可以窥视他装满钞票的臃肿钱包的机会。但更多时候，他还是愿意一个人待着，在漫长的巴士旅途中只身独坐。

同样的情感壁垒曾经出现在他自6岁以来待过的每一支球队。在芝加哥的时候，他曾向约翰尼·巴赫吐露心声，说起自己小时候在打棒球的那些年里因长期作为整支球队中唯一的黑人而体会到的疏离感。这一早期经历影响了他的成长。菲尔·杰克逊教练工作的很大一部分都集中在如何打破乔丹与球队其他人之间的壁垒。

小联盟之旅不仅带回了关于父亲的久远回忆，也带回了那种古老的疏离感。因此乔丹与他的小联盟队友之间的疏远并不令人惊讶。他并不粗鲁，也不暴躁，也不傲慢，至少在棒球上如此。但他就是不怎么交际，身边除了自己就只剩下随从人员，如今只剩乔治·凯勒一人。胡安妮塔有时会带着孩子在周末来看他。但绝大多数时间，就只有乔丹、凯勒，以及他的悲伤。杰克·麦卡勒姆在2011年曾试图让乔丹说说那段经历，但最终得到了一个多少有点不耐烦的回应。"棒球。"他说，"男爵队。有很多个孤独的夜晚，只有我和乔治在路上聊天。我会想起父亲，他有多热爱棒球，以及我们一直以来是怎么讨论的。我知道他就在那里看着我，这能让他高兴，这也能让我感到高兴。"

对从小在北卡罗来纳长大的乔丹来说，亚拉巴马并没有带来什么文化冲击。他在伯明翰租了个带篮球架的房子，方便自己跟附近的孩子们打成一片。他找到了当地最好的高尔夫球道、肋排和台球室。很快，得到充分放松的乔丹连续12场击出安打，把平均打击率推上30%。但在这之后，随着赛季进入酷暑的三伏天，他又经历了很长一段时间的低潮。

"他现在正试图跟其他在各自棒球生命中已经见过35万记快球和20.4

万记变化球的打者们竞争。"游骑兵队（Rangers）投球指导汤姆·豪斯（Tom House）在那个赛季这么评价乔丹，"棒球是大量重复的机能。如果迈克尔从高中毕业后就一直从事棒球，我不怀疑他会从棒球中赚到跟篮球一样多的钱。但现在他都不能统治双 A 联赛，而双 A 联赛离大联盟还有好几光年呢。"

前一年的 10 月，乔丹宣布退役后的第二天，莱西·班克斯曾在专栏中撰文，预言说他有一天还会回到篮球中来。随着乔丹的平均打击数据一路下跌，班克斯来到伯明翰待了三天，劝他重拾篮球。但乔丹拒绝了。

"我现在还是不敢相信。"班克斯在《太阳时报》中写道，"另外，他最近萎靡不振的击球正是我们的盟友。"

乔丹坐在更衣室里，听到班克斯求他来一出 NBA 的"光耀重临"时，不禁哈哈大笑。

"你说得好像这是什么宗教事件之类的东西。"乔丹窃笑着说。

"乔丹非常坚决地把自己的篮球岁月抛在了身后。"曾在《太阳时报》跟班克斯共事的 J.A. 阿丹戴回忆说，"然后莱西又回来，问他：'还有没有哪怕是一丁点儿、一丢丢的可能性？'迈克尔的回答差不多是：'可能性总是有的，但就目前来说，那真的是一丁点儿、一丢丢。'"

虽然有惨淡的低潮期，男爵队经理特里·弗兰科纳（Terry Francona）还是看得出乔丹正在取得戏剧化的进步。在最低潮时，他曾在赛后的晚上留下来，问经理对自己在这项运动上的未来到底怎么看。乔丹后来承认说，这次谈话发生时，他刚刚萌发了放弃的想法。他不想再作为一个笑话继续下去了，更糟糕的是，自己还占据了一个位置，导致某个大有前途的年轻人失去机会。但弗兰科纳指出，在棒球里，成长的进程通常很慢，同时他开始在乔丹身上看到了可观的进步。在了解棒球的人看来，他付出的努力是非凡卓绝、难以想象的。

在赛季的最后一个月，他的打击率为 26%，也将赛季平均打击率提升至微不足道的 20.2%。436 个打席中，他奉献了 88 记安打，包括 17 记二垒打和 1 记三垒打。他有 30 次盗垒，46 次跑垒得分。这样的稳定进步为他赢得了晋升资格。他被亚利桑那秋季联赛（Arizona Fall Leauge）的斯科茨代尔蝎子队（Scottsdale Scorpions）签下。这似乎意味着一种成功，虽说在特里·弗兰科纳和一些白袜队高层之外几乎没有人这么看。

对乔丹自己来说，这意味着他的未来打开了一扇模糊不清的窗户。他曾经的巨大自信如今已经支离破碎了一地，但他仍然保持着慎重的坚定。几乎无人能理解是怎样的情绪在驱动着他。他的人生来到了这样一个节点，他完全浸没于一种沉静的暴怒中，即使他自己不愿承认。这股刺眼而又说不清道不明的怒火将在此后数年中以种种不相协调的方式释放出来，终于，他人生的核心问题变成了：他究竟能不能摆脱这件事？

第三十一章 归 来

在又高又长的迈克尔·乔丹忙于努力让自己的挥动频率跟上投手的节奏时,他也会朝被自己抛在身后的那个世界投上一眼。他一直在跟进公牛队的冒险旅程,同时被NBA企图找人来代替他这台市场引擎的无力尝试逗得发笑。1994年春天,他尤其好奇的是皮蓬的表现,后者刚打出了爆发的一年。不再被乔丹的阴影笼罩,他的昔日副手如今成了球队老大,并展现出惊人的成长。他在2月当选全明星赛MVP,赛季场均22.0分、8.7篮板、5.6助攻、2.9抢断,公牛队获得55胜,只比前一年有乔丹的那个赛季少赢了两场。

乍一看,球队做得相当不错,但在幕后,皮蓬的怒气即将爆发。公牛队的东部季后赛迎来了殊死决战,尼克斯队2∶0领先芝加哥。第三战至关重要,而公牛队开局不利,在第四节才渐渐赶上。最后1.8秒,纽约的帕特里克·尤因在内线得分,把比分扳为102平。随后的暂停时间,替补席上,菲尔·杰克逊画了一个战术,由皮蓬发球给托尼·库科奇执行最后一投。皮蓬坐在板凳席上,怒火中烧,对教练破口大骂,并拒绝回到场上。ESPN记者安德烈亚·克雷默(Andrea Kremer)和摄像团队就近在咫尺,他们见证了全过程,包括皮蓬队友的愤然和愕然。尤其是比尔·卡特赖特,既震惊,又愤怒。

不知所措的杰克逊派皮特·梅耶斯去发界外球。库科奇接到球,22英尺跳投空心入网,时间也同时走完,真是一场戏剧化的胜利,这也是他那个赛季第四次命中最后时刻投篮赢下的比赛。然而,一切庆祝都因对皮蓬举动的愤怒而黯然失色。媒体得到的解释是，皮蓬感到自己没有受到尊重；凭他那一年的表现，他认为最后一投应该属于自己。皮蓬对欧洲人——库科奇第一年的工资就已经与自己相当——不断累积的妒忌之情此前鲜有人知。赛后，杰克逊告诉记者："最后一攻的时候，斯科蒂·皮蓬没有在场上。他自己要求不上场。我要说的就这么多。"

"菲尔和我交流了几句，"皮蓬事后在更衣室对记者说，"差不多就是这样。不是菲尔把我移出比赛的，我们差不多就说了几句话，然后我找了个地方坐。我感到非常沮丧。我们在这场比赛里尽了我们能做的一切。我们有能力夺回胜利。托尼再次命中了一记非凡的投篮，菲尔用了个漂亮的战术。"

身在伯明翰的乔丹愣住了。"可怜的斯科蒂，"他对记者们说，当时还不知道这件事将会如何影响他自己的生涯，"我一直对他说，想成为我可不简单。现在他明白了。"乔丹为皮蓬感到遗憾，他知道这一事件会给他的朋友带来一大堆麻烦。

"我向球队和菲尔·杰克逊道歉。"几天后皮蓬对记者说，"我不认为自己还要向其他任何人道歉。"

公牛队最终在抢七中输给了尼克斯队。

"那是件非常惊人的事情。"史蒂夫·科尔当时说道，"斯科蒂没法预见自己的行为究竟会引起多么严重的后果。我为他感到遗憾。"克劳斯火冒三丈。皮蓬在赛季的大部分时间里都在跟总经理就自己的合同进行丑恶的公开争论。"我不认为你可以称我为逃兵，"皮蓬为自己辩护说，"我认为你可以看着这件事，说我犯了个愚蠢的错误，仅此而已。我并没有当逃兵。我认为自己在这场比赛里比任何人都更拼命。我打得聪明，打得拼命，我打得像个团队球员。"

虽然皮蓬被认为是联盟中最好的球员之一，克劳斯还是开始尝试交易他，但要找到具有同等价值的球员并不容易。最后，克劳斯终于跟西雅图联系上了一笔交易，可以换来大前锋肖恩·肯普（Shawn Kemp），外加一个选秀权,克劳斯准备用它来摘下埃迪·琼斯(Eddie Jones)——天普大学(Temple University)的年轻后卫。然而,最后 1 分钟,西雅图老板退出了交易,而克劳斯的计划也在随后的新闻报道中曝光。皮蓬早就对自己的合同心怀不满,如今球队居然计划交易自己,这令他更为光火。

萦绕不散的怒气为动荡的休赛期定下了基调。霍雷斯·格兰特——他现在是自由球员——因为类似的长期不和而对杰里·莱因斯多夫大发雷霆,很快离开了球队,与奥兰多魔术队签约。在这种辛辣刻薄的气氛里,卡特赖特宣布退役,结果却又在超音速队复出。约翰·帕克森同样决定退役。

杰克逊看着自己的球队分崩离析,同时还要跟克劳斯就新合同进行恼人的谈判。主帅还做出了休赛期最受质疑的一个举动,在季后赛结束后几天突然炒掉了约翰尼·巴赫。解雇发生在老助教生命中一段糟糕的时间,就在他 70 岁生日前几周。讽刺的是——巴赫回忆说——教练组成员或许从来没有比 1994 赛季更加亲密无间。"那年年末,我有各种理由可以相信我的合同会续约。"巴赫回忆道,"第一个告诉我的人是菲尔。他说:'我们不准备续约合同了。'我愣住了。在我开口为自己辩解前,他又说:'对你来说,最好的做法就是离开。球队已经下了决心。'我很失望,更准确地说是震惊。但我没有争吵或抱怨,我只是不敢相信。我去见克劳斯,他说了同样的话。我就这么干脆地走了。当时,我的生活里有很多危机。我要上离婚法庭结束一段长期婚姻。我得搬家。我觉得那个夏天,身边的一切都崩塌瓦解了。然后我心脏病病发。各种震动和冲击,有一段时间我不再信任任何人。"

这次难以解释的解雇事件带着一股报复的味道。巴赫显然早就引起了杰克逊的不满,因为他偶尔会鼓励乔丹听从自己的本能,不去管三角进攻。球队里的一些人觉得,巴赫与乔丹之间的关系给杰克逊对球队的掌控产生了威胁,尽管巴赫同时也是杰克逊的坚定支持者。巴赫身上肯定有什么东西惹恼了杰克逊。"我们是很不一样的人。"巴赫承认。

在当时，以及几个月后的解释中，杰克逊都把巴赫的被免职归咎于克劳斯对《乔丹法则》的怒火。

"杰里·克劳斯与约翰尼·巴赫之间的关系造成了一种让人非常不自在的环境。"杰克逊在数月后谈到解雇事件，"这导致了解雇最终不得不发生。当时发生了各种乱子。这种事情对球队来说非常糟糕，因为我们必须一起工作。杰里因为《乔丹法则》里的很多事情而指责约翰尼·巴赫。约翰尼确实提供了那些信息，这毫无疑问。杰里认为约翰尼说得太多了。而约翰尼——现在回想起来——也感受到了杰里的怨恨和缺乏尊重，因此约翰尼不愿意仅仅因为杰里是老大就向他效忠。"

"这持续了很长一段时间。"杰克逊说，"我本来可以选择隔开他们俩，让他们离得远远的，我想至少可以这么做上一段时间。但我不喜欢球队里缺乏团队协作。这是我的团队，我的领域。我最后同意了这么做。我认为这是个好机会，因为约翰尼有能力在联盟中迅速找到一份新的工作。最终的结局对约翰尼来说挺不错的；虽说我其实并不愿意看到他陷入沮丧之中，包括我自己也并不想经历这种事情。"

直到许多年后，事情才水落石出：杰克逊想方设法掩盖了自己在书里的角色。萨姆·史密斯后来向莱因斯多夫透露，书的消息源里有杰克逊，没有巴赫。莱因斯多夫并没有为史密斯保守秘密，而是把杰克逊在书里的角色告诉了克劳斯。曝光的真相立刻激怒了总经理，他宣称杰克逊诓骗自己相信巴赫才是大量内部细节的匿名消息源。史密斯后来也证实了这些说法，肯定了杰克逊在自己书里的角色。"菲尔和一些球员所扮演的角色要重于约翰尼·巴赫。"史密斯说。

"菲尔对我说谎。"克劳斯在被问及此事时说，"实际上，是菲尔把约翰尼搞掉的。"

"解雇巴赫是菲尔的主意。"杰里·莱因斯多夫也说，"菲尔对我说，克劳斯和巴赫之间的糟糕关系把事情搞得难以对付。那就是菲尔的主意。没有人要求他这么做。"

从心脏病中恢复之后,巴赫最终被夏洛特黄蜂队(Charlotte Hornets)聘用。几年之后他才得知自己被解雇的内幕,即自己被假定向史密斯提供了内部信息。巴赫说自己又倒回去,把书读了三四次,寻找自己可能提供的伤人信息。然而,书里所有引用他的话都来自公开场合,也没有任何的造谣中伤。

"我在书里没有找到任何一句出格的话。"他说,"萨姆显然是个很好的调查型记者。迈克尔并不喜欢书里对自己的描写,是因为不知道谁提供给萨姆的消息。"该书"是一幅相当之准确的肖像。"巴赫说,"我认为萨姆在描写中没有对任何人的形象加以歪曲。"

克劳斯说,自己被骗得解雇了一个无辜的人,这让他寝食难安。数年后真相曝光时,巴赫正在底特律担任助教。一天晚上,活塞队做客芝加哥挑战公牛队,活塞队高层里克·桑德告诉巴赫说,克劳斯想过来跟他说句话。巴赫心情复杂,但还是同意见面,并感到非常惊讶。"杰里跟我说话的时候,他非常情绪化,我也是。我一直以为是球队做出的决定,而非菲尔。我觉得,来找我这件事对杰里来说是个巨大的让步。我认为他确实发自真心。"巴赫谈到克劳斯的道歉,"我也选择了接受。"

巴赫后来跟杰克逊谈过话,但事情一直停留在两人之间,巴赫说:"我宁愿不去说。他肯定知道我的感受。我一直以为我们之间的关系足够强大。我们在板凳席上一起坐了五年。作为助教,你并不总是知道正在发生些什么。这真的很蠢,像是一桩我没法自我辩护的诉讼案。现在这些事都不重要了,虽然曾经很重要。"

然而,这件事还是能显示出一些有趣的东西,即杰克逊对付乔丹的策略。他为什么要冒着失去自己觊觎已久的工作、与这项运动中最耀眼的球星关系破裂的危险,去向一个记者提供关于他上司或乔丹的信息?一位每天都在杰克逊身边工作的公牛队长期雇员认为,主帅这么做是为了获得更强的球队控制力。说到底,那部书成功地使克劳斯与球员间的隔阂进一步加深,从而确保了杰克逊的领袖角色,那位球队雇员如此说道。"那就像是：'我们来搞垮迈克尔，我们来痛斥这家伙，这样他才能一直为我的目的效力。'这就是他疏离迈克尔与媒体的方法。"该公牛队雇员暗示说，"这就是为什么菲尔总是会使用'现在是我们对抗媒体'的策略，'我们对抗高层'的策略，因为只要他这么做了，他就能成为球队领袖。"

多年以来，主帅都没有对莱因斯多夫和克劳斯的指控做出回应，不过在2012年的一次采访中，杰克逊曾指出，《乔丹法则》在公牛队的成长过程中有着非常巨大的重要性，因为它降低了乔丹的等级，让他变得离他的队友更近。显然，作为教练，杰克逊有权利让球员们听自己说话，但他玩弄了一条极端的诡计来实施掌控。"菲尔是心理游戏的大师。"乔丹曾多次在不同场合如此评论他的教练。

自己最喜爱的教练被解雇，这条新闻让乔丹非常沮丧，虽然他并不知道事情的真相。在未来的许多场合，他都会特别强调巴赫在自己生命中的重大影响。但乔丹也会提到他与杰克逊之间的特殊的关系，他们的长谈、争执和交流——不仅关于篮球，还有人生。

"我们会讨论许多不同的事情，"乔丹说起他们的谈话，"我们对哲学的兴趣胜过其他一切。"

很显然，他和杰克逊两人都非常享受这样的谈话。"我们过去会相互质疑，"乔丹说，"我想我从他身上学到了不少，他那时候也从球员看待问题的角度中学到了一些东西。他以前也曾是个球员，但我给了他一些新时代的思考过程。我们都给予了对方很多，也收获了很多。我一直在倾听。没有争论，有的是多多少少的概念，他会说：'这么想想看，那么想想看。'"

具有讽刺意味的是，这种关系的绝对主题乃是巨大的信任。乔丹回忆说，他对杰克逊的信任随着时间的推移与日俱增。在赢得乔丹的心、公牛队也开始夺冠之后，主帅又找到了新的方法来激发他的超级巨星的动力，保持乔丹与队友之间的攻击性平衡。从那时起，杰克逊对乔丹产生了一系列影响，决定和塑造了他在重压之下的心理表现。显然，这些课程对乔丹的促进不仅发生在篮球上，还帮助了他的棒球生涯。

重回体育馆

那个9月,乔丹回到了芝加哥,参加斯科蒂·皮蓬的全明星经典赛——为杰西·杰克逊的PUSH组织而举办的慈善比赛。一开始,他有点犹豫是否要接受邀请,大概是因为四年前的抵制运动让他一直感到不爽。不过,这次活动将会为他提供最后一次在芝加哥体育馆打球的机会——体育馆按计划将于数月之后拆除,让位给造价1.5亿美元、与体育馆隔着麦迪逊街相对的联合中心。结果证明,体育馆的吸引力实在太大,乔丹还是出现在了现场,发现整座建筑都挤满了迫不及待要与他再次相见的观众。他的球队身着白色,皮蓬的队伍则身着红色,两个老队友的对决显示出令人惊讶的激烈。乔丹不希望任何人觉得他"输掉了这个或那个"。他找回了过去的激情,全场出手46次,命中26球,砍下52分。他的球队187∶150获胜,而那个夜晚可能也创造了起立鼓掌致敬次数的纪录。比赛结束后,他在技术台边上拥抱了皮蓬,并向观众挥手致意,随后走到场地中央,提了提短裤,然后跪倒在地、亲吻地板,向这个伴着他一路走向伟大的舞台致以最后的深情告别。

"我在跟体育馆吻别,跟我在这里打球的岁月吻别。"事后他对记者们说,"但我并没有跟篮球吻别。我会一直爱着篮球,我会一直打球。我只是不再打正式比赛了。"

确实,那年秋天他去参加亚利桑那秋季联赛时在斯科茨代尔打了不少的临时比赛。特里·弗兰科纳注意到,在乔丹为伯明翰效力的最后一个月,他在击球时开始把球打得比过去用力得多。他的挥棒速度提高了,他开始利用自己细长的下肢来上垒。实际上,他在斯科茨代尔打出了可观的25.5%安打率,该联赛可集中了这项运动中顶级的青年才俊。

鲍勃·格林跟乔丹一起去了亚利桑那,注意到了当地荒凉、狂风大作的环境,寒风凛冽中的比赛,空无一人的露天看台。那年秋季,德洛里斯·乔丹给儿子打电话时,觉察到他声音中有什么在告诉她应该去看看他。

几天后,乔治·凯勒开车到机场,接她去乔丹比赛的体育场。与伯明翰相比,亚利桑那的观众要少一些,但那天晚上,格林看到乔丹从替补席上起身,站在那里,扫视人群,直到看见德洛里斯·乔丹的身影。然后他的眼睛亮了,他毫不掩饰地微笑起来,这景象在这悲伤的几个月里非常难得。

那年深秋,他回到芝加哥,参加"向迈克尔致敬"(A Salute to Michael)——在公牛队新球馆举行的 23 号球衣退役仪式。同时,球队还计划给新球馆外的"飞人殿下"铜像揭幕,它被命名为"灵魂"(The Spirit)。铜像给了乔丹压力。他见过它的模型,不知怎么就同意了,但那被有意抬高的公共形象已经让他的生活变成了噩梦。他是个活生生的人——他向格林倾诉说——并非塑像,而它立在联合中心外,这只会让他进一步被隔绝。然而,铜像却立刻风靡全球,吸引了国内外无数游客。

乔丹的强大判断力警告自己最好别去参加仪式,而结果比他想象得还要糟糕,当天甚至有特纳电视网(TNT)的全国直播。在各个环节和一系列笨拙的滑稽表演后,莱因斯多夫和克劳斯被介绍入场,现场 21000 名观众——他们仍然愤怒于球队不如意的夏天——疯狂地发出嘘声。

"够了啊,"乔丹谴责球迷说,"两个杰里都是好人。"

"两个杰里"并不是第一次经历这样的嘘声。实际上,1991 年到 1993 年公牛队三连冠的每次球迷集会和庆典上,克劳斯都会成为芝加哥球迷无情嘘声的目标。训练师奇普·谢弗坐在一旁,看见克劳斯的妻子特尔玛(Thelma Krause)在嘘声中湿了眼眶。总经理克劳斯早已习惯了球迷的怒火,但妻子流着眼泪、迪恩·史密斯劝慰她的景象还是让他恼怒不已。

"迪恩后来走到她身旁,告诉她迈克尔提到了我的名字,他能这么做真是太好了。"克劳斯回忆说,"特尔① 看着他,说:'太迟了!该死的,太迟了!他早就可以这么做的。'迪恩很生气……我真的为我妻子感到骄傲。她那天晚上对很多人说了这些话。她对迪恩·史密斯这么说,对别人也这么

---

① 特尔玛的昵称。

说。她很生气。她坐在那里，眼里满是泪水。"

跟妻子一样，克劳斯也怨恨乔丹没有早点为自己说话。"这么多年来，迈克尔本可以做很多事情，"克劳斯后来说，"但他没有。"

"杰里从来没能打造一个好的个人形象，"菲尔·杰克逊当时观察道，"这毁掉了他的公众人格，至少就去现场的芝加哥观众来说，他们眼中的他就像是市长。市长在公众场合总是被嘘。杰里就是那种家伙。他必须干一大堆的脏活……而他完成得如此之好，以至于某种程度上把自己打造成了一个不被喜欢的人物。"

然而，克劳斯一直容忍了这些。"所有的总经理都会犯错。"莱因斯多夫说，"杰里异常的忠诚，但关键是，他做的事情总是有效果，他做的事情总能生效，因为他工作非常认真，也有很好的识人眼光。"

"可怜的杰里，每个人都在这样那样地抱怨他，包括我。"芝加哥长期体育写手鲍勃·洛根当时说，"但他得到了自己人生中想要的东西。他在经营整个俱乐部。他拿到了三枚总冠军戒指。但我不认为他有过哪怕一天是自己完全满意的。他总是想要更多，或是去做一些不大可能做到的事情。"

就在得到乔丹的称颂前不久，克劳斯曾经承认，他希望能拥有一支名单上没有乔丹的总冠军球队。"杰里和我已经谈过了这件事。"克劳斯坦率地说，"真该死，没错，我们希望在迈克尔之后继续赢球，因为这会是某种意义上的证明，虽然这里头确实有某些私人的东西。没错，我的意思是，我有着自负心理。这种心理并不大，但也不小。我认为我把自己的工作做得很好，我希望有一天，整个世界会说是我赢了，但那不是因为我有迈克尔。"不幸的是，他在1994年季后赛的失败中错过了自己的机会。

即使在球衣退役庆典当晚，菲尔·杰克逊还是察觉到，乔丹身上活跃着想要重新打球的欲望。一些NBA老板曾经悄悄跟莱因斯多夫提起，或许联盟应该付给他一笔巨额赔偿金，引诱他回到篮球上来。后来，有记者问乔丹，一亿美元的合同是否足够吸引他回归篮球。"如果我打球是为了钱，"他愤怒地说，"那得三个亿。"

如果打球是为了钱，他肯定不会去打棒球，因为他的薪水很少。他的生活主要靠当年大约 3000 万美元的代言收入来支撑。棒球大联盟在 8 月因罢工而全面停顿，一直拖拖拉拉到来年的 2 月才恢复正常。小联盟没有受到影响，因此乔丹提前一周报到参加春训，却只意识到老板和球员在金钱方面的斗争永远无法终结。随后，他跟白袜队管理层在更衣室和停车安排上产生了误会。但真正导致他离开的原因是，他逐渐生出一种感觉，自己被当作了春训的噱头。他绝不希望自己成为一名候补球员，或者更糟，成为一名拒绝参加罢工的工贼。最终，他永久性地放弃了父亲的梦想，掉头回家。他通过电话告知了莱因斯多夫。

"我觉得你退出棒球的理由不对。"莱因斯多夫说。

"不，"乔丹说，"我已经做好决定了。"

"你现在想做什么？"老板问。

"我不知道。"乔丹回答说。

"他在亚利桑那秋季联盟里打出了 26% 的安打率。"莱因斯多夫后来吐露说，"我觉得他真的在进步。但是罢工导致他不可能在 1995 赛季为白袜队效力。"

3 月 10 日，他宣布从棒球中退役，表示他的小联盟经历帮助自己重新找到了过去那种使他成为伟大篮球运动员的职业精神。"我见到了数以千计的新球迷，"他说，"我发现小联盟球员真的是棒球的基础。他们没有名气，很少得到承认，但他们配得上球迷和所有与这项运动有关的人的尊敬。"

乔丹没有在棒球上失败，菲尔·杰克逊点出："是棒球在他身上失败了。"

贝尔托中心的日子

一开始，乔丹试图偷偷地参与公牛队的训练，但这似乎并不成功，特别是因为球队当时正在艰难地经历着一个单调无聊的阶段。最初的预兆非常细微。可能是一通打给老朋友的电话；或者可能是杰克逊办公室外的一股烟味。不管是什么，信号在那年3月很快以某种方式传递到了所有正确的人手上。M. J. 在考虑回归？抑或他只是穿戴好装备过来参加训练，看看事情如何？

全世界为芝加哥的篮球而疯癫痴狂的一年就这么开始了。

"他回归的流言传了好几周。"奇普·谢弗回忆说，"我在跟拉里·克里斯科维亚克（Larry Krystkowiak）、卢克·朗利（Luc Longley）和史蒂夫·科尔共进晚餐，他们之前都没跟迈克尔做过队友。他们非常兴奋能有机会跟他一起打球，他们对此的反应就像小孩儿一样。我记得自己坐在那儿，听着他们说话，心想：'少年，你们可不知道跟他一起打球有多难。'"

那是相当奇怪的一年，甚至在乔丹还没来之前，史蒂夫·科尔回忆说。前一个赛季公牛队在没有乔丹的情况下表现不错，但1995年的阵容要弱得多。"我觉得事情是这样的，第一年他不在了，但你还能感觉到他的存在，球队的心态也还很张扬。"科尔解释说，"我们有卡特赖特、帕克森和霍雷斯·格兰特，这些家伙显然都还是总冠军，还有那种感觉，这在迈克尔不在的情况下还继续保持了下去。但是，第二年，这种东西开始逐渐消失。我们失去了卡特赖特、帕克森和格兰特。我们失去了他们的领导力。于是，突然之间，我们的战斗力出现减损，领导力的智慧也逐渐耗竭。球队开始回归现实了。我们曾经的绚烂有点褪色，也渐渐失去了自己的优势和能量。我们非常挣扎。"

乔丹在那个赛季的早些时候就曾来参加训练，但没跟球队产生任何的紧密联系，科尔说："他时不时地来参加训练，但对我们这些没跟他一起打过球的人来说，他真的很难接近，只因为他的身份和他的光芒。他是那种很咄咄逼人的家伙，你知道的，特别是当你不了解他的时候。你不会慢慢踱过去，对迈克尔·乔丹说：'嘿，吃了吗？'他看起来就像是那种赫然耸立、让人难以避免地感到害怕的存在。我们当时都还不太了解他。"

那些天里，他穿戴好装备，带着足以驱动风暴大潮的能量参加训练。但是，仍然还不清楚他是否已经决定要回归。事情最开始通过当地电台的体育谈话节目披露出去,掀起了一阵疯狂。然后就是体育史上最撩人心弦、最叫人按捺不住的十天。迈克尔·乔丹要回归篮球了?来自各大电视网和全国性出版物的卫星直播车以及媒体代表聚集在贝尔托中心的训练基地前,期待着会有什么通告声明。但训练基地的落地窗都被巨大的隔板遮住了。媒体可以听见叫喊声,球鞋在球馆地板上的摩擦声。他们被告知,乔丹正在跟球队一起训练,但他还没有做出决定,更多细节还在处理之中。与此同时,在训练中,他穿着第二阵容的黄色背心,打控球后卫,对抗主力阵容。

乔丹对皮蓬。就跟过去一样。

"光是能在他身边打球就很让人开心了。"中锋威尔·珀杜说,乔丹赢得三个总冠军时他都是队中的一员。

实际上,要不是拖了整整十天的话,事情本来也不会变得那么疯狂,不会被炒得那么热。但莱因斯多夫希望他能等一等。乔丹本人那一周也在摇摆难定,犹豫不决,想搞清楚自己回归篮球是因为对棒球罢工的失望,还是因为他热爱这项运动。在他犹豫要不要做决定的时候,大群的球迷涌向贝尔托中心,就像是被巨型磁铁吸过来似的。人群把隔壁酒店的停车场都挤满了,热切地想要在"飞人殿下"每天离开训练时看他一眼,哪怕只是一瞥。但他始终保持缄默。这让全国的二十四小时有线新闻节目都有了内容可做,各大体育电台的脱口秀也在说个不停。

大约过了一星期,全国上下的不耐烦情绪开始如雨后春笋般迅速萌发,一些人打电话给芝加哥体育电台的脱口秀,声称乔丹在玩弄大众;这可能是真的。大卫·法尔克关注着这一切,非常享受这种情况。他的客户所制造的巨大新闻报道覆盖范围是拿钱都买不到的。《今日美国》报道说,就在近几天内,那些聘用乔丹当代言人的公司的股票市值在各家证券交易所一共增加了20亿美元;这也引发了更多联想,猜测乔丹与某些金融操纵有关。

3月16日,星期四,杰克逊感觉到,事情已经闹得太大了。他让乔丹

那天别来训练，因为贝尔托中心前的媒体人群已经变得过于庞大。下午，主帅告诉聚集在一起的媒体说，乔丹和莱因斯多夫正在进行讨论，可能会在三到四天后做出决定。虽然有那么多事情在一旁让他分心，乔丹还是证明了，自己只需要一点点的训练时间就可以让球队得到提升。周五晚上，公牛队完成三连胜，他们在联合中心击败密尔沃基雄鹿队，把胜负场差提高到了三场。有猜测说，乔丹可能会在比赛中穿着球衣突然出现，但露面的只有他的安全顾问，在对球馆进行评估。

接着，第二天早上，芝加哥广播电台非常突然地报道说，协定已经完成，乔丹会在当天进行宣告，他还会参加周日对阵印第安纳的全国直播比赛。拉萨尔街（La Salle Street）上，迈克尔·乔丹餐厅的经理听到这消息，决定要给礼品店重新进货。餐厅生意在2月不大景气，但乔丹可能回归的征兆使得3月的每个晚上几乎都挤满了人。球迷们整夜守在联合中心外的乔丹铜像下，这里很快变成某种意义上的圣地。而在贝尔托中心前，大群的球迷和记者漫无目的地转来转去，一些球迷靠在隔壁的酒店阳台上，都在等待官方的正式消息。

突然之间，训练结束了。然后，乔丹的座驾科尔维特就这么出现在了路上。在球迷们疯狂的欢呼声中，他踩下油门，飞驰而去。然后是皮蓬的路虎揽胜，他稍微停了那么一会儿，透过车子的暗色窗户抛了一个巨大的微笑出来。几分钟后，NBC的彼得·维克希做了室外的现场报道，背景里全是驻足于此的球迷。他告诉电视观众乔丹回来了，他会参加周日对印第安纳的比赛，可能会重披他已经退役的23号球衣。兴奋之情弥漫在整座城市里。芝加哥——某个电台解说打趣说——陷入了"乔丹性高潮"（Jorgasm）。

星中之星乔丹打破了自己的沉默，通过法尔克发布了只有四个字的新闻稿："我回来了。"

周日，乔丹违反了NBA条例，乘坐私人飞机来到印第安纳波利斯。飞机着陆，里面只坐了他一个人。他就要打自己在父亲去世后的第一场NBA

比赛了，他想要让自己的记忆倒回去，忘掉那些非常私人的过去。然后他在载满 20 人保安部队的豪华轿车车队的保护下驶向市中心。他需要他们去搞定市场广场球馆（Market Square Arena）前——安保人员已经在此设立了众多街垒和障碍物——聚集的人群。

在等待比赛开始的时候，步行者队主教练拉里·布朗也感受到了这种气氛，打趣说这就像是"埃尔维斯和披头士又回来了"。

终于，正午过后不久，他和队友们一起从客队更衣室里出来，站在过道上的人群面前。他嚼着口香糖，皱着眉头，严肃地环顾四周，做好继续这段被 18 个月的"退役"打断的生涯的准备。

恼人的前戏终于走到了尾声，篮球界可以庆祝他们的法老王的归来了。篮球界的所有大祭司们都在那里。"NBC 为这场比赛带来了巨型礼炮。"马特·古奥卡斯回忆说，他当时已经成了色彩解说①，"他们甚至让鲍勃·科斯塔斯飞过来主持赛前节目。"

如果乔丹决定上演他自己的超级碗②，那大概也不会比这更隆重。镜头从各个方向包围着，公牛队走进了球场，为"飞人"乔丹的英雄传说揭开了新的一章；但画面中有什么东西不大对。他穿着 45 号球衣——45 是他的小联盟和初中号码——而非熟悉的、因他而闻名的 23 号。自己决定保持 23 号的退役状态，因为那是父亲看他穿过的最后的号码，乔丹后来解释说。"冠军"——运动服装制造商，NBA 球衣特许资格拥有者——立刻加班加点地生产了超过 20 万件 45 号球衣投入全球销售。

球迷似乎不大在乎那天下午他对阵印第安纳时看起来有点僵硬和生锈。他 28 投仅 7 中，但他的防守强度帮助公牛队把赛区第一的步行者队拖进了加时，不过最终还是输掉了比赛。赛后，他打破沉默，谈到了此前十天

---

① 美国的 NBA 解说一般分为讲解场上情况的实况解说和辅助补充专业知识及内幕故事、为比赛"增添色彩"的色彩解说。

② NFL 决赛，也是全美关注度最高的体育赛事。

的喧哗和骚动。

"我也是个人。"他说,"我并不希望这样。这有点令人尴尬。"

他的回归之前被耽搁了一段时间,因为他希望公牛队能保证留下皮蓬和阿姆斯特朗——而莱因斯多夫拒绝做出保证。乔丹说他还花了点时间来评估自己的动机,确认自己对篮球的爱是由衷的。这,才是他回归的原因,而非出于经济上的考虑。他指出,联盟对重新谈判的合同有一个延缓履行期,这是在跟球员工会的新劳资协议中规定了的,所以他的工资必须是1993年留下来的390万美元。(虽然乔丹并没有要求,但公牛队还是付了他1993—1994赛季的全额工资,他们还会支付1994—1995赛季的全额工资,虽然乔丹只打了赛季的一部分。)他的回归,他说,完全只因为他对篮球的爱。

"我希望给这项运动重新注入一些正面的东西。"他谈到自己的回归,暗示对一些高薪的年轻球员不满,"近来有很多负面的东西,年轻人不在乎他们的那部分责任,至少在对比赛的热爱上。我觉得你应该热爱这项运动,而不是靠它赚钱……要做正面的人,行为要像绅士,要像职业球员。"

三天之后,"迈克尔·乔丹归来"的肥皂剧来到了波士顿花园,他得到了27分,17投9中。这次公牛队赢球了。然后,他给自己的追随者们奉上了对亚特兰大的关键制胜球;接下来就将是麦迪逊广场花园的重头大戏了。

尼克斯队教练帕特·莱利有些警觉,他发现乔丹在对老鹰队时已经开始找回过去的节奏。作为职业篮球中最智慧的人物之一,莱利深知,一场风暴正朝他袭来。乔丹和法尔克也有所感觉。乔丹希望能先拿三场比赛来热身、再去面对莱利手下那帮暴徒;他们有6尺5寸的约翰·斯塔克斯(John Starks),曾经把自己防得很好。天选之子重临哥谭镇(Gotham)①,这成就了TNT有线电视台NBA转播史上观看人数最多的一场常规赛,这座城市也非常兴奋,蓄势待发。花园外立起了硕大的"公牛

---

① 蝙蝠侠故事中的罪恶都市,以纽约市为原型,故也成了纽约市的别称。

大战百老汇"华盖。所有人都在谈论"历史"。从乔丹的新秀赛季起,就没有任何东西能像纽约的宽阔大道那样点亮他的眼睛。他在花园交出了一份又一份的声明书,最响亮的一次是1986年他从足部伤病中回归,创造了这座建筑的客队得分纪录：50分。

这一夜也有同样的感觉,他能在空气中闻到先兆。

"我来这里就是来得分的。"他在赛后说,仿佛需要对自己做出解释似的。

比赛头几分钟,所有人就看出来了。他的跳投从第一节起就不断命中；斯塔克斯为了阻止他的突破而后退收缩,这给了他足够的空间。乔丹进入了自己的节奏,一种他在所有事情上——无论是棒球还是高尔夫,还是篮球,还是跟莱西·班克斯之间的乒乓球——都在寻求的东西。从那时起,他扼住了尼克斯队的喉咙,甚至斯派克·李和场边的主场球迷都在偷偷地感到激动。他前三节就得到49分,然后打破了自己在花园的纪录。他在自己的传奇事迹上又添了一个新的烙印："双镍币之战"①,砍下55分。

即使如此,真正把曼哈顿逼疯的还是比赛的结尾。尼克斯队紧追不舍,但最后时刻,乔丹持球在手,比赛同样掌握在他手中；他一边观察场上的情况,一边吸引了几乎全部的防守。他的新队友,比尔·温宁顿,在篮下被彻底放空,完成了制胜扣篮。

赛后,莱利看上去一副啃了技术台桌腿整整48分钟的样子。"他是这项运动历史上唯一一个拥有这样影响力的人。"他承认道。

采访室里,乔丹给斯塔克斯补了最后一记垃圾话。"我觉得他好像忘记该怎么跟我打球了。"他说道,伴随着难以压抑的得分欲望。

这样压倒了其他任何一切的表现创造出了这样的印象：不知怎么地,魔法般地,他已经做好了把自己丢掉的东西重新拾起的准备,已经做好了轻轻松松拿下第四座总冠军的准备。或许没有人比乔丹、他的教练和队友

---

① 镍币即美元的5分硬币；"双镍币"是一句俗语,指每小时55英里,即美国高速公路法定最高时速。

们更笃信这一点。战绩在支撑他们的深信不疑。在拥有乔丹的情况下，公牛队在春天的最后几周状态火热，13胜4负，包括两次六连胜，让联合中心的气氛不断升温。这座崭新的球馆——它很快就在风城的黑话系统中得到了"联中"的名字——对乔丹来说别扭而陌生；他曾经发过誓，不在这里打球。当然，他的态度现在软化了，但还是不大喜欢它，一语双关地开玩笑说自己要"点燃这里"。那年春天，芝加哥体育馆静静地待在街对面，内部被开了一个大洞，正处于拆毁的进程中。有比赛的晚上，老旧的"砂岩石棺"内部会点亮灯光，仿佛过去比赛的幽灵正在——跟芝加哥的其他部分一样——等待老朋友迈克尔和他的观众。然而，乔丹却还在跟那些简单的常规战术做着斗争，同时伴随着幕后的紧张气氛。

"这是件很奇怪的事情，先在没有某人的情况下打了65场球，"史蒂夫·科尔在2012年回忆说，"后来，那个碰巧是这项运动中最具统治力的家伙就这么出现了，然后开始打球。这是一段调整期，这是肯定的。我们都有点头晕目眩。我们都非常兴奋，因为我们知道我们又有夺冠的机会了。"

然而，在跟他独处的时候，球队就要尝试适应一种全新的轻蔑情绪。科尔震惊于乔丹企图掌控全队心理状态的做法，无论这么做到底是好还是坏。"我们完全不知道。"科尔说，"他是那么强大……在各个方面都那么有优越感。我们没有一个人觉得自在。每一天，他都以一种骇人的方式统治我们的训练，不是在肉体上，而是在心理上。他想挑起我们的争斗，不管我们是否希望如此。作为NBA球员会有那么几天，累得筋疲力尽。这是每支球队都会经历的。总会有那么几天，你要去上场，去投篮，而你只希望能好好休息一下。迈克尔不需要休息……他根本不用睡觉，哪怕到今天也是如此，他不需要休息。但其他人需要，所以等到大家累了的那几天，他就会嘲笑我们，说好听的话哄我们……朝我们大吼。那些日子很艰难，很难对付。"

对篮球迷来说，事情的吸引力就跟小说的结尾一样。公牛队最终排在东部第五，在季后赛中没有主场优势。但他们还是在首轮中六场击败了夏洛特黄蜂队。约翰尼·巴赫被黄蜂队聘用，坐在他们的板凳席上，惆怅地看着系列赛的进行。乔丹热情地问候了他曾经的教练。

"我本来应该感到高兴的，"多年后，巴赫回首往事时说，"但我没有。"

乔丹已经接受了杰克逊的说法，即克劳斯促成了巴赫的离职。这件事，再加上皮蓬的矛盾，使得之前三个总冠军带来的他与总经理之间关系的逐渐缓和彻底止步。

芝加哥的下一个对手是魔术队。霍雷斯·格兰特加上沙奎尔·奥尼尔，组成了魔术队的前场，安芬尼·哈达威（Anfernee Hardaway）、丹尼斯·斯科特和尼克·安德森则为奥兰多提供了跟低位力量相配的运动能力和投射。他们曾在乔丹回归后不久在联合中心痛打公牛队。这毫无疑问将是一轮充满个人恩怨的系列赛，格兰特热情地盼望着给莱因斯多夫、克劳斯、杰克逊和乔丹一点颜色看看，他们——在他看来——总是缺乏尊重。

在奥兰多的第一战，公牛队一度以 91∶90 领先，最后却输在了乔丹的两次终场失误上，其中包括安德森的一记抢断，当时乔丹本来只需要运球把时间耗完，这仿佛又回到了他高中的最后一战。"45 号不是 23 号。"安德森赛后说道，并补充说，乔丹似乎不像去打棒球之前那样有爆发力了。

"我们今年有点为他感到痛苦，当他经历季后赛那些戏剧化事情的时候。"杰克逊后来说，"我很了解迈克尔，所以在对奥兰多的第一场比赛中他丢球之后，我搂着他，说：'我们在你的带领下获得了那么多胜利，我从来没预料到会看见这种事。我们把它变成我们的武器吧。我们用它来建立一些积极的东西。你是我们的人，永远不要忘记这一点。'你之前从来不会想到你必须要对迈克尔说这些话。"

乔丹赛后拒绝与媒体谈话。下一场比赛他穿着 23 号球衣出现了，这次没有事先通报的球衣更换让公牛队被联盟罚了 2.5 万美元。NBA 还强制执行了他们的政策，要求乔丹重新去跟媒体交流。

"我不觉得这很刺耳。"乔丹被迫接受采访时谈起了几天前安德森的评论，"两年前我设立了如此高的标准，而现在，我要用 20 多场比赛来重新达

到它。人们一定会用这样的标准来评价我。我必须不辜负自己的期待值。"

公牛队赢下第二战,扳平了系列赛,夺走了主场优势。他们非常期望第三战在联合中心重获掌控权。乔丹得到40分,但他出手了31次,看上去经常会忘记公牛队还有团队进攻。奥兰多拿下了关键一战,但乔丹在第四战调整了出手选择,帮助芝加哥再次扳平系列赛。在被问到自己的未来时——记者和摄制组在他身边排了足足有十层——他回答说:"每个人都对迈克尔·乔丹有自己的看法,除了迈克尔·乔丹本人。我回归了,会打这个赛季和下个赛季,再之后,我们就得好好考虑了。"

这之后,他不断投失,不断失误,眼睁睁地看着格兰特的表现改变了系列赛。杰克逊之前决定双人包夹奥尼尔,放空格兰特,认为就算格兰特进球也不过是两分而已。但是搬起石头砸了自己的脚。格兰特对杰克逊的策略做出回应,早早地频频得分,让公牛队在大前锋位置上的弱点完全暴露。魔术队在公牛队的主场终结了系列赛,4∶2;奥兰多的年轻球员们把格兰特扛在肩上,高高举起,疯狂庆祝。

在外面的过道上,公牛队教练组完全不敢相信结果,看上去失魂落魄。尼克·安德森是对的,泰克斯·温特承认说:"迈克尔已经不再是同一个球员了。"

"他老了,就跟其他所有人一样,"杰克逊后来也承认,"但他还是迈克尔·乔丹。"

杰克逊预测说,下个赛季乔丹将会重新找回他的手感,并且投篮会好于50%。"你可以把你压箱底的钱都下注在这上面。"主帅说,"他还能突破人们施加给他的所有防守、所有双人包夹和三人包夹吗?不。但他可能会开始明白,哪里可以更好地传球。有好几次,迈克尔失去了他的观察力,忘记了这时候必须传球。"

乔丹需要完整的82场比赛的赛程来参与球队建设,杰克逊几周后回顾说:"他在季后赛里看到和听到了无数批评。在芝加哥,有很多推卸责任的把戏,很多人在抱怨、在咬牙切齿。迈克尔会把这些东西都用来使得自己变得更强大。"

对乔丹来说那是一个非常耻辱的时刻,史蒂夫·科尔在 2012 年回忆道:"他在中场让尼克·安德森从自己手上抢断了球。我们赢了几场比赛。我们输了系列赛。他有过几场现象级的比赛,几场非常糟糕的比赛,所以我一直觉得,是季后赛的失利给了他动力。不过,我觉得棒球也要考虑进去,因为他最后一次夺冠是在 1993 赛季,所以他整整两年没有尝到站在世界之巅的感觉了。"

他辜负了球队,这让他大过天的自尊心受到了伤害。多年以来,他都把公牛队的命运扛在自己的肩上,在成千上万崇拜者的见证下用华丽的表现带领着球队。而现在,轮到他的没落被公开展出了。

第三十二章 训练营

迈克尔·乔丹大受欢迎的回归揭示了许多自己不知道的事情。他过去并不真的了解什么叫脆弱，至少在篮球场上。"去年那轮令人失望的系列赛中，这项运动给我上了一课。"他在那年秋天承认，"它把我拉回了球馆，从头开始学习这项运动。"

球迷和媒体很自然地把责任转移到了别的地方，他们指责芝加哥的进攻。输球后的日子里，当地的体育脱口秀都在叨叨说，三角进攻体系可能已不再适合公牛队。甚至泰克斯·温特自己都心怀疑虑，非常想知道乔丹在这个问题上怎么看。

"泰克斯心血来潮，"杰克逊回忆道，"他说：'菲尔，我希望你问问乔丹，他是不是觉得我们应该换一套进攻体系？我们还能打三角进攻吗？有没有什么我们应该计划明年使用的东西？我希望你为了我去问问他。'于是我就那么做了，然后迈克尔说：'三角进攻是这支球队的脊柱。这是属于我们的体系，每个人都可以把帽子挂在它上面，都知道该往哪里走，该怎么适应。'"

"截至目前，迈克尔已经靠三角进攻体系赢了三个总冠军了，所以他对这套进攻体系，对菲尔，都有着完全的信任。"史蒂夫·科尔解释说，"你知道，菲尔会在训练中反复告诉我们：'我打三角战术，不是为了迈克尔或斯科蒂。不管我们打什么进攻，他们俩都能得分。我用这套战术是为了你们。'他会当着迈克尔的面说这话，我觉得这很聪明，因为每个人都知道，那套战术其实在某些方面禁锢了迈克尔的能力。如果我们的目标是让他拿到 40 分，我们可以直接给他跑战术，帮他清开空间，他可以拿到 40 分。但这样我们不能获胜，迈克尔也已经明白了这一点。"

在这套进攻体系之外，球队的未来还有一个关于乔丹的、萦绕不去的问题：要是他又走了，那该怎么办？在一些观察者看来，很明显，他作为这项运动的统治性球员的日子已经过去了。甚至有一些公牛队的内部成员猜测说，他可能会再次退役，不再跟 NBA 生活的麻烦事儿打交道。这一猜测在夏天越发升温：乔丹卷入了 NBA 与球员在劳资协议上的争斗。他此前从未展现过对联盟劳工事务有丝毫的兴趣，还曾经明确表示不会跟公牛队就他的合同重新进行谈判。然而，现在他来了——在大卫·法尔克的极力主张下——扮演了领袖的角色，一面"忘记"自己曾经的言论，尝试解散球员工会；另一面则给联盟施压，要求给球员一份更好的协议，拥有更多的谈判自由权。事情最终圆满解决，但也给人们留下了在场外事务上更积极行动的新乔丹的印象。

虽然公众对他和球队的未来忧心忡忡，但公牛队教练组还是对暗暗前景保持乐观。他们知道，奥兰多这支年轻而有天赋的队伍会是东部分区的主要竞争者，如果公牛队希望再赢一座总冠军，他们就一定会对上魔术队。芝加哥需要找到一个大前锋，增强他们的低位战术，还要找到一个高大的后卫来对抗奥兰多的安弗尼·哈达威、尼克·安德森、布莱恩·肖（Brian Shaw）三重奏。

克劳斯的第一个操作是在即将到来的扩军选秀①中没有保护广受球迷喜爱的 B.J. 阿姆斯特朗。球队名单里已经有了替代阿姆斯特朗的大个后卫——前全明星罗恩·哈珀②，他在 1994 年就已经被克劳斯签下，用来填补乔丹退役带来的空缺。从在克利夫兰骑士队的年轻超级球星岁月起，哈

---

① 扩军选秀是指在 NBA 扩军时，之前的每支球队可以保护一定数量的球员，新扩军的球队将在不受保护的球员中进行选择，组成阵容。

② 原文如此。但罗恩·哈珀从未入选全明星。

珀就遭受了一系列的膝盖伤病，这损耗了他的运动能力。他在三角进攻体系中并不如意，但杰克逊说服他说，只要能改善身体状况，他就会成为下赛季球队的重要因素。

此外，乔丹还需要重新打磨自己的心态和健身习惯，用更瘦长的"篮球身材"来代替莱因斯多夫所说的"棒球身材"。乔丹的夏季日程表显示他要在好莱坞待上几个月，参拍华纳兄弟的兔八哥（Bugs Bunny）动画电影《空中大灌篮》（*Space Jam*）。出人意料的是，公牛队教练组并不担心他们的主要球员在这个脆弱的新时期分心做太多的闲事。

"我们不担心迈克尔，"温特说，"我们觉得迈克尔能照顾好他自己。"

绝大部分时候，他的"球馆"是他拍电影时在好莱坞片场弄的一块临时场地。在那里，乔丹可以一边进行训练，一边在摄制组需要时立刻过去拍摄某个镜头。多年以来，克劳斯都在鼓励乔丹在健身上再多下点儿功夫，但迪恩·史密斯向来不热衷于让他的球员增重，这一习惯也与乔丹产生了共鸣。

似乎克劳斯越提健身的事情，乔丹就越多地去寻找漂亮的高尔夫球场地。但奥兰多的出现引起了他的注意。克劳斯一直希望乔丹能跟着球队健身指导阿尔·弗尔梅尔（Al Vermeil）——费城老鹰队主教练迪克·弗尔梅尔（Dick Vermeil）的兄弟——训练，但乔丹对一切总经理推荐的东西都颇有疑虑。他选择了去找蒂姆·格罗弗（Tim Grover），胡安妮塔·乔丹的私人训练师。乔丹、哈珀和皮蓬每天早上跟着格罗弗训练，这个小组被称为"早餐俱乐部"。后来，公牛队将会成为篮球史上身体状况最好的球队之一。格罗弗也作为引领 M.J. 重塑身材的导师得到了顶尖圈子的追捧。

"我从来没见过有谁练得比迈克尔·乔丹更狠的。"格罗弗在那年秋天表示，"他完成了他的夏季常规活动——拍广告，出席一些私人活动——他还拍了一部电影。但健身课程依然始终是他的首要任务。"

对乔丹来说，折磨人的休赛期项目只不过是个开始，为重拾当初对NBA 的统治力而付出的努力还要持续一年。33 岁生日临近，他试图做好准备，去面对这项运动中的众多青年才俊，以及从自己年轻时起就萦绕心头的恐惧。

"我是那种在挑战中成长的人，"乔丹当时解释说，"听到人们说我是这项运动中最好的球员，我很骄傲。但当我离开这项运动后，人们对我的评价降低了。要比沙奎尔·奥尼尔、哈基姆·奥拉朱旺、斯科蒂·皮蓬、大卫·罗宾逊和查尔斯·巴克利这些人都低。这就是为什么我对自己承诺说，要完整地经历一整个训练营，打每一场季前赛，打每一场常规赛。所以这次，我计划带着一整个赛季的训练进入季后赛。"

那个夏天他需要保持练球，虽然很多时间花在了拍电影上。乔丹安排搭建了一个场地，邀请来许多NBA球员，和他们在拍摄的间隙时间里打临时比赛。夏天的比赛他打得很开心。但等到拍完电影，收拾行李回到芝加哥参加训练营时，他的注意力被包裹在了一种难解的愤怒之中。任何胆敢挡他路的人都要惨了。

怒　火

当吉姆·斯塔克第一次提这个主意的时候，其实杰里·克劳斯是拒绝的。因为他知道如果他们把丹尼斯·罗德曼带到任何靠近公牛队的地方的话，乔丹和皮蓬肯定会发飙。还有杰里·莱因斯多夫，他们都憎恶活塞队，那凶残的"坏孩子军团"。

但斯塔克非常确信这事儿会有效果。

"吉姆·斯塔克在初夏就来找过我，让我关注罗德曼。"克劳斯说，"我跟他打哈哈，他最后简直是在求我。他让我找找看我们听说的那些坏事情到底是不是真的。没有吉姆的坚持，我们就不会回顾那些流言，然后找出真相。"

他们对罗德曼研究得越深，克劳斯就越着迷。朋友、敌人、前教练、前队友——公牛队联系了一大批与罗德曼有关的人。查克·戴利告诉他们

说，他会愿意来打球，会打得很努力。但克劳斯还是很犹豫。

"联盟里的每个人都怕丹尼斯怕得要死。"底特律前助教布伦丹·马龙如是说。

莱因斯多夫同样十分慎重：慢慢来。一个这样的家伙用不了几天时间就能毁掉一切。

罗德曼自己在第一次被公牛队联系上的时候也不敢相信这是事实。但克劳斯在他们的对话进行到一半的时候意识到，自己喜欢这个家伙。备感满意的克劳斯把罗德曼派去跟杰克逊谈话，后者花了几个小时，试图弄清楚前者的态度。很显然，罗德曼希望加入公牛队，跟乔丹一起打球。他甚至允许球队去跟自己曾经看过的一个精神病医师聊一聊。管理层认为皮蓬和乔丹会很难搞定，但他俩都觉得没问题。"如果他做好了准备，愿意打球，那会对我们队产生非常大的帮助。"皮蓬说，"但如果他给我们带来负面影响，那我不觉得我们需要他。我们会倒退一大步。"

一经乔丹和皮蓬同意，克劳斯立刻在10月初，也就是训练营开始前几天把长期替补中锋威尔·珀杜送去圣安东尼奥，交易来罗德曼。

就这样，"大虫"丹尼斯·罗德曼，NBA34岁的"未成年人"，成了芝加哥公牛队的一员。他希望得到一份总额1500万美元左右的两到三年的合同。"我会把五百万放在银行里，靠利息过日子，然后开派对开出花儿来。"他告诉记者。时间最终证明，他确实就是这么做的。

此前几个赛季，公牛队在中锋位置上都在依靠三人轮换，威尔·珀杜、比尔·温宁顿、卢克·朗利。珀杜能盖帽，温宁顿有着丝滑的进攻手感，而7尺2寸、290磅的朗利拥有巨大的体格来对抗沙奎尔·奥尼尔之类的重型力量。这三个芝加哥中锋都不能独力构成一股完整的力量，但他们加在一起，就成了媒体口中所说的"三头怪"，教练组东拼西凑出的解决办法。珀杜将被交易，罗德曼会成为大前锋，拯救中锋位置上剩下的"两头怪"。

为了更好地控制罗德曼，球队签下了他的圣安东尼奥队友杰克·黑利

（Jack Haley），然后召来了另一个前"坏孩子军团"成员詹姆斯·爱德华兹来填补中锋位置。后来他们还会再增添一名前活塞队内线约翰·萨利，以上都是他们"罗德曼计划"的一部分。公牛队教练组认为，完全归来、承诺要赢下总冠军的乔丹，愈发成熟的皮蓬、朗利和库科奇，重放光彩的哈珀，再加上新来的罗德曼，他们已经差不多凑齐了全部的重要部件。公牛队一直很讨厌活塞队，但现在他们的配置里会有不少的"坏孩子"。

唯一的问题是让球队产生"化学反应"。罗德曼来到了芝加哥，头发染成公牛红，上面还有一个戴着王冠的黑色公牛图案，指甲也装饰成了公牛主题。"我能理解他们对于球队里有一个像我这样的家伙这件事有一点儿戒备，有一点儿谨慎。"他说，"他们好奇我会用什么样的方式来对球队做出回应。我猜他们会在训练营和季前赛里知道的。我想迈克尔知道他完全可以指望我打出漂亮的表现。我希望斯科蒂也能这么想。"

在芝加哥，乔丹回归的疯狂史诗终于冷静了下来，但现在，这座城市又陷入了新的媒体狂潮——对"大虫"的介绍。谁能预言说公牛队的球迷群体会如此迅速、如此彻底地爱上这个文身男？他来到这座城市时已经处在破产边缘，然后立刻拿到了一大把的代言合同和现金供他挥霍。纵观历史，巨肩之城①曾见过许许多多的黑帮暴徒、古怪大妈、恶德政客和高尚讼棍，但罗德曼轻而易举地成了拉什大街招待过的最有趣、最丰富多彩的顾客。正如杰克逊很快指出的，他的新大前锋是个第一流的小丑。说到底，谁能不去关注一个穿着婚纱来参加新闻发布会的家伙呢？

若非他的华丽加盟，球迷们可能会注意到，一次反常的、几乎是地狱般的训练营在那年秋天展开了。贝尔托中心那段漫长而充满不祥预感的日子里到底发生了什么，事情的真相在数年之后才得以披露。训练营结束后，公牛队冲出球馆的样子就像是一整车的假释犯，他们有多恐惧，样子就有多吓人。

---

① 芝加哥的别称，典出卡尔·桑德伯格（Carl Sandburg）的诗作《芝加哥》。

"我当时立刻就隐约有了一种感觉。"史蒂夫·科尔在 2012 年回忆说，"那次训练营太疯狂了，那是多么的激烈、多么的疯狂啊！迈克尔在回归后被看低了，以他自己的标准来看，他在季后赛里打得不好。他决定证明自己，把自己的比赛找回来。所以每一次训练就像一场战争。"

就算丹尼斯·罗德曼曾经动过哪怕一丁点儿的耍脾气的念头，他也立刻就打消了——乔丹就是那么恐怖。实际上，罗德曼甚至都还没有跟他的新队友说过话，他们宁愿在沉默中训练，这一点随着日子一天天过去而变得越发奇怪。"那是个很艰苦的训练营，因为每个人都很谨慎。"杰克·黑利后来解释说，"再说一遍，你是迈克尔·乔丹，你是斯科蒂·皮蓬，你为什么要去跟丹尼斯搭讪呢？迈克尔·乔丹去年赚了 5000 万美元。他为什么一定要去跟别人打招呼，甚至拍马屁，让他跟自己说话？他们走过来，握了握他的手，欢迎他加入球队，以及这样那样。但除此以外，整个过程很是缓慢。"

"我认为，当时每个人都对可能发生什么持怀疑态度。"约翰·帕克森回忆说，他当时已经受聘成为助理教练，"但我们同样对可以发生什么持乐观态度。乐观情绪源自菲尔的个性。我们觉得，如果联盟中还有谁可以跟丹尼斯友好相处，让丹尼斯尊敬，那就是菲尔了。"

对球队"化学反应"的担忧集中在罗德曼和皮蓬的关系上。"不，我还没有跟丹尼斯说过话。"皮蓬在那年早早承认，"我人生中都还没有跟丹尼斯有过谈话，所以我不觉得这是什么新鲜事儿。"

现在回顾起来，这实在是件幸事，因为罗德曼的支线剧情掩盖了训练营中真正发生的事情。乔丹变得比上一个春天的自己更难相处。从退役中回归后，他在与队友的关系方面变得更加尖锐。"当他从那起谋杀案中回来之后，他成了一头难以相处的动物。"莱西·班克斯解释说。毕竟，球队的重建发生在乔丹远离篮球之时。于是就有了个小问题，他发现自己身边都是一些并不真正知道怎样才能赢得总冠军的家伙。

"这里的很多人都从未经历过夺冠所需的各个阶段。"乔丹解释道，并承认自己对待新队友的方式有些粗暴，"我只是在加速这个过程。"

另一个因素是夏天的停摆。在法尔克的指示下，乔丹曾经尝试想解散工会，尽管最终失败了，而史蒂夫·科尔则站在事情的对立面。莱因斯多夫曾经反对乔丹在停摆事件上"挺身而出"，但他还是那么做了。"我们因为停摆而产生了潜在的对抗，"科尔回忆说，"我是公牛队的球员代表，而迈克尔是大卫·法尔克的人，他们对工会的领导权完全不满意，所以就有了那么一股暗流。每次练习，每次训练，都是那么的紧张。"

科尔感受到了来自乔丹的特别的恼怒，甚至可能是厌恶。这跟种族主义没什么关系，他笑着回忆说："他从来没有在任何评论中提到种族。他不屑于那回事儿。他没有种族歧视。他只是想摧毁我们所有人。不过，我认为这是有计划的，我很肯定。他在考验每个人。你当时可能不知道这一点，但他在考验你，而你必须要对他做出抵抗。"

科尔的抵抗时间发生在训练营的第三天。"我记忆中是这样的，"他在2012年回忆说，"我们有一场队内比赛，首发在痛扁我们。我们是红队，他们的动作很大，但都没被吹犯规。迈克尔简直是不可思议的粗野。而菲尔回办公室去了。他要去打个电话或有别的什么事情，所以菲尔的离开很明显让事情发展到了有点儿失控的状态。迈克尔在喷各种垃圾话。他当时说了什么我现在不大记得了，但我真的受够了，你知道，因为我觉得他们每个球都在犯规，迈克尔一直在犯规。助教在当裁判，他们不愿意吹罚迈克尔哪怕一个犯规。他在说垃圾话，然后我开始说回去。"

"我不知道以前有没有人这么干过。"他笑着说。

科尔得球，乔丹再次对他犯规。"他在防我，我记得我挥了一肘还是什么的，让他离我远点儿，然后他就开始吵吵嚷嚷。然后我也开始喷他。下一个回合，我要从禁区里穿过去，他在禁区中间狠狠地推了我一把，我也推了一把回去，然后他就开始追着我跑。正如贾德·比希勒（Jud Buechler）说的：'就像是头迅猛龙。'我就像《侏罗纪公园》（*Jurassic Park*）里被迅猛龙攻击的那个小孩儿。我没有任何机会。那就是故意伤害罪啊。我们互相吼对方，然后我们的队友，感谢上帝，他们都跑了过来，拉开了我们两个。但我的一只眼睛还是乌青了。很显然我被打了一拳。我都不记得自己有被打到。"

这是科尔人生中第一次也是唯一一次斗殴。"我们在朝对方咆哮，然后事情发展到了动手。"科尔——一位职业外交官的儿子——如此说道，"他想让我们知道，他们正在狠狠地踢我们的屁股。我知道他们在踢我们的屁股。他不需要告诉我这件事儿。那怎么会不让我生气？这很自然。其他人也都很生气。他只是当时恰好在防守我。"

杰克逊认为这起事件严重且直接地威胁了球队的"化学反应"。"迈克尔在训练中大发雷霆，"科尔说，"菲尔赶了回来，找我谈话。他说：'你和迈克尔必须把事情平息下来。你要去找他谈话，你要弥补这件事。'我回了家，我的电话答录机上有一通消息，是迈克尔发来的，他道了歉。事情真的很奇怪，仿佛从那天开始，我们的关系就变得非常好。那之后几天，因为之前发生的事情，感觉还是有点儿奇怪，但显然他从那时起开始接受了我。"

通过那次事件，乔丹掌握了球队的绝对控制力。他过去会用自己的怒火和精神威吓来给球队施压，现在他还加上了暴力威胁的可能。他为之后的三个赛季创造出了一种氛围，让他可以驱使公牛队服从他设立的节奏。这一过程中，他并非孤身一人。他与杰克逊——球队的另一个统治型人格——形成了搭档关系，共同打造了一支经受了严苛训练的球队。

这就是为什么杰克逊把乔丹称为"带头大哥"。杰克逊试图用禅道、沉思、冥想及其他训练来调和、指导乔丹的暴烈性格。"在为人方面，他并不善于表达。"科尔谈到乔丹的做法，"在篮球方面，他非常善于表达。我的意思是，他有自己的看法。在录像课上，他会一直说啊说，菲尔有时候也会叫他说，所以他在篮球上对我们产生了很大的影响，但在平时的为人处世上就不是这样了。"

这种前所未有的做法在乔丹回归后的第一次训练营里达到了极致，但这种相互作用的方式持续了整整三个非常成功、非常激烈的赛季，科尔说。

"他知道自己让人恐惧。"杰克逊在那年秋天说，"去年他刚回归的时候，我不得不拽着他。他在跟威尔·珀杜一起打球时很放松……他对朗利很严厉。他会时不时地甩出一些我不认为有谁能接得住的传球，然后对他怒目而视，给他那种脸色。我告诉乔丹，卢克不是威尔·珀杜，如果他想考验他、看看他有几分勇气，这没问题。但我想他能跟卢克一起打球，因为他体格庞大，无所畏惧，会挺身而出去战斗，如果我们对上奥兰多，我们就必须有人能挺身而出面对沙奎尔·奥尼尔。"

杰克逊一直想方设法保证球队有明确的等级体系，而现在他有了乔丹来充当自己的执行者。他们还得到了泰克斯·温特的帮助，他同样会用严厉的方式来对待懈怠的球员。

禅

杰克逊带来了乔治·穆福德，他是心理学家、冥想专家，教导球员们如何冥想，并一起做些练习。穆福德还会给每个球员分别提出建议，帮助他们把握球队的相互作用方式——乔丹会欺凌他们，杰克逊则会运用自己的影响力保证所有人的参与。最令人难忘的是看到乔丹接受了杰克逊的柔性处理方式，科尔指出："那是一切的关键。如果迈克尔不信任菲尔，那就不会对我们中的任何人产生效果。但迈克尔对菲尔是那么尊敬，他欣然接受了这种做法。"

这件事经常让人感到强烈的前后反差：杰克逊会从宝贵的训练时间中拿30分钟来让他的队员坐在地板上在黑暗中冥想——然后训练一开始他们就又要面对乔丹的怒气。就像科尔说的，杰克逊告诉他们，自己使用三角战术不是为了乔丹，而是为了其他球员。冥想似乎也遵循着相似——不过恰恰相反——的模式。主帅并不是真的需要其余球员做那么多冥想。他这么做是希望能阻止乔丹一个接一个地伤害自己的队友。

很快,乔丹就给予了穆福德一定程度的信任,并告诉心理学家说,如果能在生涯的早些时候遇到他,自己也不会一生都只做酒店房间里的囚徒。

皮蓬同样帮助教练建立了球队的等级体系。他也会突然爆发怒火,但总体上是一个通情达理、富有同情心的领袖。他已经是 M. J. 沉重打击学校的毕业生了;在1995年秋天,皮蓬和乔丹的拍档是球队的心脏,科尔观察道:"我进入球队的时候,他们的关系就已经很密切了。你知道,他们有他们的早餐俱乐部,哈珀和皮蓬早上会去乔丹家里健身。健身完毕,三个人一起来训练。他们三个非常亲密。我们都知道那对斯科蒂来说是个完美的角色,不需要当老大,同时又可以用自己的方式进行支配。"

乔丹还是"带头大哥",但他和皮蓬组成了黄金搭档,他们的一加一远远大于二。"他们是完美的结合,攻守两端都是。"科尔解释说,"他们两人在防守端都多才多艺,可以相互换位,造成各种灾难。然后在进攻端,斯科蒂更倾向于传球,迈克尔更倾向于得分。到后来,我记得,在赢得我们最后几个总冠军中的一座时,迈克尔差不多把他搂在怀里,然后向观众们宣布,如果没有斯科蒂,一切就都没有可能。所以,最终,这变成了一种不可思议的关系。"

正是在这种气氛里,芝加哥最不同寻常的球队"化学反应"中又注入了丹尼斯·罗德曼。那年秋天,所有的内部人士都在急切地期盼,想看看他将会如何适应新的等级体系和身份认同。"他们几乎不说话。"科尔说起罗德曼和乔丹,"有的只是一种敬意,一种不明说的敬意,你感觉得到。这很容易感觉到,因为迈克尔从来不会挑剔丹尼斯,从来不会。而丹尼斯则有点儿奉承迈克尔的意思,在心理上,而不是在行为上。他不会对迈克尔做任何特别的事情、任何他对别人不会做的事情,但就是有那么一种认识,迈克尔是'最伟大的',而我位于他之下,所以我最好不要惹他,反过来也一样。这真的很有趣。"

乔丹怒火的首要目标依然是球队的外国球星,澳大利亚的卢克·朗利和克罗地亚的托尼·库科奇。人人都说——包括乔丹自己——他对待他们的方式简直是残暴,他在芝加哥的最后三个赛季一直如此。"他们很有天赋,尤其是托尼,他拥有不可思议的才华。"科尔说,"卢克则是个大块头,这样说毫不夸张。我的意思是,我们需要用他来填充禁区,承担防守中坚的任务,争抢篮板球,你必须给卢克放一把火,把他身上最好的东西逼出来。所以我觉得,迈克尔啊,菲尔啊,泰克斯啊,皮蓬啊,都紧盯着他们俩不放,这不是没有原因的。因为他们就需要这样。他们需要有人踢他们几脚。我觉得托尼实在是太放松了。我表面上也很放松,但你会了解我。我有个按钮可以按,特别是当我打球的时候……我可以变得很愤怒,就像那天那样,我可以发狠。但我从来没见过托尼发狠,也从来没见过卢克发狠,所以他们看上去就像是迈克尔的合法猎物。"

泰克斯·温特曾经见过各种各样的球队相处模式,但乔丹回归后的新变化还是把他看呆了。"那是他用来挑战自我的新方法。"老教练推断说,指出如果乔丹对自己的队友那么狠,那他自己也就没有什么犯错的余地。

科尔也同意。"如果你考察他的过去,就会发现,那过去填满了他为了提升自我而给自己创造的各种挑战。最让我感到惊异的事情是,他给自己设立了高得不可思议的标准,以至于光是达到它们都变成了一件几乎不可能的事情。太难以置信了。在赛季中我们造访的每个球场,他都期待能砍下 40 分。他喜欢这样。这是他令人惊讶的地方。他是难以置信的天赋、职业精神、篮球技艺和好胜心所组成的不可思议的结合体。"

两年后回想起来,乔丹会承认,自己有时候是很严厉,甚至会把人吓跑。"如果你跟我有一样的动力,对我们究竟想要达到怎样的成就、而这又需要怎样的付出拥有跟我一样的理解的话,你就会对作为一名领袖的我有更深刻的认识。"他解释说,"现在,如果你和我相处得不好,你自然就不会理解夺冠到底需要怎样的付出。所以,如果我把他们吓跑了,我不是因为喜欢吓跑他们才吓跑他们的。我吓跑了他们,目的是让他们明白,成为总冠军需要做什么,把你自己奉献给胜利需要做什么。我并不是每一天都那么严厉的。我的意思是,总有那么几天,你需要放松一下,让紧张的情绪缓和下来。但是大部分时候，当你需要集中注意力时，你必须集中注意力。作为领袖，那就是我必须做的。"

"我不是一个人。"他强调说，并同意科尔的话，"皮普①也是这么做的，菲尔也是这么做的。但我最为坚持，我猜是因为我在那儿待得最久。我觉得自己有义务确保我们保持着同样的期望值、同样的等级。"

乔丹很了解什么是恐惧，他受过活塞队的打击。这也有必要传授给其他人。他在1990年就下了这样的决心，当时他曾经拼尽了自己的力量，事后却意识到自己的队友并没有这样做。他下定决心，今后再也不让自己在上战场时身边围绕着一颗颗无力的心。"从输家球队变成总冠军球队，这必须经历许多艰难的阶段。"他眉头紧锁地回顾道。乔丹扼住了球队的咽喉，提升了他们的心理水平。意识到这一点后，史蒂夫·科尔非常震惊。事情就是这样，他对自己说。

乔丹很早就承认，自己在职业篮球中的地位使得自己可以干一些可能没有其他任何球员——甚至可能没有任何教练——可以干的事情而不被惩罚。"你不希望他们因为这种做法而对相互间的关系产生误解。"他说，"这无关私人恩怨。我爱我的所有队友。我会为他们做一切事情。我愿意竭尽自己的一切力量，确保他们达到成功。但他们必须也得做到同样的事情。他们必须更深刻地理解成功究竟需要什么。"

乔丹经常会吓走一些本来有机会成为队友的人，而这"或许是件好事，"史蒂夫·科尔说，"你必须把那些不能真正起到作用的人淘汰掉。迈克尔知道怎么找出那些人，找出他们的弱点……"

"显然，我们都有弱点，"科尔笑着补充说，"除了迈克尔。而他所做的，就是迫使我们战斗，变得好胜，反抗自己的弱点，不接受它们，消灭它们，提升自我。不过别搞错了，科尔说，乔丹做的可是纯粹的挑战，而不是一大堆的心灵鸡汤。"

---

① 皮蓬的昵称。

"我怀疑拉里·伯德也是这么做的，"训练师奇普·谢弗说，"另外，我在洛约拉马里蒙特大学（Loyola Marymont）的时候看了无数的湖人队训练，魔术师约翰逊在训练中简直就是个婊子。你一个传球没接住，一个上篮没上进，防守上一个漏人——老兄，如果眼睛能杀人，就会是那个样子的。"

这个凶残的乔丹过了一些时间才被公众注意到。芝加哥体育电台的记者布鲁斯·莱文多年来非常了解乔丹。渐渐地，莱文看出了詹姆斯·乔丹之死对这位球星意味着什么。"在那之前，他一直是最不矫揉造作的超级巨星，因为他不会让各种事情影响自己。"莱文当时解释说，"他会在比赛前坐在更衣室里，在我们面前做着拉伸，聊上半个小时或40分钟，什么都聊，除了篮球。他会在地板上做拉伸，我们就那么坐上45分钟，谈天说地。我们都享受这种乐趣。他会问问题。他很有求知欲，想要了解一切。他一直在学习人生，教育自己。然而，自从他父亲出了事、媒体用那样的方式去报道葬礼之后，他对媒体的感觉就不一样了。他对绝大部分媒体都失去了信任，甚至包括我这样跟他算是朋友的人。事情就此改变。他因此变得冷酷，在某种程度上。他还是很有风度，但对他来说，对我们来说，那种乐趣都已经不存在了。"

乔丹的冷酷让人很难读懂的一点是，它经常伴随着垃圾话的欢笑。"迈克尔已经做了决定，要享受自己的篮球时间。"泰克斯·温特观察说，"我认为他很久以前就做了这个决定。他享受篮球，他希望保持其中的乐趣和轻松。这就是他试图做到的。我在心里经常会对他的做法打个问号。但如果那能让他开心，让他能挑战自我，也未尝不可。"

杰克逊的工作依然是要让这个新版本的、更严厉的乔丹融入球队。在乔丹回归后，主帅一直在提醒他，球队的强大程度取决于其最脆弱的一环，炽烈的训练营也因此而稍稍降温。主帅的花招库中包括心理游戏、欺诈、动力方面的捉迷藏，如果有必要的话，还会有罕见的坦率直谏，甚至是正面对抗。随着他们在一起的时间越来越长，杰克逊的各种做法也变得越来越政治化，越来越充满甜言蜜语、通情达理。不过，他对乔丹的偏袒形成

了一种显而易见的双重标准。

"菲尔在跟迈克尔交流的时候会说：'我们要这么做。'"替补中锋比尔·温宁顿一天在赛后说道，"在开会的时候，只要有任何迈克尔的问题，那就是，'我们需要这么做'。如果是我，那就是，'比尔，你要好好卡位'。如果是迈克尔，那就是'我们'。至于我们，那就是，'史蒂夫，那球你应该出手'。迈克尔可能会忘记卡位，那就成了，'好吧，我们现在开始要卡位了'。都是些这样的小事。但如果你理解这么做的原因，以及这支球队那么好的原因，你就知道这是多么正常。"

乔丹一直指责杰克逊玩弄心理游戏，但他自己也在用，只是要猛烈得多。"就是这么回事儿，心理。"乔丹说，"你必须逼他们思考。这支球队不是一支身体型的球队。我们没有身体优势。我们有的是心理优势。"

"它们都很恶毒。"科尔谈到那些带有乔丹独特烙印的心理游戏，"但好的一点是，我们只需要在训练中对付它们。而我们知道，我们的对手每场比赛都不得不对付它们。"

马格西·博格斯（Muggsy Bogues）可以为此作证。1995年季后赛公牛队对夏洛特黄蜂队系列赛的某个关键时刻，乔丹在五尺三寸的博格斯面前往后退，对他说："投篮啊，你个'侏儒'。"博格斯投丢了那一球，丧失了自信。据说他后来还跟约翰尼·巴赫说，自己的生涯就从那个回合开始走上了下坡路。

乔丹总是知道该如何在深度的心理层面上激怒自己身边的人，无论是敌是友。芝加哥体育解说员吉姆·罗斯（Jim Rose）曾非常难得地亲历过一次：他参加了一场慈善篮球赛，乔丹和其他一些NBA球星都在场。罗斯曾经做过公牛队的采访，了解乔丹的强烈好胜心，因此解说员事先进行了几周的训练。但在比赛里，他上丢了一个篮，这点燃了乔丹的怒火。

"你真不配做黑人。"据说乔丹这样朝罗斯吼道，这深深地冒犯了解说员，以至于罗斯立刻把球砸向了乔丹。乔丹后来道了歉。但这件事可以看出，他总是本能地知道该按哪个按钮来激发他队友的情绪。"他这么做纯粹是为了好玩。"罗斯说,"迈克尔一点儿都不喜欢失败。我上丢了那个篮。我很激动,拿球砸了他之后我气势汹汹地离场而去。迈克尔身上并没有长着尖酸刻薄的骨头,他是个非常好的人,但有些时候他的好胜心会接管他的人格。"

吉姆·斯塔克时常会惊异于两个乔丹之间的差别:一个是深受公众爱戴的他;另一个则是公牛队训练中那个作威作福、丑陋可憎的他。"耐克帮着创造了他的形象。"斯塔克观察并补充道,事实上的真相存在于公众的视野之外,"迈克尔被捧得很高。詹姆斯和德洛里斯做得非常棒。但当他进入好胜模式,他会轻按开关,然后保持那个模式。在场下,他是史上最迷人、最有人格魅力的形象之一。我把他跟穆罕默德·阿里并列。他很有魅力,彬彬有礼,知道该说什么话。但当你按下他的好胜心开关,他会撕裂你的心脏。"

第十部分　神之狂怒

第三十三章 狂　欢

在被噩梦般的训练营恰如其分地折磨了一番之后，公牛队全队如离弦之箭一般冲进了当年的季前赛。丹尼斯·罗德曼，这个把头发染得花里胡哨的浪荡先生，他能干的事儿可不只是展示那五颜六色的头发。仅仅是他的激情、他的能量，就可以让球队焕然一新。看到罗德曼抓前场篮板如砍瓜切菜般容易的样子，你不禁觉得命中率什么的都是浮云。他的队友们似乎都很清楚，如果他们不小心投丢了球，那只张牙舞爪的疯狂大虫会从篮下钻出，拿到篮板之后再组织一次新的进攻。罗德曼在第一场季前赛里十个篮板的数据可以证明这些话所言非虚。

乔丹当时谨慎地预测说："一旦他和场上这些人熟悉起来，球队打法更加连贯之后，他将会发光发热的。"杰克逊的观点也差不多如出一辙。

"在那年的第一场季前赛中，"杰克·黑利说，"丹尼斯走到场上，然后把球扔到了看台上面，因此被吹了一个延误比赛的犯规。他冲着裁判怒吼，又被吹了一个技术犯规。我当时的第一反应是看向替补席的菲尔·杰克逊，我想看看他的反应。菲尔轻声笑了两下，靠向身边的助教吉姆·克莱蒙斯，然后说：'天啊，他让我想起了曾经的自己。'"

联合中心的观众们都为罗德曼疯狂任性的打球风格所倾倒，罗德曼在每场比赛结束的时候都会把被汗浸湿的球衣扔给球迷们，这也算是给他们的一种奖赏，虽然他每次都得半裸着跑进更衣室。女球迷们的回应还算"实惠"，每次当他走进城里的酒吧，芝加哥的女士们似乎都抑制不住冲动，想撩起衣衫，给他展示内里的无限风光。看来，这个赛季注定要把芝加哥

这片热土翻得焕然一新。

在罗德曼的 NBA 生涯中，曾有一段时间他的表现无法无天，好像没有什么能限制得住他。但是现在乔丹的存在让他无拘无束的日子迅速终结。媒体都在讨论菲尔该怎样管好罗德曼，但是事实上杰克逊大可以不操这个心，因为乔丹能提供任何一个教练都渴望拥有的治队帮助。

莱西·班克斯是个热爱预测的体育写手，多年来他的一些预测也让他没少被事实打脸。在那年秋天的季前赛，他预言公牛队将会赢下 70 场比赛。班克斯这一大胆的猜想说明久经沙场的他已经不把打脸当回事儿了。但是这次不同，他的观点很快就有了论据——揭幕战上的乔丹在联合中心面对夏洛特黄蜂队砍下了 42 分，它意味着一个史诗般的赛季正蓄势待发。

但不幸的是，揭幕战除了有乔丹的逆天表演，还有发生在包厢里的一出闹剧。胡安妮塔·乔丹和迈克的家人在同一个包厢里发生了言语冲突，当时胡安妮塔正在包厢的一角热情地招待她的家人和朋友，而另一旁乔丹家人们取乐的方式明显惹恼了胡安妮塔。乔丹的姐姐回忆说，当她的弟媳在那天晚上愤怒地对着他们斥责的时候，她也十分意外。德洛里斯和她的孩子们想，一定是哪里出了差错。但是第二天早上，愤怒的迈克尔给他的母亲打去电话，咒骂了她并且表达了他安静生活被侵扰之后的不满。

尽管这次冲突起因为何还不清楚——看起来像是积怨已久的一次宣泄——这出闹剧却标志着乔丹和他的母亲、兄弟姐妹的疏远不和已经发展到了一定程度。乔丹曾一度更换了"詹姆斯·乔丹基金会"办公室的门锁，以阻止德洛里斯轻易出入。在拉里·乔丹开始为"乔丹古龙水"研究品牌发展计划之后，迈克和家人的关系变得越来越紧张。因为乔丹虽然那时已经知道他哥哥在干什么，却仍然通过经纪人与已经确定的代理商进行合作，共同打造属于他自己的产品线。乔丹最后才把这一计划告诉了拉里，但是那时候拉里已经投入了大量的美元和时间。他哥哥直接被这个消息击垮了，德洛里斯也对这个出名的儿子愈加愤怒。乔丹给哥哥提供了一份他香水产品的相关工作，但是那显然远不足以消除自老乔丹去世之后家里不断扩大的隔阂。然而，很明显，乔丹已经从 Flight 23 连锁店的惨败中吸取了足够多的教训——他不想和家人一起做生意。

诸如此类的闹剧屡见不鲜，再加上那两个被指控谋杀詹姆斯·乔丹的家伙的审判进程，它们共同组成了 1995—1996 那个光鲜赛季背后的丛生乱象。那宗案件经过几个月的提案和审核，在次年 3 月终于结案，法院给两个凶手都判了无期徒刑。绝大多数的体育媒体都尊重乔丹的意愿，不主动提起案件的审核进程。报纸将谋杀案的进展连续数月登在新闻版面之上，而公牛在这个美妙赛季里的连连捷报，恰好总是出现在它的旁边。

乔丹将蓄积数月的怒火和沮丧在对母亲的声讨中一股脑儿地宣泄了出来。在很久之前，年轻的乔丹一直都深爱着他的家人。但是毋庸置疑的是，那两个杀害他父亲的年轻人在此期间也偷走了乔丹心里最珍贵的东西。这段经历彻底地改变了乔丹一家所有成员的生活，在谋杀案之后，生活在苦痛中的他们甚至很难体会到彼此的情感。乔丹的父亲遇害已有两年，本来这么久的时间已足够遗忘痛楚，但是家里仍存在着不少冲突。

史蒂夫·科尔的父亲是黎巴嫩贝鲁特市一所美国大学的教师，他在科尔 18 岁那年不幸被恐怖分子杀害，那时的科尔还只是亚利桑那大学的一年级新生。乔丹知道，他们两人之间共同拥有一段其他人从未经历过的伤痛往事，但是在他们并肩战斗的这几年里，他们却从未提及此事。乔丹过着最万众瞩目的生活，但却走着一条最隐秘独处的路。

"即便是对他的队友，他也从不轻易表露心曲，"科尔说，"在我和迈克一起打球的五年里，我们一起吃饭的次数屈指可数。我指的不是那种球队聚餐或者飞机餐，而是晚上和球队好友出去吃一顿那种。迈克尔每晚都会待在他的套房里，活像个被锁在自己生活里的囚犯。我们每年会有那么一两次坐在同一个餐馆里，和五六个队友坐在同一张桌子上吃饭。但是我从没吃过那种只有我俩的早饭，或者午饭。这事儿从未发生过，可能是因为我们生活在两个不同的世界吧。我和其他队友都有过安静讨论事情的经历，

我是说那种很私密的事情。但是我从来都没有机会和迈克说起这样的话,一次都没有。因为,即使他是球队的领袖,是球队最强势的家伙,但他仍然与其余的球员们保持着那么一点儿距离。"

面对着一个即将青史留名的美妙赛季,他们已经无暇顾及场外的纷纷扰扰了。对于属于杰克逊和乔丹的这支公牛队来说,队内的等级制度迅速成型是个让他们舒心的好消息。在中锋位置上,朗利看起来已经迫不及待地想在首发阵容里一展身手,温宁顿也对自己替补的角色感到很满意。前活塞队队员,39岁的詹姆斯·爱德华兹,则加强了公牛队内线位置的板凳深度。

"在我们和这些家伙打过那么多场硬仗之后,我现在加入他们,感觉有点儿怪怪的,"爱德华兹回忆道,他也好想知道乔丹和罗德曼能否合得来,"但是迈克尔对丹尼斯十分尊重,他关心的只有一点,那就是丹尼斯能不能在场上把分内之事做好。"

克劳斯还引进了后卫兰迪·布朗(Randy Brown),他将和史蒂夫·科尔作为后场组合替补出战。他们的板凳席上还坐着费德·比希勒、迪奇·辛普金斯(Dickey Simpkins)和来自亚拉巴马大学的首轮秀贾森·卡菲(Jason Andre Caffey)。球队的另一个关键问题是托尼·库科奇对第六人,或者说"第三前锋"这一角色的不满。他想要首发,但是他在阵容里的角色已经交给了丹尼斯·罗德曼。杰克逊跟库科奇也谈过伟大的凯文·麦克海尔和约翰·哈弗里切克(John Havlicek)享受第六人角色的故事,但是库科奇并不能马上接受这一现实。

然而,在罗德曼刚开始适应公牛队生活的时候,一次突如其来的小腿肌肉拉伤让他不得不在旁观战。即便如此,疯狂的公牛队仍豪取五连胜,创造了队史的最佳开局。赛季初的成功刚刚让他们有些沾沾自喜,奥兰多魔术队在第六场比赛里就用一盆冷水把他们泼回了现实。公牛队在那场比赛里第一次尝试使用了黑底红条的新客场球衣。奥兰多后卫安芬尼·哈达威打出了远胜乔丹的表现,帮助魔术队取得了关键的主场胜利。冷静下来的公牛队马上回到主场取下两胜予以回应，并随后在一波西部客场之旅中赢下了七场中的六场比赛。这波旅程从达拉斯开始，公牛队在那场比赛里拖入加时，最终以108：102击败独行侠队。公牛队最后的14分里有6分来自乔丹，这也将乔丹的全场总得分定格在了36分。

"这是一支非常凶悍，非常自信的球队，"杰克逊赛后说，"我想人们一定惊异于我们的表现，或者惊异于我们的打法，或者他们只是不适应我们满是大号后卫的后场轮转。这让我们能够轻易取得进攻机会，所以我们可以早早进入状态。"

他们在12月上旬以一场在洛杉矶的胜利结束了连续的客场之行，此役乔丹在快船队的头顶上拿走了37分。"我感觉我差不多已经找回了以前的状态，"在谈到他赛季首月的表现时乔丹说道，"我的技术找回来了，信心也回来了。现在我只需要每晚走到场上去，打出我应有的水准。"

在他转行棒球的前一个赛季，乔丹51.6%的命中率可谓优秀。但是在1995年乔丹刚刚回归的那个春天，他在17场比赛里仅仅投出了44.1%的命中率。现在，这个数字提高到了49.3%，他的得分也水涨船高，从1995年的九年以来最低的26.9分跃升到30+。莱西·班克斯列出了一个数据对比，他指出如果乔丹打到1998赛季，他会以接近29000分的成绩位列总得分榜第三，仅次于威尔特·张伯伦和卡里姆·阿卜杜尔－贾巴尔，后者是NBA历史得分王，职业生涯中一共拿下了38397分。

班克斯向乔丹提出了有关冲击历史得分榜纪录的问题。

"贾巴尔？别想了，"乔丹回复说，"我绝对不会计划打将近20年的。"

"他现在的状态和我所料想的完全一样，"罗恩·哈珀告诉记者，"他的得分领衔全联盟，并且正在把大部队越甩越远。那些对他是否是史上最伟大球员的质疑正在被他一点一点打碎。"

"从年龄上讲，我想我是老了，"乔丹在这个问题上对媒体说，"但是从技术上讲，我想我仍有足够的能力以我所熟知的方式继续打球。那些好问的人最常问我的一个问题是，我如何比较退役之前的乔丹和复出之后

的乔丹。老实讲，我认为这两个家伙是一样的。你只需要把他俩的数据摆在一起你就知道他俩没什么区别。并且我期待在年底之前，你会发现虽然中间隔了两年，但这两名球员的表现真的相差无几。现在，我还会被拿来和那个'迈克尔·乔丹'作比较，而且一些人认为，我并没有达到'迈克尔·乔丹'的水平。但我是世界上最有可能成为他的男人，因为我就是迈克尔·乔丹。与此同时，我还在进步，我还在发展。"

下 一 个

不少年轻才俊也在这个赛季进入了联盟。布伦特·巴里（Brent Barry）回忆说，他们都未曾想过自己有一天需要在录像带上研究乔丹，因为他们几乎大半辈子都是在电视上欣赏乔丹打球，但在赛场上遇到真人还真是不同寻常的体验。

埃迪·琼斯从坦贝尔大学毕业后，在那年秋天加入了洛杉矶湖人队。"当我看到迈克尔走上球场的时候，别提有多激动了，"他回忆说，"我知道他会在这场比赛里和我对位。我知道他无论面对的是谁，都绝对不会手下留情……当迈克尔遇上那种以防守著称的球员时，他体内的战斗之火就会被点燃。他只是想走到场上，然后在第一节就把你解决掉。他就是这么有竞争性，他为竞争而活。他想要告诉你：'嘿，所有人都说你是个防守专家，我只想看看你到底能防多好。'"

杰里·斯塔克豪斯（Jerry Stackhouse）是北卡出品的一名新秀，他在夸下能与乔丹抗衡的海口之后不幸被飞人教训了一顿。斯塔克豪斯的底气来自夏天在北卡教堂山的一次对决："这个联盟里没人能拦得住我，迈克尔·乔丹也不行。"杰里在一次采访中说出了这样的话，记者也把它登在了一份费城的早报上。但是在那天晚上的比赛里，乔丹用 48 分的表演给他生动地上了一课，对面的斯塔克豪斯最终以 9 分惨淡收场。

"只能说太无情了。"在看台上看完整场比赛的朱利叶斯·欧文这样说。

后来，这个赛季的乔丹又在联盟最炙手可热的新人格兰特·希尔（Grant Hill）头上砍下53分。希尔的教练道格·柯林斯迅速体会到了二者之间的差距，"格兰特更倾向于让人们喜欢他，让大家都高兴，"乔丹曾经的教练柯林斯说，"迈克尔则更倾向于把你杀了。"

芝加哥在11月取得了12胜2负的成绩，在接下来的12月更是赢下了14场比赛里的13场。他们进入新年时的战绩是25胜3负，并且那时的公牛队马上就要迎来一波18连胜。他们在赛季初期也取得过12连胜的好成绩。芝加哥每赢一场球，关于他们能否赢下70场比赛的猜测就加深一分。如果公牛队能赢70场球，他们就会打破由1972年洛杉矶湖人队创造的69胜13负的常规赛最佳战绩记录。当时的湖人队篮球运营副总裁，曾经为1972年湖人队效力的明星后卫杰里·韦斯特认为，只有伤病才能阻挡现在这头公牛冲向70胜的脚步。

"我会想起从前那支1986年的凯尔特人队，那支板凳席上坐着比尔·沃顿和凯文·麦克海尔的凯尔特人队，"乔丹试着将现在这支公牛队与他之前见过的球队相比较，"那些家伙都很难对付。他们在一起打了很长时间的球。我们刚刚开始学习如何在一起配合，但是那群人在一起很久了。他们互相了解到深入骨髓的程度，而我们只是刚刚触及皮毛。"

有人向乔丹指出，大部分伟大的NBA球队都会有一个统治级的内线防守者，站在油漆区里威慑和阻拦对方。"我们并没有那样的内线野兽，"他承认道，"但是我认为皮蓬能弥补那一点。我不觉得其他任何一支球队——可能除了1986年的那支绿衫军——拥有像斯科蒂·皮蓬一样在攻守两端都相当全能的小前锋。"

与此同时，泰克斯·温特开始担心起罗德曼来，他害怕罗德曼对于"篮板王"荣誉的渴求可能会伤害到球队的建设。除此之外，温特对罗德曼是否真能控制住他的情绪还存有疑问。但随着时间的推移，这位活塞队旧将与新队友们的关系似乎在每场比赛之后、每次客场之旅之后都变得更好。"丹尼斯是个不一样的人，"科尔笑着回忆说，"丹尼斯想要亲近我们,但他总是不知道该怎么做。他只是很害羞。而事情最后演变成……白人球员们都和丹尼斯混得很熟,因为这家伙是珍珠果酱乐队(Pearl Jam)和碎南瓜乐队(Smashing Pumpkins)的忠实歌迷。我们会和他一起去演唱会……到最后,丹尼斯觉得比起在黑人球员旁边,他还是和白人混感觉更舒服一些。在他身边,我们绝对没什么不适应的,我们会和他一起出去玩,有的晚上还会放开了使劲玩儿,嗨到爆。我们就以这种方式和他熟络了起来。"

随着公牛队的防守功力逐渐加强,罗德曼在球场上和乔丹、皮蓬也"熟络"了起来。罗德曼在身高上吃的亏,他会用力量补回来。一般来说,对手很难把他硬挤出禁区,这就为芝加哥的内线防守撑起了一片天。这还是在对手有机会突入内线的前提下——控球人运到弧顶的时候,通常他面对的第一个人是站在公牛防守阵型最前面的乔丹。这只怪物微微弯着身子,两只冰冷的眸子射着凶光,直直地盯在你的眼上。他口中还念念有词:"来啊,我放你跳投,投啊!哦,你不想接受我的恩惠吗?"所以随着赛季的进行,很多球队都明确了一点原则,他们绝对不想惹上芝加哥公牛队。

赛季开局,他们一路狂飙,公牛队喜欢在前两三节先活动活动筋骨,等到陪对手玩儿尽兴了之后,再发全力终结比赛。这支公牛队以14胜0负的战绩统治了1月,杰克逊也公开表示他需要开始考虑让球员们歇息一下,输几场比赛,让势头慢下来。他似乎很担心这支球队会被常规赛的胜利冲昏了头,以至于未来没有足够的体力去应付漫长艰辛的季后赛。"通过不同的板凳席轮转策略,你可以让一些家伙轮休,把他们带离自己的节奏,"他解释说,"我考虑过这么做。"

乔丹可不想参与这个轮休计划。没人能把专心致志的他从篮球世界中拽出来。朱利叶斯·欧文就是被乔丹的表现惊艳到的球迷之一,他在一档电视访谈节目中请到了乔丹,他们讨论的主题是乔丹的打法怎样随年龄的增长而随之转变。"心理上,在对篮球的认知上,我比以前更强了,"乔丹回复说,"身体上,我可能不再拥有当年的速度和敏捷。但是我在心理上的优势足以弥补我失去的身体素质。我不能像从前那样在罚球线起跳了。"

"你看起来像在一个只有你的世界里打球,"欧文对他说,"那是怎样的感觉啊,迈克?"

"那种感觉就像,每个动作、每一步、你做的每个决定都是正确的。"乔丹说。

乔丹现在"正当年",乔治·穆福德用这个词来形容当时的飞人。每位球员都偶尔会进入火热的状态之中,但是乔丹似乎现在就住在这状态里了。他已将打法转变为以低位脚步和中距离跳投为主,这些进攻方式都能让对手防守起来很是棘手。他变成了一个低位的杀器,活像一个酷爱内线进攻的伟大中锋。尽管他因为膝盖腱炎不得不在每场比赛之前做冰敷,有时还会缺席训练,但他依然坚持以这种打法统治赛场。

2月中旬,乔丹在对阵步行者队的比赛中砍下44分,身旁的皮蓬也拿到了40分的高分。负责那场比赛赛后分析的马特·古奥卡斯,指出两位历史上的伟大得分手——埃尔金·贝勒与杰里·韦斯特——也完成过一两次这样的表演。乔丹和皮蓬的配合渐入佳境,二人成了公牛队完美的成功基石。在那个赛季里,你经常能看到乔丹在每场比赛中来来回回地溜底线,古奥卡斯指出:"这也是乔丹法则之一,你永远不能把底线给乔丹空出来。"

公牛队这支联盟巨擘以11胜3负的成绩碾过了2月的比赛。虽然他们在3月遭遇了罗德曼因头击裁判而被禁赛六场的风波,公牛队仍在当月打出了12胜2负的战绩。莱西·班克斯所预言的70胜目标正在成为可能。

"我们球队最令我吃惊的一点在于,"杰克·黑利说,"我们拥有乔丹这个可能是联盟历史上最伟大的球员,我们拥有丹尼斯·罗德曼这个最伟大的篮板手,我们拥有斯科蒂·皮蓬这个本赛季准MVP,而最令我吃惊的地方是这三位球员每晚在场上表现出的职业道德和领袖气质。已经拥有了那么多荣誉、那么多美元和那么多冠军,是什么在鼓舞着这几位球星如此卖

力地为另一座奥布莱恩杯而努力呢？我们还有几个月能拿总冠军呢？至少这些家伙现在相当认真。"

马上就要名留青史，罗德曼继续用他的头发来表达自己的期待之情。他把自己的脑袋染成了金色，上面还蜷曲着几道红色的条纹。随后，在他们创造历史的那周，他又选择让头发变成热情洋溢的亮粉色。在4月16日星期二那天，公牛队在密尔沃基让胜利场数破了70大关。随着他们在收官战客场击败华盛顿子弹队，公牛队以72胜10负的历史最佳战绩结束了常规赛的征程。

季后赛首轮三场比赛过后，迈阿密热火队迅速败下阵来。"面对这样一支球队，你一点儿错误也不能犯。"那个赛季的阿隆佐·莫宁（Alonzo Mourning）这样说。

之后他们又遇见了季后赛里的老朋友纽约尼克斯队。系列赛的第三场，尼克斯队在主场通过加时击败了公牛队，而乔丹似乎对这场季后赛首败毫不在乎。他在第五战砍下35分，帮助公牛队在主场以4∶1的大比分将尼克斯队扫地出局。在比赛的收尾阶段，刚刚进球得分的乔丹一边后撤一边对着尼克斯队球迷挥手作别，这其中就包括把毛巾搭在肩上，坐在场边的斯派克·李。"人们都知道，我一直都是一个能把各种球队解决掉的球员。"乔丹在赛后说。

为了备战奥兰多，杰克逊把几段《低俗小说》（Pulp Fiction）的镜头剪进了魔术队的分析录像当中。那个电影讲的是两位被雇来的杀手的混乱故事，所以全队马上就领会了教练的心意。罗德曼在系列赛首战把霍雷斯·格兰特紧紧盯死，使他在28分钟内一分未得，直到这位魔术队前锋在第三节弄伤了肩膀，告别了本赛季。这两支最强球队的季后赛首次碰面以121∶83的总比分收场，他们羞辱了魔术队整整38分。

NBA总裁大卫·斯特恩在这场比赛之前给乔丹颁发了本赛季最有价值球员奖杯。"你仍代表着'伟大''决心'和'领袖'这几个字的最高标准。"他对乔丹说。

他们在第二战半场结束时还落后对手 18 分之多。此时杰克逊走进更衣室，对球员们说，现在魔术队这种状态正是他们想看到的。事实上，公牛队这么戏耍对手已经玩儿了一整个赛季了。魔术队在下半场一蹶不振，而公牛队则带着一场胜利昂首离开。"像迈克尔和斯科蒂这样的家伙，只要水里有一点儿血腥味儿，他们就能闻到，"科尔在赛后对记者说，"他们随时准备杀戮。"

罗德曼单防硕大的沙奎尔·奥尼尔的样子堪称这轮系列赛里最诡异的一幕。事实上，罗德曼已经把这个巨人扛到自己的大腿上，然后拼命地把他往外挤了。坐在场边，司职球探的布伦丹·马龙对罗德曼所带来的东西，以及乔丹对其打法的适应程度啧啧称奇。

奥兰多连败四场止步东部决赛，这样的结果是乔丹对一年前的失利最霸气的回应。"他是自古以来所有打球的人里最坏的一个。"在被第四战砍下 45 分的乔丹横扫出局之后，奥兰多后卫尼克·安德森这样说。曾任开拓者队和步行者队主帅，现在转行为评论员的杰克·拉姆齐指出，乔丹通过把自己融入球队，才取得了今天的成功。

西 雅 图

公牛队又坐立不安地等了 9 天，才等来了刚刚杀出重围的西部冠军西雅图超音速队。1996 年的 NBA 总决赛于 6 月 5 日周三开战，人们普遍认为公牛队获胜的概率比超音速要大十倍，尽管后者在常规赛也拿下了不俗的 64 场胜利。唯一让乔丹感到紧张的是即将到来的父亲节，他仍记得三年前赢下最后一个系列赛时，全家人轻松快乐地在菲尼克斯的酒店为夺冠庆功时的情景。而现在在这个即将迈向新里程碑的时刻，他和家人的感情却已经布满了裂痕。但是，乔丹的母亲仍不懈地支持着他。决赛夜正逢戴安娜王妃为医疗基金会筹款造访芝加哥的自然历史博物馆，这让一直是王妃死忠的德洛里斯陷入了两难。她十分想去参加当天的烛光晚宴与舞会，

于是她先穿上晚礼服参加了当天的晚宴，然后马上换装改道，穿过整个芝加哥去看儿子的比赛。"我知道迈克尔期待我去那儿看他的比赛。"她解释说。

约有1600位来自世界各地的记者前来播报采访这次体育盛会。和之前乔丹每次的表演一样，这次总决赛也吸引了全世界的目光，而且这次他的副手罗德曼的新发型——脑袋上印着红、绿、蓝三色相杂的图案与文字——也是个不错的看点。记者们问乔丹，他现在的打法都是背打与跳投，那他还是否能做出曾经让他名满天下的扣篮动作。"我还能不能飞起来？我不知道，"他说，"我从来没试过，因为对手已经不用一对一盯人来防我了。但诚实点儿说，我可能做不了那样的动作了……我倒喜欢我现在这种不知道我能不能飞的状态，因为这样的话，我仍认为我能做到。只要我相信我能做成某件事，那就足够了。"

西雅图的教练乔治·卡尔（George Karl）派布伦丹·马龙在季后赛里去探一探公牛队的情报，希望他能帮助球队在总决赛用上"乔丹法则"。在总决赛开幕之前，马龙和查克·戴利在球馆的走廊上碰到了乔丹。"乔丹从我身边走过，"马龙在2011年的一次访谈中回忆道，"他很失望，因为我已经知道了努力防守他的方法。"

"你绝对不会打败我的。"他对马龙凶狠地说。

"他被惹恼了，"马龙回忆说，"查克看向我，跟我说：'你让他不爽了。'"

"你必须竭尽全力才能和他们的比赛强度抗衡。"马龙在当时对记者说，"别管什么战术和跑位，他们是一群随时都准备把你的心剜出来的恶人，从第一节开始就不会放过你。"

马龙的这番话对错参半。乔丹的攻击自然不会手下留情，但本场比赛的结果更多与两队的球员对位有关。西雅图主教练乔治·卡尔在系列赛的一开始，让6尺10寸的德特雷夫·施拉姆夫（Detlef Schrempf）去盯防乔丹。卡尔的想法是一旦乔丹落到低位，后卫荷西·霍金斯（Hersey Hawkins）就会第一时间赶来包夹。事实证明，这个战术安排是个天大的错误。乔丹拿下了28分，而且全队的得分点相当分散。皮蓬得到了21分，库科奇18分，哈珀15分，郎利也有14分进账。卡尔后来又把当年的最佳防守球员加里·佩顿派去盯防乔丹，但一切为时已晚。在第四节，公牛队严密的防守让超音速队出现了7次失误，复苏的库科奇单节拿下10分，帮助公牛队打出了标准的"芝加哥式"结尾，以107∶90赢下了总决赛首战。

芝加哥在第二战中的投篮命中率为39%，但是那只意味着罗德曼这只野兽将有更多篮板可抢。他全场摘下了20个篮板，其中包括平历史纪录的11个前场篮板。乔丹表现糟糕，但仍然收获29分。公牛队凶悍的防守又让超音速犯下了20次失误，其中，他们在第三节3分钟内出现的连续失误让公牛队将分差从66∶64扩大到76∶65。

库科奇在面对一些得分机会时总会选择传球，乔丹对此很是生气，"你是害怕了吗？"他问库科奇，"如果你怕了，那么请坐回板凳上。如果你是来这儿投篮的，那你倒是投啊。"

库科奇命中了两记三分，乔丹在比赛末段也用一记妙传回报给了他一个暴扣的机会。92∶88，公牛队再下一城。此时哈珀的膝盖出现了疼痛的问题，加上接下来的三场比赛都要在西雅图的钥匙球馆里打，杰克逊和温特都认为这趟客场之旅将困难重重。但奇怪的是，超音速队在第三场比赛里没挣扎几下就被公牛队制服了。本场比赛库科奇顶替哈珀首发，这样一来，芝加哥脆弱的防守就给了超音速队可乘之机。但从跳球的那一刻开始，公牛队就准备好用进攻解决一切问题了。在乔丹拿下12分之后，公牛队在第一节的末段已经把比分扩大到了34∶12，而半场的比分更是令人难以想象的62∶38。乔丹整场比赛砍下36分，但全队最大的惊喜来自中锋郎利，他在总决赛第二战表现挣扎，但是本场却拿到了19分的高分。当被问到是什么让这个巨人改头换面时，杰克逊回答说："是来自全队的言语攻势。我觉得没有人经受过郎利在周五比赛之后听到的那么多人的批评，泰克斯臭骂了他一顿，乔丹也骂了他。我前几天费了好大的功夫才让他重

建了信心。"

芝加哥已经摩拳擦掌,做好了横扫的准备。如果在第四场也取得胜利,那么公牛队就会创造 15 胜 1 负的季后赛历史最佳战绩。第四战将在周三打响,公牛队剩下的这两天训练时间却已经被提前庆祝夺冠的气氛笼罩。当时,各路媒体都在争相把公牛队和其他历史上的伟大球队拿来分析比较。ESPN 的专家杰克·拉姆齐指出,这支公牛队可能是历史上最伟大的防守球队:"比赛中最强的两个防守者就是皮蓬和乔丹,"他说,"他们太难对付。每个系列赛,他们都能把对手扒层皮,到最后,一丝不挂的你只能做好被羞辱的准备了。"

推动公牛队前进的关键人物就是乔丹,拉姆齐补充说:"他的竞争欲望是如此强烈,以至于身边的队友全能被他鼓舞,打出超越真实水平的表现。我曾经看过史蒂夫·科尔的比赛,人们都知道他是个优秀的射手,也知道他在防守端的贡献几乎为零。现在你再去看他的比赛,你会发现他专心防守,和每个对位者用力对抗,总挡在他们眼前。也许有时对手能在他头顶取分,但他绝对不会因此退缩半步。他现在也可以持球为自己创造得分机会了,这是他之前从未做过的事。迈克尔在众人身上的影响力之大可见一斑。"

乔治·卡尔也曾在北卡为迪恩·史密斯教练效力过,于是在第四场比赛开战之前,觉得自己没给乔丹足够威慑的卡尔找来了泰茜·邓普西(Tassie Dempsey),一位为北卡篮球队做了 30 年饭的老厨师。卡尔把她接到西雅图来为超音速队助威。周三那天①,乔丹在开赛之前意外发现了她,他惊讶地问:"邓妈妈,您来这里做什么啊?"

"我来为乔治加油。"她回答说。

卡尔的妻子对半信半疑的乔丹说:"迈克尔,邓妈妈是我们球队的幸运符哦。"

---

① 原文是周四,事实上是周三。

一直以来都很迷信的乔丹马上回答："那您就赶快回家吧，邓妈妈。如果您真能给他们带来好运，您必须得赶快回家去。"

事实证明，乔丹面前最大的拦路虎不是邓妈妈，而是超音速队的加里·佩顿。佩顿在这个系列赛中大部分时间都在负责防守皮蓬，但是卡尔看到，在第三战佩顿盯防乔丹的几段时间里，他的防守十分有效。所以卡尔在第四场比赛中把防守乔丹的任务更多地交给了佩顿。罗恩·哈珀还在和他疼痛的膝盖做着斗争，这就意味着乔丹在防守端要肩负起封堵佩顿的任务。这下，芝加哥的防守就少了个对球施压的关键点，这可是他们防守体系的重中之重。没了哈珀，乔丹和皮蓬也无法在防守阵型里游走踱步，搞搞破坏。超音速队在第二节用一波闪电攻势打下了胜利的基础，芝加哥用了一整场也无法将巨大的分差填平。被佩顿的防守搞泄气了的乔丹愤怒地冲着队友和裁判大吼大叫。在第四节的中段，他被吹了个两次运球的违例犯规。乔丹的怒火再次涌了上来，他发狂地跺着脚，很明显是被这场比赛惹恼了。几分钟之后，他带着19中6的命中率被替换下场，然后板凳上的他依然不依不饶地在最后几分钟里愤怒至极，喋喋不休。一旁的皮蓬只能一边苦笑，一边捏着他的肩膀。佩顿圆满完成了任务，西雅图球迷们不禁幻想，如果在前几场卡尔就这么安排，总决赛的走向不知会出现怎样的变化。

哈珀在第五场又只能在一旁观战。公牛队在他们第二个赛点依旧挣扎，从落后到填坑，再到被超音速远远甩开。89：78，这个系列赛奇迹般地又回到了芝加哥。第二天，西雅图人在报纸的头条登出了这样的宣言："喜迎第六场！"

球队未能在西雅图终结系列赛，乔丹盛怒不已。替补中锋詹姆斯·爱德华兹之前喜欢在每场季后赛比赛之后到乔丹的房间，同艾哈迈德·拉沙德与乔丹一起点根雪茄抽，因为飞人无论走到哪儿，身边都会带个装满最上等雪茄的小盒子。爱德华兹回忆说，他们在房间里经常会发生些有趣的事儿。但当他在第五战之后拜访乔丹时，他对乔丹怒不可遏的样子很是惊讶:"我之前从未见过他如此失落。他不停地在说:'我们今天应该赢下比赛的。一切本应结束的。'我告诉他,我们会在主场搞定他们的。他根本不想听那一套,只是继续在强调系列赛本应在西雅图结束。"

一如赛季之初时的严厉暴躁,乔丹在这个年头行尽之时又把怒容挂在了脸上。他一直想尽快结束这个系列赛,尽快将那自他决定复出起就一直压在身上的重担卸下来。这次总决赛之旅明显不是他最好的表现,他在系列赛里的命中率是41.5%,场均拿到27.3分——和他季后赛36.0的场均得分相去甚远。但让乔丹如此愤怒和失望的还有另一个原因:他想让总决赛在父亲节之前打完。"他永远存在于我的脑海中。"乔丹说。

6月16日,星期日,这天是总决赛第六场开始的日子,同时也是父亲节。乔丹的百般感触涌上心头,但他仍想打好比赛,以此告慰记忆中的亡父。联合中心在那个下午被球迷挤得水泄不通,在DJ介绍每位球员的名字时,全场的掌声都会比平常持续更久的时间。随后,来自观众席的声响似乎小了下来,直到播报员雷·克莱读到:"来自北卡罗来纳……"雷动的掌声又一次爆发全场。公牛队主场的喧嚣并没有吓到超音速的队员们,他们只是自顾自地站在场边,嘴里嚼着口香糖,脸上挂着坚毅的神色。当开球之后不久,皮蓬用一记低手勾射率先取下两分时,观众席上又一次爆发出了热烈的掌声。随着哈珀的回归,公牛队再次找回了对球的压力,并且他们屡次三番地用挡拆把对手过得一干二净。哈珀在那场比赛中打了38分钟,每次他一下场,一位助理训练师就会赶快跑过来,用麻醉喷雾剂给他的膝盖止痛。皮蓬也被哈珀带伤上阵的精神鼓舞,在第一节就拿下7分2个抢断,帮助公牛队以16:12的领先优势占据先机。为了扩大优势,公牛队在第三节打出了一波19:9的小高潮,这波攻势以一记罗德曼接皮蓬妙传之后拨进的反身上篮收尾,在打进这球之后,大虫把拳头高高举向空中,又一次掀起了球迷们欢呼的浪潮。当罗德曼再进一记罚球,将比分修改为62:47的时候,联合中心内的欢呼声简直震耳欲聋。杰克逊在第三节的末尾让乔丹休息了好长一段时间,目的是给他在第四节的屠戮保存体力。但是乔丹因为受到了情绪的影响，并且长时间处于双人包夹之下，无法施展全力。这时候，库科奇站出来了，他在底角投进一记三分球把比分改写成70：58。在比赛还有2分44秒时，科尔又将一记三分稳稳地送入篮筐。此时的公牛球迷们似乎已经随着欢呼声手舞足蹈了，就是这样！皮蓬在距离比赛结束还有57秒时接乔丹传球，投进了他比赛里的最后一个三分。几十秒转瞬即逝，这支已被写进史册的球队即将迎来这个伟大赛季的最后一个回合。乔丹在中场附近运着球，随后把最后一投的机会让给了一旁的皮蓬。尽管那是一个偏得离谱的空气球，但此时的人们都已疯狂，谁还在乎呢？

乔丹从杰克逊的怀抱中挣出，加入了疯狂争抢比赛用球的混乱人群。他抱着球跌跌撞撞地扑向了地板，兰迪·布朗也倒在了他的身上。站起身来的乔丹把球紧紧抓在脑后，迅速消失在了公众的视野当中。他想要躲避NBC摄像师的长枪短炮，寻找一个可以宣泄情感的避难所。他跑到了训练室，趴在那里抽泣。在1996年的父亲节，联合中心里出现了这样一个流泪的男人。他的眼泪代表着夺冠之喜，也代表着思父之痛。

"我很抱歉我曾经离开了18个月，"在被选为总决赛MVP之后，乔丹这样说，"很高兴我又回来了，很高兴我又把一座冠军奖杯带回了芝加哥。"

像1992年主场夺冠时做的那样，公牛队球员们来到场边的媒体席，跳了一段吉格舞来向球迷们致意。罗德曼也加入其中，此时的他早已半裸上身。

"我觉得我们能把这支球队视作史上最伟大的球队了。"皮蓬满意地说。

"现在是90年代，但是他们却带着一种来自旧时的成熟心态在和我们打球，"卡尔说，"这就像是个从远古时期穿越来的球队一样，我不太了解那个伯德时代或者魔术师时代。他们都是伟大的球队。但是这支公牛队和他们有着相同的心态。我喜欢他们的斗志，我喜欢他们的球队哲学。"

通常在庆祝夺冠的时刻，运动员和教练员都会有所克制。为什么要承诺再拿一冠，刻意给自己制造压力呢？为什么不选择忘记其他，单单浸润

在胜利的荣光里呢,特别是在你刚刚打出了一个可能是历史上最佳赛季的时候?但那从来不是乔丹的做事风格。

"下一个数字是 5。"乔丹自信地说,脸上还挂着那曾经打动桑尼·瓦卡罗的招牌式微笑。

第三十四章　算　账

在披荆斩棘重返联盟之巅之后，乔丹即将投身1996年的自由市场。他将有机会弥补自己的薪金与其他顶级球员薪金的巨大差距。在公牛队这里，谈合同这件事通常会搞得剑拔弩张、火星四溅。拥有财富和名声并不代表他们可以毫发无伤地完成谈判，事实正相反：自我评价越高的人，在摩擦中受到的伤害就会越深。

"夏天就是迈克尔的那些情绪爆发的季节。"史蒂夫·科尔观察到了这样的乔丹。"我们赢下了冠军，然后他走到讲台上，恳求我们再来一次。"科尔说，"那种满是严酷与愤怒的训练，又要延续一整个夏天了。"

杰克逊、乔丹和罗德曼现在都身背着一年期的合同，这意味着管理层在1996年的夏天又要进行一轮高负荷的谈判协商。"那推动了年底之前所有事情的发展，也为我们过去的两个赛季奠定了先决基础。"杰克逊后来在1998年这样说。

"事情变得更糟了。"克劳斯说。

莱因斯多夫和乔丹看起来拥有很深厚的感情，二人也一直相处愉快。当球员们的薪金在20世纪90年代不断飞涨时，乔丹每年还拿着400万美元的工资，要知道联盟里有十多名球员的薪水能拿到这个数的两倍，所以乔丹觉得不满也在情理之中。但傲气凌人的乔丹就是不肯放下身价，再和球队重新谈一份合约。他的回应就是坚守曾经签订的合同，不再改变。他在1993年秋天忽然宣布退役，随后免不了出现了一些诋毁猜疑之声，说他选择归隐，部分原因就是他偏低的薪金。

公牛队在乔丹退役期间仍继续为他支付薪水,据莱因斯多夫的一位同伴讲,这是莱因斯多夫在示意,他仍对乔丹保有一颗忠心。而更多的怀疑论者指出,公牛队通过继续给乔丹支付薪金,可以在复杂的工资帽规则之下,依然在工资簿上空出乔丹的位置。别的不说,至少这些说法证明了在商业世界复杂交错的背景之下,建立培养人与人之间的感情是多么的困难。就算是好心的举动,也会被解读为阴谋和诡计。

在某种意义上,莱因斯多夫和乔丹在多金的体育/娱乐风险投资领域还是合作伙伴的关系。可问题是,乔丹以一名球员的身份,是不可能在和老板的关系中取得真正平等的地位的。莱因斯多夫是个管理者,而乔丹只是个劳动力。劳工成本是固定的,而利润率却能不断增长,这就让那些参与其中的人有利可图。

当然,乔丹依旧能从场外的各项工作里赚到千万美元的薪资,但不可否认的是,那份相对来说少得可怜的球员合约,对乔丹来说是不公平的。当他在1995年返回赛场时,他拿的还是那份老合同,这让公牛队的总薪水控制在了3000万美元以下,他们能继续有着数千万美元的盈利。这还不算一个几近完美的乔丹与一座总冠军奖杯给球队老板所创造的经济价值。莱因斯多夫财团在乔丹的新秀赛季用大约1500万美元买下了这支球队,然后看着它的市值在十年之内翻了将近五番。

乔丹被"亏欠"了。这种感觉不仅来自乔丹自己和他的经纪人,事实上所有与NBA相关的人都会有这种感觉。乔丹在史诗般的1995—1996赛季里的表现与领袖气质,进一步让这个概念深入人心。随着总决赛结束,合同终于到期,真正的麻烦才刚刚开始。

在夺冠庆典几天之后,莱因斯多夫和乔丹的代理人就开始就他的新合约进行协商。在1998年的一次采访中,乔丹回忆起当年的谈判手法:"我告诉我的代理人:'不要进去就开价。我在这支球队待了很久了。每个人都知道我的市场价值会有多少,或者说,能达到多少。如果他能遵守诺言,诚信待我,你就先听他怎么说,然后再给出我们的建议。'法尔克得到的指示就是进去，然后倾听，不要试着讨价还价。因为事情不应发展到讨价还价的地步，而且我们也不把它看作一次要价谈判。我们觉得，这是公牛的一次机会，一次证明他们认为我对这个组织到底价值几何，并且给我提供等额回报的机会。"

然而，乔丹也很清楚莱因斯多夫是个花钱如割肉的主儿。这位巨星相信，协商合同的时间拉得越长，只会将他为公牛队所做贡献的价值贬得越低。所以乔丹和他的顾问们也开始考虑来自纽约尼克斯队的报价。那么乔丹会为了尼克斯队放弃公牛队吗？

"是的。"他说。

事实上，尼克斯队在为乔丹准备的基本工资中特意设置了几百万美元，这部分资金随后可以通过与尼克斯队的附属公司们签约，增长为巨额的个人服务合同。在听到这个报价之后，莱因斯多夫登时勃然大怒。他要求联盟办公室就这份合同的合法性给个说法，毕竟尼克斯队是在围绕工资帽做文章。据传这位球队主席曾威胁要起诉尼克斯队，但是被一个在联盟中身居高位的人所劝阻，他提醒莱因斯多夫，如果他为了阻拦签约而站到当家球星和尼克斯队的对立面，就必须意识到这次法律申诉其一只是在做无用功；其二会给他带来怎样的后续影响。

乔丹的经纪人大卫·法尔克想要一份高额的一年合约，借此来反映乔丹对公牛队和他们的比赛所做出的贡献。但是莱因斯多夫却没给出具体的提案，所以乔丹只能亲自介入谈判。

"就我所知道的而言，在我加入之前，这次谈判里没出现过一个数字，"乔丹回忆说，"没人想把合同的数额摆在台面上，每个人都在想方设法地耍花招，看谁先把第一个数字说出来。我们是不会先说的。我们脑子里的确有一个数额，但是我们真的认为，应该由公牛队来告诉我们乔丹的价值究竟是多少。他们要诚实地把心理价位说出来，不能受大卫的影响，不能受我的影响。我只想知道他们觉得我对这个组织的意义有多大。"

乔丹终于被莱因斯多夫的勉强惹恼了。当时乔丹正在打高尔夫，他被

拉入了与经纪人和莱因斯多夫的电话会议。他告诉老板，如果球队想要与他续约，就必须拿出一份一年期、总额高于3000万美元的合同。乔丹还告诉莱因斯多夫，他只有一个小时的时间来决定续约与否。

"那时候他们在协商，而我正在太浩湖参加一个高尔夫名人赛，"乔丹解释说，"我们和纽约进行了一些磋商，并且将在与莱因斯多夫见面之后马上与他们会面，我想应该是定在一个小时之后。大卫想让公牛队在我们与纽约交涉之前，给出他们的提案并进行探讨。但是（莱因斯多夫）知道我们还得等一段时间才能和尼克斯队展开会谈。"

后来，克劳斯用"冷酷"二字来形容乔丹在这次谈判中对开价时机的选择。

虽然克劳斯从未在公开场合承认或者谈及此事，但莱因斯多夫真的伤了心。他曾认定他与乔丹之间是有很好的私交的。毕竟，不正是他给了乔丹一个在白袜队开启棒球生涯的机会吗？不正是他一直在努力强调自己对这位球星的尊敬吗？莱因斯多夫后来告诉他的朋友们，那时他都开始怀疑，是否乔丹就是为了压榨他而假装维持这段友情。在受到伤害之后，莱因斯多夫的怒火涌上心头。可是他又能怎么办呢？他别无选择，只能接受这些条款。

即便乔丹开出的价格到了让莱因斯多夫难以接受的程度，但事实上，这位超级球星本可以狮子大开口，利用公众舆论的支持再向上抬价的。接受了这份提案的莱因斯多夫随后对乔丹说了一句话，这句话让两人的关系再度恶化。莱因斯多夫说，他总有一天会后悔给乔丹开出这3000万美元的。

"迈克尔挺恨杰里的，"一位公牛队的雇员后来解释说，"因为当杰里同意给他支付那3000万美元时，杰里告诉迈克说他会后悔。次年秋天的一天，迈克尔站在训练室对所有的队友们说：'你们知道什么事儿真的气到我了吗？杰里说，你知道吗迈克，总有一天我会后悔的。'"

"迈克说：'这算什么？你可以说：这是你应得的，你是最伟大的球员，你是芝加哥和公牛队的掌上明珠，我很高兴为你支付这3000万美元。你可以这么说。但是即使你不这么想，即使你真的会后悔，为什么你要当面把这些话说出来呢？'卢克当时站在旁边，他说：'真的吗？杰里跟你说他会后悔？'迈克说：'他亲口对我说的。我都不敢相信这句话会从我老板的嘴里吐出来。'"

那位公牛队雇员认为："那句话带来了巨大的痛苦。"

"我说我'可能'会后悔。"莱因斯多夫后来承认说。

乔丹回忆说："事实上，他的原话是，'在未来的某一天，我知道我将会后悔的。'这让所有正在发生的事变得毫无价值。这句话夺走了很多东西的意义。正是因为这句话，他们的诚意与谢意就少了很多。我觉得那么说话是不妥当的。"

据说，这位公牛队主席曾在几年之前，也对约翰·帕克森说过同样的话。当时的帕克森在结束了几个赛季的小额合同之后，终于拿到了一次不错的涨薪。莱因斯多夫刚签完合同，就对一直勤勤恳恳的帕克森说："我不敢相信我给你付了这么多的钱。"虽然后来当上公牛队总裁的帕克森从未对此事进行过评论，但来自球队内部的消息源确认，当时帕克森十分愤怒，他觉得自己被侮辱了。从乔丹和帕克森谈合同的过程我们可以看出，这支球队的经营理念就是，在和每一名球员谈每一份合同时，莱因斯多夫都必须"获胜"。一位前公牛队球员说，这种态度常常让球员和管理层之间的任何好感都被抹得荡然无存。他还说，当克劳斯和莱因斯多夫在谈判中"失败"时，他们会觉得很难受。

"他很忠诚，他很诚实，"在谈到莱因斯多夫时，菲尔·杰克逊如是说，"他是个老实人，他说的话都有其特定的意义。但是在他想要成功并为之努力的过程中总会发生一些事。在金钱的博弈中，成功就是在签约中成为赢家。"

"听我的熟人们说，他真的说过那些话，"杰克逊说，"并且这些话真的很伤人。因为大部分人都真心喜欢杰里·莱因斯多夫。"

"但是，"杰克逊笑着补充说，"杰里就是杰里，杰里嘛……他不乱花钱,即便是花在自己身上。他想让每分钱都花得有价值。谁不想呢?在过去十年内不断上涨的薪水累积起来让老板们都难以承受。巨款,那是笔惊人的巨款。"

崇　拜

一位叫作雷·阿伦(Ray Allen)的新秀正站在联合中心的走廊上,等待着那位"天选之子"的出现。他就像一个渴望一睹佛祖真容的躲在橄榄树丛中的小婆罗门,虔诚而羞涩。作为被密尔沃基雄鹿队选中的首轮秀,阿伦是迈克尔·乔丹的忠实信徒。他曾无数遍地研究过乔丹的比赛录像,而其中有一个镜头是他的最爱。"那是他穿过斯塔克斯和奥克利的包夹,沿底线突破然后隔扣尤因的一球。"他说。阿伦曾把这段录像看了一遍又一遍,而且每次都惊叹不已。

随着梦想成真的时刻一点点逼近,阿伦心里开始打起了鼓。这仅仅是场季前赛,要是乔丹休战了怎么办呢?但一转眼,乔丹就出现在了他的眼前,穿着新换上的白色主场球衣,大踏步地走向场地。阿伦的眼睛瞪得溜圆,心也不由自主地扑腾乱跳。然后他呼了口气,振作精神去挑战这位篮球之神。他需要记住和乔丹对战的每个细节,以后才能在家乡的伙伴们面前大讲特讲。阿伦心里最多的还是紧张,因为他想把比赛打好。

"从第一次被介绍给迈克,到为这次比赛做准备,再到我的日思夜想,最后终于见到了本人。"阿伦后来这样说,他心里充满了渴望,声音也越来越小。

在不到两年之前,阿伦在康涅狄格大学打出了一个不错的二年级赛季,那时他就考虑过成为职业球员。那是实行新秀工资帽制度的前一年,篮球产业也开始在大学疯狂地搜寻"下一个乔丹"。这是件徒劳无功的事情,而且投入相当不菲。阿伦在康狄涅格的队友唐耶尔·马绍尔(Donyell Marshall)就提前离校,接受了一份有保障的4000万美元的大合同(但他后来并不成功)。阿伦决定再留校一年,他想在挑战乔丹之前,先打磨自己的技艺,改正比赛中的缺点。

在一个优秀的三年级赛季之后,他迈出了重要的一步。于是就有了今天这一幕,雷·阿伦正走上前去,极力抑制心中的激动,装作满不在乎地和乔丹轻轻地碰了碰拳。他只向那双杀手的眼睛瞥了一眼,他想看到其中智慧的光芒,他想看到那爆棚的自信,他想看到神的世界。

球赛随着裁判的一声哨响正式开始,阿伦即将迎来一场难忘的第一节比赛。"当我和他对位时我不想表现得很消极,"他后来承认说,"我不想让他觉得我为这次挑战没有做足准备。"

阿伦知道乔丹会慢慢进入状态,所以他需要迅速打出侵略性,占得先机。为了证明他能把球投进,能在乔丹头顶得分,他用尽了各种手段。一记三分、一个急停跳投、一次杀进禁区后的暴扣……此时阿伦心里已经激动得翻江倒海,恨不得奏起一段哈利路亚颂歌,但他的脸上却装出一副波澜不惊的神色。他在第一节里拿到了9分,让乔丹为防守他搞得手忙脚乱。乔丹甚至说了点儿垃圾话,想借此入侵他的头脑。

在一切结束之后,阿伦站在雄鹿队的更衣室里,一脸茫然,好像他刚刚从梦境里走出来似的。他说:"迈克就是迈克,难以置信。"他的语调好像被刚才的那段经历改变了,他极力想让自己听起来像个联盟的老将。

"雷·阿伦将会成为一名优秀的球员,"乔丹赞扬说,"我喜欢他在这场比赛开局的表现。"

一群天赋异禀的年轻新秀随着1996年的选秀浪潮被卷进了联盟之中,职业联赛触手可及的大把美钞吸引了他们,而叱咤风云的乔丹正是这些财富的缔造者。除阿伦之外,这届的天才球员包括洛杉矶的高中生科比·布莱恩特(Kobe Bryant),以及费城的阿伦·艾弗森(Allen Iverson)等人。在1996年的休赛期,老将们也都没闲着。市场上有将近200位自由球员等待着报价,球队们为了挑选球星,总计砸出了超过十亿美金的合同——事实上,正是因为乔丹在这项运动中的存在,才让这么巨额的数字成为可能。要说这一年自由市场上最引人注目的运作，非沙奎尔·奥尼尔从奥兰多跳槽到洛杉矶莫属了，他和湖人队签下了一份总额高达1.23亿美元的合同。

公牛队当年在拉斯维加斯的托马斯麦克中心打了一场季前赛，考虑到乔丹的过去和罗德曼的悲惨遭遇（杰克·黑利透露，罗德曼在最近几个月里十九次光顾那里的赌桌并输掉了堆积如山的现金），把季前赛选在这里还真是奇怪。不过别说，罗德曼那怪异的装束倒是完美地契合于拉斯维加斯这座荒诞不经的赌城。在这座名人们鱼龙混杂的城市中，这位乔丹身边的篮板手成了其中最耀眼的一个。那年夏天，他在纽约推销新书《我行我素》（Bad as I Wanna Be）时，愣是穿了一身婚纱把自己嫁了出去。

众所周知，NBA的季前赛就是一些令人提不起兴趣的各地巡演，联盟把这些比赛刻意设置在全球的一些战略地点——例如墨西哥、伦敦、日本——或是靠近哪个明星故乡或大学的偏僻球馆。从前公牛队还在北卡的教堂山举办过比赛。虽然后来接踵而至的痛苦让乔丹精疲力竭，无法比赛，然而，这次行程确确实实地让我们见识到了乔丹在鼎盛时期的影响力，很明显，他就是个完美的家伙。

作为总决赛的复盘，公牛队先要在季前赛和西雅图对战两局。其实，第一场比赛已经在阿尔布开克打完了。随后公牛队迅速乘着专机（这真是豪华配备）飞走，在零点刚过的时候到达了拉斯维加斯。米拉奇度假胜地的董事长史蒂夫·温，给罗德曼和乔丹提供了四千平方英尺的大别墅作为歇脚住处。与此同时，公牛队的其余人员都住进了宾馆的房间。杰克逊宣布取消了球队第二天的早练，好让乔丹尽情沉浸在自己的高尔夫世界里。

乔丹和克雷格·伊洛（Craig Ehlo）的对决成了周六晚公牛队与超音速队之战的一大看点。二人之间的缠斗充满了推搡和肉搏，乔丹甚至挥击了伊洛一下，这个动作并没有被裁判看到，但也可能是裁判们选择性忽略了这次犯规。乔丹后来大笑着回应："我和伊洛对位了好多好多次，"他说，"有时候他能逃脱判罚，有时候我能逃脱判罚。这可能是篮球比赛的美丽之处吧。我特别尊重他,在和他对抗时我也能激起最多的斗志。一直以来我都乐于在赛场上和他斗法,比比看谁是那个幸运儿。就是这么回事儿。"

由乔丹和兔八哥主演的动画新作《空中大灌篮》的首映礼,也在乔丹的行程之中。"我觉得这电影的票房表现会不错的,"他说,"但是我挺紧张的,这对我来说是全新的领域,而他们又在我身上投了那么多钱。希望我尽了责,并且已经发挥出力所能及的最好水平了。如果结果很好,那当然再好不过了,我可能会再拍一部。如果表现糟糕,那我肯定就清楚我的演艺生涯处于哪个层次了。嗯,我还是坚守在拍30秒广告的工作岗位上吧。"这部电影后来吸金4亿美元,大获成功。并且大卫·法尔克还催乔丹再拍一部,但是中间发生的一些事让他改变了主意。他那时拒绝了所有的商业邀请。

那天晚上,乔丹正要离开更衣室,一个捧着崭新篮球,手里握着黑色马克笔的小男孩儿忽然走进了他的视线,但他却低着头,害羞地一言不发。

乔丹挤出笑容看着这个孩子,"我给你签名会有报酬吗?"他一边将手伸向球和笔,一边对孩子说,"通常我签一个名要收七位数的钱。"

不知怎么,小男孩儿忽然开口说:"我……我只有5美元。"他带着期望的语气开出了自己的"报价"。

乔丹微笑了一下,回答说:"没问题。"他好像在连忙澄清刚才只是和他开了个玩笑。

可是当乔丹大笔一挥,在球上写下自己的签名时,他发现那支已经快没墨水的马克笔留下的痕迹斑驳不清。乔丹的眉头皱了起来。

"孩子,"他说,"你给了我一支坏笔呀。"

那个孩子的脸上迅速显现出了慌乱和怀疑的神情。他把手伸向口袋,又掏出了一大把签字笔。

"我还以为你刚才在掏钱呢。"乔丹一边说,一边笑了起来。

如果他真觉得这个小粉丝是在掏钱,倒也可以理解。因为近几年一直有大笔的美金源源不断地流进乔丹的钱包。单单在1995—1996一个赛季，乔丹的场外广告收入估计就超过了 4000 万美元。而在 1996—1997 赛季，随着他古龙水新产品线的上市（在前两个月就卖出了 150 万瓶）和《空中大灌篮》（创造了首周票房销售纪录）的上映，这个数字又再次猛涨。斯派克·李曾经在那个著名的耐克广告里称乔丹为"Money"（钱），现在看来，这个昵称用在他身上真是名副其实：乔丹等于美金。来自世界各地的球迷们花钱看他打球，花钱靠近他，穿他的鞋、球衣，喝他的佳得乐，在麦当劳吃他的薯条，买他的四角内裤，打他的高尔夫，读他写的书，珍藏他的球星卡。

可是，和乔丹为 NBA 创造的价值相比，他自己赚的那份钱就算小巫见大巫了（更别提他为北卡这个牌子带来了多少效益）。自 1984 年乔丹进入联盟之后，NBA 的全年收入整整翻了十倍，从当年不足一亿五千万的盈利，疯涨到 20 世纪 90 年代中期时骇人的二十多亿美元。

拉斯维加斯是个孤立于世界之外的城市，从这位世界上最有名的家伙和他的队友们在米拉奇赌场的冷遇就可见一斑。没有赌徒抽空理一下他们，乔丹和皮蓬在百家乐和 21 点的赌桌上待了很久，罗德曼则坚持玩儿着他的双骰子。他们一行人在那儿玩儿到凌晨三四点，然后迷迷糊糊地赶上了球队上午八点的飞机，在周日飞回了芝加哥。

菲尔·杰克逊在那个季前赛的紧张和焦虑是情有可原的。在平安无事的表象之下，他的球员们和管理层之间的矛盾、杰克逊自己和管理层之间的矛盾，已经暗暗升温。"这将会是一个完全不同的赛季，"周六晚上，菲尔在拉斯维加斯说，"我只是不知道该期盼些什么。我试着不去期待。让它顺其自然吧。这有关我们整个球队的状况，这个俱乐部的组成……能毁掉我们球队希望的人只有我们自己。"

再次启程

乔丹已经习惯了菲尔·杰克逊那套使他平静下来的方法，并能够配合他将它完成。禅师从来不想浇灭乔丹心里那团熊熊燃烧的火焰,只需要稍微调整一下火候,让它能安稳地烧到再次夺冠的那天。从泰克斯·温特的进攻体系,到乔治·穆福德的那套冥想和正念训练,乔丹已经懂得了这些东西的实用性。他现在也能和别人一样,坐在黑暗里,训练思索那些美好的念想。

"他是我们的'一代宗师',"当被问到教练奇怪的带队方法时,迈克尔·乔丹风趣地说,"他拥有那种渴望,那种禅的东西,以帮助我们前进。"

詹姆斯·爱德华兹曾经好奇地观察了杰克逊和乔丹之间的微妙关系。他下结论说,这是一段球员和教练之间完美的师徒关系:"菲尔知道迈克在想什么,迈克知道菲尔在想什么。他们就是这么亲密。"

他们都明白杰克逊口中所说的,球员与比赛之间存在的那种精神联系。乔丹相信并遵守那套"篮球禅"(禅师所著书名)的方法,他通过对待天赋较差的队友们的方式,向禅师展现着他对这一理念的尊崇。乔丹说:"我认为菲尔的确给了我一个机会,让我变得更加耐心,更能理解球队里那些配角球员,给他们更多进步的机会。"要知道,杰克逊一直想让乔丹不要再称队友们为他的"配角",但从未成功过。这个词语仿佛在透露,公牛队队内也不是一个完美的世界。随着赛季的进行,这个瑕疵随着队内积聚的紧张气氛愈发明显,它像一片不大不小的乌云,在1996—1997赛季的大部分时间都笼罩在公牛队的头顶。

虽然如此,在本赛季开局几周的日历上,依然写满了公牛队的连胜与乔丹的高分。为了缓解上个赛季拖累他的膝盖腱炎问题,乔丹在休赛期将体重从217磅减到了209磅。更加健美苗条的乔丹和他的队友们帮助公牛队豪取开局12连胜,其中就包括在公牛队以106∶100客胜迈阿密的比赛中乔丹的50分表演。他在那场比赛里还笑着和热火队主帅帕特·莱利斗起了嘴。公牛队当时刚刚从温哥华打完客场飞到迈阿密,他们在当地报纸上发现,热火队球员们正披露在去年被横扫的那个系列赛中,公牛队是如何不尊重他们的。

当乔丹在比赛里献上一次令人眼花缭乱的表演之后，场边的莱利玩笑似的喊他作"卑鄙小人"。"他是个充满斗志的家伙，"后来谈到莱利时，乔丹笑着说，"我也是。我知道我正处在职业生涯的末尾阶段。我应该享受我作为明星，或者享有成功的最后一段时间，这是我现在最大的前进动力。"

"我只想完成一次完美的赛季之旅。"他补充道。

他用五场比赛狂刷195分为自己庆祝了那年的感恩节。12月，乔丹在年轻的湖人队身上拿下30分，他身边的皮蓬得到了35分，库科奇也有31分进账，他证明了自己也能用影响力造福全队。从打湖人队那场比赛到2月中旬，乔丹在老朋友们的头上上演了一次次精彩的表演：打骑士队拿下45分，打尼克斯队拿下51分，在加里·佩顿的超音速队那儿拿下了45分，在丹佛高原拿到47分。

纽约教练杰夫·范甘迪手下有两位乔丹的好友：奥克利和尤因。范甘迪教练称乔丹为一个"骗子"，这可能也是后来乔丹在尼克斯队头顶怒砍赛季新高的51分的原因之一。范甘迪说："他先和他们做朋友，让他们卸下防备，觉得他是关心他们的。然后他就会走上场，拼命地去摧毁他们。一个球员最先要具备的能力就是看清乔丹的骗术，不要上当。"

"我为了胜利能付出任何代价，"乔丹后来说，他当时拿到了职业生涯中的第36次50+，"有时候就会出现那种一切都特别顺利，世界像是处于慢动作之中的感觉，我不会着急，我只是放松自己，然后自如地打球。"

"这可能是尼克斯队教练通过媒体攻击迈克尔的一个战略失误。我认为他只是走到场上和一个仇敌对战，算清旧账而已。"杰克逊说。

乔丹那天晚上先是用一记20英尺开外的后仰跳投确保了比赛的胜利，然后冲着范甘迪咆哮了几句。

"（我说了）一些准备好的话，"乔丹说，"我猜今晚我一个朋友也没交。"

乔丹后来补充了几句，他认为范甘迪所说的话太不合时宜了："我想他更多是想激励他的球员们。但我认为他们在场上也没把我当朋友。虽然我上场不是为了交朋友的，但当我走下场时，我也不会忘了场上发生的那些事儿。我们只是在打一场比赛,我不把它视为一场战争或是什么扯远了的东西。如果他觉得我利用了我和他球员之间的友情,好啊,随他怎么想。"

尽管收官不利,最后 4 场常规赛输了 3 场,但是公牛队仍以 69 胜 13 负的傲人战绩统治了整个赛季。这个战绩也平了 NBA 历史上第二好的成绩。乔丹凭借场均 29.6 分的成绩拿下了他第九个得分王头衔。他当年也第十一次被选入全明星阵容,并在克利夫兰完成了全明星历史上的首个三双。1997 年的全明星同样也是 NBA 的五十周年庆典,乔丹和皮蓬都入选了联盟评出的 50 大巨星名单。乔丹 11 月在圣安东尼奥拿到了他职业生涯的第 25 000 分。到了来年 4 月,他又超过奥斯卡·罗伯特森,成为了历史得分榜的第五名。

团 结

随着季后赛的临近,杰克逊又开始在队伍中强调培养真正的"团结"。故技重施,他将电影《天才也疯狂》(What About Bob?)的片段分割剪进了球队录像之中。这个电影讲的是由比尔·穆雷(Bill Murray)饰演的古怪精神病人和一位心理医生之间的故事,病人找到医生的度假地想要和他们一家住在一起,而自私自利的医生则一味要把病人赶出他们的生活。很明显,影片中不讨人喜欢的自私医生就是克劳斯。"每次他使用比赛录像的时候,他总把一些电影的片段放进去。"公牛队中锋比尔·温宁顿说,"总的说来,我们把那个电影看完了。他在暗示我们要团结一心,不积跬步,难至千里。如果我们到最后还能团结在一起,作为一个球队共同努力,我们就不会像影片里那样把自己搞疯。"

杰克逊还将老电视剧《活宝三人组》(The Three Stooges)的片段插入其中。

"泰克斯喜欢在我们晨练集合的时候大展歌喉,"比尔·温宁顿说,"他喜欢唱歌。'到了要团结的时候!团结!团结!到了我们要团结的时候!再次团结！'这首歌就是出自《活宝三人组》，当摩尔（Moe）误吞了一支口琴，他们拿口琴开他玩笑时，他们演奏的就是这首歌。温特的这一举动也算是给我们的信息，我们应该做一支紧紧抱成团的队伍。"

这个"团结"的主题也在乔丹、杰克逊和罗德曼的头顶盘旋着。他们三个都身背一年期的合同，他们会回来再为公牛队打一个赛季吗？芝加哥的媒体从未停止过对他们去向的猜测，这团不确定的迷雾也扰乱了球队平静的心态。

这个"团结"的主题，可能最重要的是给乔丹潜移默化的暗示，提醒他不要再用怒火和批评打压他的队友。不用说，乔丹、皮蓬和哈珀三人已然亲密无间，罗德曼则是个生活在自己世界里的家伙，库科奇也是，因为他或多或少会被这里的文化环境所孤立。辛普金斯、卡菲和布朗一起消磨了不少场下时光。亚利桑那大学"出品"的两名球员布奇勒和科尔，在场下也经常玩在一块，有时候澳大利亚人郎利和加拿大人温宁顿也会加入他们哥俩儿的行列。

华盛顿子弹队输掉了首轮系列赛的首场比赛，但在第二场却猛打猛攻，取得了比赛的领先，菲尔·杰克逊强调的那套有关"团结"的理念似乎在联合中心满脸疑惑的观众面前已经不复存在了。尽管乔丹拿下了26分，华盛顿仍以65：58的比分领先结束半场比赛。满脸怒容的乔丹回到更衣室，出现在了杰克逊和队友们的面前。"迈克尔半场的时候很是失落，菲尔自然也不会高兴，"史蒂夫·科尔告诉我们，"但是除了态度之外，其他也没什么可调整的了。迈克尔只是稍微抬高嗓门，告诉我们，我们必须打得更好些。"

乔丹的发挥加上他们陷阱密布的防守帮助公牛队在第三节打出了16：2的小高潮，让沉睡的主场观众苏醒了过来。防守是个依靠全队的工作，但是在进攻端，公牛队似乎只能依赖乔丹独自一个又一个的跳投。暂停时的乔丹会坐在板凳上一动不动，肩上披着白毛巾，头低垂着，为之后的比赛保存体力。当比赛还剩5分钟时，他运球得分，帮助芝加哥取得了3分的优势。没过多久，球又到了乔丹的手里，他朝着禁区启动加速，一个投篮假动作晃起了对面整支球队，待到他们落回地球表面，乔丹再从容起跳，投篮得分。下一个回合，他又在右侧底线命中了一个几乎不可能完成的高难度投篮，将领先优势扩大到 7 分，他今天晚上的个人得分也达到了 49 分。

子弹队在比赛还剩 1 分钟时将比分缩小为 103：100，乔丹立即用又一记跳投和一次打板予以回应。后面的那次打板入筐发生在比赛还剩 34 秒时，这一球把比分拉大到了 107：102。随后，乔丹用两记罚球告别他的 55 分之夜（职业生涯在季后赛的第八次 50+），公牛队也以 109：104 击败子弹队，将大比分改写为 2：0。

郎利后来补充说，34 岁的乔丹能打出如此状态实在是吓人，因为在这个年纪，他仍能一边得分一边保证高强度的防守，并且保持整整 44 分钟。"他通过这样的比赛来证明他到底是谁，"郎利说，"我是说这种会让你很惊讶的表现。令我惊讶的地方在于每年这种比赛出现的频率。也许他今年只有三场或者四场 50+ 的比赛，但是那种 30 多分、40 多分的表现他几乎每天晚上都能做到。他 34 岁了，还可以硬碰硬地打球，完成他每天晚上（比赛时）应当做的那些事儿，这才是我的惊讶之处。"

随着第三场的胜利，公牛队正式跨过了华盛顿这道坎儿。他们旋即把矛头转向了可怜的亚特兰大老鹰队，最终以 4：1 的大比分轻松擒鹰。尽管芝加哥势头强劲，教练组依然担心乔丹是否在进攻中承担了太多的责任，就好像他不得不挑起全队的重担一样。"迈克尔最近的投篮并不好，"温特承认说，"他在整个系列赛里投篮都不怎么好。尽管事实上他每晚要出手 25 次或者 27 次，他的命中率并不高，这就会成为我们进攻端的负担。如果他不能把命中率提高上去，那他就不应该再出手那么多次。菲尔劝诫他不要强求，不要试着去做太多事，多试着转移球。迈克自己也知道这个问题，他是个聪明的球员，但是他竞争心太强了，他体内的自信爆棚，让他控制住自己不是件易事。他是我共事过的最毫无顾忌的球员，这是他之所以成为伟大球星的原因之一。他没有自愧之心。"

在老鹰队与公牛队系列赛第五局比赛开始刚刚三分钟时,乔丹就因暴扣迪肯贝·穆托姆博之后冲他摇手指而被吹了技术犯规。但这根本挡不住公牛队的胜势,他们在这场比赛里取胜并将亚特兰大扫地出局,也在九个赛季里第七次打入东部决赛。被各方看好成为他们的东决对手的纽约尼克斯队没有如约而至,取而代之的是帕特·莱利的热火队。杰克逊可对这个对手没什么好感,在1996赛季末段公牛队一次负于热火队的比赛之后,禅师对所有球员说:"永远不要再输给那个家伙了。"

芝加哥不费吹灰之力地赢下了三场比赛,对乔丹来说,他可以借此良机在迈阿密轻松地打会儿高尔夫了。公牛队的跟队摄影师比尔·史密斯随他走进场地,给坐在球车上的乔丹拍了张照片。"比尔·史密斯,别挡道!"乔丹边说边加大了球车的油门,比尔大笑着跳开了。

第二天,乔丹就为自己在高尔夫球场上的欢愉付出了代价。他在第四战中,只命中了前22次出手中的两球。那时效力于热火队的埃迪·平克尼对此情此景印象十分深刻。

"那是我职业生涯的最后一年,当时公牛队马上就要淘汰我们了。"平克尼回忆说,"他们已经为赛后的庆祝订好了餐馆。帕特·莱利听闻了这个消息并转达给了我们,他说他很失望。于是我们走上场,把比分优势扩大到大概15或20分,然后菲尔·杰克逊就把他们全换下去了。似乎他们的失败已成定局。可是,沃什·莱纳德(Voshon Lenard,一名热火队后卫)打算去和迈克尔·乔丹谈一谈,他去跟乔丹说我们接下来将如何在芝加哥痛虐他们。后来乔丹就回到了比赛中,开始不停地得分,他会发出声嘶力竭的怒吼:'你们这群家伙是不会再赢一场比赛的!'他几乎是在尖叫'混蛋们!你们之后一场也赢不了了!'他被惹毛了。"

当公牛队发现剩下的时间越来越少,球队还落后21分时,他们放弃了整个赛季都运行得很好的三角进攻,转而把球交给乔丹,让他开启个人的进攻模式。他在第三节末尾推动公牛队打出了一波22∶5的高潮,将比分追近到61∶57。但热火队也不甘示弱,他们在第四节一开始就进入状态,再次将分差拉大到72∶60。接下来,乔丹为公牛队连续砍下了18分。在比赛还剩2分19秒时,公牛和热火仅有一分之差。但随着热火队最后的六记罚球全部命中,胜利的天平最终倒向了迈阿密,无力回天的乔丹只得吞下一场败仗。

"那是我最喜欢的迈克尔的比赛之一,"史蒂夫·科尔在2012年回忆说,"因为你可以看看那场比赛的数据单,他带着22中2的投篮数据进入第四节,并且之前还投出了几记空气球。很明显,前一天他和艾哈迈德打的那些高尔夫肯定影响了他的状态。但是到第四节,他就发疯了。他会冲着热火队的板凳席吼叫,那是我所见过的对自信心的最完美展示,没有之一。我的意思是,当你身处季后赛,面对着一支伟大的防守球队,你投丢了很多球,比赛已经打完了三节,已经22投2中的你会做出怎样的改变呢?如果乔丹收到了这个问题,那么他一定能给你写出最标准的答案。他仍然依照老样子在场上干着自己的工作,等到感觉来了,他就能跟着感觉走到底。"

那些目睹了乔丹所作所为的人应该忘不掉这场比赛中乔丹的表演。他在第四节拿到了公牛所有23分里的20分。"当他找回了投篮的手感,接下来的出手就会进,进,进,进,进,"蒂姆·哈达威(Tim Hardaway)说,"他是个得分手,他就是那个得分狂。"

当被问起状态奇差无比的上半场表现是怎么回事时,乔丹怒视着记者说:"我们不关心那事儿。"

"然后我们要回芝加哥去,在那儿我们被逼得甚至连球都发不出来。"平克尼大笑了一声,回忆道。乔丹在第五战的首节比赛拿下15分,帮助公牛队取得33∶19的领先,而这场比赛的结局,自然也毫无悬念。

"他们是自那支13年(1957—1969)11冠的凯尔特人队以来最伟大的球队,"莱利后来对记者们说,"我认为在迈克尔退役之前,谁都别想再拿冠军了。有时候你能组建起一支王者之师,但是你却连一座冠军奖杯也碰不到。哎,只是因为生不逢时的你,身边总有一个对奥布莱恩杯虎视眈眈的迈克尔·乔丹啊。"

休斯敦与犹他此时正在西部决赛激战正酣。乔丹承认说他更想与火箭队在总决赛碰面。回望 1984 年选秀大会，奥拉朱旺当时就在他之前被火箭选中，并且随后两次率队赢下总冠军。如果火箭是一柄削铁如泥的宝剑，那大梦奥拉朱旺就是铸其筋骨的铁血工匠，现在宝剑上又多了颗耀眼的明珠，这明珠便是投奔休斯敦的前锋查尔斯·巴克利。而那边的犹他，其实也能激起乔丹足够的斗志。即便乔丹本赛季以 29.6 分领跑得分榜，但爵士队前锋卡尔·马龙当选本赛季 MVP 也已是板上钉钉的事儿了。乔丹被选入了本赛季的第一阵容，并和皮蓬一道被选入了最佳防守阵容，马龙也凭借联盟第二的场均得分连续第九年被选入第一阵容。明眼人都能看出来，最有价值球员奖这次被授予马龙，多半是出于对他整个职业生涯的褒奖与鼓励，这条潜规则在其他 MVP 选举中也经常出现。然而乔丹的球迷们会对此事不依不饶好久，他们认为联盟又从迈克这里偷走了一座 MVP 奖杯。帕特·莱利则对西部决赛谁胜谁负不太在意，他说："我认为无论对手是谁，芝加哥都能取胜。"

犹他的约翰·斯托克顿在西部决赛的第六场以一记绝命三分终结了这个系列赛，将爵士队送上了总决赛的舞台。这是他们建队近 30 年里的首次总决赛之旅。斯托克顿、马龙和犹他的众将士在联合中心将总决赛的第一场打得风生水起，当比赛还剩不到 1 分钟时，爵士队以 82∶81 领先公牛队。此时乔丹伴着全场观众"MVP"的呼喊声站上了罚球线，他第一罚稳稳命中，将比分扳平，却在第二罚意外失手，全场顿时安静了下来。接着马龙又得到了两次罚球的机会，皮蓬走到马龙身边，在他耳旁轻声低语道："邮差周日不上班。"（"邮差"是马龙的绰号，而比赛那天刚好是周日，此话目的是让马龙分心。）马龙在一片噪声中两罚全失，公牛队控制了篮板球，此时比赛还剩 7.5 秒。出人意料的是，犹他在最后一回合并未选择包夹乔丹。随着篮网"唰"的一声脆响，2.1 万名观众同时激动地跳了起来。命中绝杀的乔丹本场比赛 27 投 13 中，拿下了 31 分。

总决赛第二场则是一局一边倒的比赛。乔丹的38分，13个篮板和9次助攻直接摧毁了对手。如果皮蓬没在比赛末段错失那记上篮，给他传球的乔丹本可以完成一次三双的表演。

回到盐湖城的主场，虽然皮蓬用7记三分平了总决赛的历史纪录，但爵士依旧不留情面地取得了第三战的胜利。当时的媒体和球迷们还不知道，接下来总决赛的第四战，将因为芝加哥教练组的一次严重失误而改变走向，那次犯错也成了公牛队本赛季最令人失望的一幕。

在前45分钟里，芝加哥的进攻磕磕绊绊，不温不火，但他们的防守却依旧严丝合缝，密不透风。总而言之，他们的表现配得上一场胜利。当比赛还剩2分38秒时，他们拥有71：66的比分优势，公牛队似乎已经把半个胜利收入囊中，马上就要将大比分改写为3：1。但是就在此时，公牛队全队却一反常态地打出了不该有的表现，而对面的约翰·斯托克顿则通过一次次进攻接管了比赛。事后人们才知道，一位公牛队的助理教练误将球员们所喝的运动饮料"佳得乐"（Gatorade）更换成了"佳得洛"（Gatorlode），而后者是一种为饮用者在高负荷运动之后补充大量碳水化合物的饮料。训练师奇普·谢弗形容喝下那种饮料后的感觉："那就像吃了几个烤土豆一样。"在比赛的紧要关头，芝加哥的球员们忽然都称自己胃部出现了痉挛，就连乔丹也申请要下场休息一段时间。要知道，他从来没在比赛的最后关头提出过这样的要求。

斯托克顿用一记25英尺开外的三分球将比分反超，随后忍着腹痛回到场上的乔丹也轻取三分还以颜色。在下一个回合中，犹他的杰夫·霍纳塞克（Jeff Hornacek）投失了一个抛投，这让比赛的主动权重新回到公牛队手中。但形如鬼魅的斯托克顿在弧顶将乔丹手中的篮球盗走，一溜烟跑到了前场。乔丹的反应惊呆了爵士队的老教练杰里·斯隆，他拼命地回防，追着斯托克顿跑到了篮下并试图封盖。可惜的是，裁判吹了乔丹的防守犯规。

爵士队由此再次以74：73反超一分。在比赛还有17秒结束时，芝加

哥人在马龙身上犯规,这一幕让人不禁想起第一战中那次"邮差周日不上班"的故事。他的第一记罚球在篮圈上滚了几下,随后掉了进去,而第二罚也顺风顺水地应声入筐,现在爵士以 76∶73 领先公牛 3 分。已经用尽暂停的公牛队只能孤注一掷,随着乔丹的抢投三分弹框而出,爵士队最后用一记灌篮将终场比分定格为 78∶73。纵观联盟历史,也只有一场比赛的总得分要低于这场公牛队和爵士队的防守大战。本轮系列赛的大比分现在变成了 2∶2。

流　感

乔丹的命中率从总决赛前两场的 51% 骤降到了现在的 40%。接下来,他又将迎来那场伟大的"流感之战"。在这场经典比赛打完数年之后,人们对这个故事的讨论仍停留在乔丹"流感"的真相上。据说在比赛夜之前,乔丹在犹他的一座山上城堡中放纵地抽雪茄,喝红酒,和友人们打牌到深夜。第二天,官方的说法是他受到了"流感病毒"的侵袭。

"我当时负责那场比赛,"NBA 的前现场评论员马特·古卡斯回忆说,他曾经与马夫·艾伯特一起工作:"马夫做现场报道做得很棒。他有一种能感知比赛看点的能力。在那场比赛开始前,我想:'这算多大点儿事?迈克尔无论何时都能打出伟大的比赛。'但是马夫就感觉这场比赛会成为球迷们难以忘怀的经典时刻。另一件事就是,当时有一些怀疑论者对迈克尔出问题的真正原因另有解释。表面上看,我们只觉得他患了流感,然后扛着病体出战,完成比赛。但根据一些流言与小道消息,他可能是在山上罗伯特·雷德福德(Robert Redford)的小木屋里打了一整夜的扑克,聚会玩得太累了。"

ESPN 的评论员杰伦·罗斯(Jalen Rose)也在 2012 年流出的一段网络视频中透露了同样的信息。他说那次流感之战只是一次宿醉之后的比赛而已。拖垮乔丹身体的东西究竟是流感,还是所谓的"密尔沃基流感",

这个悬案将被封存在围绕乔丹的诸多谜团当中。但有一点我们很清楚，乔丹在其整个职业生涯中，一直保持着睡得少、打得多的生活习惯。其实乔丹生病的原因不是重点，他在球场上的表现才是关键。随着第五战的临近，芝加哥人焦虑不安的感觉就像犹他三叶杨峡谷里的雷声一样，轰轰隆隆地震颤着他们的内心。乔丹缺席上午的投篮训练算是对他队友们的第一击。他病重到参加不了训练了？乔丹缺席关键的训练赛？这从未发生过。

"这有点儿吓人，"公牛队的替补前锋贾森·卡菲在比赛之前坐在更衣室里，眼睛瞪得大大的，他说："当情况如此时，你不知道发生了什么事儿。"在离卡菲几英尺远的地方，乔丹正静静地躺在黑暗的训练室中。与此类似的情形，只有那些乔丹的老球迷们才见到过，但那是在他还是一名高中生的时候。

"迈克尔生病了？"一位记者问道，"那他会拿下40分吧。"

尽管人们都知道乔丹最会创造戏剧性的效果，可是这次状况可绝对不是演出来的。"我和迈克尔一起奋战了很多个赛季，我从来没见他病成这样过，"皮蓬后来说，"我那时甚至不知道他本场能否披挂上阵。他是最伟大的球员，我心中的MVP非他莫属。"

场上的乔丹一度看起来像是打了针肾上腺素，他拿下了芝加哥开场的前四分。可随后，虚弱的乔丹发现自己仍然力不从心，只能在场上蹒跚徘徊。爵士队用一波进攻狂潮在第二节开始没多久时将领先优势扩大到了16分，34∶18。此时乔丹又站了出来，他重新将目光的焦点锁定在篮筐之上，开始用突破内线来解决问题。他得到6分，帮助公牛队打出了19∶6的高潮，将分差缩小为39∶42。

马龙提早领到了他本场比赛的第三次犯规，他的早早下场成了公牛队的反扑良机。乔丹的扎内线策略也在第二节创造了八次罚球机会，这让公牛队在该节取得了全场比赛的第一次领先，45∶44。第三节两队的节奏明显放缓，虽然马龙依然被犯规麻烦纠缠着，但是犹他在第三节结束时仍拥有5分的优势，并在第四节开始不久将其扩大到8分。

比赛打到此时,病魔已经不是乔丹的对手了。他迅速进入状态,一个回合接着一个回合地压迫着爵士队,手感火热的乔丹连续砍下了15分。在比赛还剩46秒时乔丹站上罚球线,此时公牛队落后一分。他命中了第一球,罚失了第二球,却在乱军之中抢到了宝贵的篮板。几秒之后,被包夹的皮蓬将球传给了处于弧顶位置的乔丹,他手起刀落,稳稳命中一记三分,这粒绝杀球让公牛队踏出了3∶2的大比分。终场哨响,乔丹站在犹他的篮下,将象征着胜利的双拳在空中高举。

"说到重要的胜利,我认为这场比赛能与之前我们在季后赛遇到过的所有重大胜利相媲美,特别是我们今天在上半场落后于对手,在下半场才追了回来。"菲尔·杰克逊说。

"我几乎要累昏过去了,"乔丹说,"我站到场上的时候,身体正处于一种脱水的状态,但赢下这场比赛对我来说意味着一切。我付出了巨大的努力,我也很高兴我们最终能够取胜。因为如果这场比赛输了,那对我们无疑是个天大的打击。我在半场结束的时候异常疲惫,异常虚弱。我对菲尔说,要不时换我下来,别把我一直搁在场上。但一种不知道从何而来的能量始终支撑着我,我太想要一场胜利了。"

乔丹最终27投13中,全场砍下38分。除此之外,他还拿下了7个篮板、5次助攻、3次抢断和1个盖帽。"他整天都瘫在床上,连站起来都要难受半天。他还会出现眩晕和其他诸如此类的不适症状。"杰克逊说,"我们都担心他到底能打多长时间,但是他说:'让我打下去吧。'于是他在场上留了40分钟。乔丹为此所做的坚持简直不可思议。"

皮蓬的防守表现和他在场上的组织调度同样也是公牛队的取胜之匙。他本场比赛贡献了17分,10个篮板和5次助攻。"迈克尔很伟大,我们都知道,"在三角洲中心球馆观看了本场比赛的查尔斯·巴克利说,"但我认为这场比赛的第二节是个关键点。犹他当时有机会一举击溃公牛队,但是他们并没有做到。他们失败的一个原因就是斯科蒂在芝加哥的顽抗中扮演了重要的角色。"

这个系列赛终于回到了芝加哥。在这座城市，乔丹又要给这整赛季的征程书写上一个好莱坞电影式的结尾。爵士队在第六战早早取得领先，并且一直手握优势，直到公牛队在最后时刻忽然大举施压。乔丹在这场比赛中贡献了39分，并且将稳固的防守贯彻到了比赛的最后一秒。但这一切与最后那记传给史蒂夫·科尔的助攻相比，就显得黯然失色了。在那之前，科尔还一直因为投失了那记本可以将第四战拖入加时的三分球而自责不已。"因为第四战的事情，史蒂夫总跟自己过不去。"乔丹后来解释说，"因为大家都知道他可能是联盟中最好的射手之一，并且他也有机会挽救球队于水火，所以他觉得自己让球队失望了，他把脸在枕头里埋了好几个小时，他很难受。"

"当菲尔最后画完战术时，球馆里的每一个人，包括电视机前面的每个球迷都知道绝杀会让我来投，"乔丹说，"我看着史蒂夫，对他说：'这是你的机会，因为我知道斯托克顿会来协防包夹我，然后我就会找到你。'接着他说：'给我球就好了。'"乔丹后来补充说，那是约翰·帕克森才会说的话。不负众望，科尔投中了那记绝杀，整座球馆再次陷入了癫狂的状态。芝加哥将第五冠收入囊中。

"在我看来，科尔在今天晚上抓住了展翅的机会，"乔丹说，"因为我对他有信心，我把篮球传给他，他投进了那记中投。我很高兴他成功地完成了自我救赎。因为如果他没投进，我觉得他整个夏天都不会睡好觉了。我为史蒂夫·科尔感到高兴。"

"最后当他把球传给我的时候，我投进了那一球。"科尔笑着回想起这段历史，他说，"我还一直记得的一件事就是，乔丹在那场比赛赛后接受采访时说：'嗯，史蒂夫·科尔证明了他的价值。'我那时候一直在想：我到现在才证明了我的价值？！等等，我们去年就赢得了总冠军。我也投中过一些关键球。我之前就为这支队伍做出了很多贡献。我怎么没发现，原来我之前一直没证明过我的价值，现在才算数？"

这就是乔丹口中的"配角"们的生活。

除乔丹以外,阵容里的其他球员大部分都表现得比较糟糕。但斯科蒂·皮蓬倒是在乔丹身边打得风生水起。乔丹是毋庸置疑的总决赛MVP,但皮蓬在这轮系列赛的精彩表现同样贯穿始终。乔丹说,他会将MVP奖杯留给自己,把那辆奖给MVP的轿车送给皮蓬。

"这车一定要送到他手里,"乔丹说,"因为他就像是我的弟弟一样,他也风风雨雨一路走来。我们每天一起训练,他和我一起,我们一道锻炼来保持身体健康,这样才能走到场上,为这支球队和这座城市贡献力量,只有保持健康,我们才能继续坐在冠军的位子上。"

在这次谈话中,乔丹变得愈发大胆,他甚至直接呼吁莱因斯多夫把这套阵容保留下来,争取在下赛季卫冕成功。对公众来说,这看起来像是乔丹心意的一次明白表示。但是对那些知道内情的人来说,这句话只会招致更多的麻烦。

第三十五章　大巴事件

当公牛队完成了系列赛在犹他的客场之旅之后，乔丹在球队大巴上曾经公开对杰里·克劳斯进行言语上的侮辱。虽然他最终率领公牛队拿下第五冠，但是这一行径，却给后来球队的解体埋下了祸根。在他回到篮球赛场之后，乔丹一直毫不掩饰对总经理的愤怒与不满。他因为感觉到皮蓬在克劳斯那里受到了不公正的待遇而甚为失望，并且乔丹认为约翰尼·巴赫，这位他钟爱的教练遭到解雇，克劳斯有着不可推卸的责任。即使杰克逊也曾试过劝说克劳斯不要坐球队大巴，离球队远一些，但这位总经理总会想方设法地去证明自己仍是球队的一员。可是他在大巴车上出现的唯一意义，就是成为乔丹的笑柄。到了当年的总决赛，乔丹在车上对克劳斯的讽刺变得愈发难听与刺耳。这算是乔丹的愤怒吗？他的霸凌天性现在是否有些失控？无论答案是什么，发生在1997年球队大巴上的冲突将成为之后一系列矛盾的导火索。

"很不幸，这件事以这样的方式爆发了，"吉姆·斯塔克说，"一切本不必发展成这个样子的。"

和众多公共交通上的冲突一样，酒精成为本次大巴事件的罪魁祸首之一。每次在客场取胜之后半个小时，乔丹和几个队友总会聚在一起，喝五六杯啤酒，再点燃几根雪茄，这在职业篮球领域算不得什么怪事。乔丹不是因为喝得酩酊大醉才开始招惹克劳斯，但他的确被酒精搞得有些头昏，以至于将肚子里那些刻薄的笑话毫无保留地说了出来。

多年来，乔丹已经习惯了靠在球队大巴的后排上，用他那连珠炮似的挖苦讽刺来攻击队友或者射程内的任意一个倒霉蛋。他有最喜欢的几个轰炸目标。他喜欢嘲讽库科奇的防守和他在1992年奥运会上的表现。设备经理约翰·里格曼诺夫斯基因为他的体重也常常中枪。据他自己回忆，他也曾想去回击乔丹，但是这事儿太难了。乔丹的幽默还是他控制球队的方式之一，里格曼诺夫斯基说："如果他认为某些家伙没尽责，或者打得非常糟，他就会说些什么。他会利用挖苦你来让你知道他的感受。"

在这件事发生数月之后，乔丹在被问到当时究竟发生了什么时，他回答说："我虽然不会太把玩笑当真，但我在对待这些事时还是足够认真的。我可以在嘲笑别人之前先嘲笑自己。这点很重要，我能嘲笑自己，但是之后我就会变得很狠了……"

尤其是在克劳斯身上，他的"狠"展露无遗，特别是当他们在犹他征战季后赛客场的那段时间。这种对立的态势之所以会产生，至少与克劳斯多年来一直就团队问题错误地批评乔丹有一定的关系。

"杰里·克劳斯！杰里·克劳斯！"乔丹在大巴车后座上喊着："嘿！杰里·克劳斯，我们钓鱼去吧！知道'ZJDG'是啥意思吗？我是让你'自己带杆'！别担心，如果我们一条鱼也没钓到，你可以自己把鱼饵吃掉！"

坐在大巴车后面的球员们常常会爆发出一阵大笑，而前面坐着的公牛队工作人员们则只能咬咬嘴唇。克劳斯是球队的副总裁和总经理，更不用提他还是这群人的老板了。从来不是乔丹骚扰对象的菲尔·杰克逊，坐在一旁，看起来好像被这一幕逗乐了。

"后面的那些家伙通常会先拿几杯啤酒，然后再开始对他的嘲讽。"一位公牛队的内部人员如是说。

"菲尔有时候会坐在那里一言不发，"另一位公牛队的职员说，"如果你是菲尔·杰克逊，你的顶头上司正在被一位球员言语攻击。至少你得说点儿什么吧。但是在这种情况出现时，菲尔通常不会为他挺身而出。这情景就像是一群初中生围在一起，组团欺负人。"

"我不知道如果菲尔回顾往事，他会选择怎么做，"奇普·谢弗说，"我估计,他可能不会转过去说:'迈克尔,你够了。'"

公牛队在通向冠军的路上连战连捷,这让克劳斯只能选择在沉默中忍气吞声。有时候冲他而来的炮火太过猛烈,他就会随便对一个身边的人说句:"北卡出品的那张嘴又开始唠叨个不停了。"

"就杰里而言,我想那可能是一种防御机制吧,"泰克斯·温特用这个词来解释克劳斯的沉默,"但是那些话没有太影响到他。我想他脸皮还是蛮厚的。"

"布拉德·塞拉斯(Brand Sellers),选中他可真是英明啊!"乔丹又从后面叫了起来。

当球队在犹他打总决赛客场的时候,乔丹对克劳斯又狠狠地开了一炮。当时球队的大巴正向他们在帕克城的住处开去。"因为我们要翻过一些山顶才能到达帕克城,所以我们的车速大概降低了25迈,"齐普·谢弗说:"这好像为车里停不下来的唇枪舌剑创造了一个好环境。"

"嘿,杰里·克劳斯,昨天你的大屁股没坐在这车上,当时比现在可开得快多啦!"乔丹在后座上叫喊着,接下来又是满车的笑声。

"克劳斯没有多少能回击迈克尔的话。他称他为'秃头'或者类似的蠢词儿,"一位公牛队的雇员说,"当这些家伙喝着啤酒,抽着雪茄,为一场胜利狂欢庆祝时,如果杰里对他们回击了几句话,那他是在自讨苦吃。他们会用更恶劣的话还以颜色。这就是他们的做事方式。"

"他们在一场比赛之后都会喝几杯啤酒,"谢弗说,"我不觉得他们里面谁有酗酒的问题,他们也喝佳得乐和佳得洛,他们也喜欢啤酒。取笑别人是一件很残忍的事情,十几岁的小孩儿在操场上被别人嘲笑,这很残忍;这事儿如果发生在成年人身上,其实也一样残忍。我曾经有被恶言相向然后尴尬地挤出笑容过吗?可能有过。但是我很确定的是,有一些话让我打心眼儿里希望他赶快把嘴闭上,别再烦克劳斯了。"

"那总是让人很不舒服的,"史蒂夫·科尔回忆说,"我记得有一次贾德·比希勒说:'你们能想象詹姆斯·沃西以同样的方式对待杰里·韦斯

特吗？'"

人人都知道乔丹喜欢去试炼队伍里的每个家伙，所以除了克劳斯之外，乔丹开火的靶子还有其他一些球员。但是在所有体育球队中，球员之间互相较劲、互相调侃已经成了他们生活的一部分。"我记得有一次，在另一班车上，"科尔回忆说，"迈克尔又开始在后面喋喋不休，而克劳斯坐在车的前排，那时候罗恩·哈珀有点儿想加入乔丹、和他一起讽刺总经理的意思，但是乔丹迅速制止了他：'不，不，你不能这么做。只有我才能这么干。'"

科尔认为，很明显，乔丹不想让事态发展到全队造反的地步。"他只是想去折磨克劳斯，他的确喜欢试探每个球员，但是（这件事）绝对不是试探。那是他自己真想折磨他，虽然我并不清楚那些怨恨从何而来。那真是令人尴尬。我不知道他为什么会强迫自己做出这些事，但是他的确这么干了。"

科尔回忆说，有些时候，乔丹说出的那些话完全就是在羞辱人。科尔说他从来没见过一个人如此对待另一个人，况且那个被讥讽的家伙还是"行凶者"的上司。

卢克·朗利承认说，虽然乔丹的挖苦能逗得全队哈哈大笑，但那一幕其实也让人挺不舒服的，特别是当你成为乔丹开火的对象时。"他们有时候会有点儿伤人，但是在大多数时候，他们都挺搞笑的。"朗利说，"他（乔丹）能毫无顾忌地开大家的玩笑。但是人们也可以拿玩笑回击他，他也会从容接受。这通常不是件残忍的事情。"

"我觉得他俩之间的紧张气氛一直都有，"比尔·温宁顿说，"无论出于什么理由，迈克尔总是会去调侃杰里。只要杰里在附近，乔丹就会把炮筒指向他，特别是在所有球员都在附近的那种场合下，迈克尔更会不留情面。大巴是个密闭的空间，所以你想出也出不去，你只能坐在那儿，逆来顺受。"

"他非常聪明，"齐普·谢弗这样形容乔丹，"你最不应该做的就是试图去还击他。如果你不予理睬，这事儿就会过去。可假设他开始嘲讽你，你头也不回地说：'光头，你跟谁说话呢？'那这事儿就闹大了。你最好还是笑一笑就过去，在心里默默祝愿他赶快把矛头转向别人吧。"

"迈克尔的能力让他有资格做那样的事情，"温宁顿说，"就他为球队所做的贡献而言，他是一位伟大的篮球运动员，同时也是我们队伍的领袖。球队领袖自然能调侃任何一个人。就像是图腾柱一样，他现在就是图腾柱最上面的那个人，在他下面的所有球员只能选择承受。你应该做的——至少我是这么做的——就是把自己变成有苦说不出的哑巴。如果你反过去调侃他，没人会跟你站在一边儿的。他们都会站在乔丹那边，因为大家都不想变成他的下一个目标。所以你如果敢回击他，你就等于在1对12。你最好还是选择吃两分钟的哑巴亏吧。"

"他会欺负任何一个人，"温宁顿补充说，"他会忽然有了想说笑的心情，然后随便对着一个人开始开火，就是这样。但是你必须小心着点儿，因为时不时会出现这样的情况，例如他在调侃一个家伙，你笑得有些过了头，他就会转过来对着你说：'现在轮到你了！'"

史蒂夫·科尔说，如果球队刚刚赢了球，乔丹的讽刺话就容易接受得多。但乔丹在球队失利之后同样也会有话要说。"不管输还是赢，他总会开大家的玩笑，"科尔当时说，"那些都是特别好玩儿的时刻，是我脑海里真正能保存下来的记忆。他会说一些极其好笑的话。我认为这些笑话的特别之处在于，它们仅仅是说给我们大巴上的人听的，只是这支球队里的人。那些都是属于我们的亲密时刻，因为无论如何，我们之前刚刚浴血奋战共同完成了一场比赛。这些家伙在大巴的后面一张开嘴就停不下来，那真是太有趣了。"

"迈克尔是个特别搞笑的喜剧演员，"后卫罗恩·哈珀评价乔丹，"他让所有人都保持轻松的状态。当我们都特别紧张时，当重要的比赛近在眼前时，他能让你特别、特别地放松。他能说出那种你绝对想不到的笑话，这是他的天赋。他常常从大巴车的后面开火，杰里·克劳斯也常常中枪。"

当被问起克劳斯是否能适应这种调侃时，哈珀笑了笑，回答说："他别

无选择，不是吗？"

"我认为杰里是个清楚迈克尔本性的人，"泰克斯·温特说，"他知道迈克尔骨子里就有喜欢挑战别人、轻视别人、责备别人的个性。我想他只是选择去接受这些东西。并且鉴于迈克尔是个如此伟大的篮球运动员，克劳斯也没有什么别的路可以选，他是最清楚这件事的。每个人都知道迈克尔是这支球队里的无价之宝。"除此之外，温特也相信，克劳斯在处理球队问题上的处境，会因为大巴车上遭受到的言语攻击而变得难上加难。那么乔丹如此对待克劳斯，他是否做过界了呢？"我猜他俩之间可能没有什么'界'，因为乔丹的频频过界早就把那条线踩平了。"温特说。他还认为，现在这种情况，明显是他们两人的"个性与自尊"所酿成的后果。

据另一位对队内关系有深入了解的公牛队内人士透露，克劳斯可能永远不会相信，菲尔·杰克逊曾经要求乔丹对总经理宽容一些。一位目击者告诉我们，当时乔丹回复禅师说他知道不该对克劳斯那么狠，"但是有些时候我就是控制不住自己。"乔丹说。

"我想他们谈过这样的话题，"温特说，"菲尔曾经对迈克尔说，他应该试着在球队里建立更高一些的权威，把杰里赋予他的权力利用上。我想在这点上，菲尔给乔丹提供了一些帮助。但是在另一方面，说实话，有时我觉得菲尔给予的帮助并不够。"温特说他曾经告诉杰克逊，作为主教练，他需要做出更多的努力来缓和球队的气氛。

"看起来，他说的话比以前多很多。迈克尔那时就是这样，"谈到乔丹退役后重返公牛队时的变化，杰克逊说，"他能更加真实地表达自己的感情，更加直率坦白。他会说出一些他之前从不提及的话。但是有一件事始终挡在那里，杰里会跟你说：'我是那个告诉他他不能再打球的人，迈克尔会因为那件事怨恨我一辈子。'"

季后赛结束之后，当乔丹被问起此事时，他说："相比十年前的自己，我现在更能用言语来表达我自己了。"

在公牛队拿下 1997 年总冠军的那个时刻，一位球队人员目睹了乔丹给克劳斯送去了一个大大的拥抱。"他把他一把抓过来并且拥抱了他，"那位雇员说，"那不是个为了应付场合而敷衍了事的拥抱，那是一次心与心的相拥。并且迈克尔也拥抱了克劳斯的妻子特尔玛，她对乔丹还以微笑。那感觉就像是一家人。"

接下来，在一夏天的冲突和谈判之后，所谓"心与心的相拥"已经成为永远的往事。实际上，他们俩之间连一次简单的拥抱都可能不会再有了。

绝　　唱

一如往常，对迈克尔·乔丹来说，篮球场才是那个让世界变得透明清晰的地方。在那里，人群的呼喊与内心的笃定将纷扰的世界与他隔离，球场上的所有事物都变得棱角分明、清晰可见。到了他篮球生涯的最后一季，一切更是如此。他在球场上做的每个决定即使不算完美，也一定是极其接近完美的。乔丹的比赛已经臻于化境，就连那些多年来一直在最近的距离看他投了那么多球的人，也会对乔丹现在的表现叹为观止。

伊赛亚·托马斯、道格·柯林斯和鲍勃·科斯塔斯在该赛季的一场比赛中担任解说员，他们三人一致认为，他们应该停止对场上的乔丹做出任何点评，因为他所做的所有事都是那么优秀、那么正确、那么精准，让人无话可说。有人曾经把一件事做得足够好，好到超越在职业生涯末期打出完美篮球的乔丹吗？我想答案可能是否定的。

这是公牛队应用泰克斯·温特的三角进攻体系的第七个年头。这套体系给球场上的他们带来了秩序，但是真正赋予球队进攻生命力的，仍是那个无所不能的乔丹。他甚至只需要简单走动一步，就能牵动对面整个防守阵容。可能除了温特自己，没人比乔丹更了解温特的进攻体系了。乔丹一直拥有特殊的运动感觉，那就是他阅读球场的本领。通过将秩序和规矩灌输到球队之中，那套进攻体系在一定程度上又完善了乔丹那洞悉全场的本领。他能找到防守的局限性所在，并能想出利用这些漏洞的方法，直到他

发现更佳的得分良机。

乔丹本身不需要这套体系,并常常选择自己单干,但是他也在另外千万个回合里,将这一战术用到了极致。乔丹最喜欢落在低位单打,而三角进攻的存在让对手很难选择去包夹他。所以在很多时候,你会看到乔丹只需要向底线那侧转身,远离包夹者的位置,就能马上找到一个出手的好位置。他有能力通过将球运向那些对手力所不能及,或者连想都想不到的地方,来创造出手环境。但是当乔丹选择那套进攻体系时,它能为乔丹带来大把的得分机会。在 35 岁这个年龄,乔丹仍是个不可思议的得分手。

"我曾教过他 3 年,"道格·柯林斯说,"而现在他打球的方式依然是那么不可思议。"

似乎连乔丹的对手们也急切地想知道,他接下来还会做出什么事情。再过五个冬夏,乔丹就要接近不惑之年,但现在的他依然拥有完美的状态。那个赛季,人们甚至不禁猜测,乔丹是否是一棵逆向生长的常青树。他减去的九磅体重在他返老还童的过程中功不可没。大部分其他球员都在和时光老人的较量中败下阵来,而乔丹似乎找到了时光老人管辖不到的荫翳之地。

"那个家伙体内有一个永不失效、永不停歇的发动机。"伊赛亚·托马斯惊讶地说。

与乔丹在球场上的优雅美丽形成鲜明对比的,是他和总经理二人之间的丑陋冲突。在乔丹在犹他的大巴上说出那番羞辱总经理的言论之后,克劳斯似乎已经受够了。虽然他之后否认说他没受到任何一句话的影响,但是他的所作所为却与他的言论相悖。对克劳斯出言不逊,是公牛队球员、教练与管理层之间关系恶化的众多原因之一。当他们赢下总冠军之后,乔丹在夺冠庆典上的讲话中向莱因斯多夫高声呼吁,希望他留下杰克逊和所有的球员,下赛季再战。这个做法冒犯了莱因斯多夫的权威,因为乔丹本应该老老实实坐在那里,等待球队主席慷慨地奉上一份合约,但他却试图利用讲话的机会来对管理层施压。

然而乔丹清楚，在那一刻，在场所有人的情绪都能轻易地为他所控，那将是最好的行动时机。他不打算退缩在后，让公牛队管理层里的那些家伙开一两场会就决定人员的去留。但是他这次为了重新集结团队再战一年而对莱因斯多夫发出的公开提议，将会为整个1997—1998赛季奠定下动荡反叛的基调。在那个赛季中，乔丹和杰克逊常常就某一事件在公众面前选定立场，而莱因斯多夫则在背后怒火中烧。

谈到乔丹的新合同，其实关于细节的协商已经不再复杂。所有人都知道他会续签一份一年期，总额超过3000万美元的合约。此外，杰克逊则一直就教练的价值问题和克劳斯僵持不下，因为克劳斯不愿承认教练们的薪水已经随着时代发展而不断上涨。在1997年的夏天，这两个人不断寻找着新的方法去惹恼，或者说羞辱对方。他们的争斗最终在7月克劳斯给杰克逊开出一份一年600万美元的合同时达到顶峰，当时这位球队副总裁强调说，无论发生什么，哪怕是公牛打出了"82胜0负"的战绩，这将"肯定"是杰克逊和公牛队的最后一份合同。

"很明显，杰里在那份新闻稿上犯了个错误，他有点儿感情用事，把自己的喜恶体现在了新闻稿上。"杰克逊后来说。

"我当然不是刻意要笑着说出那些话，"克劳斯承认，"有时候我会做错事。"

在宣布这一决定时，克劳斯并未明确指出是什么让杰克逊在一年之后非走不可。但是这位总经理和球队教练之间的关系明显已经崩塌。面对人见人爱的禅师，克劳斯硬生生地把自己放在了这位大红人的对立面上。他的这一声明也让乔丹在训练营开始时表示，如果杰克逊不会留下，那么他将选择退役。于是，克劳斯的日子更不好过了。

一夜之间，杰里·克劳斯惹上了地球上最受欢迎的两个家伙。"情况就是这样，"克劳斯说，"菲尔和我知道，我们都知道。"

这次声明是个错误的决定，并且它将在整个赛季里回响在芝加哥的上空，让公众对球队解体的担心和愤怒一天高过一天。这也把莱因斯多夫推到了风口浪尖之上。媒体和球迷们开始称他们为"两个杰里"，两个试图摧毁公牛队的坏蛋杰里。克劳斯被扣上了更高的帽子，人们认为他就是为拖垮公牛队而生的。

这座公牛队豪宅里已经满是刺鼻的煤气味儿，而真正把它点燃的那颗火星儿出自媒体日上克劳斯的一句话。通常来说，媒体日的作用就是让球员和教练们就下赛季的事情回答记者的问题。有时会插一腿的总经理克劳斯这次也不例外，他也参加了媒体日的活动。在作答一个问题时，克劳斯在回复中表示，球员们不能赢下冠军，球队才能赢下冠军。他后来抱怨媒体曲解了他的意思，他的原话是"单单靠球员"不能赢下冠军。

可能他的原话的确如此，但是当球迷的厌恶演变成憎恨的时候，这些细节已经不重要了。在和乔丹共事了十多年之后，克劳斯应该知道，一些看上去无伤大雅的东西也能使自己引火上身。只用了一句话，克劳斯就把自己变成了1998年的拉布拉德福德·史密斯①。

记者们后来将克劳斯的话转述给了菲尔·杰克逊，"他是会说出那种话的。"禅师不耐烦地说。

克劳斯引爆了舆论，但是公牛队真正的问题在皮蓬那里。杰里·莱因斯多夫摆出一副绝对不为皮蓬多出钱的架势。这个僵局也持续了下去，成了当赛季公牛队复杂的麻烦冲突中最难解的一个问题。"这很不幸，"在2012年回忆往事时，吉姆·斯塔克说，"我认为斯科蒂的合同是最大的问题，当时我们不愿给他支付与他的价值等额的薪水。我们面前的情况很棘手，斯科蒂一直没拿到过一份属于超级巨星的大合同，他当时背着的合约将在1998年夏天到期。很明显，斯科蒂想寻求一份多年长约，但当时的情况又让我们无法给出这份合同。

用一句话总结，那就是莱因斯多夫和他的合作伙伴们，在短时间内从公牛队身上赚了大把的美金之后，想方设法地拒绝给皮蓬开出联盟中与他

---

① 史密斯因于1993年在乔丹头顶砍下37分而出名。

同等水平的球星们所拿到的价钱，也就是大概年薪1500万美元。他们现在给皮蓬的薪水是一年300万美元，远低于他的价值。皮蓬是乔丹取得成功的关键副手，但莱因斯多夫却宁愿拿他去换更便宜的球员，也不愿用金钱把他留下。虽然那让莱因斯多夫最终赢下了这场谈判，但是以这样的态度去对待一支历史上最成功的球队，显然是极不公平的。以当时皮蓬所贡献的价值来算，他配得上一份总额在4500万左右的三年合约。莱因斯多夫现在每年要从钱包里掏出3000万大洋付给乔丹，而公牛队的薪资总额已是联盟最高，他必须要确保球队的支出平衡有序。你会发现，和克劳斯与莱因斯多夫的所有谈话最终都会指向一个主题，那就是他们将如何走出乔丹时代。换言之，他们在"如何离开"这点上纠结太多，以至于忽略了这支公牛队曾经带给他们的东西。

皮蓬已经习惯了公牛队给他的不公正待遇，在他看来，公牛队不愿付钱的意图很明显。皮蓬身上有伤，他本应在1997赛季结束之后马上接受手术。但是，在得知球队想要甩掉他之后，愤怒的皮蓬等到当年的夏末才做了手术。这意味着他将在下赛季开始的前几周无法上场。总在观察公牛队微妙细节的萨姆·史密斯发现，在这件事情上，乔丹对皮蓬也很生气。如果事实真是如此，那这股怒气一定是被同时期乔丹对克劳斯和莱因斯多夫的愤恨给冲淡了。

当时，杰克逊清楚克劳斯的一系列错误举动将成为莱因斯多夫的完美掩护。它让公众相信，当时公牛队内部矛盾的主题是乔丹和杰克逊与克劳斯的争斗，而莱因斯多夫拒绝支付皮蓬等额薪金这个更大的冲突，却成为背后涌动的暗流。考虑到季前球队中的乱象，似乎本赛季公牛队至少要在开局吃些苦头了，一切谜底都要等到赛季开始，乔丹展示自己真实实力的那一刻才能揭晓。在媒体日那天，乔丹没为记者们留出空来。但是第二天，乔丹在球队的第一次训练赛后，对前一天克劳斯的说法做出了回应，他告诉记者们："我的说法一如始终，从未改变。我要表达的就是这个意思，如果菲尔不在这儿了，我一定也不会留下。"

一位记者追问道,如果杰克逊下赛季去了另一支球队怎么办,乔丹会跟随他吗?

"不,"他说,"绝对不会。我会退出。'退出'可能不太准确,我会退役。"

围成一团的记者们继续向乔丹抛出一堆问题,包括接下来这个:

克劳斯的话会影响到球队在场上的表现吗?

"不会。除非杰里是个球员。"乔丹回复说,"但他不是。"

皮蓬延期的手术让乔丹的肩膀背负了巨大的压力。在过去的两年里,他一直用自己的方式把球队团结在一起。他相信,只要公牛队能继续夺冠,莱因斯多夫就不会允许克劳斯打散这支球队。现在皮蓬不在了,乔丹不得不独自挑起球队的重担。从某些角度来看,这份责任倒和他曾在少年棒球联盟里承担的责任有几分相似之处。当他打得好时,他的父母就会更开心。也许乔丹生命中的重要主题之一就与此有关,也许这次考验是他生命主题的一个缩影。

纯洁的心灵

公牛队在那年秋天的表现相当平庸,在11月仅取得了6胜5负的战绩。凭借乔丹49分的表演,他们通过和快船队的双加时苦战赢得了该赛季的第七场胜利。虽然还在养伤期,皮蓬依然随队奔走。在两场比赛之后的西雅图,他在球队上大巴之前喝醉了酒。皮蓬在大巴上言语攻击了克劳斯。当时人们马上猜测,本就不喜欢皮蓬的克劳斯,会以此为由,在2月的交易截止日到来之前把皮蓬卖出去。

由杰克逊和乔治·穆福德带来的正念训练旨在帮助乔丹专注当下的事情,而那个赛季场外的种种冲突则迫使乔丹提早拾起这个训练。他认为,如果本赛季将成为他的最后一次征程,那么他将保持专注,并享受比赛。在圣诞节前的那周,乔丹的表现已经将球队的战绩提升到了14胜9

负。洛杉矶湖人队在那周要做客芝加哥,这让乔丹有了一个熟悉科比·布莱恩特的机会,这位不满20岁的年轻人是刚被大家捧作"下一个乔丹"的新任人选。多年来,媒体已经以预言家的口吻捧出了一系列的年轻人,他们都被鼓吹为下一个统治级的巨星。候选人是如此之多,以至于这个岗位都有了自己的名字:"乔丹接班人"。早在20世纪90年代初,南加州大学的哈罗德·迈纳(Harold Miner)就不幸地被赋予了"小乔丹"(Baby Jordan)的美称,而且这个倒霉蛋自己还真信了;罗恩·哈珀甚至也曾是这个名单里的候选人,直到那次严重的膝伤改变了他的职业生涯,他恢复之后便不能再像从前那样飞天遁地;格兰特·希尔作为底特律活塞队在1994年的新秀,也曾活在"乔丹接班人"的标签之下,但随着时间的推移,人们发现他还是作"皮蓬接班人"更靠谱一点;杰里·斯塔克豪斯紧随其后,在1996年被媒体拖进了这趟浑水之中;1997年12月,这一次该轮到科比·布莱恩特了。

我们应该能注意到,为了给这群抢夺王座的年轻人好好上一课,乔丹每次都要在比赛里全神贯注、煞费苦心。然而,面前这个叫作科比的年轻人在很多层面上和自己是如此相像,乔丹甚至被他惊艳到了。和雷·阿伦一样,布莱恩特也看乔丹的录像看了好多年,并且已经在成为乔丹的路上行动起来了。在芝加哥的那晚,布莱恩特向世人展示了他所言非虚,特别是他在模仿乔丹的进攻技巧上,科比学得有模有样。

"他掌握了很多我的招式。"乔丹自己也承认。

湖人队后卫尼克·范埃克塞尔(Nick Van Exel)常常打趣说,这都要归功于他在1996年秋天借给科比的那盘乔丹集锦。那时的科比刚刚加入湖人队,还只是个刚刚毕业于劳尔梅里恩高中的18岁菜鸟。在与乔丹对战的那个夜晚,科比证明了他一定花了不少时间在那盘录像带上,因为他几乎把乔丹所有的技巧都记得滚瓜烂熟,甚至包括那著名的旋转虚晃式背身打法,乔丹常常利用这招,在一系列的假动作之后将对位者逼疯。

科比对位乔丹,会是什么样子呢?至少,这个问题暂时让人们把克劳斯、皮蓬、乔丹和杰克逊的那摊子破事儿放在了一旁。宝刀不老的迈克在第一节就帮助公牛队取得了很大的优势，这样的分差也为下半场乔丹/科比一对一的好戏创造了充足的机会。

"迈克尔很爱这种针尖对麦芒的感觉，"罗恩·哈珀在谈到这两名球星的较量时说，"（布莱恩特）是一名非常年轻，并有可能在未来登上王座的球员。但是我并不觉得迈克尔现在会把王座拱手让出。他仍想站到场上，向所有人证明他还是那个飞人乔丹。"

乔丹拿下了 36 分，科比也贡献了职业生涯新高的 33 分。这一晚，比赛集锦里充满了这两名球员的内线脚步、外线跳投，以及气势汹汹的漂亮扣篮。"我年轻的时候也有和他一样的活力，"乔丹后来告诉记者们，"能拿经验与智慧去对抗年轻人的身体素质，我感觉很兴奋，因为我在篮坛摸爬滚打了这么久的时间，当对位科比·布莱恩特这样的球员时，我仍可以撑得住。"

尽管乔丹迫切地想在和科比的单挑对决中分出胜负，但他依然努力压抑着这股子好斗的心。"铺天盖地的宣传让这次对决变成了一次挑战，"乔丹说，"但是避免被花哨的宣传所影响同样也是个挑战，我不能让比赛变成我和科比之间的一对一。这个念头在我的心里出现了好几次，但是我必须要克制自己，特别是当他在我头顶取分的时候，那时我的本能反应就是到球场的另一端，在他面前得分还以颜色。"

在受乔丹耳濡目染长大的这一代人里，科比脱颖而出，成为他最佳的模仿者之一，尽管他们两个的打法离完全一致还差得很远。"在防守端，我只需要去适应一个打法和我近似的球员就可以了，"乔丹解释说，"我会试着找出他的弱点，并加以利用。"

当他们在第四节针锋相对时，科比忽然拦住了这位芝加哥巨星，他要请教一个问题。"他向我询问有关背身技巧的问题，他问我：'你会把双腿分得很开吗？还是把双腿绷紧？'"乔丹说，"他的举动挺让我吃惊。当他问我问题时，我感觉自己变成了个老家伙。我对他说，在进攻端你要一直试图去感觉对方防守球员的位置。在转身跳投的背身动作中，我总会利用双腿去感觉对面的防守位置，这样我才能根据不同的情况做出不同的反应。"

乔丹补充说，他认为科比最大的挑战将是"如何利用他已知的经验，如何使用他已掌握的技巧，如何将这些东西实用在场上。这才是困难的地方，这需要不断地积累经验。这些都是拉里·伯德和魔术师曾经教给我的东西。毫无疑问，科比现在拥有统治一场比赛所需的篮球技巧"。

作为前 NBA 球员乔·布莱恩特（Joe Bryant）的儿子，科比·布莱恩特急切地想在乔丹面前展示自己。"迈克尔喜欢挑战，"他说，"他喜欢回应那些冲他而来的家伙们。但是在我长大的过程中，我父亲一直教导我，我绝对不能在任何人面前退缩，无论他是一名多么伟大的球员。如果他气势汹汹，你绝对不能畏首畏尾。你要挺直腰板站到场上，你要以眼还眼，以牙还牙。"

在乔丹见识到了科比的弹跳力后，他承认是有点儿被这家伙展示出的天赋吓到了，"我当时问斯科蒂·皮蓬：'我们曾经也能像他那样跳吗？我有点儿记不清了。'他说：'我想我们可以，但那是好久以前了，我也记不得是什么时候了。'那感觉就像是我变成了我曾经的对手，在他们的角度看我自己打球一样，"乔丹解释说，"他确确实实地展示出了他能在比赛的任何时候掀起风浪的能力。他拥有很多不同的打法，作为一个进攻球员，你要给对手展示出自己的进攻手段的多样性，这样防守者就永远猜不透你要干什么。"

"他是个非常有智慧的竞争者，"科比这样评价乔丹，"我发现他是个用脑子打球的人，他所考虑的事情大到比赛的整体战略，小到他在球场上使用的花招诡计。我不断地打量他，分析他，这样我也可以以同样的方式去打球。但是他做得比我要好，因为他这么打球已经有一阵子了。他十分聪明，十分讲究技巧。你无法自然而然地学到他那一套……"说到这儿，科比停顿了一下，他想了一会儿然后说，"但除了头脑以外，（乔丹）还拥有

与之匹配的篮球天赋,此所谓全才。"

尽管乔丹的公牛队依然被那些场外琐事所困扰,但他却并没有在破纪录的道路上停下自己的脚步。在12月9日战胜纽约之后,乔丹超越摩西·马龙(Moses Malone)(27409分)成为NBA历史得分榜的第三名。他在两周之前刚刚踏过了埃尔文·海耶斯(27313分)的纪录。能体现乔丹影响力的地方不止于此,12月15日那场迎战菲尼克斯的比赛是公牛队连续第500个球票售罄的场次。这是联盟里最长的售罄纪录,同时,这也是乔丹价值的最好体现。

无论他走到哪儿,人们都会问,如果杰克逊不能留在芝加哥,他是否真的要退役。"我只是一场一场地在打着比赛,"乔丹屡次三番地重复这句话,"发生什么就是什么,没人知道未来会是怎样。"

他在1月2日对上了雷·阿伦和他的雄鹿队,此役他22投15中,拿下44分。一周之后他又在麦迪逊,在尼克斯队头顶砍了44分,是啊,他从不给纽约留情面。乔丹在三周内完成了六场40+的比赛,其中就包括他在面对查尔斯·巴克利领衔的火箭队时交出的45分答卷。"如果他击败了你,他会告诉你的。"查尔斯·巴克利这样形容乔丹的垃圾话,"在你被打倒之后,他还要重重地踩你一脚。"

那年春天,人们向已经被乔丹的怒火浸染了三年的托尼·库科奇和卢克·郎利询问乔丹凶残的一面,大家想让他俩回忆一下当乔丹的"出气筒"是什么感觉。"他的批评会很难听,"郎利承认说,"但是他缓和了很多,当他渐渐了解我之后,他的态度也变好了。他知道不同的球员有着不同的忍耐程度。一开始的时候,真的很难接受。但是他现在更懂我了,知道我可以做什么,不可以做什么。我一点儿都不厌烦他严厉的这一面,因为这是球队氛围的一部分。"

库科奇则说,就算乔丹用一只袜子堵住他的嘴,他也不会在意的。"有时候,你在刚听到这些话时会很难接受,"这位克罗地亚前锋说,"它们不会总是悦耳动听的好话。"库科奇告诉我们,当乔丹发火时,他会等到他冷静下来，然后再跟他说他刚才可能做得有些过了。乔丹总会耐心地接受建议。"跟他谈论、商讨一些事情是完全没有问题的，"库科奇说，"我不会骂回去，我不是那种能板下脸来发火的人。我会等上个五到十分钟，接着再找机会和他谈谈。"然而，两位公牛队球员都承认，虽然乔丹的愤怒会被时间冲淡，但是他想要鞭策队友的心却未曾削减半分。

随着年龄的增长，乔丹本该把砍分这件事让给年轻人去做。但是乔丹仍在寻找着新的方式来延续自己的 40 分表演。那年春天他在西雅图和达拉斯送给了加里·佩顿和迈克尔·芬利（Michael Finley）各一份 40 分大礼。在乔丹度过 35 岁生日的那周，他又在纽约的全明星赛上杠上了科比·布莱恩特，并且赢得了这场对决。

2 月的交易截止日已然过去，术后复出的皮蓬并未被克劳斯送走，这头公牛也正向着他们的最后一次荣耀狂奔而去。在整个春天，公牛队无论在哪儿都能遇见为他们喝彩的人群。只要有乔丹在，所有场馆都能变成闪光灯的海洋，大家都拿着手中的相机想给飞人的最后一季拍照留念。虽然乔丹很早以前就能适应罚球时闪光灯的干扰了，但是现在铺天盖地的摄像头似乎让他遇到了新的问题。乔丹是将篮球运动向娱乐产业转变这一开拓进程的推动者之一，每晚都有数以万计的球迷将他奉为神明。还有数百甚至数千名粉丝会聚集在街上，站在场馆外面或者酒店外面的他们只是想一睹乔丹和他公牛队队友的真容，在他们乘坐的大巴外面欢呼叫好。更有数不清的球迷为篮球之神送上自己的贡品，他们寄来的卡片、书信、鲜花、礼物和邀请函多得连好几个储藏室都容纳不下。即便大多数球员在乔丹这个年纪已经出现了明显的退步，但乔丹在本赛季依然领跑联盟得分榜，场均得分超过 28 分。虽然他在最近的几个赛季已将跳投得分变成自己在进攻端的首选武器，但他时而也用几次漂亮的弹跳和身体控制显露峥嵘，吓一吓现场的观众，顺便提高一下比赛的收视率。乔丹在向世人展示，现在的自己仍能接管任意一场比赛，并且他告诉世人，在这些比他年轻的后辈之中，有能力与他抗衡，甚至过上两招的人都少之又少。

"乔丹能再打得更好吗?"长期跟队的公牛队摄影师比尔·史密斯在一场比赛之前这样问道,"这是1987年吗?他怎么能这样走了呢?这件事让我很难接受。"

"我们差不多已经被问了一两千次了,没人能真的说清计划到底是什么,"史蒂夫·科尔说,他觉得管理层的举措让他和他的队友们很为难,"在芝加哥,无论我们走到哪儿,人们都在问:'他们怎么会想要拆散这样一支球队呢?'坦白地讲,我们也不能给球迷一个确切的答案。"

在一次2月的犹他客场之旅中,克劳斯对《芝加哥论坛报》的专栏作家弗雷德·米切尔(Fred Michael)说,这肯定是杰克逊在公牛队的最后一个赛季了。这番话再次把克劳斯的名字捧上了各大媒体的头条,也使这个争论重新被搬回台面之上。《芝加哥论坛报》的特里·阿莫尔(Terry Armour)说,克劳斯犯了个巨大无比的错误。"当我们在犹他时,克劳斯说:'我们都很希望看到迈克尔能回来,但是如果迈克尔想让菲尔回来,那恐怕这事儿就办不成了。'在那趟客场之旅中,我们去的每个地方都有人问:'嘿,迈克尔,这是你的最后一年吗?'他会回答:'哦,是的,很可能。如果菲尔不回来,我也不会回来了。所以我一直把这个赛季当作我的最后一季。'我认为克劳斯总看到这句话,自己也受够了,于是他就说:'好吧,我现在就要硬气起来,对球迷们说,你们知道我们都想看到迈克留在球队,但他是因为菲尔才不留下的!'"

"我认为克劳斯只是想争得球队的控制权,"皮蓬说,"他想在没有迈克尔,没有菲尔,没有我的条件下赢一个总冠军。那样他就可以标榜自己是个伟大的总经理了。"

"为什么,"乔丹问,"你会把一个手握五枚冠军戒指的教练换掉?况且所有球员都如此尊敬他,他也清楚地知道他的球员们每天应该怎样努力,应该出现在什么位置。为什么?我认为这是个有关私人恩怨的事情,换教练和私人恩怨有很大的关系。至少肯定不可能和杰克逊的执教工作有关,不可能跟他对球员们的教导,不可能跟他赢得的尊重有关。作为一名教练，他的成功履历无可挑剔，我认为这点毋庸置疑。所以我觉得管理层做出这个决定在很大程度上是出于个人原因。"

2月，乔丹在全明星周末的全球媒体见面会上将管理层狠批了一番。随后，莱因斯多夫机智地给球队下了个禁令，禁止所有人在公开场合谈论此事。除了亲自把这件乱事讲清楚之外，这恐怕是他能做的最佳选择了。

"所有那些有关退役、下岗、换人的说法都言之尚早，"莱因斯多夫在球队发表的一份声明中说，"为了拿第六个总冠军，我们管理层把这位教练、这些球员在休赛期都请了回来。现在半个赛季刚过，季后赛还在前方，那才是所有人应该关注的东西。我只关注季后赛。我说完了。"

他们之间的争斗变得越来越低级。杰克逊承认，乔丹与克劳斯的不和还有其他原因。乔丹在每场比赛之前都要上趟厕所，这是他的生活规律之一。而似乎克劳斯也总在同一时间造访卫生间，飞人对此相当愤怒，他觉得自己的隐私遭到了侵犯。杰克逊这边也有窘事，据透露，他那年愚蠢地在寄给情人的内衣包裹上印错了标签，于是这件内衣被退回到了他的办公室，一位助手误以为这是要送给他妻子的，于是自作主张将它送到了杰克逊的家。后果可以想象，被赶出家门的禅师在芝加哥的一个宾馆里住了一整个赛季。

在这次危机当中，杰克逊的球员们都团结在他的周围，这让克劳斯不禁怀疑，禅师在利用这些支持来与他抗衡。"我可以很肯定地说，菲尔是一名深得人心的教练，"泰克斯·温特说，"很明显球员们都爱他。像迈克尔·乔丹这样的巨星都以那样的方式支持他的主教练，甚至都说出了禅师不留，我也不留这样的话，这种情况可不常见。他们之间有着相当美妙的关系。这证明了菲尔在和球员培养关系上做得多么出色。"

"杰里想成为这支球队里最有权势的人，他很难允许让乔丹做他自己，"杰克逊说，"迈克尔不想掌控权力，他想和球员们打成一片。但是遇到这样一个高高在上、颐指气使，总给他挖坑，背后做乱七八糟勾当的总经理，乔丹也很郁闷。事实就是这样。"

随着季后赛的临近，杰克逊的心里忽然掠过了一丝愧疚之情，因为他与克劳斯的冲突，竟要让乔丹的职业生涯提前结束。禅师说："如果说迈克尔·乔丹本不打算这么早退役，我们的冲突就是在把这位历史上最伟大的球星之一、这位英雄赶下台去。我认为这是整件事唯一的负面影响。我们限制了他的未来，我们让球迷们失去了欣赏这个以自己的方式和风格打球的巨星打球的机会，因为历史上从来没有人能在他这个年龄拥有他这样的巨星地位。在别的体育项目里，有在这个年纪还保持着乔丹那样的竞技状态的明星吗？我反正不认识。我们曾经对于'35岁球员'能力的认识，已经被迈克尔全部摧毁了。"

"所以那就是唯一的负面影响，"杰克逊总结说，"我和杰里·莱因斯多夫关系很好，我和杰里·克劳斯也都理解彼此。我和克劳斯的关系虽然不如以前那么好了，但是我们理解对方。我知道他心里有条他想走的路，他也明白我的日程上安排了我自己的事。"

虽然今后职业生涯的走向尚不明朗，场上的乔丹却依然保持着顶级的竞技水准。他的队友们都对他的敬业态度啧啧称奇，史蒂夫·科尔曾说："迈克尔拥有极高的职业素养，在他人生的各种角色里，'篮球运动员'这个角色永远排在第一位。迈克尔从不胡闹，他是来打球的。"乔丹在处理公共关系上的能力，其实和他的运动能力有的比。并且他也利用这个优势，来与一直想开除杰克逊的克劳斯抗衡。"他的那些广告让他变成了一个不折不扣的公关机器，"科尔如此评价乔丹，"很明显，他十分看重他的公共形象，具体来说，我认为那意味着他不想给大家留下一个妄图在公牛队篡权夺位的野心家的形象……他很有头脑。"

"我想就连后宫里的那些破事儿都没我们球队现在的事情多，"卢克·朗利说，"队伍里总在发生着什么事儿。丹尼斯总是自己干自己的，或者他又在外面惹了事儿。一会儿迈克尔要退役了，一会儿杰里又出来乱讲。我们在过去的三年里发生了诸多的对抗与争论，所以为了避免受到这些东西的干扰，我们做了不少的训练。"

3月，乔丹本赛季最后一次来到了麦迪逊广场花园。他穿上了一双早期的 Air Jordan 鞋，尽管鞋有些小，但这丝毫不能阻挡他在尼克斯队头顶砍下 42 分。好事成双，在常规赛的最后一天，杰夫·范甘迪的球队造访芝加哥，乔丹在主场又拿了 44 分。

在最后一场比赛之前的采访中，魔术师约翰逊这样称赞乔丹："我曾以为我自己是我所认识的最好胜的人，直到我遇见了迈克尔。"

"球员们不能拿下总冠军……"，不管这句话算是宣战书还是个简单声明，乔丹已经把它深深刻在心里了。为乔丹工作多年的蒂姆·哈勒姆用一句话简明扼要地描述了他心中的乔丹："那就是个坚韧不拔的王八蛋！"

第 六 感

再夺一冠，这变成了有希望阻止公牛解体的唯一一根救命稻草。所有在那个春天见过关键时刻的乔丹的人，都知道他绝对有能力把退役的日期再拖一年。如你所知，公牛队在总决赛再次遇上了犹他。虽然由拉里·伯德挂帅，雷吉·米勒（Reginald Wayne Miller）领衔的印第安纳步行者队差点儿阻止了两位老对手的重聚。爵士队在西部春风得意，一马当先，他们一直保持着高过公牛队的常规赛战绩。但他们却率先失足，在明尼苏达输掉了一场关键的客场比赛，这让夺取最佳战绩的机会落到了芝加哥的手里。然而，公牛队也不幸折戟。他们在克利夫兰败北，随后击败了奥兰多成为联盟里第一个 60 胜球队。但之后，来者不善的步行者队在联合中心硬桥硬马地和公牛队拼刺刀，并最终以 114∶105 轻松取胜。厄运连连的公牛队在这之后又从底特律悻悻而归，虽然他们在最后两场全部获胜，并取得了和犹他相同的 62 胜 20 负的成绩，但是在常规赛公牛队与爵士队的两次对阵中，公牛队都是输家。

雷吉·米勒在那年春天火力全开，帮助步行者队把东部决赛拖成了七场大战。芝加哥最终凭借着主场优势才勉强取胜。在 5 月 31 日击败印城

之后,公牛队周一在芝加哥训练了一天,随后便飞往犹他,前去和爵士队在总决赛"重温旧梦"。

犹他主教练杰里·斯隆继续用他的箴言鼓舞全队:"如果你每晚都能在场上全身心地投入其中,那么什么比赛都会变得相当简单。"马龙和斯托克顿就是这个道理的最佳代言人。这个控卫和大前锋的组合长久以来都是一台恐怖的挡拆机器,斯托克顿将成为联盟历史上的助攻王,马龙也将成为历史上第三个得分破三万的球员。爵士队每晚都无所不用其极地和对手作战,这支球队的球风也令人生厌。有不少人搬出各种理由来证明斯托克顿是个特别"脏"的球员,但是乔丹佩服他,也佩服马龙。他一直都渴望再次击败这两位对手就是最好的证明。但当他遇上爵士队的时候,这就不是什么注意力、意志力的问题了,因为这终将变成一场火星撞地球的较量。戴好安全帽,小心被他们误伤。

总决赛第一场,两支球队比分紧咬、互不相让,将比赛拖入了加时。但在加时赛中,斯托克顿杀进禁区,凭借在史蒂夫·科尔面前的一记右手高抛帮助爵士队奠定胜局,取得了1:0的大比分优势。杰克逊和他的教练组的应变能力一直是联盟中的翘楚,这次也不例外,他们为第二场比赛把三角进攻做了调整。禅师将三角进攻的范围拉大,在半场创造更多的空间,为切入者提供了更多轻松袭筐的机会。在第二局比赛的上半场,三角进攻取得了前所未有的成效。

"今天晚上三角进攻使我们受益良多,"贾德·比希勒说,"这是个旨在让所有人参与触球、传球和切入的进攻体系,并且今晚我们每个人都做到了这点,而不是每次都把球交给乔丹背身单打。在比赛的开局阶段,所有人都参与到了进攻之中,这为我们在比赛后期的表现提供了很大的帮助。"

"上半场比赛打得漂亮极了,"温特也对这个观点表示同意,"我们战术的执行力比以前好太多了,大家都在频繁地切入篮下。并且迈克也交出了球权,他给内切的球员喂了好多球。"但是,老教练毫不掩饰自己的失望之情,他说:"到了下半场,我们就放弃了这种打法,完全背离了它。我们的很多回合都是以一对一单打结束，迈克尔也在很多时候过于依靠个人能力。"温特还认为，如果公牛队将他们上半场的战略延续下去，他们也许会赢个十几分。但是乔丹觉得他曾在东决生死战上凭借突破和造犯规把步行者队淘汰，他也要把这套打法搬到总决赛的第二场来。可是裁判们的哨子却毫不领情，频频无功而返的乔丹，只能对着将球盗走后飞奔而去的爵士队快攻望洋兴叹。转瞬间，芝加哥七分的领先优势化为泡影，距比赛结束还有不到两分钟，爵士队以 86 : 85 领先一分。

"我不知道发生了什么，"温特后来一边摇头一边说，"迈克尔这个家伙，胸中的自信比天还要大。"

在比赛还剩 47.9 秒时，乔丹用一记上篮将公牛队拉了回来，他们以 88 : 86 领先。但随后不久，比分马上被扳成了 88 平。此时科尔在攻守转换中找到了一个空位三分的机会。"我投丢了那个球，但它正好弹回了我的手里，"科尔说，"真是幸运啊，球到我手里的一瞬间我就发现了内线的乔丹，然后我就将球塞给了他。"

乔丹将球命中，并且哨子也应声而响。他的加罚确保了公牛队的胜利，芝加哥最终以 93 : 88 在犹他取胜，虎口夺食，公牛队将主场优势抢回到了自己手中。

系列赛回到了芝加哥。在一次训练赛后，温特承认说，虽然他曾一度对公牛队不会解体还抱有希望，但他现在认为这无异于痴人说梦："我认为拆散这支球队并不算是什么可耻之事。我很遗憾有些事必须要发生，但是世界上没有一成不变的东西。并且这些改变发生的时间也正合时宜。"虽然听起来温特还有些犹豫，但他所说的话正是克劳斯一直强调的论点。温特曾经推测，公牛队很难在 1997 年赢下冠军。但现在时间已经过了一年，这支球队的手中还握有登顶联盟的机会。温特认为，如果公牛队再打一年，1999 年的他们将会因为远过巅峰期而达不到众人的期望。虽说乔丹仍能创造奇迹，但罗德曼看起来已经受够了，他变得越来越奇怪，皮蓬的背上也有伤，而且一些评论员认为他已然心灰意冷。杰克逊倒是个能不断赋予

球队生机与活力的教练,但温特说,只有莱因斯多夫一人能够打开禅师和克劳斯之间的死结。如你所见,这位球队主席在最后时刻的确做出了努力,但为时已晚的补救最终无法将破镜重圆。

"也许,如果我们当初能对这段关系有更清楚的认识,我们会过得更快乐一些。"杰克逊说。

在征战季后赛期间,禅师透露说,无论他和克劳斯之间关系如何不好,他们都会因共同感受公牛队成功的喜悦而站在一边。但杰克逊说他肯定不可能回归芝加哥了。他说他曾在1997年就试图把这事儿跟莱因斯多夫说清楚,因为他绝对不能忍受再和克劳斯共事下去。禅师这段话的意思是,莱因斯多夫必须在教练和总经理之间做出选择,二者只能留其一。莱因斯多夫很明显地偏向了他的总经理。但聪明的杰克逊是不会轻易堵住自己的后路的。

"如果这个决定最终涉及迈克退役还是不退役的问题,那我身上的责任就更重了,我要对他职业生涯是否延续负起责任,所以我必须要深思熟虑,"他说,"那些对我忠诚的人,我也一定要以同样的忠诚回报他们。我有那种信念。唯一能让我选择退出的动因是我在处理这些事时的身体状况和心理状况,也就是我自己幸福与否。"

回到主场,皮蓬、哈珀和乔丹用总决赛历史上的最大分差发出了公牛的最强音。这场比赛再次证明了公牛队拥有多么恐怖的统治力,证明了皮蓬是一名多么杰出的防守者。芝加哥的板凳球员们帮主力打完了这场比赛,最终的比分是96∶54。42分的差距是如此不可思议,在一架横跨美国的飞机上,一位在广播里听到比赛报道的爵士队球迷甚至又一次把电话打回去来确认比分真实与否。犹他主教练杰里·斯隆在拿到数据单时也表达了惊讶之情。"这真的是全场比分吗?"这位犹他的教练说,"我以为是196分呢,这场比赛看起来就像他们拿了196分一样。"

凭借这一场比赛,乔丹和他的公牛队狠狠地对克劳斯的重建计划做出了反击。他们证明了这支球队还不是很老,皮蓬也在球队中有着特殊的作用，不能说交易就交易。在一次讨论克劳斯和莱因斯多夫的计划将受到怎样的影响，芝加哥球迷们今后将如何看待他们二人的私人谈话中，杰克逊坦言："我甚至都有些同情他们。"

总决赛的第四场又回到了胶着的状态。真正给第四战一锤定音的，是罗德曼通常来说不太靠谱的罚球。他在最后时刻命中四记罚篮，加上全场比赛的14个篮板，帮助芝加哥以86：82取得了主场胜利，大比分现在变成了3：1。

第五战，沉溺在即将捧杯的喜悦中的公牛队吃到了提前庆祝的恶果。其实公正地说，这场比赛是斯托克顿和马龙硬生生夺回来的，他们也证明了自己的实力。第五战的比分最终定格在了83：81，犹他获胜。甚至冷静如乔丹，他也承认自己被夺冠的期望所影响了。"我真的没去预约高尔夫的开球时间，"他告诉记者们，"因为我猜我会因为喝了太多香槟，第二天早上起不来床。"他那天在场上26投仅9中，皮蓬则是16投2中。

马龙本场比赛豪取39分，但芝加哥在最后时刻仍然手握投制胜球的机会。这都要归功于库科奇13投11中拿下的30分。球权在比赛还剩1.1秒时回到了公牛队的手中，他们叫了个暂停。暂停期间，乔丹只是静静坐在那里，目视前方，感受着现在正在发生的一切状况。这是杰克逊和乔治·穆福德曾经教他做的事情，他们称之为"禅定一刻"。

几分钟之后，身体已经跌出边线的乔丹投失了那记绝杀。但这并不妨碍他对这一时刻的珍视。"我很确定人们都希望是我去投那最后一球，当然，除了犹他那些人。"他说，"只有1.1秒，所有人都在屏息凝神，这一幕还挺有趣的。没人知道会发生什么，我不知道，你不知道，看比赛的所有人都不知道。这就是那种时刻的有趣之处，而且我很喜欢这一刻。伟大的球员之所以能靠绝杀成功，从某些方面来讲是因为他们手中握有掌控球迷人生的遥控器，是进还是不进，是高兴还是悲伤，都由他们决定。这就是你人生的意义，这就是人们喜欢伟大时刻的原因所在。"

系列赛回到了犹他，爵士队在第六战中的比赛计划仍与之前的所有比

赛相同——"用实力说话"。他们早早地爆发了攻势并且夺取了比赛的控制权。与此同时,皮蓬遭遇了可怕的背部痉挛并回到更衣室,接受理疗师的治疗。医生在他的背上用力击打,试图将痉挛症状消除。据一位队内人士透露,当时克劳斯正站在房间的一角,惊恐地望向忍受着医生接二连三锤击的皮蓬。他默默忍受着背部的痛苦,因为他想快点儿恢复健康,回到场上帮助孤身作战的迈克尔·乔丹。

皮蓬最终返回到了比赛之中,这让总经理对他的意志力惊讶到哑口无言。

"我只是想坚持到底,"皮蓬说,"我觉得比起坐在更衣室里,我回到场上的意义会更大一些。我知道我可以在下半场重返比赛,但我只是不确定我还能为球队做出多少贡献。"

皮蓬最终还是找到了帮助乔丹的方法。而后者在本场比赛打出了飞人不可阻挡的杀手本色,乔丹全场掠下了 45 分,包括最后那记名留青史的急停跳投。

身体竖直,手臂高举,乔丹如塑像般一动不动地站在那儿,他要给全世界展示这一刻的自己。

他只是不想从这一刻中走出来。可谁会怪他呢?

他的最后一投让芝加哥最终捧杯,87:86。

"时间逐渐慢了下来,你会发现你能清楚地洞悉全场,"在解释那最后一投时,乔丹这样说,"你开始去猜测对面的防守下一步要做什么。然后我看到了机会,我看到了那个绝杀。"

斯托克顿在那之后投出了爵士队最后的一记三分,但面前哈珀的干扰让他功亏一篑。

乔丹和禅师在球场上紧紧相拥,这最后一次拥抱持续了好久,这对师徒今后将再也无法如此亲密。

乔丹在归乡的飞机上睡得平静而深沉,飞机上的人们则各有所思,他们也在猜测着各自的未来。杰克逊给出的答案是拒绝莱因斯多夫的留队邀请，离开联盟去和自己的摩托车做伴。在拿到奥布莱恩杯数天之后，公牛队的球员和教练们用一顿感触良多的私人晚宴向这一段难忘的经历作别。他们对彼此表达了心中的敬意和爱。到了分道扬镳的时刻，球场上的铁汉们竟也哭作一团。

杰克逊后来对《太阳时报》(Sun-Time)的里克·特兰德透露说，他当时有留下的可能。"我的确觉得是时候给自己放个假了，"他说，"但是，如果管理层对我说一句'留下吧，等到迈克尔不在了再走，等到他退役再走'，事情的结果可能就不一样。可他们从来没这么表述过。"

禅师说，在1996年的春天，他和托德·穆斯博格(Todd Musburger)给管理层提供了一份五年合约的报价提案，但是莱因斯多夫一口回绝。之后，他又将提案修改为一份期限两年、年薪大约300万美元的合同。结果又被莱因斯多夫拒绝了。

"我们有可能保持阵容完整，奔着总冠军至少再打一年的，"吉姆·斯塔克在2012年说，"但是大家合同的年限问题，以及菲尔把球队放到管理层的对立面给每个人感情上带来的伤害，让这支球队没能延续下去。当时，菲尔曾公开表示，如果西尔维斯特·史泰龙(Sylvester Stallone)拍一部电影就能赚千万美金，他无法想象每年打82场比赛的乔丹能值多少钱。他的确曾经在公众面前说了一些不合时宜的话。"

"我觉得，特别是莱因斯多夫，他已经受够了，"斯塔克补充道，"他们每年给菲尔那么多钱，我猜杰里·莱因斯多夫可受不了。还有杰里·克劳斯，他在完全被排挤在球队圈子之外的情况下，硬撑了那么多年。"

看起来，莱因斯多夫倒挺相信克劳斯能在球迷们失去耐心之前完成重建工作的。他承认，管理层在1997年曾想把皮蓬交易走，从而打散这支球队："我们考虑过放弃争第六冠的机会，直接开始重建。如果我们当时做了正确的选择，我们可能已经放弃了。"莱因斯多夫说，"我们想解散这支球队的原因在于，我们想把最后一冠和卷土重来之间的重建期缩到最短。"换句话说，他们想把乔丹时代和联合中心的下一出大戏之间的间隔缩到

最短。

"我们现在可供交易的筹码太少了,能做的重建工作十分有限,"莱因斯多夫后来补充说,"迈克尔对他离开以后(球队)会变成什么样子根本不关心。"

"从来就没发生过什么争权夺势的事儿,"这位球队主席说,"菲尔从来没提出过让克劳斯卸任的要求。这从未发生。菲尔也从来没对我说过他觉得球队已有楚河汉界之分。他的确说和杰里·克劳斯共事是件难事儿,但是他并没说那是不可能的,菲尔没说过这话。他只是承认他俩之间的关系很紧张。我当时问他:'事情有转机吗?你想再执教一个赛季吗?'他回答说:'不。'"

莱因斯多夫说他在回到芝加哥以后向杰克逊又问了一遍同样的问题。"夺冠之后,我们在周三的晚上举办了一个内部的聚会。我在菲尔旁边坐下,然后说:'如果你改变了心意,我们也很欢迎你回来。'"莱因斯多夫说,这个邀请不带有其他的条件,和乔丹回不回归无关。"菲尔说:'您还真是慷慨。'我对他说:'这不是慷不慷慨的事儿。这是你应得的。'他长叹了一口气然后说:'不,我得退出了。'"

莱因斯多夫还说,他曾向乔丹保证,如果他想继续打球的话,"钱(指的是他3600多万美元的一年合同)一定会到位的。"

虽然泰克斯·温特一直担心乔丹高涨的名望会影响他的比赛表现,但乔丹后来对此事做出了自己的解释:"我认为篮球比赛本身要比迈克尔·乔丹这个名字重要得多。没有许许多多的前辈们,也就没有我的今天。如果要列出几个名字的话:卡里姆·阿卜杜勒-贾巴尔、J博士、埃尔金·贝勒、杰里·韦斯特等等。在迈克尔·乔丹出生之前,他们就已经在联盟里打球了。我乔丹是步他们的后尘才进入了NBA的,而且是斯特恩先生和他对联盟发展所做的贡献,使我有机会在这么多球迷面前尽我所能。我努力去把比赛本身提高到新的境界,我努力去成为一个我能成为的最强篮球运动员。"

回首往事，史蒂夫·科尔想起了一段他最喜欢的关于乔丹与那支公牛队的记忆。那是在 1998 年常规赛将尽时，菲尔·杰克逊留给球员们的一项任务。

"菲尔为我们创造了这个美好的时刻，"科尔解释说，"那是常规赛的最后一天，他对我们说：'明天训练的时候，我希望你们每个人都能写几句有关你在这支球队里的经历的话，写什么都行。你可以写一首诗，可以给队友们写封信，也可以从哪首歌里选几句你觉得意义深刻的歌词。随意选择，但明天一定要记得带来。'有一半儿的球员把写的东西拿来了，另一半儿，包括我，忘记了这回事儿。但迈克尔属于前者，他写了一首有关这支球队的诗。"

这算是杰克逊多年辛苦的成功结晶。乔丹，这个在比赛里动不动就发火的急性子，这个举世闻名的球场混蛋，竟然写了一首诗。"我们都震惊了，"科尔回忆说，"后来，每个人都讲了话，无论是读出来的还是直接说的。菲尔在那年 6 月跟我说，是他的妻子给乔丹提出了写诗的建议，他也真的照做了。在所有人都说完之后，每个把话写出来的球员都被要求把纸扔进一个咖啡罐里，差不多像福爵咖啡罐那么大的罐子。等所有人都放完之后，禅师擦了根火柴，把咖啡罐里的东西全点着了。灯一熄，屋子里就只剩下了罐子中闪出的火光。这感觉就像，'你们刚才说的关于这支球队的所有记忆，都是我们之间的秘密，现在没人能看到了'。他虽然没有把这话说出来，但是这应该是他想表达的意思。这是我们的东西，现在它们都烧没了，它们只会存在于我们心里，别人永远都看不到。"

菲尔·杰克逊烧了乔丹的诗？！

"我知道，那东西现在价值连城，对不对？"科尔边笑边说，"迈克尔的诗写的是，这对你来说意味着什么？这段经历对你来说意味着什么？你从何处来？你又往何处去？这太酷了，在菲尔留给我们的所有震撼人心的时刻之中，那是迄今为止最震撼的一个。我永远不会忘记那一幕。我当时都哭了，很多球员都流下了眼泪。"

能作为乔丹的队友经历这些真的是人生幸事。虽然这条路艰苦而漫长,但绝对不乏乐趣与激情。你会经历登上顶峰的幸福时刻,而穿插在奋斗的每一天之中的,是乔丹不断给你带来的震撼和惊奇。

"这不单单和迈克有关,"科尔说,"我所享受的是那段经历。我们都清楚我们正活在一个特殊的时代之中,我们很幸运能成为其中的一员。世界上有很多球员和运动员们甚至肯用生命来换这样一个机会。我们实在是太幸运了,我们加入了这个团队,又一起经历了那么多,但现在一切就要结束了。我们知道这段经历是多么特殊。菲尔的天才之处在于他……他把这支队伍连接在了一起。他让我们交流,他让我们在很多方面都拧成了一股绳。并且,如果没有菲尔,这一切都不会成为可能。因为迈克尔仅凭自己是无法达成这样的成就的,他凌驾于我们所有人之上。他比我们这些家伙都要强,而且他还不像皮蓬,皮蓬起码是一个能流露情感,表达脆弱,让我们可以感同身受的球员。迈克是个不食人间烟火的神,'感同身受'这个词在他那里根本不适用。但是,菲尔却用很多方法把我们凝聚在了一起。"

人生流转,如江河滚滚而去,杰克逊帮助乔丹涉水前行,走完了圆满的一程。从少年棒球联盟里的小明星,到第二年因身体瘦弱甚至没机会入场比赛,那时的迈克尔·乔丹是个毫无安全感的中学生;后来的乔丹是永远待在球队里,坐在板凳深处孤独的黑人少年;再后来,那是一个被父亲放弃的迈克尔·乔丹,一个被生活逼得发愤图强的迈克尔·乔丹。他一遍又一遍,一晚又一晚地用无数种方法去向父亲证明,证明自己的价值,而且绝不会让他失望。

"这是他成为一个人人惧怕的强者的原因,"科尔最后笑着说,"不仅仅是天赋的问题。还关乎对这一切的理解:对职业道德的理解、对比赛本身的理解、对相关战术的理解……所有这些他都懂,他全都烂熟于胸。"

当然,到了赛季结束的时候,刚才所提的一切只会让离别的愁绪更加浓厚。尽管一起拿了六个总冠军,但终归还是要分道扬镳。从前笼罩在乔丹周围的层层烟云:他父亲的离世、失败的棒球生涯、对审判结果的愤怒、和母亲的疏远、与莱因斯多夫的艰苦谈判、同克劳斯无意义的争斗、他曾经对皮蓬的失望，也要随之而散了……这些都已成为往事。现在的乔丹，身披着篮球世界赐予他的最华美的盛装，孤立在群峰之巅。前路，迷茫。

第十一部分　传奇落幕

第三十六章　动　荡

在很多人看来，乔丹这辈子就应该永远停留在盐湖城的那个定格瞬间之中：计时器在倒数，他静静地站在那里，因投篮动作而高举的右臂像个问号似的悬在上空，篮球正向球网飞去，画面的背景里堆满了焦急的面容。飞人乔丹永不屈服，飞人乔丹永不折腰，直到职业生涯的最后一秒。

他的职业生涯由一记举世闻名的绝杀球而起，在如梦似幻的20年过后，又由另一个经典的时刻作结。还有比这更好的故事结尾吗？其他著名的运动员们都有属于自己的伟大时刻，但他们的伟大时刻可没乔丹这么多，并且也没人曾经如此频繁地书写下自己的英雄时刻。

那么就让他的职业生涯在犹他的那个伟大谢幕之后告一段落吗？

看起来每个人的意见，包括杰里·莱因斯多夫在内，都是希望他就此收手。"别再干别的事儿了，"他们在接下来的数月里不断重复这句话，"你已经铸就了完美的生涯，又要怎样再上层楼呢？"

但那是不可能的。

在NBA总决赛于盐湖城荣耀谢幕的几天之后，刚刚率领他的芝加哥公牛队完成三连冠的乔丹马不停蹄地踏上了高尔夫球场。

乔丹曾把大把的时间花在一款高尔夫电子游戏上，因为那款游戏里的球场，在现实中就位于他最喜欢的巴顿溪山麓峡谷高尔夫俱乐部。这个俱乐部设在得克萨斯州奥斯汀市附近，由著名设计师法齐奥（Fazio）精心打造，紧挨悬崖的球道贯穿其中，旁边点缀着不计其数的瀑布和石灰岩洞穴。乔丹刚刚完成一个漫长的NBA赛季，现在他打算去实地打场高尔夫，犒劳

一下自己。

一个名为基斯·朗德奎斯特（Keith Lundquist）的得克萨斯职业球手就在这时闯进了我们的故事。乔丹打算在周一到达奥斯汀，下午在巴顿溪打几轮高尔夫。所以在几天之前，他就给朗德奎斯特打去了电话，询问他是否有时间在那天陪他热热身。

那个球场通常在周一都是对外关闭的，所以这差不多是最适合乔丹一行人来的时间。球场管理人员提前对乔丹说，他们会把一切安排妥当。他推测这位已经年逾35岁的巨星，希望在NBA的征战厮杀之外，享受一些惬意与宁静。

然而在那个周一，天还没亮，朗德奎斯特的电话就响了。电话那端正是迈克尔·乔丹，他解释说他的私人飞机已经降落，他正在前往球场。睡眼惺忪的朗德奎斯特不禁瞪大了眼睛，看了看表。然后他迅速跳下床，赶赴球场，他知道乔丹要在高尔夫用具店等着他。

等朗德奎斯特到达球场的时候，果不其然，乔丹正在练习发球区走着，气势汹汹地把一堆高尔夫球往夜色里推。朗德奎斯特做职业球员有一阵子了，但他从来没见过别人做这种事。

两人握了握手，朗德奎斯特发现自己的小手掌迅速被乔丹的大手套裹住。他想，真没错，乔丹的确是个不同凡响的人物。

随着第一缕打破黑暗的晨光，乔丹和他的四个球友开始了他们的比赛，那四个人里就包括前NFL外接手罗伊·格林（Roy Green）。乔丹专心致志地挥杆推杆，想在中午的慈善活动之前进尽可能多的球。

朗德奎斯特一直在乔丹身边做着引导和帮助的工作。"我会告诉他在哪里击球，提醒他码数和果岭的分布，"朗德奎斯特回忆说，"他在前九杆的表现并不是很好。当时离他赢下NBA总决赛才仅仅过了几天，他还在大抽雪茄，自得其乐。另外四个家伙打得挺开心，但是没有太突出的表现。乔丹击球击得特别好，大大出乎我的意料。他会击球，这毫无疑问。"

当乔丹打到后九杆的时候，他明显进入了状态，朗德奎斯特说："他在果岭附近展现出了绝佳的球感。他有一双巨大的手掌，这让他与球杆的接触面积特别的大。他的手眼协调能力尤其出色。很明显，他的运动天赋绝不仅仅只限于篮球。"

在他打后九杆的时候，高尔夫俱乐部的成员们发现了封闭球场里的乔丹。一个60到70人的"追星团体"马上聚集了起来。其实，同样的情况会出现在乔丹所在的每处高尔夫球场里。马克·内贾姆（Mark Nejame）是一名奥兰多的律师，他回忆起那天清晨在住所的窗外看到的情景：先是看到一辆球车从球道上驶过，"过了一分钟，我看到后面至少有15辆球车在球道上你追我赶，"他回忆说，"坐在第一辆车里的是M.J.，后面是那些想一睹乔丹尊容的俱乐部成员。"

乔丹在这种情况下绝对不失风度，而且他明显习惯了被人围观的感觉，朗德奎斯特说："他在球赛中喜欢过来和我闲谈。他用那种威尔逊的球杆，我跟他说：'你明明能用更好的杆的。'"

乔丹点点头说："可是他们给了钱了。"他指的是他与球杆制造商签订的广告合同。

理查德·埃斯奎纳斯曾经说过，他认为乔丹打高尔夫的样子和打篮球一样，总是在推进着打球的节奏，试图从中找到可乘之机。那天在得克萨斯的乔丹正是如此。一个洞接着一个洞，乔丹的高尔夫四人组以超快的节奏打着球。一旁的朗德奎斯特不禁嘀咕，正常人早就被这样的运动消耗累趴下了。但接下来在正午阳光下举行的慈善活动中，乔丹依然活力十足地与孩子和大人们相谈甚欢。当天下午，乔丹又在美丽的巴顿溪球场打了好一阵子的高尔夫，随后适时收杆，赶赴晚上在圣马可斯举办的一场慈善篮球赛。

"在那天晚上的比赛里，他又一分钟也没歇，"朗德奎斯特说，"他在场上持续待了有至少两个小时。这种事儿我从没见过。"

随后乔丹一行人又到奥斯汀的一处高档饭店用餐，他在那里一直待到了第二天清晨。乔丹先是切了块牛排，随后又大口抽起了他的雪茄，品尝

起当地昂贵的美酒。在又一抹晨光照亮得克萨斯的天空时，乔丹赶赴机场，乘着私人飞机离开了。

乔丹已经走了，只剩下朗德奎斯特一个人回忆着他在这一天所见的超凡事迹，望着天上的尾流独自发呆。

或许退役对乔丹来说是个不错的选择。他有大把的美金，他有私人飞机，他有足够的好奇心和精力去寻找世界上完美的高尔夫场地。对于像朗德奎斯特这样的旁人来说，这种选择听上去很美。可对乔丹来说，美中不足的地方在于：他的职业生涯，真的够了吗？

被抛弃的

乔丹后来承认，杰克逊离开公牛队的决定让他感觉自己被抛弃了。乔丹是个一诺千金的男人，他曾经发过誓，如果杰克逊不做他的教练，他一定选择退役。据一位和乔丹以及禅师都有紧密联系的知情人透露，二人之间的决裂所造成的影响很难估量："当你操纵别人的时候，你能得到自己想得到的东西。但当那个人发现了真相，发现自己只是个被操纵的木偶，他们之间就会相互疏远。无论他们之前亲密到什么程度，这都会给他们的关系造成很大的影响。这就是操纵人心的后果。"

在拿下第六冠之后，乔丹对杰克逊的认识愈发清晰。约翰尼·巴赫被解雇和其他的一些事是部分原因，但最重要的还是杰克逊离他而去了。乔丹曾经推翻了克劳斯"杰克逊和球队的关系已经破裂"的说法，然而随着禅师远去的背影渐渐模糊，只留下所有人迷惘地站在那里，仿佛都已被他抛弃。

克劳斯随后迅速将斯科蒂·皮蓬卖到了休斯敦，芝加哥双雄的时代宣告结束。虽然好友皮蓬终于能去西部赚他的大钱，但他与杰克逊关系的破裂、与球队内部的分歧，都让他感觉自己和公牛队越来越离心离德。一开始乔丹就不相信多少人，现在可托付信任的朋友就更少了。同年，一位曾在杰克逊所打造的球队圈子里待过的成员后来遇到了乔丹，他觉察到两人之间曾经拥有过的那种感情现在都消失了。"我们聊了天，"他说，"但是我隐约感觉到他不再信任我了，至少不像从前那样信任我了。我们以前关系还不错，现在就大不一样了。"

如果那种属于老公牛队的信任已经不在，是否说明过去一起打天下的经历现在已经成了水月镜花？

皮蓬被公牛队交易，杰克逊离职，看起来乔丹选择退役只是时间上的问题了。但是一场突如其来的劳资纠纷使他不得不延期决定。在这次因乔丹的巨额薪金而起的新劳资协议协商的过程中，NBA 的老板们暂停了球员们的工作，他们不愿给能力低于乔丹的球员们开出和他同等数额的工资。这出闹剧让心烦意乱的乔丹有了喘息之机，仅从表面来看，他可以拥有更多的时间去休闲散心，考虑自己的未来。

在他休息的这几周时间里，乔丹意外地用雪茄刀切伤了自己右手食指的肌腱。这次事故意味着他将要面临一次不大不小的手术，这让他未来职业生涯的不确定性又加深了一层。

与此同时，乔丹与家人们的关系也僵在那里，毫无改善的迹象。姐姐西丝仍在与父亲逝世之后心里的悲伤之情做着斗争。在 1993 年老乔丹死后不久，她就开始动笔写书，但到 1995 年她放弃了这项工程。她始终对那位名满天下、富可敌国的弟弟不吝批评，特别是在他花大笔美金去赌博这件事上，西丝认为在她和其他的家庭成员生活窘迫的情况下，乔丹不该大手大脚地花钱。但乔丹并没有不接济他的家人，他曾给叔叔杰尼·乔丹买了一辆大卡车，让他在颐养天年的 70 岁高龄还能运输劳作。据他姐姐估计，乔丹在这些年里一共给了她差不多 10 万美元。她说，她不是想把养活自己和孩子们的责任推给乔丹，只是她和家里人被乔丹大笔挥霍的行为惹怒了。显然，她的批评收到了回应。尼桑在北卡州的经销商作为乔丹的合作伙伴，给他的每个家人都送去了一辆崭新的轿车，除了他姐姐。她收到了一辆二手探路者的车钥匙，于是，她认为这种冷落的行径证明乔丹在利用他的财富来控制家人。

到了1997年，乔丹和姐姐之间已不再联系。以前每年为了庆祝夺冠，乔丹都会给直系亲属们送去昂贵的珠宝。可在1998年，他没有这么做。1999年，在看到他姐姐又开始续写有关她个人经历的那部书之后，乔丹做出了愤怒的回应。她说，乔丹认为她会用夸张的话语来诋毁他的声誉。而她的回复则是，她不是乔丹生命里的"好好先生"，不会对他百依百顺。远在他成名之前，她就了解并爱着她的弟弟。和那些私下里说出同样批评言辞的亲戚们不同，她不怕把这些话公之于众。

那年的晚些时候，高尔夫球手佩恩·斯图尔特（Payne Stewart）在赢下美国公开赛不久后因坠机事故丧生。这让乔丹的"大姐姐"开始担心起每年乘着私人飞机全世界乱跑的弟弟来，她给乔丹打去了电话并留言说她很担心，想知道他是否一切还好。乔丹通过母亲给姐姐回复说他很好，不用担心。西丝后来解释说，乔丹没有亲自找她说话，是因为"迈克尔一直有着逃避那些他不想面对的事情的习惯，并且他的财富也给他提供了各种逃避的机会"。

尽管乔丹和母亲之间仍有来往，但这家的朋友和熟人们都发现他俩不再如从前那样亲密了。1996年秋天，他们并肩来到北卡大学，宣布拿出100万美金来为当地的家庭修建一座詹姆斯·乔丹中心。如果人们想知道乔丹不竭的能量与不懈的动力从何而来，他们只需要看看他母亲就会明了。德洛里斯一直坚持写作，坚持到世界各地去谈论自己的家庭，一直干到70多岁。吉姆·斯塔克观察说，乔丹身上很大一部分魅力是遗传自他的母亲："她是一位极好的女士，十分热情。她的那些特质都体现在了乔丹的性格里。"北卡中心与她身上散发出来的正能量很是相配。她曾经作为年轻母亲时所经历的坎坷，也许能在这里得到缓解。

后来，学校在从乔丹那里索要资金的过程中遇到了困难。这是因为他出了名的吝啬呢，还是因为在母亲也公开批评他之后，两人之间的隔阂越来越深，还是两个原因都有？最后，这些资金还是到了他们手里，基金会后来在社会工作方面还为学校提供了很多项目，这也成了乔丹家族最大的馈赠之一。

到1999年的夏天，詹姆斯已经去世整整六年了。在所有直系亲属当中，乔丹和父亲的关系最为紧密。父亲是他永远的伙伴与导师，是他最真挚的追随者。随着乔丹的生活越来越复杂，他要面对势如山倒的巨大压力。而被儿子们唤作"老爹"的詹姆斯·乔丹，一直站在迈克的身边，他不遗余力地给迈克送上鼓励与支持，争取让一切都向积极的方向发展。有一个事实是清晰明了的，只要詹姆斯·乔丹健在一天，迈克尔就会永远夹在两个给他生命的亲人中间。一边，他的母亲劝他秉持教义，在公众的关注之下活得无私忘我；另一边，他的父亲则希望他及时行乐，因为这完全是他应得的。

据乔丹的大姐说，父亲离世之后，儿子和母亲之间的战争仍在继续，并且发展到了新的程度。为阻止母亲进入基金会的办公室，乔丹曾一度更换了办公室的门锁。姐姐说，他甚至还限制了母亲在活动中使用自己姓名的权利。但乔丹仍会每月定期寄给母亲一些钱，除此之外他还给家里提供了其他的经济补助。虽然二人之间的冲突后来多多少少有所缓和，但是似乎他们的母子关系已经受到了不可挽回的损害。

他父亲走了。但是似乎在很多方面，老乔丹之于乔丹的影响反而比他生前更大，其中最主要的证据就是乔丹在公众视线之外所追求的生活方式。但也有一些人认为，那只是乔丹在结束宾馆"囚徒"的生活以后，自然会选择的一种宣泄方式。

无论怎样，乔丹的大姐说这些事情早在她的预料之中。和其他家里人一样，她始终坚持认为，面具之下的乔丹，还依然是他们记忆里那个亲爱可人、彬彬有礼的小弟弟。"随着一个不切实际的高大形象出现在人们心中，乔丹便被他的公众地位给禁锢了，又被成功的压力给加上了一把大锁，"她后来在书中写道，"最终那些'活在聚光灯下'的压力，和满足公众期待的压力聚在一块儿，让他片刻也不得安歇，即便是在家人面前。"他

成了个"能走路会说话的商业公司",他姐姐用这个词来比喻他从不展露真正的自己。

可乔丹的支持者认为,平心而论,他像一个公司一样左右逢源,正是他得以取得持久成功的关键因素。他为自己树立的商业形象,很大程度上帮助他从优秀运动员团体中脱颖而出。乔丹在这边赚着大钱,而他的很多前辈们只能从泛黄的辉煌史册里艰难地挤出几笔稿费。

1999年,乔丹面临着开启第二项事业的挑战。根据一项调查,有高达90%的NBA退役球员在生涯结束的几年之内就宣告破产。他们中的很多人都是被经纪人和基金经理给敲了竹杠。其他人则是教育体系的受害者,学校教给他们的东西少之又少,他们又对理财事务一无所知。他们中的大多数都被所谓的"生活"所害,事实证明,在他们离开联盟之后,那种奢侈的生活方式已无法继续维持。

乔丹则和这些球员们形成了鲜明的对比。他与耐克的合作关系,加上其他的广告收入与投资,每年能为他带来百万美元的收入。人们对他总资产的猜测从来不会低于5亿美元,并且他还常常被人称作第一个资产过10亿的运动员。尽管他拥有一段超乎寻常的篮球职业生涯,但他取得的长期成功远不止此。更加值得骄傲的是,他取得的功绩一直保留在同辈人的脑海里,从未散去。采访者们仍年复一年地向乔丹询问他的球场表现,他给出的回答也总是一样的:"等到我的篮球之路真正结束之后,我才能回头给自己的成就打分。"

我们不难理解乔丹为何会给出这样的回答,但是他在公众面前的表现早就说明,他其实是很享受自己伟大的成就的。激情是乔丹的代名词,他几次欢庆时刻的爆发都吸引了全球观众的目光。

桑尼·瓦卡罗是乔丹在成为那个文化偶像的道路上的重要推手。和其他人一样,瓦卡罗也常常对乔丹的影响力之大,涉及面之广惊诧不已。"在迈克尔之前,没人曾经用我们包装乔丹的方法去包装一个明星,"瓦卡罗说,"也没人曾经为推销一件产品,花这么大力气在一个运动员的个体身上。"

到 1999 年，体育世界中造神文化的山巅之上只站着乔丹一人。他的世界影响力究竟有多大？《金融评论报》（Financial Review）在 1999 年 12 月的一篇报道给出了令人惊讶的答案。早在 1992 年，一次对中国在校儿童的调查显示，乔丹是孩子们心中 20 世纪最伟大的两个人物之一。在这份调查一年之后，乔丹才遭遇生命中最大的挫折，才第一次"退役"；三年之后，乔丹的复出才掀起了全民狂潮；五年之后，《空中大灌篮》才在院线上映；六年之后，乔丹最后的三枚总冠军戒指才给这部童话书续上了最完美的结局。

"乔丹在那份调查中的提名令人诧异，"《金融评论报》提到，"但一个黑人在运动领域取得空前的成功，的确代表了人们对 20 世纪的一些标志性印象。"

"迈克尔·乔丹有多伟大？"《新闻周刊》在 1993 年提出了这个问题，"我们都知道他是千万美国孩子心中的神，是史上最有媒体缘的体育明星，是一个能像联邦储备委员会主席调控金融市场一样推销商品和服务的'活公司'。"

1995 年的复出将他捧上了更高的位置。四年之后，800 名记者聚集到芝加哥的联合中心，只为报道他第二次宣布退役的新闻发布会，在场的人都清楚，一个时代即将结束。"不用多说，迈克尔是史上最重要的运动员之一。但是除此之外，他还是美国历史上最重要的文化人物之一，"当时，南加州大学研究体育和文化的教授托德·博伊德（Todd Boyd）这样说，"我认为这毫无疑问。我们所谈论的这个家伙不仅统治了他所在的运动项目，还在品牌的成功、营销的能力上超越了体育的范畴。迈克尔·乔丹可能迈出了一个球员能从篮球场走向美国流行文化领域步伐的最大一步，在一段时间以后，我想这才是乔丹真正代表的意义。"

乔丹受欢迎的程度如此之高，以至于他出现一点儿不规矩的举动都会令公众大感意外。但桑尼·瓦卡罗却说，更大的意外在于，乔丹竟然没给媒体留下多少把柄可做文章。"他怎么可能没被腐化呢？！"瓦卡罗问，

"是个人就干不出这事儿啊!你怎么会忍得住呢?还记得他在90年代早期和斯派克·李拍的那个'Mars Blackmon'的系列广告吗?它们当时火得一塌糊涂。然后他又跑去和兔八哥它们拍了一堆广告和电影。他赢下了那么多的总冠军,又成了世界上最伟大的运动员。"

所以,事实上乔丹姐姐在这点上的判断是正确的。这段波澜壮阔的人生经历的确改变了乔丹。瓦卡罗补充说:"自我们把商业化带入其中之后,乔丹就变了个人……他变成了另一个迈克。这个迈克年纪轻轻就打拼出了自己的生活。我不知道已经走到这儿了,他将怎样折返回去,寻找原来的自己。"

乔丹的追随者们认为,有些名人反被巨大的成功所害,例如猫王和迈克尔·杰克逊,但同样身处于这人迹罕至的成功世界的乔丹,却不曾触碰那些会毁掉他生涯的选择,而是在一片繁杂纷扰中守住了自己的阵地。他也将这种明智保持了下去,即使接下来变成总经理和老板的乔丹还要面临考验他的暴风雨。在此之前,他在球场上颇具传奇色彩的表演一直让他的瑕疵显得无足轻重,但他的经理生涯可就没有这样的挡箭牌了。事实上,乔丹很快就会意识到,身处总经理的岗位,只会暴露和放大他的缺点。

莱因斯多夫的忠诚

NBA的停摆终于在12月宣告结束,联盟将本赛季的揭幕战定在了1999年1月,这让乔丹也决定在来年的1月13日召开自己的退役发布会。来自全世界的媒体在当天把联合中心挤了个水泄不通,他们都赶来报道这场巨星的告别礼。这次,乔丹依然不肯把话说死,给自己的未来至少留了0.01%的可能性。乔丹说,永远别说永远,这很重要。

"从心理上来说,我已经筋疲力尽了。我感觉不到前面有任何挑战。从身体上来说,我感觉还很棒,"乔丹在解释这个决定时说,"我离开篮球的最佳时机已经到了。"

一些人认为，乔丹在发布会上说的话不那么有说服力。"虽然我们在过去的六个月里遇到了困难，但我认为联盟仍会继续坚持发展下去的，"在提到那次因劳资协议纠纷损失了近半个1998—1999赛季的停摆时，乔丹说，"这是我们所有人必须面对的现实。这是个生意场。但这项运动仍然有趣，它还是个比赛。比赛肯定会继续下去的。"

但当比赛回归的时候，乔丹已经不在了。

"我将要去享受生活，做一些从未做过的事。"他解释道。乔丹后来还详细补充说，简而言之，在他未来这来之不易的自由生活里，会有家人，有他三个年幼的孩子，有他热爱的高尔夫，还有一堆拍不完的商业广告。

记者们问乔丹的妻子胡安妮塔·乔丹，如果让她设想一下乔丹的未来，她能看到什么景象。胡安妮塔说："我看到了一个更热衷于拼车出行的迈克尔。"

"很遗憾，"乔丹继续说，"我的母亲，我的家人，我的兄弟姐妹们不能到场。但是你们见到我，就相当于见到了他们——我的父亲、母亲，当然，还有我的兄弟姐妹。他们就在这里，借由我的嘴表达我们共同的心声，我们想感谢你们接纳了我，感谢你们在我奋斗的这些年里给予我的尊重和欣赏。我的余生都会在芝加哥度过，我妻子不让我搬到别处去。我将会住在芝加哥，我将继续支持芝加哥的球队。"

一位记者问乔丹，他是否考虑利用自己的众多天赋去帮忙拯救世界。乔丹承认说他不是什么救世主。事实上，他甚至连一支即将分崩离析的冠军球队都未能拯救。然而，在他的退役新闻发布会上，乔丹并没怎么提起队内的那些纠纷，反而更多的是指出公牛队的管理层做了很多适合球队的运营工作。

"我们在这儿可是设立了很高的标杆呀。"乔丹的嘴角挂上了一丝淡淡的微笑。

"我想对这儿的两位长者道谢，他们分别是斯特恩先生和莱因斯多夫先生。他们给我提供了在这里打篮球的机会，让我来到芝加哥，遇见了

我美丽的妻子,并在这里组建了家庭,"他说,"我还要对我在北卡的家人们,以及很多支持我退役的决定、支持我的朋友们道谢,还要加上那些无论我在场上还是场下,都义无反顾地支持我的人们。我想对这两位长者,和所有芝加哥球迷们说声谢谢。你们让我来到这里,并让我成为你们的一员……芝加哥将很可能成为一座被冠以冠军之名的城市,并且我希望当迈克尔·乔丹脱下球服之后,这种势头还能继续。我将继续支持芝加哥公牛队。"

在新闻发布会上,乔丹和胡安妮塔还谈到他终于能以一个爸爸的身份,像别的父亲一样接送孩子上学,然后溜到无人的角落静静地待在一旁。从一开始,他就深爱着自己的孩子们,所以他还真的有可能扮演起一个好父亲的角色——但是这仅仅是可能,等到乔丹真正试着去做的那天,一切就都不一样了。世界上的各大高尔夫赛事在等着他,他的球鞋正急不可耐地想带他走遍他的心仪之地,在路上抽抽烟,聊聊天,和朋友们打上一整夜的牌。乔丹的生活离不开高尔夫和赌博,他会继续在奢侈盛宴和狂欢聚会上一掷千金。在90年代初期遭遇麻烦之后,他对这些东西的热爱并未消退多少。后来,人们指责乔丹把高尔夫巨星泰格·伍兹(Tiger Woods)拉入了自己那个奇怪又奢靡的圈子,把他拖下了水。当公众发觉伍兹染上了"性瘾"之后,他的一位经纪人抱怨说,正是因为乔丹常常和伍兹混迹在一起饮酒作乐,才导致了这位著名高尔夫球手的堕落。

即使乔丹已经离开了这项运动,他的好胜之心却一直都在。他打心眼儿里渴望去做点儿什么,总在寻求下一个挑战。他还会在球场上打回合打到夜幕降临,每天晚上,就连乔丹自己也不知道还要再进多少球才算满意。是什么让他对竞争如此上瘾呢?是肾上腺素在作祟?还是当那个养尊处优地生活在聚光灯下,被要求做到尽善尽美的乔丹消失之后,他心里的落差与不适应?可能这两者都是正确答案。当然,还有别的原因,例如因为总要和朋友们在一起打高尔夫,他已经没办法再在公众面前展示自己了。打了20年的球,乔丹除了和队友们出去玩乐、参加大大小小的商业会议、拍几个引人注目的广告之外，对别的东西知之甚少。而这些事务让他得以在芝加哥站稳脚跟，养活一大家子人。

或者说，至少他自己是这么认为的。

不管原因为何，1998年6月乔丹在奥斯汀随性庆祝的那几天，成了他接下来几周、几个月甚至固定的生活方式。正如莱西·班克斯所指出的，乔丹被喜爱他的普罗大众捧上了极高的地位，他甚至体会到了王公贵族般的感觉。虽然他已经退役，但这种存在感没有被削弱半分，与此同时，耐不住寂寞的乔丹心中也有更大的野心。在打了那么多场高尔夫，恣意快活了那么长时间之后，乔丹很快决定说他想在篮球世界中找回一席之地。他想将自己球员时代所积蓄的价值用到实处。他对记者们解释说，他将把篮球比赛里的重点和要点教授给下一代的球员们。

乔丹最开始的想法是在公牛队里谋个要职，他可以以半个球队老板的身份加入管理层。一些人认为，在经历了一个冲突不断、火药味十足的告别赛季之后，乔丹这个想法无异于痴人说梦。单单是乔丹的脾气，就足够把杰里·莱因斯多夫这样一个硬汉的脸气白了。但是他和耐克的合作倒为我们提供了一个很好的先例：多年来，他不能容忍菲尔·奈特与自己有任何意见上的差异。但他在这家公司中的运营和参与反倒让耐克赚得盆满钵满。因此，他在耐克运营中对自己方向的坚持让自己收获了前所未有的权力和影响力。

并且，乔丹的努力与拼搏明显也为公牛队带来了同样的巨额收益。然而杰里·莱因斯多夫似乎从来没考虑过给予乔丹半点等额的回馈。看起来，现在把这位人见人爱的天皇巨星留在队伍当中，是个合乎逻辑的选择。并且，这还说不定为乔丹在芝加哥的第三次复出提前铺好了路呢。

把乔丹领进公牛队的管理层，就意味着克劳斯不是直接卷铺盖走人，就是总经理的角色遭到削弱。因为这两个家伙一直有着合不来的历史，而且在1999年，那时的克劳斯和莱因斯多夫绝对还没忘记那些冲突与不快。他们的名字被芝加哥的媒体在1997—1998赛季反复蹂躏了一整年，就好像乔丹永远是对的，他俩永远是错的。

"我们曾经有这么一个说法，"克劳斯在2012年回忆说，"如果我们让所有的媒体记者们在麦迪逊大街排成一行，迈克尔把他们轮流尿一遍，我是说尿在脸上那种，他们也会幸福地说：'哦！这是神赐的琼浆啊！'当时芝加哥的媒体就是这么钟情于他。他完全控制了这帮人。"

无论乔丹曾经为公牛队创造了多大的经济效益，只要双方之间的矛盾还未化开，就意味着乔丹以一个小股东的身份加盟公牛队一事很难成行，甚至公牛队高层们都不曾对这个想法有过慎重考虑。

在被问到莱因斯多夫对乔丹加入管理层的意向做何反应时，克劳斯说："杰里从来没跟我谈过此事，从来没提过。"克劳斯的确注意到当时很多媒体在讨论这个话题，"我把这件事一笑置之了，因为我了解迈克尔。他在经营球队这方面有几把刷子，我想他已经证明给我们看了。"

克劳斯对莱因斯多夫也很熟悉，"杰里是个十分固执的家伙。"他后来补充说，忠诚二字是莱因斯多夫最大的特点之一。对公牛队的股东们来说，球队主席忠诚与否永远是他们最先需要考虑的东西。虽然乔丹的表现已经让股东们个个儿都成了大富翁，但如果他想加入管理层，那就完全是另外一码事了。克劳斯还说："如果我们基于信用承担起这个责任，那就不好了。我想迈克尔认为他会拥有这个机会。迈克尔认为他能得到全天下的东西。但他不知道这个工作到底是干什么的。他根本不清楚。"

克劳斯指出，乔丹最后两个大合同给双方带来的不快，依然是阻止他加入管理层的重要因素："关于合同问题，我们和迈克尔之间发生过一些不愉快的事情。"在谈到莱因斯多夫的事情时，克劳斯认为有一些不愉快的感情源自在协商过程中"法尔克对待他们的方式"。克劳斯马上补充说，莱因斯多夫和他都很尊重法尔克，之所以会发生不快，部分原因在于他在谈判过程中太过强硬。所以就算他们抱着尊敬之情，还是不免会对乔丹心生不满。

后来离开公牛队，前往明尼苏达担任总经理的吉姆·斯塔克也对此事发表了看法。他认为乔丹很难被准许进入公牛队管理层，因为乔丹在球员时期，曾不断催促球队引入北卡出品的球员们。"另一个重要因素在于，杰里·莱因斯多夫笃信我们所做的事情是纯粹的运营管理，"在谈到克劳斯任期内的管理层时，斯塔克说，"杰里·莱因斯多夫知道迈克尔在沃尔特·戴维斯（Walter Davis）那件事上想干什么，包括乔丹想做的一些别的事情，杰里也清楚他的心思。如果迈克尔到公牛队来仅仅扮演一个没有实权的傀儡角色，我想他不会满意的。如果他想掌握球队事务的决定权，那就难办了。即便杰里·莱因斯多夫想把乔丹带回芝加哥，我觉得他也不能给乔丹提供一个令他满意的、可接受的职位。"

斯塔克曾与乔丹和克劳斯共事了很久，想到这两人会在同一个管理层中工作，他不禁打了个寒战："就算世界毁灭，这两个家伙也不可能携手共事的。"他说。长期报道NBA的记者大卫·阿尔德里奇认为乔丹应该不会对被莱因斯多夫拒绝感到意外："我从来没觉察到任何莱因斯多夫把乔丹视作下一个总经理的迹象。我的意思是，当某人马上要被调入管理层时，你起码能看到点儿先兆。想预知这种人事变动其实并不难。但我就没有感觉到他们准备把迈克尔推上那个位置，从来没有。"

也许有一个论点能在这件事上帮到乔丹。如果乔丹和公牛队选择继续合作下去的话，股东们的经济利益将会得到最大的保障。乔丹的吸引力无须我们多言，杰里·韦斯特都称他为"活体印钞机"。并且，他的价值不仅在于球队收入的巨额增长和乔丹时代中球队的成绩，还在于他给芝加哥这座城市带来的变化。随着被称作"因乔丹而生"的联合中心落成并投入使用，它的前身芝加哥体育场周边那些本来荒凉落后的街区摇身一变，成了酒吧、饭馆和各路公司纷纷入驻的发达商业区。那么，为了球队的股东们能获得最大的利益，莱因斯多夫会抑制住心里的愤怒，给乔丹和美金让路吗？

有些人认为，在乔丹给公牛队带来史无前例的成功之后，莱因斯多夫对乔丹有所"亏欠"。对这种看法，克劳斯表示说："为了让他打球，我们已经给迈克尔付了一大笔钱了。"乔丹最后一年年薪3300万美元的巨额合同似乎也印证了这一点。但是，2012年发布的NBA球员生涯收入排行榜则为我们提供了一个不同的视角。从这个榜单上我们不难发现，乔丹仅仅排在全体球员的第87位，落后于前锋大卫·李（David Lee）。乔丹这辈子以NBA球员的身份一共赚到了9000万美元的工资，这个数字只能说是中规中矩。这个榜单说明，正是乔丹的成功，才让凯文·加内特（Kevin Garnett）、科比·布莱恩特、沙奎尔·奥尼尔这些后辈球星们有机会赚到接近3亿美元的薪资。乔丹总在说，他的成功，是建立在那些收入低微的前辈们打下的基础之上的。他的这句话，也侧面表明了他比下一代的球星们赚得更少的原因。

然而就算与同时代的巨星相比，乔丹的总收入依然被甩在了后面。帕特里克·尤因是乔丹时代里赚得最多的球员，他的总收入达到了1.19亿。斯科蒂·皮蓬一共拿到了1.09亿的薪水，其中的大部分都是在离开公牛队之后赚到的。哈基姆·奥拉朱旺拿到1.07亿美元，位列乔丹之前。还有加里·佩顿、雷吉·米勒和卡尔·马龙，这些家伙的收入全部过亿。

这份工资记录表单清楚地显示出，公牛队并未因乔丹给股东们带来的财富而给予他相应的回馈。湖人队老板杰里·巴斯就是个好例子，在魔术师约翰逊退役之后，为了感谢他为球队拿到了五座冠军奖杯，为了表彰他在球队市值飞涨的过程中所做的贡献，巴斯一并给他送去了整整1400万美元。

但二者的不同之处在于，巴斯和约翰逊相当亲密，媒体常用"情同父子"来形容这两个人。虽然莱因斯多夫与乔丹的关系曾经也很紧密，但在皮蓬的合同问题以及禅师的出走问题折腾了一番之后，矛盾重重的二人逐渐疏远。事态发展到最后，当乔丹刚宣布退役，莱因斯多夫就马上跳出来站在了他的对立面上。

乔丹收入与贡献的不等还与他个人的态度有关。他一直声称自己是"因为热爱"而坚持打球,甚至当他那次决定复出时,他都不介意拿那么低的薪水。乔丹的确赚到了远高于常人的巨额薪水——估计总额有十多亿美元——并为之自豪,但这仅仅是因为,这些钱都是他的"场外收入"。

杰里·莱因斯多夫几乎没怎么犹豫就把乔丹拒之门外,也堵上了其他股东们再赚一笔的财路。这位球队主席和其他人没什么两样。他已经受够了那些争端与冲突,决定让乔丹和杰克逊离开,去别处"安享晚年"。吉姆·斯塔克说:"最后的时候,虽然迈克尔觉得他的油箱里还有余油,但是他不得不将自己这辆车驶出芝加哥了。这一切对他来说真的很难。"

在召开退役新闻发布会的那天,克劳斯提出了要和乔丹最后一次会面的要求。这次会面的地点定在了伯托中心克劳斯的办公室。"我邀请他进来。"克劳斯回忆说。此情此景让他不禁回想起1985年,也就是14年前的春天,他和乔丹的第一次会面。乔丹随后经历了那次脚伤,并且自那以后,这两个男人之间的矛盾逐年加深。"敌视与仇恨开始在两人之间滋生,并开始对双方有所影响,"桑尼·瓦卡罗回忆说,"然后这种不和持续了下去,最终演变成了丑陋的冲突。"

克劳斯表示:"我的工作不是每天拍乔丹的马屁。"

乔丹那天为公牛队召开了最后一场新闻发布会。克劳斯觉得他有必要跟乔丹来个握手言和、重归于好什么的,他希望用一次会面来消除之前的隔阂。克劳斯首先承认的就是,这么多年里他不应该通过说"厄尔·门罗比乔丹要强"来刺激他,他说的不是实话。

"你在生涯早期的时候就是个比门罗更厉害的球员,"克劳斯说,"但是当时我不能把实话告诉你。"

"我知道。"乔丹回复说。轻描淡写的几个字背后是乔丹"老子可逮到你了"的爽快心情。

"他当时就说:'好的。'"克劳斯回忆起当时的情景,"他的回答非常简短。但迈克尔和我永远不可能同桌共餐。每一个曾认为他不可能成为巨星的家伙,他都记得他们的名字。还有那些写手们写的每一篇批评他的文章,他在脑子里都刻得清清楚楚。"

他一定不会忘记杰里·克劳斯的,即便是在异城他乡。

第三十七章 奇才队

起初，乔丹职业生涯的下一站似乎定在了密尔沃基。他将以小股东和球队总经理的身份加盟密尔沃基雄鹿队。但是雄鹿队老板赫伯特·科尔（Herbert Kohl）在最后关头撤销了这一决定。后来的事情大家都知道，乔丹的新家定在了华盛顿。奇才队的前身是声名狼藉的华盛顿子弹队，就职于"美国在线"公司的商业巨头泰德·莱昂西斯（Ted Leonsis）就是奇才队的股东之一，他与乔丹一直保持着联系。乔丹也曾对夏洛特的黄蜂队很感兴趣，但是黄蜂队老板乔治·辛（George Shinn）已经惹怒了这里为篮球而狂热的球迷们，他们逐渐放弃了这支无力的主场球队。黄蜂队后来被转手卖到了新奥尔良，留下一座被 NBA 彻底抛弃的篮球空城。

《芝加哥太阳报》的专栏作家杰·马里奥蒂（Jay Mariotti）仍坚持表示，带领湖人队拿到 2000 年 NBA 总冠军的菲尔·杰克逊，想让乔丹去洛城与他合作。他们能提供的钱可能略少，但是这将让乔丹有机会随着强势的湖人队，再多带上几枚戒指。据说，乔丹拒绝了这个提议，原因都摆在台面之上——华盛顿能给他提供更多湖人队没有的东西，他能打入奇才队管理层的核心，并有很大可能在一段时间后成为球队的首席大股东。

在 NBA 的版图中，华盛顿是个和洛杉矶完全相反的城市，一般人可能不经提醒都不知道这儿藏着一支篮球队。奇才 / 子弹队在前 20 年里打出了完全籍籍无名的中庸表现。乔丹和这样一支在东部挣扎的球队扯上关系，在很多人眼里都是件不可思议的事，更何况球队的老板还是阿贝·波林（Abe Pollins）。因为有很多球员看到，在几个月前的联盟停摆期，波林和乔丹有过一段激烈的交锋。雷吉·米勒曾称赞乔丹帮助他们在与老板们的谈判中扭转了局势，达成了更有利于球员的协议。同时，他也是这次事件的目击者之一。

"在1998—1999赛季，我们当时在纽约参加一个会议。所有球员都必须到场。"雷吉·米勒回忆道，"据大家说，迈克尔·乔丹已经决定退役了。当我们到那儿的时候，我们看到迈克尔·乔丹正在和一些老板，以及总裁当面对质，他和阿贝·波林就像马上要吵起来了一样。乔丹把矛头直指斯特恩和波林，他所表达的意思是，如果你们继续给这群水平不高的球员们开出大额支票，也许你们真的应该辞职下岗了。"

波林则开始抱怨起管理一支球队的困难来。

"那就卖了你的奇才队呗。"乔丹给予了强硬的反击。

"无论是你，迈克尔，还是别的谁谁谁，我什么时候卖我的球队，轮不到你们来告诉我。"波林也不甘示弱。

看起来这两个刚对峙完的家伙无法成为合作伙伴。然而，对于华盛顿这样一支急需改头换面的球队来说，能和乔丹扯上关系，简直是如获至宝。不难想象，乔丹的"飞人"头衔足以让美国首都的篮球事业重现曙光。当听到乔丹宣布要以小股东和总经理的身份加盟奇才队时，大卫·阿尔德里奇这样形容当时的喜悦："那是一种超乎想象的兴奋之情。当时那一幕我记忆犹新，就像是昨天发生的一样。《华盛顿邮报》上印着那个大标题。要知道，这可是曾经搞垮理查德·尼克松的报纸啊。邮报的头版头条写着，'乔丹驾临华盛顿'。这是件大事儿，天大的喜事儿。"

当莱昂西斯在1999年秋天开始拉乔丹入伙时，曾经的矛盾貌似已经消融了。波林在他发表的公开声明中热情有礼地宣布，历史上最伟大的球员马上就要加入他的球队。这次波林和乔丹的携手，也意味着老一辈篮球人与新一辈的结合。身为建筑公司老板的波林，在1964年买下了巴尔的摩子弹队，那时的他已经四十出头。有一位体态臃肿的年轻球探曾经是波林早期的雇员之一，他的名字叫杰里·克劳斯。克劳斯和波林后来也成为了几十年的知己好友。波林也与一位为 NBA 工作的年轻律师越走越近，他就是在 1984 年成为联盟总裁的大卫·斯特恩。

据大卫·阿尔德里奇回忆说，波林和老一辈的篮球人关系都挺紧密，特别是底特律活塞队的老板比尔·戴维森（Bill Davidson）。"我想他和联盟里那些年长的老板们关系都特别好，他们都很欣赏他在不知道如何筹钱时仍能支付球队薪水的能力。并且，他就像是斯特恩的一位导师。我知道他与杰里·克劳斯有着亲密的关系，并且他们会在很多事情上相谈甚欢。"

然而，波林手下的其他人，可不都像他那样看得起克劳斯。在 2012 年的一次采访中，阿尔德里奇笑着回忆说："奇才队队中有很多人觉得，杰里在他选中厄尔·门罗这件事上，可能高估了自己的作用。反正就是类似的异议在奇才队遍地都是。当你向子弹队的那些人问起杰里的时候，他们会翻几个白眼，然后说：'哦，我想起来了，是那个发现厄尔·门罗的家伙吧。'"

尽管如此，在波林遍布联盟的和老板与总经理的关系网中，克劳斯仍是其中的重要一环。大家都知道波林和克劳斯会互相交流观点和意见，并在谈话中交换他们对各自球队的看法。所以远在乔丹加盟奇才队之前，这位华盛顿的老板就已经对乔丹洞若观火了。我们之后也会了解到这一点。

对波林和乔丹来说，有个好消息不得不提。那就是他们俩似乎拥有一个共同之处：他们都对老友们相当忠诚。到 2000 年，波林就要走进他拥有这支球队的第五十个年头了。他在联盟中有大把的朋友，其中有很多都在奇才队领过波林发的薪水。虽然论起运营的成效，他的球队在联盟中属于最惨的那批，但是在波林刚执掌巴尔的摩球队的前十年，"黑珍珠"厄尔·门罗曾让子弹队风光一时。他率领球队打入了 1971 年的总决赛，但很快被尼克斯队横扫出局。尽管取得了这样的成功，子弹队在巴尔的摩的球市依旧惨淡。这促使波林按照他原来的计划，将球队搬到了首都华盛顿。在 1973 年，他在马里兰的城郊建起了首都中心球馆。这座球馆是子弹队和同为波林创建的华盛顿首都队（冰球）共同的主场。

子弹队在 20 世纪 70 年代迎来了球队的全盛期。K.C. 琼斯教练带领球队在 1975 年的常规赛打出了统治级的表现，遗憾的是在总决赛被金州勇士队横扫出局。失望至极的波林复仇心切，请来了迪克·莫塔出任球队的主教练。1978 年，在年轻中锋韦斯·昂塞尔德（Wes Unseld）和球队顶梁柱埃尔文·海耶斯的率领下，这支子弹队重返总决赛，并通过七场鏖战击败西雅图超音速队，拿下了队史唯一一座总冠军奖杯。到了 1979 年，两支球队再次在总决赛赛场相遇。但是这一次，冠军属于西雅图人。子弹队的光辉岁月至此画上了句点。

波林的人生充满了苦难，他的一个刚出世的儿子和一个十多岁的女儿先后因心脏病离他而去。这也很好地解释了为什么他与昂塞尔德会建立起如此亲密的关系，后者是子弹队黄金时期的当家中锋，退役后依然以教练和总经理的身份在波林手下效力。波林与苏珊·奥玛丽（Susan O'Malley）的关系也非比寻常，苏珊是他一位商业伙伴和政治盟友的爱女，她也长期就职于华盛顿子弹队，负责市场和公关事务。

根据阿尔德里奇的观察，他认为球队问题的症结，就潜藏在波林的价值观中："你如何对待和你共事的人们呢？"波林对他身边的这些人都特别好，但是长此以往，他的忠诚就可能演变为"球队的毒药"。阿尔德里奇说："我从 1988 年开始去子弹队跟队报道，到了 2008 年，你再去看他们的比赛，可能有 60% 到 70% 的员工还在那里工作。你会问：'这是怎么回事儿？'波林如此慷慨地回报他的员工们，肯定不是因为他们取得了成功，因为华盛顿是一支烂队。也许快船队更烂点儿，但是这什么也说明不了。"

如果换作别的老板，他可能至少考虑过在几个要职上有所变动，借此改变球队的文化气氛。但波林不会这么干，阿尔德里奇说："你看到这支队伍的情况就会问：'你们为什么还留着这些人？'波林对身边人的忠诚达到了难以置信的程度。他不会炒掉韦斯·昂塞尔德，即使韦斯在他的岗位上的表现平淡无奇。要知道，他在教练和总经理的位置上稳坐了七八年啊。"

在阿尔德里奇跟队报道的这些年里，他所见过的最好战绩是 40 胜 42

负。回忆起这段往事，他笑着说："那是我二十多年子弹队记者生涯的巅峰时期。他们的最佳成绩才仅仅是 40 胜，这太糟糕了。华盛顿在很长的一段时间里都是任人宰割的联盟鱼腩。是有很多因素导致了奇才队的萎靡吗？当然。虽然其中的很多原因都不能怪罪到某一个人的头上，但是战绩已经白纸黑字地写在球队的历史里了。NBA 是一个以成绩论英雄的地方，对吗？你们都知道波林对他的雇员们无比忠诚。他在很长时间内都给予苏珊·奥玛丽足够的信任，他对韦斯的态度也是如此。球队公关部甚至都没有进行过人事变动，除非他们自己选择辞职。我印象里他没炒过任何人的鱿鱼。波林太忠诚了。并且，他也期望得到同等忠实的回报，但我认为，他更想得到的，是来自这些人的尊敬。"

说到尊敬，华盛顿当地的居民们一定都对这位奇才队老板推崇备至，因为波林曾慷慨地给特区的低收入人群提供了大量的财物救济。并且 1997 年他在华盛顿商业区修建的 MCI 中心一经落成，便迅速拉动了当地的经济增长，为急需改头换面的美国首都送来了久旱甘霖。然而，作为一支篮球队的老板，他和他的球队在大部分时间里都是失败的，至少在世纪之交时，他们还处在半死不活的状态。波林笃信，乔丹的加入能使奇才队焕然一新。

此时的乔丹是一位 37 岁、在篮球比赛里摸爬滚打了数十年的老油条。但是在他和奇才队的情缘开始之初，他在球队管理方面仍是个缺乏经验的菜鸟。作为一名篮球运动员，乔丹一贯以情绪高涨著称，想评估一个球员潜力几何，在他看来只有一个法子，那就是到球场上和他正面对抗。尽管乔丹在"如何打比赛"和"如何领导球队"上有着无人能及的丰富经验，但在那个时候，他没组建过一支球队，也没做过一秒钟的教练。

即便如此，求贤若渴的阿贝·波林依然有很多追求乔丹的理由，他急于升级球队的阵容，想让奇才队弄出点儿大动静。这就让乔丹在谈判中占据了有利地位，波林也同意做出一系列让步。但在此事尚未敲定之前，乔丹的步步紧逼就让协议双方的关系出现了第一道裂痕。第一就是时间问题。乔丹希望仅用部分时间来处理奇才队的事务，因为他还要给其他商业活动，例如电视广告，留出空余的时间。在合约问题上，他希望规定中他每赛季到场观战奇才队比赛的次数减少到六场以下，并且他也不愿在奇才队比赛的宣传上消耗太多的精力。对一支饱受苦难的球队的管理层来说，这样的条件真的难以接受，尤其是因为奇才队找来乔丹的初衷就是看上了他强大的吸引力。

"这是件妇孺皆知的事情，"大卫·阿尔德里奇解释说，"我们在讨论的是乔丹在各个方面能给华盛顿带来的影响。无论是以总经理的身份，还是以球员的身份，这影响都是巨大的。人们会为他起立鼓掌，就算是给球迷们看一张他坐在老板包厢里的照片，我想他们也会起立喝彩。大家会对着乔丹喊：'哇哦！看呐！'但是他不想喧宾夺主，他就会缩回自己的办公室里藏着，让大家找不到他。"

现实情况使奇才队管理层的一些老面孔首当其冲，尤其是那几位波林的亲信。为了帮助自己更好地经营球队，乔丹引入了他的老友罗德·希金斯和弗雷德·惠特菲尔德。前者在加州有执教和担任总经理职位的经历，而后者曾经在耐克和大卫·法尔克手下工作。乔丹还签下了柯蒂斯·波尔克（Curtis Polk），波尔克同样也为法尔克效力多年。当时的奇才队堆满了虚高的老将合同，所以对这批上任的新官来说，他们的首要任务就是清理掉这些毒药合约。这是重建一支球队的标准做法，但他们取得的所有进展，都在之后的矛盾冲突中化为泡影。

乔丹还把他的老朋友，快 80 岁了的约翰尼·巴赫请出山，来辅佐自己选中的教练。他还试图将芝加哥莱因斯多夫帐下的约翰·帕克森引诱到华盛顿来，但被帕克森一口回绝。迈克·贾维斯是乔丹中意的教练人选，但最终未能加盟华盛顿。对此，阿尔德里奇解释说："贾维斯开的价码太高。"最终，莱纳德·汉密尔顿（Leonard Hamilton）同意执起奇才队的教鞭，乔丹也随即走马上任。一开始，奇才队队内都是温馨和笑脸，但显然此时乔丹和波林都在互相打量着对方。那些熟悉乔丹性格的人都在猜测，这座美国首都将怎样容纳他那唯我独尊的个性和不请自来的怒火。结果如你所知，他们与乔丹之间果真冲突不断。

菲尔·杰克逊是乔丹的多年恩师，他的一些做事风格自然也潜移默化地影响了乔丹。例如，禅师擅长在他所谓的"球队"和管理层之间刻意营造一种对立的紧张态势。他的这招在公牛队身上十分见效，虽然后来事态愈演愈烈，给双方都带来了伤害。并且杰克逊在那年秋天接手湖人之后，也把这种方法带到了洛杉矶。当年禅师在公牛队的管理层中树敌无数，他与他们的关系可谓剑拔弩张。1994年季后赛，禅师带着球队在纽约征战客场。为了让队员们放松下心情，他决定取消训练内容，让全队坐大巴去史丹度岛轮渡游玩一天。此举后来为杰克逊赢得了媒体的好评，但他们不知道的是，在距酒店一个街区远的地方，杰克逊勒令司机把大巴上唯一的女士赶下车。她是一位在公牛队供职多年的公关助理，这次被驱逐的经历让她颜面尽失，没过多久就离开了公牛队。而这只是杰克逊诸多把戏的冰山一角，否则管理层中怎么会有那么多人对他怀恨在心。

"菲尔很擅长这些事，"克劳斯说，"他不是唯一一个试图创造这种对立气氛的教练，很多NBA的教练都或多或少地干过这种事。但菲尔是心理战的大师。"

或许当上篮球运营经理的乔丹不是刻意要在华盛顿复制这种对立的气氛，但他之前在芝加哥接触的只有这些东西。很快，波林和他的人马感受到了来自乔丹的排挤，怒火一触即发。

"他才是开支票的老板，"谈到奇才队老板波林时，大卫·阿尔德里奇说，"你至少得给他足够的尊重。人们可能会觉得他已经垂垂老矣，每天胡言乱语、不知所云。但这个球队仍是他的呀。我来告诉你当时发生了什么，当迈克尔加入球队并把自己的那帮家伙——希金斯、弗雷德、柯蒂斯·波尔克——拉进来时，球队里就出现了一种尴尬的气氛。当时的感觉就好像是在说：'来来来，让一下，让一下，真正管事儿的大佬们来了。你们只需要待在那边，把嘴闭上，我们会不时扔个骨头给你们的'。"

阿尔德里奇继续说："我记得没过多久，球队里就有好事的家伙会说：

'嘿，知道吗？阿贝想和迈克尔共进午餐。'他大概有四周或者整整两个月没和乔丹一起吃饭了，所以你听到这种话就会回应说：'哇哦！这事儿他可得多留心了。'我认为迈克尔带来的那帮人将其他的工作人员排挤到了一旁。"

前面说过，苏珊·奥玛丽是波林一位政治盟友的女儿。她在子弹队一步步升职加薪，最终爬到了副总裁的位置。不管是在之前的子弹队还是现在的奇才队，她在市场营销上都保持着激进的行事风格。但由于球队的糟糕表现，她和她的同事们在销售球票时更习惯于把客场球队和其中的明星球员当作宣传的重点，而不是自家的奇才队。

"这就是他们在干的事儿，"阿尔德里奇在谈到奇才队的营销人员时说，"他们帮别的球队做宣传，'都来看客场球队的精彩表现吧！因为我们的球队打得不好'！……当迈克尔对这种营销手段提出反对时，球队内部出现了疑虑的声音。"

乔丹选择了传统的营销方式，他在这点上和凯尔特人名宿教练奥尔巴赫不谋而合。该教练就是个坚信球队自身实力的家伙，他认为球队在篮球场的表现才应该是球票的最大卖点。

"苏珊使用乔丹的方式令他十分不悦，"阿尔德里奇观察说，"他说：'我不想像猴子一样被拎出来耍。我不想让到球馆里和大家微笑握手变成我的工作。'于是，问题就随之而来了。"

在聚光灯下生存了多年的乔丹早已学会利用强硬的公关手段，阻止记者们接近他。这意味着乔丹也将沿袭他在芝加哥对付媒体的方式，让华盛顿的各路媒体对他敬而远之。

乔丹来到新岗位之后不愿做更多的宣传工作，相反，他倒希望自己在推广球队、扩大市场方面的活儿越少越好。奥玛丽来找他帮忙宣传，但每次都无功而返。在屡次三番被乔丹拒绝之后，她与乔丹之间的关系也日益恶化。其实为了强调乔丹改换了东家，他只需要拍几个他坐在挂着伊利诺伊牌照的车里，让整个球馆停车场沸腾起来的镜头就可以了。乔丹曾经是球场上不知疲倦的战士，现在却成了拒绝出面的隐形人。

阿尔德里奇说："托尼·科恩海泽（Tony Kornheiser）、迈克尔·威尔邦他们俩和我总是争论个不休，科恩海泽说：'他必须得走到前面来，他需要和大家打成一片，谈笑风生。'我更倾向于威尔邦的观点，他说：'在芝加哥家家都有电视机，他们想看乔丹随时都能看。只要乔丹做着他的本职工作，他在哪儿并不重要。'"

在体育世界中，输赢是唯一重要的东西。可是莱纳德·汉密尔顿的球队不仅输球，他们还堕落到直接把冲突摆到了球场边的板凳席上。虽然汉密尔顿曾多次证明自己是个极佳的大学教练，但就连约翰尼·巴赫也不能阻止那群职业球员挑战他的权威。有一晚，汉密尔顿与他的球员蒂龙·内斯比（Tyrone Nesby）吵得面红耳赤，他不得不叫来球馆保安，把内斯比从板凳席上拽出去。

"迈克尔对队伍的人员构成有着自己的想法，"约翰尼·巴赫回忆说，"但他的计划却没真正实施过，因为他找来了一个根本没有职业联赛经验的大学教练。结果未能如人所愿。"

乔丹迫不及待地想要求得一剂灵丹妙药来帮助球队回到正轨。那年春天，乔丹开始恢复训练，有一天，一个想法忽然闯入了他的脑海，要想帮助这支挣扎的球队，最佳的办法不就是脱掉西服，披挂复出吗？他要亲自教教这群联盟里的娃娃如何对待比赛，如何努力打球。他曾经就以同样的方式拯救公牛队于水火，我行我上啊。是的，那时的他更年轻，但他觉得现在的自己更睿智；是的，自从当上总经理他胖了一圈，膝盖也老化到生锈了。但他可以在老友蒂姆·格罗弗那里重新锻炼。格罗弗现在在芝加哥有了独立的训练基地，乔丹也是他的投资人之一。他相信格罗弗能帮他恢复往日的英姿。

约翰尼·巴赫认为这主意糟透了，并劝乔丹赶紧忘了它。巴赫回忆说："为了让奇才队更好，为了让阿贝老板更高兴些，他想选择复出。他知道即便如此，我们也赢不了太多比赛。"

这就是让大卫·阿尔德里奇感到吃惊的一点。乔丹这个一辈子眼里只有胜利的家伙，在很清楚球队将无法满足公众期待的前提下，竟然要为奇才队赔上自己的声望。但为了扭转颓势，这事儿他似乎又非做不可。就好像当年的棒球噩梦再度来袭，乔丹又走上了一条从开始就注定悲剧的道路。

"我不想让他打比赛，"巴赫说，"我对他讲，他这辈子已经不需要再去证明什么了。为了在复出后打出一如既往的球场表现，他在背后受的苦我都看在眼里。这事儿没那么简单。他的体能在训练中就会出问题，并且为了强健腿部肌肉，他经常要做骑单车的练习。乔丹在恢复训练里拼尽了全力，他要确保自己的身体能允许自己回归赛场之上。我想，他可能把一些超出能力范围的责任压在了自己肩上。我也见过一些选择复出的运动健将们，他们一个个都是坚强的斗士。但我看见迪马乔（DiMaggio）在中外场低迷不振，我看见乔·路易斯（Joe Louis）被击出拳台。世界上很少有像洛基·马西安诺（Rocky Marciano）这样的家伙，他把所有敌人都打趴下，然后如电影英雄一样走掉，永远不会回来。这才是你应该做的。我希望迈克能选择马西安诺这样的道路，有什么他还没赢过的东西吗？我当时的唯一愿望就是祝他能在华盛顿打得好点儿，他也做到了。他场均拿下22分，并且每场比赛都让球馆塞得满满当当。"

听到乔丹在考虑复出，波林可谓喜出望外。乔丹能轻松给奇才队带来千万美金的收入，并且对波林来说，更好的一点在于，乔丹将必须放弃他在这支球队中的那一小部分股权。根据NBA的规则，任何球员都不能在现役期间拥有球队的股权。乔丹没让法尔克去帮他商量这件事，因为这没有可谈判的余地，联盟的规则让他的这部分钱变成了无保障的资产。乔丹只能选择相信阿贝·波林能帮他保管那部分股份，等到他真正退役之后再转交回来。虽然在芝加哥的那段经历之后，乔丹很难将信任托付给他人，但是这次他同意把股权暂存在波林那里。

乔丹心里最初的计划是这样的，他打算到他退役的时候，把原来的那一小部分股权拿回来，然后再做笔大生意，成为这支球队的最大股东。波林已经在联盟里混了一辈子,他是个从来不炒手下鱿鱼的老板,那些老员工们现在都还留在他的身边。如果波林都不值得信任,那还有谁敢说自己更靠谱呢?所以乔丹敢把钱留在他那里保管。

奇才队在那个赛季又交出了一份极差的答卷,万幸的是,他们抽中了选秀大会的状元签。杰里·克劳斯还记得参加完抽签大会乘机回家的场景,当时弗雷德·惠特菲尔德与罗德·希金斯和他坐同一班飞机,他俩坐在克劳斯身后有说有笑。克劳斯很确定他们正在背后嘲笑他,他回忆说:"我记得我当时脑子里在想,'他们一定会搞砸的'。"

那年,联盟尚未颁布只有上完一年大学才能参加选秀的规定,所以在当年的选秀大会上,出现了一群乳臭未干的内线巨人。奇才队用状元签从佐治亚挑中了一位6尺11寸,名叫夸梅·布朗(Kwame Brown)的高四球员。他是当年麦当劳全明星赛的MVP。公牛队当时手握两支高位签,克劳斯用它们选择了身躯庞大的埃迪·库里(Eddy Curry)与泰森·钱德勒(Tyson Chandler)。孟菲斯灰熊队的掌舵人杰里·韦斯特,在同年的选秀大会上把保罗·加索尔(Pau Gasol)带回了家。

"到目前为止,他是那届高中新秀里的第一人,"前UCLA著名篮球解说员马奎斯·约翰逊当时这样评价布朗,"我看了那场比赛。他在那届麦当劳全美明星赛上拿下了17分,7个篮板,4个也可能是5个盖帽。"

"包括埃迪·库里和钱德勒,这三个孩子我都熟,"花费很多时间来考察高中新星的桑尼·瓦卡罗回忆说,"迈克尔问了我的意见,我认为夸梅是其中最好的。"乔丹的教练组们认为,至少布朗能给奇才队的内线带来活力、篮板能力和运动能力的补充。

乔丹还去招揽赋闲在家的查尔斯·巴克利,他打算和查尔斯一起训练并希望能携手重返联盟。巴克利同意了乔丹的邀请。现在想想,这算是提前给乔丹提了个醒。因为巴克利已经成了一名优秀的解说员,并且他在退役以后发福的速度远超乔丹,他根本不可能恢复到一名NBA球员的体态了。这两个家伙的想法,就好像米克·贾格尔和基斯·理查德(Keither

Richard）这两位滚石的名宿也穿着短裤，在球场上叼根儿烟嚷嚷着要进军篮球界。但他们可不是滚石乐队。

在把旧相识重聚一堂的过程中，一个老朋友的名字划过了乔丹的脑海。

"突然间，道格就出现在了我们队里，"巴赫说，"我都不知道他要来。"

离开公牛队之后，柯林斯的这些年可算是经历颇丰。他先是在活塞队做了一段让人感觉挺有趣但并不令人满意的教练工作，然后回到电视领域，继续当他的NBA比赛分析师和现场解说员，毕竟他的职业水准在这个行当里数一数二。现在，这位从来没拒绝过乔丹的老先生来到了美国首都。但此时的乔丹最需要的是一个能劝阻他的良师益友。

虽然乔丹在那年夏天泡在芝加哥格罗弗的训练馆里，但他仍然拒绝向公众宣布自己的复出计划。甚至柯林斯都不太清楚乔丹到底要干什么。聪明的球迷和媒体见到此情此景，马上就知道乔丹这是在唱哪出戏了。一切的一切都似曾相识：你看，一个准备再次搞出点儿戏剧效果的乔丹；一片关于他将要复出的流言；一座渴求解放和新生的城市；一群掰着手指头，计算飞人再穿上那双Air Jordan之后能让球队赚多少美金的财迷富商。

格罗弗的新训练馆名叫"篮圈世界"，那年夏天，这里每晚灯火通明。但是这里大部分时间都挺僻静安宁，不像当年乔丹在棒球和篮球之间摇摆时，他所在的训练场都被记者包围得水泄不通。这一次没有那么多卫星新闻车，训练馆外面只有《芝加哥太阳报》的专栏记者杰·马里奥蒂在停留守候。每天，乔丹都会拖着疼痛的双腿小心地从他旁边走过。他们会互相说些客套话，但马里奥蒂却始终未能从乔丹嘴里撬出一句有关他确定复出的话。

乔丹那些许久不用的招数终于又被他拎了出来，例如，他又把训练场的气氛搞得跟战场一样。如果你没准备好和他硬碰硬的话，他的那些垃圾话会像潮水般汹涌而来，然后把你羞辱到七窍生烟。来和他一同训练的有乔丹的朋友，还有一些NBA的球星，虽然表面上他们是来帮忙的，但其实他们也想通过对抗年老的篮球之神，来估量一下自身的实力。乔丹期望通过这些训练赛来证明自己宝刀未老,并且他在格罗弗训练馆里的所见所感也着实给了他复出的信心。

有一天,噩耗不期而至,为了找回状态辛苦工作了几周的乔丹,在一次训练中被罗恩·阿泰斯特(Ron Artest)撞断了两根肋骨。这次受伤让他损失了宝贵的时间,并把他的状态恢复进程延后了四周之久。如果换作别人,这次肋骨骨折一定会被视为老天的警告。但乔丹不同,他毅然要把宣布复出的时间定在9月,而和他一起训练的巴克利早已放弃了这个不切实际的念想。9月初,突如其来的"9·11"事件震惊了美国和世界,这让乔丹的复出计划再次延期。他耐心等待了几天之后,终于向公众宣告复出,并决定把整个赛季总额100万美元的薪水全部捐给恐怖袭击中的受难者们。

"很明显,我离开赛场的时候,有些东西我并没有带走,"乔丹在宣布复出时对记者们说,"你们可能理解不了。在我们赢下最后一个总冠军之后,我没有马上坐下来,做好退役的准备。当时我不想再让公牛队经历一遍重建的过程。如果菲尔当时没走,球队阵容能保留下来的话,我可能还在打比赛。"

"我这次是以一个篮球赤子的身份复出的,"乔丹在一份声明中这样说,"尤其是华盛顿奇才队,它让我感到十分兴奋,我相信我们能够围绕现有的球队,在此基础上组建一支有竞争力的季后赛球队。"

10月1日,他穿着一身黑色的Air Jordan运动装出现在了新闻发布会上。不仅如此,他还带了一顶黑帽子,用红线针织而成的"JORDAN"六个字母赫然印在帽子的前方。就在同一天,NBA把乔丹的奇才队球衣复刻版标价140美元挂在了自家的商店里。

很快,有很多篮球界的人士给乔丹的这次复出打上了问号,前乔治城主帅约翰·汤普森就是其中之一:"我为迈克尔感到担心——当然,再在球场上见到他我很高兴,但是我要说,我对他的复出选择持百分之百的否定态度。鉴于他之前树下的那些标杆,我认为人们对他的期待会高得离谱。

并且,那些罚球线起跳什么的都是过去时了。现在他的比赛将变成地板流的风格。他不再是'飞人乔丹',我们应该称他为'地板人乔丹'。"

乔丹坐在镜头前,一罐佳得乐被刻意摆在了他的旁边,他对记者们说:"如果我跌倒了,那就是倒了,我只需要爬起来继续走就好了。我最想教给我孩子们的就是这个道理,人应该向前看并为之努力……如果我做到了,那很好。如果我失败了,我无愧于心。"

联盟里现在有一批毛头小伙儿正对年老力衰的乔丹虎视眈眈,他们都想趁着飞人已老,在他身上占点儿便宜。乔丹也承认说:"我这次复出,可是冒着名声被破坏的风险来的。这群年轻的狗崽儿们要追着我满场跑。好吧,我肯定不会跑到远处对他们狂吠的,我不会逃避任何人。总而言之,这将是个很大的挑战。"自从被迫放弃在芝加哥那套飞天遁地的打球方式之后,难言的遗憾之情便在他心里扎了根,而他在大部分时间里都不愿面对这样无可奈何的心境。乔丹还说:"有个念想让我心痒难耐。我选择复出,只是不愿让自己的余生在遗憾中度过。"

乔丹那点儿象征性的薪水让很多人大跌眼镜。因为那意味着,乔丹白白将一份价值 3000 万美元的大礼送给了一支自己已不再拥有的球队。有越来越多的作者愿意用写书的方式来为复出的乔丹接风洗尘,《华盛顿邮报》记者迈克尔·利希(Michael Leahy)就是其中最主要的一位,他负责为邮报提供有关乔丹的稿件。作家鲍勃·格林曾在创作有关乔丹的棒球生涯以及复出盛况的《复归》一书时,与迈克尔建立了深厚的友谊。但同样是报道乔丹复出的写手,利希却没能得到同样的待遇,他和乔丹之间很快就出现了分歧。

利希笔下的乔丹是一个太过自我,太过冲动,甚至置自己的膝盖和状态于不顾的家伙。肋骨骨折让乔丹的复出计划损失了大量的恢复时间,他在训练营的表现磕磕绊绊,期间,他还随队造访威尔明顿镇,用一场比赛回馈了故乡的人民。10 月末,在一场季前赛的前夜,为写书寻找素材的利希跟着乔丹来到了康州金神大赌场。不一会儿,乔丹就发现自己已经赔进去了50万美元。于是，不甘示弱的他又酣战到第二天天明，这次他不仅赚回了本钱，又多赢了60万美元。沉溺在赌桌上的飞人不知道，利希已经把他那晚在赌场的每个细节都一字不落地写给了华盛顿的读者们。

奇才队当年的阵容几乎全部由联盟浪子们组成。年轻后卫理查德·汉密尔顿倒是这支平淡乏味的球队中一颗亮眼的新星，但他和乔丹最终不可避免地出现了冲突，柯林斯教练也逐渐察觉到，可能汉密尔顿让乔丹失望了。

波林新修建的凡泽中心光彩亮丽，每晚都挤满了络绎不绝的当地球迷，虽然这些华盛顿人之前可能都不知道这里有个奇才队。不管怎样，他们现在远道而来，就是想看看迈克尔·乔丹将如何拯救世界。

此时，利希惊讶地在奇才阵容中发现了一位乔丹未来的队友，夸梅·布朗。最初，人们对他的期待是成长为一名有运动能力的年轻前场球员，打出像霍雷斯·格兰特之于公牛那样的作用。在一场季前赛前，有记者问乔丹他是否选了一个能复制当年"杜宾犬式防守"（因乔丹和皮蓬等人的凶悍防守，20世纪90年代公牛队的防守组被人称作"杜宾犬"）的状元秀，他皱了皱眉。

"他要学的东西还很多。"乔丹说。

刚走进乔丹的世界时，布朗还只是个家境困苦而单纯贪玩的高中生。作为内线球员，他的手掌确实有点儿小，并且对如何讨好上司也一无所知。多年之后回想起在奇才队的岁月，布朗承认他那时过于青涩，连一些基本的篮球术语都不懂，他甚至不明白何为挡、何为拆。乔丹的口无遮拦在布朗身边起到了火上浇油的作用。利希听到一些人说，乔丹曾在全队面前对这个菜鸟大吼，并称他为"基佬"。这件事在《华盛顿邮报》和利希名为《乔丹：最后一次复出》的书中得到的反响并不好。

与此同时，克劳斯正在芝加哥日夜守在电话机前，试图从奇才队的线人那里挖到有价值的信息。"夸梅是一个杰出的年轻人，"克劳斯回忆说，"我听说迈克尔把那孩子逼得太狠，以至于把他给毁了。他父亲在监狱里，他母亲马上要被送进监狱,布朗家里问题太多太严重,他不是那种你可以吼的孩子。我那些在奇才队的朋友们告诉我,迈克尔摧毁了他。"

至少可以这么说,波林帐下那群老员工们不喜欢乔丹那好勇斗狠的做事风格。在通话中,他们对曾经被乔丹折磨过的克劳斯表示了同情。"整个管理层都恨他,"克劳斯回忆说,"我认识很多奇才管理层里的人。他们会和我说:'杰里,他就是个垃圾。'韦斯·昂塞尔德对乔丹更是恨之入骨。他是波林的人。"

夸梅之后又在联盟里混迹了十余年,但他只是个铁打的角色球员,从未染上半点球星的痕迹。"乔丹并不像人们所想的那样做了那些事儿,"布朗在 2011 年的一次采访中谈起那个动荡不安的新秀赛季,他说,"当时更多的是老将和道格教练对我的教导。那不能完全算是吼我,他们更像是在试着教我东西。当时我有好多东西都不知道,身为高中生的我对很多术语都不熟悉,我记得他们会试着教我这些术语,还教我像'blind pick'这样的专业词汇,以及别的陌生的知识。如果你从高中挑走了一位年轻球员,你需要理解他们初入联盟、一无所知的事实,你需要给予他们足够的耐心,需要专门派人去指导这些年轻的菜鸟们。"

乔丹团队又从湖人队那里挑走了已经恢复自由身的成熟后卫泰伦·卢(Tyronn Lue),他们希望卢能给奇才队在控卫位置上提供他们缺乏的速度和敏捷。来到华盛顿之后,卢迅速和乔丹建立了融洽的合作关系,但他们双方也都知道,为了照顾老飞人接近报废的双膝,卢必须要适当降低球队的速度。

"压力在他身上,因为他对胜利的渴望太过强烈。"卢回忆说,"他在 38 岁这个年纪冒着毁掉自己完美声誉的风险毅然选择复出,我认为这太伟大了。你和乔丹在一起打球只需要注意一件事,那就是必须得努力工作。如果你努力了,每晚都发挥出自己的全部力量,他便不会找你的麻烦。但如果你想偷懒,你想放弃,你没尽全力,那么任何人都会对你不满。你一旦踏上篮球场,你就应该为之奉献自己的全部,这就是他想看见的。"

此时乔丹的一位老队友，就是现效力于波特兰开拓者队的皮蓬，正在远处注视着他。皮蓬会关注乔丹的比赛和数据，并常常在电话里与乔丹交谈。"我想他很清楚，因为已经远离职业篮坛一段时日，当年芝加哥的那些东西已经不在了，"皮蓬在当赛季的一天晚上对媒体说，"那些东西不仅已经消失，而且再也回不来了。他已经离开了那种被优秀球员和优秀教练围绕的环境，那些理解他、理解比赛的队友和朋友们都已不在身边了。"

皮蓬说，现在乔丹身边这样的人很少。时间让他们过去在芝加哥经历的一切只能停留在回忆和故事里。皮蓬还说，泰克斯·温特当时不仅给他们提供了重中之重的三角进攻体系，还给他们带来了见所未见的东西。他说："他特别注重基本功的训练，注重比赛的细节，对这两样东西他从不放松。坦白地讲，大多数 NBA 的教练不会在基本功、脚步移动、胸前传球和投篮这些东西上下太多功夫，他们不想浪费时间。泰克斯则根本不一样，他常常说，篮球是一项关乎'习惯'的运动。"

皮蓬回忆说，温特和乔丹一起训练的时候特别好玩儿。"可好笑了，泰克斯喜欢分享他的经验之谈，而乔丹经常以一堆乌七八糟的语言予以回应。他会说：'你那套东西在今天的比赛里已经不实用了！可能在四五十年代还有点儿用，但现在早过时了！'但是乔丹只是嘴上说说而已。泰克斯和迈克尔之间的关系非常好。"

皮蓬认为，乔丹了解温特这种执教方法的价值。这也是为什么这支球队里的两位巨星甘心每天做着温特的基本功练习。皮蓬预言说，那种想要在基本功上变得更强的决心，可能会成为他们给后人留下的宝贵遗赠。"我们会接受一切能使我们更上层楼的东西。我们对训练中必做的练习——就是泰克斯要求我们做的那些——都保持着一种积极的态度，因为那能使我们变得更强。因为我们知道刻苦训练、认真打球将会取得怎样的成就。"

除了基本功以外，皮蓬在训练中和乔丹的对抗经历，也是使皮蓬走向伟大的重要原因。"我认为那是因为我知道了怎样随着乔丹调整自己，"他说，"我学会了怎样在场上选位，才能使自己掌握全局，统领全队。这些训

练经验教会了我如何在场上没有乔丹时接管比赛。"

皮蓬还认为，公牛队时期的经历可以帮助乔丹更好地适应随年龄增长而逐渐衰退的运动能力。"他不能再像三四年前那样冲向篮圈了，但没人真的敢说他不行，因为除此以外，他还会做其他很多事情。他对比赛的理解绝对超乎常人，我觉得他现在拿高分不是个问题，他可以得分，而怎样赢球才是乔丹现在面临的问题。"

看着乔丹现在的样子，皮蓬不禁幻想如果老公牛队不曾解体，现在会是什么样。"我觉得当时如果我们留在一块儿，我们还会有很强的竞争力。"他说，"凭借我们的经验和对比赛的理解，我们仍是个竞争力超群的队伍。"

事实上，如果那支芝加哥公牛队里的人彼此之间再忍让一些，再包容一些，他们很有可能会继续拿下一个、两个，甚至三个总冠军。但残酷的现实告诉我们，失去乔丹的牛儿们随后陷入了泥沼。克劳斯当时把查尔斯·奥克利又请回了芝加哥，嘴上还说着他永远是他最喜爱的球员之一。皮蓬说，奥克利并不喜欢回到公牛队。"我之前还跟他聊来着，"皮蓬说，"他对他们说：'如果你们这群人连M.J.和皮蓬都不在乎，我知道你们也不会在乎我的。'"

对于年轻的奇才队队员，皮蓬建议他们多在训练中看看乔丹，向他学习。史蒂夫·科尔对这个观点表示赞同。"乔丹表现的怎么样不重要。谁都知道迈克尔该拿多少分，还会拿多少分。他只是不会像以前那样凭着风车灌篮出现在精彩集锦里了而已。重要的问题是，他能承受得起失利吗？那支球队能扭转颓势吗？这几个问题会把他逼疯。他要教这群孩子怎么打球，但我不知道他会不会心有余而力不足。我觉得他的斗志会起到作用，就像以前一样。人们往往意识不到在乔丹身边打球是多么艰难的一件事。你必须在训练中倾尽所学，因为在实战里他也会竭尽全力。他想让他的队友们打出和他一样水平的比赛。"

"那将会很难，"科尔补充道，"这是个迈克尔和队友们互相了解，互相熟悉的过程。对他们来说，什么时候该出手，什么时候不该出手，这个问题很难把握。我是该听乔丹的话呢？还是我要继续单干呢？想要弄清楚很难。"

乔丹看不惯奇才队里几个拿钱不干事儿的球员，对此，泰伦·卢评价说："你知道的，就是那些每天晚上不努力打球的家伙。如果你队里有一个好胜了一辈子的斗士，一个敢在38岁时顶着膝伤选择复出的硬汉，一个每天最先到训练场又最晚离开的工作狂，你还敢在打球时偷懒，那你麻烦可就大了。"

"他完全是拖着膝盖在打球，"卢解释说，"他的双膝状况糟透了。他曾经无法参加背靠背的比赛，并且曾在一段时间里上不了场。这对他来说简直太困难了。但他从不缺席一场训练，也从不缺席一场比赛，他扛着伤病在打球。所以，队友们不努力打球是最令他伤心的事情。你想，他以这个身体状态还能每晚倾尽所有，那些在比赛里不尽全力的家伙他怎么会看得惯。"

让这些人最惊讶的就是乔丹的耐心。

后卫布伦特·巴里当时效力于圣安东尼奥马刺队，他一直以来都关注着乔丹的表现。巴里在乔丹的第三段，也就是最后一段职业生涯中看到了飞人可喜的变化。他认为乔丹虽然还是那个身体力行的硬汉，但却变成了一个更好的老师。他回忆说："乔丹的变化在于他打球的方式。他在进攻回合中变得更加耐心，他能通过自己的移动，迫使对方的防守阵型变化成他所期望的那个样子，从而为主队创造机会。当时他执行战术的目的不是为了自己得分，而是要操纵对面的防守人。他通过自己的打法来给华盛顿的年轻人们做示范，就像是在说：'嘿，你们持球的时候也可以像我这样做。你要通过球的转移和自身的移动来在进攻回合中做出影响。'"

"在职业生涯末期，场上的乔丹做了更多的指导和教学，借此他帮道格减轻了一些负担，也给队伍中的年轻人们提供了切实的帮助，"巴里解释说，"他每晚的比赛更像是给这些毛头小伙们看的实战演习，他想告诉这批年轻人们，如果你学会把基础的事情做好，你在场上会打得更有效率。"

常规赛正式打响，奇才队的开局并不理想，随后他们逐渐磨合完善，球队的状态出现了很大的改观。但就在新年之前，乔丹在对阵印第安纳步行者队的比赛中第一次露出了衰老的迹象。他全场比赛拿到职业生涯新低的六分，连续 866 场得分上双的纪录也就此告一段落。然而，回到主场的乔丹在紧接着对阵夏洛特黄蜂队的比赛中迅速做出回应——他在第四节砍下 24 分，全场卷走 51 分。要知道，六周之后就是他 39 岁的生日。

"他今晚似乎逆转了时间。"夏洛特黄蜂队的前锋 P.J. 布朗（P.J.Brown）赛后对记者们说。

乔丹本场 38 投 21 中，罚球 10 中 9，并在 38 分钟内斩获了 7 个篮板和 4 次助攻。他本有机会冲击厄尔·门罗 56 分的队史纪录，但由于分差过大，柯林斯在最后的 3 分钟里将他放在了板凳席上。

"你觉得他是个不好面子的家伙吗？"柯林斯说，"他在印第安纳打得不好，我想他一定会卷土重来，证明自己……我曾经见过这家伙做出一些难以置信的事，但在 38 岁还完成今晚这样的表演，真是惊为天人。"

他通过连珠炮式的后仰跳投接连取分，甚至在比赛里还上演了一次扣篮。"我好久没听到有人夸我在空中飞翔了，"乔丹说，"我在上半场感觉特别棒。我的节奏和时机都把握得恰到好处，我还让防守的人不知所措。这是经典的乔丹之夜。"

他上一次拿到 50 分以上的高分还是在 1997 年的春天，他在一场季后赛里狂砍了 55 分，而当时的对手正是华盛顿奇才队。

第二天，他几乎又完成了一次经典的演出。"太了不起了，"大卫·阿尔德里奇回忆说，"他差一点就能完成背靠背 50+ 的壮举。这两场比赛我都有看，他还在第二场比赛之后大为恼火，太有意思了。"

新泽西前锋肯扬·马丁（Kenyon Martin）在第二场比赛前对媒体说了一个大胆的想法。"我记得肯扬·马丁说：'乔丹是我的人，我想要盯防他'，"阿尔德里奇回忆道，"然后迈克尔给他好好上了一课。你要知道乔丹现在几乎一无所有，他完全凭借的是自己的狡猾、机智以及对比赛的理解。

他不剩下什么身体天赋……也没什么未来发展，但他硬是拿了 50 分！！难以置信。"

阿尔德里奇还说，他记得他在新闻发布会上侧过去问芝加哥的专栏作家杰·马里奥蒂："咱们俩看的是同一场比赛吗？你知道这家伙在这里做出的事情有多不可思议吗？"

在乔丹的引导下，奇才队队员们的信心开始不断增长，他们甚至相信自己有能力命中一些之前想都不敢想的投篮。一波从 12 月延续到全明星的胜势将他们的战绩变成了 21 胜 9 负。但这将成为迈克尔·乔丹时代的奇才队一去不复返的巅峰，他的膝盖是战绩下滑的关键因素，因为队里实在是没有第二个人来稳定胜局。并且，自训练营开始，队中某些球员对他的不满情绪就一直在酝酿，他们讨厌乔丹霸道的态度，反感他虽不是球队老板却挑选了一套包括老教练柯林斯在内的管理班子。除此之外，华盛顿的地下还有别的暗流在涌动。奇才队中最佳的年轻得分手汉密尔顿与乔丹之间的矛盾虽不曾被说出口，但的确在日益滋长。

1 月，正当乔丹的奇才队忙得不可开交时，他的妻子胡安妮塔在芝加哥呈交了离婚协议书。没过多久，《芝加哥太阳报》的一位记者就赶到奇才队的更衣室里向乔丹询问此事。想当年，在他的芝加哥岁月里，所有的采访话题几乎都离不开篮球。所以，这次涉及花边新闻的提问，让一些看客们不禁唏嘘感慨，要知道就在几十分钟之前，他们刚刚战胜了洛杉矶快船队。这位《芝加哥太阳报》的记者问乔丹他与胡安妮塔的离婚是不是不可避免的。"关你什么事！"乔丹强硬地予以回应。后来，一份华盛顿当地的出版物详细描述了当晚乔丹之后的去向。据他们称，就在战胜快船队之后，乔丹在华盛顿的一家夜总会试图勾引一名女子，旁边还有几位兄弟相助，其中就包括蒂姆·格罗弗。

同年 2 月，乔丹被选入全明星阵容，但人们能想起来的可能只有那一记弹框而出的扣篮。4 月 2 日，他在以 93∶113 负于湖人队的比赛里拿到了两分的职业生涯单场最低得分。两天之后，球队宣布他因为膝盖问题

将缺席球队剩余的比赛。奇才队的胜率最终跌倒了五成以下,并无缘季后赛。

"第一年很艰难,"约翰尼·巴赫回忆说,"第二年则更为艰辛。想把场上的状态和那么多的出场时间保持下去,真的是难上加难。并且联盟里的其余球队也不肯在防守迈克这一点上有半点松懈。每场比赛都是肉搏战,我认为他做的事比别人多太多了。因为他从前是那么的伟大,所以现在无论是对他来说,还是对公众来说,22 分的场均得分并不能令人满意。"

奇才队在休赛期将汉密尔顿送到底特律,换来杰里·斯塔克豪斯。乔丹也在 2002 年的秋天准备再次披挂上阵。"最后一个赛季简直……我的天!简直太糟糕了,"大卫·阿尔德里奇回忆说,"并且,我认为那让一些人更有理由将他视作一名败家的总经理。他们阵容里的人的确都是他挑出来的。"

本来第二年的计划是缩减乔丹的出场时间,让他在球队中扮演一个第六人的角色。"在那个赛季之前他不停地重复这件事,"阿尔德里奇说,"他会让斯塔克豪斯顶替他的角色,自己变成板凳席上的第六人,负责和第二阵容的队友们上场搅乱战局。我记得我当时想:'这太合理了!'而且基于他的这番话,我在最佳第六人的预测人选上果断填了乔丹的名字。因为我认为,一个和一群替补球员对位的迈克尔·乔丹,即便状态不比往日,但每场拿个十六七分还是不在话下的。这简直是世界上最合理的事情。然后,差不多开赛两周以后,这个实验结束了。我不知道是因为他的自尊心受不了,还是他觉得斯塔克豪斯不够出色。他又把自己放回了首发阵容。"

此举又让公众哗然一片,有的声音说,教练柯林斯依旧拗不过那个穿着球衣的球队老板。"在这事儿上我支持道格,"阿尔德里奇说,"我在报纸和电视上都在强调同一句话:'你这个从头再来的决定把你的教练放到了一个极其尴尬的位置。'我永远也不会懂他为什么要这么做,因为他转变成一个板凳球员实在是件顺理成章的事情,合理得要命。如果他每晚打 24 分钟,而不是 37 分钟,那会显著地减少他的压力,减少他膝盖的负担。我曾觉得这事儿能成。但是他不甘心坐在场边,当一个比赛的旁观者。"

当奇才队在第二个赛季第一次和活塞队碰面时,乔丹与刚被他交易走的汉密尔顿之间的矛盾被搬到了台面上。"在得知被交易到底特律之后,'Rip'(汉密尔顿外号)有些生气,"泰伦·卢说,"我们在常规赛遇到了底特律,那场比赛里 Rip 打得特别凶。他对着 M. J. 说垃圾话,M. J. 回应他:'这与个人感情无关,Rip。我只是想继续打球而已。'但 Rip 仍在他耳边喋喋不休,然后乔丹说:'听着,Rip,你脚底下穿着我的鞋,你怎么有脸对我讲垃圾话?那鞋上面印着我的名字你看不到吗?你还要说什么垃圾话?来啊!'我们都被逗得捧腹大笑。这真的只是笔生意而已。我认为他喜欢 Rip,他只是更想得到一位像杰里·斯塔克豪斯一样,更具攻击性,能在场上独挑大梁,能为自己创造得分机会,能吸引包夹,让球队更有机会赢球的得分手。在我看来这是他交易走汉密尔顿的原因,和个人感情无关。"

乔丹继续在和自己衰老的身躯做着斗争,他拖着一双病膝开启了新的赛季。12月15日,他又一次单场比赛仅有两分入账。然而,他不知被施了什么魔法,又找回了状态并且在次年2月意外地成了全明星的先发。乔丹在全明星赛上拿到20分,超越卡里姆·阿卜杜勒-贾巴尔成为全明星的历史得分王。但从许多方面来讲,那一晚还真挺折磨人的。他开局的前七次出手无一命中,其中有四球被对手盖掉,还有一记扣篮被篮筐拒之门外。虽然他在最后关头的进球帮助东部取得领先,但科比·布莱恩特最后用罚球把比赛拖入了加时。在两个加时赛中,乔丹投丢了三个球。145∶155,东部吞下了失利的苦果。

乔丹曾发誓不会把退役之前的比赛变成告别巡演之类的东西,但这事儿可由不得他,那个赛季他每到一地,都会有一群家伙与他感伤地道别。当奇才队最后一次做客洛杉矶,打本赛季和湖人队的最后一场球时,科比·布莱恩特给乔丹送上了一份告别大礼。"科比在第一节几乎摧毁了他,半场就拿下了大概40分,"J.A. 阿丹戴回忆说,"那好像意味着乔丹时代已经真正完结,火炬被传到了科比的手里。我想他心里一定备感屈辱,但他真的对此无能为力。"

上个赛季,科比曾连续在数场比赛中砍下40分以上的高分。当时乔丹评价说,科比和他之间有个共同的特点:他们二人都想方设法地要与同时期的球星们拉开距离。对乔丹来说,他当时的最大目标就是要胜过同样天赋异禀的克莱德·德雷克斯勒。

随着奇才队当赛季剩余的比赛越来越少,乔丹和他一些队友的关系逐渐变差。在芝加哥的时候,禅师善于利用多种方法,例如乔治·穆福德带来的正念训练,去帮助乔丹和那些水平较低的球员处理好关系。杰克逊的指导方法将重点放在团队的关系上,旨在让每个球员扬长避短,从而凝聚成一个强大的集体。而在华盛顿,这里没有禅师,没有穆福德,没有泰克斯·温特的进攻体系,最重要的是,没有斯科蒂·皮蓬。乔丹再也接不到那些舒服的突破分球,并且看起来,他并不信任身边的这些主力球员。"他曾经对周围人的那种信任,现在半点也不剩了,"一位乔丹的同事透露说,"他在那个地方相当孤独。"

事情还会变得更糟。在常规赛结束的三周之前,杰里·克劳斯从奇才队的工作人员那里听到了一些令人不安的言论。他在2012年回忆说:"我给阿贝·波林挂去了电话,他对我说:'我要修理你的那个朋友。他觉得他在耍我,但是你看着吧,他不知道他已经大难临头了。'阿贝这个家伙本身就是个谁都惹不起的无耻之徒。"

这件事发生不久之后,《纽约时报》的篮球写手迈克·韦斯(Mike Wise)就接到了一个消息人士的电话,他在电话里向韦斯透露了一个惊天新闻:波林将要在本赛季结束和乔丹断绝一切联系。于是韦斯开始了自己的走访调查,他很快发现,乔丹在管理层和球队中树敌无数,除他亲手选来的那几位之外,乔丹鲜有朋友。在波林眼里,他已经玩过火儿了。

"我知道球队里存在着很多问题,"大卫·阿尔德里奇说,"所以我当时认为乔丹应该做的第一件事,就是去找阿贝,跟他说:'嘿,我们现在可能搞砸了,但我们未来的计划是如此如此、这般这般。你是老板,我们都懂,我们不会做越俎代庖的事情。如果我的人对你的人有什么失礼的地方，我向你道歉，并保证这事儿不会再发生了。'但他从来没有机会和波林说出这番话。"

韦斯关于乔丹所遭遇的困境的报道被登在了《纽约时报》上，他提前将波林要甩掉乔丹的新闻透露给了大家。泰伦·卢至今还能回想起当时的惊讶："他怎么会就这么被扔掉了呢？这可是一个年逾四十还坚持复出，每晚以较高的命中率拿下20分的家伙啊。我认为他很伟大。虽然我们都知道这里站着的不是曾经的那个飞人，但是他对胜利的渴望，他对比赛的热情，一直没有改变。"

布伦特·巴里也记得自己在读完那篇文章之后的出奇愤怒。他对一些奇才队球员表现出的态度相当不满："你知道吗，这锅不该由乔丹来背。当一名球员为了帮助他们兑现潜力、突破极限，花费那么多时间来对他们谆谆教导时，他们应该做的就是好好听话。因为你没有理由逃避，这就是你的工作。如果迈克尔不曾浪费这些时间在他们身上，那故事可能就有另一个结尾了。"

"我一度认为他们能友好共事，"阿尔德里奇谈到乔丹和波林的关系曾说，"我觉得他们总有一天会找到和谐共处的方法，但在那事儿之后，这基本就不可能了。当《纽约时报》的那篇文章一登出来，满大街的人都在为他们二人之间的不合奔走相告。那件事好像给全美人民拉响了警报，它在提示大家，这件事的严重性超乎你们所有人的想象。"

韦斯讲述的故事太离谱了，无论是大卫·法尔克还是乔丹都对这篇报道的真实性嗤之以鼻。但事实证明，他们错误地估计了当前的形势。"我认为如果他当时在阿贝·波林面前表现得更顺从一些，那么他一定能挺过那场风波。"阿尔德里奇说，"我想他对波林缺乏尊重的态度是这次危机的导火索。这可是登在《纽约时报》的故事啊，大家都知道，一旦这件事被曝光到报纸上，局势就难以控制了，因为如果不是有什么目的的话，你是不会随便写篇文章就登在《纽约时报》上的，对吗？所以即便我以个人的力

量查不清这件事的原委,但很明显,这是一位有所企图的幕后黑手所设下的局。我认为无论是谁蓄意将这篇文章登在《时报》上,那个家伙一定很聪明。因为那些总为乔丹辩护的当地媒体,没有一个敢站出来迎接这波猛烈的攻势。"

作为一名资深的篮球写手,韦斯从未对他眼里那个华盛顿的乔丹有过半点倾心之意。他认为,乔丹已经迷失在他自己的世界中,他是个和现实脱节的怪人,活像个翻版的晚年猫王。韦斯在2012年回忆往事时说,乔丹和他带来的那群家伙,是华盛顿球队中傲慢自大的典型代表。

但约翰尼·巴赫却有着不同的看法。的确,乔丹与这个球队若即若离,有时选择退出,有时又渴望比赛。但在巴赫眼中,乔丹其实一直在试图讨好波林,因为他甘愿将声誉放在一旁,在明知球队没机会赢球的前提下,仍通过复出来帮助球队。不幸的奇才当年输掉了45场比赛,连续第二年倒在了季后赛的门前。在乔丹身披奇才队球衣的最后一夜,球场里出现了一幅温馨的画面,情到深处的奇才队球迷让乔丹被满场的温暖与爱所包围。那个赛季,那段经历,对乔丹来说都是失望至极的。但是这一刻的他笑得如此灿烂,在球员生涯的倒计时行尽之前,他似乎真的很享受这群球迷留给他的最后的喝彩。

尽管《纽约时报》上的那篇报道被炒得甚嚣尘上,乔丹仍在赛季结束之后前往波林那里与他会面。他期待波林会对他这两年的表现予以奖赏,毕竟在他刚来球队时,奇才的薪金状况烂得一塌糊涂。乔丹和他的那群人甩掉了几个累赘的大合同,改善了薪资环境,让球队有空间追求联盟中的年轻新星。乔丹在这两个赛季拿的都是最低薪水,并且这几百万美金也都被悉数捐出。两年间,只要乔丹确定上场,华盛顿的球票就会一直处在售罄的状态。这样空前的上座率使得球队即便输球也无关紧要。据估算,场场爆满的奇才队当年的盈利在3000万到4000万美元。

波林那天的态度简单而强硬。根据多方的猜测,当天他已经为乔丹准备好了数百万美元的遣散费。但据说乔丹分文未动,并迅速结束了与波林的会谈。

阿贝·波林，这个一辈子没解雇过员工的老板，竟然开除了迈克尔·乔丹。许多篮球界人士对这件事的峰回路转感到十分诧异，因为在大家的眼里，乔丹为 NBA 带来了数以亿计的盈利，他在篮球领域中的地位举足轻重，称得上是美国的国宝级人物。

"这是件残忍的事情，"做了 40 年 NBA 总经理的帕特·威廉姆斯（Pat Williams）和这两个人都认识，他评价说，"他们忽然分裂成了两个对立的阵营，这支球队内部已经分道扬镳。被解雇一事让乔丹甚为震惊。"

"那段关系最终以悲惨的结局收场，"约翰尼·巴赫回忆说，"他一下子就被踢出了奇才队。包括所有他带来的人，我们都失业了。我也不理解这种做法，不知道他们之间说了什么。迈克尔是那种言而有信的人，如果你对他做了什么承诺，你最好要信守诺言。他们曾经达成过共识，但有些东西你是无法在合同里写出来的。"

听到这个消息，就连奇才队的队员们也大吃一惊。

"我难以接受这个结果，"泰伦·卢说，"你看，这个家伙为你复出打比赛，用两年时间把你在过去五年里赔的钱全赚了回来……他在两年里做了这么多，你竟然用这种做法来回报他？真是悲惨的一天。"

华盛顿这座城市从不缺乏下三烂的花招，但即使是这里的球迷们，也被事件的发展惊呆了。阿尔德里奇解释说："现在华盛顿市内产生了激烈的争论，他们在讨论一个问题：难道阿贝是在蓄意利用迈克尔，等到他没价值的时候再把他甩到一旁吗？我认为很多人对这个观点持肯定意见，他们相信事情的真相就是这样的。大家都知道迈克尔所期望的结局是怎样的，他觉得他还会以总经理的身份回到球队。在打球的那两年里，他从不避讳谈论这个想法。所以和上次突然宣布退役不同，乔丹这次的打算早已公之于众。

阿尔德里奇还说，他更倾向于相信，波林从来就没打算履行让乔丹重回管理层的诺言。

"我认为阿贝从未计划把球队卖给乔丹,他根本没想过让乔丹持股50%以上。我根本不相信。"

当天晚上,刚被解雇的乔丹出席了他在华盛顿的最后一次活动。根据网络上的描述,那一夜的乔丹失魂落魄、心不在焉。

"他离开了,"大卫·阿尔德里奇回忆说,"他离开了……自那以后我有很长时间都没见过他。"

当时,阿尔德里奇在为ESPN工作。"我在ESPN的那段时间,他们在乎的只有'我们得联系上迈克尔·乔丹做个访谈'。"阿尔德里奇也不断向乔丹身边的人提出采访的要求,"我当时不断地恳求那些人,他们每次的答复都是:'他会做的,他会做的。'有一次,他们对我说:'来洛杉矶吧,他将在洛杉矶接受你们的采访。'于是我就去了洛杉矶。他们又说:'他现在不想做访谈。'事情就这样一直拖延下去,周而复始。"

第三十八章　卡罗来纳

夏洛特山猫队自然不想成为联盟里的笑柄，至少现在不想。但是乔丹在2004年重新在这里抛头露面，改变了一切。夏洛特刚刚书写完了一段悲伤的故事，老球队黄蜂队已经背上行囊赶赴新奥尔良，而出版业巨头罗伯特·约翰逊（Robert Johnson）获准在这里重建一支新的球队。夏洛特这座城市好比NBA版的切尔诺贝利：黄蜂队曾是联盟中小球市里的模范代表，1989年建成的夏洛特体育馆，每晚都观众盈门、人山人海，热情似火的当地球迷为阿隆佐·莫宁、拉里·约翰逊（Larry Demetric Johnson）和小虫博格斯这群球星呐喊助威。但这个体育馆建成没到十年，老板乔治·辛就开始喊着要再建一座带有贵宾看台的新馆，他说这样不仅可以增加收入，还能让球队更有竞争力。随后，被性侵丑闻缠身的乔治·辛在斗争了很久之后，依旧没能逃过被起诉的命运。看起来，黄蜂队面前这堆烂摊子已经没法收拾了。球迷们纷纷"弃蜂而去"，辛也带着对职业篮球的厌恶将球队搬离了夏洛特。

在这一出闹剧之后，联盟新军山猫队在2004—2005赛季在夏洛特繁华的市中心重新开张，但球迷们的反应却相当平淡。约翰逊是四大职业体育联盟中第一个掌握球队多数股权的非裔美国人，他非常乐意邀请乔丹加入山猫队，在成为小股东的同时，他还可以兼职负责球队的篮球运营事务。乔丹那时刚刚把濒临破碎的婚姻拯救回来，接受这个工作就意味着他要在夏洛特当地付出更多的时间。但之后发生的事情证明，这座城市绝对不是重启家庭美好生活的理想之地。

台 球

2004年年底,一位名叫丹尼尔·莫克(Daniel Mock)的小伙子遇到了一群非比寻常的客人。莫克是一家位于城南名叫"夏洛特男人俱乐部"的艳舞酒吧的酒保。自年幼时起,他就是乔丹的忠实粉丝。"飞人"的海报铺满了他家的墙壁,乔丹的每件球衣他都收集珍藏。莫克甚至还在一场高尔夫名人赛上要到了乔丹的签名,那段在名人赛中跟着偶像到处跑的记忆让他久久不能忘怀。所以,当他在十年之后看到乔丹、罗伯特·约翰逊、查尔斯·奥克利和达拉斯独行侠队的老板马克·库班(Mark Cuban)一起出现在他的酒吧时,他几乎快吓傻了。这四位大佬坐在吧台旁一处隐蔽的地方,而这个吧台正好由莫克负责。"夏洛特男人俱乐部"一共有两层楼,四个吧台,三个舞台,每晚还有60名妙龄女子跳上一整夜。

"他们径直走进男人俱乐部,我直接愣在了那里,"莫克笑了一声,回忆起当年的故事来,"我吓傻了,旁边的小姐们都在取笑我。他们进屋落座,我接了他们的单,然后派一群姑娘去给他们跳舞。"

他们把两张桌子拼在了一起,这样一来,库班、乔丹、约翰逊这几个人就能边用餐,边享受美女们轮流的私人陪伴。奥克利走到离莫克不远的一个小吧台旁坐下,这让莫克很快就和他搭上了话。莫克对奥克利说,乔丹是他"一生的偶像"。

"哦,真的吗?"奥克利说,"那我把他叫过来。"

就好像马上要被介绍给学校里最美的女孩儿,莫克的心里忽然惶恐不安起来。

"不,不必了。"他说。

在歌曲的间隙,那些舞者会去坐在男人们的大腿上。这家俱乐部养着很多艳舞女孩儿,她们六个人一组,轮流去乔丹那桌搔首弄姿。她们先跳大概5分钟的舞,然后去和男人们坐在一起。

最后,莫克还是过去和乔丹说了话:"我说:'乔丹先生,今晚过得怎样啊？我只是想告诉您，我 11 岁那年在太浩湖拿到了您的亲笔签名。您是我小时候的偶像。'他们几个人都看着我，嘴里叼着大大的雪茄。"

莫克向他讲述了他记忆里的那届高尔夫冠军赛，并感谢他们光临这家俱乐部。

"孩子，那个签名你还留着吗？"乔丹问。

莫克回答说，为了安全起见，他早就把那个签名锁了起来。

"是这样啊，那你可别弄丢了哦。"乔丹笑着说。

这群人豪饮香槟，大快朵颐。在这个地方，龙虾都是在你面前被捞出缸，牛排都是在你面前准备好。他们吃完饭之后——那时候已经消费了 1000 多美元——乔丹起身准备去和邻桌的三名舞者打桌球。他路过的时候，奥克利正和莫克聊起他们明早要在菲尔索恩乡村俱乐部打高尔夫的事。而莫克这个高尔夫爱好者，恰好在那家俱乐部工作过。

"乔丹说：'是啊，菲尔索恩这场地有点儿难。'"莫克回忆说，"我跟他说我曾经在那里干过活儿。"

乔丹忽然停下了脚步，转过去看着莫克，他说："真的？跟我说说那里的事儿。"

莫克随即向乔丹滔滔不绝地介绍起这个场地的布置细节，并给他提出了几个相应的建议，例如在打几号洞的时候用哪种球杆，例如哪个地方该用三号木，哪个地方不该用。"他在那里坐了大概有 5 分钟，一直盯着我，就好像他在把我说的每个细节都记录下来，"莫克说，"然后他就去打台球了，他玩儿双打，由他和一个中国女孩儿对战两个高挑的金发女郎，帕梅拉·安德森（Pamela Anderson）那种类型的。乔丹一直在单手和她们打，他的另一只手上夹着一根巨大的雪茄。每当轮到他击球的时候，他都会把那根大雪茄叼到嘴里，一只手背到背后，球杆紧挨着球台。"

或者这些艳舞女郎就站在乔丹瞄准的网兜后面，妩媚地挑逗着手持长枪的飞人。

"我当时和奥克利坐在一起，"莫克笑着回忆道："然后他说，'哦，迈

克今晚又享福了。'真的，几乎整晚都是这个情景。"

约翰逊提前离开了，但是库班、乔丹和奥克利在那儿玩到将近凌晨三点，早过了这家俱乐部两点的关门时间。莫克听到他们的高尔夫赛五点开球时，又大吃了一惊。

莫克第二天早上起来，给一个高尔夫俱乐部的老朋友挂去了电话。朋友告诉他，工作人员本想让乔丹在早晨六点半开球，但是，"他说那太晚了，"莫克回忆道，"乔丹让他们必须在五点四十五，也就是太阳升起来的时候开球。我对那个朋友说：'他们凌晨三点的时候还醒着啊。'他说：'什么，就睡两个小时？'"

朋友问莫克他是如何得知乔丹那么晚还没睡的。莫克告诉他，那群人昨晚一直在男人俱乐部里潇洒。"他说：'不可能吧？！'"莫克又笑了一声，"他说：'我们有很多会员想在乔丹之后开球，于是乔丹一口气买下了全部四个开球时间，这样就不会有人来打搅他了。'所以他们先在俱乐部玩儿到了凌晨，又包下了四个开球时间。天啊，他们花了多少钱。女郎们说他们的账单大概有1800块，我清楚地记得是库班请的客。两个女郎在库班腿上坐了一整晚，他就在那儿大口地灌酒、抽雪茄，时不时发出一阵狂野的笑声。"

莫克的朋友亲眼见到乔丹、奥克利和库班在高尔夫球场上奔走如飞，他们在九点半打完了比赛，但看起来，他们还没玩儿够。

在夏洛特，乔丹摇身一变，成了山猫队的总经理。但他依然没闲下来，继续在全世界花天酒地，玩着自己钟爱的高尔夫和轮盘赌。所以和他结发17年的胡安妮塔再次提出离婚，也不算什么意外了。这宗离婚案最终在2006年12月告一段落，据《福布斯》杂志估测，乔丹在离婚后损失了大概一亿五千万的财产，据说这是美国历史上代价最高的分手之一。

几年之后，乔丹一直以来高高在上的形象从神坛跌落。网民们经常在各大论坛齐聚一堂，对着乔丹操作上的失误指指点点。山猫队在2006年的选秀大会上摘下了亚当·莫里森（Adam Morrison），自此以后，夏洛特球迷失望与不满的呼声水涨船高。事实证明，亚当·莫里森是个令人失望透顶的球员，他也成了乔丹的灰暗历史中撕不掉的一页。随着批评的声音越来越多，一些观察员想知道，为什么乔丹一次都没有就人事管理上遇到的问题向克劳斯求助。另一些人则明白，他永远不会向那家伙求援。因为他像是被禁锢在了由名声和荣誉堆砌起的高墙之中，只有乔丹的那个小圈子里的人，才有资格让他敞开心扉。

然而，比起求助克劳斯，乔丹悄悄地找到了一个更好的法子。吉姆·斯塔克当时已经离开公牛队，跳槽到明尼苏达森林狼队去做总经理。于是乔丹经常和他谈起球员管理上的问题。

"我们在2004年到2008年之间有过很多次谈话。"斯塔克回忆说。

斯塔克说，他们在对话中常常会谈起选中亚当·莫里森这件事。"亚当这个球员在进攻端很有天赋，只是后来被糖尿病的问题限制了发展。他一开始是那种很脆弱的孩子，密集的NBA赛程给他带来了负面影响。我和M. J.说过这方面的事，因为我俩一直都坦诚相待。选秀大会上，他们没有那种显而易见的最佳人选，最终做了个糟糕的选择。"

斯塔克说，想当好一个总经理，你不仅需要付出努力，还需要拥有足够的运气。他说："你把该做的功课都做了，万事俱备，只欠东风，你只希望自己再多那么一点儿运气，找到对的那个人。"但是这份工作实在让乔丹力不从心，他从前在球场上做出的那些最正确的选择，现在一个也做不出来了。那些见过乔丹在NBA新秀训练营考察球员时的样子的人，都不敢相信他的自信心竟然受了这么大的伤。尽管他还是一如既往地随缘行事，但在屡次三番的挫折之后，乔丹似乎也没那么相信自己了。朋友们见到他憔悴的面庞，就知道他在走下王座之后受了怎样的苦难。有时候，我们能从乔丹的肢体语言中看出他与这份工作格格不入，这像极了十年前他初入棒球世界时的样子。

布莱恩特

2008年,NBA在奥兰多的迪士尼体育中心举办了选秀之前的训练营。乔丹一个人坐在球馆远端的看台上,俯视着下面那群正刻苦打球的未来之星和自由球员。他看起来心不在焉,因为当一名曾经与他相识的记者要求采访他时,他一口答应下来,好像终于从什么烦心事里解脱出来了一样。这名记者问了一圈儿,最终绕到了科比·布莱恩特的话题上。

21世纪初期,菲尔·杰克逊在洛杉矶三度称王。2008年春天,沉寂多年的湖人队又在科比·布莱恩特的率领下卷土重来。科比取代了乔丹在禅师和温特所架构的三角进攻体系里的角色,飞人对此事饶有兴致。从一模一样的光头,到学习乔丹的言谈举止,这个湖人队后卫在很多年里都在跟随乔丹的脚步,尽管他一直极力否认自己在亦步亦趋。事实上,他可能是这批乔丹接班人中的最强者。在所有想继承神之权杖的球星里,布莱恩特也许是机会最大的那个。

和禅师与湖人教练组一样,乔丹一直以来也关注着科比的精彩表演。基本每隔一段时间,互联网上就会掀起一场"科比乔丹谁更强"的球迷论战。可乔丹并不知道他们有什么好吵的,毕竟,人类的行为无非就是模仿与被模仿。大家互相效仿、互相借鉴,这无可厚非,就像几十年间每个摇滚乐队都想成为第二个披头士或者第二个滚石,殊不知这两个伟大乐队也从美国布鲁斯乐的先驱甚至更老的音乐人那里汲取了丰富的养分。

那天,乔丹在采访中表示,毫无疑问,他的比赛为科比开辟了一条先驱的道路,"但是我又有多少引路人呢?这就是篮球的发展进程,如果我没看过大卫·汤普森或者更老的名宿们的比赛,我绝对不可能以那种方式打球。同理,如果不是看了我的比赛,科比也不可能以他现在的方式打球。所以你看,这些只是篮球运动发展过程中的必然现象,谁都无法改变它。"

聊着聊着,乔丹对科比的惺惺相惜便表现得愈发明显,并且毫无矫揉造作之感。乔丹就是这样的人,他尊重所有努力工作,并百折不挠的球员,而科比则达到了他的这两条要求。乔丹说:"他和我是有相似之处的,但他和我还是不一样。人们需要意识到并明白这一点,你们可能看到了很多我们之间的共同点,但他绝对是个和我不同的家伙。"

即使你把科比刻意模仿乔丹的那些地方放在一旁,你依然会觉得两人之间的比较十分有趣,因为科比所打的三角进攻,正是十几年前乔丹打的那套,这个体系的设计师同为杰克逊和温特。三角进攻是一套能为超级巨星创造空间的进攻体系,乔丹说:"三角进攻旨在让人们跑出空间,落到正确的位置上。科比这样天赋异禀的球员能帮你运转体系,把所有人联系起来,让队友们都变得更出色。"

多年前,温特刚开始设计这套体系时,他心中有六条关于团队协作的原则。但当他在 1985 年开始执教乔丹时,他意识到自己需要再补上个第七条——"如果你队中有一位篮球天才,请无视以上六条原则。"

温特一直以来都强调说,一个伟大的球员值得你对一切原则做出调整。

"泰克斯说得太对了,"乔丹微微一笑,脑子里闪过他和温特在公牛队训练时那一幕幕斗嘴的情景,他说,"科比也经历了和我一样的过程。"

科比和乔丹选择了同样的战术体系,有不少球迷对此表示厌恶。乔丹则认为这群球迷的做法是愚蠢的:"为了取得成功,为了走向伟大,科比已经做到了一切。不管你从哪个角度看,成功总是相似的。你没必要总在心里供奉着那些前辈们,因为如果你想取得成功,你必然会和他们拥有一些相似的特点。"

与其说这是在模仿前人,倒不如说这是在因袭一条成功的定式。乔丹补充说:"为了完成梦想,他已经把该流的汗都流了。成功对他来说只是早晚的问题。"

乔丹表示看科比打球,就好像在重新经历一遍自己的职业生涯。他们两个会通电话,然后聊一些只有这两位篮球天才才听得懂的话题。在 2008 年总决赛时,别人告诉科比乔丹夸奖了他,科比的耳朵马上竖了起来,活像个正在索要签名的孩童。"M. J. 谈论我了?"他问,"真是我的好兄弟。"无须多言，这段与乔丹的忘年交让科比受益匪浅，乔丹不仅给他提供了足够的支持，也带给他更多的自信。

几年前，湖人队的教练组曾经得出了个结论，他们认为科比和乔丹确实很相像，特别是在他们最突出的天性——好胜这点上，两人更是像得可怕。所有人都知道，只要有关胜利，乔丹和科比都会变成冷酷无情、心狠手辣的怪物。并且他们的技术也很类似，除了乔丹的手更大点儿，他们还真没有明显的差别。两人之间最大的不同在于他们的学历背景，乔丹曾经在北卡大学的体系中修炼过，所以他会更容易接受温特的三角进攻体系，以及团队篮球的理念。但眼中闪着星光的科比，高中刚毕业就被球探们带到了职业篮球的世界。

"我常常会想他们两个有多像，"温特说，"他俩在球场上的反应、敏捷和弹跳都属联盟顶级。他们的投篮都很棒，可能一些人会说科比在投篮上更胜一筹，但是迈克的投射能力的确在随着球龄增长而不断提高。如果把科比和巅峰期的乔丹作比较的话，我不知道他们谁的投篮更精准。"杰克逊也承认了两者的相似之处，但是他强调，世界上只有一个乔丹。

一些评论家喜欢拿公牛队没有伟大中锋这个问题来说事儿，但温特给出的回应每次都一样。他说乔丹的背身单打功夫相当了得，他本身就是那个时期公牛队最厉害的低位武器。科比初入联盟的时候低位技巧也很出色，但是他却没有空间去施展和锻炼，因为湖人队的禁区里永远沉着一只超大号的鲨鱼。

温特也认为，如果把乔丹放在奥尼尔身边打球，他们俩不一定会合得来。

温特还说，从很多方面来讲，科比是个和乔丹一样出色的低位球员，但他唯独缺了一个重要的东西，那就是力量。相比之下，乔丹的身体更为强壮。温特说："迈克的下盘比科比更加稳定扎实。"

事实上，科比在辉煌时期打得更多的位置不是后卫，而是小前锋。乔丹在这点上与他也很相似。温特一直解释说，这样的安排能使两位巨星

"藏在防守阵型之后",减少在防守端体力的损耗。即便科比在进攻端一直大放异彩,温特仍认为湖人队应该让球动起来,科比的队友还是过于依赖他,就像乔丹的队友们曾经做的一样。

另一个不同之处在于他们领导球队的风格。温特说,乔丹会以严厉,甚至残忍的方式来对待队友,提高他们的抗压能力,这样才能在更大的压力面前正常发挥。科比的方式则更为温和友善。

然后一个不得不提的人就是斯科蒂·皮蓬。但温特常讲,你不能高估了皮蓬的贡献。

名人堂和未来

乔丹在这段日子认识了古巴超模伊薇特·普列托（Yvette Prieto）,他的生活也开始出现了变化。山猫队的战绩越来越糟糕,他们一赛季可能要赔千万美元的资金。飞人更是成了著名八卦网站 TMZ① 的首页常客。这段时间,似乎他做的每一件事情,背后都是铺天的争论和批评。2009 年,在乔丹有资格入选奈·史密斯名人堂的第一年,他就顺理成章地被其接纳。但他不知道,名人堂不仅代表着荣耀与尊敬,对他来说,还意味着苦难与折磨。

乔治·穆福德曾说过一句名言：评估一个人的标准不应是他说了什么,而是他做了什么。那年 8 月,随着入选仪式一天天临近,乔丹也定好了自己的随行伙伴。他选择了约翰尼·巴赫和他一同前往,意外地否掉了菲尔·杰克逊。年过八十的老助理教练巴赫,因前几年的一次离婚判决损失惨重,日子过得并不好。而邀请他一同参加篮球世界中最高贵的典礼,也算是乔丹所赠予的不菲礼物。乔丹还同时邀请了两位公牛队的雇员——票

---

① TMZ 是美国在线旗下的一个娱乐新闻网站,创办于 2005 年 12 月。TMZ 是 "Thirty Mile Zone" 每个单词第一个字母的缩写。

务经理乔·奥尼尔和人事主管蒂姆·哈勒姆——他们两位从乔丹加入公牛队的第一天就是这个球队的一员,他们被乔丹请上了私人飞机,和普列托、乔治·科勒一起飞向马萨诸塞州的斯普林菲尔德。

"说实话,那时我真是兴奋坏了,"奥尼尔谈到这段经历时激动地说,"很多年以前我就开始为公牛队工作,我刚入职的时候迈克尔还在读高一或者高二。我和蒂姆·哈勒姆是迈克在芝加哥最先认识的人,那时候他还不是个超级巨星。沧海桑田啊,现在我虽然不知道谁是这个星球上最出名的人,但乔丹绝对能排名前列。和迈克尔、普列托坐同一驾飞机去参加名人堂颁奖典礼,这代表着什么还用我说吗?那时候我们坐在一起谈笑风生,讲些当年的往事,还偷着出去打高尔夫,反正做了很多的事情。迈克尔是个不会忘旧情的汉子,你看,他把约翰尼·巴赫带去跟他一起参加颁奖礼。我想迈克尔的朋友有很多都不是名人,他有很多陪他打高尔夫,陪他玩耍的好哥们儿。虽然他的名人朋友们数以万计,但每天能和他玩到一块儿去的都是些平凡的家伙。我想他也很享受这种生活方式。"

他们在飞机上无话不谈,从乔丹的菜鸟赛季,到公牛队疯狂的球队阵容;从办公室里的"垃圾桶高尔夫"大赛,到很早之前他们的训练场还是天使守卫者球馆(一个破旧的高中球馆)时,他们得在来来往往的孩子后面排队等候进场。这些人在回忆中时而大笑,时而感慨。奥尼尔则注意到了另一件反常的事情,随着他们离斯普林菲尔德越来越近,乔丹似乎也愈发紧张。

"尽管迈克尔曾经一直生活在镁光灯下,但当人们的目光都聚在他身上时,现在的乔丹有时依然会露出一丝羞涩,"奥尼尔在2012年的一次采访中说,"因为入选名人堂这件事对乔丹来说是那么的重要,我认为他当时有一点儿小紧张。我想,他可能期盼着这一刻早点儿到来,也同样期盼着这件事早点儿结束。乔治(科勒)当时也和我们在同一架飞机上。甚至到今天,乔治也会跟我说:'以我们的出身,你敢相信我们去了什么地方吗?!'"

说到他的演讲,奥尼尔注意到乔丹并未准备什么讲稿。"他实际上并没写多少东西,"这位乔丹的老朋友回忆说,"他也不确定自己要说些什么,他在去的路上很是紧张。"

乔丹邀请他的童年偶像大卫·汤普森来做他名人堂的引荐人。"天行者"和飞人一同站在台上,下面则挤满了篮球世界里的一颗颗明星,为了见证乔丹在最明亮的聚光灯下荣耀加冕,就连他们也是花了大价钱才得以亲临现场。就在此时,情绪激动的乔丹决定卸下一切心理负担,把自己最真实的好胜心展示给大家看。他把所有在成功路上鞭策他前进的事情,无论真的假的,一股脑儿全都吐了出来。即使那些觉得自己已经很懂乔丹了的专家们,他们中的一些人也认为这次的演讲出乎意料,并且令人失望。乔丹领着大家回顾了一遍他曾经的怒火:从高二时被校队拒之门外,到迪恩·史密斯拒绝让大一的乔丹登上《体育画报》封面,到他和泰克斯·温特就"个人主义能不能带来胜利"问题的争论,再到他对杰里·克劳斯的厌恶,甚至他还提了在夏威夷酒店房间里和帕特·莱利的冲突。在台上毫无保留的乔丹,当天羞辱的人甚至和他感谢的人一样多。

听到这番讲话,没有人比杰里·克劳斯更吃惊,也没有人比他更得意。"我当时坐在那里,"克劳斯在2012年回忆说,"怎么形容我的心情呢?可以说,很意外吧。但是话说回来,毕竟他是迈克尔。我感到意外,是因为不敢相信他在这种场合袒露心迹。并且听到他把矛头对准迪恩,我简直震惊了。讽刺我?这谁都能想到。讽刺迪恩?这你敢信?迪恩听到这话,可能满脑子都在想:'什么?!'迪恩一定特别地吃惊。我们忍受这种事忍了六个总冠军那么久的时间,现在你们知道谁能做出来这种事儿了吧?"

在乔丹的名人堂演讲结束两年之后,克劳斯又凭着自己的感悟来对比乔丹的脾性和罗德曼乖张的个性。"丹尼斯可能会做出一些糟糕的事情,"克劳斯说,"但是丹尼斯心地是善良的,他做的事情就算有害,害的也是自己。但丹尼斯不会去伤害别人。迈克尔呢?迈克尔才不在乎他是否伤害了身边的人。他有时举止不太正常。但我不是说他是个疯子,我也见过很多

次他和蔼可亲的样子。我猜精神科医生们肯定特别乐意接收他这个病人，然后把他的大脑拆开来分析研究。他虽然是我合作过的最聪明的篮球运动员之一，但是那次名人堂风波，那次演讲，让人们看清了他犯傻的时候有多愚蠢。那天之后，有无数人跑过来对我说：'我以前都没意识到迈克尔原来这么浑蛋。'"

克劳斯承认，杰克逊是个能开导乔丹的一流心理医生："我们拥有一支非常棒的队伍，但这支球队很容易激动过头儿。他能把大家冲动的个性引导出来，然后将其放在正确的位置上。他了解每个球员，并且清楚怎样才能让他们精诚合作。"

另一个关键人物是温特，克劳斯说："泰克斯在完善乔丹的工作上，比所有人都更严厉。迈克尔不喜欢三角进攻体系，他说：'这个白痴体系对我们有什么用？'他花了好几年才真正接受三角进攻，但他之后马上就意识到这套进攻体系给他的低位打法带来了多大的益处。"

这位前公牛队总经理（他在 2003 年被莱因斯多夫清出门户）就名人堂演讲的事情评论了好一阵子，但他马上又放松下来，开始聊起乔丹是个多么伟大的球员。他说在他俩合作的那么多年里，就算乔丹面前摆着王屋太行要搬，茫茫东海要填，他也从来没见乔丹退缩过一次。克劳斯说他有一间储藏室，里面摆满了刻着每场乔丹精彩比赛的录像带。然而因为那段日子他实在过得苦不堪言，所以他一盘带子也没拿出来看过。最后，克劳斯终于被自己的长篇大论累坏了，他又做了一个总结："乔丹就是乔丹。迈克尔和我永远不可能同桌共餐。"

克劳斯认为，是这个媒体扎堆、崇拜盛行的年代惯出了乔丹的臭脾气："如果迈克尔在埃尔金、奥斯卡那些人所处的年代打球，你们就不可能看到现在这么风光的乔丹了。如果你把奥斯卡和埃尔金放到今天来，他们也会得到和乔丹一样的待遇。比尔·拉塞尔也能一年赚 3000 万美元。"

但正如乔丹一直强调的那样，他怎么做是他自己的事儿。在聚光灯下，他从未改变过自己傲慢不屈的形象。桑尼·瓦卡罗说："他就像个神选之子，他做的所有事，真的是所有事，甚至包括那些和常理完全相反的事，最后都能收获令人满意的结果。

尽管乔丹在斯普林菲尔德的演讲被报纸、广播、电视、互联网等所有媒体批评了个狗血喷头，但他已经从铺天的口水中走出来了。那些人之所以对乔丹不满，是因为他们本来期待这位一代美国人心中的英雄能给他们送上一场温馨愉悦的庆典，但乔丹的吐槽却毁了他们的美梦。

"我认为他的心眼儿还是好的，我真这么想。"大卫·阿尔德里奇说。

但公众还是想从这个改变历史的男人那里收获一些更美好的语句。

主　人

接下来，乔丹就要把心思投入到完成对夏洛特山猫队的收购一事上了。股份收购完成后，乔丹将成为联盟历史上第一个变身球队大老板的前NBA球员。20世纪，有一桩悬案被公众讨论了许久却始终不见答案，而这一刻，也许正是这个谜底离我们最近的时候。大卫·斯特恩和乔丹从来都不是密友，但现在斯特恩却在背后帮助山猫队尽快完成转手。事情办完之后，他又帮乔丹搞定了一些相关事宜的调整。杰克·麦考伦姆（Jack McCallum）一直以来都想知道那桩悬案的真相：乔丹在1993年是被逼退役的吗？乔丹在这件事上从不掩饰自己对斯特恩的愤怒。他认为斯特恩当时既没有作为，又不愿站出来澄清事实。总裁先生当然知道乔丹的脾气，但正如麦考伦姆所指出的那样，斯特恩当时处在尴尬的境地当中，如果他说了太多的话，或者提出了太多的抗议，那么结果只能是越描越黑，阴谋论将更加甚嚣尘上。但在乔丹的眼里，这种做法就叫作冷漠。

这两个人之间到底说了什么只有他们自己知道，他们之后再没谈论此事，也不曾给出更多的信息。但现在发生的一切，似乎成了破解这宗悬案的最有力证据。如果乔丹当初真的是被逼出联盟，然后又被总裁乐呵呵地请回来打球，那么斯特恩是绝对不会同意让他成为一支球队的老板的。毕竟，乔丹是个从不悔改的家伙（2007年，外号"吃豆人"的NFL[①]球员亚当·琼斯在拉斯维加斯的一张赌桌上加入了迈克尔·乔丹的行列。乔丹整晚都不让别人碰一下骰子——这骰子只能他自己来掷。在2014年的一次采访中，琼斯回忆说当晚他赢了一百万美元，而乔丹输了五百万）。"我并不知道他是否有过赌博方面的问题。"克劳斯说。如果真有此事，斯特恩怎么可能如此尽心尽力地帮助乔丹在他的联盟中博得一席之地呢？鉴于相反的证据太过匮乏，通过这件事，我们能清晰地推断出乔丹离开联盟，去伯明翰男爵队打棒球的真实原因和他解释的一样：失去至亲后的悲恸让他希望回到棒球场上，因为那是他离父亲最近的地方。

我们回到山猫队的事情上来。首席运营官弗雷特·惠特菲尔德在2009年忍痛裁掉了十几位工作人员。现在乔丹变成了球队的大老板，他的首要任务就是填补这些职位空缺，然后通过一系列的商业运作来重振山猫队。为了保证观众们在每场比赛里都能收获最完美的体验，他们在比赛运营上投入重金。不仅如此，他们还四处招揽大型活动，在非比赛日将场馆租借出去，在盈利的同时，还可以提高场馆在当地的知名度。这座球馆之前一直没有冠名商，在乔丹上任之后，他们迅速将冠名权卖给了时代华纳有线公司。一件事接着一件事，管理层几乎把所有该干的活儿都干了。乔丹会和他们一起开会，他们在他身上发现了他母亲和迪恩·史密斯曾经注意到的特质——他是个一流的聆听者。他开始和季票持有者们会面，特别是在球队挣扎的时刻——例如失败之后。类似的事情还有很多，就不一一详述了。

乔丹的老板生涯刚刚开始，他就收获了一份大礼：名人堂成员、北卡校友拉里·布朗同意出任他球队的主教练。乔丹在2010年年初正式接手球队，并在当年春天见证山猫队队史上第一次打入季后赛。但不久之后，他就为了削减开支不得不放走了队中的几名优秀球员。专家认为，雷蒙德·菲尔顿（Raymond Felton）和泰森·钱德勒的出走导致了山猫队在

[①] 美国职业橄榄球联盟。

2011年的萎靡，也间接促使乔丹和拉里·布朗很快分道扬镳。布朗教练后来在《丹·帕特里克秀》(The Dan Patrick Show)上抱怨称，乔丹周围的家伙们像一群"无头苍蝇"，他们都是"好好先生"，只会对乔丹点头称是。他在那儿工作的时候很"厌恶"这群人。并且，乔丹会在教练身边安插"间谍"来检查他们。

布朗走后，乔丹将退役的保罗·塞拉斯请出山来代替布朗。但是球队依然毫无起色，并在那年春天彻底折戟沉沙。自那时起，乔丹开始穿着装备光顾山猫队球员们的训练赛，老板要亲自测验他的球员们了。"他对比赛无所不知，"塞拉斯当时说，"他曾经到过那个高度，拿过总冠军，所以他知道成功的代价是什么。他尊重每个球员，是那种能和大家打成一片的人。但乔丹同时也是个难搞的硬汉，他想让所有人感受到他的威胁。"

在赛季开始前，乔丹的老朋友，同时也是山猫队的篮球运营总裁罗德·希金斯意识到，球队在中锋位置上需要人手。于是，自由球员夸梅·布朗进入了他的视线。布朗的篮板和防守能力是他立足联盟的法宝，但他在十年的职业生涯中成了个名副其实的流浪中锋。因为布朗代表着乔丹生涯中那段不堪回首的往事，所以希金斯觉得他在拍板之前，还是要先问问老板的意见。

"如果你认为他能帮我们赢球，那就签吧。"乔丹说。

现在，乔丹在球队训练里又一次对上了布朗。

"我们的关系一如往常，"布朗在那年春天提到乔丹，"M.J. 就是 M.J.，我们俩的关系从来就不是大家想的那样。乔丹和我只是老板与球员的关系，仅此而已。虽然在你表现低迷的时候他不会总那么和风细雨，但就性格而言，乔丹是个非常好的人。他是个好老板，这也是为什么我到夏洛特来为他效力。"

当被问到48岁的乔丹在训练中表现如何时，布朗回答道："他依然很难对付，他现在有点儿老了……但他依然可以命中投篮。他还能跟我们掰掰手腕，我不知道全场跑起来他会怎么样，但是乔丹在半场进攻中依然

出色。"

那些恶名昭彰的垃圾话还有吗？

"这是他的招牌武器，"布朗说道，并且笑得更大声了，"我是说，他是M.J.啊。我们能用垃圾话回击他吗？不，不，不。但是别的球队有我们这样一个依然能打训练赛的老板吗？他不仅打球，还在场上喋喋不休，有时还开开玩笑。他的存在提高了我们的训练强度，激发了每个人的斗志。因为每个人都想努力打球，所以有他在对大家都是件好事……"

"在他面前，你最好要努力点儿。"说完，布朗又意味深长地笑了。

山猫队接二连三的败仗让管理层顶端的乔丹又成了千夫所指的对象。他痛定思痛，招来一位炙手可热的年轻经理里奇·乔（Rich Cho），负责篮球事务运营。熟知乔丹的人都觉得，这算得上是乔丹为了胜利的一大让步，因为他从不轻易相信任何一个外人。但这次的选择他的确非做不可。

"乔丹能取得今天的成绩必然有其道理，"吉姆·斯塔克说，"迈克尔是一个非常，非常，非常聪明的家伙。他很敏锐，又无所不知。他所做的所有事都不是偶然，他既精于算计，又稳重谨慎。我想他对未来的规划肯定已经在脑海里构想千遍万遍了，只是有时事情会不遂人意。但他会在一路上学习收获，他学东西特别快。当有意外发生时，他会做出必要的调整。无论他现在是老板还是总经理，总之这是个全职工作，他每天都得出现在办公室里。但他可是迈克尔·乔丹，那个全美的偶像人物，他可很难像所有总经理应该做的那样二十四小时为球队事务操劳。他也意识到自己抛头露面的生活对他球队管理的工作有害无益。于是他同意做出让步，退到幕后做一个只负责最终定夺的决策者。如果他还是那个固执的年轻人，那么他可能坚持要靠自己的力量、以自己的方式解决问题。但他现在成长了，知道何时该收手，毕竟不是所有事都要亲力亲为。在他身上，我看到了一个无比成熟的男人。换作之前的乔丹，他是绝对不会做这种事的，绝对不会。他的做事方式就是不断变狠、变强，直到找到解决问题的办法。他在对抗底特律军团时就是这么干的，他在迎接很多挑战时都是这么干的，当然,他最终都获得了胜利。"

乔丹很快发现,这些让步只会给他带来更多意想不到的麻烦。虽然球队在 2011 年春天迎来了短暂的复苏,但山猫队的管理层依然决定将球队的领袖,全明星球员杰拉德·华莱士(Gerald Wallace)送到波特兰,用以交换几个杂牌球员和若干选秀权。显然,这宗交易意味着重建进程的开启,他们决定要用输球的代价去换取年轻的明日之星。失去主心骨的山猫队遭遇了一波连败,而被迫背井离乡的华莱士向来是个恋家的男人,他在夏洛特当地的社区里也名望甚高。后来华莱士对媒体透露,他感觉自己被乔丹"背叛"了。华莱士有这种想法并不奇怪,因为很多山猫队的其他队员也是这么想的。乔丹自然了解这种心情,在球员时代,他也有好兄弟被芝加哥的管理层以"为未来着想"为由送到别处,那时他也会在更衣室里困惑地坐着,心里凉凉的,如同遭遇了背叛。但是,现在恶人的角色却轮到他来扮演了。在交易发生后的几天里,乔丹对夏洛特的老乡们没有只言片语的解释,这让很多人断定他不关心、也不在乎这宗交易的残酷性。事实上,乔丹对这个操作也心有不悦。有些自作聪明的家伙可能会说,送走华莱士是克劳斯才有脸做的那种交易。

几个月之前,乔丹邀请老友查尔斯·奥克利加入球队,担任山猫队的助理教练。

"他是个好人。"在一场失利之后,奥克利在采访中这样评价乔丹。他后来接着说,现在 NBA 的球员们都是被惯坏了的宠儿,他们不懂什么叫努力、什么叫硬气。

乔丹对着一个旁观的家伙微微一笑,他打趣说,如果奥克利现在一晚上能抢到 10 个篮板,那么他自己也能复出并且大放异彩。"如果他能拿 10 个,我就能拿 20 个。"乔丹坚定地说。

现实要真是这样就好了。乔丹很清楚,在 NBA 里,小球队的成功之路道阻且长,你得一步一个脚印才能换来他人的尊重。

第二天,乔丹起得很早,因为他要带着球员们去参加为当地学校服务

的公共项目。为了使这些中学的体育培养计划免遭因预算不足而被取消的厄运,乔丹已累计捐款数十万美元。

那年夏天,联盟又陷入了新一轮的停摆危机。从很多方面来看,这次的冲突似乎比以往更为激烈。乔丹曾经和球员们站在同一条战线,共同对抗联盟的老板们。然而,现在他却坐在了桌子的另一端。频频输球已经让他和山猫队的小股东们损失惨重,他这次要坚定地替老板们说话,因为这正是他应该做的。为了合伙人的利益,他有责任和义务帮助资方达成一个最有利的劳资协议。但公众眼里的乔丹本应是那个完美的"飞人",所以现在他的所作所为使他遭遇口诛笔伐,被扣上了"叛徒"的帽子。在一群老态龙钟的白人老板里,乔丹黝黑的肤色显得格外刺眼。

那真是一段难熬的日子。

停摆在那年冬天正式结束。虽然山猫队的 2011 年已经足够糟糕,但和接下来的赛季相比,那一年还算是一片闪着微光的绿洲。因为这支既没有老将领袖,又缺少天赋青年军的球队,在 2011—2012 赛季惨遭了前所未有的血虐。夏洛特山猫队的表现把乔丹钉在了 NBA 历史上"最大输家"的耻辱柱上。

失 败 者

在那个如灾难一般的赛季里,乔丹依然找到了几件乐事,其中一件就发生在活塞队造访夏洛特的那场比赛之前。当时乔丹在和一位写手做访谈,别人告诉他时任活塞队总经理的杜马斯到比赛现场来了。"乔在这儿?"乔丹睁大了眼睛。他马上转身走向活塞队的更衣室,正巧碰到了刚出现的杜马斯。他一把抱住了这位曾经的仇敌,虽然他也是杜马斯当年最头疼的对手。然后,这两个中年人手挽手走到了走廊的尽头。乔丹把他的未婚妻普列托引见给杜马斯,对这位篮球场下的失意者来说,美丽动人的普列托可能是这灰暗的日子里少见的亮光了。

次年 2 月，还差几天就要年满 49 岁的乔丹又成了报刊、网络、电视等媒体攻击的对象。他们开始称他为联盟历史上最差的老板。球队在最后还送给老飞人一个颇具讽刺意味的结局——公牛队 23 号的球队以 23 连败结束本赛季。很多个夜晚，憔悴的乔丹在球队打铁声的映衬下活像个被囚禁的雄狮。山猫队在这个缩水赛季里打出了 7 胜 59 负的战绩，胜率为 10.6%，破了 1973 年 76 人队 9 胜 73 负（11.0%）的最低胜率纪录。在里奇·乔的帮助下，乔丹的球队选择走上了一条清理大合同、培养生力军的道路。缺少球星和有经验的球员，就意味着山猫更有机会拿到靠前的签位。

乔丹坚持称他和他的管理层对球队的未来是有规划的，虽然他们没预料到球队会如此糟糕，但他们依然走在既定的轨道上。常规赛结束后，他让教练位置上的保罗·塞拉斯退居幕后，加入管理层。塞拉斯说他对这个决定并无异议。

当年选秀里的至宝叫作安东尼·戴维斯（Anthony Davis），他是全国冠军肯塔基大学的当家球星。虽然都输成了那个样子，好运气依旧没有光顾乔丹的家门。新奥尔良拿到了当年的状元签，山猫队屈居第二。他们最终用榜眼签摘下了迈克尔·基德－吉尔克里斯特（Michael Kidd-Gilchrist），一名同样来自肯塔基大学的年轻前锋。

后来，关于乔丹要甩手卖掉山猫队的传言漫天乱飞，他在夏洛特的每一天都被这些猜疑所围绕。那些和他在同一时期成长的一代球员依然视乔丹为自己的榜样。像埃迪·平克尼、安东尼·蒂奇等一众和乔丹同场竞技过的球员，都殷切盼望着他能扭转局面，转亏为盈。而另一些人则低调表示，如果他不能干得更好的话，那倒不如卖了山猫队。

著名体育写手莱西·班克斯在 2012 年遗憾离世。在他去世之前，他就曾对乔丹在退役之后的生活表示过失望和惋惜。班克斯引用自己曾报道过的穆罕默德·阿里的人生经历来对比乔丹，他认为乔丹应该做一头阿里一样的猛狮，更多地回馈社会，为人类福祉做贡献。无独有偶，提出类似意见的不止班克斯一人。桑尼·瓦卡罗曾说，除了个人享乐之外，乔丹应该将精力投入到其他的事业当中。瓦卡罗建议，把他的母亲当作榜样倒是个不错的选择。

乔丹也许是太过自我了。杰里·克劳斯说："他觉得全世界都欠他的。"

然而，就像没多少人欣赏他在伯明翰的棒球岁月一样，他在夏洛特的这段日子可能也被低估了。很多专家在看了一部有关他棒球生涯的纪录片之后，纷纷表示他们之前没有注意到，这段对棒球的坚持让他变成了一个更完美的球员。乔丹在夏洛特投入的精力同样没有白费，山猫队对当地的经济振兴至关重要。尽管球队持续低迷，困难重重，但已经有迹象表明山猫队为拉动经济增长做出了贡献。奥巴马总统将2012年的民主党全国代表大会（他要在这里接受总统候选人提名，开始为第二任期竞选）选在夏洛特召开，似乎就印证了这一事实。

然而，地狱般的2012赛季又引起了新一轮乔丹要被输球和失望逼得兜售球队的流言。他很快就公开做出回应称，无论一支NBA球队在夏洛特的重建期有多长，他都不会选择放弃，因为他在山猫队身上做的是长期投资。

塞拉斯被调去了管理层，那谁来做教练呢？那年夏天，有报道称乔丹考虑邀请古稀之年的老骨头杰里·斯隆，或者禅师在湖人队的助理教练、年轻的布莱恩·肖。但出乎意料的是，乔丹最终选择了一位名不见经传的教练，迈克·邓拉普（Mike Dunlap）。他的执教特点就是训练严格，要求苛刻。因为球员时期的乔丹就是凭着艰苦的训练从人群中脱颖而出的，现在变成老板的他也想从训练这个环节着手，拯救球队于水火。

他年轻的球队在2012年的秋天收获了意外之喜，他们在几周内就赢下了比去年整个赛季的胜场都多的比赛。但经验不足的劣势马上就显现了出来，山猫队接下来遭遇了一波18连败，可是他们在输球的过程中不曾放弃，又经历了种种磨难，夏洛特人的前方似乎开始透露出微光。在山猫队挣扎前行时，一些细心的家伙发现乔丹在和普列托订婚之后明显开心了许多。他很少再拿着高尔夫球杆四处乱跑,似乎更专注于手头的工作了。2013年,在乔丹刚在众媒体面前庆祝完自己的50岁生日之后,他和普列托很快就踏进了婚姻的殿堂。尽管乔丹幸福满满,但他的山猫队在年初的日子并不好过。所以,乔丹打算在休赛期再换一个教练。他最终签下了湖人队的助理教练史蒂夫·克利福德(Steve Clifford)。在新帅的教鞭下,作为联盟最年轻球队之一的山猫队,在那个秋天取得了显著的进步。乔丹在夏天要回了"黄蜂队"的队名,随着新奥尔良更名鹈鹕队,乔丹在2014—2015赛季终于把"黄蜂队"带回了夏洛特。期间,他一整年都在试图卖出自己在芝加哥北部高地公园里占地56000平方英尺的豪宅。他一开始给这栋房子标价2900万美元,随后据称以1800万的价格公开拍卖,但依然无人问津,于是人们的问价越来越低,跌到谷底。

到了2013年年末,忽然传出消息,乔丹又要当爸爸了(普列托在2014年2月,乔丹51岁生日的几天前,生下了一对可爱的双胞胎女儿维多利亚和伊莎贝尔,这让ESPN和其他媒体戏称乔老爷又得了一双"乔丹")。虽然进程缓慢,但乔丹一步一步地又找回了生活的动力。他开始更认真地锻炼身体,体重也随之减了十几磅。此时,关于乔丹计划短暂复出的流言又开始铺天盖地。他一直以来也是这么暗示媒体的——在50多岁的时候回归联盟重拾篮球。但这在很大程度上只是在证明乔丹的"业缘"仍未结束,他只是从一段不可磨灭的神话走向另一段若幻若真的传奇。

如果乔丹在夏洛特所遭遇的一切称得上是苦难,或者只是厄运,那么事实终将证明,这段经历与之前笼罩在他身上的所有黑暗别无二致,在跋涉与忍受之后,他依然会是那个胜者。在伯明翰曾经漆黑的夜里,乔丹常常会想起离世的慈父。所以,当夜的浓墨盖上了夏洛特的星光与月色,他很可能也会独自坐在球馆最深的角落,翻看着那些父亲陪他一同经历的故事。他要把难堪的经历与幼稚的期许,都讲给那天国的爸爸听。

不难想象,在乔丹思绪万千的那些夜晚,他一定憧憬过一个老板所能拥有的最美好的未来:远处等着他的是一个辉煌的赛季,一次持久的季后

赛征程。我们同样不难想象，在乔丹的梦境里，他的家人们都陪在他的身边，甚至道森·乔丹也在，克莱门特依偎他的怀里，梅德瓦德和亲爱的贝尔小姐也来了。事实上，乔丹一家都在这里，母亲德洛里斯、大姐西丝、哥哥拉里、妹妹罗丝琳、表兄表弟、堂姐堂妹……他们都来了，美好的期待映红了每个人的面颊。

在这场梦的最后，蜂鸣器响了，比赛马上就要开始，整个球馆忽然一片沸腾。但是迈克尔却不见了。

他正坐在球馆深处，自己的办公室里。他在和詹姆斯聊天，好像已经过完了自己的一生。乔丹明亮而深邃的眸子开始泛起泪光，父亲的模样竟然逐渐模糊起来。忽然，他猛地大声向父亲问出了在心底深埋多年的问题："爸爸，你现在觉得我怎么样？我做的这些还行吗？我还需要回到屋子里去吗？"

你也自然能够想到，提问之后乔丹默不作声了。那个他最亲密的朋友和万千球迷早就知晓的事情，他现在也明白了。他也不用再追问些什么。那烦心的思忖在多年之后终于可以烟消云散。答案就摆在他的面前，摆在你我的面前。清晰可见。

说明和来源

采访

我要感谢下面这些人，他们都欣然接受了采访，不止为这本书，还有这么多年来我的其他作品，那些采访经历让我拥有了得以完成这部著作的观察力。他们包括（没有特别的顺序）阿特·琼斯基、拉尔夫·桑普森、杰里·克劳斯、乔治·穆福德、迈克尔·乔丹、詹姆斯·沃西、泰克斯·温特、泰·卢、迈克·怀斯、杰伊·马里奥蒂、丹尼尔·莫克、林迪·戴维斯、夸梅·布朗、肖恩·利文斯顿、里克·邦内尔、史蒂夫·科尔、布伦特·巴里、大卫·曼恩、威廉·亨利·乔丹、莫里斯·尤金·乔丹、拉斐尔·卡尔顿、迪克·内尔、霍华德·加芬克尔、沃尔特·班纳曼、乔·杜马斯、詹姆斯·爱德华兹、大卫·阿尔德里奇、道格·柯林斯、肯尼·盖蒂森、迪·布朗、克里斯·皮卡、斯科蒂·皮蓬、吉米·贝恩、查尔斯·韦斯特、桑尼·瓦卡罗、马特·古奥卡斯、蒂姆·哈勒姆、乔·奥尼尔、吉姆·斯塔克、罗德·希金斯、道格·里弗斯、查尔斯·奥克利、莱西·班克斯、乔治·格文、比尔·沃顿、凯文·麦克海尔、米奇·劳伦斯、查克·卡利、杰夫·戴维斯、帕特·威廉姆斯、迈克·泰勒、玛丽·费森、鲍比·乔丹、威廉·比林斯利、肯·罗伯茨、约翰尼·巴赫、马奎斯·约翰逊、杰里·斯隆、布里克·奥廷格、安东尼·蒂奇、特里·霍兰、比尔·撒克、汤姆·康查尔斯基、布伦丹·马龙、比利·帕克、埃德·平克尼、帕特里克·尤因、里克·摩尔、小克拉伦斯·盖恩斯、弗雷德·惠特菲尔德、迪克·韦斯、奇普·谢弗、菲尔·杰克逊、约翰·麦克伦敦、"大房子"克拉伦斯·盖恩斯、道格·多尔蒂、亚历克斯·里韦拉、迪恩·史密斯、汤姆·麦克米伦、约翰·汤普森、乔纳森·科夫勒、唐纳德·萨布莱特、罗德·索恩、比尔·布莱尔、欧文·曼德尔、马克·法伊尔、凯文·洛克里、史蒂夫·尚沃尔德、杰里·莱因斯多夫、比尔·格里森、谢丽尔·雷伊-斯托特、西德尼·格林、杰斯·柯西、布鲁斯·莱文、汤姆·史密斯伯格、约翰·帕克森、约翰·利格曼诺夫斯基、威尔·珀杜、鲍勃·洛根、伊赛亚·托马斯、查克·戴利、比尔·兰比尔、迈克·奥恩斯坦、谢尔比·斯特罗瑟、汤姆·多尔、加里·维蒂、埃迪·琼斯、比尔·温宁顿、罗恩·哈珀、尼克·范埃克塞尔、科比·布莱恩特、比尔·史密斯、特里·阿莫尔、贾德·比希勒、卢克·朗利、贾森·卡菲、丹尼斯·罗德曼、基思·朗德奎斯特、杰克·黑利、杰克·拉姆齐博士、雷·阿伦、吉姆·克莱门斯、杰里·韦斯特、魔术师约翰逊、杰里·巴斯博士。

杂志、报纸和网站

诸多出版物和网站也给我提供了极大的帮助，包括《芝加哥防守者报》《芝加哥论坛报》《芝加哥太阳报》《南城日报》《底特律新闻报》《底特律自由新闻报》《先驱者日报》《ESPN》杂志、《篮球》杂志、《休斯敦邮报》《休斯敦纪事报》《体育内幕》《体育》杂志、《洛杉矶时报》《全国报》《纽约每日新闻报》《纽约时报》《纽约邮报》《夏洛特观察者报》《威尔明顿日报》《威尔明顿星闻报》《格林斯博罗新闻和纪录报》《达勒姆太阳报》《温斯顿-萨勒姆日报》《罗阿诺克时报》《今日美国》《俄勒冈人》《费城问讯报》《圣安东尼奥新闻快报》《体育画报》《林迪职业篮球年鉴》《篮球时报》《波士顿环球报》《体育新闻》《斯特里特&史密斯职业篮球年鉴》《华盛顿邮报》、ESPN.com、翘首跂踵（Keeping It Heel）（博客）、子弹永恒（Bullets Forever）（博客）、篮球琼斯（Basketball Jones）（博客）、死亡转身（Deadspin）（博客）、篮球炒作（Hoops-Hype）（博客）、高尔夫狂人社（The Golf Nut Society）（博客）、NBA.com、Bulls.com 以及其他种种。

人口统计调查

北卡罗来纳州彭德郡 4000 份死亡证明（1910—1930 年）。

北卡罗来纳州彭德郡乔丹、汉德、伯恩斯、科龙、皮普尔斯家族人口普查纪录（1890 年、1900 年、1910 年、1920 年、1930 年）。

彭德郡道森·乔丹、克莱门特·伯恩斯、埃塞尔·莱恩婚姻记录。

夏洛特·汉德、伊萨克·科龙、克莱门特·伯恩斯·乔丹、道森·乔丹、威廉·爱德华·乔丹、詹姆斯·乔丹、罗莎贝尔·汉德·乔丹和伊内斯·皮普尔斯的死亡与出生记录。

道森·乔丹和爱德华·皮普尔斯的义务兵役记录。

达普林郡和新汉诺威郡乔丹家族房地产记录。

北卡罗来纳州农业部报告，1922，UNC 收藏。

著作

詹姆斯·贝克特博士，《定义迈克尔的那个词：他朋友和仇敌的讲述》。达拉斯：贝克特出版社，1988。

马蒂·布拉德沃思，《北卡罗来纳州彭德郡历史》。里士满：迪茨出版公司，1947。

菲利普·邦迪，《跳球：1984 年 NBA 选秀大会如何永远地改变了篮球时间》。麻省剑桥：达卡波出版社，2007。

托德·博伊德，《年轻，黑人，富有，出名：NBA 的崛起，嘻哈入侵，美国文化的转变》。纽约：双日出版社，2003。

布鲁斯·卡登，鲍勃·康德编辑，《冠军公牛》。芝加哥：论坛报出版社，1992。

阿特·琼斯基，《淡蓝统治：一位城市骗子、一位安静的堪萨斯人和一位山一样的男人如何建造了大学篮球最持久的王朝》。纽约：托马斯·杜恩，2010。

阿特·琼斯基、埃迪·福格勒、迪恩·史密斯，《登顶三月》。北卡教堂山：四角，1982。

沃尔特·H.孔塞尔，《多彩大衣：北卡罗来纳州开普菲尔河沿岸的信仰和社会》。莱克星顿：肯塔基大学出版社，2006。

理查德·埃斯奎纳斯、戴夫·迪斯泰尔，《迈克尔和我：我们的赌瘾……我的呼救！》。圣迭戈：竞技指导中心出版社，1993。

阿尔文·费瑟斯通，《烟草路：杜克，北卡，北卡州立，维克森林，体育领域最激烈内战的历史》。康涅狄格州吉尔福德：里昂出版社，2006。

尼尔森·乔治，《运动的进步：篮球界的黑人历史与美学》。纽约：西蒙&舒斯特，1993。翻印。

乔·格尔根，《终极四强：大学篮球重要事件的图解史》。圣路易斯：体育新闻，1987。

约翰·L.戈德温，《黑色威尔明顿与北卡罗来纳之路：民权运动时代一个社区的素描》。马里兰州拉纳姆：美利坚大学出版社，2000。

鲍勃·吉恩，《篮板：迈克尔·乔丹的奥德赛》。纽约：维京，1995。

大卫·哈尔伯斯塔姆，《比赛与守护：迈克尔·乔丹和他创造的世界》。纽约：兰登书屋，1999。

阿诺德·R.赫希，《第二个贫民区：芝加哥的种族与住房，1940—1960》。芝加哥：芝加哥大学出版社，1998。

梅丽莎·艾萨克森，《攻守转换：与芝加哥公牛一起的生活》。伊利诺伊州香槟：萨加莫尔出版社，1998。

菲尔·杰克逊、查利·罗森，《不只是比赛》。纽约：七故事，2001。

菲尔·杰克逊、休·德勒汉蒂，《十一枚戒指：成功的灵魂》。纽约：企鹅出版社，2013。

——《神圣的篮筐：篮球勇士的精神课程》。纽约：海佩里昂，1995。

西丝·乔丹，《活在家庭阴影之下》。宾夕法尼亚州埃尔金斯帕克：乔丹签名出版社，2001。

德洛里斯·乔丹、格雷格·刘易斯，《家庭至上：打赢抚养这场比赛》。旧金山：旧金山哈珀，1996。

迈克尔·乔丹、马克·万西尔，《对篮球的爱：我的故事》。纽约：皇冠，1998。

迈克尔·乔丹、帕特·威廉姆斯，《值得引用的迈克尔·乔丹：来自和关于迈克尔·乔丹——最伟大的篮球巨星——的隽言妙语》。田纳西州亨德森维尔：托尔豪斯出版社，2004。

J·阿伦·柯克，《北卡州威尔明顿流血骚乱的声明陈述，关乎每个美国公民的利益》。北卡威尔明顿：出版方不详，1898。

沃尔特·勒费伯，《迈克尔·乔丹与新环球资本主义》。增订版。纽约：WW诺顿，2002。

休·塔尔梅奇·莱夫勒，《当代人讲述的北卡罗来纳史》。第四版。教堂山：北卡罗来纳大学出版社，1965。

杰克·麦卡勒姆，《梦之队：迈克尔、"魔术师"、拉里、查尔斯和史上最伟大球队如何征服世界并永久改变了篮球运动》。纽约：巴兰坦，2012。

乔·A·莫布里，《我们如何生活在北卡罗来纳》。教堂山：北卡罗来纳大学出版社，2003。

吉姆·诺顿，《起飞：迈克尔·乔丹的崛起》。纽约：利特尔&布朗，1992。

博比·帕克，《迈克尔·乔丹：传奇之前》。北卡威尔明顿：威尔明顿星闻，1999。

威廉·斯蒂文斯·鲍威尔，《北卡罗来纳：一段历史》。教堂山：北卡罗来纳大学出版社，1988。

——《北卡罗来纳四百年》。教堂山：北卡罗来纳大学出版社，1989。

H·利昂·普拉瑟，《我们攻下了一座城市：1898威尔明顿种族屠杀

与政变》。北卡南港:德拉姆树,2006。

史蒂夫·兰德尔编辑,《花花公子访谈:他们比赛》。俄勒冈州密尔沃基:M 出版社,2006。

迪恩·史密斯、约翰·基尔戈、萨利·詹金斯,《教练人生:我的大学篮球四十年》。纽约:兰登书屋,1999。

约翰·L. 史密斯,《恐惧狂奔:拉斯维加斯赌场之王史蒂夫·永利的人生和危险时刻》。纽约:路障,1995。

萨姆·史密斯,《乔丹法则》。纽约:西蒙 & 舒斯特,1992。

里克·特兰德,《公牛年:禅,飞人,神圣的篮筐,亵渎的篮筐》。纽约:西蒙 & 舒斯特,1996。

J. 萨穆埃尔·沃克,《ACC 篮球:大西洋海岸联盟最初二十年的宿怨、传统和丑闻》。教堂山:北卡罗来纳大学出版社,2011。

罗伊·威廉姆斯、蒂姆·克拉瑟斯,《繁重工作:场上场下的人生》。北卡教堂山:阿尔冈琴,2009。

报纸、杂志、在线文章

唐纳德·V. 阿德尔顿,《在成为巨星之后,家庭教育依然没有结束》。《威尔明顿晨星报》。1996 年 6 月 19 日。

埃利奥特·阿尔蒙德,《两人被控非预谋杀害詹姆斯·乔丹》。《洛杉矶时报》。1993 年 8 月 16 日。

史蒂夫·阿希伯纳,《乔丹1997 年的带病表现提升了自己的声望》。NBA.com。2012 年 6 月 11 日。http://origin.nba.com/2012/news/features/steve_aschburner/06/11/jordans-sick-game/index.html。

柯特·巴登豪森,《迈克尔·乔丹的生意繁荣兴旺》。《福布斯》。2011 年 9 月 22 日。

——《迈克尔·乔丹在纽约主持 300 万美元的奥巴马资金筹集会》。Forbes.com。2012 年 8 月 22 日。http://www.forbes.com/sites/

kurtbadenhausen/2012/08/22/michael-jordan-hosts-3-million-obama-fundraiser-in-new-york/。

布莱恩·巴伯,《IC 杂志细说迈克尔·乔丹的招募》。焦油踵博客。2011 年 11 月 7 日。http://www.tarheelblog.com/2011/11/ic-looks-at-michael-jordans-recruitment。

阿龙·贝尔,《二十年后,乔丹的投篮依然传奇》。美联社。2002 年 4 月 2 日。在线可见 http://journaltimes.com/sports/twenty-years-later-jordan-s-shot-still-the-stuff-of/article_65cf03c1-0334-5a94-8782-410379224cf0.html。

艾拉·伯科,《〈时报〉体育:飞人乔丹和普通人》。《纽约时报》。1991 年 6 月 15 日。

莉丝·比罗,《迈克尔·乔丹在"白佬"餐厅打过工吗?》。港城美食家(博客),星闻在线。2011 年 12 月 11 日。http://foodies.blogs.starnewsonline.com/18422/did-michael-jordan-work-at-whiteys/

保罗·D.鲍克,《珍惜迈克的回忆》。《威尔明顿晨星报》。1999 年 1 月 12 日。

——《完美的时间点……从此离开》。《威尔明顿晨星报》。1999 年 1 月 14 日。

马克·布拉德利,《乔丹进入了球星的顶级梯队》。《威尔明顿晨星报》。1989 年 12 月 23 日。

查克·卡利,《第六局连得六分,熊狸击败海盗》。《威尔明顿晨星报》。1980 年 4 月 2 日。

——《海盗队战胜护裆队,后者失联盟第一》。《威尔明顿星闻报》。1980 年 4 月 26 日。

——《芝加哥的乔丹加入训练营》。《威尔明顿晨星报》。1987 年 6 月 16 日。

——《美洲豹咬伤莱尼,43 比 38》。《威尔明顿晨星报》。1980 年 2

月 6 日。

——《乔丹兄弟击败金斯顿》。《威尔明顿星闻报》。1980 年 1 月 30 日。

——《乔丹砍下 39 分，焦油踵制服理工》。《威尔明顿星闻报》。1983 年 1 月 30 日。

——《初尝名声，乔丹特殊的一天》。《威尔明顿星闻报》。1982 年 5 月 16 日。

——《莱尼大胜熊狸，63 比 49》。《威尔明顿星闻报》。1980 年 2 月 9 日。

——《莱尼险胜卡片》。《威尔明顿晨星报》。1980 年 2 月 13 日。

——《莱尼高中的乔丹：多才多艺的中学天才》。《威尔明顿星闻报》。1980 年 4 月 27 日。

——《威尔明顿中学准备迎接棒球季开幕》。《威尔明顿星闻报》。1980 年 2 月 24 日。

《夏洛特商业日报》。《耐克的拉里·米勒谈论迈克尔·乔丹和 NBA》。晨报。2012 年 7 月 24 日。

《芝加哥论坛报》。《1981 年的迈克尔·乔丹》。麦当劳公司照片传单，1981 年 4 月 11 日。Chicagotribune.com。2013 年 1 月 16 日存取。http://www.chicagotribune.com/sports/basketball/bulls/michaeljordan/chip2mjwmtn20090903161659,0,5614999.photo。

迈克·克拉里，《乔丹遇害案件更进一步：调查——FBI 开始关注詹姆斯·乔丹在南卡罗莱纳的商业利益》。《洛杉矶时报》。1993 年 8 月 15 日。

CNNSI.com。"乔丹之路——时间线"。乔丹之路网站。2001 年 8 月 22 日。http://sportsillustrated.cnn.com/basketball/nba/features/jordan/news/2001/08/22/jordan_timeline/。

塔-内希西·科茨，《迈克尔·乔丹最伟大的一投》。TheAtlantic.com。2011 年 6 月 7 日。http://www.theatlantic.com/entertainment/archive/2011/06/michael-jordans-graeatest-shot/240034/。

迈克尔·克劳利。《穆罕穆德·阿里是个叛逆者。迈克尔·乔丹是品牌的名字》。《尼曼报告》52卷，第3期（1999年秋季）：41-43页。

马克·迪克斯，《全明星记忆：迈克尔·乔丹最后的欢呼》。篮球琼斯（博客），TheScore.com。2012年2月6日。http://blogs.thescore.com/tbj/2012/02/26/all-star-memories-michael-jordans-last-hurrah/。

休·德利奥斯、乔治·德拉马，《高尔夫球友证实乔丹疯狂赌瘾的细节》。《芝加哥论坛报》。1993年6月6日。

雷·迪丁格，《本地人充满自豪地回忆乔丹》。奈特－里德尔/《论坛报》新闻服务。1991年5月12日。

《ESPN》杂志。《桑尼·瓦卡罗是篮球夏季文化的教父》。日期不详。

阿尔·费瑟斯通，《乔丹驾到》。《深入卡罗莱纳》杂志。2011年1月。

贝蒂·费内尔，《篮球流动在她血液里》。《威尔明顿晨星报》。1993年11月28日。

亚当·弗拉克，《斯科蒂·皮蓬和1991—92芝加哥公牛队》。Bulls.com。2012年6月23日。http://www.nba.com/bulls/history/scottie-pippen-and-1991-92-chicago-bulls.html.

——《泰克斯·温特和追求完美》。Bulls.com。2011年8月12日。http://www.nba.com/bulls/history/winter_pippenpaxson_110812.html。

埃里克·弗里曼，《迈克尔·乔丹将在篮球名人堂上致敬耐克菲尔·奈特》。篮球不说谎（博客），雅虎体育。2012年8月29日。http://sports.yahoo.com/blogs/ball-dont-lie/michael-jordan-present-nike-phil-knight-basketball-hall-153529349--nba.html.

托尼·金内蒂，《先驱者、〈太阳时报〉体育记者莱西·J. 班克斯去世》。《芝加哥太阳报》。2012年3月21日。

L. Z. 格兰德森，《政治迈克尔·乔丹》。ESPN.com。2012年8月14日。http://espn.go.com/nba/story/_/id/8264956/michael-jordanobama-fundraiser-22-years-harvey-gantt。

卡西·格兰特,《不飞的乔丹们惶惑不安》。《威尔明顿晨星报》。1985年11月18日。

——《乔丹回报故乡的爱》。《威尔明顿晨星报》。1987年6月20日。

简·格罗斯,《乔丹让人们好奇:他是新一代的"J博士"吗?》。《纽约时报》。1984年10月21日。

大卫·哈尔伯斯塔姆,《有线世界的英雄》。《体育画报》。1991年12月23日。

马特·汉姆,《迈克尔·乔丹生日快乐》。翘首跂踵(博客)。2012年2月17日。http://keepingitheel.com/2012/02/17/happy-birthday-michael-jordan/。

布莱恩·亨德里克森,《踽踽而行,迈向伟大》。《威尔明顿晨星报》。1999年1月14日。

——《遥想当年,骨瘦如柴的孩子爱上了打球》。《威尔明顿晨星报》。1999年1月24日。

汉克·赫希,《通过测验》。《体育画报》。1992年5月25日。

——《公牛不愿停歇》。《体育画报》。1989年5月22日。

林恩·赫希伯格,《这个大男人能搞定》。《纽约时报》。1996日11日17日。

理查德·霍弗,《现任公牛》。《体育画报》。1996日5月27日。

杰里·胡克斯,《乔丹放弃UNC的最后一年》。《威尔明顿星闻报》。1984年5月6日。

——《乔丹全票入选ACC最佳阵容》。《威尔明顿晨星报》。1984年3月6日。

篮球医生(博客)。《篮球史话:杜克老K教练给迈克尔·乔丹的信》。2011年11月17日。http://thehoopdoctors.com/2011/11/basketball-history-a-letter-from-dukes-coach-k-to-michael-jordan-pic/。

乔内特·霍华德，《父亲节》。《体育画报》。1996 年 12 月 30 日。

玛格丽特·S.豪厄尔，《家庭优先度：孩子和体育》。《开普菲尔潮水》。1984。

K.C.约翰逊，《不同寻常的父子关系，淡淡的悲剧色彩》。《芝加哥论坛报》。2009 年 9 月 10 日。

——《克劳斯反思球探人生》。《芝加哥论坛报》。2012 年 6 月 7 日。

詹姆斯·乔伊娜，《迈克尔·乔丹的老大哥》。环形公路之外（博客）。2006 年 5 月 15 日。http://www.outsidethebeltway.com/csm_james_jordan_usa_retired/。

特里·克尔比。《迈克尔·乔丹之为迈克尔·乔丹的更多故事》。篮球琼斯（博客），TheScore.com。2011 年 9 月 29 日。http://blogs.thescore.com/tbj/2011/09/29/more-stories-of-michael-jordan-being-michael-jordan/。

库里·柯克帕特里克，《为红白黑蓝欢呼吧！》。《体育画报》。1984 年 7 月 23 日。

——《在他自己的轨迹中》。《体育画报》。1987 年 11 月 9 日。

——《烈焰考验》。《体育画报》。1984 年 4 月 30 日。

——《老旧软鞋》。《体育画报》。1992 年 11 月 25 日。

——《双峰耸立》。《体育画报》。1983 年 11 月 18 日。

托尼·科恩海泽，《他们知道该怎么做了》。《体育画报》。1984 年 10 月 29 日。

蒂姆·柯克真，《阅读征兆》。《体育画报》。1994 年 2 月 28 日。

萨姆·莱尔德，《湾区公民：让 NCAA 接受自己发明的球鞋经销商》。《纽约时报》。2011 年 3 月 13 日。

托马斯·莱克，《这家伙真的裁掉了迈克尔·乔丹吗？》。《体育画报》。2012 年 1 月 16 日。

——《给迈克尔·乔丹的信：你拒绝帮助波普，真是可耻》。SI.com。

2012年8月14日。http://sportsillustrated.cnn.com/2012/writers/thomas_lake/08/13/letter-to-michael-jordan/。

蒂姆·莱登，《1981年3月14日：当NCAA锦标赛变成疯狂》。《体育画报》。2012年3月14日。

迈克尔·刘易斯，《在教堂山，乔丹留下的遗产依然影响深远》。《威尔明顿星闻报》。1999年1月。

——《关于MJ的网络留言》。《威尔明顿晨星报》。1999年1月13日。

迈克·利特温，《乔丹没有毁于名利》。《洛杉矶时报》。1984年3月。

《洛杉矶时报》。《NBA综述：乔丹血战活塞；公牛胜出》。1988年1月17日。

妮娜·曼德尔，《NBA传奇迈克尔·乔丹与伊薇特·普列托订婚》。《纽约每日新闻》。2011年12月29日。

杰克·麦卡勒姆，《飞人乔丹，飞翔公牛》。《体育画报》。1988年5月16日。

——《坏孩子变好了》。《体育画报》。1989年6月5日。

——《东部肉搏战》。《体育画报》。1990年6月4日。

——《胜过巨人的生物》。《体育画报》。1982年1月18日。

——《无处不在的男人，寂寞高处不胜寒》。《体育画报》。1991年12月23日。

——《风暴之眼》。《体育画报》。1993年6月15日。

——《公牛为他不辞辛苦》。《体育画报》。1991年12月11日。

——《亦敌亦友》。《体育画报》。1993年5月31日。

——《帮手》。《体育画报》。1990年12月17日。

——《殿下》。《体育画报》。1991年6月17日。

——《缝上的嘴唇》。《体育画报》。1993年6月7日。

——《指环王》。《体育画报》。1991年9月18日。

——《不可能的任务》。《体育画报》。1989年11月6日。

——《边缘》。《体育画报》。1992年6月15日。

——《力量与荣耀》。《体育画报》。1992年11月9日。

——《心理学丛书》。《体育画报》。1992年6月1日。

——《测试男孩》。《体育画报》。1989年11月6日。

——《接近伟大》。《体育画报》。1992年6月22日。

——《表演中的表演》。《体育画报》。1991年6月10日。

——《深·不·可·测》。《体育画报》。1989年5月15日。

——《他们自己的世界》。《体育画报》。1991年9月30日。

瑞安·麦吉，《一点儿不像迈克》。ESPN.com。2012年9月4日。http://espn.go.com/nba/story/_/id/8336863/michael-jordan-ultimate-nba-failure-owner-charlotte-bobcats-espn-magazine。

丹·麦格拉斯，《乔丹生涯的瑕疵：赌博乔丹拿自己的形象赌博》。《芝加哥论坛报》。2009年9月10日。

迈克·麦格罗，《米勒认为乔丹帮助解决了1999年停摆》。公牛的一切（博客），DailyHerald.com。2011年10月12日。http://blogs.dailyherald.com/node/6392。

汪达·麦基弗，《港城人民：讲述迈克尔·乔丹》。《威尔明顿日报》。1980年11月27日。

里克·莫里西，《第8章：伯明翰》。Chicagotribune.com。2009年9月10日。http://www.chicagotribune.com/sports/basketball/bulls/michaeljordan/chi-michael-jordan-chicago-bulls-chapter-8,0,4130420,full.story。

焦油踵先生（博客）。《UNC篮球文章——1982年冠军》。日期不详。2013年11月7日存取。http://www.mrtarhell.com/bballart1.himl。

克雷格·内夫，《跳跃的蜥蜴，简直是鬣鳞蜥》。《体育画报》。1986年11月17日。

约翰·尼尔逊，《球星发现一夜暴富也会引来麻烦》。《威尔明顿晨星报》。1987年2月22日。

布鲁斯·纽曼,《时间不等任何人》。《体育画报》。1993年11月8日。

迈克·奥扎尼安,《迈克尔·乔丹要为夏洛特山猫寻求公正?》。《福布斯》。2011年4月27日。

玛丽·埃伦·波德莫利克,《迈克尔·乔丹登记郊区豪宅,2900万美元》。《芝加哥论坛报》。2012年2月29日。

R. J. 鲍威尔,《海盗止跌,击败勇士》。《威尔明顿星闻报》。1980年1月12日。

——《海盗回暖,击溃熊狸》。《威尔明顿晨星报》。1979年12月28日。

——《莱尼击败维京;乔丹为胜利树立榜样》。《威尔明顿晨星报》。1980年2月19日。

——《莱尼二人组痛打护裆,76比64》。《威尔明顿星闻报》。1980年1月26日。

——《南韦恩逆转海盗》。《威尔明顿星闻报》。1980年1月24日。

迈克·普拉达,《迈克尔·乔丹周:回忆他奇才生涯的最佳时刻》。子弹永恒(博客)。2012年8月28日。http://www.bulletsforever.com/2012/8/28/3267404/michael-jordan-week-washington-wizards-moments。

——《迈克尔·乔丹周:回忆他奇才生涯的最糟糕时刻》。子弹永恒(博客)。2012年9月1日。http://www.bulletsforever.com/2012/9/1/3284906/michael-jordan-week-washington-wizards-memories-worst。

——《迈克尔·乔丹周:为何他的华盛顿生涯如此复杂》。子弹永恒(博客)。2012年8月27日。http://www.bulletsforever.com/2012/8/27/3266075/michael-jordan-week-washington-wizards。

托马斯·普鲁特,《迈克尔·乔丹周:数据流回顾》。子弹永恒(博客)。2012年8月29日。http://www.bulletsforever.com/2012/8/29/3274878/

michael-jordan-week-a-statistical-retrospective。

彻纳·里德，《拉里·布朗：迈克尔·乔丹需要有人去挑战他》。《今日美国》。2012年4月21日。

西莉亚·里文巴克，《乔丹给童年之家投下最后的影子》。《威尔明顿晨星报》。1995年2月28日。

李·罗伯茨，《早早被裁只会更加激励乔丹》。《威尔明顿晨星报》。1991年2月24日。

史蒂夫·拉欣，《空话连篇？》。《体育画报》。1994年1月17日。

格伦·萨克斯，《乔丹 vs 乔丹：为迈克尔·乔丹辩护》。Glennsacks.com。日期不详。2013年11月7日存取。http://www.glennsacks.com/jordan_vs_jordan.htm。

德博拉·M. 桑德斯，《乔丹将会收获尊敬》。《威尔明顿日报》。1984年8月23日。

凯文·谢特拉姆，《星前之条：1983年美国泛美运动会代表队的故事》。NBA.com。2013年11月7日存取。http://www.nba.com/dleague/news/stripes_before_stars_1983_panam_2011_10_25.html。

马克·西尔，《泰格·伍兹的诱惑》，第一、第二部分。《名利场》。2010年5月，2010年6月。

马文·R. 尚肯，《跟迈克尔·乔丹一对一》。《雪茄爱好者》。2005年7/8月。

萨姆·史密斯，《迈克尔·乔丹和乔·杜马斯很亲密，结果……》。《芝加哥论坛报》。1990年5月23日。

——《迈克尔·乔丹名人堂——简介》。Bulls.com。2009年8月21日。http://www.nba.com/bulls/news/jordanhof_intro_090821.html。

——《迈克尔·乔丹1986年NBA季后赛的63分可能是史上最伟大的比赛》。Bulls.com。2011年4月20日。http://www.nba.com/bulls/history/michael-jordans-63-points-1986-nba-playoffs-may-havebeen-greatest-game-ever-played.html。

《星报在线》,《格兰特认为跟MJ和皮彭一起打球是生涯中最好的部分》。2012年7月16日。http://www.thestar.com.my/Story/?file=%2F2012%2F7%2F16%2Fsports%2F11669573。

格雷格·斯托达,《悲催的第四节让熊狸无缘锦标赛冠军》。《威尔明顿星闻报》。1979年12月29日。

——《北卡队员乔丹瞄准了印第安纳》。《威尔明顿星闻报》。1984年3月21日。

——《莱尼击败维京,75比65》。《威尔明顿星闻报》。1979年12月15日。

JB·斯特拉瑟、劳丽·贝克朗德,《跟飞人乔丹一起翱翔——耐克:公司产品线起飞,但锐步成了第一,桑尼·瓦卡罗被告知已遭解雇》。《洛杉矶时报》。1991年2月18日。

查克·苏多,《〈芝加哥人〉回溯:迈克尔·乔丹在公牛的最后一投》。芝加哥人(博客)。2012年6月14日。http://chicagoist.com/2012/06/14/the_chicagoist_flashback_michael_jo.php。

《周日星闻》。《迈克尔·乔丹:威尔明顿大三生冲击第二座全国冠军奖杯》。1984年2月19日。

E. M. 斯威夫特,《永别了,我的爱人》。《体育画报》。1990年2月19日。

——《4000万之人》。《体育画报》。1996年6月10日。

——《争取与接近》。《体育画报》。1991年8月5日。

——《沉没吧,去死吧!》。《体育画报》。1989年8月14日。

菲尔·泰勒,《牛角所伤》。《体育画报》。1996年6月3日。

——《恐怖故事的欢乐结局》。《体育画报》。1993年6月21日。

——《乔丹够了吗?》。《体育画报》。1995年5月8日。

——《NBA最长的凛冬》。《体育画报》。1993年10月18日。

——《复活》。《体育画报》。1995年3月27日。

——《砰！》。《体育画报》。1996月6月17日。

——《三投三中》。《体育画报》。1993年3月28日。

——《玩具故事》。《体育画报》。1996年1月29日。

——《想要成为迈克……》。《体育画报》。1995年9月4日。

——《什么在发酵……》。《体育画报》。1995年3月20日。

里克·特兰德，《各就各位……预备……起飞！》。《体育画报》。1986年11月17日。

——《侦探》。《体育画报》。1993年3月15日。

——《错误人选》。《体育画报》。1991年12月23日。

阿尔·托马斯，《迈克尔·乔丹：篮球场的英雄》。《开普菲尔潮水》。1984。

——《沃西的建议帮助了新人乔丹》。《威尔明顿星闻报》。1984年1月12日。

汤姆·韦尔杜奇，《守卫森严》。《体育画报》。1991年12月12日。

汤姆·韦尔，《迈克尔·乔丹向拉里·布朗的批评还击》。《今日美国》。2012年4月25日。

丹·韦策尔，《乔丹给耐克带来了商品和更多东西》。雅虎体育。2009年9月8日。http://sports.yahoo.com/news/nike-jordan-delivered-goods-more-060300645--nba.html。

斯科特·惠斯南特，《乔丹专注于家庭，当地友人如此说》。《威尔明顿晨星报》。1993年8月14日。

杰克·惠特克，《迈克尔·乔丹周：审验他在华盛顿奇才的个人决定》。子弹永恒（博客）。2012年8月30日。http://www.bulletsforever.com/2012/8/30/3260528/michael-jordan-executive-washington-wizards-examining。

朗·惠特克，《梦想永不息：梦之队口述史》。《GQ》。2012年7月。

吉娜·怀特，《迈克尔·乔丹的父母拥有跟儿子一样的谦逊》。《威尔明顿日报》。日期不详。

迈克尔·威尔邦，《纪念一位先驱者，道德模范》。ESPNChicago.com。http://espn.go.com/chicago/nba/story/_/id/7723614/michael-wilbon-remembers-impact-lacy-j-banks-had-career。

《威尔明顿日报》。《采访詹姆斯·乔丹和德洛丽丝·乔丹》。1982年4月15日。

——《乔丹1982年最令人难忘的一投》。1982年12月29日。

——《迈克尔·乔丹：那个人》。1983年11月18日。

——《威尔明顿晨星报》。《乔丹在成长，前教练回首往事》。1994年1月24日。

——《海盗队的篮球揭幕战》。1979年12月1日。

——《没有乔丹的公牛开始工作》。1991年1月12日。

——《同案被告讲述劫案始末》。1996年1月25日。

——《验尸官为行为辩解》。1993年8月23日。

——《地方检察官：格林因贪婪而死》。1996年2月28日。

——《高飞的乔丹带领北卡驶向再一座ACC冠军》。1984年2月19日。

——《詹姆斯·乔丹想找个地方休息，于彼处丧命》。1993年8月16日。

——《威尔明顿的朋友悼念詹姆斯·乔丹》。1993年8月14日。

——《乔丹斥责媒体将赌博与凶案联系在一起》。1993年8月20日。

——《乔丹砍下42分，莱尼取胜》。1980年2月15日。

——《乔丹荣获ACC年度球员》。1984年3月14日。

——《乔丹带领海盗战胜金斯顿》。1979年12月19日。

——《乔丹、珀金斯闪耀焦油踵》。1982年1月5日。

——《乔丹回忆莱尼高中的日子》。1985年12月6日。

——《乔丹回忆早年岁月》。1985年7月9日。

——《乔丹4390万收入为运动员之冠》。1995年12月4日。

——《〈日报〉采访迈克尔·乔丹》。1984年3月29日。

——《莱尼：海盗队面临重建》。1979年12月2日。

——《莱尼不敌戈德斯博罗》。1980年5月16日。

——《迈克尔的记忆》。1983年12月26日。

——《见证者描述乔丹最后的时刻》。1996年1月26日。

——《威尔明顿星闻报》。《海盗不敌卡片》。1980年4月5日。

——《海盗撕裂熊队，六战五胜》。1979年12月22日。

——《海盗击溃卡片》。1980年5月14日。

——《海盗修理圣徒，9比2》。1980年3月16日。

——《郡内的少男少女篮球》。1980年3月13日。

——《戈德斯博罗撕裂莱尼》。1980年1月3日。

——《乔丹和海盗第四次击败金斯顿》。1980年4月30日。

——《乔丹、史密斯获胜》。1980年4月27日。

——《乔丹想要四座冠军》。1983年3月16日。

——《莱尼击败金斯顿》。1980年4月29日。

——《莱尼掀翻美洲豹，8比2》。1980年5月7日。

——《莱尼屈服，54比67》。1980年2月2日。

——《新伯恩险胜海盗，4比3》。1980年5月3日。

——《回忆迈克》。日期不详。

——《圣徒跨过莱尼》。1980年4月2日。

——《圣徒加时赛40比35击退莱尼海盗》。1980年2月21日。

——《圣徒痛打莱尼》。1979年12月12日。

迈克·怀斯，《猜测纷纭，内部人士表示决定已做》。《威尔明顿晨星报》。日期不详。

亚历山大·沃尔夫，《恢复正常》。《体育画报》。1984年1月23日。

——《驾驶座》。《体育画报》。1984年12月10日。

——《北卡罗来纳1》。《体育画报》。1983年11月28。

史蒂夫·伍尔夫,《犯错乔丹》。《体育画报》。1984年3月14日。

多媒体

《乔丹的情书燃发怒火》ABCnews.com 视频。2011年7月5日发布。http://abcnews.go.com/US/video/michael-jordan-love-letter-sparks-anger-13998684。

《乔丹的首场大学比赛——北卡 vs 堪萨斯 1981》YouTube 视频,9分20秒,来自1981年11月28日的电视转播。2007年7月14日发布。https://www.youtube.com/watch?v=olf76KJR0Xs。

《科比·布莱恩特对阵乔丹半场42分(全场55分)2002-03》YouTube 视频,10分钟,来自2003年3月28日的福克斯体育网转播。2008年1月19日发布。https://www.youtube.com/watch?v=u-2Hd-Ly2CQ。

《迈克尔·乔丹:1983泛美运动会(美国-巴西)》YouTube 视频,6分35秒,来自1983年8月29日的电视转播。2009年3月25日发布。https://www.youtube.com/watch?v=zFZakGAvf1c。

《迈克尔·乔丹 1988:59分对阵底特律活塞队 CBS 转播》YouTube 视频,6分22秒,来自1988年4月3日的电视转播。2006年8月7日发布。https://www.youtube.com/watch?v=_7S76yjxSWE。

《迈克尔·乔丹 39分 vs 佐治亚理工——大学生涯最高分——1983》YouTube 视频,9分17秒,来自1983年1月29日的电视转播。2011年3月14日发布。https://www.youtube.com/watch?v=X5HwFGOoU8I

《迈克尔·乔丹:61分 vs 底特律活塞队(1987.03.04)》YouTube 视频,9分22秒,来自1987年3月4日的电视转播。2008年12月31日发布。https://www.youtube.com/watch?v=MEfnu6Kla5Y。

《迈克尔·乔丹采访1986（伤愈复出）》YouTube视频，2分59秒，来自1986年4月20日的电视转播。2009年1月29日发布。https://www.youtube.com/watch?v=KhgDmNZvqgk。

《迈克尔·乔丹（麦迪逊广场花园首秀后的采访）1984年11月11日》YouTube视频，4分33秒，来自1984年11月11日的电视转播。2010年10月7日发布。https://www.youtube.com/watch?v=Vlvio0DB0k0。

《迈克尔·乔丹与萝茜的采访》YouTube视频，来自《萝茜·奥唐奈秀》转播（日期不详）。2009年8月13日发布。https://www.youtube.com/watch?v=oXi_7wPd8LQ。

《迈克尔·乔丹（马里兰vs北卡罗来纳）1984年2月19日》YouTube视频，3分50秒，来自1984年2月19日的电视转播。2010年10月4日发布。https://www.youtube.com/watch?v=MtW678Tk2dY。

《迈克尔·乔丹摇篮式扣篮vs马里兰和伦·拜厄斯（1984）》YouTube视频，48秒，来自1984年1月12日的电视转播，2010年11月11日发布。https://www.youtube.com/watch?v=udvQk01EQWs。

《迈克尔·乔丹新秀最佳回合第3辑》YouTube视频，4分9秒，电视转播（日期不详）剪辑编纂。2010年9月19日发布。https://www.youtube.com/watch?v=KN1F0xDM9CQ。

《迈克尔·乔丹美国队vs NBA球星1984》YouTube视频，11分39秒，来自1984年7月9日的电视转播。2012年9月12日发布。https://www.youtube.com/watch?v=a4qy1klDae4

《NBA扣篮大赛——迈克尔·乔丹vs多米尼克·威尔金斯》YouTube视频，4分40秒，来自1988年2月6日的电视转播。2007年2月20日发布。https://www.youtube.com/watch?v=wqPRdzrjWpU。

《北卡罗来纳造访马里兰,1984（乔丹—伦·拜厄斯）》YouTube视频，10分55秒，来自1984年1月12日的电视转播。2007年7月12日发布。https://www.youtube.com/watch?v=y4u4MdSGSDo。

《菲尔·杰克逊比较史上最伟大的两位得分后卫！》YouTube 视频，1 分 26 秒，来自电视转播（日期不详）。2012 年 8 月 12 日发布。https://www.youtube.com/watch?v=yhpmciL7480。

《迈克尔·乔丹父亲的罕见采访》YouTube 视频，1 分 11 秒，来自电视转播（日期不详）。2008 年 8 月 11 日发布。https://www.youtube.com/watch?v=itzEY1V36vA。

《设立目标，大胆梦想：德洛里斯·乔丹》YouTube 视频，45 秒，来自德洛里斯·乔丹演讲视频（日期不详）。2012 年 2 月 13 日发布。https://www.youtube.com/watch?v=QEDratfvJHs。

《北卡大一生迈克尔·乔丹 vs 肯塔基》YouTube 视频，3 分 5 秒，来自 1981 年 12 月 11 日的电视转播。2009 年 3 月 11 日发布。https://www.youtube.com/watch?v=NIq7ma7c6UE。

桑尼·瓦卡罗，接受洛厄尔·伯格曼采访。《采访：桑尼·瓦卡罗》《前线》。2011 年 11 月 18 日。采访文本可见于此：http://www.pbs.org/wgbh/pages/frontline/money-and-march-madness/interviews/sonny-vaccaro.html。

致　谢

　　我经常指出，市面上已经有太多关于迈克尔·乔丹的著作，以至于他都拥有属于自己的文学类型了。

　　那为什么还要再来一本呢？

　　好吧，我的答案跟绝大多数作者相同：这本书提供了许多新信息。

　　别闹，我是说真的。这本书提供了许多关于乔丹的新信息。而同样重要的是，还提供了可以帮助我们认识迈克尔·乔丹的生活的新背景材料。关于他，我们已经知之甚多，但新的背景材料会在很大程度上改变我们对已知之事的看法。

　　一部新书的出版并不意味着之前的著作都已过时。恰恰相反，此前所有关于乔丹的书都依然宝贵，依然对我十分重要，让我得以拼凑出这幅他人生的镶嵌画——鉴于乔丹家族将自己的隐私和秘密守护得如此之好，完成这副镶嵌画实在是一项极大的挑战。考虑到流言蜚语的性质，以及这个一切都为媒体所驱动的后现代社会，谁又能指责他们那样的做法呢？

　　因此，他姐姐西丝鲜为人知的著作《活在家庭阴影之下》——于2001年悄悄出版——对我可谓大有帮助，为我们打开了一扇窗户，一展乔丹这么多年来所面临的艰难困境。

　　乔丹自己跟作家马克·万西尔合著的作品同样意义重大，为我提供了通向他思想的道路。另外一些记者的作品也贡献良多：梅丽莎·艾萨克森、莱西·班克斯、里克·特兰德、杰克·麦卡勒姆、萨姆·史密斯及其他许多人。

史密斯的《乔丹法则》是第一份扯下帘幕、展示乔丹复杂人格的文本。

鲍勃·格林的《篮板》是另一本引人入胜的著作,却时常为人所忽视,人们更熟知的是格林另一本关于 M. J. 的作品——《滞空时间》。

虽然从来没有采访过乔丹,大卫·哈尔伯斯塔姆还是在《比赛与守护》(Playing for Keeps)中给出了对乔丹文化背景的重要见解。我的一些作品也提供了类似的背景,包括《牛角血迹》(Blood on the Horns)(讲述公牛队充满强烈不和的 1998 赛季)、《心灵比赛》(Mind Games)、《现在,你的芝加哥公牛队》(Now, Your Chicago Bulls)和其他几本关于乔丹与 NBA 的著作。

我要向所有在我之前书写过篮球和乔丹生涯的众多作者致谢:米奇·阿尔博姆、特里·阿莫尔、莱西·班克斯、格雷格·斯托达、查克·卡利、迈克·麦格罗、特里·博尔斯、迈克·韦斯、克利夫顿·布朗、戴夫·安德森、菲尔·伯格、弗兰克·德福特、布莱恩·伯韦尔、大卫·杜普雷、斯科特·奥斯特勒、艾拉·伯科、谢尔比·斯特罗瑟、查利·文森特、米奇·乔特科夫、罗伯特·福尔科夫、比尔·格里森、比尔·霍尔、斯科特·霍华德-库珀、迈克·伊姆伦、梅丽莎·艾萨克森、约翰·杰克逊、保罗·拉德夫斯基、伯尼·林西科姆、鲍勃·洛根、杰伊·马里奥蒂、肯特·麦克迪尔、科基·迈内克、迈克·马利根、斯基普·米斯伦斯基、格伦·罗杰斯、史蒂夫·罗森布卢姆、埃迪·塞夫科、吉恩·西摩、萨姆·史密斯、雷·桑斯、保罗·苏利文、马克·万西尔、鲍勃·威尔第、鲍勃·瑞安、罗伊·S.约翰逊、托尼·科恩海泽、戴夫·金德里德、帕特·帕特南、桑迪·帕德威、杰克·麦卡勒姆、萨姆·麦克马尼斯、道格·克雷斯、迈克·利特温、约翰·帕帕内克、莱纳德·科佩特、乔治·韦切伊、亚历克斯·沃尔夫、布鲁斯·纽曼、杰基·麦克穆兰、史蒂夫·巴尔佩特、彼得·梅、迈克·法恩、威尔·麦克多诺、艾琳·沃伊津、德鲁·夏普、特里·福斯特、史蒂夫·阿迪、迪安·豪以及其他许多许多给予本书巨大帮助的一线作品的作者。

致 谢

这份乔丹人生的深入描述,除了得益于诸多文献资料,还要感谢许多人提供的帮助。

在我众多的采访对象中,有些人在帮助我深化对迈克尔·乔丹的理解方面做出了尤为突出的贡献。他们包括莫里斯·尤金·乔丹、威廉·亨利·乔丹、乔治·格文、雷·阿伦、罗德·希金斯、詹姆斯·沃西、帕特里克·尤因、乔·杜马斯、比尔·比林斯利、迈克尔·泰勒、乔治·穆福德、泰克斯·温特、约翰尼·巴赫、史蒂夫·科尔、桑尼·瓦卡罗、杰里·克劳斯、比利·帕克、肯尼·盖蒂森、蒂姆·哈勒姆、吉姆·斯塔克、乔·奥尼尔、迪克·内尔、大卫·阿尔德里奇、莱西·班克斯、艾德·平克尼、J.A.阿丹戴、凯文·麦克海尔、比尔·沃顿、大卫·曼恩、詹姆斯·爱德华兹、拉尔夫·桑普森、特里·霍兰、唐·萨布莱特、霍华德·加芬克尔、马特·古奥卡斯、查克·卡利、汤姆·康查尔斯基、布伦丹·马龙、布里克·奥廷格、弗雷德·惠特菲尔德、查尔斯·奥克利、夸米·布朗、丹尼尔·莫克、布伦特·巴里、迈克·韦斯、埃迪·琼斯、杰夫·戴维斯、肯·罗伯茨、沃尔特·班纳曼、迪克·韦斯、魔术师约翰逊、阿特·钱斯基、斯科蒂·皮蓬以及迈克尔·乔丹本人,还有许多主动分享自己经历的人。

如果没有我的妻子卡伦、女儿詹娜和摩根、女婿迈克·霍洛韦尔,这本书绝对无法完成——除了给我以支持,他们还无偿地贡献了自己的时间,将大量采访录音带转写成文字。

我要向丹·史密斯和迈克·阿什利深深致谢,他们读了最初的手稿,并给我以鼓励。还要感谢给我推荐采访对象的道格·道蒂,以及彭德郡、达普林郡和新汉诺威郡图书馆的工作人员。同样不可缺少的还有大量的特别收藏,其中特别感谢 UNC 威尔逊图书馆的南方民俗生活藏书和亚当·瑞安的乔丹视频收藏。

为了他们的友谊和激励,我要感谢儿子亨利·拉赞比、女婿乔恩·苏马斯,还有朋友和同事们:拉恩·亨利、林迪·戴维斯、史蒂夫·考克斯、

　　大卫·克雷格和德洛里斯·克雷格、里克·摩尔和埃米·摩尔、马德卡特·桑德斯、尼尔·特内奇、安迪·马杰、斯科特·麦考伊和苏·麦考伊、帕特·弗林和苏·弗林、比利·德赖弗和凯瑟琳·德赖弗、托妮娅·卢卡斯和杰克·卢卡斯、贝丝·梅西、迈克尔·赫德森、乔治·里贝罗、布莱恩·廷斯利和贝姬·廷斯利、加里·伯恩斯,以及其他许多人。

　　一如既往,我的经纪人马修·卡尔尼切利在项目中贡献良多,同样非常重要的还有利特尔&布朗出版公司的关键职员们,包括迈克尔·皮奇、本·阿伦、马林·冯·尤勒-霍根、佩格·安德森。在这里还要特别感谢我的编辑约翰·帕斯利,他干劲十足,忘我投入,为本书的出版做了大量的工作。

　　最后是一份特别致谢,献给我的一母同胞——吉妮和汉普顿,以及我们已故的父母——威廉·洛里·拉赞比和弗吉尼娅·汉普顿·拉赞比,是他们的教导让我从小爱上阅读和篮球。